YEARBOOK OF LEGAL AID IN CHINA

中国法律援助年鉴

2011

司法部法律援助中心　编

法律援助

中国民主法制出版社

图书在版编目(CIP)数据

中国法律援助年鉴.2011/司法部法律援助中心编.
—北京:中国民主法制出版社,2012.9
ISBN 978-7-5162-0124-4

Ⅰ.①中…　Ⅱ.①司…　Ⅲ.①法律援助—中国—2011—年鉴　Ⅳ.①D926-54

中国版本图书馆 CIP 数据核字(2012)第204163号

图书出品人:肖启明
文案统筹:刘海涛
责任编辑:陈　曦

书名/中国法律援助年鉴·2011
ZhongGuoFaLüYuanZhuNianJian·2011
作者/司法部法律援助中心　编

出版·发行/中国民主法制出版社
地址/北京市丰台区玉林里7号(100069)
电话/63055259(总编室)　63057714(发行部)
传真/63055259
E-mail:MZFZ@263.net
经销/新华书店
开本/16开　787毫米×1092毫米
印张/26.5　**字数**/513千字
版本/2012年10月第1版　2012年10月第1次印刷
印刷/北京友谊印刷有限公司

书号/ISBN 978-7-5162-0124-4
定价/70.00元

1月6日，全国政协副主席阿不来提·阿不都热西提（左一）、原全国人大常委会副委员长顾秀莲出席法律援助活动

5月，司法部部长吴爱英在云南省调研法律援助工作

10月，司法部部长吴爱英、副部长赵大程视察安徽省滁州市法律援助中心

7月，司法部部长吴爱英在天津市调研期间，观看天津市法律援助信息服务平台现场演示

10月，司法部部长吴爱英在安徽省副省长唐承沛（左一）、滁州市市委书记韩先聪（右一）陪同下视察滁州市法律援助便民服务大厅

10月，司法部副部长赵大程视察安徽省滁州市法律援助便民服务大厅

3月，司法部副部长赵大程在江苏省调研法律援助工作

1月，司法部副部长赵大程在湖南省长沙市调研法律援助工作

10月，司法部纪检组长韩亨林在安徽省副省长唐承沛（左一）陪同下视察滁州市法律援助便民服务大厅

8月，司法部政治部主任张彦珍在西藏自治区法援中心调研法律援助工作

5月，司法部政治部主任张彦珍在内蒙古自治区赤峰市调研法律援助工作

9月，中国法律援助基金会理事长岳宣义看望“1+1”中国法律援助志愿律师郭二玲（左三）

3月，司法部法律援助工作司司长孙剑英到山东省、广西壮族自治区调研法律援助工作

3月，司法部法律援助中心主任贾午光到湖北、湖南省调研法律援助工作

4月19日至21日，司法部法律援助中心在云南省腾冲县召开中国—加拿大向弱势群体提供法律援助项目启动会

4月26日，中国法律援助基金会第三届理事会第一次会议在北京召开

6月8日，司法部法律援助经费保障及业务装备建设座谈会在河南省郑州市召开

7月11日，"1+1"中国法律援助志愿者行动2010年总结表彰暨2011年派遣工作新闻发布会在北京举行

7月29日，司法部举行第二届全国法律援助“双十佳”社会评选活动启动仪式

8月22日，司法部法律援助中心举办“中东部省份法律援助轮训计划”黑龙江培训班

10月11日，全国法律援助工作座谈会在安徽省合肥市召开

10月26日，中国—加拿大为弱势群体提供法律援助项目启动团在吉林省访问

10月31日，中国法律援助基金会、江苏省法律援助基金会在南京市召开座谈会

11月21日至24日，司法部法律援助中心举办"中东部省份法律援助轮训计划"江苏培训班

11月22日至23日，司法部法律援助工作司在上海市召开全国法律援助联系点暨法律援助案件评查工作座谈会

12月，中国法律援助基金会在南宁市召开中央专项彩票公益金法律援助项目总结工作会议

12月5日至8日，司法部法律援助中心、法律援助工作司在福建省武夷山市召开2010—2011年度全国法律援助研讨会

北京市司法局召开全市法律援助社会组织工作会

北京市东城区司法局举行“法援助残保权益　辅具相伴促和谐”——盲文版《北京市法律援助条例》赠送暨残疾人辅具配发仪式

天津市召开落实2011年法律援助民心工程工作会议

河北省召开全省法律援助工作会议

山西省召开全省法律援助工作会议

山西省召开“1+1”中国法律援助志愿者行动山西律师援助团工作会议

内蒙古自治区举办东部盟市法律援助业务培训班

辽宁省举办全省法律援助工作业务培训班

吉林省召开吉林省暨长春市“同心·律师服务团”法律服务活动誓师动员大会

吉林省司法厅在长春市文化广场开展义务法律咨询活动

黑龙江省召开全省法律援助工作会议

黑龙江省组织召开第八届城际间法律援助协作单位秘书长会议

上海市司法局开展纪念法律援助实事项目建设十周年活动

上海市召开法律援助工作推进会

江苏省召开法律援助2010年度十大优秀案例新闻发布会

江苏省法律援助基金会和省广电总台《城市频道》联合举办2011江苏法律援助环省行暨南京市活动启动仪式

浙江省召开全省“远程法律援助进农家”工作推进会

安徽省宿州市举行法律援助宣传月大型广场义务法律咨询活动

福建省福州市市长杨益民（中）在市法律援助中心检查工作

江西省举行“12348”法律援助咨询专线平台开通仪式

江西省举行纪念《法律援助条例》颁布实施八周年暨“百千万”法律援助下基层活动启动仪式

山东省淄博市开展“法律援助”下乡活动

山东省济宁市开展法律援助活动

河南省召开全省法律援助工作会议

河南省司法厅副厅长周济生（左一）在开封市调研法律援助工作

湖北省恩施州开展农民工维权大型业务法律咨询活动

湖北省人大副主任蒋大国（右二）在荆州市调研法律援助工作

湖南省召开全省法律援助工作会议

湖南省召开《湖南省法律援助条例》立法调研座谈会

湖南省召开全省律援助工作座谈会

广东省召开全省法律援助工作会议

广东省法律援助局举办《广东省法律援助经济困难标准规定》培训班

广西壮族自治区举行法律援助进万村启动仪式

广西壮族自治区举行广西“12348”法律援助热线正式运行仪式

海南省召开法律援助工作暨第二届法律援助工作先进集体先进个人表彰会议

海南省海口市法律援助中心便民服务窗口启用

重庆市开展法律援助帮助困难职工大型公益活动

重庆市召开全市法律援助工作暨表彰会

四川省举行我为党旗添光彩——法律援助惠民服务活动启动仪式

贵州省副省长黄康生(左二)回访法律援助受援人

云南省法律援助基金会、英国救助儿童会共同召开未成年人法律援助项目启动会

云南省农民工法律援助维权中心成立

云南省司法厅召开“1+1”法律援助志愿者欢迎座谈会

西藏自治区召开迎接“1+1”法律援助律师座谈会

陕西省举行“12348”法律援助专线电话开通仪式

甘肃省召开《甘肃省法律援助条例》颁布施行座谈会

甘肃省召开全省法律援助工作推进会

青海省建立首家“青年教师、藏汉双语法律、法学硕士、法律硕士社会实践基地”

青海省举办全省法律援助工作培训班

青海省组织开展以“真情、公平、和谐”为主题的“法律援助乡村行”便民利民宣传服务活动

宁夏回族自治区举办“12348”法律援助咨询专线电话使用培训班

新疆维吾尔自治区召开法律援助工作第二季度推进会

新疆生产建设兵团召开2011年“十件实事”之“法律援助工程”现场会

《中国法律援助年鉴·2011》编辑部编辑人员

主　　编　贾午光

副主编　桑　宁　郑自文　高　贞

责任编辑　臧素平　郭　婕　易　宇

编辑说明

一、《中国法律援助年鉴》是一部记载中国法律援助工作情况，反映法律援助工作全貌和各个年度法律援助工作发展和成就的综合性书刊。

二、《中国法律援助年鉴·2011》反映的是2011年度司法部及各省、自治区、直辖市法律援助工作情况。

三、《中国法律援助年鉴·2011》收录的资料，截至2011年12月31日。

《中国法律援助年鉴》编辑部

2012年7月

总 目 录

第一部分 全国法律援助工作概况 …………………………………………（1）
第二部分 各省、自治区、直辖市法律援助工作概况 ……………………（6）
第三部分 中国法律援助基金会工作概况 ………………………………（148）
第四部分 领导讲话 ……………………………………………………（152）
第五部分 工作部署 ……………………………………………………（178）
第六部分 全国法律援助统计数据及分析 ………………………………（224）
一、2011年全国法律援助统计数据 ……………………………………（224）
二、2011年全国法律援助统计分析 ……………………………………（225）
第七部分 法律援助工作大事记 …………………………………………（235）
第八部分 文件选载 ……………………………………………………（245）
一、法律援助工作文件选载 ……………………………………………（245）
二、2011年《中国法律援助》总目录 ………………………………（275）
三、2011年司法部法律援助工作司《法律援助工作简报》目录 ………（286）
四、2011年司法部法律援助中心《法援中心快报》目录………………（289）
第九部分 理论研究 ……………………………………………………（290）
第十部分 其他 …………………………………………………………（369）
一、各省、自治区、直辖市法律援助机构地址，处长、副处长
（主任、副主任）名单 …………………………………………………（369）
二、各省、自治区、直辖市法律援助机构《中国法律援助年鉴》
联络员名单 ……………………………………………………………（372）

分 类 目 录

第一部分 全国法律援助工作概况

第二部分 各省、自治区、直辖市法律援助工作概况

北京市法律援助工作概况 …… (6)
天津市法律援助工作概况 …… (15)
河北省法律援助工作概况 …… (18)
山西省法律援助工作概况 …… (23)
内蒙古自治区法律援助工作概况 …… (28)
辽宁省法律援助工作概况 …… (32)
吉林省法律援助工作概况 …… (35)
黑龙江省法律援助工作概况 …… (41)
上海市法律援助工作概况 …… (45)
江苏省法律援助工作概况 …… (50)
浙江省法律援助工作概况 …… (55)
安徽省法律援助工作概况 …… (62)
福建省法律援助工作概况 …… (68)
江西省法律援助工作概况 …… (71)
山东省法律援助工作概况 …… (76)
河南省法律援助工作概况 …… (79)
湖北省法律援助工作概况 …… (85)
湖南省法律援助工作概况 …… (88)
广东省法律援助工作概况 …… (92)
广西壮族自治区法律援助工作概况 …… (101)
海南省法律援助工作概况 …… (105)
重庆市法律援助工作概况 …… (109)
四川省法律援助工作概况 …… (114)
贵州省法律援助工作概况 …… (121)
云南省法律援助工作概况 …… (124)

西藏自治区法律援助工作概况 …………………………………………………………… (127)
陕西省法律援助工作概况 …………………………………………………………… (129)
甘肃省法律援助工作概况 …………………………………………………………… (131)
青海省法律援助工作概况 …………………………………………………………… (135)
宁夏回族自治区法律援助工作概况 ………………………………………………… (139)
新疆维吾尔自治区法律援助工作概况 ……………………………………………… (141)
新疆生产建设兵团法律援助工作概况 ……………………………………………… (144)

第三部分　中国法律援助基金会工作概况

第四部分　领 导 讲 话

赵大程同志在全国“法律援助便民服务”主题活动总结电视电话会议上的讲话
（2011 年 3 月 30 日） ……………………………………………………………… (152)
赵大程同志在中国法律援助基金会第二届理事会第八次会议上的讲话
（2011 年 4 月 25 日） ……………………………………………………………… (158)
吴爱英同志在中国法律援助基金会第三届理事会第一次会议上的讲话
（2011 年 4 月 26 日） ……………………………………………………………… (161)
顾秀莲同志在“1+1”中国法律援助志愿者行动 2010 年总结表彰暨 2011 年
派遣工作新闻发布会上的讲话（2011 年 7 月 11 日） ……………………………… (164)
赵大程同志在司法部残疾人工作座谈会上的讲话（2011 年 7 月 27 日） ………… (165)
吴爱英同志在全国法律援助工作座谈会上的讲话
（2011 年 10 月 11 日） …………………………………………………………… (169)
赵大程同志在全国法律援助工作座谈会上的总结讲话
（2011 年 10 月 12 日） …………………………………………………………… (176)

第五部分　工 作 部 署

2011 年全国法律援助工作要点 ……………………………………………………… (178)
司法部法律援助中心 2011 年工作执行计划 ………………………………………… (182)
张秀夫同志在中国法律援助基金会第二届理事会第八次会议上的工作报告
（2011 年 4 月 25 日） ……………………………………………………………… (185)
岳宣义同志在中国法律援助基金会第三届理事会第一次会议上的讲话
（2011 年 4 月 26 日） ……………………………………………………………… (190)
岳宣义同志在中国法律援助基金会科学发展务虚会上的讲话
（2011 年 5 月 31 日） ……………………………………………………………… (192)
邹燕同志在部分省（区、市）法律援助经费保障及业务装备建设

座谈会上的讲话（2011 年 6 月 8 日） ……………………………………………（196）
王军益同志在部分省（区、市）法律援助经费保障及业务装备建设
座谈会上的讲话（2011 年 6 月 8 日） ……………………………………………（198）
岳宣义同志在“1＋1”中国法律援助志愿者行动 2010 年总结表彰暨 2011 年
派遣工作新闻发布会上的讲话（2011 年 7 月 11 日） ……………………………（203）
岳宣义同志在中国法律援助基金会第三届理事会第一次理事长办公会议上的讲话
（2011 年 9 月 6 日） …………………………………………………………………（206）
孙剑英同志在全国法律援助工作联系点暨法律援助案件评查工作座谈会上的讲话
（2011 年 11 月 22 日） ………………………………………………………………（208）
贾午光同志在 2010—2011 年度全国法律援助研讨会上的讲话
（2011 年 12 月 5 日） ………………………………………………………………（216）
岳宣义同志在中央专项彩票公益金法律援助项目总结工作会议上的讲话
（2011 年 12 月 12 日） ………………………………………………………………（220）

第六部分　全国法律援助统计数据及分析

一、2011 年全国法律援助统计数据 ……………………………………………（224）
二、2011 年全国法律援助统计分析 ……………………………………………（225）

第七部分　法律援助工作大事记

第八部分　文 件 选 载

一、法律援助工作文件选载 ……………………………………………………（245）
司法部关于加强法律援助经费使用监督管理工作的意见
（2011 年 2 月 24 日　司发通〔2011〕24 号） ……………………………………（245）
关于进一步做好农民工权益保障工作的通知
（2011 年 6 月 13 日　司发通〔2011〕101 号） …………………………………（247）
关于组织开展第二届全国“十佳法律援助单位　十佳法律援助
工作者”社会评选活动的通知 ………………………………………………………（250）
关于加强“十二五”时期司法行政服务残疾人工作的意见
（2011 年 10 月 19 日　司发通〔2011〕226 号） ………………………………（252）
关于印发《法律援助事业“十二五”时期发展规划》的通知
（2011 年 11 月 1 日　司发〔2011〕15 号） ………………………………………（255）
关于表彰 2010—2011 年度优秀法律援助论文的通报
（2011 年 11 月 1 日　司援字〔2011〕7 号） ……………………………………（261）

关于报送全国“12348”法律服务热线工作基本数据的通知
（2011年11月8日　司发电〔2011〕85号）…………………………（266）
关于做好中加法律援助合作项目的通知
（2011年12月29日　司办通〔2011〕105号）………………………（274）
二、2011年《中国法律援助》总目录 ……………………………………（275）
三、2011年司法部法律援助工作司《法律援助工作简报》目录 ………（286）
四、2011年司法部法律援助中心《法援中心快报》目录 ………………（289）

第九部分　理论研究

英国法律援助制度及借鉴意义/司法部法律援助管理干部赴英国培训团 ……（290）
坚持改革创新推动法律援助工作再上新台阶/孙剑英 ……………………（303）
试论法律援助咨询与预防和减少突发社会安全事件的关系/贾午光 ………（309）
英格兰和威尔士法律援助工作经验概述/郭　婕 …………………………（314）
第九届国际法律援助组织会议综述/夏　慧 ………………………………（320）
安徽省法律援助政府责任落实情况调研报告/安徽省司法厅调研组 ………（328）
法律援助提供模式现状及发展方向初探/江苏省南通市法律援助中心 ……（331）
对进一步加强法律援助工作的几点思考/蒲皆祜 …………………………（336）
我国刑事法律援助制度改革若干问题探讨/肖沛权 ………………………（342）
法律援助案件申请审核机制研究/李立家 …………………………………（348）
刑事法律援助在我国的发展瓶颈及完善/冯晓爱 …………………………（351）
关于法律援助规范化建设的实践与思考/秦　伟 …………………………（354）
建立和完善法律援助质量监督体系对策研究/杨秀环　杨秀琚 ……………（360）
构建合理的法律援助经济困难标准/吴佩珠　胡先文 ……………………（363）

第十部分　其　　他

一、各省、自治区、直辖市法律援助机构地址，处长、副处长
（主任、副主任）名单 ……………………………………………………（369）
二、各省、自治区、直辖市法律援助机构《中国法律援助年鉴》
联络员名单 ………………………………………………………………（372）

第一部分　全国法律援助工作概况

2011年，全国各地法律援助机构认真贯彻党的十七大、十七届三中、四中、五中、六中全会精神，坚持以邓小平理论和“三个代表”重要思想为指导，深入贯彻落实科学发展观，认真贯彻落实全国法律援助工作座谈会精神，按照司法部的统一部署，围绕做大做强做优法律援助事业，积极探索推进法律援助工作的新思路、新举措，着力解决发展中的突出问题，认真做好服务困难群众的各项工作，取得了显著成绩。

一、积极开展创先争优和主题教育实践活动。根据司法部统一部署，各地积极开展“发扬传统、坚定信念、执法为民”主题教育实践活动与创先争优活动，坚持以党建促队建，提高了党员干部的思想政治水平。司法部政治部张彦珍主任将内蒙古自治区赤峰市法援中心确定为主题教育实践活动联系点，中央和国家机关创先争优活动领导小组有关领导赴北京市朝阳区法援中心调研为民服务创先争优活动开展情况，推动了为民服务创先争优活动的深入开展。各级法律援助机构“学十佳比业绩，争当优秀服务标兵”，积极开展“便民服务示范窗口”创建活动，困难群众对法律援助工作的满意度不断提高。

二、全国法律援助工作座谈会推动了新形势下法律援助工作的开展。2011年10月，司法部在安徽合肥召开全国法律援助工作座谈会，吴爱英部长出席会议并作重要讲话。会议全面总结了近年来法律援助工作取得的成绩和经验，深刻阐述了做好新形势下法律援助工作的重要意义，鲜明地提出做大做强做优法律援助事业是当前和今后一个时期法律援助工作发展的主线，明确了法律援助工作的发展方向和基本任务。

三、“十二五”时期法律援助事业发展规划明确了发展目标和基本原则。为贯彻落实《国民经济和社会发展第十二个五年规划纲要（2011—2015年）》“加强法律援助”工作的要求，司法部制定了《法律援助事业“十二五”时期发展规划》，明确了“十二五”时期法律援助工作的指导思想、发展目标和基本原则，提出了“十二五”时期法律援助工作的主要任务和措施。全国有20个省（区、市）将法律援助工作纳入本地区“十二五”时期发展规划。

四、法律援助专项调研成果突出。围绕加强和改进法律援助工作，2月下旬至3月上旬，司法部组成3个调研组赴山东、浙江、贵州等6省开展实地调研，同时委托山西、内蒙古等10省（区、市）及部分地市开展调研，向部党组提交了专题调研报告。通过调研，掌握了当前法律援助工作的开展现状，特别是对法律援助存在的问题，如供需矛盾突出、保障基础薄弱、工作人员短缺等情况有了更深入的了解，研究提出了对策措施，并通过专项工作部署、经验推广、规章制定等形式对调研成果进行了充分运用，同时将其作为谋划2012年法律援助工作的实践依据。就进一步加强农民工、残疾人等重点人群法律援助工作，深入辽宁、河北、四川等地开展调研，研究提出了有针对性的指导意见。围绕加强涉军法律援助工作，会同总政司法局深入陕西、河南等地调研，研究新形势下涉军法律援助的对象、范围和条件、服务方式等问题，积极维护国防利益和军人军属合法权益。

五、法律援助便民服务工作不断推进。一是召开全国“法律援助便民服务”主题活动总结电视电话会议。赵大程副部长作了重要讲话，对加强便民服务设施建设、提高服务质量和水平、建立健全便民服务长效机制等提出明确要求。二是加大特殊群体和重点人群法律援助工作力度。司法部下发了《关于进一步做好农民工权益保障工作的通知》《关于加强“十二五”时期司法行政服务残疾人工作的意见》等指导性文件，就加强农民工和残疾人等法律援助工作进行安排部署。三是各地继续扩大法律援助覆盖面。各地重视建立健全法律援助经济困难标准和补充事项范围动态调整机制，上海、湖南、湖北、海南、青海等地对经济困难标准和补充事项范围进行了调整，其中上海将法律援助经济困难标准由现行低保线的1.5倍调整为低收入标准，使法律援助惠及更多困难群众。四是加快推进法律援助便民服务基础设施建设。各地积极推进法律援助便民窗口规范化建设，在方便人员往来的临街、一层地方设立接待场所，方便困难群众寻求法律援助。北京、宁夏、江苏和陕西等地出台指导意见，对加强便民服务窗口建设提出明确要求。五是指导开展专项服务活动。各地积极搭建服务平台，丰富工作载体，努力为困难群众提供优质高效便捷的服务。吉林、陕西、青海、广西、辽宁、浙江、江苏、四川等10多个省份开展以“幸福·尊严 法律援助应援尽援”、法律援助“三秦行”、“法律援助进万村”、“法律援助环省行”等为主题的专项活动，有力维护了困难群众的合法权益。

六、法律援助物质保障能力显著增强。各地不断加大经费投入力度，经费保障水平明显提高。财政部加大了中央财政转移支付力度，2011年中央补助地方法律援助办案专款由1亿元增至2亿元，中央专项彩票公益金法律援助项目资金由5000万元增至1亿元。地方各级政府财政拨款不断增加，全国90.6%的地方将法律援助业务经费纳入财政预算，21个省（区、市）建立了省级法律援助专项资金，山东、广东、广西、辽宁、湖北等10余个省（区、市）建立了死刑二审法律援助案件专项经费、农民工法律援助案件专项经费。北京、陕西、江西、上海修订法律援助经费使用管理办法或办案补贴标准，大幅度提高法律援助经费保障标准和办案补贴标准，将接待咨询补贴、信息化建设等增列为经费开支项目。积极推进法律援助经费保障及业务装备建设，与计财司共同召开“法律援助经费保障和业务装备建设座谈会”，对提高法律援助经费保障能力、加强法律援助业务装备建设、加强经费使用监督管理提出明确要求。

七、法律援助制度建设稳步推进。司法部积极推动涉及法律援助法律法规的修改完善，就完善《刑事诉讼法》《民事诉讼法》等提出立法建议。加强法律援助专门立法前期调研和相关准备工作。加快出台配套规章制度，司法部下发了《关于加强法律援助经费使用监督管理工作的意见》，进一步修改完善了有关法律援助案件办理工作的部颁规章。各地大力加强规章制度建设，湖南、湖北和甘肃新修订或制定了地方条例，四川、重庆出台多项规章制度。截至目前，全国已有28个省（区、市）修订或制定了地方性法规规章，法律援助制度化水平进一步提高。

八、法律援助监管水平进一步提高。一是大力推进省级法律援助管理机构建设。全国已有28个省(区、市)司法厅(局)成立了法律援助管理工作机构,充实了管理工作力量,法律援助监管职能进一步强化。二是加快信息化建设步伐。各地积极落实法律援助信息化建设资金,加大硬件建设投入,建立和完善相关制度。目前,全国已有100%的省级、89%的地市级和81%的区县级法律援助机构使用法律援助信息管理系统。三是做好法律援助执法考评、案件评查和投诉处理工作。各地积极建立法律援助案件评查工作机制,加强案件质量管理。司法部认真研究制定《法律援助投诉处理办法(讨论稿)》,规范投诉处理工作。四是深化法律援助联系点工作。司法部加大对首批确定的18个省(区、市)32个联系点的工作指导力度,适当增加调整联系点,优化联系点分布构成。召开联系点暨法律援助案件评查工作座谈会,对有关工作进行部署。

九、法律援助宣传工作卓有成效。一是围绕年度法律援助工作重点,充分利用各种传统新闻媒体及互联网等现代化传播手段,积极创新和拓展法律援助宣传工作,努力提高法律援助宣传服务困难群众的工作水平。在《法制日报》《中国日报》等以专版形式反映“法律援助便民服务”主题活动取得的成绩、法律援助“十二五”时期发展规划的重点内容等工作情况;与《农民日报》合作,充分利用该报在农村地区的社会影响和资源优势,刊载了40期“法律援助便民服务司法行政惠及农民专栏”和10期“法律援助月刊”,认真解答农民、农民工在实际生活和务工中遇到的法律问题,并请法律专家支招和提出法律建议,介绍法律援助常识,对典型案例进行深入分析等,受到了农民群众的欢迎;和央视社会与法频道推出品牌节目“法律援助在行动”,连续播出61期;与央视新闻频道共同策划拍摄“法律援助当中达灰”“法律援助照亮生命的尊严”等专题节目并在《焦点访谈》等栏目播出。

二是精心组织法律援助“双十佳”社会评选活动,邀请人民网、央视网、普法网对社会评选活动启动仪式进行现场图文直播,评选期间点击率达上千万人次,扩大了法律援助的社会影响。在中央人民广播电台新闻高峰时段播放针对农民工等群体的法律援助公益广告,提高了法律援助知晓率。

三是继续深化公共法律教育活动,针对农村困难群众、残疾人、老年人的法律需求,研制开发了《农民工法律援助服务手册》《残疾人法律援助服务手册》和《老年人法律援助服务手册》,各印制10万套共计300余万册发送到各地法律援助机构,供有法律需求的群众免费取阅,帮助他们提高自我维权能力。至此,涵盖农民工、妇女、未成年人、老年人、残疾人五大类困难群众的服务手册全部开发印制完成。认真贯彻落实中央和司法部关于组织开展新一轮对口援疆援藏工作的重大决策部署,深入调研了解有关省区少数民族地区困难群众的法律需求,联合当地法律援助机构研发出了适合新疆、西藏和青海少数民族特点的公共法律教育宣传品,免费印制发放给少数民族群众学习使用,推动少数民族地区公共法律教育工作。积极组织人员采访编辑了第三册《大爱——走进中国法律援助工作者》,更加全面和深入地反映和宣传法律援助先进工作者的生活、学习和工作,展现了法律援助工作者的良好精神风貌。策划编辑出版反映“十一五”时期全国法律援助工作成就的《法律援助在中国》中英文画册。

四是《中国法律援助》杂志的编辑质量和发送速度、“中国法律援助网”网站的网页内容更新速度和点击率进一步提高,在及时反映全国法律援助工作最新动态、交流法律援助工作经验和开展法律援助宣传方面发挥了积极作用。积极开展对外宣传，配合外交部组织外国记者对法律援助工作开展专题采访活动，取得良好效果。

十、法律援助培训工作进一步加强。认真贯彻落实部领导关于加大法律援助干部队伍教育培训力度的要求，努力提高法律援助队伍素质，为法律援助工作提供高素质人才保障。2011 年举办了全国法律援助处长和中心主任培训班，提高了法律援助管理干部的政治素质和业务水平。认真执行"中东部省份法律援助轮训计划"和"全国法律援助律师业务技能培训计划"，先后举办了 8 期法律援助管理技能培训班，对北京、天津、上海、海南、湖北、福建、河北、黑龙江、湖南、山东、江苏 11 省市法援中心主任进行了全员轮训。举办了 1 期"西部省份法律援助律师业务技能培训班"，对西部 12 省区市法律援助律师进行了专题培训，共培训 1310 人次，培训 208 课时，培训 30560 学时。积极顺应形势要求和各地培训需求，加大新课件开发力度，在每期培训班上探索性地增加了法律援助项目管理、法律援助工作中的心理学问题、社会工作方法在法律援助工作中的应用、依法应对突发事件等新型课程，对提高法律援助人员的自我心理调节能力和对受援人的心理疏导能力，增强法律援助工作者做好社会工作和群众工作的能力，增强法律援助人员应对突发事件的能力起到了积极作用，受到了广泛欢迎。认真组织编印《2010 年度各地培训工作数据资料汇编》，总结分析各地开展法律援助培训工作，探索法律援助培训工作的特点和规律，为更好地做好新形势下法律援助培训工作积累了经验和资料。开展省级法律援助统计工作专项培训，提高了统计工作水平。组织法律援助管理干部培训团赴英国培训，学习了解英国法律援助的有关制度、做法和经验。

十一、"12348"法律服务热线工作思路进一步明确。深化热线工作研究。采取利用举办培训机会组织人员到有关省市实地调研和发放工作情况及数据统计表等形式，继续深入了解和分析各地开展"12348"法律服务热线工作情况，形成了代部起草《"12348"法律服务热线工作的指导意见》的思路，为领导决策提供参考。积极推动各地热线平台建设工作。江西、陕西等地先后在全省范围内正式开通"12348"法律服务热线，上海、江苏、湖北、广西等地进一步规范了热线工作，在帮助群众获得免费法律帮助和选择合理的法律处理方式，帮助党委、政府更好地了解社情民意，预防和减少影响社会和谐稳定的源头性、根本性、基础性问题等方面发挥了重要作用。

十二、法律援助案件质量评估工作思路进一步完善。按照部领导要求，认真起草和修改了《关于开展法律援助案件质量评估工作的指导意见(送审稿)》，广泛征求各地和司法部各司局、各单位意见，为部领导决策提供更加科学的建议。积极配合司法行政系统开展执法执业考评工作，按照要求研究提出了法律援助管理工作评查意见。积极推进法律援助服务标准化建设，引导各地探索开展法律援助案件质量评估工作，完善案件质量评估指标，丰富评估办法，促进提高法律援助案件质量。

十三、法律援助理论研究工作进一步深入。认真组织开展法律援助理论研究征文评选表彰活动，成立了论文评审委员会，制定论文评选标准和打分表，按照实用性、创新性、逻辑结构、文字表达及学术规范 5 个指标，认真筛选和评审各地报送的 350 篇论文，从中评选出 100 篇优秀论文并予以通报表彰，调动了法律援助人员参与法律援助理论研究的热情和积极性。顺利召开 2010—2011 年度全国法律援助研讨会，深入交流和推广法律援助理论研究成果，积极探索做好新形势下法律援助工作的新思路、新举措，为进一步推进法律援助工作提供了有力的理论支持。编辑出版了由赵大程副部长作序的《法律援助制度改革与发展——2010—2011年度全国法律援助征文选辑》一书共3500册，免费发放至市县一级法律援助机构，供广大法律援助人员、法律专业学者和社会各界读者参考。积极探索开展法律援助学科建设，丰富法律援助理论研究内容，为提升法律援助理论话语权和社会影响力打好基础。

十四、法律援助国际项目交流与合作工作进一步活跃。积极加强与加方执行机构和商务部的协调沟通，组织召开了“中加向弱势群体提供法律援助项目中方启动会”，指导辽宁、吉林、云南三省法律援助机构会同加方执行机构，认真研究制定中加法律援助项目二期执行计划，项目执行开局良好。在商务部和部外事司的指导协调下，积极与欧盟及其驻华代表团就“获得法律援助项目”、与联合国计划开发署等机构就法律援助人员能力建设项目开展协商谈判，达成合作意向。组团参加了“国际法律援助组织”在芬兰召开的“第九次国际法律援助会议”并提交了《中国法律援助工作情况报告》，组团赴香港参加“两岸四地法律援助研讨会”，派员参加了联合国经社理事会会议参与修改联合国关于刑事法律援助工作的文件，扩大了我国法律援助界与国外、境外法律援助同行的交流，在国际上宣传了我国的法律援助制度。认真选辑和翻译国外法律援助机构正在执行和使用的法律援助制度规定、工作规划、提供标准、质量保证、同行评估和值班律师等方面的最新资料，编印了《国外法律援助资料汇编》发放至各省级、地市级法律援助机构，受到了各地广泛欢迎。编译《国外境外法律援助信息》内部资料，供领导决策和各地工作参考。

第二部分　各省、自治区、直辖市法律援助工作概况

北京市法律援助工作概况

2011年，北京市各法律援助机构按照市司法局工作总体部署和全市法律援助工作会议要求，以将法律援助“做大、做强、做优”为目标，以法律援助“三进”活动和规范化专项活动为抓手，以创先争优等主题活动为载体，进一步规范法律援助行为，深化便民服务措施，健全完善工作机制，加大宣传力度，不断满足困难群众的法律援助需求，为建设世界城市和维护首都社会和谐稳定作出了积极贡献。全年全市法律援助机构共接待（接听）来访、来电法律咨询22.6万人次。承办法律援助案件15066件，同比增长2%。其中，刑事法律援助案件3357件，民事法律援助案件11688件，涉及金额2.8亿元。农民工法律援助案件9472件，涉及金额1.94亿元。

一、向市政府常务会议汇报工作，得到领导充分肯定

11月1日，在《北京市法律援助条例》实施满两周年之际，市政府常务会议听取了《北京市法律援助条例》实施情况汇报。于泓源局长就全国法律援助工作座谈会精神和《北京市法律援助条例》实施以来的情况作了汇报，并建议将法律援助纳入基本公共服务范畴、进一步拓展法律咨询平台。郭金龙市长在讲话中充分肯定了法律援助工作，认为法律援助工作开展得很好，并强调法律援助是一项基础性工作，将法律援助纳入基本公共服务范畴，有利于更好地维护群众合法权益，各级政府要高度重视，进一步做好法律援助工作，切实维护群众合法权益和社会和谐稳定。

二、创新服务举措，深入开展法律援助“三进”活动

全市法律援助工作紧紧抓住满足困难群众需求这条主线，发挥法律援助贴近基层、贴近生活、贴近群众的优势，重心下移、阵线前移，积极开展法律援助进企业、进社区、进村庄活动160余场次。其中，针对基层群众举办法律援助讲座80余场次，开展大型法律援助宣传活动30余场次，其他各类宣传活动40余场次，发放各类法律援助宣传材料26万余份。在大型上市公司顺鑫农业集团建立法律援助工作站、在北京市东风机车电器厂等企业建立法律援助维权岗；聘请社区人员、企业职工和接受过法律援助的人员为法律援助联络员，建立定期反馈制度，了解需求，增强工作的针对性和有效性。为残疾人发放盲文版《北京市法律援助条例》；与中央电视台社会与法频道《法律讲堂》栏目合作，播出系列节目“法律援助在行动”39期，在北京人民广播电台《法治北京》

栏目建立固定专栏，播出45期，受到群众的普遍好评。

三、加强规范化建设，健全完善工作机制

（一）出台《北京市司法局关于加强法律援助机构规范化建设的意见》。确定了3大类17项建设标准。一是基础设施设备配备标准，包括场所设置、办公面积、办公设备、功能区划分、业务设备、政务公开设备、群众监督设备等7项标准；二是人员、岗位和服务标准，包括人员要求、岗位设置、服务规范、服务时间、人员培训等5项标准；三是法律援助机构工作制度标准，包括制度建设、便民服务制度、应急处置制度、评价制度、立卷归档制度等5项标准。

（二）出台《北京市司法局关于加强和规范乡镇街道法律援助建设的指导意见》，明确了工作站工作职能，包括宣传法律援助制度、接受法律援助申请并进行初审，对符合条件的申请，向区（县）法律援助中心报批职责等。

（三）制定《北京市司法局法律援助业务档案立卷归档办法》，明确了立卷内容、归档要求、保管期限等，为质量监督卷宗评查提供了依据。

（四）与市公安局联合出台《关于加强侦查阶段法律援助工作的意见》。首先，明确了公安机关对经济困难犯罪嫌疑人申请法律援助的告知义务，有效启动了在押犯罪嫌疑人申请法律援助的程序。其次，明确了公安机关和司法行政机关受理、代转的责任部门，将权责落到实处。再次，细化了法律援助申请、转交、审批、权利救济的流程，大大增强了申请人获得法律援助的可操作性。最后，制定了11种格式文书，增强了衔接工作的规范性。《意见》的出台，进一步完善了刑事侦查阶段法律援助工作机制，增强了法律援助在刑事司法体制机制中的作用。

（五）与市民政局等单位联合下发《关于在救助管理机构开展家庭暴力受害人救助工作的实施意见》，为受到家庭暴力的困难妇女提供法律援助。《意见》明确了各部门在救助机构开展家庭暴力受害人救助工作的职责分工和相互配合机制，规定区县司法行政机关负责为符合法定条件的家庭暴力受害人提供法律援助。《意见》的出台，对依法维护妇女儿童合法权益具有积极作用。

（六）出台《北京市法律援助补贴办法》，大幅提高补贴标准，规范本市法律援助补贴行为。《补贴办法》着重调整法律援助案件的补贴标准，规范群体性案件的补贴发放，并建立物价指数发生较大变化下的动态调整机制。《补贴办法》的出台，对进一步调动律师参与法律援助的积极性、主动性和提高法律援助案件质量具有重要作用。

四、深化便民服务措施，畅通服务渠道

（一）健全服务网络。完成建设“街道（乡镇）法律援助工作站100%、社区（村）法律援助联络点100%”的目标，困难群众可就近获得方便优质的法律援助。积极协调信访、劳动保障、法院及其他与困难群众密切联系的部门，建立协调机制，引导有需求的群众申请法律援助。

（二）畅通申请渠道。鼓励法律援助服务人员向在执业过程中发现的、符合法律援助条件的困难群众告知有申请法律援助的权利，或者代为申请法律援助。对老、弱、病、残等行动不便的困难群众推行上门受理等服务方式。

（三）积极探索并推广“点援制”。为方便群众自主选择律师，增强选任律师的直接性、针对性，市级及丰台、顺义、大兴、怀柔区等法律援助中心已经开展点援制。公开招募对法律援助有热情、对困难群众有感情、具有一定专业水准的律师，制作法律援助志愿律师名录，通过办公场所、网络等途径向社会公开，由受援人从中选择律师提供服务，提高法律援助服务的针对性和满意度。北京市法律援助中心于2011年初向社会公开招募志愿律师，根据设定条件选定律师527名，制作了2011年度法律援助志愿律师名录，涉及刑事、民事、行政、未成年人等4大类10个领域。目前，该名录在接待大厅LED屏、办公场所和北京市法律援助网上同步，群众可以根据需要自主选择律师。

五、开展专项维权活动，不断提升服务水平

（一）在全市开展了“法律援助携手农民工为构建社会和谐助力”专项维权活动，开通了农民工维权热线，“一站式”服务、“点援制”选择律师方式等九项便捷措施。为壮大活动声势，举行了法律援助农民工现场会暨农民工讨薪款发放仪式，现场为农民工发放讨薪款50余万元。司法部法律援助工作司司长孙剑英、司法部法律援助中心主任贾午光、市司法局局长于泓源、副局长郑振远等出席会议。中央电视台、新华社等国家级新闻媒体均在当天报道了此次活动；中央人民广播电台《中国之声》、北京人民广播电台《警法在线》等广播媒体均播出了现场连线报道，让首都市民第一时间了解到此次活动；《法制日报》《北京晚报》《京华时报》等十余家都市媒体也都高规格刊发了图配文消息。中央电视台英文频道首次播发了北京市法律援助工作，法律援助工作的影响力和认可度进一步提升。

（二）加强对残疾人、老年人等特殊群体的专项维权活动。在第21次全国助残日期间，与市残联等部门联合下发了《关于开展第21次全国助残日活动的通知》，在全市范围内开展残疾人法律援助维权活动。重阳节期间开展老年人专项维权活动，为老年人上门提供法律援助。

（三）开展法律援助进监狱活动。组织丰台、通州等法律援助中心与清河分局所属监狱“结对子”，举行法律援助进监狱签约仪式，对服刑人员提供法律帮助，实现法律援助进监狱的全覆盖。

此外，在“八一”建军节前后，东城、昌平、顺义等区还开展了为驻京部队服务活动。

六、树立典型、开展培训，加强法律援助队伍建设

（一）开展评先活动。一是表彰法律援助便民服务活动先进集体和先进个人。为总结全市法律援助便民服务成效，树立典型，对在法律援助便民服务活动中表现突出的北京金杜律师所等30个集体和北京致诚农民工法律援助与研究中心主任佟丽华律师等51名个人给予表彰，增强了律师等法律服务人员参与法律援助工作的责任感和荣誉感。二是完成评选推荐第四届全国法律援助先进集体、先进个人和第二届全国十佳法律援助集体、十佳法律援助工作者工作。

（二）开展法律援助精品案例推选工作。组织了全市法律援助优秀案例推选工作，市法律援助中心承办的《被诉故意杀妻法律援助为其无罪辩护》等案例被司法部评为全国法律援助百优案例。

（三）开展全市法律援助工作调研。为适应新形势新任务，研究提出当前和今后一个时期加强和改进法律援助工作的目标任务、政策措施，推动形成有利于法律援助工作深入发展的外部环境。组织了全市范围的法律援助调研工作，调研成果获得了司法部肯定，并在全国论文研讨会上发言。

（四）开展多种形式的业务、综合培训。以工作例会、专题会等形式开展业务培训，进一步提升了工作能力和水平。

七、加强宣传，提升法律援助知晓率和社会影响力

（一）开展法律援助问卷调查。设计制

作了《法律援助调查问卷》，就法律援助的群众知晓率、社会影响力和居民对援助工作的认知情况开展了问卷调查。

（二）在全市开展了以“开展法律援助　建设世界城市”为主题的宣传月活动。组织法律援助人员在繁华街区和集贸市场、重点工程工地等人员密集地段开展《北京市法律援助条例》大型咨询宣传活动。法援处、市法援中心和律师代表一起到北京人民广播电台录制专题节目，重点介绍法律援助“三进”工作，现场回答听众提问，进一步提升了法律援助服务为民的认知度。

（三）接受国外媒体采访和欧盟官员参观座谈，宣传全市法律援助工作。市社会组织法律援助机构接待了来自美国等6个国家20名记者的采访，向国际社会展示了我国人权保障的成就和公正司法的良好形象，全市法律援助工作受到了一致称赞。欧盟官员在参观市法律援助中心时，看到满墙的锦旗和橱窗里的奖杯，动情地说：“法律援助中心能得到公民和政府的双重肯定，说明北京法律援助工作做得十分出色。”

（四）与中央电视台社会与法频道《法律讲堂》栏目合作，播出系列节目“法律援助在行动”39期，在北京人民广播电台《法治北京》栏目建立固定专栏，播出45期法律援助专题，受到了群众的普遍好评。

（五）在《法制晚报》“法援之手”栏目每周推出法律援助典型案例，通过以案说法的形式宣传法律援助。

八、完成其他工作

一是圆满完成了市人大代表和市政协委员提出的有关法律援助工作的8件议案、提案，向人大代表和政协委员当面征询意见，他们对答复意见非常满意；二是完成《北京法律援助工作志》（1997—2010年）资料收集和初写工作。该工作志内容涵盖了自1997年成立市法律援助中心至2010年的主要工作内容。

北京市法律援助工作大事记

1月18日，市司法局在市法律援助中心举行“法律援助农民工现场会暨农民工讨薪款发放仪式”。司法部法律援助工作司司长孙剑英、司法部法律援助中心主任贾午光、市司法局局长于泓源、副局长郑振远和北京市律师协会副会长周塞军出席仪式。郑振远副局长介绍了全市开展法律援助农民工维权活动情况，市法律援助中心主任王学法、市致诚农民工法律援助与研究中心主任佟丽华律师作典型发言。法律援助律师现场为农民工发放讨薪款50余万元。出席仪式的领导还向农民工赠送了法律援助书籍和宣传资料。

2月18日，市司法局副局长郑振远到海淀区法律援助中心调研，视察了海淀区法律援助中心接待大厅，仔细询问了案件办理、接待咨询、便民措施和工作人员情况等。随后听取了海淀区法律援助工作汇报，并与大家进行座谈。

根据司法部统一部署，市司法局法律援助工作处认真组织全国法律援助百优案例推选工作。截至2011年2月20日，共收到全市17家法律援助中心推荐案例37篇。综合考虑承办结果、案件事由和社会影响等因素，市局法援处推选市法律援助中心指派的《被诉故意杀妻法律援助为其无罪辩护》等8篇案例报送司法部法援司。推荐参评的8件案例，涵盖了请求支付劳动报酬，请求发给救济金，铁路交通事故、工伤事故和雇员受伤等事故请求人身损害赔偿，因家庭暴力请求刑事附带民事赔偿等事项，以及可能判处死刑指定辩护案件和未成年被告人指定辩护的刑事案件。

2月24日，市司法局召开全市法律援助工作会议，总结了“法律援助便民服务”活动开展以来的工作，表彰法律援助先进集体和个人，并部署下一步工作。司法部法律援助工作司副司长王军益，市司法局局长于泓源、副局长郑振远和市律师协会会长张学兵出席会议。郑振远副局长宣读了市司法局对全市法律援助先进集体和先进个人进行表彰的决定，与会领导为先进集体和先进个人代表颁奖，并为公益性法律服务律师代表佟丽华、黄乐平律师颁发突出贡献奖，朝阳区司法局等先进集体和个人代表作典型发言。

3月2日，市司法局法援处、办公室外宣办与北京人民广播电台新闻台《警法在线》栏目共同策划制作了专题直播访谈节目，对《北京市法律援助条例》实施两周年进行宣传，同时，也向广大听众全面介绍了北京市的法律援助工作和全市“开展法律援助　建设世界城市”主题宣传月活动。法援处、市法援中心公职律师和北京致诚农民工法律援助与研究中心主任佟丽华参加访谈节目。节目还介绍了法律援助工作的意义、办理案件类型、审批手续以及《北京市法律援助条例》实施两周年取得的成效，介绍了下一步法律援助工作重点和2011年开展的法律援助“进企业、进社区、进村庄”活动。佟丽华作为公益律师代表畅谈了从事法律援助工作的感受，结合案例阐述法律援助工作的重要性。

3月15日，市司法局法援处、计财处、市法援中心负责人与市财政局行政政法处负责人就提高法律援助补贴标准进行商谈。市司法局就全市法律援助工作情况、目前补贴标准执行情况以及需要调整补贴标准的必要性和调整标准等作出说明。双方就市司法局起草的《北京市法律援助补贴办法（代拟稿）》逐条进行商讨，就《补贴办法》个别条款交换了意见并达成一致。

3月16日，市司法局副局长郑振远到市法律援助中心调研，询问了“两会”期间在案件办理、接待咨询等方面的情况，听取市法援中心“两会”期间工作的汇报，对市法援中心“两会”期间的工作给予充分肯定。

3月下旬，根据司法部要求，市司法局组织开展了全市范围的法律援助调研工作。各区县司法局组织精干力量，充分听取各方意见，总结经验，摸清情况，找准问题，调研报告内容全面、数据准确严谨、反映问题实际、分析深入透彻，是全市法律援助工作的一次大总结大排查。市司法局将朝阳、石景山、门头沟、丰台等区县优秀调研报告报送司法部。

4月13日，顺义区司法局与北京工业大学耿丹学院共建教学实践基地签约暨法律援助工作站揭牌仪式在耿丹学院举行，市司法局副局长郑振远出席揭牌仪式并讲话。顺义区司法局局长闻广平，耿丹学院常务副院长吴国蔚等领导及师生共计300余人参加了揭牌签约仪式。北京工业大学耿丹学院法律援助工作站的设立，旨在建立高校与司法局交流与协作机制，工作站将聘请学生作为志愿者参与法律援助工作。

4月20日，东城区司法局举行“法援助残保权益、辅具相伴促和谐”——盲文版《北京市法律援助条例》赠送暨残疾人辅具配发仪式。司法部法律援助工作司副司长王军益、市司法局副局长郑振远、东城区政府副区长宋甘澍、市残联福利基金会秘书长李雪梅、东城区司法局局长李利平等出席仪式，百余名残疾人代表和律师代表参加仪式。

5月16日，市司法局印发《关于规范街道（乡镇）法律援助工作站建设的指导意见》。《意见》规定，区（县）司法行政机关应当依托街道（乡镇）司法所设立法律援助工作站，工作站在区（县）法律援助指导科（中心）指导和监督下开展工作。《意见》明确了工作站的工作职责，包括宣传法律援助制度、接受法律援助申请并进行初审、对符合条件的申请向区(县)法律援助中心报批等六项职责。

5月31日,市司法局副局长郑振远出席全市法律援助工作例会,听取各区县工作汇报。他肯定了各区县的工作,并要求各单位认真研究法律援助工作的特点和规律,做好法律服务"三进"工作,加大服务为民力度,努力实现全年法律援助"应援尽援"的工作目标。

6月27日,市司法局印发《关于加强法律援助机构规范化建设的意见》。《意见》提出,2012年年底前,力争完成全市法律援助机构规范化建设任务的工作目标,明确了法律援助机构基础设施设备配备标准,人员、岗位和服务标准,法律援助机构工作制度标准等3大类共15项标准。为推动法律援助机构规范化建设,市司法局将组织评选活动,对考核合格批准为规范化法律援助机构的,由市司法局授予"规范化法律援助机构"称号并颁发标牌。

6月21日,顺鑫集团在总部举行法律援助工作站揭牌仪式,这是北京市法律援助首次进入上市公司。市司法局副局长郑振远,顺义区委常委、政法委书记周颖博,顺鑫集团党委书记、董事长李维昌,顺义区国资委,区司法局领导等出席仪式。郑振远指出,顺鑫集团法律援助工作站的成立是法律援助"三进"活动的一项重要内容,是法律援助工作服务企业发展、维护职工权益的重要形式,也是顺义区推进法律援助管理创新的一项新举措。他希望顺义区司法局和顺鑫集团发挥自身优势,加强沟通联系规范工作机制,创新服务举措,充分发挥工作站的作用,使工作站在依法维护职工合法权益,促进企业健康发展等方面发挥重要作用。

7月4日,市司法局与市公安局联合出台《关于加强侦查阶段法律援助工作的意见》(以下简称《意见》)。《意见》细化了侦查阶段法律援助的申请程序和方式。被羁押的犯罪嫌疑人向看守所提出法律援助申请,看守所应于当日将有关情况通知预审部门,由预审部门予以尽快办理。未被羁押的犯罪嫌疑人提出申请法律援助的,可自行向法律援助机构申请。对于未成年被害人及其法定代理人因经济困难或者其他原因没有委托代理人的,公安机关应告知其权利,并帮助其向法律援助机构转递申请。《意见》对法律援助机构的审查时限和援助方式作出规定:法律援助机构应在5个工作日内作出是否提供法律援助的决定。对因客观原因不能提供经济困难证明材料的,可以先行提供援助。律师接受法律援助指派后,应当在3个工作日内与公安机关办案单位联系,及时办理相关委托手续。《意见》还统一了侦查阶段法律援助工作各项法律文书的格式。

7月20日至21日,市司法局召开全市法律援助2011年半年工作会议。市司法局副局长郑振远,市法援中心主任以及各区县司法局主管局长、中心主任、法援科科长出席会议。会议对全市上半年法律援助工作进行了总结,朝阳区、丰台区、怀柔区、密云县司法局分别就上半年工作情况作经验交流。会议就法律援助"三进"活动、规范化建设等重点工作进行了研讨,并对下半年的工作进行了部署。

7月25日,市司法局与市民政局、市妇联等部门联合印发《关于在救助管理机构开展家庭暴力受害人救助工作的实施意见》(以下简称《意见》)。《意见》明确各部门在救助机构开展家庭暴力受害人救助工作的职责分工和相互配合,规定区县司法行政机关负责为符合法定条件的家庭暴力受害人提供法律援助。《意见》的出台,是市司法局深入开展法律援助"三进"活动的重要内容,对依法维护妇女儿童合法权益具有积极作用。

8月17日，市司法局副局长郑振远到石景山区司法局调研法律援助工作。他肯定了石景山区的法律援助工作，认为石景山区法律援助工作本着应援尽援的工作方针，“想群众所想、解群众所困”，采取有力措施，创新服务举措，为困难群众依法维权，取得了可喜成绩。他强调，要继续加大工作力度，巩固成绩，破解制约工作发展的难题，特别是要进一步加强法律援助三进工作和法律援助规范化建设，确保全年工作圆满完成。随后，郑振远视察了石景山区法律援助中心。

9月7日，市司法局局长于泓源到朝阳区法律援助中心调研，考察了朝阳区法律援助中心工作场所，翻阅相关工作资料，并询问了日常工作情况。于泓源对朝阳区法律援助中心几年来所做的工作给予高度评价，并鼓励法律援助工作人员鼓足干劲，不断进取，以饱满的精神为广大弱势群体提供法律帮助，为朝阳区法律援助事业贡献自己的力量。

9月19日，《北京市法律援助业务档案立卷归档办法》（以下简称《办法》）出台。《办法》共6章31条，包括总则、排列顺序、立卷编目和装订、归档、档案管理和附则。主要内容包括：明确法律援助档案类别、各类档案的归档顺序、保管机构、各类档案的保管期限。

9月22日至23日，市司法局召开2011年度法律援助社团组织工作会议。市司法局副局长郑振远出席会议，市妇联、市残联、市总工会、市建委、市教育工会主管法律援助工作的处长和法援分中心（工作站）负责人、北京致诚农民工法律援助与研究中心、北京青少年法律援助与研究中心、北京义联劳动法律援助与研究中心、北京大道法律援助与研究中心负责人和相关工作人员参加会议。会议总结了2011年全市社会组织开展法律援助工作的情况。各单位结合本部门实际，积极开展法律援助工作，在机构建设、制度建设、业务开展、对外交流等方面进行了探索，取得了较好成绩。郑振远指出，各单位结合实际，开展法援工作亮点纷呈，各具特色，成效突出，保障了社会弱势群体的合法权益，为维护首都和谐稳定作出了积极贡献。郑振远对做好下阶段工作提出了几点意见：一是统一思想，坚定信心，增强做好新形势下法律援助工作的责任感和使命感；二是利用自身资源，发挥自身优势，扎实开展各项工作；三是加强研究，加大宣传，扩大法律援助社会影响。

9月27日，海淀区司法局在香山公园东门举行“香山法律援助吧”——法律援助宣传屏揭幕仪式。市司法局副局长郑振远，海淀区副区长高祥阳出席揭幕仪式。郑振远在讲话中指出，设立法律援助宣传屏是海淀区推进社会管理创新、深化法律援助便民服务的一项新举措，更是法律援助“三进”活动的重要内容。他强调，在香山公园设立法律援助宣传屏，立意新，形式好，方便广大游客近距离了解法律援助，体现了法律援助服务为民的内在要求。仪式结束后，40余名律师和法律援助工作者现场为游客进行法律咨询活动，共接待法律咨询1000余人次，发放各类法律援助宣传材料20余万份。

10月11日至12日，全国法律援助工作座谈会在安徽合肥召开，于泓源局长作了题为“调动多方资源　加强质量监管　提升首都法律援助服务水平”的主题发言。第五次全国法律援助工作会议以来，北京市提升了法律援助服务水平。一是有效利用律师资源，实现由律师履行义务向择优提供服务转变。二是充分发挥社会组织作用，形成政府主导、社会广泛参与的工作格局。三是加强质量监管，有效提升服务质量和水平。

10月20日至21日，市司法局召开全市法律援助工作会议，传达全国法律援助工作座谈会精神，安排部署下阶段工作。市司法局副局长郑振远出席会议并要求：一是进一步提高经费保障水平和使用效益，尽快出台《北京市法律援助补贴办法》；市法律援助基金会多渠道筹措社会资金；加大经费监管力度，完善经费管理方式，严禁将法律援助经费与司法行政其他业务经费混同管理，严禁截留、挤占、挪用、挥霍浪费法律援助经费，杜绝虚报冒领、压低克扣、收受回扣、拖延支付办案补贴等行为。二是推进法律援助信息化建设，改善司法部法律援助信息管理平台的功能，将法律援助信息管理平台纳入市司法局信息化管理。三是通过加强事前防范、强化事中跟踪、推进事后监督等手段提高法律援助服务质量。四是针对特殊群体，开展“农民工法律援助专项维权活动”、法律援助进监狱活动等活动。五是开展法律援助规范化活动检查，完善便民服务措施。六是继续加强宣传，扩大法律援助影响力。郑振远要求各单位要紧紧围绕座谈会确定的各项任务，统筹兼顾、整体推进，突出重点、抓住关键，以重点工作的成效和关键环节的突破带动全局工作的发展。工作中要注重抓好五个结合：一是与法律援助“三进”工作相结合；二是与创先争优活动相结合；三是规范化专项活动相结合；四是与完成全年重点工作相结合；五是与提高管理能力和服务水平相结合。

10月26日，中组部干部三局局长喻云林率调研组一行到朝阳区法律援助中心调研创先争优工作，司法部副部长赵大程参加调研。司法部政治部副主任兼人事警务局局长卢恩光、司法部法律援助工作司司长孙剑英、市司法局副局长郑振远等陪同调研。调研组参观了法律援助中心接待大厅、法律援助接待室和“12348”法律咨询热线接待室以及农民工接待室，查看了电子显示屏、电子触摸屏、电子评价器等各种便民设施，详细询问法律援助工作情况。与会人员就法律援助中心的“一刻钟法律服务圈”、法律咨询工作、队伍建设、机构设置等问题进行了深入了解和座谈。郑振远副局长介绍了全市法律援助工作，特别是法律援助“三进”活动和规范化建设活动。喻云林充分肯定了北京市的工作，看到了创先争优工作在基层窗口的实践、创新与发展。喻云林认为，朝阳区法律援助中心建立了一支具有很强战斗力的队伍，党员充分发挥先锋模范作用，在“三亮三比三评”活动中立足本职岗位，行动迅速、工作出色，得到了群众的高度评价。喻云林局长指出，在下一步的工作中，法律援助中心应以“三亮三比三评”活动为载体，进一步关注群众需求、简化办事程序，顺民意、解民忧，切实为广大贫弱群众排忧解难。

赵大程副部长表示，这次调研活动，充分体现了中组部对司法行政部门创先争优工作的关心和重视，认为朝阳区法律援助中心以科学发展观为指导，认真贯彻中央相关部署，积极开展为民服务、创先争优工作，取得了显著成绩。朝阳区法律援助中心的主要做法有三点：一是高度重视、精心组织；二是明确任务、优质服务；三是践行承诺、规范服务。在三个方面形成了自己的工作亮点和特色：一是重视服务困难群体；二是重视提高服务质量；三是重视形成服务团队。赵大程副部长指出，今后全国法律援助系统应当进一步增强服务意识，进一步提高服务能力与水平、进一步提升服务质量与效率、进一步创新服务工作与方法，将法律援助中心建设成为困难群众温暖的家，将党和政府的关心和爱护传递给广大困难群体。

11月1日，市政府召开常务会议，听取市司法局局长于泓源《北京市法律援助条例》实施两年来的情况和全国法律援助工作座谈会精神的汇报。《条例》实施以来，法律援助覆盖人群进一步扩大，法律援助政府责任得到落实，多渠道经费保障机制进一步形成，法律援助行为进一步规范，与刑事司法制度的衔接更加紧密。2009 年以来，全市共办理法律援助案件 37076 件，涉及金额 3.7 亿元，提供法律咨询 47.4 万余人次，法律援助服务发展、维护稳定、保障民生的作用日益凸显。会议指出，将法律援助纳入基本公共服务范畴，有利于更好地维护群众合法权益。各级政府要高度重视，进一步做好法律援助工作，切实维护群众合法权益和社会和谐稳定。

11 月 16 日，市司法局副局长郑振远到密云县调研法律援助工作，听取了密云县法律援助工作汇报，参观了密云县法律援助接待场所。郑振远指出，密云县法律援助工作认真落实市局各项工作部署，结合实际，工作扎实、措施得力、成效显著，各项各类型案件大幅上升，很好地为弱势群体维护合法权益提供了保障。他希望密云县司法局要全面落实全国法律援助工作座谈会精神，充分发挥法律援助在党和政府主导的维护群众权益机制中的积极作用，针对明年工作，尽早谋划，按照新的补贴标准，不断探索新的工作机制和办法，一如既往地提高案件办理质量和水平，做到应援尽援。

11 月 22 日，市司法局副局长郑振远到昌平区调研基层司法所建设和法律援助工作。郑振远视察了昌平区东小口司法所和昌平区法律援助中心服务大厅，并分别听取昌平区司法局关于基层司法所建设和法律援助工作的汇报。郑振远对东小口司法所以"硬件带软件、以软件促硬件"的规范化建设和昌平区基层司法所立足本职、结合地区实际服务基层党委、政府和人民群众的工作给予了充分肯定，对昌平区法律援助工作在制度建设、窗口建设、便民服务举措、网络建设、服务质量等方面取得的可喜成绩给予高度评价，认为他们将法律援助的政府责任真正落到了实处。他强调，要充分发挥司法所和法律援助的职能作用，急政府之所急，想政府之所需，从不断满足群众的法律需求出发，进一步提升工作能力和水平，为社会和谐稳定和经济发展作出更大贡献。

11 月 23 日，市司法局副局长郑振远到大兴区司法局调研法律援助和基层工作，对大兴区法律援助工作和基层工作认真落实市司法局工作部署，结合本地实际，围绕中心、服务大局，工作扎实、措施得力、成效显著，为社会和谐稳定和经济发展作出的积极贡献给予充分肯定。他希望大兴区司法局不断巩固工作成果，创新服务举措，不断取得服务民生的新成效。

11 月 23 日，法律出版社和中国法律援助基金会向北京市法律援助基金会赠书暨发书仪式在大兴区黄村镇举行，法律出版社和中国法律援助基金会将价值近 100 万元的图书捐赠给市法律援助基金会，用以支持和推动北京市法律援助和公益法律服务事业的发展。中国法律援助基金会秘书长郑霞泽、法律出版社副社长孙志华、市司法局副局长郑振远、市法律援助基金会理事长史立森等有关领导出席，全市 16 个区县司法局和市法律援助中心代表参加了发书仪式。

11 月 29 日，市司法局副局长郑振远出席北京义联劳动法援助与研究中心（以下简称"义联"）"农民工维权及群体性事件处理工作经验交流暨义联成立四周年工作座谈会"，赞扬"义联"工作人员高度敬业、不求索取、不畏艰难、默默奉献的精神和义联为维护弱势群体权益所作出的努力。他肯定了"义联"在办理农民工维权案件过程中所具备的专业水平、较强的政治敏感性和社会责任感以及具有前瞻性的理论研究成果。他指出，义联法律援助作为政府法律援助的有益补充，发挥自身优势，急政府所急，解群众所困，依法为困难群众维权，为维护社会和谐稳定作出了积极贡献。他强调，要在工作中坚持维权和维稳相结合，注重运用调解手段化解矛盾纠纷，做到案结事了，尽早实现受援人权利。他还勉励义联工作人员在今后工作中再接再厉，不断取得新成绩。

12 月 12 日，市司法局副局长郑振远到丰台区司法局检查法律服务“三进”工作。丰台区司法局法律服务“三进”工作围绕“南城行动计划”，坚持贴近中心、贴近基层、贴近群众的工作方针，认真组织部署，组建了“丰台区法律服务团”，建立了法律服务联动机制。发起法律接力活动，62 家律师事务所先后与 300 家企业签订法律顾问协议。举办法律讲座 60 余次，在东风机车电器厂成立“残疾人法律援助维权岗”，建立“一刻钟村镇法律服务站”等。加强重点区域矛盾纠纷攻坚调处工作，调解各类纠纷 50786 起，调解成功率达 98.4%。郑振远充分肯定了丰台区司法局的工作，并要求认真做好年底各项工作的收尾总结，确保全年工作圆满完成。

2011 年，市法律援助中心坚持广泛传播、持之以恒的工作方法，加大法律援助宣传力度，继续与中央电视台社会与法频道《法律讲堂》栏目合作，将反映法律援助律师办案的系列节目《法律援助在行动》办成了长期持续性节目，取得了很好的社会效果。

（北京市法律援助工作处）

天津市法律援助工作概况

2011 年，天津市法律援助工作连续第三年被列入市政府 20 项民心工程，年度工作目标为“建成覆盖全市的法律援助信息服务平台，联通全市 20 个法律援助机构和 242 个司法所法律援助工作站，24 小时提供网上法律咨询服务、受理法律援助申请”。市法律援助中心围绕该工作目标，认真部署，落实责任，推进各项工作全面展开。全年全市共办理法律援助案件 4865 件，其中刑事案件 726 件，民事案件 4133 件，行政案件 6 件。挽回损失或取得利益 5248.43 万元。

一、领导重视，形成有利于法律援助发展的良好格局

（一）改善办公环境，便民服务大厅投入使用。7 月，市法律援助中心迁入新址办公，专门设置了 300 平方米的便民服务大厅作为法律援助便民服务的对外窗口。服务大厅内每天有律师值班，负责接听法律援助热线电话，接待群众来访咨询，现场申请法律援助等工作。服务大厅门前设置了残疾人无障碍通道，大厅内摆放了电子显示屏用于法律宣传和信息发布，报刊架上放置了法律援助宣传画册供群众取阅。为了在接待过程中更好地保护当事人隐私，服务大厅还设置了“个别谈话室”，方便当事人与律师进行单独交流。

（二）吴部长来津调研，视察法律援助工作。7 月 27 日至 28 日，司法部部长、党组书记吴爱英到天津市调研，在市委常委、政法委书记散襄军，司法部法律援助工作司司长孙剑英，市司法局党委书记、局长祖文光等陪同下，视察了刚刚建成并投入使用的便民

服务大厅。吴爱英部长在观看了法律援助信息服务平台的现场演示之后，对天津市法律援助信息化建设工作取得的成就给予充分肯定。吴部长指出，信息化建设体现了“天津效率”，网上接受法律援助申请等创出了天津经验，形成了天津特色，走在了全国前列，带了个好头。

二、扎实推进，法律援助民心工程项目进展顺利

（一）周密部署，研究制定民心工程项目实施方案。2月中旬，《天津市2011年法律援助民心工程项目实施方案》（以下简称《方案》）下发。市司法局祖文光局长在《方案》中批示：“重在按方案推动、实施和落实，要搞阶段性的考评。”《方案》将2011年法律援助民心工程工作任务概括为“建成一个平台，实现四个提升”，即：建成覆盖全市的法律援助信息服务平台，实现法律援助科学管理水平提升、便民服务水平提升、法律援助公信力提升和法律援助社会影响力提升。从指导思想、目标任务、分解量化、落实责任、实施步骤及检查验收、工作措施七个方面进行周密部署。

（二）召开会议，推动各项工作有序开展。为确保各项任务落实到位，2月23日，2011年法律援助民心工程工作会议召开。市司法局领导班子成员出席会议，祖文光局长发表重要讲话，要求全市各级司法行政机关和法律援助机构要统一思想，扎实工作。要搞阶段性的考评，确保各阶段工作按照时限要求落实到位。要把好事办好，把实事办实，让领导放心，让群众满意。会上，市司法局相关处室负责人及各区县司法局局长向局领导递交了实施法律援助民心工程目标责任状，将各项工作任务进一步分解量化，明确每项工作的完成时限。责任状由相关处室负责人及各区县局长作为责任人签字，并承诺在时限内保质保量完成。

8月9日，2011年法律援助民心工程工作中期推动会召开。祖文光局长要求认真学习领会吴爱英部长在天津调研时的重要指示精神，把吴部长的讲话自觉贯彻落实到推进法律援助事业改革发展上来，按照《实施方案》要求，在实现“四个提升”上下工夫。下半年，要着力推动信息平台在全市的推广使用，真正发挥平台的效用。尽最大努力促进解决群众最关心的问题，努力在推动科学发展、促进社会和谐实践中取得新的更大成绩。

（三）扎实推进，按期完成阶段性工作。根据《实施方案》安排，顺利完成了法律援助信息服务平台开发工作，并投入试运行活动。平台能够实现两大功能：一是对外实现网上咨询、网上受理法律援助申请、援务公开、网上投诉等功能；二是对内实现管理功能，将全市法律援助机构、法律援助工作站和律师事务所等信息录入系统内，并对法律援助咨询、受理、指派、办理、归档等数据情况进行动态录入，实现各法律援助机构之间文件的网络传输以及工作人员之间的信息传递。通过建成覆盖全市的法律援助信息服务平台，实现了法律援助科学管理水平提升、便民服务水平提升、法律援助公信力提升和法律援助社会影响力的提升。

为确保平台正常运行，8月4日至5日，市法律援助中心举办了法律援助信息服务平台培训班，各区县法律援助中心主任和信息服务平台管理人员参加了培训。培训期间，由负责信息服务平台开发的软件公司培训师授课，对平台系统的人力资源、案件与咨询管理、信息发布等各个模块的功能及操作程序进行了详细的讲解和演示。参训人员边学边操作，边听边思考，通过培训，基本熟悉了平台的构成，掌握了管理人员权限分配、案件受理归档、数据统计报送、信息公告等工作流程和操作技能，为平台的顺利推广使用奠定了基础。

此外，市法律援助中心还先后举办了5期法律援助志愿律师培训班，对100余名律师进行了培训。市法律援助中心工作人员还到南开、津南、东丽等区县，重点对司法所工作人员进行了相关培训。

三、整合社会资源，共同促进法律援助工作发展

（一）表彰先进，树立典型，命名百个“残疾人维权示范岗”。“全国助残日”前夕，围绕“改善残疾人民生，保障残疾人权益”的主题，市司法局、市残联联合召开表彰大会，对司法行政系统和残联组织在维护残疾人权益、化解社会矛盾等方面作出突出贡献的先进单位和个人进行了表彰。多年来，全市法律援助机构积极为广大残疾人提供优质高效的法律服务，认真办理残疾人法律援助案件，积极协调解决广大残疾人利益诉求，切实有效维护了残疾人合法权益。命名表彰活动具有一定的影响和示范作用，将进一步促进全市残疾人法律援助工作的发展。

（二）完善硬件，提升服务，创建星级工会法律援助工作站。年初，市总工会和市司法局联合下发了《关于开展“创建星级工会法律援助工作站”活动的意见》，自2011年3月起至2012年年底在全市范围内开展争创星级工会法律援助工作站活动。通过加强基础设施建设，健全组织机构，完善制度体系，提升服务质量，创建一批星级工会法律援助工作站，提升工会法律援助工作的质量和水平，更好地服务于广大职工群众。

6月20日，为推动创建活动的深入开展，市司法局和市总工会召开会议，会议肯定了近年来工会法律援助工作站在维护社会和谐稳定中作出的贡献，并对下一步工作提出了具体要求，部分工会法律援助工作站负责人分享了开展创建活动的经验和做法。全市工会法律援助工作以此次创建活动为契机，整体水平将进一步得到提高。

四、加强宣传，营造良好工作氛围

（一）加强与媒体的合作，宣传法律援助工作。3月，市司法局傅立英副局长和市法律援助中心彭联国主任走进电台直播间，参与天津经济广播《行风坐标》直播节目，介绍全市法律服务行风建设，就广大群众关注的行业热点问题与主持人和听众进行了交流沟通。

“三八”妇女节前夕，市法律援助中心彭联国主任和马芳菲律师走进天津经济广播《今晚有说法》节目直播间，介绍了近几年全市法律援助工作开展情况，解答听众的热线电话。解答内容涉及妇女因遭遇离婚、财产分割和遗产继承等产生的家庭纠纷以及劳动争议等相关法律问题，收到良好的效果。

12月1日，天津市首个乡村（社区）法律援助宣传站举行挂牌仪式。宣传站由市司法局和天津电视台公共频道联合设立。它的建立和有效运行，对法律援助工作深入基层、贴近群众，增强法律援助宣传效果，服务广大困难群众必将发挥重要的作用。同时，借助新闻媒体的力量，使社会各界更加了解法律援助，给予法律援助更多关注和支持，以推动法律援助工作实现又好又快发展。

（二）法律援助律师获得多项荣誉，树立了法律援助工作者的良好形象。“三八”妇女节期间，天津经济技术开发区法律援助中心主任赵欢同志获得“天津市三八红旗手”荣誉称号，“五一”期间又获得“全国五一巾帼标兵”荣誉称号。“七一”前夕，在市政法系统开展的六项“十大命名”表彰活动中，天津市法律援助中心律师马芳菲被评为“天津市政法系统十大爱民助民模范”。参加法律援助“1+1”志愿活动的宾大律师事务所律师张琪、华凯律师事务所律师董荣胜被评为“天津市政法系统十大群众工作标兵”。开发区法律援助中心律师刘岸新获得“天津市政法系统十大爱民助民模范提名奖”荣誉称号。

（三）积极组织参与全国法律援助“双十佳”评选活动。通过层层筛选，市滨海新区天津经济技术开发区法律援助中心成为第二届全国法律援助“十佳法律援助单位”候选单位之一，参与到全国评选活动，通过平面媒体和网络媒体展示法律援助感人事迹。通过报纸投票和网络投票相结合的方式，让更多群众参与评选投票，切实发挥社会监督职能。

天津市法律援助工作大事记

1月5日，天津市法律援助工作被列入天津市委、市政府公布的2011年20项民心工程。具体内容为“建成覆盖全市的法律援助信息服务平台，联通全市20个法律援助机构和242个司法所法律援助工作站，全面提供网上法律咨询服务、受理法律援助申请”。

2月23日，市司法局召开2011年法律援助民心工程工作会议。

3月3日，市司法局副局长傅立英参加天津经济广播《行风坐标》节目，就群众关注的行业热点问题与群众交流沟通。

3月6日，市法律援助中心主任彭联国参加天津经济广播《今晚有说法》节目。

5月11日，天津市残疾人维权示范岗残疾人维权工作先进集体和先进个人命名表彰大会召开。

7月27日，司法部部长吴爱英在市委常委、政法委书记散襄军、司法部法律援助工作司司长孙剑英，市司法局党委书记、局长祖文光等陪同下，视察天津市法律服务中心。

8月9日，全市2011年法律援助民心工程工作中期推动会议召开。

9月4日，市委政法系统离退休老同志到市司法行政系统社会管理创新工作试点单位参观考察。市委政法委老领导考察了市法律服务中心。市委政法委书记散襄军、市司法局局长祖文光等领导陪同参观。

9月23日，京津沪渝粤加强社会管理创新推动司法行政工作座谈会在津召开。与会人员参观了天津市法律服务中心。

12月1日，天津市首个乡村（社区）法律援助宣传站启动仪式在东丽区华明镇范庄村举行。

（天津市法律援助中心）

河北省法律援助工作概况

2011年，省司法厅党委高度重视法律援助工作，全省各级司法行政机关和法律援助机构开拓进取，扎实工作，不断巩固、完善以办案服务为中心的发展格局，法律援助工作取得较好成绩，为服务和保障民生、维护社会和谐稳定作出了积极贡献。《河北法制报》、长城网、网易新闻中心等媒体对全省法律援助工作取得的成就作了专题报导。

一、巩固以办案服务为中心的发展格局，法律援助办案数量和质量稳步提升

（一）法律援助办案数量保持快速增长。各级司法行政机关把法律援助办案数量增长20%作为首要任务，逐级分解目标任务，采取有效措施，推动全年办案数量实现快速增长。据统计，全年全省各法律援助机构共办理法律援助案件38928件，比2010年增长43.8%，受援人数达到51048人。

（二）执行中央彩票公益金法律援助项目取得突出成绩。省法律援助中心通过精心谋划、合理布局、规范操作、适时调度，有效利用中央项目资金210万元，完成了中央彩票公益金法律援助项目任务。共组织办理各类法律援助案件1183件，其中农民工、残疾人、老年人、妇女家庭权益保护和未成年人法律援助案件分别为466件、137件、207件、333件和40件，受援人数达到1580人，有效缓解了全省各地尤其是贫困地区法律援助经费紧张的状况，提高了律师、法律援助工作者和基层法律服务工作者办理法律援助案件的积极性和责任心。

（三）法律援助质量和经费管理机制进一步完善。各地认真贯彻司法部《关于加强法律援助经费监督管理工作的意见》，加大经费使用监管力度，推动设立法律援助经费专门账户或单列科目，进一步规范了办案支出范围和补贴发放标准。承德市司法局成立了法律援助经费专项检查组，开展了专项检查。邢台市出台了《法律援助办案质量监督管理办法（试行）》，系统规定了法律援助办案质量评查的组织形式、评查方式、评查内容及处理措施。唐山市司法局开展了优秀案卷评选活动，成立评审组对全市法律援助卷宗进行评查。

（四）法律援助的社会认可度和公信力不断提高。广泛开展案件质量回访活动，采取发放监督卡、跟踪调查、旁听庭审等形式，及时纠正存在的薄弱环节和突出问题。衡水市开展了两次“双百”大回访活动，对近两年来所办法律援助案件的100个当事人和100个承办人进行了回访，查找存在的问题，提出工作改进建议，收到了良好的社会效果。

（五）法律援助舆情分析和建议机制进一步完善。各地法律援助机构把舆情分析和建议作为延伸社会管理职能的重要抓手，经常性地向党委、政府、相关职能部门和企事业单位报送舆情分析报告，提出有针对性的建议，为推进全省依法治理发挥了重要作用。

二、积极推动社会化进程，法律援助发展环境不断优化

（一）积极推动落实“三个纳入”。各级司法行政机关和法律援助机构积极争取党委、政府的重视和支持，继续推动“三个纳入”等法律援助政府责任的落实。在全省法律援助工作会议上，对法律援助经费未纳入同级政府财政预算的县（市、区）法律援助机构进行通报，加大督导力度，推动工作进一步落实。

（二）进一步融合法律援助资源。在全省法律援助视频工作会议上，就监狱、劳教单位如何设立法律援助工作站进行了部署。沧州市司法局下发了《关于律师履行法律援助义务的通知》，规范了律师办理法律援助案件的规章流程。邯郸市依托人民调解员，在所辖村（居）委会发展了5600名法律援助联络员。保定市开展法律援助进监狱活动，为服刑人员现场解答法律咨询。肃宁县依托“四个覆盖”网络进一步完善了农村法律援助网络。

加强与法院、检察院、人力资源和社会保障、民政、财政等部门的沟通联系，完善协作机制，共同推进法律援助工作。沧州市司法局和市中级人民法院联合下发《关于做好刑事诉讼法律援助工作的通知》，进一步理顺了法律援助案件指派等相关工作程序，健全了与法院的协调工作机制。石家庄市协助团市委规范了青少年法律援助工作站的工作职责、流程、方法等制度，重新制作标识牌，使青少年法律援助工作站达到规范化运转。廊坊市法律援助中心被团省委确定为"青少年维权岗创建单位"。鹿泉市成立了全省首家法律援助类民办非企业单位。

三、积极开展便民利民服务活动，取得显著效果

（一）部署开展了"法律援助携手农民工冬日集中维权活动"。针对岁末年初侵犯农民工权益案件较多的情况，集中时间和精力开展农民工法律援助维权活动，引起了社会广泛关注，中国政府网、新华网、人民网、法制网、普法网等重要媒体予以刊载，并在《河北日报》头版报道。承德市部署开展的"农民工维权百日会战"活动，受到了当地社会各界高度关注，承德电视台等媒体进行了报道。

（二）积极开展法律援助"进社区"活动。围绕拓展社会管理职能，采取走进去的方式，努力为社区居民提供上门法律援助。石家庄市在市区新建80个法律援助工作站，由就近的律师事务所、法律服务所于每月18日派律师到社区为居民群众提供法律援助，方便居民寻求法律援助。张家口市桥东区法律援助中心依托学校资源，在社区建立了法律援助志愿者工作站，每周三下午免费为辖区居民提供法律服务，被《光明日报》等媒体报道。保定市开展了"当代雷锋——志愿者在行动"主题志愿服务活动，组织法律援助工作者和志愿者深入学校、农村、敬老院进行宣传慰问，帮助协调解决实际问题。

（三）法律援助覆盖面进一步扩大。各地结合实际，逐步降低法律援助经济困难标准，把更多民生事项纳入援助范围。邯郸市司法局与市工会、市残联联合签发《关于进一步加强法律援助工作的意见》，将农民工、残疾人因劳务、创业等导致利益受到损害等情况纳入到法律援助范围。

（四）法律援助受理审查程序进一步简化。各地法律援助机构按照便民服务的要求，进一步简化了法律援助申请、审查和受理程序。完善省直律师事务所先办案后确认的备案审核工作机制，由省法律援助中心一个受理"窗口"扩展到20余个"窗口"，提高了审批、指派效率。石家庄市法律援助申请程序，由5天缩短为3天，对于材料齐全的实行当天受理当天指派。

（五）特殊人群法律援助工作进一步加强。把残疾人、未成年人、妇女等弱势群体作为法律援助重点对象，加大援助力度。唐山市在全市15家法律援助机构全部成立了"未成年人法律援助工作站"和"军人军属法律援助工作站"，统一挂牌公示，并全部实行了"当天审查、当天受理、当天指派"和"先接访、后调解、再援助"工作机制，最大限度减少维权成本。

（六）便民基础设施进一步完善。大力推进机构设施便利化建设，完善便民服务设施，方便困难群众申请获得法律援助。石家庄市投资30万元针对法律援助接待室进行了升级改造亮化，提升了接待室的接待能力和服务效率。丰南、平泉、兴隆等县区重新调整了办公用房，配备并完善了通讯、摄像、文印等基础业务装备，基本满足了正常工作需要。

四、深入开展职业化建设，法律援助队伍的整体素质不断提升

以职业化建设为抓手，以"创先争优"等主题实践活动为载体，不断加大培训和教育力度，法律援助队伍整体素质不断提升。

（一）扎实开展各种主题实践活动。认真学习建党90周年胡锦涛总书记重要讲话精神，深入开展"创先争优""发扬传统、坚定信念、执法为民"主题教育实践活动，认真抓好党的十七届六中全会和省第八次党代会精神的学习传达，使广大法律援助人员始终坚定正确的政治方向。

（二）深入开展职业化建设。充分发挥

秦皇岛、邢台法律援助中心职业化建设工作的带动作用，推动和深化全省法律援助职业化建设，进一步增强广大法律援助人员“以人为本、服务为民”的职业精神，增强法律援助队伍的向心力、凝聚力和战斗力。秦皇岛市法律援助中心职业化建设受到省委政法委的肯定。在认真审查的基础上，完成了374名法律援助工作者的年度考核注册工作。

（三）积极开展各种专业培训。司法厅法援处与省法援中心共同组织承办了司法部“中东部省份法律援助轮训计划”河北培训班，对全省各县（市、区）法律援助中心主任进行了一次全面培训，提高了法律援助工作人员的管理水平和业务素养。省法律援助中心举办了全省中央专项彩票公益金法律援助项目实施与管理培训班，对项目实施单位的负责人和工作人员进行了培训。衡水市司法局举办了两次法律援助工作培训班，提高了法律援助工作人员的办案技能和综合素质。

此外，邢台市司法局联合建设、劳动部门举办了6次农民工专项普法培训班，增强了农民工的法律意识和依法维权能力。

五、深入开展宣传工作，法律援助的知晓率和影响力不断提高

充分利用主题活动和电视广播、手机网络等各种媒体，大力开展法律援助宣传活动，不断提高法律援助的知晓率和影响力。

（一）积极开展“双十佳”社会评选活动。结合开展法律援助“双先”“双十佳”和“百优法律援助精品案例”评选表彰活动，下发了《关于进一步加强第二届全国法律援助“双十佳”社会评选活动期间宣传工作的通知》，采取多种渠道和形式宣传全省法律援助工作取得的成效，推介全省法律援助工作中出现的先进典型，扩大了法律援助社会影响力。

（二）深入开展法律援助主题宣传月活动。部署开展了纪念国务院《法律援助条例》实施八周年暨《河北省法律援助条例》实施四周年主题宣传月活动。活动期间，全省共举办各类宣传活动300余场次，解答法律咨询5万余人次，发放法律援助便民手册4.5万份、法律援助联络卡6万余张，累计1万多名法律援助志愿者参加了活动。省法律援助中心印制了一批文化衫、购物袋等法律援助宣传用品，向群众免费发放。

（三）广泛借助媒体开展宣传活动。多次走进“阳光热线”“行风热线”“阳光理政”等栏目，现场解答群众咨询，向群众宣传法律援助制度。石家庄市法律援助工作分别于12月4日、22日在中央电视台新闻频道和23日综合频道“朝闻天下”栏目进行三次报道，有效地提升了全省法律援助工作的影响力。沧州市司法局在沧州市电视台播出了《法律援助，促民生保和谐》专题片。

河北省法律援助工作大事记

［司法部“中东部省份法律援助轮训计划”河北培训班暨全省法律援助工作会议在石家庄举行］　7月5日—7日上午，司法部“中东部省份法律援助轮训计划”河北培训班在石家庄举行。各市司法局法律援助工作分管局长、各市（县、区）法律援助中心主任共188人参加了培训。部法律援助中心副主任桑宁作了动员讲话，省司法厅党委副书记、副厅长穆培文致辞。此次培训内容为法律援助案件质量管理和质量评估、法律援助机构规范化管理及其实施、法律援助工作中的心理学问题、社会工作方法在法律援助工作中的运用、法律援助业务档案整理实务课程。

7日下午，全省法律援助工作会议召开。会议传达了司法部“法律援助便民服务”主题活动总结电视电话会议、全国部分省(区、市)法律援助经费保障和业务装备建设座谈会精神,听取了石家庄市司法局等6个单位和个人的工作汇报,总结交流了2010年以来的工作情况,分析研判了法律援助面临的形势和问题,对当前和今后一个时期全省法律援助工作进行了部署。厅党委副书记、副厅长穆培文讲话,副厅长王大为主持会议。各市司法局分管法律援助工作的副局长,各市(县、区)法律援助中心主任,省直各律师事务所主任,省厅司法计财装备处、律师工作指导处、公证工作指导处、法律援助管理处、法律援助中心的负责同志参加了会议。穆培文副厅长强调:一是要认真总结工作,深刻分析形势,进一步增强做好法律援助工作的责任感和使命感。二是要加强基层建设,强化基层保障,切实做大做强基层法律援助工作,重点做好"七个围绕",围绕推动"三个纳入",切实优化法律援助工作外部发展环境;围绕"多办案、办好案",不断健全以办案服务为中心的法律援助发展格局;围绕"法制化、专业化、规范化"建设,建立健全法律援助工作长效机制;围绕"增总量、提效益",健全完善法律援助经费管理使用机制;围绕"抓升级、强功能",大力加强法律援助业务装备建设;围绕"专业化、高素质",全面推进法律援助队伍职业化建设;围绕"抓整合、促优化",大力提高法律援助社会化发展水平。三是要加强领导,落实责任,把法律援助工作摆上更加重要的位置,形成工作合力,加大宣传力度,推动全省法律援助工作实现新发展。

[召开全省法律援助工作视频会议] 12月8日下午,省司法厅召开全省法律援助工作视频会议。李益民、穆培文、时清霜、李建卿、赵秀森等厅领导出席会议。时清霜同志传达了全国法律援助工作座谈会精神,李益民同志对当前和今后一个时期的法律援助工作进行了部署,要求重点做好六项工作:一是深化加强以办案服务为中心的工作格局建设,切实提高服务水平;二是深化加强公信力建设,切实保障法律援助经费使用效益;三是深化加强物质保障能力建设,切实创造法律援助工作健康发展的硬件条件;四是深化加强职业化基础建设,切实完善法律援助工作机制;五是深化加强法律援助队伍建设,切实提升政治素养和工作水平;六是深化加强科学发展执行力建设,切实强化对法律援助工作的领导。

穆培文同志主持会议,他在讲话中强调:要学习传达好会议精神,充分发挥会议的引领作用;要重视工作交流,充分运用学习借鉴的工作方法;要重视拓展深化重点工作,大力提升法律援助整体效果;要重视法律援助2011年责任目标落实,重视当前和今后一个时期的发展谋划,确保2012年实现良好开局。

承德市司法局等七个单位和个人作大会发言。司法厅机关、两局有关处室同志和各市(县、区)司法局领导及相关处室同志参加了会议。《法制日报》、河北电视台等7家媒体应邀参加会议。

["法律援助携手农民工冬日集中维权"活动] 为切实做好春节期间农民工维权工作,省司法厅下发《通知》,于2011年12月1日至2012年2月29日,在全省司法行政系统开展"法律援助携手农民工冬日集中维权"活动,集中时间和精力,为农民工请求支付劳动报酬、工伤赔偿以及解决因劳动争议引发的纠纷提供法律援助。活动引起社会广泛关注,在中国政府网、新华网、人民网、法制网、普法网等重要媒体刊载,并在《河北日报》头版报道。12月4日、22日中央电视台新闻频道和23日综合频道"朝闻天下"三次报道了石家庄市农民工法律援助工作。

《通知》下发后,各市司法局均制定了相

应的实施方案，进行了专门部署。各市通过举行活动启动仪式、深入农民工工地宣传、接受媒体专访等形式，迅速将活动掀起高潮。

按《通知》部署，各地法律援助机构设立了农民工法律援助受理专台，指定专人负责，建立了“绿色通道”，切实做到优先受理、优先指派、优先办理。对农民工申请法律援助的案件降低门槛，申请支付劳动报酬和工伤赔偿法律援助的，不需审查经济困难条件。同时，充分发挥调解优势，积极采取调解方式化解矛盾纠纷，减少农民工诉讼成本和讼累，控制和减少“民转刑”案件。对于农民工案件特别是群体性案件，指派擅长办理农民工维权案件和具有丰富办案经验的律师办案，确保维权质量。对通过“12348”法律服务热线反映问题的农民工，耐心做好咨询解答、情绪疏导等工作，积极引导通过合法方式解决问题，避免采取过激手段。

（河北省法律援助处）

山西省法律援助工作概况

2011年，全省各级法律援助机构和全体工作人员在司法部和省司法厅党委的正确领导下，继续深入贯彻党的十七大和十七届五中全会精神，按照司法厅“快马加鞭争上游”活动的要求，以积极推进“三项重点工作”和开展“发扬传统、坚定信念、执法为民”主题教育实践活动为载体，围绕中心，服务大局，勇于开拓，积极进取，充分发挥各项职能作用，积极开展各项法律援助工作。

一、按照司法厅“快马加鞭争上游”决策部署，充分发挥职能作用，积极开展法律援助业务

2011年，全省各级法律援助机构和全体法律援助工作人员按照司法厅部署，把推进法律援助全覆盖作为工作重点，进一步改进工作作风，提高工作效率，努力扩大法律援助覆盖面和受援面，积极开展各项法律援助业务。年初，省法律援助中心以司法部开展第四届全国法律援助“双先”表彰为契机，组织广大法律援助工作者开展创先争优活动，进一步提升服务总量和服务水平。通过建立法律援助经济困难标准和补充事项范围的动态调整机制，将家庭人均收入在当地最低生活保障线两倍以下的困难群众纳入受援对象范围，进一步扩大了法律援助社会覆盖面。为不断扩大法律援助覆盖面，努力满足困难群众和社会弱势群体的法律援助需求，省法律援助中心专门下发了《关于积极组织省直律师事务所开展法律援助工作的通知》，对省直律师事务所律师办理法律援助案件提出了具体要求。组织开展法律援助工作调研。省法律援助中心先后赴全省11个市的80多个县区对各地办案数量、受援人总数、便民窗口建设及案卷质量等进行督促指导，狠抓落实，确保各项任务的顺利完成。

按照省市司法行政机关的要求，各级法律援助机构积极组织开展各项法律援助业务。大同市专门召开了由各县区司法局分管局长、县区法律援助中心主任参加的“法律援助工作经验交流暨现场观摩会”，对全市法律援助系统创先争优，提升法律援助服务质量，推广法律援助管理和便民服务工作经验等方面作出具体部署。吕梁市为解决贫困县律师队伍匮乏问题，制定了《吕梁市直律师事务所定乡（镇）包村开展法律援助便民服务的试行办法》，实行律师和公证员包村、定人定点制度，将律师、公证员分配到无法律服务人员的乡镇、村巡回提供服务，降低了群众维权成本。晋中市法律援助中心在工作中提出了“援助工作零距离”“受理案件零接待”“提供服务零收费”和“办案质量零投诉”的法律援助服务“四零工程”，进一步促进法律援助接待服务人性化、规范化。晋城市法律援助中心启动了农民工索要工资应急预案，对涉及群体性农民工讨薪案件，在第一时间指派工作人员深入工地与建筑单位、包工队交涉，及时维护了农民工的合法权益，取得了较好的效果。临汾市要求各地在工作中做到“四个一”（一案一告知、一案一回访、一案一卷宗、一案一补贴），切实保障群众对法律援助的知情权、参与权和监督权，努力实现“应援优援”。据不完全统计，截至12月底，全省共办理各类法律援助案件17651件，受援人总数（包括咨询、代书）达246217人，共为受援人获得各类赔偿2.74亿元，有效维护了广大受援人的合法权益。

进一步加强基层网络机构建设，建立遍布全省城乡的“一小时法律援助服务圈”。全省在26304个农村行政村和街道社区建立了法律援助联络点，已建率达到87.7%，发展法律援助注册志愿者5576人，在乡镇、街道和相关部门共建立各类法律援助工作站2451个，进一步扩大了法律援助的社会覆盖面。同时，省法律援助中心与司法厅律师处密切配合，认真做好“1+1中国法律援助志愿者行动”的各项工作，切实推动边远地区法律援助工作的全面发展，被中国法律援助基金会等5部门授予2010年“1+1中国法律援助志愿者行动”优秀组织奖。

二、深入开展“发扬传统、坚定信念、执法为民”主题教育实践活动

省法律援助中心积极开展主题教育实践活动，制定了《省法律援助中心开展“发扬传统、坚定信念、执法为民”实施方案》，将主题教育实践活动和便民服务活动相结合，建立便民服务和主题教育实践活动长效机制，通过开展系列活动，切实为困难群众提供优质高效的法律援助服务。比如，为进一步推动全省老年人法律援助工作的深入开展，司法厅与老龄委联合下发了《关于做好新形势下老年人法律援助工作的通知》，在完善便民利老服务措施、开展老年人法律援助宣传等方面提出具体要求。

做到法律援助工作与社会管理创新相结合。省司法厅与公安厅联合下发了《关于在刑事侦查阶段开展法律援助工作有关问题的通知》，对在刑事侦查阶段开展法律援助工作作出明确规定，既完善了法律援助便民措施，又进一步加强了法律援助与相关部门的沟通协作，拓展了刑事法律援助工作领域，有效保障了刑事侦查阶段犯罪嫌疑人的合法权益。

各市积极推进主题教育实践活动有效开展。太原市司法局与公安局联合发文规定，在未成年犯罪嫌疑人被限制人身自由、公安机关调查询问时，若其法定监护人未到场，法律援助机构应指派律师到问询现场提供法律帮助。晋城市司法局与市检察院联合发文，在全市建立了民事行政检察与法律援助协调机制，对检察机关出庭支持法律援助案件起诉、抗诉作出明确规定，并加强与市共青团委、市老龄委的协作配合，共同成立了未成年人法律援助工作站和老年人法律援助工作站。晋中市法律援助中心效仿忻州市的做法，主动与市公安局开展合作，在全市看守所建立了法律援助工作站，并拟定了工作站实施办法。长治市法律援助中心与市律师协会联合下发《关于招募法律援助志愿者的通知》，在各律师事务所和长治学院招募法律援助志愿者179人，充实和扩大了法律援助服务队伍。

三、强化案件质量监控，促进法律援助工作规范发展

在积极开展法律援助业务的同时，各地还进一步强化质量监控。通过组织庭审旁听、案件抽查、巡回检查、发放调查问卷、回访当事人以及与公、检、法等相关机关召开座谈会等形式，对法律援助案件进行监督检查，及时发现解决存在的问题。为加强指导，狠抓落实，省法律援助中心进一步加强调研检查工作，先后组织人员赴运城、晋城、太原、阳泉、晋中等市的多个县区对案件质量进行检查指导，并提出具体的意见和建议。运城市选择具有一定法律知识和工作能力的人员担任法律援助监督员，组织旁听重大疑难复杂案件、群体性案件或社会群众关注的案件的审理活动。晋城市、临汾市、晋中市全面实行案卷质量评查制度，定期对各县区法律援助案卷进行检查。太原、长治、大同、吕梁等市进一步完善工作规范，积极组织开展法律援助案件质量评查活动，有效提升了全省法律援助服务质量。据不完全统计，全年全省法律援助案件电话回访率达到受援人总数的30%，上门回访率达到5%，各类受援人对法律援助服务质量的满意度达98%以上，没有一起法律援助质量投诉案件。

四、加强基层法律援助机构保障能力建设

在省司法厅党委高度重视下，省法律援助中心配合司法厅计财处积极争取省财政的支持，司法厅和财政厅联合下发了《山西省县级司法行政机关基本业务装备实施标准（试行）》（晋财政法〔2011〕9号）。这是财政部门在全国范围内首次将县级法律援助中心的业务装备进行单独列项并提出了明确具体的配备要求，配备范围包括法律援助基本业务装备，涉及业务用车、业务信息处理设备、业务音像设备、业务通讯网络设备和其他业务设备5大类19项。同时，省财政从本年度起，将省级法律援助转移支付资金由85.5万元增加到119万元（每县1万元），增幅近40%。该标准的制定实施，必然极大地改善县级法律援助机构的办公条件。而省级法律援助转移支付资金的增加，也将有效缓解县区办案经费不足的困难，进一步推动全省法律援助事业又好又快地发展。

五、努力创造条件，积极推进法律援助便民窗口建设

2011年以来，各级法律援助机构积极向当地党委、政府汇报法律援助工作，争取党委、政府的重视支持，加快法律援助便民窗口建设步伐，并按照司法部规定，进一步改进和完善接待室相关配套服务设施。大部分接待室交通便利，标志明显，使用面积平均不低于5m^2，部分县区甚至达到100m^2以上，并设立了等候区、私密接待室、残疾人无障碍通道，放置了饮水机、宣传栏、桌椅等，切实为困难群众提供了便捷高效的接待咨询服务，规范化窗口建设取得新进展。太原市和长治市法律援助中心重新装修建立了近百平方米的临街一层接待大厅，配齐了必要的办公设备，完善了相关配套服务设施，增设了方便残疾人的无障碍通道并专为肢体残疾人和未成年人设立了高低不同的接待桌面，统一了服务标识，每天安排工作人员与律师轮流值班。晋城市6个县区法律援助中心全部设立了临街一层接待室，总面积达220平方米。

六、认真做好中央专项彩票公益金法律援助项目的相关工作，确保项目顺利实施

省法律援助中心继续开展中央彩票公益金法律援助项目工作，多次召集各市负责人员召开专题会议并进行业务培训。省法律援助中心先后于4月、8月和11月组织人员赴太原、晋中、临汾、运城等地，对项目实施情况、案件办理、卷宗归档和台账等开展督促检查。从检查情况看，各级法律援助机构按照中国法律援助基金会项目要求，积极扩大援助范围，不断降低受援门槛，广泛开展社会宣传，采取切实有效措施，有效推动了项目实施工作。11月初，基金会副秘书长陈益未率检查组对本省中央专项彩票公益金法律援助项目进行调研检查，对太原市法律援助中心进行了实地考察并召开座谈会，听取了省法律援助中心和太原、长治、晋城、迎泽区、阳城县等市县法律援助中心的情况汇报，陈益未副秘书长用“五个到位”评价了山西省中央彩票公益金法律援助项目实施情况。截至8月底，全省已提前完成基金会下达的年度计划办案任务，共办结各类法律援助案件1671件，帮助2448位受援人获得各类经济赔偿5000余万元，为化解社会矛盾，维护困难群众合法权益和社会和谐稳定作出了应有的贡献。在基金会召开的全国彩票公益金法律援助项目年度工作会议上，基金会秘书长在报告中两次对山西的工作给予充分肯定，并明确指出山西省的做法值得学习和推广。

七、创新形式，广泛开展法律援助宣传，扩大法律援助社会影响

5月，省法律援助中心在全省范围内组织开展了法律援助进农村、进社区、进厂矿、进学校、进军营、进监所的“法律援助六进”宣传月活动。为确保活动取得实效，2月，省法律援助中心专门下发了《关于开展法律援助宣传月活动的通知》，对宣传时间、形式、内容及知晓率调查等提出明确要求。为切实推动“法律援助六进”宣传月活动深入开展，先后组织人员赴太原、吕梁、阳泉等市进行督促指导。

各市按照省法律援助中心要求，结合各自工作实际，围绕“六进”主题，突出地方特色，开展了内容丰富、形式多样法律援助宣传。各地法律援助中心依托工作站和联络点开展法律援助赶大集、进农村活动，同时组织精干力量，深入社区、厂矿企业、学校、军营等场所，大力开展“六进”活动，深受群众欢迎；各地在重点开展“六进”宣传活动的基础上，充分利用节假日开展街头咨询活动。晋城、长治、吕梁等地在“5·19助残日”“乡镇集会”“三下乡”等活动中组织开展了形式多样的法律援助宣传；各地主动与新闻媒体沟通和联系，通过与新闻媒体的配合、协作，多角度、多层次地报道宣传月活动，取得了较好的宣传效果。据不完全统计，在长达一个月的宣传活动期间，全省各地共组织大型宣传活动130余次，通过电视台、电台播放宣传片70余篇，散发宣传资料50多万份，出动宣传车40余辆次，悬挂、张贴展版、挂图和横幅标语200余幅，发放《农民工维权知识手册》1万册，现场接待咨询上万人次。据抽样统计，通过此次大型宣传活动，全省法律援助社会知晓率显著提升，城镇知晓率平均达70%以上，乡村知晓率从30%提高到55%。

为积极配合“12·4”法制宣传活动，省法律援助中心专门制作了6000册以农村居民为重点发放对象的“通讯录”，将法律援助受理指派程序和全省131个法律援助中心咨询电话印制在通讯录上并向公众免费发放。同时，省法律援助中心继续加强与新闻媒体合作，在全省法律援助机构和法律援助服务人员中征集法律援助精品案例及主讲人，参与央视社会与法频道《法律讲堂》栏目的录制，为扩大全省法律援助工作在全国的影响力发挥积极作用。省法律援助中心全年在《山西法制报》登载全省法律援助工作亮点和重要信息23篇，在山西司法行政网登载法律援助信息、简报19篇，报送《中国法律援助》或省级以上刊物各类信息、文章10篇。通过宣传，对不断扩大法律援助的社会影响，提升法律援助的社会知晓率，进一步争取党委、政府和社会各界对法律援助工作的重视和支持起到了积极的作用。

八、积极开展法律援助业务培训，不断提高法律援助队伍素质

省法律援助中心于11月21日至25日在太原市举办了全省第十一期法律援助业务培训，各市、县（区）法律援助中心主任及业务骨干、法律援助注册律师近200人参加了培训。培训班邀请法学专家分别就刑法修正案、社会保障法以及《刑事诉讼证据规则》等新颁布的法律法规作了专题讲座和详细解读。太原市、晋城市和13个县区法律援助中心作专题发言，就法律援助相关问题进行了互动交流。

各市不断加强法律援助培训规范化建设，建立市、县两级业务培训机制，对参训人员开展不少于40课时的强制培训。4月中旬，大同市组织140名基层法律服务人员和志愿者参加了市司法局的业务培训；晋城市全年针对基层法律援助人员共举办培训活动20期、72课时，有1049名工作站人员、联络员和志愿者参加。9月，晋城市和市残联还联合举办了残疾人维权知识讲座，召集各县区残疾人维权工作者和残疾人法律援助工作站工作人员进行了培训，讲解了法律知识和残疾人维权常识；临汾市采取以会代训的方式，邀请市委讲师团负责人为全市法律援助中心人员作服务转型跨越发展的专题报告，进一步提升了法律援助人员的服务意识；吕梁市结合自身实际，通过以会代训、集中培训、分乡、分片培训等多种模式，针对法律援助中心、工作站、联络点人员开展了以刑法修正案、侵权责任法、劳动争议仲裁法和法律援助业务操作程序等为主要内容的培训，全年培训期数达47期、共计310课时、培训人数达1357人次；晋中寿阳县专门对各乡镇工作站人员和新招聘的39名司法助理员进行了法律援助基本知识培训；太原、阳泉、忻州等地也积极组织开展了针对当地基层工作站人员和联络员的专项业务培训，参训人员达上千人，取得了较好的效果。

九、积极组织开展第四届全国法律援助“双先”表彰的推荐评选工作

1月4日，根据司法部下发的《关于评选第四届全国法律援助工作先进集体先进个人的通知》要求，省法律援助中心起草了《关于评选推荐第四届全国法律援助先进集体先进个人的通知》并以司法厅名义下发各市。为切实做好评选推荐工作，结合各地法律援助工作实际，省法律援助中心会同司法厅政治部、律师处、基层处组成评审组，在认真研究并就推荐对象的典型性、代表性征求各市意见的基础上，评选出符合条件的全国法律援助“双先”集体和个人31个（位列全国第六）以及双十佳单位和个人各1个，作为推荐对象上报司法部。经司法部审核同意，太原市法律援助中心主任黄河被推荐为“全国十佳法律援助工作者”候选人之一。为积极组织开展评选活动，省法律援助中心起草了《关于组织开展第二届全国“十佳法律援助单位　十佳法律援助工作者”社会评选活动的通知》，于7月底以司法厅名义下发两局、各市司法局和厅直各单位，要求各地积极开展宣传，组织公众踊跃投票。从各地反映情况看，评选活动进展顺利，对扩大法律援助知晓率和社会影响，推动全省法律援助事业发展起到了积极的推动作用。

（山西省法律援助中心）

内蒙古自治区法律援助工作概况

2011年度，全区法律援助工作以邓小平理论、“三个代表”重要思想和党的十七大及十七届五中全会精神为指导，深入贯彻科学发展观，进一步贯彻落实第五次全国法律援助工作会议和第二次全区法律援助工作会议精神，着力加强基层基础建设，全面提升法律援助“五种能力”建设水平，促进了法律援助工作快速发展，为维护社会和谐稳定做出了积极贡献。

一、深入开展主题教育实践活动，进一步提升法律援助服务困难群众的水平和能力

“发扬传统、坚定信念、执法为民”主题教育实践活动，是中央政法委落实中央关于创先争优活动的具体行动，是加强新时期政法队伍建设的重要举措，司法部高度重视主题教育实践活动，赤峰市法律援助中心被司法部确定为部党组成员、政治部主任张彦珍同志主题教育实践活动联系点，张彦珍主任先后两次亲临调研，指导主题教育实践活动并作出指示。全区各级司法行政机关把主题教育实践活动摆到重要工作日程，认真抓实抓好，各级法律援助机构按照司法行政机关的统一部署，认真贯彻中央决策部署和司法部要求，落实张彦珍主任关于法律援助工作主题教育实践活动“要着力在打造过硬队伍、提升工作水平、维护群众权益、促进社会和谐上下工夫，不图虚名、不走过场，确保主题教育实践活动扎实开展、取得实效”的指示，结合工作职能积极开展一系列有声有色的实践活动，把主题教育实践活动与创先争优、深化三项重点工作结合起来，与完成工作任务和创新工作形式结合起来，以主题教育实践活动促进工作发展，取得了明显成效。各级法律援助机构形成了层层都有具体落实措施，所有服务窗口都有宣传展板，工作人员人人知晓、人人参与的良好局面。组织实施了宣讲党史、学习英模、主题文化、走访调研、法律援助进乡村、加强法律援助工作规范化管理等主题活动。通过主题教育活动，广大法律援助工作人员进一步坚定了全心全意为人民服务的思想信念，增强了执法为民的自觉性。

乌海市根据本地区特点着力打造“法律援助半小时服务圈”，让困难群众在半小时内能够就近找到一个法律援助中心或者法律援助工作站点进行咨询和申请法律援助。与法院、工商、劳动等单位和部门联动，建立法律援助“绿色通道”，为困难群众提供“一条龙”服务，确保困难群众得到及时的法律援助；包头市开展“五结合”活动，推进法律援助工作深入发展。法律援助与矛盾化解相结合，有效化解社会矛盾，切实维护受援人的合法权益。法律援助与普法工作相结合，把法律援助的过程转化为法制教育过程，提高人民群众的守法自觉性。法律援助便民服务方式与增强服务效果相结合，对老、弱、病、残等群众采取电话申请、邮寄申请、上门受理等方式，提高服务水平。法律援助服务与质量管理监督相结合，建立案件质量监督机制，保障受援人获得优质高效的法律援助。法律援助与信访工作相结合，法律援助人员参与信访接待，正确引导信访群众依法表达利益诉求，有效解决缠访、乱访现象；通辽市、赤峰市开展了“QQ在线法律援助咨询”，有询必答，热情服务。赤峰市将

法律援助之歌唱响科尔沁草原，建立草原移动法律援助联系站、点，实施法律援助公示牌进村居工程，实现了法律援助工作网络市、县、乡、村、组五级全覆盖。开展了“法律援助大走访”活动，走访了2009年以来所办民事法律援助案件50%以上的受援人，在走访过程中发放宣传材料38820份，解答咨询655人次，排查上访隐患6起，收集群众意见和建议54条，现场受理法律援助案件62件，得到广大群众的拥护和信任。在主题教育实践活动的推动下，各级法律援助工作都取得了新的成就。8月19日在赤峰市召开的全区法律援助暨主题教育实践活动现场会上，张彦珍主任对全区各级司法行政机关主题教育实践活动和法律援助工作开展情况给予了充分肯定。

二、着力加强基层基础建设，推动法律援助工作又好又快发展

法律援助基础建设进一步得到各级司法行政机关的重视和支持，特别是旗县（市区）积极抓住落实司法行政业务用房建设这一大好时机，努力改善法律援助机构办公条件和接待场所。正在筹建或者在建的盟市、旗县（市区）司法行政业务用房均在一楼显著位置设计了功能齐全的法律援助办公区域和法律援助服务接待大厅。司法行政业务用房已建成的旗县（市区）主动邀请自治区法律援助中心同志给予指导，积极打造法律援助工作环境。呼和浩特市玉泉区、包头市固阳县等一批符合司法部标准要求的法律援助服务大厅即将建成。一些司法行政业务用房建设计划安排靠后的地方不等不靠，在现有条件下尽力加强。锡林郭勒盟的太仆寺旗、乌兰察布市的兴和县等旗县在现有条件下，努力改善业务用房。各地充分利用政法专项业务装备经费，购置了一批现代化的法律援助办公设备和业务用车，法律援助业务装备水平得到进一步提高。

法律援助基层工作网络建设力度进一步加大。各旗县（市区）政府法律援助机构在不断加强自身建设的同时，积极完善基层法律援助工作网络，各乡（镇）、办事处司法所法律援助工作站进一步向下延伸，在城镇社区、村（嘎查）全部建立法律援助联络点，形成了自治区、盟市、旗县（市区）、乡镇（街道）、村（社区）五级法律援助工作网络。赤峰市还根据本地实际，将法律援助工作网络延伸到村组，建立了移动法律援助工作站和移动法律援助联络点，受到了广大群众的欢迎。法律援助信息化建设水平进一步提高，进一步改善了电脑、网络设施设备，指定专人负责信息系统使用工作，加强操作技能培训，规范信息系统操作流程，及时录入法律援助相关信息，法律援助业务办理基本实现网上运行。

三、积极推动落实政府责任，不断增强法律援助保障能力

各级司法行政机关和法律援助机构主动向党委、政府领导汇报法律援助工作，向有关部门宣传法律援助职能，积极推动法律援助政府责任的落实，自治区、12个盟市、101个旗县（市区）法律援助经费动态增长机制基本形成。通辽市政府继续将法律援助列入“十项民生工作”，进一步加大法律援助专项经费投入力度，本级财政在上年投入法律援助专项经费150万元的基础上，本年度又投入法律援助专项经费200万元支持法律援助工作；包头市本级法律援助经费在增加50万元的基础上，市有关领导和财政部门承诺法律援助经费将根据实际需求给予拨付。2011年，全区获得法律援助经费在2010年基础上继续增加。各级司法行政机关和法律援助机构严格按照《司法部关于法律援助经费使用监督管理工作的意见》，加大法律援助经费使用的检查力度，有效防止侵占、挪用，确保法律援助经费使用规范、安全、有效。

四、进一步扩大法律援助覆盖面，提高服务能力和服务质量

各级法律援助机构进一步深化“法律援助便民服务”主题活动，强化便民服务措施，法律援助申请渠道和方式更加便利，法律援助事项范围更加广泛，各地根据经济社会发展水平和困难群众法律援助需求，适当放宽经济困难标准，把就业、就医、就学、劳动报酬、社会保障、土地草场承包、房屋拆迁等与民生问题密切相关的事项纳入法律援助补充事项范围，不断加大办案力度，努力做到“应援尽援”。认真规范非诉讼法律援助行为，积极开展非诉讼法律援助，充分发挥了非诉讼服务的优势和作用。认真组织实施中央专项彩票公益金法律援助项目，积极加强五类弱势人群法律援助工作，有效维护了五类弱势群体的合法权益。法律援助案件质量管理进一步加强，自治区法律援助中心在各旗县(市区)自查、盟市组织互查的基础上，组织开展了全区法律援助案件评查活动。从全区近三年办理的5万多个法律援助案件中抽取200个案卷进行了评查，按照100分制逐项评分，共选出优秀案卷68卷。全年共提供法律援助咨询74548人次，比上年增长3.7%；办理法律援助案件21415件，比上年增长14.01%，未发现投诉现象，切实维护了困难群众的合法权益。

五、认真开展法律援助宣传活动，增强法律援助社会影响力

各级司法行政机关和法律援助机构按照《司法部关于进一步加强法律援助宣传工作的通知》要求，周密部署，精心策划，拓展宣传渠道，创新宣传形式，组织开展了一系列有声有色的宣传活动。一是充分发挥工作信息的宣传功能，自治区法律援助中心编发了《内蒙古法律援助工作信息》12期，刊发各类工作信息120多条。各盟市、旗县(市区)法律援助机构切实加强信息交流工作，编发法律援助工作信息520多条。二是广泛利用公众媒体宣传，在各类报刊发表宣传稿件60多篇，12个盟市法律援助机构在内蒙古广播电台《法制直播间》按月轮值蒙、汉语法律援助专题节目96期。三是充分利用《法律援助条例》颁布实施纪念日、公证律师义务咨询日、全国助残日、“12·4”法制宣传日以及民间集会等时机，在城乡繁华地区举办专题宣传活动110多场次，散发宣传材料30多万份，现场受理法律援助申请80多件。四是积极开展法律援助宣传进社区、进农村、进工地、进厂矿、进学校、进军营、进监管劳教场所宣传活动，举办法律援助常识讲座100多场次。五是制作法律援助宣传品10多种34000多件，发放到群众手中，增强了宣传效果。六是抓住开展全国法律援助“双十佳”评选活动的有利时机，通过多种形式和措施大力宣传“双十佳”评选活动，扩大了法律援助社会影响力。

六、大力加强法律援助业务培训工作，努力提高法律援助队伍业务素质

全区各级法律援助机构分别制订了培训计划和培训工作方案，加大经费投入，认真组织开展培训工作。3月，自治区法律援助中心在呼和浩特市举办了中央专项彩票公益金法律援助项目实施培训班，全区11个项目实施单位的领导和项目管理员参加了项目管理、微机录入培训。6月，在呼和浩特市举办了全区法律援助综合业务培训班，各盟市、旗县(市区)130多名法律援助工作人员参加了培训。10月、11月，委托中国政法大学分别举办了东、西部盟市法律援助业务培训班，邀请司法部有关领导、政法大学专家学者讲课，东部盟市共93名、西部盟市共110多名法律援助机构工作人员和法律援助工作站工作人员参加了培训，取得了较好的培训效果。各盟市、旗县(市区)法律援助机构根据各自实际分别举办了各类培训班160多期，培训各类法律援助工作人员5000多人次，法律援助队伍业务素质进一步提高。

内蒙古自治区法律援助工作大事记

3月8日，自治区法律援助中心在呼和浩特举办中央专项彩票公益金法律援助项目实施培训班，全区11个盟市和部分旗县（市区）项目管理及项目微机录入系统操作员参加了培训。

3月16日，锡林郭勒盟公安边防部队法律援助工作站在锡林郭勒盟边防支队举行成立揭牌仪式。

3月30日，二连边防检查站法律援助工作站举行成立揭牌仪式。

3月29日至4月2日，自治区司法厅岩英副厅长在区法律援助中心主任陪同下，赴赤峰市法律援助中心和克什克腾旗法律援助中心、林西县法律援助中心、巴林右旗法律援助中心、翁牛特旗法律援助中心、红山区法律援助中心、松山区法律援助中心、元宝山区法律援助中心、宁城县法律援助中心、喀喇沁旗法律援助中心及部分乡镇（街道）法律援助工作站、社区法律援助联络点检查调研法律援助工作。

4月2日，司法部建立了部领导“发扬传统、坚定信念、执法为民”主题教育实践活动联系点，赤峰市法律援助中心被司法部确定为司法部党组成员、政治部主任张彦珍同志联系点。

5月24日至27日，司法部党组成员、政治部主任张彦珍一行，在自治区司法厅党委书记、厅长徐呼和等人陪同下，对自治区司法行政工作和赤峰市法律援助中心等司法行政机关和法律援助机构“发扬传统、坚定信念、执法为民”主题教育实践活动进行调研指导。

6月6日，自治区法律援助中心在呼和浩特举办了全区法律援助业务培训班，全区12个盟市、101个旗县（市区）部分法律援助中心主任及法律援助专职律师共130余人参加了培训。

6月21日至7月30日，自治区法律援助中心组织全区法律援助律师年检注册工作，对全区12个盟市162名法律援助律师进行了注册。

6月29日，包头市固阳县委作出决定，在全县开展向县法律援助中心主任贾占全学习的活动。

7月8日，“1+1”中国法律援助志愿者行动的8名志愿者律师赴自治区服务地进行法律援助志愿者服务。

8月19日至20日，自治区司法厅在赤峰市召开全区法律援助工作暨主题教育实践活动现场会。司法部党组成员、政治部主任张彦珍、部法律援助司司长孙剑英、司法部政治部副巡视员张国勋，赤峰市市委常委、政法委书记孟繁有、副市长包振玉和司法厅有关领导出席会议，全区12个盟市司法局长和法律援助中心主任以及进行会议交流的旗县区司法局长和法律援助中心主任60余人参加了会议。会议总结交流了法律援助工作和主题教育实践活动的经验做法，部署了下一阶段的工作。

9月23日至25日，中国法律援助基金会岳宣义会长一行到自治区调研，了解法律援助志愿者律师郭二玲的先进事迹。

10月10日至19日，自治区法律援助中心在包头市召开全区法律援助案卷评审会，对全区12个盟市、101个旗县（市区）法律援助中心1998年至2010年结案的5万多卷法律援助案卷进行随机抽取、集中评审。此次共抽取的200个案卷，包括刑事申请法律援助案件、刑事指定法律援助案件、民事法律援助案件、行政法律援助案件和非诉讼法律案件等5大类，共评选出全区法律援助优秀案卷69个。

10月24日至26日，自治区法律援助中心委托中国政法大学举办了东部盟市法律援助业务培训班，5个盟市及所辖旗县的法律援助中心和法律援助工作站人员，共计93人参加了培训。

11月14日至16日，自治区法律援助中心在中国政法大学举办了西部盟市法律援助业务培训班，西部7个盟市及所辖旗县的法律援助中心和法律援助工作站人员共计110人参加了培训。

11月28日至30日，中央彩票公益金法律援助项目暨法律援助统计培训班在呼和浩特市举办，全区12个盟市的法律援助中心主任和负责彩票项目信息管理人员及统计报表专（兼）职工作人员参加了培训。

12月26日，呼和浩特市玉泉区志愿者律师郭二玲被评为全国优秀律师。

（内蒙古自治区法律援助中心）

辽宁省法律援助工作概况

2011年，在司法部和省司法厅党组的正确领导下，省法律援助中心认真贯彻落实全国法律援助工作会议和全省司法行政工作会议精神，在维护社会稳定和服务民生方面做出了一定成绩。在施援服务上，以“应援尽援”为最终目标，以群众满意为根本标准，不断加大服务工作力度，共接待“三访”3419人次，办理各类法律援助案件176件，受援人总数达870人次。全省三级法律援助机构共接待“三访”184225人次，办理各类法律援助案件7万余件（排在全国前三名），受援人总数达70858人次。

一、以综治考核为抓手，全面提升法律援助工作能力和水平

省社会治安综合治理委员会首次将法律援助工作列入省综治委专项工作考评内容，占1分。为此，司法厅制定了法律援助工作综治考评细则，并在年底组织了全面细致的考评，推动了全省法律援助工作再上新台阶，实现新跨越。

二、积极争取法律援助经费保障，提高法律援助经费使用效率

2011年，司法部向辽宁拨付中央补助地方办案专款620万元，中央专项彩票公益金240万元，共计860万元，创历史新高。通过专项资金的注入，提高了辽宁省法律援助机构的经费保障能力，扶持了困难地区法律援助工作的开展。

为了提高法律经费的使用效率，司法厅专门下发通知，组织各市进行法律援助经费专项检查。在各地自查的基础上，司法厅组成3个专项检查组，对部分地市及县区法律援助经费管理使用情况进行了重点抽查。通过抽查，督促各单位建立健全经费管理制度，充分发挥专项经费的使用效益，同时，为下一年度经费分配提供了科学依据。

三、开展法律援助试点工作，加强规范化和便民服务机制建设

2011年，确定沈阳市沈北新区司法局等26个单位为全省基层法律援助工作试点单位。各单位开拓进取，扎实工作，总结出不少好经验和好做法，有的已在全省范围内推广，并得到司法部的充分肯定。

按照“场所便民，设施完善，业务规范，服务专业”的要求，继续大力开展规范化法律援助机构创建活动。全省规范化法律援助机构已达到60%以上，模范法律援助机构已达到10%。

司法厅制定了“关爱弱势群体法律援助进万家”主题实践实施方案，对做好法律援助便民服务工作提出了明确要求。各地多措并举，认真实施，使活动取得明显成效。全省共建立1500个工作站、1万个村（社区）工作点，发放20万张法律援助便民服务卡，办理非诉讼调解案件1.8万件。司法厅全力打造“半小时法律援助服务圈，维护弱势群体合法权益”活动，被省直机关工委评为二季度最佳实事。《辽宁日报》《辽宁法制报》、辽宁政府网、北方网对此进行了专门报道。

四、加大培训工作力度，全面提高队伍素质

采用多渠道、多元化的培训办法，认真开展法律援助业务培训工作。2011年，全省共组织各级培训95次，其中省级2次，市级40次，县区级53次，培训人数达4500人，提高了全省法律援助工作人员的整体素质。

五、加大宣传工作力度，提升法律援助社会影响力

借助报纸、广播、网络等媒体广泛进行法律援助宣传，在省级以上媒体刊登信息及典型案例40余次。在全省范围内集中开展了法律援助宣传周活动，各级法律援助机构共出动宣传车150辆，设置宣传板742块，下发各种资料40.6万余份，接待法律咨询66835余人（次），法律援助的社会知晓率得到提高。

六、积极开展对外合作，中加法律援助合作项目取得新进展

经司法部外事司与商务部确定，中加法律援助合作项目（二期）将辽宁作为实施省份之一。2011年10月，加方执行团队到辽宁省开展系列访问活动，这标志着中加法律援助合作项目进入了正式启动阶段。为了做好项目的实施工作，辽宁省成立了领导小组和执行团队，制定了符合本省省情、社情的工作规划。中加项目的具体实施，必将为推动全省法律援助工作创新式发展提供有力的支撑。

辽宁省法律援助工作大事记

1月17日，全省司法行政工作会议在沈阳召开。省委常委、政法委书记李峰，省委常委、常务副省长许卫国，省政府副秘书长郭富春出席会议。省司法厅厅长张家成在会议上讲话。全省司法行政系统321名代表参加了会议。许卫国副省长在讲话中指出：“律师、公证、基层法律服务、司法鉴定和法律援助是维护公民、法人和其他组织合法权益的重要力量，要发挥促进作用，着力构建一个服务优质、秩序规范、管理科学的法律服务体系。”

2月15日，为加强基层法律援助工作，不断开拓创新，推动“十二五”期间全省法律援助工作又好又快发展，省司法厅下发《关于确定基层法律援助工作试点单位的通知》（辽司〔2011〕33号），确定沈北新区司法局等15个单位为基层法律援助工作试点单位。

2月22日，全省法律援助工作会议在沈阳召开。省14个市的主管法律援助工作的局长、法律援助中心主任，大连、营口、盘锦三个市的“148”法律服务专线主任，15个试点单位主管法律援助工作的局长、法律援助中心主任参加了会议，省司法厅副厅长崔可兵出席会议并讲话，对2010年全省法律援助工作进行总结，对2011年工作任务作出部署，对做好今年法律援助工作提出具体要求："一是思想认识再深化一步；二是工作标准再提高一步；三是开拓创新的工作再推进一步；四是各项保障再提升一步；五是督导落实的工作再强化一步。"

3月23日，按照中央关于开展创先争优活动的要求，省法律援助中心全力打造"半小时法律援助服务圈"，切实维护了社会弱势群体的合法权益。《辽宁日报》专门对"步行半小时就能得到法律援助"的做法进行了报道。这项工作被省直属机关工委评为"2011年第二季度当选的最佳实事"。

4月12日，根据全国"法律援助便民服务"主题活动总结电视电话会议和全省司法行政工作会议精神，省厅决定从5月初到2011年年底，在全省范围内开展"关爱弱势群体法律援助进万家"主题实践活动。活动内容主要从打造一小时法律援助服务圈、创新法律援助服务方式、开辟法律援助绿色通道、加强"12348"专线管理、提高法律援助知晓率5个方面进行。

5月11日至13日，部分地市法律援助业务培训班在本溪举办。沈阳、抚顺、本溪、丹东、铁岭5市39个县区法律援助中心工作人员共100余人参加了培训。培训分别就刑事诉讼基本理念等相关内容进行了培训，就法律援助接待与咨询存在的实际问题等进行了现场讲解。

6月15日至17日，为切实提高法律援助工作人员的管理和业务技能，省司法厅在营口市举办了"辽宁省法律援助业务培训班"。大连、鞍山、锦州、营口、阜新、辽阳、朝阳、盘锦、葫芦岛9市57个县区法援中心工作人员100余人参加了培训，就刑事诉讼基本理念、民事证据实务问题和法律援助实务3个专题进行了培训。

7月21日至23日，司法部法律援助司司长孙剑英到鞍山、本溪、辽阳、盘锦司法局考察法律援助工作。孙剑英司长参观了各市法律援助便民服务接待大厅，实地考察了法律援助信息化管理系统，听取了全省及各市近年来法律援助工作情况的汇报。孙剑英司长还深入到司法部法律援助联系点盘锦市大洼县司法局和本溪市本溪县及桓仁县司法局进行调研。

9月15日，为加强基层法律援助工作，完善法律援助信息沟通制度，省司法厅确定鞍山市铁西区等11个单位为全省法律援助工作联系点。

9月20日至29日，根据《司法部关于加强法律援助经费使用监督管理工作的意见》的要求，省司法厅组成专项检查组，省法律援助中心会同财务和纪检部门联合对锦州、铁岭、朝阳3市及所属21个县（区）两年来的中央和省级补助地方法律援助办案专款及中央专项彩票公益金使用管理情况进行重点抽查。

10月11日至12日，司法部在安徽合肥召开全国法律援助工作座谈会。省司法厅副厅长崔可兵在会上作了题为"大力加强规范化建设、提高服务困难群众能力"的经验介绍。目前，全省法律援助机构规范化比例达到60%以上，模范法律援助机构达到10%。

10月27日至29日，加拿大驻华使馆发展处项目官员、中国商务部官员、司法部法援中心有关领导及加方执行机构成员一行16人赴辽宁考察。考察团在崔可兵副厅长等同志陪同下考察了阜蒙县法律援助工作，随后与省律师协会、省残联等相关同志及部分律师进行座谈，中加双方就两国间律师协会基本情况、律师办理法律援助案件情况及残联与法律援助机构合作情况进行了交流。29日，中加向弱势群体提供法律援助项目启动会议在沈阳召开。崔可兵副厅长出席会议并致辞。省法援中心负责同志向加方就辽宁省法律援助工作现状、农民工、少数民族、妇女法律援助工作开展情况、技能培训、公共教育发展等几个方面作了详尽的说明。

12 月，省法律援助工作首次纳入综治考评，以推动法律援助政府责任的落实。

（辽宁省法律援助中心）

吉林省法律援助工作概况

为贯彻落实司法部和省委省政府“实现法律援助应援尽援”的工作任务，年初，司法厅在全省司法行政系统组织开展“幸福·尊严法律援助应援尽援”活动，各级司法行政机关和法律援助机构坚持以人为本、服务为民，认真落实“实现法律援助应援尽援”的重点工作任务，积极探索推进法律援助“应援尽援”工作的新思路、新措施，着力解决困扰“应援尽援”工作的突出问题，活动取得显著成效。

一、省领导高度重视法律援助工作

省领导对法律援助工作高度重视，4 月 24 日至 28 日，省政协组织部分常委、委员赴白山市、集安市、长春市、公主岭市、省农民工法律援助工作站和省法律援助中心对法律援助工作进行专题视察。省委书记孙政才、省委副书记巴音朝鲁、省委政法委书记金振吉、副省长王化文在《关于我省法律援助工作情况的视察报告》上均作出批示，进一步推进了法律援助工作的发展。

二、法律援助服务困难群众成效明显

全省各级法律援助机构召开专门会议进行工作部署，县（市、区）法律援助中心组织人员深入村屯、社区、孤儿院、敬老院等地进行摸底、登记。市（州）法律援助机构积极协调残联、社会保障等部门进一步做好潜在受援人的摸底、调查工作。顺利完成了对潜在受援人的摸底调查和统计上报工作，数据库已经基本建成。受援人信息数据库的建立将大大提高全省法律援助的信息化水平，实现全省 9 个市、州受援人员全覆盖，并使相关部门资源共享。

全省各级法律援助机构以服务保障和改善民生为重要任务，积极贯彻落实活动目标和要求，逐步扩大法律援助覆盖面，广泛开展法律咨询，努力满足困难群众的法律援助需求。全省各级法律援助机构共承办法律援助案件 10945 件，受援人数 11127 人，提供法律咨询 6 万多人次，为当事人挽回经济损失 7450.13 万元、为农民工讨薪 2381.74 万元。逐步将社会保障、征地拆迁、劳动争议、食品药品安全、教育医疗、环境保护等民生问题列入工作范围，将农民工、零就业家庭、残疾人、老年人、妇女和未成年人等列为重点援助对象，针对其不同特点提供个性化、专业化服务，帮助他们依法解决就业、就医、就学等方面的切身利益问题，切实维护了困难群众的合法权益。

三、建立突发事件法律援助应急机制

为及时、有效、稳妥地处理群体性、突发性案件，司法厅和各市（州）、县（市、区）司法局按照“应援尽援”活动要求制定了《突发事件法律援助应急预案》，成立了处置突发事件法律援助应急小组，构建了“功能全面、反应灵敏、运转高效”的突发事件法律援助应急体系。全省法律援助应急机制建设初见成效，协助政府相关部门先后成功处理了抚松“3·12”特大交通事故案、舒兰市平安煤矿“6·5”矿难等40余起重大突发事件，有效地维护了人民群众的合法权益，维护了社会和谐稳定。《法制日报》9月1日综合新闻头条报道《灾难现场法援律师第一时间到达：吉林省建立省市县三级法律援助应急机制》。

四、加强队伍建设，提高服务能力和水平

为进一步提高全省法律援助律师执业技能水平，增强法律援助机构管理规范化建设，更好地为困难群体提供优质高效的法律援助，努力实现法律援助应援尽援、应援优援，省法律援助中心于12月11日至12日，在长春市举办了全省法律援助中心主任、律师培训班。全省70家法律援助中心主任和律师190人参加了培训。培训内容包括：刑法修正案（八）、婚姻法解释（三）、律师文化建设和法律援助业务质量评价标准。通过培训和交流，提高了全省法律援助应援尽援能力和水平，推动了吉林省法律援助事业的进一步发展。

为了进一步规范法律援助志愿者从业行为，提高法律援助志愿者服务水平和服务能力，省法律援助中心决定对全省法律援助志愿者进行考试与考核，重新登记，严格管理。11月19日，全省9个市（州）1000多名法律援助志愿者，分别在长春、吉林、延边、四平、松原、白山6个考区的30个考场参加了吉林省法律援助志愿者统一考试，通过率达到93%。考试合格者将获得法律援助志愿者服务证并登记注册，准予从事法律援助活动。

五、落实便民措施，“落地工程”稳步推进

“落地工程”是法律援助便民服务的重要举措。年初，全省各级法律援助机构中有14家已实现接待场所落地。自开展“应援尽援”活动以来，各级司法行政机关和法律援助机构多次协调相关部门争取支持，先后又争取38家法律援助中心实现了落地目标，全省共有52家法律援助机构完成了“落地工程”。其中，自有办公用房的28家，租借办公用房的24家，落地工程达到74%（年初目标为30%）。在未达到落地标准的18家法律援助机构中，其中有14家已被列入司法行政办公楼计划。

另外，为启动法律援助咨询热线，省法律援助中心积极整合全省法律服务资源，成立法律援助咨询专家委员会，作为热线咨询专家库，待司法厅“12348”司法服务平台建成后即可启动。

六、搞好法律援助宣传工作

各级法律援助机构积极主动适应传播媒体的变化和群众接受习惯的变化，加大宣传力度，创新宣传手段，注重宣传实效。据不完全统计，全省各级法律援助机构有4000多人次参加宣传，出动宣传车辆100多次，累计开展宣传500多次。利用电视、广播、报纸和网络等媒体宣传200余次，深入社区、村屯、敬老院、老年公寓、军营、学校等基层地方以发放材料、座谈、咨询等形式宣传300余次，共发放宣传单、法律援助联系卡等材料5万多份，发放宣传袋1万多个，切实扩大了法律援助的社会影响力，提高了法律援助的知晓率。

七、做好中央专项彩票公益金项目实施工作

2011年，全省各项目实施单位充分利用项目资金，降低法律援助门槛，拓展法律援助范围，提高法律援助质量，最大限度地满足困难群众的法律援助要求，全省全年共办结法律援助案件1114件，其中农民工法律援助案件301件，残疾人法律援助案件190件，老年人法律援助案件262件，妇女家庭权益保护法律援助案件316件，未成年人法律援助案件45件，共帮助1386位受援人挽回经济损失3000多万元，申请项目资金180万元。在全国率先完成2010年项目资助额度，让更多困难群众的合法权益得到维护和实现。

八、完成中加法律援助合作项目启动工作

4月，省法律援助中心执行团队在云南参加"中国—加拿大向弱势群体提供法律援助项目启动会"，制定了《中加向弱势群体提供法律援助项目吉林省执行规划》，落实项目实施前的准备工作。10月，中加法律援助项目启动团到辽宁省开展了一系列的规划座谈活动，研究确定该项目在吉林省的启动事宜。

吉林省法律援助工作大事记

2月12日，在省第十一届人民代表大会第四次会议上，省政府工作报告将"实现法律援助应援尽援"列入2011年十个方面的民生实事之一。

2月14日，省法律援助中心将原有业务指导部、法律援助部、办公室调整为三部一室。综合部：负责绩效考评和规范化建设、宣传和理论研究工作、网站管理和信息化等工作；业务部：负责培训工作、业务指导和案件监督、法律援助工作站和志愿者的管理、业务档案管理、典型案例征集等工作；咨询部：负责案件受理、咨询接待以及信访工作；办公室：负责彩票项目、"三个纳入"和落地工程落实、文秘、档案管理以及中心日常工作。经过调整，省法律援助中心职责更加明确，分工更加具体，大大提高了工作效率。

3月3日，省司法厅召开全省司法行政系统落实民生实事暨"幸福·尊严法律援助应援尽援"活动动员大会。会议由省司法厅禹治洪副厅长主持，省司法厅党委书记、厅长王进义作动员讲话，司法部法律援助工作司副司长高贞到会致辞。会议旨在贯彻落实省政府提出的为民办实事、实现法律援助应援尽援要求，进一步落实全省司法行政工作会议提出的法律援助工作要实现新发展的要求。从2011年3月至12月底，全省司法行政机关将通过法律援助管理创新，拓宽援助范围，降低援助门槛，动员和组织法律援助义务主体，以维护受援人合法权益，让人民生活得更幸福、更有尊严，实现社会公平和正义为目标，努力实现法律援助应援尽援，为全省经济社会和谐稳定发展贡献力量。活动主要措施为：搭建好两个平台（开通省法律援助咨询热线和建立全省法律援助应急机制），完善法律援助应援尽援工作机制；落实好两个工程（法律援助机构落地工程和全省受援人数据库工程），加强法律援助应援尽援能力建设；实施好两个项目（中加法律援助合作项目和中央专项彩票公益金法律援助项目），提高法律援助应援尽援工作水平；搞好法律援助立体宣传，做到法律援助应援尽援，有字有声；完善监督机制，确保法律援助应援尽援落到实处。

出席会议的有：司法部、省人大、省政协、省老龄委、省妇联、省残联、共青团吉林省委、省总工会、省人力资源和社会保障厅、省财政厅等有关部门的同志；各市（州）司法局长和法律援助中心主任、厅机关有关处（室）负责人、省律师协会负责人、省法律援助中心全体人员，及法律援助律师、社会律师、公证员、司法鉴定人、司法所、法律服务所、高校法律援助工作站代表等。中央电视台及驻长春新闻媒体记者也应邀参加了会议。

3月2日至5日，司法部法律援助工作司副司长高贞带领调研组到吉林省开展加强和改进法律援助工作的调研，省司法厅副厅长禹治洪、省法律援助中心主任张生久陪同调研。

3月17日，全省法律援助应援尽援活动领导小组办公室在长春召开全省法律援助工作第一次调度会。各市（州）司法局主管局长和法律援助中心主任参会，汇报了落实民生实事、开展法律援助应援尽援情况以及实施中央专项彩票公益金项目过程中存在的问题等。省司法厅副厅长禹治洪听取了汇报。

3月12日，抚松县法律援助中心启动应急机制，第一时间赶到现场，积极参与“3·12”特大交通事故处理，及时为受害人提供法律服务，充分发挥了法律援助的应急作用。该事故造成21人死亡，22人受伤，直接经济损失达1000万元以上。经过法律援助律师为受害人及其家属耐心、细致地提供法律咨询意见，21名死者家属全部签订了赔偿协议并安葬了死者，无一人对赔偿金及事故处理结果提出异议。省法律援助应急机制在此次重大突发事件中发挥了重要作用，起到了疏解矛盾、稳定社会的功效。

4月24日至28日，省政协组织部分常委、委员赴白山市、集安市、长春市、公主岭市、省农民工法律援助工作站和省法律援助中心，对法律援助工作进行专题视察。视察组由省政协副主席常显玉带队，省司法厅副厅长禹治洪，省法律援助中心主任张生久、副主任刘洪岩陪同视察。

视察组听取了省司法厅及4个城市的政府主要领导和法律援助机构的情况汇报，深入到法律援助机构、法律援助工作站重点了解近年来法律援助工作在保障困难群众合法权益、服务民生、维护稳定、促进经济社会发展中取得的成绩和人员编制、经费保障、办公条件等法律援助能力建设方面存在的亟待解决的问题。

4月12日，中澳合作国家级反对家庭暴力法律援助培训研讨班在长春市开幕。省妇联主席关德伟、省司法厅副厅长禹治洪、澳大利亚人权委员会国际合作局副局长娜塔莎·席尔瓦分别致辞，司法部法律援助工作司副司长高贞、全国妇联权益部部长蒋月娥到会讲话。省法律援助中心副主任刘洪岩代表吉林省作题为“关注贫弱女性权益，切实履行法律援助职责”的主题发言。

4月20日，中国—加拿大向弱势群体提供法律援助项目启动会在云南举行。吉林省作为项目实施单位，由省法律援助中心主任张生久、副主任刘洪岩、综合部主任赵宏伟以及工作人员肖传奇参加会议。

5月26日，吉林省暨长春市“同心·律师服务团”法律服务誓师动员大会在长春市文化广场隆重举行。省委副书记、省政协主席巴音朝鲁，省委统战部部长刚战标，长春市副市长高学章，省司法厅党委书记、厅长王进义以及省政府相关部门领导出席。大会由省司法厅副厅长禹治洪主持，巴音朝鲁副书记、刚占标部长、高学章副市长、王进义厅长为“同心·律师服务团”代表授旗，省法律援助中心在会上被授予“同心·法律援助律师团”旗帜，王进义厅长在动员大会上讲话。

省直暨长春市各律师事务所1200多名律师，省法律援助中心全体人员，吉林大学、长春理工大学、长春工业大学法律系150名学生法律援助志愿者参加誓师动员大会。大会结束后，省法律援助中心进行了现场法律咨询服务活动，发放了法律援助宣传品。

5月19日，省法律援助中心主任张生久、前任主任付占国受邀参加在北京全国政协礼堂举行的纪念张学良将军诞辰110周年座谈会。

6月8日，《延边朝鲜族自治州法律援助条例》正式实施。这标志着延边州法律援助工作进入了一个新的发展时期，对进一步规范延边州法律援助工作，保障公民平等享有法律保护的权利，维护社会公平正义，确保延边州经济社会协调发展和社会稳定，具有重要意义。《条例》于2011年1月14日延边朝鲜族自治州第十三届人民代表大会第四次会议通过，5月27日经吉林省第十一届人民代表大会常务委员会第二十六次会议批准，《条例》共6章28条，突出了地方特色，增强了可操作性。《条例》不仅降低了法律援助门槛，扩大了法律援助范围，还增加了法律援助主体，体现了边疆少数民族地区特色。为贯彻落实《条例》，延边州各法律援助中心通过座谈会等多种形式进行了学习和宣传。

6月24日，全省律师行业庆祝建党90周年文艺汇演在长春国际会展中心音乐厅举行。来自省法律援助中心、9个市（州）和省直律师事务所近600人观看了演出。其中，省法律援助中心律师参与表演的大合唱、省女子劳教所法律援助工作站的舞蹈、长岭县法律援助中心的音乐快板、前郭县法律援助中心的马头琴齐奏、白城市法律援助中心的歌伴舞、东辽县法律援助中心的京剧、四平市法律援助中心的男生独唱等节目，获得了观众的热烈掌声。法律援助律师通过丰富多彩的节目，歌颂了中国共产党的光辉历史和丰功伟绩，表达了对中国共产党的深情与敬意，抒发了律师热爱党、热爱祖国、热爱人民、热爱律师事业的情怀，展现了法律援助律师积极进取、乐于奉献的精神风貌。

7月1日，省法律援助中心律师赵宏伟被中共吉林省委政法委授予“全省政法系统优秀共产党员”称号。

8月4日，司法部法律援助工作司、中央电视台社会与法频道在吉林省延吉市联合召开“法律援助在行动”开播一周年座谈会，并表彰了对节目制作做出突出贡献的集体和个人。司法部法律援助工作司副司长王军益、中央电视台社会与法频道副总监董宁、省司法厅副巡视员朱晓光出席座谈会并致辞。来自北京、山西、内蒙古、辽宁、吉林、黑龙江、上海、江苏、安徽、山东、河南司法厅（局）法援处处长（中心主任）、部分负责节目录制工作人员和主讲人代表参加座谈会。

8月13日至14日，省律师协会副会长、省法律援助中心主任张生久参加在延吉市召开的2011年三省一区（吉林）律师论坛。本次论坛由省律师协会、辽宁省律师协会、黑龙江省律师协会、内蒙古自治区律师协会主办，吉林省律师协会承办。论坛主题为“开拓、创新、发展”。三省一区律师协会会长、秘书长、有关部室负责人，三省一区论文作者及律师代表200余人参加了论坛。

8月27日至28日，吉林省第八次律师代表大会在长春隆重召开。来自全省的律师代表177人及司法行政机关、律师协会的特邀代表共计200余人参加会议。省法律援助中心主任张生久、长春市法律援助中心主任姚蕴珈、吉林市法律援助中心主任李登奎、抚松县法律援助中心主任王虹当选第八届理事会理事，辽源市法律援助中心主任齐连义当选第八届监事会监事。张生久主任连任省律师协会副会长。

9月16日，省司法厅和省老龄工作委员会办公室联合下发《关于表彰“夕阳幸福工程·法律援助在行动”活动先进集体和先进个人的决定》，授予在老年人法律援助工作中做出突出成绩的长春市司法局等49个单位和邢占杰等50名同志为“夕阳幸福工程·法律援助在行动”先进集体和先进个人称号。

9月28日，东北师范大学法律援助工作站成立大会暨挂牌仪式在东北师范大学政法学院举行。省司法厅副厅长禹治洪、东北师范大学党委副书记马尚、省法律援助中心主任张生久、副主任刘洪岩出席仪式。东北师范大学政法学院的领导、教师以及学生近200人参加了仪式。东北师范大学法律援助工作站是经省司法厅同意设立的，是省法律援助中心在东北师范大学设立的法律援助工作机构，该机构在行政上接受东北师范大学的领导，在业务上接受省法律援助中心管理、指导和监督。

10月26日至27日，中加为弱势群体提供法律援助项目启动团一行16人来到吉林省开展了系列的规划座谈活动，并与省项目执行团队进行广泛研讨，研究确定中加为弱势群体提供法律援助项目在吉林省的启动事宜。省司法厅副巡视员王羚会见了项目启动团成员。省法律援助中心主任张生久、副主任刘洪岩、综合部主任赵宏伟全程参与了启动团在吉林期间的活动。

启动团在吉林期间，与省法律援助中心项目执行团进行了讨论并就项目执行问题深入交换了意见。启动团还先后访问了前郭尔罗斯蒙古族自治县法律援助中心、省农民工法律援助工作站、吉林大华铭仁律师事务所、省律师协会，与律师管理机构、法律援助工作者、社会律师、基层法律服务工作者、高校法律诊所代表进行了座谈。

11月4日，省司法厅厅长王进义、副厅长禹治洪，到今年迁址的省法律援助中心进行工作调研。王进义厅长听取了省法律援助中心主任张生久的工作汇报，对全省法律援助机构开展的“幸福·尊严应援尽援活动”所取得的成绩给予了充分的肯定，同时，也听取了省法律援助中心律师的工作介绍。王进义厅长对法律援助工作如何更好地服务大局、服务困难群众提出了具体要求。王进义厅长强调，省法律援助中心要明确三项工作职责：一是对全省法律援助重大政策和问题的研究；二是负责全省法律援助重大活动的安排，要主题鲜明、上下联动；三是要形成全省性法律援助工作的工作规则，发挥总调度、总开关、总协调的作用。

11月19日，省法律援助中心在全省举行了省法律援助志愿者统一考试，标志着吉林省对法律援助志愿者队伍开始全面整顿。考试合格者将可以申请法律援助志愿者服务证，以法律援助志愿者名义从事法律援助活动，未通过考试者将不能获得法律援助志愿者服务证。全省九个市(州)1000多名法律援助志愿者，分别在长春、吉林、延边、四平、松原、白山6个考区的30个考场参加了考试。据统计，考试通过率为93%。

12月2日，吉林大学法律援助工作站成立暨揭牌仪式在吉林大学法学院思想者学园举行。省司法厅副厅长禹治洪，吉林大学法学院院长姚建宗，省法律援助中心主任张生久、副主任刘洪岩、业务部主任康国庆，省律师协会会长迟日大、副会长王哲、副秘书长张嘉良，长春市西新区法院立案庭庭长江春雨以及长春市律师界、法律援助志愿者的代表出席仪式，吉林大学法学院的领导、教师以及学生近40人参加了仪式。省司法厅副厅长禹治洪、吉林大学法学院院长姚建宗共同为吉林大学法律援助工作站揭牌。工作站是经省司法厅同意设立的，是省法律援助中心在吉林大学设立的法律援助工作机构，该机构在行政上接受吉林大学的领导，在业务上接受省法律援助中心管理、指导和监督。

12月6日至7日，省法律援中心主任张生久、综合部主任赵宏伟应邀参加了司法部在福建省武夷山市举行2010—2011年度全国法律援助研讨会。赵宏伟撰写的《〈法律援助法〉是中国特色法律援助制度的完善路向》《法律援助制度的建立基础与价值取向》分别荣获二、三等奖，并在研讨会作法律援助立法问题的主题发言，白城市洮北区法律援助中心王继峰撰写的《完善法律援助应援尽援体系的思考》荣获三等奖。

12月11日至12日，全省法律援助中心

主任暨律师培训班举办。全省70家法律援助中心主任和部分律师共计190人参加了培训。此次培训是为了进一步提高全省法律援助律师执业技能水平、加强法律援助机构管理规范化建设,更好地为困难群体提供优质高效的法律援助,努力实现法律援助应援尽援、应援优援目标而举行的。培训内容包括:刑法修正案(八)、婚姻法司法解释(三)、律师文化建设和法律援助业务质量评价标准。省法官培训学院常务副院长张太范,省高级人民法院研究室副主任,省法学会民法研究会副会长冯彦彬,全国律协发展战略委员会委员、律师文化建设专题组成员、省司法厅办公室主任宋占文和吉林市法律援助中心主任李登奎为培训班授课。

12月13日,省法律援助中心张生久主任参加司法厅绩效考评组,对全省九个市(州)法律援助中心进行考评。同时,对全省法律援助工作进行总结,迎接省委政法委、省政府关于法律援助的考评。

(吉林省法律援助中心)

黑龙江省法律援助工作概况

2011年是实施"十二五"规划的开局之年。年初以来,按照司法部和省司法厅的工作部署,全省各级法律援助机构认真落实第五次全国法律援助工作会议精神,切实发挥法律援助在保障和改善民生中的职能作用,进一步提升服务困难群众的能力和水平,提升法律援助地位和社会影响力,着力完善便民服务基础建设,着力推进服务标准化建设,认真开展法律援助宣传活动,精心设计载体,强化措施,狠抓落实,扎实推进法律援助政府责任落实。全年共办理法律援助案件18030件,为维护困难群众合法权益、维护社会公平正义、促进社会和谐稳定作出了新贡献。

一、法律援助机构建设有了新进展

一是"三个纳入"工作取得显著成效,法律援助政府责任得到进一步落实。重点推进了县(区)级法律援助机构建设,着力解决了机构、人员、经费、办公场所等关键性问题。重点推进了区级法律援助机构建设,真正实现了机构独立、人员专职、办案经费纳入财政预算。要求各市、行署司法局加大对法律援助机构的建设力度,积极推动政府责任落实。年初以来,齐齐哈尔市政府为市法律援助中心增加了9个编制;绥化市司法局利用办公用房建设契机,将原来的办公楼整体交给法律援助中心和公证处管理和使用,法律援助中心办公用房紧张问题得到彻底解决;哈尔滨市南岗区司法局积极争取,法律援助经费由2010年的不足11万元增至37万元。

二是继续完善法律援助机构管理体制。依照省编委"三定"方案精神,大力推进和完善市级法律援助机构管理体制。为有效提升法律援助科学化管理水平,为"十二五"开好局、起好步。4月26日,组织召开了各市、行署法律援助中心主任会议,认真学习了刘义昌厅长在全省司法行政工作会议上的讲话和司法部《关于加强法律援助经费使用监督管理工作的意见》,制定下发了《2011年黑龙江省法律援助工作重点》《2011年黑龙江省法律援助工作目标考核细则》,将以往办案数量与经费数量年度增长10%的考核标准,改为人均占有法律援助经费0.3元以上,法律援助业务经费增加10%和实现全省法律援助案件人均万分之4.5以上,以平衡区域发展。为了更好地落实司法部关于加强法律援助经费使用监督管理工作意见,组织开展了“法律援助专项业务经费检查年”活动。

三是推进法律援助机构规范化建设。全省各级法律援助机构严格按照司法厅规定的“编制人员落实、接待场所和办公设施齐全、经费保障稳定、队伍素质较高、规章制度配套”总体目标的要求,不断加大创建力度,全省规范化法律援助机构以每年10%的比率增加。2011年10月下旬,司法厅法律援助工作处严格按照标准和验收程序,组织人员对绥化市法律援助中心等10个申报单位逐项进行考核,经司法厅规范化法律援助机构验收考评小组研究,并报请主管厅领导同意,拟授予绥化市法律援助中心等10个单位为规范化法律援助机构。同时,省、市联合对三年以上的规范化机构进行重新检查验收,对降低规范化标准的限期改正,不能按期改正的取消其规范化机构资格。全省规范化法律援助机构达127个,占全省机构数的86%,如期实现了全省规范化法律援助机构达到85%的工作目标。

四是加强法律援助工作站规范化建设。制定下发了《黑龙江司法厅关于全省乡镇(街道)法律援助工作站办理法律援助案件细则》,要求各级法律援助机构以基层司法所为依托,全部建立法律援助工作站,同时,加大了对法律援助工作站的管理,要求全省法律援助工作站要规范办案程序,提高办案质量,非诉讼法律援助案件必须做到一案一档。各市、县要统一办案程序,统一公示图版,统一对外标识等举措。

五是拓展服务领域,不断加强法律援助社会机构建设和管理。认真落实司法部《社会组织参与法律援助工作暂行管理办法》,积极支持和倡导社会组织参与法律援助事业。逐步规范各级法律援助分支机构建设,依法规范机构设置,对于民办非企业社会组织参与法律援助工作严格职能准入标准,维护法律援助秩序,加强对工、青、妇、残、老建立法律援助维权部各分支机构的管理,更好地发挥其行业优势。

二、法律援助业务能力建设和信息管理系统建设有了新突破

一是大力加强业务能力建设,制定切实可行的培训计划,使教育培训工作更具有针对性和实效性。8月22日至26日,司法部在哈尔滨举办了“中东部省份法律援助轮训计划”黑龙江培训班,全省各市、行署、县(区)及省法律援助中心主任共计146人参加了培训,通过培训,提高了全省法律援助工作者的工作能力和水平,促进了东中西部法律援助工作的均衡发展。同时,为更好地加强业务能力建设,结合开展“发扬传统坚定信念执法(执业)为民”主题教育实践活动和“为民服务创先争优”活动,制定下发了《全省法律援助开展“发扬传统坚定信念执法(执业)为民”主题教育实践活动推进计划》《法律援助为民服务争先创优考核细则》。

二是按照司法部法律援助信息化建设要求,5月5日,在政法管理干部学院举办了为期3天的区级法律援助机构信息管理系统管理员培训班,参训学员系统学习了法律援助管理信息系统的咨询管理、案件管理、统计查询、信息公告等内容。目前,全省147个法律援助机构信息平台管理员全部培训完毕,全省各级法律援助机构已经全部开通了法律援助信息管理系统,采用了规范的法律援助信息格式,建立了统一的信息交换和数据传输技术平台,全面实现了法律援助案件、咨询的动态管理和业务数据统计分析、实时查询功能。

三、法律援助经费保障能力有了新进展

一是努力提高法律援助经费保障能力。以《法律援助条例》为依据，狠抓法律援助办案经费保障，全省县、区法律援助办案经费全部纳入财政预算。全省实现了人均占有法律援助经费 0.3 元以上，法律援助业务经费增加 10% 的目标。

二是加强中央、省法律援助专项经费使用监督工作。认真落实中央、省法律援助专项经费使用，严禁挤占、挪用专项经费，确保专项经费全部用在法律援助办案补贴上。10 月下旬，组织部分地市法律援助机构主任对专项经费使用情况进行交叉抽查，保证了经费规范性使用。

三是多渠道筹集法律援助资金。积极争取中央财政对全省法律援助专项经费的投入，2011 年获得国家专项资金 400 万元，同比增加 137%。认真开展"中央专项彩票公益金法律援助项目"实施工作，争取到法律援助专项资金 210 万元。

四、法律援助实施能力和服务水平有了新提高

一是提高法律援助案件办理能力，确保做到应援尽援。继续深入开展"走进基层，服务民生"活动。大力推进法律援助向社区、乡村延伸，向基层困难群众和特殊群体扩展，重点帮助困难职工解决企业拖欠工资、养老保险、医疗保险、失业保险等问题，努力做好农民工、老年人、残疾人、未成年人等弱势群体法律援助工作，努力实现应援尽援。全省共办理法律援助案件 18030 件，其中，刑事法律援助案件 2290 件；民事法律援助案件 15720 件；行政法律援助案件 20 件；涉及农民工案件 4069 件；老年人案件 3455 件；残疾人案件 1426 件；未成年人案件 1751 件；妇女案件 3433 件；进行现场法律咨询 20 余万人次；共挽回经济损失 1.0523 亿元。

二是适度扩大法律援助范围。加大对老年人、未成年人、残疾人提供法律援助力度，对请求给付赡养费、抚育费、扶养费的，对农民工请求支付劳动报酬和工伤赔偿的，不再审查其经济困难条件，为他们快速办理法律援助。放宽法律援助范围，将涉及劳动纠纷、社会保障、坑农害农、环境污染以及家庭暴力、交通事故、医疗事故等与民生相关的，困难群众要求迫切解决的事项纳入法律援助范围，有效缓解了法律援助供需矛盾，使更多的困难群众得到法律援助。哈尔滨市道里区政府出台了《道里区老年人法律援助工作暂行办法》。《办法》是全省区县级第一个以政府规章形式出台的老年人法律援助规定，明确取消了经济状况认定限制和案件类型限制，惠及全区 10.8 万老年人。绥化市制定出台了《办理公证类法律援助案件细则》。针对经济困难的下岗工人、农民、妇女、儿童、老年人、优抚对象、军人、军属、残疾人、农村"五保户"和社会福利机构中由政府供养的弱势群体以及其他经济困难无力支付公证服务费用人员，在申请办理与其人身财产密切相关的公证事项时，给予法律援助。

三是进一步规范和加大非诉讼法律援助案件的办理。充分发挥基层司法所法律援助工作站作用，积极组织和调动法律援助工作站办理非诉讼法律援助案件的积极性。全省法律援助工作站能够认真执行司法厅制定下发的《黑龙江省乡镇(街道)法律援助工作站办理法律援助案件细则》，规范办理非诉讼法律援助案件，严格援助标准、严格审批程序、严格文书内容，做到一案一档。认真执行规范非诉讼案件的补贴标准，严禁虚高冒领。2011 年，全省共办理非诉讼法律援助案件 9474 件。

四是继续开展城际间法律援助协作。

省司法厅将各市、行署法律援助中心与外省签署城际间法律援助协作公约不少于10个列入全省目标责任制考核当中，要求各市地要继续扩大与本地区劳动力相对集中的输出地建立省外城际间法律援助协作机制，并为出省务工人员发放法律援助联系卡，为他们提供便捷的法律指导。此外，各地还加强与本地区劳动力相对集中输出地建立省外城际间法律援助协作机制，保障了本省人员外出务工时的合法权益，降低了维权成本。截至上半年，大庆市已与47家省际协作城市签署了协作公约，实现了城际间法律援助资源共享，扩大了法律援助网络覆盖面。加强了农民工和其他外出务工人员法律援助的异地协作，方便群众异地申请法律援助，目前签约城市已达235个，办理异地协作案件63件。

五是加强对法律援助案件质量的检查监督。把案件质量作为一项经常性工作来抓，并采取有效措施加强对案件质量进行监督。抓好死刑二审开庭审理辩护工作，努力提高辩护质量。全年法律援助案件办理质量实现了零投诉。采取自查、互查相结合方式，完善考核和惩罚机制。伊春市法律援助中心制定了《伊春市法律援助案件卷宗装订顺序》《法律援助民事、刑事、行政、非诉讼案件卷宗目录》和《法律援助案件办案文书》，下发至全市各法律援助机构、律师事务所、法律服务所，规范了法律援助案件装订归档工作；鹤岗市开展了法律援助案件质量及中央补助地方法律援助办案专款专用使用情况的检查活动，认真查摆问题，严格整改。

六是积极落实中央彩票专项公益金法律援助项目。全省共办理项目法律援助案件1307件，办案补贴金额210万元，超额完成中国法律援助基金会的目标要求。10月11日至13日，中国法律援助基金会理事长岳宣义带队对牡丹江市、鸡西市中央专项彩票公益金法律援助项目实施工作进行了检查，组织当地办案律师及受援当事人召开了座谈会，并对项目实施工作给予了充分肯定。在全国中央专项彩票公益金法律援助项目总结工作会议上，黑龙江省作了经验介绍，岳宣义理事长在讲话中先后4次对黑龙江省的工作给予了充分肯定和表扬。

七是继续深入开展“法律援助便民服务”活动，不断提高服务水平。进一步落实法律援助十项便民措施，要求非临街的法律援助机构要在临街设立法律援助窗口，在醒目位置设立便民指示牌，并指派专职人员接待。有计划地扩大法律援助范围，降低法律援助门槛，简化受理审查程序，强化服务意识，改进服务作风，创新服务方式，提高服务质量和效率，努力为困难群众提供方便快捷、优质高效的法律援助服务，全省法律援助机构的服务能力和水平得以提升，逐步构建起规范高效的法律援助服务体系。佳木斯市法律援助机构均在行政服务中心或一楼、临街设立接待场所，配备老花镜、雨伞、急需药品（如救心丸）等便民用品，由专职律师和心理咨询师值班，对来访群众热心接待、耐心解答、真心调解，充分起到了调解器和减压阀的作用。

五、法律援助地位和社会影响力有了新提升

一是深入基层，广泛开展法律援助进社区、进乡村、进军营、进工地、进学校、进监狱等活动，扩大法律援助宣传效果覆盖面。佳木斯市积极开展“送法六进”活动，组织律师、法律工作者、公证员积极开展法律宣传活动，充分利用农村法律大集和城市法律广场，深入工地和中小学校，采取悬挂过街横幅、张贴标语、制作宣传画、出动流动宣传车、设立法律咨询台，法制授课等多种方式，深入宣传政府法律援助责任和相关法律法规，受教育群众10万余人次，现场解答咨询

2 万余人次。

二是以“三八”妇女维权周、“3·15”消费者权益日、“5·19”助残日等节日为契机，有针对性地开展法律援助宣传。

三是利用各种新闻媒体进行宣传报道。在报刊、电台、电视台等主流媒体，大力宣传法律援助工作，让群众看到法律援助在行动的文字，听到法律援助在行动的声音，全年在各大新闻媒体进行各类宣传 11800 余次。

四是充分运用“双十佳”社会评选活动载体，做好评选活动的宣传工作。起草下发了《关于组织开展第二届全国“十佳法律援助单位十佳法律援助工作者”社会评选活动的通知》，按照司法部统一部署，统筹安排，推荐先进集体 13 个、先进个人 17 名。在评选过程中，司法厅要求各部门、各单位积极配合《法制日报》等中央报刊和各种网络媒体，充分协调利用本地各大新闻媒体，大力宣传“双十佳”社会评选活动涌现出的好做法、好经验、好典型，进一步提高了法律援助公众知晓率和社会影响力，使评选活动取得良好的社会效果。

黑龙江省法律援助工作大事记

1 月，省司法厅授予绥化市法律援助中心等 10 个单位为规范化法律援助机构。

4 月，组织召开全省法律援助工作会议。

4 月，举办了中央专项彩票公益金法律援助项目培训班。

4 月，哈尔滨市道里区政府率先在全省出台《道里区老年人法律援助工作暂行办法》。

5 月，全省法律援助信息管理系统管理员培训班举办。

5 月，《黑龙江省司法厅关于加强法律援助经费使用监督管理工作意见》下发。

5 月至 10 月，在全省组织开展了“法律援助经费检查年活动”。

7 月，大庆市法律援助中心主任陈吉利被推荐为“十佳法律援助工作者”候选人。

8 月，全国第八届城际间法律援助协作单位秘书长会议在大庆市召开。

9 月，对各市法律援助中心申报的规范化法律援助机构进行考核验收，同时对法律援助专项经费使用情况进行交叉检查。

10 月，中国法律援助基金会岳宣义理事长带领检查组一行 5 人对牡丹江、鸡西两市法律援助中心中央专项彩票公益金法律援助项目实施及经费使用管理情况进行检查。

（黑龙江省法律援助工作处）

上海市法律援助工作概况

2011 年，在市司法行政机关领导下，全市法律援助机构紧紧围绕“坚持科学发展，努力推进上海市司法行政工作走在全国前列”的大目标，继续深化“三项重点工作”，积极发挥法律援助“保民生、保增长、保稳定”的作用，紧密结合全市法律援助工作实际，稳步推进年度工作开展，各项工作取得明显成效。全年全市法律援助机构共接待咨询 76887 人次，“12348”专线咨询 170531 人次，办理各类法律援助案件 13199 件，同比增长 7.55%，有效维护了困难群众的合法权益，为经济发展和社会和谐稳定做出了积极贡献。

一、全面完成法律援助相关标准调整工作，进一步扩大市法律援助覆盖面

为了落实韩正市长在2011年上海市政府工作报告中提出的“进一步扩大法律援助覆盖面”的要求，积极把推进法律援助标准的调整工作列入年度重点工作。在市委、市人大、市政府的关心支持和市民政、财政、法制等部门的积极配合下，经过半年多的调研、论证、协商，提出了调整本市法律援助标准的意见建议。10月28日，市政府正式发文颁布了新修订的法律援助标准，将本市法律援助对象经济困难标准由本市最低生活保障线的1.5倍调整为本市城乡低收入家庭人均可支配收入标准；法律援助事项范围在现行法律规定的基础上，将劳动用工纠纷、医患纠纷和食品质量安全纠纷等目前社会关注的民生问题纳入了法律援助事项范围。另外，根据相关规定，市司法局、市财政局于9月15日联合发文，对全市法律援助办案补贴标准也进行了较大幅度的上调，新标准在原有标准的基础上提高了50%以上。全市法律援助“三项标准”的同步调整，进一步扩大了全市法律援助的覆盖面，对法律援助事业的发展将起到有力的促进作用。

二、积极贯彻落实全国法律援助工作座谈会精神，全面推进法律援助工作

全国法律援助工作座谈会结束后，市司法局先后召开局党委会和局长办公会议，学习传达了会议精神。根据司法局领导要求，研究部署了贯彻落实工作：一是召开全市法律援助工作推进会。组织全市各区（县）司法局分管领导和法律援助中心主任前往安徽省滁州市现场参观考察滁州市法律援助工作，召开了全市法律援助工作推进会，传达贯彻全国法律援助工作座谈会会议精神，部署了进一步推进上海市法律援助工作创新与发展的具体任务。二是组织开展法律援助质量“大回访”活动。11月，组织全市18个法律援助机构对7000余名民事法律援助案件受援人逐一进行回访，重点征询受援人对法律援助机构的接待服务、案件办理的意见建议，在此基础上对全市法律援助办案质量进行综合评估，并针对受援人的意见建议，研究制定对策和措施。三是开展法律援助宣传活动。结合上海法律援助“三项标准”的调整出台，召开了新闻发布会。通过各种新闻媒体，广泛宣传法律援助惠民生、解民忧、办实事的社会意义，并采取各种形式，在全市掀起法律援助宣传热潮，扩大了法律援助的社会影响。四是加强法律援助的调查研究。在深入调研的基础上，紧紧围绕上海市“创新驱动、转型发展”的工作大局和全国法律援助工作座谈会会议精神，研究制定上海市法律援助工作创新与发展的对策与措施，积极推进上海法律援助工作走在全国前列。

三、推出便民服务新举措，为困难群众提供更加便捷的服务

为了积极探索创新法律援助服务机制，不断增强服务困难群众的工作能力，2011年，全市法律援助机构推出了“零距离服务”便民举措，切实落实市政府提出的为人民群众维护权益提供便捷服务的工作要求。

（一）延长接待时间，提供方便快捷的服务。一是法律咨询专线提供“全天候”接答服务。改变“12348”法律咨询专线以往昼间人工服务、晚间语音服务的传统工作模式，安排值班律师负责接答夜间法律咨询电话，从时间上消除服务盲区。市法律援助中心和徐汇、闸北、普陀、嘉定、宝山、虹口等区法律援助中心均实现了24小时人工接答服务，由各法律援助中心安排资深律师负责接答夜间法律咨询电话。夜间服务专线开通后，平均每晚接答法律咨询电话约30余人次，取得了较好的社会效果。二是接待窗口延长服务时间。各法律援助中心均做到了午休时间正常接待群众来访，市法律援助中心和宝山、虹口、闸北等区法律援助中心实行了“全年无休”接待服务，徐汇、黄浦、闵行等区法律援助中心推出了“5+1”接待服务，从而满足了部分“上班族”的法律援助需求。三是建立法律援助24小时值班制度。各法律援助中心采取开通值班电话或配备值班手机的方法，全天候受理申请，并将相关电话号码在接待窗口外的显著位置公示，方便群众拨打，及时为困难群众提供法律援助服务。

（二）完善服务方式，不断满足社会需求。一是拓展服务平台。充分利用法律援助机构各种设备，建立接待咨询、专线咨询、来信咨询和网络咨询等综合服务平台，更好地满足市民多层次、多样化的法律援助需求。浦东新区法律援助中心开通了法律咨询英语服务专线，接待大厅采用中英文双语显示引导标志，方便在沪的外籍人士寻求法律援助；嘉定区法律援助中心开通了QQ视频远程咨询服务，本区居民足不出户即可当面进行法律咨询。二是提供上门服务。对80岁以上的老年人和行动不便的残疾人等特殊对象实行电话预约、上门服务制度，改坐等群众为主动服务。三是开通绿色通道。对80岁以上的老年人、见义勇为者、军人、农民工和残疾人开辟法律援助绿色通道，优先受理法律援助申请，简化审批程序，不断提高法律援助办事效率。

（三）健全服务网络，努力实现全面覆盖。一是对社区居民的全覆盖。在全市各个村、居委会全部设立法律援助联络点的基础上，进一步完善了社区法律援助工作机制，使居民不出社区即可就近申请法律援助。二是对特殊群体的全覆盖。本市工、青、妇、老、残等群众社团全部建立了法律援助分中心或工作站，目前全市已设有法律援助分中心、工作站342个，进一步方便了老年人、妇女儿童、残疾人和困难职工等特殊群体申请并获得法律援助。三是对困难诉讼当事人的全覆盖。在本市基层和中级人民法院全部设立了法律援助接待窗口，使困难群众在享受司法救助的同时也能够获得法律援助，实现了法律援助与司法救助的无缝衔接，有效缓解了困难群众“打官司”难的问题。杨浦、浦东、闵行、闸北等区法律援助中心积极开展值班律师试点工作，在区看守所设立了法律援助联络点或工作站，无偿为在押人员提供法律咨询，并向他们发放《法律援助权利义务告知书》，通过工作站转交申请和值班律师代理申请相结合的方式，为符合条件的人员提供法律援助，畅通了刑事法律援助的申请渠道。徐汇、黄浦、虹口和松江区法律援助中心与公安、检察部门签订工作协议，明确了侦查、起诉阶段的法律援助操作流程和相关配套文书，完善了刑事法律援助的衔接配合机制。

（四）完善无障碍措施，进一步优化服务环境。一是改善残疾人无障碍设施。全市法律援助中心的接待窗口均达到了临街、一层、交通便利的要求，并全部配有符合标准的残疾人无障碍设施，方便了残疾人前来求助。二是设立私密谈话室。在接待大厅开辟私密谈话空间，以保护当事人的隐私，为当事人提供人性化服务。徐汇区法律援助中心还开设了“心灵茶室”，专门为疑难案件当事人或有特殊需要的当事人进行心理疏导。三是为盲人、聋哑人提供个性化服务。根据盲人和聋哑人的特殊需求，提供盲文版的《法律援助指南》和手语服务，方便其了解法律援助相关法律法规，为他们提供有针对性的服务。闵行区法律援助中心建立了手语服务志愿者队伍，积极为聋哑人提供法律援助服务。

四、深入开展创先争优活动，树立法律援助良好形象

全市法律援助机构根据上级机构关于开展创先争优活动的部署和安排，紧密结合工作实际，认真组织开展法律援助机构创先争优活动，较好地发挥了法律援助服务困难群众的职能作用。一是推出创先争优公开承诺，提高法律援助服务水平。法律援助机构在推出“零距离服务”便民举措的基础上，提炼出了法律援助机构创先争优公开承诺，并向社会公示，更好地为困难群众提供优质高效的法律援助服务。二是开展“三亮三比三评”，全面推进“为民服务创先争优”活动。在“三亮”活动中，松江区法律援助中心在创建“全国巾帼文明岗”的基础上，开展“我微笑我服务”党员挂牌亮岗活动，不断提高窗口服务水平；普陀、徐汇区法律援助中心通过党员佩戴党徽上岗服务和公示栏公示党员身份，提醒每位党员发挥好先锋模范作用；杨浦区法律援助中心探索以党务带动业务、党风带动行风的工作模式，积极创建“共产党员示范岗”，受到来访群众的好评；金山区法律援助中心的党员写下《党员承诺书》，在中心接待大厅公示，接受群众的监督。在“三比”活动中，积极开展2011年度“12348”法律援助服务专线优秀接答岗和优秀接答员评选工作，做到用先进事迹教育人、感召人、鼓舞人，全力打造“12348”服务品牌。宝山区法律援助中心以创建市“团员青年号”为契机，进行技能展示、岗位练兵活动，不断提高法律援助的服务水平和管理能力。在“三评”活动中，本市各法律援助机构注重对窗口服务工作和律师办案质量的检查评比，不断提高服务能力和水平。黄浦区法律援助中心建立了法律援助办案律师考核机制，通过征询受援人、法院、检察院和劳动仲裁部门对办案律师的意见，加强对办案律师的监管。三是开展理想信念教育，提高党员素质。“七一”前夕，市法律援助中心举办了“纪念建党90周年党史专题学习会”，并组织参观了上海律师公会旧址，使全体工作人员进一步增强了做好新形势下法律援助工作的责任感和使命感。嘉定区法律援助中心以建党90周年为契机，组建了嘉定区法律援助中心党支部，并组织团支部为嘉定成佳残疾人学校送温暖，受到该校师生的欢迎。长宁区法律援助中心开展了以“回望过去、展望未来、增强责任”为主题的传统教育活动，组织区法律援助骨干律师参观了中共“一大”会址和孙中山故居，并与区残联以及君悦律师事务所组织开展了“法律援助——残障学生关爱行动”，向40余名家境贫困的残障学生发放奖学金。奉贤区法律援助中心开展“重温入党誓言”专题组织活动，使中心工作人员牢记革命历史，坚定理想信念。浦东新区法律援助中心十多年来坚持对所在居委会的贫困家庭进行帮困助学，以实际行动践行理想信念，促进了社会的和谐。自开展创先争优活动以来，全市法律援助机构和工作人员共受到各级政府部门80余次的表彰和奖励，其中徐汇区法律援助中心被评为上海市文明单位、奉贤区法律援助中心“12348”接答岗被评为上海市“工人先锋号”。

五、注重教育培训工作，提高法律援助工作人员综合素质

根据年度工作任务需要，积极开展法律援助教育培训工作，不断提高全市法律援助工作人员的理论水平和业务技能。分别在5月中旬和10月上旬，组织了两次全市范围的法律援助业务培训，培训班采用观看录像、集中授课、分组讨论的方式，分别对突发事件的处置、法律援助疑难案件的处理、沟通中的心理学、法律援助行政执法工作流程和《法律援助程序规定》等内容进行了详细的讲解，使全市法律援助工作人员进一步熟悉了相关法律法规和业务知识，为提高全市法律援助机构的工作能力和服务水平打下了坚实的基础。

各区县法律援助机构也结合工作实际，开展了一系列的培训：普陀区法律援助中心注重对法律援助律师的培训，围绕如何提高接待服务技巧、如何维护好社会稳定、如何发挥好职能作用等问题进行了授课，提升了法律援助律师的业务能力；虹口区法律援助中心对人民调解法律服务志愿者进行了法律援助培训，让更多经济困难的群众能在调解过程中了解并得到法律援助；徐汇区法律援助中心自3月起开始实施为期半年的“基层法律援助培训计划”，组织对徐汇区所有街镇法律援助工作站、村居委法律援助联络点的工作人员开展业务培训，进一步提高了基层法律援助工作者的服务水平和业务能力；松江区法律援助中心对各街、镇法律援助工作站的业务工作进行巡回指导和培训，不断提高基层法律援助服务水平；长宁区法律援助中心举办法律援助骨干律师培训活动，专题讲解“律师在调解活动中的作用”，进一步规范了法律援助调解行为。

六、积极开展宣传，扩大法律援助社会影响

2011年是上海市法律援助实事项目建设十周年。为了展示法律援助十年来的发展成果，本市法律援助机构于年初举办了“纪念法律援助实事项目建设十周年联欢会”，各法律援助中心用一个个精彩的节目展示了法律援助队伍朝气蓬勃的精神面貌和为法律援助事业无私奉献的决心，为推进本市法律援助事业的发展增添了信心和动力。本市各法律援助中心还采取多种形式，积极开展宣传活动，扩大了法律援助的社会影响：松江区和黄浦区法律援助中心在《上海法治报》分别连续刊登了本区法律援助工作的业绩和优秀案例，宣传了法律援助服务民生、健全服务网络、维护社会稳定等方面的情况；宝山区和杨浦区法律援助中心开通了法律援助微博，宣传本区法律援助工作动态，让更多市民了解法律援助制度；静安、长宁等区法律援助中心与区残联联合举办了助残日法律援助咨询活动，共发放宣传资料200余份，为100多名残疾人提供了法律咨询服务；奉贤区法律援助中心开展了法律援助下乡大型维权咨询活动，活动当日累计解答群众法律咨询30余人次，分发法律援助宣传手册、农民工和老年人维权手册等宣传资料120份；虹口区法律援助中心组织到南汇、周浦监狱开展“法律援助进监狱”活动，向服刑人员介绍了法律援助相关知识，并通过具体案例加深了他们对相关法律的理解；闵行区法律援助中心在莘庄地铁站开展了“闵行区2011年法治宣传暨农民工法律援助专项咨询服务活动”，通过现场咨询、发放宣传材料等形式，宣传与农民工密切相关的涉法问题，受到了农民工朋友的欢迎，闵行电视台对该活动作了详细的采访报道；青浦区和崇明县法律援助中心加强了对农民工的宣传教育，积极引导农民工科学维权、理性维权，收到了较好的效果。

（上海市法律援助中心）

江苏省法律援助工作概况

2011年,全省各法律援助机构认真学习贯彻省委十一届十次全会精神,以“争当司法行政工作排头兵”为目标,围绕服务民生和社会管理创新,充分发挥法律援助的职能作用,各项工作有效推进。

一、推动办案数量质量稳步提高

指导各地通过强化社会宣传、完善服务网络、改进工作机制等手段,推动案件数量稳步增长。截至12月底,全省立案办理法律援助案件75407件,同期增长11.5%,受援人数为755570人,避免或挽回经济损失6.3亿元。重视加强法律援助案件质量,召开全省法律援助工作会议进行部署,组织开展了全省法律援助办案质量检查活动。在各地自查的基础上,由省法律援助中心抽调部分省辖市法律援助中心主任(处长)组成4个检查组,每个市抽查两个法律援助机构,每个法律援助机构抽查30个案件。对受援人进行回访,向受援人核实身份及案件基本情况,询问办案人员在服务过程中有无违规违纪现象及受援人对服务质量的满意程度。从检查的情况看,各地在加强法律援助案件办理、提高服务质量上采取了一系列措施,全省法律援助办案质量总体情况良好,受援人满意度较高。

二、推进法律援助服务窗口建设

指导各地推动政府法律援助实事项目的落实,主动协调有关部门,努力解决法律援助工作中一些长期难以解决的问题,尤其是业务用房、接待场所和基础服务设施等关系到法律援助工作可持续发展的问题。在充分调研的基础上,年初制定下发了《江苏省法律援助窗口建设和工作规范考核办法》,针对各级法律援助机构参与争创群众满意窗口单位活动、加强场所和队伍建设、规范服务行为等提出了具体要求,推动各地加大窗口建设力度。9月,在镇江召开了全省法律援助窗口建设现场推进会,分析形势,交流经验,推动全省法律援助窗口建设活动继续深入开展,继镇江市法律援助中心等13家法律援助机构被授牌成为第一批“江苏省法律援助机构示范窗口”之后,年底有29家示范窗口、18家合格窗口分别实现了达标任务。通过大力加强窗口建设,方便群众来访咨询,法律援助职能作用得到了有效发挥。截至年底,各级法律援助机构共接待群众来访咨询262515件647356人次,同比分别增长了19.9%和23.3%,为推进“两个率先”、维护社会稳定发挥了重要职能作用。

三、深化便民服务和社会管理创新

围绕深入推进三项重点工作这一主线,坚持便民原则,创新工作方法,规范服务行为,切实发挥法律援助在推动科学发展、促进社会和谐稳定中的职能作用。各地适应困难群众的新要求新期待,以提高便民工作水平为着力点,大力推行便民利民举措,努力让人民群众切实感受到法律援助的热情服务。上半年,对2009年以来开展的“法律援助便民服务主题活动”进行了深入总结,对各地在便民服务方面取得的有益经验进行了推广。扬州市司法局代表全省在全国“法律援助便民服务”主题活动总结电视电话会议上作了经验介绍。积极与有关部门沟通协调，完成了民建江苏省委《关于完善江苏省社会养老服务体系建议》提案，认真总结老龄群体法律援助工作情况，提出了具体意见。按照司法部法律援助调研课题的要求，组织完成了《加强和改进法律援助工作》调研报告，并提交了南京、南通、淮安三个省辖市关于法律援助工作的调研报告，得到司法部的好评。配合司法部法律援助中心举办了"中东部省份法律援助轮训计划"江苏培训班，对全省各级法律援助机构的负责同志进行了轮训。大力加强法律援助舆情分析工作，建立省、市、县三级舆情分析机制，及时反映社情民意，为党委、政府决策当好参谋助手，舆情分析报告得到了司法厅领导和司法部的高度评价。

四、加强"12348"平台和信息管理系统建设

"12348"法律援助专线服务系统部署以来，各地加大工作力度，积极推进专线建设，经过不懈努力、沟通和协调，克服各种困难，全省开通了130个坐席，覆盖全省的"12348"法律援助专线服务系统已基本建成。加强对"12348"平台的日常管理，全面了解和掌握系统运行状况，组织召开了全省"12348"法律援助协调沟通会，与联通公司协商签订"12348"服务补充协议，对"12348"服务进行规范。截至年底，全省接听解答"12348"电话咨询120463次，接通率为84.1%，通话时长8819小时。进一步完善了法律援助信息管理系统，对原系统进行了全面升级，新增、优化了有关功能，以适应法律援助工作的新需要。对全省法律援助信息管理人员进行了培训，2012年1月1日起，将在全省统一启用新系统。

五、围绕《法律援助条例》颁布十周年开展多种形式的宣传活动

结合江苏省《法律援助条例》颁布十周年，全省组织开展了各种形式的宣传活动，进一步提高了法律援助的知晓率，扩大了社会影响。

一是举行了"2011江苏法律援助环省行"启动仪式，省委常委、政法委书记李小敏出席并讲话，法律援助机构工作人员、律师、志愿者500多人参加了活动，提供了现场咨询服务，整个活动还被刻录成光盘分发各地。全省13个省辖市结合不同主题，分别开展了环省行宣传活动，取得了良好的社会效益。二是与省人大内司委、省法律援助基金会联合主办了纪念《江苏省法律援助条例》颁布十周年座谈会，回顾总结了《法律援助条例》实施以来全省法律援助工作取得的成绩，省四套班子领导参加了会议，省委常委、政法委书记李小敏发表讲话。三是以法律援助优秀案例为素材，加大宣传力度。召开了"2010年度江苏省法律援助十大优秀案例"评选结果新闻发布会，省级主流媒体进行了集中报道。积极参与司法部"法律援助在行动"栏目案例推荐工作，一批优秀法律援助案例被中央电视台社会与法频道《社会与法》播出宣传。四是开展了全省首届法律援助好新闻评选活动，从各地报送的173篇新闻稿件中，经专家评审，有50篇文章分获一、二、三等奖，并在中国江苏网上公示。五是加强与江苏城市频道合作，积极办好"法援进行时"、"法制集结号"栏目，已制作发布了71期信息。六是依托"江苏法律援助网"，对各地开展法律援助工作进行及时宣传，共编辑各类信息、文章、案例237篇。七是利用办理提案的有利时机，积极向人大代表和政协委员宣传法律援助工作，主办人大代表建议和政协委员提案3件、会办提案1件。

江苏省法律援助工作大事记

1月5日，省司法厅下发通知，要求各地要迅速传达学习、认真贯彻吴爱英部长对江苏省举办法律援助报告会的批示精神，不断创新法律援助宣传形式，提高法律援助知晓率；继续围绕“争当全国排头兵”的总目标，坚持以服务为导向，完善工作机制，强化业务保障，着力提高服务能力和工作质量，努力让更多困难群众获得法律援助服务，推动法律援助工作科学发展、持续发展。

2月23日，省司法厅下发《关于开展“2011江苏法律援助环省行”活动的通知》，要求各地加强组织，精心安排，认真做好“2011江苏法律援助环省行”活动各项准备工作。

3月14日至15日，司法部副部长赵大程、法援中心主任贾午光、部法援司副司长王军益一行来江苏调研法律援助工作。在省司法厅厅长缪蒂生、副厅长许同禄陪同下，赵大程副部长一行先后视察了南京市六合区法律援助中心、扬州市法律援助中心、仪征市法律援助中心等单位，并召开座谈会，专门听取了省司法厅和南京、苏州、南通、盐城、宜兴、江阴等地开展法律援助工作的情况汇报，赵大程副部长对江苏法律援助工作取得的突出成绩给予了充分肯定。

3月19日，由省司法厅、省法律援助基金会和省广电总台城市频道联合举办的“2011江苏法律援助环省行”暨南京市活动启动仪式在南京市鼓楼广场举行。副省长李小敏、省法律援助基金会理事长王霞林出席活动。省暨南京市法律援助机构工作人员、律师、志愿者500多人参加了启动仪式，并提供了现场咨询服务。启动仪式由省司法厅厅长缪蒂生主持。南京市开展了劳动法专项法律援助宣传咨询活动；法律拥军系列宣传活动和法律援助进乡村、大学生村官联络人活动。

3月31日，全省法律援助工作会议在溧水召开。会议传达了司法部“法律援助便民服务”主题活动总结电视电话会议精神，学习了赵大程副部长在电视电话会议上的讲话，传达了赵大程副部长在江苏调研法律援助工作时的指示精神，并对当前和下一阶段法律援助工作作出部署。会议集中讨论了援助机构窗口建设和工作规范考核办法、“12348”服务规范、排头兵考核指标、法律援助环省行活动、法律援助案件质量检查等事项。许同禄副厅长出席会议并讲话。

3月，江苏省将法律援助工作写入《江苏省国民经济和社会发展第十二个五年规划纲要》和《2011年江苏省人民政府工作报告》。

4月20日，省司法厅、省法律援助基金会联合召开媒体通报会，公布2010年度江苏省法律援助十大优秀案例和十大好案例评选结果。

4月，省司法厅组织开展了为期3个月的全省法律援助办案质量检查活动。抽调部分省辖市法律援助中心主任（处长）组成检查组，检查内容包括案件受理审查指派、办案规范执行、案件归案管理、案件经费补贴发放以及受援人回访等情况。

5月，江苏省2011年度省级法律援助专项资金1000万元拨付到有关县（市、区），专项资金范围已覆盖全省57%的县（市、区）。

5月9日至11日，司法部部长吴爱英一行在江苏省视察了南京玄武区、扬州市、仪征市、常州市武进区法律援助中心。

5月15日，“2011江苏法律援助环省行”活动走进南通，主题是“改善残疾人民生，保障残疾人权益”。省法律援助中心调研员诸建依，南通市委常委、政法委书记陈斌，南通市司法局局长张武林等出席活动仪式。

5月24日，由无锡市委宣传部、无锡市司法局主办，江苏城市频道协办的“《江苏省法律援助条例》颁布实施十周年暨无锡市法律援助列入政府为民办实事项目九周年”主题宣传活动启动仪式在无锡市二泉广场隆重举行。无锡市委常委、政法委书记戴解平，无锡市人民政府副市长赵志新，以及江苏电视台城市频道和无锡市委政法委、宣传部、广电集团、总工会等部门的领导，各有关单位的代表参加了启动仪式。

5月25日，对民建江苏省委提出的《关于完善江苏省社会养老服务体系建议》的提案提出会办意见。

5月31日，省司法厅下发《江苏省法律援助机构窗口建设和工作规范考核办法》，以进一步细化《江苏省法律援助机构窗口建设和工作规范》的要求和标准，

6月3日，江苏省委常委、政法委书记李小敏视察了安德门民工市场法律援助工作站。

6月7日，《新华日报》A4版专版报道了2010年度江苏省法律援助十大优秀案例。

6月13日，省司法厅下发《关于全省各高校法学院（系）大学生法律援助志愿服务活动的近期工作意见》。

6月18日，“2011江苏省法律援助环省行”苏州站活动在常熟市石梅广场隆重举行。选择了影响大、社会关注度高、诉讼经历艰难、援助效果特别明显的典型案例，宣传了有理无钱、打不起官司的困难群众通过法律援助讨回公道、维护合法权益的生动事例。省法律援助中心调研员诸建侬，苏州市司法局局长罗炳祥、常熟市人民政府副市长顾丰等参加了活动。

6月20日，由江苏省新闻工作者协会、江苏省法律援助中心、江苏省法律援助基金会联合举办的“首届江苏省法律援助好新闻”评选结果揭晓，《法律援助帮农民工讨要承包田》等10篇作品获一等奖；《工作用餐摔倒身亡　法援伸手获得赔偿》等20篇作品获二等奖；《劣质石膏导致香菇减产　销售商赔偿20万》等30篇作品获三等奖。

6月27日，对农工党江苏省委提出的《关于加强法律援助工作维护弱势群体权益的建议》的提案提出会办意见。

6月28日，对省政协委员提出的《把法律援助纳入社会保障体系》的提案作出答复。

6月28日，“2011江苏省法律援助环省行”扬州站启动仪式在文昌广场隆重举行。

7月27日，“2011江苏省法律援助环省行”淮安站举办了以“法律援助就在您身边”为主题的大型公益宣传活动。省法律援助中心主任张玫，淮安市委常委、政法委书记王友富，市人大常委会副主任刘泽源，市委政法委副书记、市政府副市长倪兴余，市政协副主席朱友冬等领导出席活动。

8月16日，联合省总工会、团省委、省妇联、省残联等单位，召开工青妇残法律援助维权工作座谈会，互相介绍了各单位开展法律援助维权工作的做法和经验。

8月22日，中央电视台《焦点访谈》栏目播出了《法律援助，雪中送炭》专题片，该片以江苏启东市小男孩梁睿仕遭遇道路交通事故后，南通、启东市县两级积极提供法律援助，为梁睿仕争取各类赔偿为素材。

8月，法律援助工作列入江苏司法行政系统加强和创新社会管理十大体系建设内容。

9月8日，联合省人大内司委召开纪念《江苏省法律援助条例》颁布十周年座谈会。省委常委、政法委书记李小敏，省人大常委会常务副主任、党组副书记林祥国以及陈焕友、王霞林、缪蒂生出席会议并讲话。

9月15日，纪念《江苏省法律援助条例》颁布十周年座谈会后，《法制日报》以“全力打造‘民生工程’、‘德政工程’”为题，在11版专版报道了江苏省法律援助工作十年来的成果。

9月27日，《新华日报》A4版以《开拓创

新，建立具有江苏特色的法律援助体系》为题，对纪念《江苏省法律援助条例》十周年座谈会予以专版报道。

9月28日至29日，省司法厅在镇江召开全省法律援助窗口建设现场推进会，镇江市法律援助中心等13家法律援助机构被授牌成为第一批“江苏省法律援助机构示范窗口”，省司法厅副厅长许同禄参加会议并对推动全省法律援助窗口建设再上新台阶作了部署。

10月11日，“2011江苏省法律援助环省行”盐城站暨盐城市律师服务进社区、盐城市法律援助公共服务主题实践活动启动仪式在市盐渎公园隆重举行。省司法厅副厅长许同禄、盐城市政协副主席李长见等领导参加了启动仪式。

10月11日至12日，全国法律援助工作座谈会在合肥召开。省司法厅厅长缪蒂生作了交流发言，全面介绍了全省构建法律援助制度化保障体系、规范化管理体系、便捷化服务体系的经验。

10月17日至18日，全省法律援助信息管理系统升级暨“12348”服务专线应用培训班举办。

10月20日，江苏法律援助环省行暨徐州市法律援助“清风行动”启动仪式在徐州彭城广场举行。各县(市)、区司法局根据各自实际分别开展了法律援助镇镇行或法律援助村村行活动。省司法厅副厅长许同禄、省法援基金会副理事长兼秘书长吴晶、徐州市政府副市长顾林岗、市政府副秘书长谢建林等出席活动仪式。

10月22日，由常州市司法局、团市委、常州大学联合主办的“纪念《江苏省法律援助条例》颁布实施十周年暨法律援助环省行常州站活动”在常州大学举行。组织部分大学生法律援助志愿者、律师开展了“模拟法庭”法制宣传和“法律援助就在你身边”大型义务法律咨询活动。省司法厅副厅长许同禄，市委常委、政法委书记孙国建，市政协副主席赵忠齐等参加活动。

10月26日，省司法厅副厅长许同禄为南京市江宁区法律援助中心新址启用揭牌。

10月31日，省司法厅缪蒂生厅长在徐州市委常委、政法委书记夏文达，徐州市司法局局长王铁兵陪同下考察了徐州市“12348”法律援助专线服务工作。

11月10日，由宿迁市司法局主办的“‘2011江苏法律援助环省行’宿迁站活动”启动仪式暨“真情与正义”法律援助报告会在市建设大厦报告厅隆重举行。报告会以近年来发生在宿迁市的5个案情重大、社会关注度高的法律援助典型案例为题材，由案件承办律师、法律援助工作者和法律援助志愿者讲述亲身维权的经历和体会。省法律援助基金会副理事长陈尚明，市委常委、政法委书记侍鹏出席仪式并讲话。

11月11日，由镇江市司法局、市残联和润州区司法局、区残联主办的江苏法律援助环省行镇江站“法律援助惠民月”启动仪式暨“助残”主题活动在润州广场举行。省司法厅副厅长许同禄、省法援中心调研员诸建依、镇江市副市长曹当凌、市司法局局长殷敏等出席活动。

11月18日，由连云港市司法局、市广电总台主办的江苏法律援助环省行连云港站以“撑起公平正义的蓝天”主题活动为开端，组织社会律师、大学生志愿者、基层法律工作者，深入社区、乡村、企业、工地，开展“农民工维权宣传月”“法律援助满意度大回访”“模拟法庭进社区”“法律援助关爱老年人权益”等宣传活动。省司法厅副厅长许同禄、连云港市委、市人大、市政府、市政协的相关领导出席。

11月21日，由泰州市司法局主办的江苏法律援助环省行泰州站“正义使者”法律援助主题报告会在市电视台演播大厅举行。报告会以展示泰州市十年法律援助工作成就的宣传片为切入点，以近年来发生在泰州各市（区）的5个案情复杂、社会影响较大的法律援助案例为题材，由案件当事人、承办律师、基层法律援助工作者、法律援助志愿者等讲述。省司法厅副厅长许同禄，市委常委、政法委书记张爱平出席报告会。

11月22日至24日，由司法部法律援助中心主办、江苏省司法厅协办的“中东部省份法律援助轮训计划”江苏培训班在苏州昆山市举办。

12月，省司法厅授予南京市江宁区等16家法律援助中心为“江苏省法律援助机构示范窗口”、南京市鼓楼区等18家法律援助中心为“江苏省法律援助机构合格窗口”。

12月，在全省维护妇女权益和社会稳定工作会议上，南京市溧水县法律援助中心等10家法律援助中心被省妇联授予江苏省“维护妇女权益示范岗”，扬中市司法局法律援助中心副主任王秀萍被评为“平安家庭”创建活动先进个人。

12月6日至8日，由司法部主办的2010—2011年度全国法律援助理论研讨会在福建省武夷山市召开。本省19篇论文分获一、二、三等奖和优秀奖，获奖比例为19%，江苏省法律援助中心获“先进组织奖”。

12月12日，全国百优法律援助精品案例评选结果揭晓，本省办理的6件精品案件入选，入选量位于全国各省份前列。

12月23日，全国司法行政系统先进集体先进工作者和劳动模范表彰大会在北京举行。省法律援助中心被国家人力资源和社会保障部、司法部表彰为全国司法行政系统先进集体。

12月，全省已建成法律援助示范窗口29家，规范化合格窗口18家。

（江苏省法律援助中心）

浙江省法律援助工作概况

2011年，全省法律援助工作在司法厅党委的正确领导下，坚持贯彻党的十七届四中、五中、六中全会精神，紧紧围绕党和政府的中心工作，以创先争优为抓手，充分发挥法律援助在党和政府主导的维护群众权益机制中的作用，创新社会管理，保障改善民生，各项工作取得明显成效。全年全省各法律援助机构共办理各类法律援助案件44917件，同比增长7.4%；受援人53153人，同比增长12.6%；挽回经济损失或取得利益7.3361亿元，同比增长20%；接待咨询338329人次，同比增长4.5%。赵洪祝、李强、葛慧君、陈加元等省领导15次对法律援助作出批示，其中12次对工作予以肯定。在全国法律援助工作座谈会上，浙江省法律援助工作经验参与了大会交流，并向司法部工作简报提交了11期信息。省法律援助中心被省农民工工作联席会议授予“全省‘百佳’关爱农民工先进单位”，被省林权制度改革领导小组办公室和省林业厅授予“林业法律援助工作先进集体”，农民工法律援助专项行动获省纪委、省监察厅、省纠风办“2009—2010年度全省政风建设争优奖”等。

一、推进“三个纳入”，完善工作保障

法律援助普遍被纳入各地经济社会发展规划。2011年召开的浙江省十一届人大四次会议将法律援助工作列入《浙江省国民经济和社会发展第十二个五年规划纲要（草案）》。浙江省关于妇女、儿童、老年人、残疾人的“十二五”规划，也都将法律援助工作作为权益保障的重要内容，并作出具体规定。全省有近30个市、县（市、区），先后将法律援助列入当地党委、政府的实事工程。法律援助普遍被纳入各地党委、政府维护群众权益机制。法律援助中心成为党委、政府解决矛盾纠纷的重要参与部门，从机制上做到与信访、司法等部门衔接、联动。全省法律援助经费全部纳入当地财政预算。全年各级财政拨付法律援助工作经费5692.11万元，同比增长16.0%，其中业务经费3389.97万元，同比增长10.3%。

二、围绕中心工作，服务社会稳定

扩大刑事案件法律援助范围。会同省高院联合出台了《关于加强刑事案件指定辩护工作的若干意见》，将指定辩护法律援助范围扩大到基层法院可能处以3年以上有期徒刑刑罚、中级法院一审刑事案件和其他5类案件。发文半年多来，全省刑事法律援助案件总数明显增长，全年办案量达到10279件，同比增加42.6%，其中19个市、县（市、区）增长1倍以上。

积极参与矛盾纠纷化解工作。全省各级法律援助机构参与信访值班2243人次，接待处理重大信访事件、援助案件555件，信访解答各类法律咨询13027人次，办理防止民转刑案件308件，办理息访罢诉案件630件。

继续完善“12348”舆情收集报告制度。1至3季度出台的3期舆情分析报告，反映情况17项，提出建议19条，引起了党委、政府的高度重视。省领导赵洪祝、李强、茅临生、陈加元作出6次批示。

积极开展监所法律援助工作。通过发文明确了法律援助机构与监所单位的对口服务关系。召开全省监所法律援助工作座谈会，总结交流近年来监所法律援助工作开展情况，对下一步工作作出部署。在省市所有监所均建立了法律援助工作站。全省各级法律援助机构认真贯彻落实省司法厅《关于进一步加强和规范监所法律援助工作的意见》，对监所需求做到“有求必应、随叫随到”。全年组织开展集中法律援助咨询活动70余次，工作站日常咨询和进监所集中咨询共计7600多人次，解答各类咨询1万余件，受理、办理法律援助案件26件。

三、实施专项行动，突出服务重点

“法律援助农民工讨薪”专项行动成效显著。从2010年12月至2011年2月，继续在全省开展法律援助农民工讨薪工作，历时3个月时间，各级法律援助机构共办理讨薪案件3082件，为5066名农民工提供了法律援助，帮助农民工讨回欠薪3211.94万元。

“法律援助情暖农民工工程”取得阶段性成效。5月份以来，同省人力社保厅和省总工会开展了为期1年的专项活动。在近8个月的时间内，全省共接待来访咨询农民工58909人次，办理农民工维权案件12197件，为17721名农民工提供了法律援助，获得赔偿款或取得利益11537.74万元。

“法律援助巾帼工程”取得阶段性成效。5月以来，会同省妇联开展了为期1年的专项活动。在近8个月时间里，全省共接待来访咨询妇女48222人次，为9381名妇女提供了法律援助，获得赔偿款或取得利益12948.07万元。

“法律援助春苗工程”取得阶段性成效。6月份以来，会同省关工委、团省委开展了为期1年的专项活动。在近7个月时间里，全省共接待来访未成年人咨询2416人次，为3653名未成年人提供了法律援助，获得赔偿款或取得利益5041.62万元。

“法律援助夕阳红工程”全面开展。2011年10月至2012年9月，会同省老龄委在全省开展了为期1年的专项活动。期间，共接待来访老年人咨询5621人次，为774名老年人提供了法律援助，获得赔偿款或取得利益1068.96万元。

四、完善工作措施，便利人民群众

进一步完善法律援助服务设施。“临街落地”便民接待窗口建设不断推进，全省共建“临街落地”窗口93家，占机构总数的92%，完成全年工作目标。已建“12348”咨询平台65个，占机构总数的64%，其中新增12个。已建残疾人无障碍通道76个，其中新建17个，增加17%，全省法律援助接待窗口无障碍通道建设达到了75%。

全面开展“远程法律援助进农家”工作。与省委组织部联合召开全省“远程法律援助进农家”推进会。会议现场举行“百家法援连千村”活动。全年全省法律援助机构连线村居2791个(次)，解答法律咨询11034件，受理法律援助申请338件。

不断创新便民服务方式。部署开展了第21个全国助残日活动，全省各级法律援助机构开展集中服务，积极为残疾人提供法律帮助，收到残疾人送来的感谢锦旗231面；为方便打工者寻求法律援助，萧山、海宁等县(市、区)建立了“法律援助夜市”制度；嘉兴等地全面更换了村居法律援助指示牌，新的指示牌集宣传与指引功能于一体。

五、加大推进力度，强化部门工作

继续开展行业部门法律援助建站工作。会同省人力资源和社会保障厅，在全省劳动仲裁院开展建立法律援助工作站试点，举行统一授牌仪式，并对工作站人员进行了集中培训。

着力推进林业法律援助工作。与林业厅共同指导和推进林业法律援助工作站试点工作，表彰林业法律援助先进单位和个人，全面推广林业法律援助工作站建设工作。部署开展“法律援助林农维权”专项行动。

加强残疾人法律援助工作规范化建设。会同省残联出台了《关于进一步加强和规范我省市、县两级法律援助中心残联法律援助工作站建设的实施意见》，进一步夯实残疾人法律援助工作的组织基础。

认真做好涉军法律援助工作。会同省军区政治部，对舟山、宁波、湖州等地部队法律援助工作站建设情况进行检查和调研。举行省警卫局法律援助工作站授牌仪式和现场法律咨询活动。全省已建部队法律援助工作站200多家。全年共接待涉军法律咨询1500余起，办理涉军法律援助案件96件。

召开全省行业部门法律援助工作会议。总结交流近年来行业部门法律援助工作情况，分析、点评各部门开展工作状况，部署今后一个时期的工作。省军区政治部、人力社保厅、林业厅、总工会、妇联、残联、老龄委、团委等部门在会上发言。

六、加强质量管理，提高工作成效

召开全省法律援助质量管理推进会。总结交流近年来全省法律援助质量管理先进经验，实地考察法律援助(司法行政法律服务中心)窗口建设，对下一阶段工作进行要求和部署。各市司法局分管局长、法律援助中心主任和部分县(市、区)中心主任参加了会议。

综合考核抽查市县法律援助工作。组织力量对全省27个市、县(市、区)制度建设执行、审核指派程序、案件卷宗质量、经费使用管理、业务工作开展等情况进行综合考核抽查并作出通报,推动提高工作质量。

举办全省法律援助业务培训班。对法律援助质量管理和当前业务涉及较多的劳动争议和道路交通纠纷等内容进行集中培训,全省各市、县(市、区)法律援助中心主任等150余人参加培训。

制定完善法律援助业务指标和数据报表体系。根据工作需要,从业务建设、管理工作、经费保障、信息宣传4方面制定了案件增长率、有效投诉率、当事人满意率等24项指标,用以考核基层工作,并纳入信息化建设方案;制定下发月报、季报,对半年报和年报进行补充完善,形成月报、季报和半年报、年报的法律援助统计报表体系。

开展相关工作调研。一是赴安徽省司法行政系统学习考察法律援助管理信息化工作,并通过对宁波、嘉兴法律援助机构实地调研座谈,提出全省法律援助信息管理系统需求分析、流程梳理和初步建设方案。二是会同省财政厅,对全省法律援助经费使用管理情况进行调研,为修订《浙江省法律援助经费使用管理办法》做准备。三是对扩大刑事案件指定辩护范围后各地工作情况进行调研,为解决问题、完善工作打基础。四是陪同解放军总政治部、司法部、海军总部和南京军区等领导机关对我省涉军法律援助工作进行调研。

七、开展法援宣传,扩大社会影响

开展法律援助宣传月活动。以《浙江省法律援助条例》实施10周年为契机,举办各类宣传活动312场次,解答法律咨询113430人次,发放法律援助宣传资料和法律书籍、法律援助联系卡等2万余张(册),悬挂、张贴宣传条幅700条,制作宣传展板700余块,现场受理法律援助申请180件,受益群众10万余人次。

创新宣传手段,积极运用网络、手机等新型传媒宣传法律援助。全省有1/3以上的市、县(市、区)法律援助机构建立了微博,嘉兴市法律援助机构联合移动公司,在手机上开辟了"掌上法律援助",有效提高了法律援助在年轻务工人员中的知晓率。

评选和宣传法律援助优秀案例。一是联合《浙江法制报》和"浙江法治在线",对全省近3年来法律援助优秀案例进行评选表彰,通过报纸和网络投票,结合专家评审,产生了12个优秀案例,并以每天一个、每个半版的方式,连续12天在《浙江法制报》和"浙江法治在线"上宣传;二是对近3年来全省维护妇女儿童法律援助优秀案例进行评选和表彰,并在《浙江法制报》进行了集中宣传;三是在各地层层评选推荐的基础上,选取6个优秀案例报送司法部,参加"全国法律援助百佳案例"评选,被全部选中,数量名列全国第二。

全年共编辑《浙江法律援助》杂志4期、《浙江法律援助简报》25期,约40余万字。调研成果在全国法律援助理论研讨会上取得好成绩,10篇1等奖,浙江省占了2篇。

浙江省法律援助工作大事记

1月5日,副省长陈加元在省府办公厅《昨日要情》第2期《我省法律援助工伤职工专项行动取得成效》上批示:"法律援助是实施新型社会救助制度、依法保障公民合法权益的重要制度安排。省司法厅进一步把这项制度拓展到工伤救助,实现了救助工作的具体化、专项化。对此,一表示肯定,二表示感谢。"

1月10日,省委常委、副省长葛慧君在省司法厅《关于开展工伤职工帮扶——法律援助专项行动情况的报告》上批示:"专项法律援助针对性强,开展得很好。"

1月20日,省委副书记、政法委书记李强在省司法厅《关于2010年四季度"12348"法律援助咨询专线情况的报告》上批示:"这份材料很有参考价值，请省信访联席办公室阅研。”

2月初，在省纪委、省监察厅、省纠风办关于2009—2010年度政风行风建设争优项目的表彰中，省司法厅法律援助工作处开展的农民工法律援助专项行动获得争优奖。

2月初，省政府残工委召开的全省残疾人工作会议通过了《浙江省残疾人事业发展“十二五”规划（讨论稿）》，其中，法律援助被列入“十二五”十大小康——阳光助残行动。这是自2010年《浙江省人民政府办公厅关于加快推进残疾人社会保障体系和服务体系建设的通知》（浙政办发〔2010〕95号）将“助残扶残法律援助专项行动”列为重点工作后，省政府残工委又一次将运用法律援助维护残疾人的合法权益，作为全省残疾人权益保障的重要措施。

2月20日，省委常委、副省长葛慧君在省司法厅《关于2010年全省法律援助工作情况的报告》上批示：“去年，我省法律援助工作在很多方面有新的进展，特别是网络覆盖面进一步扩大，特殊群体法律援助专项行动推进得较为扎实，应继续坚持，不断深化。”

2月底，省司法厅和省妇联对近3年来全省法律援助维护妇女儿童合法权益优秀案例进行了联合评选。经过初选和组织专家、资深法律援助工作者反复评选，最终评定10个优秀案例，并进行通报表彰。

3月8日至11日，以司法部法律援助工作司副司长王军益为组长的司法部调研组在省司法厅党委委员、副厅长陈志忠等陪同下，到浙江省就进一步建立完善具有中国特色的社会主义法律援助制度，研究加强和改进法律援助工作等内容进行调研。

3月下旬，为充分发挥法律援助和劳动仲裁在促进劳动关系和谐稳定、保障改善民生中的职能优势，省司法厅和省人力资源和社会保障厅联合发出通知，决定在全省劳动争议仲裁机构开展建立法律援助工作站试点工作。

4月8日，为进一步推进全省法律援助质量管理工作的规范化，省司法厅在宁波北仑召开全省法律援助质量管理推进会。省司法厅党委委员、副厅长陈志忠出席会议，并就当前和今后一个时期如何加强和推进全省法律援助质量管理工作进行了动员部署。

4月中旬，在全省“百佳”农民工和关爱农民工先进单位表彰电视电话会议上，省法律援助中心被省农民工工作联席会议授予全省“百佳”关爱农民工先进单位。

5月初，根据省司法厅党委部署，省法律援助中心发出通知，要求全省法律援助机构开展第二十一次全国助残日活动，进一步做好残疾人法律援助工作。

5月，为了认真贯彻实施《中华人民共和国妇女权益保障法》和《浙江省预防和制止家庭暴力条例》，进一步发挥法律援助在妇女权益保障工作中的职能作用，省厅和省妇联发出通知，决定2011年5月至2012年4月，在全省联合开展“法律援助巾帼维权工程”，要求各级司法行政机关、妇联组织和法律援助机构，在总结以往妇女维权工作成功经验的基础上，不断深化妇女法律援助工作，努力将“法律援助巾帼维权工程”打造成切实保障妇女合法权益的民心工程。

5月24日，省委组织部和省司法厅联合召开全省“远程法律援助进农家”工作推进会，全面总结了一年多来全省“远程法律援助进农家”工作开展情况，部署了今后一个时期“远程法律援助进农家”工作。省委组织部副部长姚志文，省司法厅党委委员、副厅长陈志忠分别就当前和今后一个时期如何进一步推进“远程法律援助进农家”工作进行动员部署。

5月下旬，省司法厅、共青团浙江省委、省关心下一代工作委员会联合下发《关于在全省实施“法律援助春苗工程”的意见》，决定自2011年6月至2012年5月，在全省实施以法律援助青少年维权为主要内容的“法律援助春苗工程”。此项工程，旨在切实维护青少年合法权益，增强青少年法制意识，促进青少年健康成长。

5月30日至6月1日，省法律援助中心在杭州举办全省法律援助业务培训班，省司法厅党委委员、副厅长陈志忠作总结讲话。全省150多名市、县（市、区）法律援助中心主任和工作人员参加了培训。本次业务培训主要突出了法律援助实践业务的可操作性，安排了“劳动仲裁纠纷处理”“林业林权法律法规”“道交事故赔偿纠纷案件审理”“法律援助规范问题”等课程。

6月上旬，由省军区政治部副主任魏殿举带队，省军事法院、省法律援助中心人员组成联合检查组对宁波、湖州两地的涉军维权工作开展全面检查。

6月22日，陈志忠副厅长与省军事法院、省法律援助中心人员，赴舟山警备区调研法律援助拥军维权工作。

7月12日，陈加元副省长在省府办《昨日要情》第129期《上半年我省法律援助机构为农民工讨回欠薪6000万元》上批示：“感谢法律工作者为农民工兄弟提供的法律援助和服务。”

7月28日，省法律援助中心法律援助律师与浙江腾飞金鹰律师事务所律师，到省女子监狱开展法律援助咨询活动。

8月5日，陈加元副省长在省府办公厅专报信息第1294期《我省残疾人法律援助工作取得明显成效》上批示：“我省残疾人法律援助工作是整个法律援助工作和残疾人事业发展的一个亮点，对保障残疾人合法权益，维护社会和谐稳定起了十分重要的作用。希望‘十二五’继续加大力度，进一步提高水平，为残疾人共享全面小康作出更大的贡献。”

8月上旬，省司法厅、省林业厅发出通知，决定在全省范围内建立林业法律援助工作站，并从8月开始到12月底开展全省法律援助林农维权行动。此举旨在提高法律援助在林区的覆盖面，满足困难林农涉林法律需求，维护林农合法权益，并积极探索建立健全维护林农合法权益的长效机制。

8月上旬，省司法厅、省残疾人联合会联合下发《关于进一步加强和规范我省市、县两级法律援助中心残联法律援助工作站建设的实施意见》，对进一步加强和规范全省市、县两级法律援助中心残联法律援助工作站建设，促进残疾人法律援助工作提出要求。

8月15日，省委常委、副省长葛慧君在省林权制度改革领导小组办公室《林权制度改革工作信息》第104期《浙江省林业系统建立法律援助工作站并开展法律援助林农维权行动》上批示：“在林业系统建立法律援助工作站的做法很好，有利于更好地维护林农合法权益，化解农村山林纠纷，促进社会和谐稳定。”

8月中旬，省人民政府印发《浙江省妇女发展规划（2011—2015）》和《浙江省儿童发展规划（2011—2015）》，将法律援助作为一项重要内容列入其中。

8月中旬，省法律援助中心组织法律援助工作人员和法律援助律师到省警卫局开展法律援助宣传和法律咨询活动。

8月下旬，省人民政府印发《浙江省老龄事业发展“十二五”规划》，将法律援助作为一项内容列入其中。

8月下旬，省司法厅联合《浙江法制报》、“浙江法治在线”网站在全省开展法律援助优秀案例评选活动。参加评选的案例为2008年1月至2011年6月底全省各法律援助中心指派办理或直接办理的法律援助案件。经报刊、网络投票并结合由省司法厅领导、法律援助工作者和省法律援助专家律师组成的评委会评选打分，选定缙云县法律援助中心法律援助专职律师潜丽帆承办的《揭开出境用工真相》一案等12个案例为优秀案例，并进行通报表彰。

8月28日，省司法厅在杭州召开全省法律援助专家律师座谈会，省司法厅党委委员、副厅长陈志忠出席会议并讲话。会议通报了近年来全省法律援助工作情况和取得的成绩，分析了存在的不足，部署了今后一个时期的工作思路，并对发挥好专家律师的作用提出了要求。

9月至11月，省司法厅根据《浙江省法律援助工作规范化建设考核细则》，组织力量以实地察看、召开座谈会、查阅卷宗和回访当事人等形式，对杭州、温州、丽水等27个市、县（市、区）的法律援助工作进行了综合考核抽查。

10月上旬，省司法厅和省老龄工作委员会办公室下发《关于在全省实施法律援助"夕阳红"工程的意见》，决定从2011年10月1日起至2012年9月30日，在全省部署实施"法律援助'夕阳红'工程"。《意见》要求全面推进"法律援助'夕阳红'工程"各项工作。

10月上旬，省林权制度改革领导小组、省林业厅、省司法厅决定对在全省林业法律援助试点工作中作出贡献的有关单位和个人予以表彰，以激励林业法律援助工作人员不断作出新的贡献。

10月下旬，省司法厅制定出台《关于进一步推进法律援助工作服务社会管理创新的意见》，对进一步推进全省法律援助工作服务社会管理创新提出了具体要求。《意见》要求全省各级司法行政机关和法律援助机构准确把握法律援助工作在社会管理格局中的功能定位，深入研究社会管理规律，找准切入点、把握结合点，在加强和创新社会管理中充分发挥法律援助职能作用。

10月23日，省委书记赵洪祝在省司法厅《关于2011年三季度全省"12348"法律咨询专线舆情分析情况的报告》上批示："通过法律咨询专线受理情况，做这样的舆情分析，很好。望继续努力，做深做细，为妥善应对社会热点问题献计出力。"

11月3日，省委常委、宣传部长茅临生在省司法厅《关于2011年三季度"12348"法律咨询专线舆情分析情况的报告》上批示："省司法厅的'12348'法律咨询专线舆情分析，是社会动向的晴雨表，是政府部门政策实施中反馈的重要信息，具有信息量大，因而可统计分析，达到从定性到定量的分析判断，对党政工作部门有重要的信息价值。请省级新闻单位认真研读，并在面向民生的节目中加强针对性，既解决了群众所需，又增强了媒体服务民生的成效，也一定会提高群众对媒体的欢迎程度。"

11月4日，省司法厅在乔司监狱召开全省监所法律援助工作座谈会。省司法厅党委委员、副厅长陈志忠出席会议，并向省法律援助中心乔司监狱工作站和联络点授牌。省属监所单位和相关司法行政机关、法律援助机构总结交流了工作开展情况，探讨了遇到的问题，提出了下一步的措施、设想和建议。

11月上旬，省财政厅会同省司法厅对部分县（市、区）法律援助案件成本构成、工作开支项目、经费保障力度、使用管理情况及法律援助案件总量与当地律师人均办案量等进行调研。

11月下旬，为认真贯彻落实省司法厅《关于进一步加强和规范监所法律援助工作的意见》，充分发挥法律援助工作对维护监所安全稳定和促进教育改造、教育矫治的职能作用，帮助罪犯、劳教（戒毒）人员安心改造矫治，省法律援助中心发出通知，对法律援助机构与省属监狱、劳教所对口服务关系进一步予以明确。

12月1日，省法律援助中心分别到省未成年人劳教所开展“12·4法制日法律援助咨询接待”活动和到省莫干山劳教所举办法律知识讲座。

12月5日，省志愿者协会第五次理事会暨第八届全国残疾人运动会志愿者工作总结表彰会在杭举行，副省长陈加元出席并讲话，省司法厅党委委员、副厅长陈志忠出席会议。法律援助2011年度志愿者服务工作荣获多项省级表彰。

12月8日，省司法厅在杭州召开全省行业部门法律援助工作座谈会。省司法厅党委委员、副厅长陈志忠出席会议并讲话。陈志忠副厅长总结了近年来全省行业部门法律援助工作开展的基本情况，并就进一步做好今后一个时期全省行业部门法律援助工作作出部署。

12月21日，省法律援助中心和浙江宪林律师事务所、浙江天卫律师事务所法律援助律师分成两组，采用巡回的方式到省乔司监狱开展“法律援助进大墙——法律咨询”活动，接待服刑人员161名，解答法律和政策问题220余个。

（浙江省法律援助工作处）

安徽省法律援助工作概况

2011年，全省法律援助工作以法律援助服务能力提升年活动为载体，在推进政府责任落实、扩大覆盖面、深化便民服务措施、提升援助数量与质量、强化监督管理方面取得了显著成效。截至12月底，全省法律援助机构共办理法律援助案件41586件，同比增长近68%，受援人数4.3万余人，接待咨询12.6万人次，为受援人挽回经济损失或取得经济利益达2.5亿元。共办结彩票公益金法律援助项目案件1332件，申请项目资金260.1万元，在上半年即超额完成全年238万元的项目资金额度办案任务。10月中旬，司法部在安徽召开全国法律援助工作座谈会，吴爱英部长作重要讲话，与会代表实地参观滁州市法律援助便民服务窗口，滁州法律援助工作经验得到司法部领导的充分肯定和与会人员的共同好评。

一、法律援助服务能力提升年活动有效开展

在省司法厅召开法律援助服务能力提升年活动动员大会后，各地迅速行动，积极贯彻落实。淮南、滁州、池州、宣城等地司法局向市委市政府领导汇报厅会议精神及本地法律援助工作情况，争取领导的重视与支持。各市普遍通过召开全市司法行政工作会议、法律援助工作会议贯彻落实，成立领导小组，制订实施方案，加强对活动的组织与领导。

各市注重相互观摩学习，共同提高。合肥市司法局分管副局长带领县（区）司法局长、法律援助中心主任，分两批在省内4个市学习考察；马鞍山市司法局局长率领全市区、县司法局局长、法律援助机构负责人到扬州市学习考察；阜阳市司法局长率领县（市、区）司法局局长、法律援助机构负责人到扬州市、杭州市学习考察；蚌埠市司法局

组织县区分管领导、司法局局长、法律援助中心主任到滁州学习考察。滁州、合肥等市先后接待山东、新疆、陕西、上海等省市法律援助机构负责人的参观考察。

各市普遍召开活动现场会、推进会，通过现场观摩和汇报交流，监督检查，督促活动深入开展。采取旁听庭审、回访受援人、走访法院、仲裁机构等方式，加强对法律援助质量的监督管理。年底前，各市普遍对辖区内法律援助机构的活动开展情况进行检查、考评。司法厅对各市的活动开展情况进行了考核验收。

二、法律援助发展保障能力进一步提高

一是政府责任落实取得新进展。继马鞍山、安庆、铜陵三市法律援助工作纳入民生工程之后，2011 年，滁州、池州、宿州三市先后把法律援助纳入党委和政府主导的维护群众权益机制。宁国市、广德县、芜湖市鸠江区、弋江区等县（市、区）纳入本地民生工程。滁州、蚌埠以市委、市政府名义，亳州、宣城、芜湖、宿州以市政府名义出台《关于进一步加强和改进法律援助工作的通知》，推动以“三个纳入”为重点的法律援助政府责任的落实。滁州市委市政府印发《关于进一步加强法律援助工作的意见》，把法律援助列入民生工程，把各级法律援助窗口建设列为政府为民办实事工程，在窗口建设、机构设置、人员配备、经费保障方面给予明确、具体、有力的保障。池州市政府把法律援助工作列入为民办实事项目，并确定为池州市 19 件政府惠民实事之一。宿州市委、市政府将法律援助工作纳入市委、市政府重大民生幸福工程，加强政府保障力度。大部分市推动市委、市政府将法律援助纳入本地的“十二五”发展规划，纳入社会治安综合治理暨平安建设工作考核内容。芜湖市人大常委会开展了《法律援助条例》贯彻执行情况调查，市政协主席会议听取了《法律援助条例》贯彻执行情况的通报。淮北市政协开展了“法律援助亟待加强”专题调研。

二是经费保障进一步加强。2011 年，安徽省收到中央补助办案专款 960 万元，省级配套 60 万元；省财政分配政法转移支付资金时，切块安排法律援助经费 1188 万元；省财政安排省法律援助中心业务经费 115 万元；中央专项彩票公益金法律援助项目安排资金 260 万元；各市、县（市、区）共投入 1106 万元。各项经费总计 3689 万元，同比增长 24.5%，法律援助经费保障水平显著提升。

三是组织机构和人员队伍建设进一步加强。全省已有 11 个市司法局设立了法律援助工作科，17 个县司法局设立了法律援助股。埇桥区、萧县法律援助中心改为财政全额拨款事业单位后，全省 125 个法律援助中心机构性质达到规范化要求，其中行政性质 72 个，全额拨款事业单位 49 个，参公管理单位 4 个。各地通过选调、招考、聘用方式充实法律援助机构人员队伍，法律援助中心专职人员力量得到加强。全省法律援助机构共有专职工作人员 454 人，同比实际增加 72 人，增幅为 18.8%。

三、法律援助便民服务能力进一步增强

法律援助覆盖面进一步扩大。各市普遍制定实施了扩大法律援助补偿事项范围、降低法律援助门槛的相关规定，将劳动就业、医疗事故、社会保障、土地承包、产品质量、环境污染等侵权纠纷法律援助事项，纳入援助范围。

便民服务窗口建设成效显著。全省 125 个法律援助中心均有独立的办公场所，120 个法律援助中心设有专门的接待场所，其中 86 个设在临街、一层。滁州、蚌埠、阜阳、安庆、淮南 5 个市的市、县（区）法律援助中心全部在临街、一层设立了便民服务接待场所。滁州市法律援助中心 300 平方米、县（市、区）级 200 平方米，蚌埠市法律援助中心300平方米、县(区)法律援助中心100平方米以上,合肥市法律援助中心300平方米,阜阳市法律援助中心500多平方米的便民服务窗口建成并投入使用。马鞍山市、芜湖市法律援助中心新的便民服务接待窗口正在装修。一批利用国债项目建设的县级司法行政办公用房中,均在临街、一层预留了法律援助便民服务窗口用房。

便民服务窗口接待能力不断增强。全省各法律援助机构均在便民服务窗口设置咨询接待、申请受理等功能区域,设置残疾人无障碍设施,配备必要的办公设施,安排法律援助机构人员和社会律师值班接待。滁州、宣城、池州等地建立低保、残疾人等困难群体数据库,畅通特殊群体法律援助申请绿色通道。合肥市法律援助中心接待大厅设置7个接待窗口,4名专职法律援助工作人员和30余名值班志愿律师轮流到岗接待,每个窗口均配备内外网两台电脑,确保每个来电、来访得到及时、准确解答,每个法律援助申请得到及时审查、受理,"一站式"服务效果显著。

法律援助工作站、联系点建设进一步深化。全省共设立各类法律援助工作站2399个,其中依托乡镇司法所设立的1510个,依托工会、妇联、共青团、老龄委、残联等部门设立的889个,依托村(居)委设立的法律援助联系点15353个。池州市开展队伍建设好、业务开展好、工作管理好、物质保障好、社会评价好"五好"法律援助工作站创建活动,合肥市从队伍建设、场所建设、管理工作、业务工作、宣传工作五个方面开展模范化法律援助工作站创建活动,推动工作站建设上台阶。马鞍山市金家庄区塘西街道,安排两间临街、一层的门面房,作为法律援助工作站专用便民服务窗口。

律师事务所法律援助工作站的设立受到群众好评和媒体关注。5月,司法厅决定在全省律师事务所全面设立法律援助工作站,充分发挥律师在法律援助工作中的主力军作用。全省511家律师事务所已全部设立法援工作站。

四、法律援助管理力度进一步加大

司法厅推出多项法律援助管理措施,增强管理工作的针对性、实效性。一是实施"一市一策"管理指导。年初,根据2010年年终综合考评结果,提出"一市一策"工作意见,分别指出问题,提出对策,告知相关市司法局主要领导,要求监督整改落实。六安等地对县(市、区)实行"一县一策"工作指导。在日常工作中,司法厅法律援助处通过全省法律援助管理人员QQ群,实现工作信息及时沟通,工作指导实时进行。二是加强队伍管理。5月,司法厅制定了《关于进一步推进律师参加法律援助工作的意见》,整合法律援助和律师工作两个方面的资源优势,推进律师、特别是青年律师积极参加法律援助。6月,司法厅对全省各市(市、县、区)法律援助中心在册法律援助律师身份情况进行了审核,共有64人不符合执业条件,给予注销。三是加强经费使用管理监督。6月中下旬,司法厅纪委监察室牵头组织开展对2010年度全省法律援助经费管理使用情况的专项检查,在各市自查的基础上,对17个市进行了全面抽查。10月中下旬,司法厅对合肥等8个市及部分县彩票公益金法律援助项目经费发放情况进行了检查。

各地积极采取多种措施创新法律援助工作管理。各市普遍采取旁听庭审、回访受援人等方式,加强对援助质量的监督管理。蚌埠、池州市对便民服务窗口建设、办案数量、人员配备确定硬性指标,年终考评不达标的取消评优资格,一票否决。合肥市实施法律援助首问告知制度,要求执业律师向当事人告知法律援助相关规定。池州市将"点援制"植入信息化平台,通过信息手段实施法律援助点援制。亳州以市委、市政府名义表彰优秀法律援助中心和法律援助律师。马鞍山市持续开展优秀法律援助案件评选活动。蚌埠市通过志愿者协会组织动员志愿者参加法律援助工作。蚌埠市、宿州市法律援助中心开通官方微博，通过网络方式加强与公众的沟通交流。芜湖市在安徽师范大学设立法律援助理论与实践研究基地。这些工作措施，有效推动了法律援助工作的发展。

五、法律援助社会影响力进一步扩大

一年来，全省各地采取多种形式，开展法律援助公众教育，宣传法律援助工作成果。一是开展“为了农民工兄弟——法律援助在行动”活动。1月7日，司法厅下发通知，要求各地从1月15日至2月底，开展为期45天的农民工维权活动，并在1月15日统一举行启动仪式。启动仪式上，全省约1500名律师和法律援助工作者参加了活动，共接待农民工法律咨询6000余人次，发放法律援助宣传资料10多万份。二是开展“法律援助宣传月”活动。结合司法部第二届全国“十佳法律援助单位　十佳法律援助工作者”社会评选活动，8月10日至9月10日，全省开展了“法律援助宣传月”活动。活动期间，全省共举办宣传活动135场次，散发宣传资料16.8万余份，解答法律咨询3万余人次，新建村（居）法律援助联系点144个，组织培训法律援助明白人5440人次；组织参与“双十佳”社会评选纸质及网络投票26万多人次。

各地通过报纸、电视、电台等新闻媒体开展形式多样的宣传活动，在特定时间节点组织开展针对妇女儿童、残疾人、军人、农民工、服刑在教人员等宣传咨询活动。六安市法律援助中心在1路和7路公交车身内外制作“做好法律援助，构建和谐六安”公益广告，流动宣传法律援助。芜湖市法律援助中心7次参加由市直多部门联合广播电视台，共同在街道社区举办的“政风行风热线进社区，政府百姓零距离”直播活动。《池州市建立信息化“点援制”平台推进法律援助》作为“创新举措”，《滁州市立足保障和改善民生努力打造法律援助工作“品牌工程”》作为“要情专报”，在省委《安徽信息》第231期、第289期登载。

六、福利彩票公益金法律援助项目提前、超额完成任务

全省上半年即已完成全年项目任务，共办理项目案件1332件，申请项目资金260.1万元，比项目计划金额238万元超出22.1万元。项目案件中，87.6%为扩大法律援助范围的法律援助案件，受到项目办的肯定。

根据项目办要求，项目实施单位由2010年的39家调整为18家，即省法律援助中心和17个市法律援助中心。项目实施过程中，严格按照项目管理要求，积极拓展案源，加强管理和监督，有效保证了项目实施的效率和质量。一是开展项目实施培训。3月，举办了全省项目实施工作培训班，对项目案件申报、审批、统计等新要求进行详细讲解，保障项目顺利实施。二是加强项目案件督办。针对各项目单位的执行情况，及时发布通报，分析存在的问题，提出解决对策。三是加强项目实施指导。对项目执行过程中出现的问题，省项目办及时通过全省法律援助QQ群及时进行指导。四是开展了项目集中检查工作。按照中国法律援助基金会统一安排，各项目实施单位进行了自查。10月下旬，司法厅对9个市的项目实施单位进行了抽查。

七、信息化运用进一步推进

全省125个法律援助中心已全部使用了综合管理系统。各市法律援助中心在综合管理系统中录入案件的录入率达99.8%。在信息化应用过程中，各市、县（区）普遍开展了多层次的应用培训，制定了推进信息化应用管理措施和考核办法，深入推进应用工作发展。

司法厅结合实际应用情况，对综合管理平台的功能、操作界面、业务流程、特殊困难人群数据库、网络化异地协作等进行了修改完善和升级改造。各地正在开展分级的培训，进一步推动法律援助综合管理信息系统应用水平的提高，努力实现即办即录、谁办谁录。

八、圆满完成全国法律援助工作座谈会筹备工作

一是成立筹备领导组，明确职责任务。2月27日，司法厅成立“滁州会议筹备工作（安徽）指导组”，制订了司法厅和滁州市筹备工作方案，设立了工作小组，明确了工作职责和完成工作的时间要求。二是主动汇报，积极争取。3月上旬，司法厅分管领导、滁州市委常委、政法委书记率队到司法部专题汇报。8月，部法律援助工作司领导到安徽检查，司法厅分管领导及时报告筹备工作进展情况，陪同司领导实地考察，保证了会议筹备的顺利进行。三是做好会前准备工作，保证会议顺利举行。完成全省会议交流材料的起草及滁州市参会交流材料的修改审核工作，确定参观点、展示重点及会议参观线路，参与《共享法治阳光》专题片和《法治晴空暖江淮——安徽省法律援助工作掠影》宣传册（页）制作等。

安徽省法律援助工作大事记

2月22日，省司法厅在合肥市召开全省法律援助基础建设年总结表彰暨服务能力提升年动员视频会议。厅长孙建新出席会议并讲话，副厅长王春敬主持会议，副厅长陈道喜作全省法律援助基础建设年活动情况总结讲话，厅政治部主任夏训发宣读全省法律援助基础建设年活动先进集体和中央专项彩票公益金法律援助项目实施工作先进集体表彰决定。厅领导沙奇志、潘法律出席会议。厅机关副处级以上干部，厅直各单位主要负责人，厅法律援助处、省法律援助中心全体人员，省直各律师事务所负责人在主会场参加会议。各市司法局班子成员、副科级以上干部，市法律援助中心（科）全体人员，市直律师事务所负责人；各县（市、区）司法局机关全体人员，乡镇法律援助工作站负责人，律师事务所负责人在分会场参加会议。

3月4日，省司法厅与省武警边防总队举行边防总队法律援助工作站揭牌仪式。省司法厅副厅长陈道喜、公安边防总队长张智源为法律援助工作站揭牌，省法律援助中心、省武警边防总队签订了《法律援助共建协议》。

3月12日，省法律援助中心安徽广播电视台交通广播法律援助工作站在合肥市杏花公园隆重举行揭牌仪式。省司法厅厅长孙建新、安徽广播电视台台长张苏洲出席仪式并为法律援助工作站揭牌，副厅长陈道喜、安徽广播电视台副台长邹晓利出席仪式并致辞。

该工作站是安徽省在新闻媒体成立的首家法律援助工作站，充分借力媒体的传播功能，创建法律援助便民服务新窗口，对宣传法律援助工作，进一步发挥新闻媒体在法律援助工作中的重要作用，不断提高法律援助社会知晓率，具有重要意义。工作站将通过开展法律援助宣传、解答听众法律咨询、收集听众法律援助申请信息等方式开展法律援助工作。

5月19日至20日，全省县（市、区）党政领导维护群众利益促进社会和谐研讨班学员赴上海市浦东法律援助中心、江苏省南京市玄武区法律援助中心参观考察，副厅长夏训发、厅法律援助处负责同志陪同考察。

7月15日至16日，省司法厅在滁州市召开全省法律援助工作座谈会，厅长孙建新、巡视员张武，滁州市委常委、政法委书记黄秀生出席会议，合肥、蚌埠、淮南、滁州、马鞍山、巢湖、宣城7个市司法局局长、法律援助中心主任、法律援助工作科科长以及滁州市8个县(市、区)的司法局局长、法律援助中心主任参加会议。厅长孙建新发表讲话。会议期间,与会人员参观了滁州市法律援助中心、琅琊区法律援助中心、琅琊区花园社区法律援助联系点、全椒县法律援助中心、全椒县襄河镇法律援助工作站。会议座谈交流了7个市近期法律援助工作情况。

8月8日,《安徽省司法厅关于开展全省法律援助宣传月活动的通知》(皖司通〔2011〕70号)下发。通知决定自8月10日至9月10日在全省开展"法律援助宣传月"活动,旨在"双十佳"活动中推出省法律援助工作先进单位和先进个人,进一步宣传法律援助制度,扩大法律援助的社会影响力。据统计,"宣传月"活动期间,全省各级法律援助机构共举办各类宣传活动135场次,散发各种宣传资料16.8万余份,解答法律咨询3万余人次,现场受理法律援助案件32件;新建立村居法律援助联系点144个(截至8月底,全省共建立村居法律援助联系点15164个,建成率达95%),组织培训法律援助明白人5440人次;组织参与"双十佳"社会评选纸质及网络投票261413张(次)。

9月6日至9日,司法部法律援助工作司司长孙剑英、副司长高贞等考察滁州市法律援助工作以及拟于10月在滁州市召开的全国法律援助工作会议筹备工作。孙司长一行先后到全椒县法律援助中心、全椒县十字法律援助工作站、滁州市法律援助中心实地考察法律援助工作开展情况。厅党委委员、巡视员张武,滁州市委常委、政法委书记黄秀生,副市长李树及厅办公室、法律援助处,省法律援助中心、滁州市司法局负责同志陪同考察。

9月30日,省司法厅副厅长王翠凤到滁州市调研指导法律援助工作。王翠凤一行先后到滁州市法律援助中心、琅琊区法律援助中心、琅琊区花园街社区法律援助联系点、全椒县法律援助中心、全椒县十字法律援助工作站等地实地调研,听取各地法律援助工作开展情况以及各参观点筹备工作情况汇报,并现场观看法律援助综合管理系统功能演示汇报等信息化应用。

10月11日至12日,司法部在合肥召开全国法律援助工作座谈会。司法部部长吴爱英出席会议并讲话。司法部副部长陈训秋,中纪委驻司法部纪检组组长韩亨林出席会议。司法部副部长赵大程对会议精神的贯彻落实提出要求。会议期间,与会代表实地参观了滁州市法律援助中心、滁州市琅琊区法律援助中心、全椒县十字镇法律援助工作站。安徽等11个省(区、市)司法厅(局)和滁州市人民政府作大会交流发言。各省(区、市)司法厅(局)长、新疆生产建设兵团司法局长;各副省级市司法局长;各省(区、市)司法厅(局)法律援助处(中心)处长(主任)、新疆生产建设兵团司法局法律援助处处长;司法部有关司局和直属单位主要负责人参加会议。

12月8日至9日,省司法厅巡视员张武,厅法律援助处负责人等一行到广德县开展"1+6"服务基层行动。活动中,调研了新杭镇司法所、县法律援助中心;走访了法律援助受援人、安置帮教对象、社区矫正对象、服刑人员的家庭和安置帮教基地;参与了柏垫镇一起房屋买卖与租赁纠纷的调解。9日,针对广德县民营经济活跃、年末农民工讨薪高峰期来临的情况,邀请安徽天禾律师事务所孟超律师作了题为"劳动合同法热点解读与农民工权益维护"的专题讲座。讲座由县委政法委组织,全县各乡镇维稳综治办专职副主任、信访办主任、县直有关单位、企业界建筑业界代表以及全县律师和法律服务工作者共200多人听课。

(安徽省法律援助工作处)

福建省法律援助工作概况

2011年,在省司法厅党委的正确领导下,全省各级法律援助机构认真贯彻落实中央政法工作会议、全国司法厅(局)长会议和全国法律援助工作座谈会精神,着眼于服务保障和改善民生,围绕三项重点工作,进一步提升法律援助的社会影响力和服务困难群众的能力,不断加强和改进法律援助工作,较好地完成了全年法律援助工作任务,有力地维护了社会公平正义,促进了社会和谐稳定。

一、巩固便民服务主题活动成果,积极推进"五化"建设

为了贯彻司法部"法律援助便民服务"主题活动总结专题电视电话会议精神,继续推动和深化全省法律援助便民服务主题活动,5月12日,省司法厅发文提出"积极推进法律援助工作'五化'建设的意见"。即:一要着力推进法律援助设施便利化;二要着力推进法律援助案件质量标准化;三要着力推进法律援助经费保障制度化;四要着力推进法律援助工作运行信息化;五要着力推进法律援助监管执业规范化。按照司法厅的部署,各地积极采取措施,推进便民服务主题活动常态化。福州市出台了《福州市法律援助便民服务窗口建设指导标准》,要求各县(市)区司法局结合当地实际,参照《指导标准》,组织实施法律援助便民窗口规范化建设,力求接待场所便民、利民,切实发挥法律援助在推进社会管理和促进社会和谐中的职能作用。

二、强化法律援助工作指导,扩大法律援助范围

省法律援助中心加强舆情分析研判工作,指导地方提高舆情分析工作的时效性和成果质量,汇总完成了《群体性重大案件舆情分析报告》《法律援助案件舆情分析情况》和《法律援助咨询舆情分析报告》等,上报司法部法律援助工作司。3月7日至9日,司法部加强和改进法律援助工作调研组到福建进行调研,围绕加大法律援助组织实施工作力度、落实经费、加强机构和队伍建设、律师和有关单位参与情况、法律援助工作站建设等问题,召开了座谈会并进行实地调研。省法律援助中心按照司法部法律援助工作司调研提纲要求,综合各地情况形成并提交了调研情况报告。

各地认真落实新修订的《福建省法律援助条例》,进一步降低门槛,扩大法律援助业务范围,把劳动就业、社会保障、土地承包、环境污染、征地拆迁、坑农害农等与民生问题密切相关的权益保护事项纳入法律援助的范围,及时满足困难群众的法律援助需求。进一步加大刑事法律援助工作力度,完善刑事法律援助工作中相关部门的协调配合机制,确保在刑事诉讼各个阶段为犯罪嫌疑人、被告人提供及时便捷的法律援助服务。进一步加强对公诉人出庭案件经济困难被告人的法律援助工作,加强对刑事被害人的援助,积极参与刑事被害人救助工作。

全年全省各法律援助机构共办理法律援助案件19408件,同比增长8.74%,超额完成年初司法厅党委提出的"2011年法律援助案件数同比增长5%"的目标。其中刑事案件3744件,民事案件15557件,行政案件107件。受援人数达21947人,共接待咨询

92172 人次。

三、加强指导管理，有效实施中央彩票公益金项目

各项目实施单位认真贯彻落实《中央专项彩票公益金法律援助项目实施与管理暂行办法》相关规定，充分发挥项目优势，用好项目资金，进一步扩大法律援助覆盖面，积极推动当地法律援助事业发展，确保项目资金使用的公益性、有效性和安全性。省法律援助项目管理办公室及时对各项目实施单位进行监督和管理，适时跟踪案件的申请、录入和办理情况。2011 年，全省共受理中央专项彩票公益金法律援助案件 1017 件，结案 786 件，项目资金申请使用数额达 150 万元，共帮助 1366 位受援人挽回经济损失 7821.56 万元，有力地提升了法律援助的社会影响力和公信力。针对福建省项目实施较好的情况，中国法律援助基金会又为福建省追加 10 万元专项资金。

四、强化监督检查，稳步提高经费保障和案件质量

省法律援助中心积极争取中央、省级财政部门加大对法律援助经费投入力度，3 月 17 日，以司法厅名义向司法部报送了《福建省司法厅关于请求继续加大对福建省法律援助经费支持力度的报告》，促使中央补助本省的法律援助办案专款有了较大幅度的增长，达到了 480 万元，增长 92%。12 月 31 日，财政厅拨付了 2011 年度中央补助地方法律援助办案专款。省财政 2011 年度补助地方法律援助办案专款 100 万元，也已于 7 月 5 日由财政厅下拨各相关县（市）法律援助中心使用。同时，省法律援助中心继续指导地方按照“三个纳入”要求，推动政府将法律援助经费全部纳入地方财政预算，并随当地经济发展、财政收入增加和困难群众法律援助需求增长保持一定增幅。通过不断努力，各地法律援助专项经费有了不同程度的增长。

8 月至 9 月，省法律援助中心组成三个检查组分别到宁德、莆田、漳州、龙岩、三明、南平等部分县市区，通过听取汇报、查看台账、抽查卷宗等方式，对 2010 年法律援助办案质量、中央彩票公益金项目实施以及法律援助业务经费使用情况进行抽查，并将检查情况及时与设区市的司法局领导作了沟通与交流。针对检查情况，省法律援助中心形成了案件质量检查和经费使用情况报告、中央专项彩票公益金法律援助项目检查情况报告。

五、全方位服务海峡西岸经济区的法律援助建设

为认真实施国务院《海峡西岸经济区发展规划》，贯彻落实省委省政府统一部署，加快推进平潭综合实验区法律援助工作，积极为实验区建设提供良好的软环境，在充分调研基础上，出台了促进平潭综合实验区法律援助工作相关措施：一是放宽经济困难条件。决定将平潭实验区法律援助经济困难标准放宽为最低工资标准，确保法律援助覆盖到所有低工资人员，在平潭实验区优先实现低收入人群全覆盖。二是扩大法律援助范围。决定将平潭实验区建设过程中的拆迁安置、拆迁补偿、拆迁款分配以及房屋产权继承等涉及群众民生问题的事项纳入援助范围。三是强化法律援助人员业务培训。加大对平潭实验区人员业务培训的指导力度，采取对接指导和直接培训的办法，以达到短时间内提高实验区法律援助业务水平的目标。

六、思想教育和业务培训相结合，提高法律援助的队伍素质

各级法律援助机构围绕工作重点，通过开展学习刘玉美先进事迹和“发扬传统、坚定信念、执法为民”主题教育实践活动，组织谋划好创先争优活动，形成争创先进、争当模范的良好氛围。充分发挥党员先锋模范和典型引路作用,通过创先争优活动,强化了广大法律援助人员以人为本、服务为民的职业精神,增强了化解矛盾纠纷、服务困难群众的业务能力,提高了法律援助队伍的凝聚力和战斗力。为纪念建党90周年,省法律援助中心支部根据司法厅直机关党委部署,开展了"发扬优良传统、坚定理想信念"主题党日活动,通过参观建宁县中央苏区反"围剿"纪念园、红一方面军领导机关旧址等,重温入党誓词,慰问老党员等活动,进一步提高了全体党员干部的宗旨意识和群众观念,促进了思想素质的提高。

为全面提高法律援助中心主任的管理能力,5月30日至6月3日,司法部法律援助中心举办了"中东部省份法律援助轮训计划"福建培训班,省法律援助中心组织全省各设区市和县(市、区)法律援助中心主任共114人参加了培训。通过培训,法律援助业务能力得到了进一步提高。

七、加大宣传工作力度,提高法律援助公众知晓率

省法律援助中心利用司法厅门户网法律援助版块,定期发布、更新各级法律援助机构工作动态,交流经验,刊登"每月一案";汇编"2010年度十佳农民工法律援助案件"发放各地供参阅。为总结交流各地办理未成年人法律援助案件的经验做法,宣传在未成年人维权领域法律援助先进个人和典型事迹,推动未成年人法律援助工作的更好开展,省司法厅于4月28日印发了《关于开展2011年度十佳未成年人法律援助案件评选活动的通知》,决定在全省开展"2011年度十佳未成年人法律援助案件"评选活动。各地积极参与,共上报参选十佳未成年人法律援助案件50篇。12月28日,省法律援助中心召开"2011年度十佳未成年人法律援助案件"评选会议,组织专家评委对各地报送未成年人法律援助案例进行评选,评出"挽救刺桐公园血案第一被告人"等10个案例为"2011年度十佳未成年人法律援助案例"。省法律援助中心还根据司法部法律援助工作司要求,征集并上报反映各地"十一五"期间法律援助工作重大进展图片137张。为省司法厅工作纪实电视专题片提供法律援助素材。通过多方面、全方位的宣传,进一步提高了法律援助的公众知晓率。

八、加强理论研究,推动法律援助事业发展

为切实加强理论研究,推动法律援助事业发展,省法律援助中心按照司法部法律援助中心征集年度法律援助研讨会论文的要求,组织、要求各地法律援助人员撰写法律援助论文,积极参与征文活动。12月5日至8日,部法律援助工作司、部法律援助中心在武夷山市召开"2010—2011年度全国法律援助研讨会",省法律援助中心积极配合,协同武夷山市司法局做好研讨会会务工作。会议期间表彰了获奖个人和单位,在全国报送的350篇论文中,福建省有2篇论文获一等奖,3篇论文获三等奖,11篇论文获优秀奖,省法律援助中心获先进组织奖。

福建省法律援助工作大事记

1月5日,省司法厅印发《关于表彰2010年度十佳农民工法律援助案件的决定》(闽司〔2011〕5号),对"《穿越铁路被撞身亡,多方努力获赔58860元》等十佳农民工法律援助案件"予以表彰。

1月14日,省法律援助中心组织律师参加省少年教养管理所法律援助站法律咨询活动。

1月29日,在中央电视台文艺频道由司法部、全国总工会、国家广电总局共同举办的"共创和谐——法律援助与困难职工同行"大型公益晚会上播出了由省法律援助中心、三明市法律援助中心协助福建电视台拍摄的“为了101位农民工姐妹”法律援助案例。

2月10日，省司法厅陈义兴厅长、陈勇副厅长、肖新建副厅长，厅政治部张琦主任及厅办公室李杰鹏副主任莅临省法律援助中心看望全体工作人员并致春节问候。

3月7日，司法部关于加强和改进法律援助工作调研组周院生（中国法律援助基金会秘书长）等一行到豫省开展工作调研，调研内容为落实法律援助政府责任、落实“三个纳入”、理顺法律援助管理体制、加强监督管理、扩大法律援助范围等。

5月30日至6月3日，为全面提高法律援助中心主任的管理能力，司法部法律援助中心在福建武夷山市举办“中东部省份法律援助轮训计划”福建培训班。司法部法律援助中心桑宁副主任和省司法厅肖新建副厅长分别作了动员和讲话。中央司法警官学院于海霞教授、苏州市法律援助中心曹旻副主任和上海浦东区法律援助中心孙玉主任作相关专题辅导。全省各设区市和县（市、区）法律援助中心主任共100人参加了培训。

6月2日，应福州市劳动教养管理所邀请，省法律援助中心安排律师到福州劳教所为劳教人员提供法律咨询。

6月16日至17日、7月7日至8日，为推动全省涉军法律援助维权工作，提高广大官兵法律知识水平和应用法律手段维护自身权益的意识和能力，妥善处理边防官兵涉法涉诉问题，省公安边防总队政治部联合省法律援助中心组织专业人员深入基层开展法律援助和心理知识宣传教育活动。省法律援助中心宋建炎副主任等深入福安、福鼎、连江、马尾等边防要塞，为基层连队官兵讲解法律援助知识，现场解答官兵提出的法律咨询，受到基层官兵的欢迎，并得到组织方的大力肯定。

12月4日至5日，全省法律援助工作座谈会在武夷山市召开，省司法厅肖新建副厅长出席会议，各设区市司法局分管局长、法律援助中心主任等相关人员参加会议。

（福建省法律援助中心）

江西省法律援助工作概况

2011年，全省各级法律援助机构和法律援助工作者坚持以邓小平理论和“三个代表”重要思想为指导，认真贯彻落实科学发展观，以继续实施法律援助民生工程为抓手，不断满足困难群众法律援助需求，努力实现“能援则援”“应援尽援”目标；以继续深化“法律援助便民服务”主题活动为载体，进一步健全完善便民利民措施，方便困难群众申请和获得法律援助；以法律援助机构规范化建设达标活动为突破口，全力提升法律援助管理能力和服务水平；以开展“发展提升年”活动为动力，加强法律援助机构队伍建设，提升队伍的政治素质和业务水平；以加强法律援助经费监管为重点，确保资金使用安全，专款专用；以创新法律援助宣传工作为切入点，不断提高法律援助的社会影响力和公众知晓率，为维护困难群众合法权益、保障社会公平正义、促进社会和谐稳定作出了新贡献。

一、实施法律援助民生工程取得新进展

（一）进一步加大法律援助办案力度。

各地进一步降低法律援助门槛，扩大援助范围，加大办案力度，积极参与征地拆迁、劳动争议、食品药品安全、教育医疗、环境保护等案件的办理工作。将农民工及子女、零就业家庭、残疾人、老年人、农村留守儿童、妇女列为重点援助对象，帮助他们依法解决就业、就医、就学等方面的切身利益问题，维护困难群众合法权益。景德镇市把经济状况高于当地法律援助经济困难标准、低于当地城镇职工最低工资标准的当事人列为法律援助对象。据统计，全年全省共办理各类法律援助案件21878件，受援人总数达26087人，接待群众来信来访来电、解答法律咨询218040人次，挽回经济损失47144.09万元。

（二）积极组织实施中央专项彩票公益金法律援助项目。全省12个项目实施单位按照《中央专项彩票公益金法律援助项目实施与管理暂行办法》和相关配套文件要求，严格遵照《项目执行协议书》中的内容，突出重点，加大力度，将3大类17种涉及困难群众基本民生问题的法律援助案件作为项目优先资助的事项，扎实推进项目实施工作。为进一步发挥项目资金更大效益，吉安等实施单位还结合当地实际，根据案件难易程度、工作量以及挽回经济损失大小等因素，适当调整补贴标准，尽可能多办案，不断扩大项目资金的影响力。截至6月底，各实施单位已按要求全面完成了2010年度项目任务，据统计，全年全省共办理项目法律援助案件900余件，项目受援人1200余人次，为当事人挽回经济损失800余万元，有效维护了农民工、未成年人、残疾人、老年人、妇女等五类困难群体的合法权益。

（三）充分发挥法律援助维护社会和谐稳定的作用。各地紧紧围绕三项重点工作，切实采取有效措施，依法介入群众关注的社会热点难点问题。南昌市积极参加春节前农民工工资清欠工作，确保了农民工领取足额工资；会昌县在县信访局设立法律援助工作站等，积极协助党委、政府和有关部门依法妥善处理和化解涉法涉诉信访问题、群体性纠纷、突发性事件，努力解决当事人的合理合法诉求。

整合资源，形成合力，积极组织“法律援助民生工程服务团”成员深入基层，为群众宣讲法律知识，解答法律咨询，及时调处各类矛盾纠纷，有效维护了基层社会稳定。奉新县积极组织法律工作者深入基层大走访，把法律送到迫切需要援助的群众之中。奉新县的做法受到省委政法委的充分肯定，并在5月召开的全省政法系统主题教育实践活动动员暨政法干警下基层大走访活动交流推进视频会上作大会书面交流；吉州区组织法律援助服务团成员深入乡镇，开展访民情、解民忧、保民安“三民”服务活动，受到群众的欢迎。

坚持“调解优先”原则，引导群众正确理解法律，理性对待纠纷，有效运用法律援助化解社会矛盾。尊重当事人意愿，根据案情需要，引导当事人采取调解、和解等非诉讼方式解决纷争，努力降低法律援助成本，实现案结事了。铅山县制定《法律援助案件适用人民调解实施意见》，要求法律援助机构积极参与人民调解工作，实现法律援助与人民调解的“无缝对接”；永修县、九江县建立法律援助案件调解室机制，有效促进了法律援助案件以调解、和解等方式解决。据统计，2010年以来，在已办结的法律援助案件中，有49%的案件通过非诉讼方式结案，发挥了法律援助运用非诉讼方式解决矛盾纠纷的作用。

二、“法律援助便民服务”主题活动取得新进展

（一）优化网络布局，畅通便民服务渠道。在实现了依托乡镇（街道）司法所100%

建立法律援助工作站和依托村（居）委会100%设立法律援助联系点（联络员）的基础方面，各地进一步加快推进工、青、妇、老、残等社团组织、农民工聚集地以及律师事务所法律援助工作站（点）的建设步伐，实现关口前移，着力打造“法律援助1小时服务圈”。鹰潭在市直5个律师事务所分别挂设农民工、未成年人、残疾人、老年人、妇女法律援助工作站；抚州市依托高校优势资源，在东华理工大学设立法律援助工作站；于都县建立农村留守儿童法律援助工作室等，方便困难群众就近申请和获得法律援助。

4月，在监所100%建立法律援助工作站的基础上，省司法厅又制定印发了《关于进一步加强全省监所法律援助工作的通知》，提出“一监所一机构”的对接模式，实现了法律援助与监所教育转化工作的机构、队伍、制度、措施“四个无缝对接”，有效维护了监所安全稳定。3月，全省首例在押人员法律援助案件在吉安监狱法律援助工作站成功开庭。

（二）创新服务方式，优化便民服务措施。各地不断创新服务方式，努力提高法律援助便民服务水平。上饶市积极开展“让出一把椅、端上一杯水、传递一个微笑”的“三个一”活动，对老年人法律咨询实行“一站式”服务，进一步提升了法律援助服务质量和效果；全南县充分发挥职能优势，定期派出法律援助律师到“三送”服务点开展“坐诊”服务，提供法律援助，取得了良好的社会效益；泰和县成立法律援助民生工程服务队，组织律师、法律服务工作者入社区、下农村、进企业开展法律咨询活动，并简化申请手续，放宽条件，发放法律援助卡，让困难群众享受到了“法律援助套餐”服务；南丰县在搜狐网开通实名博客，博客设置了法援动态、法律法规、以案说法、法律咨询等栏目，内容丰富、专业性强，涵盖了法律援助工作的方方面面，成为一个为困难群众提供法律援助服务的新平台、新窗口和新阵地。同时，各地继续推行首问责任制、服务承诺制、限时办结制，在援助前、援助中、援助后等各个环节强化办案质量管理，实行全程跟踪，重点督办疑难案件，保证受援人获得优质、高效的法律服务。

（三）规范信息化建设，提升便民服务水平。为规范“12348”法律服务咨询专线管理工作，4月，省司法厅制定印发了《江西省“12348”法律援助咨询专线管理办法》，统一了工作标准，进一步增强了专线工作的可操作性，提升了专线的服务质量和水平，促进了专线工作的规范化、制度化、常态化建设。新余市在认真贯彻执行《管理办法》的基础上，还制定了《“12348”专线平台管理细则》。9月14日，省司法厅隆重举行了“12348”法律援助咨询专线平台正式开通仪式。省委常委、省委政法委书记舒晓琴，省人大常委会副主任、省委政法委副书记陈安众，省政府副省长朱虹，省政协副主席郑小燕，司法部法律援助中心副主任桑宁等领导出席了开通仪式。“12348”法律援助咨询专线的全面开通，方便了困难群众申请和获得法律援助。据统计，截至年底，专线共接听群众来电总量11万余个，处理来电300余个，充分发挥了其面向社会提供免费法律咨询的职能作用。

三、法律援助机构规范化建设达标取得新进展

2011年是江西省争取用三年左右时间完成全省法律援助机构规范化建设达标任务的第二年，是承上启下的关键一年。各地按照省司法厅制定的《法律援助机构规范化建设标准》及《达标细则》要求，统一思想，提高认识，完善措施，狠抓落实，扎实推进法律援助机构规范化建设。

（一）层层召开会议进行部署。3月17

日至18日，省司法厅在宜春专门召开了全省法律援助机构规范化建设推进会，总结工作，交流经验，表彰先进，部署任务。对2010年全省首批46家达标单位进行了通报表彰，颁发了奖牌和荣誉证书。各设区市也相继召开了法律援助机构规范化建设推进会，结合各自实际，提出了各地全年规范化建设目标任务。宜春、吉安、鹰潭、景德镇等地制定和提出了力争提前一年完成市、县两级法律援助机构规范化建设达标任务。南昌市制定印发了《关于全市法律援助机构规范化建设的实施意见》。

（二）积极开展达标活动。各地以临街一楼便民服务窗口建设为达标活动突破口，积极行动，迎难而上，想方设法，创造条件，通过新建、改建、调换机关办公用房、租用等方式，设立临街一楼接待窗口，实现了接待窗口从楼上向楼下、从院内向院外、从偏僻地带向繁华地段的转移。在完善接待场所和服务设施的同时，还建立健全了窗口工作制度，规范窗口服务行为，努力从软硬件设施等方面提高窗口建设水平，让接待窗口真正成为便民、利民、惠民窗口。萍乡市投入资金将市法律援助中心办公室装修一新，与临街法律援助接待中心连成一体，总面积超过150平方米；九江市法律援助中心扩大了原有临街接待窗口，面积增加了一倍，进一步提高了窗口接待能力；临川区将已出租的一楼店面收回，改建、扩建为法律援助接待窗口；金溪县在临街租赁店铺，设立法律援助便民服务窗口，更好地方便困难群众来访咨询、申请法律援助；而鹰潭、景德镇市等地还将规范化建设向乡镇（街道）法律援助工作站延伸，其中鹰潭市提出了工作站门前有招牌、墙上有公示、接待有场所、咨询有记录、办案有卷宗、工作有网络“六有标准”，全面开展乡镇（街道）法律援助工作站规范化建设评比达标活动，形成了以规范促发展的良好局面。经逐级申报考核，全年有60个机构通过了第二批达标考核，加上46个首批达标机构，全省共有9个地市提前一年完成了市、县两级达标任务。

四、法律援助队伍整体素质得到新提高

（一）进一步加大队伍的教育培训力度。5月3日至6日，省司法厅分别举办了法律援助专职律师和法律援助工作者证年度注册培训班，全省共有365名法律援助服务人员参加了培训。各市、县（区）法律援助机构也开展了相应的培训教育活动，加强了对县（市、区）法律援助中心和乡镇、村法律援助工作站、联系点人员的培训，逐步形成了“层级培训”格局，进一步提升了法律援助服务人员的能力和素质。据统计，全年全省各级法律援助机构共举办培训班96期，培训法律援助服务人员2300余人次。

（二）认真开展主题教育实践活动。各地积极开展“发展提升年”“发扬传统、坚定信念、执法为民”和“为民服务创先争优”等主题教育实践活动，省司法厅及时印发了《关于深入开展法律援助“为民服务创先争优”活动的实施意见》。鹰潭市结合实际，在全市范围内开展了“十百千万法律援助惠民工程”主题实践活动。实践活动中，各地充分发挥党员先锋模范作用，增强广大法律援助人员以人为本、服务为民的职业精神，增强化解矛盾纠纷、服务困难群众的业务才干，形成创先争优的良好氛围，进一步提高了法律援助队伍的凝聚力和战斗力。

（三）培养树立了一批先进典型。各地充分发挥典型引导示范作用，培养树立了一批有影响的先进典型。年初，省司法厅推荐10个先进集体、17名先进个人参加第二届全国法律援助“双十佳”评选和第四届全国法律援助工作先进集体、先进个人“双先”评选表彰活动。经推荐，南芳律师事务所入选为第二届全国法律援助“双十佳”20个候选单位之一；新余市法律援助中心荣获全省“人民满意政法单位”荣誉称号；横峰县法律援助中心魏锋同志被授予“县劳动模范”光荣称号，安远县法律援助中心律师黄红梅还入选了“江西十大法治人物”。通过这些先进事迹、模范人物的引领示范效用，全省形成了有利于法律援助事业发展的良好氛围。

五、法律援助经费监管取得新进展

3月，省司法厅与财政厅联合修订了2006年出台的《江西省法律援助经费使用管理办法》，提高了法律援助案件补助标准，将法律援助信息化、接待咨询、公证、鉴定事项等列入经费开支范围，更好地规范了全省法律援助经费的使用和管理工作。

4月，省司法厅转发了《司法部关于加强法律援助经费监督管理工作的意见》，要求各地进一步规范法律援助经费使用和管理工作。各地进一步健全了法律援助经费内部监督机制，实行了内部公示制度，对资金使用情况及时跟踪问效，及时监督问责。抚州市年初印发了《关于进一步加强法律援助经费的使用管理和监督的通知》；南昌、景德镇、萍乡等地先后开展了法律援助经费落实、管理和使用情况的专项调研检查活动。

六、法律援助宣传工作取得新进展

（一）积极开展“百千万”法律援助下基层活动。为纪念国务院《法律援助条例》颁布实施8周年，进一步推进法律援助民生工程的有效实施，9月，全省开展了为期一个月的“百千万”法律援助下基层“大走访、大回访、大宣传”活动。各地积极组织法律援助人员开展“六进”活动，向村民、社区居民、企业职工、农民工发放法律援助宣传资料，宣讲法律援助基本常识，形成法律援助宣传的浓厚氛围。在公共场所推出法律援助宣传展板、宣传横幅和标语，悬挂固定的法律援助指示牌。在法律援助中心、工作站以及城市广场等场所设立法律援助宣传栏或橱窗，对法律援助申请条件、程序等规定进行重点宣传，让广大群众全面了解法律援助制度，知晓申请和获得法律援助的途径及方式。抚州于9月1日隆重举行高规格的启动仪式；赣州积极开展了“服务民生、共建和谐，法律援助进千家万户”为主题的法律援助宣传活动；南昌市组织法律援助工作者到南昌监狱，为服刑人员提供法律咨询服务；瑞昌定期组织法律服务工作者深入农村、社区、企业开展法律援助宣传活动，现场为群众答疑解惑，取得了较好的效果。据统计，活动月期间，组织召开法律援助座谈会900余次，回访6万余人，收集各类意见和建议50余项，举办法律援助咨询活动1538场次，悬挂法律援助宣传标语3320条，制作法律援助宣传图板2180块，发放公民法律援助问卷调查5万余份，印制法律援助宣传资料15万余份。

（二）运用各种载体，形成全方位的宣传氛围。各地结合法律援助民生工程、“法律援助便民服务”主题活动，充分利用电视、广播、报刊、网络等舆论阵地，与相关新闻媒体合作开办专题栏目，及时报道法律援助工作的新进展、好做法、好经验，增强了宣传工作的针对性和实效性。如宜春法律援助中心创新宣传模式，联合江西五套《目击者》栏目以及宜春电视台《法治宜春》栏目制作了多期法律援助专题节目；吉安法律援助中心与吉安人民广播电台联合开办《与法同行》法制节目，系统宣传法律援助工作；瑞金在中央、省市级报刊发表各类宣传调研文章28篇，取得了很好的宣传效果。同时，各地还不断拓宽宣传渠道，创新宣传形式。南昌在全市2000多辆公交车尾LED显示屏上流动播放法律援助宣传口号——“拨打12348法律援助进您家”，进一步提高了法律援助的社会知晓率。

（三）开展“精品案例”评选活动，加大“以案释法”宣传效果。3月，省司法厅在全省范围内积极组织开展2010年度法律援助

"精品案例"评选活动。各地以评选活动为契机,加大法律援助"以案释法"宣传效果,不断提升法律援助案件质量和服务水平。萍乡市从2月下旬开始,在《城市周刊》连续十期刊登2010年度法律援助十大精品案例,并请知名律师进行点评。省司法厅经过认真筛选、逐级把关、严格评审,精选出100件具有社会影响力、质量高、效果好的法律援助"精品案例"编辑成册,免费发放,起到了很好的宣传效果。

江西省法律援助工作大事记

1月,省司法厅组织专门人员对首批申请法律援助机构规范化建设达标单位进行实地验收、审核。

5月,省司法厅法律援助工作处被省政府残工委授予"江西省'十一五'期间扶残助残爱心集体"荣誉称号,这是省法援工作处继2010年获得"全省维护妇女合法权益工作先进集体"之后的又一省级表彰。

7至8月,组织开展2010年度中央专项彩票公益金法律援助项目检查。

7月14日至15日,全省"12348"法律援助咨询专线管理工作会在南昌召开。会议研究、分析了"12348"法律援助咨询专线管理工作存在的困难和问题,改进了"12348"法律援助咨询平台。

自9月1日起,在全省组织开展为期一个月的"百千万"法律援助下基层"大走访、大回访、大宣传"活动。活动期间,全省共受理法律援助案件900余件,解答法律咨询13.87万人次,化解矛盾纠纷1050起,为群众挽回经济损失600余万元。

9月14日,"江西省实施法律援助民生工程图片展"在南昌市成功举办。省领导舒晓琴、陈安众、朱虹、郑小燕和司法部法律援助中心副主任桑宁等领导观看了"图片展"。

11月16日,省司法厅起草了《江西省法律援助条例(送审稿)》,并报省政府审议,进一步加快了我省法律援助立法进程。

12月4日,副省长朱虹亲切看望并勉励参加"12·4"法制宣传活动的法律援助律师。

12月19日至30日,省司法厅组织开展2011年度全省法律援助民生工程专项督查。

12月29日,《江西省法律援助事业"十二五"时期发展规划》出台。

(江西省法律援助工作处)

山东省法律援助工作概况

2011年,全省法律援助工作紧紧围绕全省法律援助工作会议确定的目标任务,抓住关键,突出重点,狠抓落实,着力提高经费使用效率,提高办案数量质量,健全完善便民服务长效机制,提升工作管理水平,整体工作取得新的进步。

一、政府责任落实取得新成效

积极争取党政领导重视支持,推动将法律援助工作写入了省政府工作报告,纳入了山东省国民经济和社会发展"十二五"规划;争取中央专项彩票公益金法律援助项目资金260万元,中央、省两级法律援助办案专款970万元,同比分别增长21%和104%;业务经费大幅提升,接近2730万元,同比增长23%;办案补贴发放取得重大进展,全省共发放补贴1317万余元,同比增长42%,发放比例达到98.6%，有效调动了法律援助承办人员的办案积极性。

二、法律援助办案数量实现新突破

深化法援便民服务活动，选拔并授予206家律师事务所为“法律援助案件受理点”，畅通困难群众申请法律援助的渠道；探索“援调对接”模式，将符合法律援助条件的非诉讼调解案件及时纳入法律援助范围，降低困难群众的维权成本；充分发挥法律援助联络站、法律援助志愿者的作用，先后联合省残联、妇联下发《关于加强残疾人法律援助工作的意见》《关于成立妇女维权法律服务团的通知》，扩大了法律援助覆盖面；积极开展“资深律师法律援助行动”，出台意见，鼓励引导律所合伙人和执业10年以上律师每年至少无偿办理1件法律援助案件，充分发挥资深律师的示范、导向作用。2011年，全省共受理法律援助案件突破4.8万件，办结4.4万件，超额完成年初确定的4.3万件的目标任务，连续7年实现20%递增。

三、便民服务活动创出新成果

大力推进便民服务窗口建设，全省97%的县级法律援助机构已经在临街、一层设立了“便民服务窗口”，法律援助“门难找”问题得到较好解决；积极实施“法律援助便民公示牌进村居”工程，全省统一设计制作了法律援助便民公示牌，在全省8万多个村居显著位置悬挂，实现了法律援助无缝隙全覆盖；优化案件指派方式，推行“点援制”，逐步形成当事人自主选择律师制度和承办律师准入制度，服务水平进一步提高；建立困难群众资料库，发放法律援助卡，所有在库或持卡群众，申请法律援助时均可免予审查经济状况；在全国“便民服务”主题活动总结电视电话会议上，山东省作了典型发言。

四、管理服务水平有了新提高

健全完善省综治考核、司法厅年度考核、县级机构规范化达标三位一体的法律援助工作管理考核体系，对不达标县（市、区）挂牌督办。全省达标县（市、区）已达139个，达标比例为99%；在司法部召开的由各省（市、区）司法厅（局）长参加的全国法律援助工作座谈会上，程辉厅长就山东省法律援助纳入综治考核作了专题经验介绍；加快法律援助信息化建设，省、市、县三级机构全部开通了法律援助信息管理系统，6个市和49个县（市、区）实现法律援助案件网上申请、网上受理、网上实时监控；加大教育培训力度，以司法部“中东部省份法律援助轮训计划”为依托，成功举办了省、市、县三级中心主任培训班，培养了一批法律援助工作的有心人、明白人。

五、法律援助公众知晓率实现新提升

加强法律援助知识普及工作，联合省残联在全省开展了“残疾人法律援助月”活动，组织了“万名律师赶大集”宣传活动，全省共在省级以上媒体宣传报道428篇（次），组织开展大型宣传活动849次；指导各地创新宣传形式和载体，将法律援助标识印制在雨伞、口杯、折扇、购物袋等生活用品上，推动法律援助进入百姓日常生活之中；制作法律援助公益广告，发送公益短信，成为展现法律援助工作亮点的窗口和扩大社会影响的平台；以司法部“双先”、“双十佳”以及“百优法律援助案例”评选为契机，总结、推广、宣传日照市法律援助中心和济南市法律援助中心主任刘景学等的先进典型事迹，扩大了法律援助的社会影响。

山东省法律援助工作大事记

2月，在山东省第十一届人民代表大会第四次会议上，全省法律援助工作纳入“十二五规划”和《政府工作报告》。在《中共山东省委关于制定山东省国民经济和社会发展第十二个五年规划的建议》中第十部分“着力保障和改善民生，促进社会和谐进步”

中强调:“健全完善城乡社会保障体系。进一步健全法律援助等社会救助,大力开展社会福利事业。”《山东省政府工作报告》2011年重点做好的八方面工作中,第七部分“办好民生实事　加强社会建设”中,要求“加强和改进法律援助工作”。

2月24日至28日,司法部法律援助工作司孙剑英司长等一行到本省调研指导工作。省司法厅厅长程辉就全省法律援助工作开展情况作了汇报,副厅长齐延安、省法律援助中心主任于荣双陪同调研。本次调研安排了6次座谈会,发放调查问卷4套,实地考察了济南、日照、潍坊3地的法律援助中心。

3月10日,《山东省公证法律援助实施办法(试行)》发布实施。

3月18日,全省法律援助工作会议在济南召开。省司法厅副厅长齐延安出席会议并讲话,各市司法局分管局长、法律援助中心主任,司法厅机关有关处室主要负责人等参加了会议。会议主要总结了2010年全省法律援助工作,通报了2010年工作检查考核结果,安排部署2011年全省法律援助工作,对全省各地市下达了2011年办案目标任务。

3月30日,司法部召开电视电话会议,对法律援助便民服务主题活动进行总结,交流开展主题活动的经验做法,安排部署当前和今后一个时期的法律援助工作。山东省在会上作了典型发言,交流了开展主题活动的经验做法。

4月上旬,省法律援助中心积极参与省司法厅涉法涉诉信访工作。省法律援助中心在司法厅信访大厅设立了法律援助窗口,每天派一名工作人员到信访大厅值班,为涉法上访人员解答法律问题,免费提供法律咨询并对符合法律援助条件的案件给予法律援助,产生了较好的社会效应。

5月2日,省法律援助中心下发《关于深入开展“残疾人法律援助月”活动的通知》。

5月中旬,省法律援助中心成立4个督导组,对8个未达到规范化建设标准的县区(市)进行调研和督导,有效推动了法律援助机构规范化建设的开展。

5月19日,省司法厅出台《山东省法律援助案件受理点暂行规定》。

6月29日,省法律援助中心下发《关于做好法律援助舆情分析工作的通知》,要求建立省、市、县三级法律援助舆情分析制度,并对做好全省法律援助舆情分析工作提出具体要求。

10月8日,省法律援助中心、省律师协会联合下发《关于开展“资深律师法律援助行动”的通知》。

10月10日至13日,司法部“中东部省份法律援助轮训计划”山东培训班在临沂市举办。部法律援助中心副主任桑宁,省司法厅副厅长齐延安,临沂市委常委、政法委书记张广敬等领导同志出席仪式并致辞。

12月5日至15日,省法律援助中心对17个地市进行法律援助综治考核。省法律援助中心制订了具体的考核实施方案,成立了4个考核组,采取“考核组备签,考核对象随机抽取”的方式确定考核单位,整个考核过程公开、公正、透明。

(山东省法律援助中心)

河南省法律援助工作概况

2011年，河南省司法厅认真贯彻落实吴爱英部长在河南省视察工作时的重要讲话和在全国法律援助工作座谈会上关于做大做强做优法律援助的指示精神，积极开拓创新，深化应援尽援，法律援助工作取得了显著成效。全年全省共受理法律援助案件5.7万件，办理法律援助事项40万件，援助群众46万人次，比2010年分别增长14%、10%、13%。其中，办理农民工案件1.38万件，接待咨询4.54万人次，受援农民工6.17万人，为农民工取得人身损害赔偿和追回劳动报酬1.78亿元。

一、主动争取党委、政府支持，扩大经费保障能力

全省、市、县三级司法行政机关紧紧抓住“十二五”开局之年，党委、政府制定总体发展规划及政策的契机，积极主动向党委、人大、政府、政协和相关部门汇报法律援助工作，推动将法律援助列入各地“十二五”各项规划之中，为法律援助持续发展提供重要政策保障。继2010年法律援助列入河南省十项民生工程后，2011年，法律援助列入了《河南省国民经济和社会发展第十二个五年规划纲要》，列入了省委、省政府《平安河南建设纲要（2011—2015）》和《2011年河南省十项重点民生工程工作方案》；省委政法委印发了《平安河南建设纲要（2011—2015）法律援助工作实施意见》，将法律援助纳入全省平安建设和社会治安综合治理考核内容。18个省辖市均将法律援助工作纳入了当地平安建设和国民经济和社会发展第十二个五年规划纲要，法律援助政策环境持续优化，为“十二五”时期实现党委领导、政府负责、社会协同、公众参与的法律援助工作格局提供了政策保障。

通过积极发挥社会稳定预警作用，建立法律援助舆情分析工作机制，司法厅共向省委、省政府及相关部门报送舆情分析报告7期，涉及舆情20余起，各地向党委、政府报送重大事项30起。省委政法委李新民书记、省政府秦玉海副省长、省高院张立勇院长等领导对法律援助舆情分析报告多次作出重要批示，对法律援助工作给予了高度重视。

全省实行中央、省级政法转移支付资金办案（业务）经费优先满足法律援助需求，业务装备经费优先用于购置办案设施。司法厅与财政厅联合印发了《河南省县级司法行政机关基本业务装备配备实施标准（试行）》，明确了法律援助机构应配23项装备，大大提升了法律援助机构办公及服务设施建设水平，177个法律援助标准化接待室功能更加完善，设施更加齐全。全年全省法律援助业务经费达到5469.14万元，比2010年增长22.8%。

二、调整法律援助标准，扩大法律援助覆盖面

农村居民申请法律援助经济困难条件由过去的最低生活保障标准2倍改为不低于本地统计部门公布的当地居民上一年度人均纯收入，城市居民申请法律援助经济困难标准由最低生活保障标准的2倍改为家庭人均收入不低于政府规定的最低工资标准，使所有困难群众及相当一部分低收入群众均能进入法律援助保障体系。部分地方实行了城市与农村一样的法律援助困难标准。进一步扩大法律援助范围，很多地方将经济合同以外的民事法律事项纳入法律援助范围，把经济困难作为申请法律援助的唯一条件。将进入侦查、起诉、审判阶段的刑事案件纳入法律援助范围。扩大军人军属法律援助范围。全省法律援助覆盖面由2010年全省人口数量的35%增至40%。

三、加强部门协作，共同做好法律援助工作

为维护好犯罪嫌疑人、被告人的合法权益，省高级人民法院、省人民检察院、公安厅和司法厅联合印发了《关于加强刑事法律援助工作(试点)的意见》，开展刑事法律援助全覆盖工作，为侦查、起诉、审判阶段的刑事案件犯罪嫌疑人、被告人提供法律援助，使法律援助工作贯穿刑事诉讼活动始终。司法厅与省军区政治部联合制定了《关于开展军人军属法律援助工作的意见》《军人军属法律援助工作实施办法》，打造成集法制宣传、法律咨询、法律援助、舆情分析为一体的军人军属法律援助服务体系。司法部、解放军总政治部高度重视并组织联合调研组赴河南省进行专题调研，认为河南省构建的军民融合式法律援助工作体系在涉军维权方面作用独特，值得总结和推广。积极做好社会矛盾纠纷易发多发领域及涉法涉诉等群众反映强烈问题的法律援助工作，组织律师参与党委、政府信访工作，及时介入处理重大或群体性信访案件、突发事件，全年化解信访纠纷9677件，避免和减少了集体上访事件的发生，促进了社会和谐稳定。

全省在司法所、律师事务所、法律服务所、工、青、妇、老、残、高校、人武部共设立法律援助受理网点4557个，受理案件1.59万件，占全省受理案件总量的28%；在所有中级、基层法院和部分看守所设立法律援助值班律师办公室192个，在行政村、社区设立法律援助联络员4.2万名，构建起以法律援助中心接待室、法院值班律师办公室为主阵地，法律援助工作站、受理点为辅助，法律援助联络员为补充的城区半小时、乡村一小时法律援助服务网络，法律援助更加贴近群众，更加便捷。

四、主动融入中原经济区建设，积极发挥职能作用

(一)将法律援助工作与推进社会矛盾化解相结合。注重做好社会矛盾易发多发领域中有关土地征收征用、城市建设拆迁、企业重组改制破产、涉法涉诉等群众反映强烈问题的法律援助工作；组织社会律师、法律援助律师参与党委、政府信访接待工作，及时介入处理重大或群体性信访案件、突发事件；司法厅印发了《关于做好法律援助舆情分析工作的意见》《关于加强法律援助舆情分析工作的通知》，在全省形成了“搜集、研判、服务”三位一体的法律援助舆情工作机制，及时为党委、政府提供更多、更及时的舆情信息，提升法律援助对社会稳定的预警能力，协助党委、政府及职能部门从源头上预防和化解社会矛盾纠纷的发生。积极开展法律援助值班律师工作，全年接待咨询4万人次，代写法律文书1.1万份，化解矛盾纠纷6700件，协助申请和受理法律援助案件5075件。郑州市金水区法律援助中心参与处理了两起因非法集资引发的上访案件；平顶山市卫东区办理了20户村民因土地承包纠纷引发的上访案件；襄城县处理了一起涉及150人的种子质量纠纷。南水北调中线工程沿线市县积极为当地群众提供法律咨询、拆迁安置、补偿、生产生活等方面的法律援助；许昌市法律援助机构积极配合全市抗旱浇麦工作，及时化解因争水源和灌溉器械质量、假化肥坑农案件等引发的纠纷。

(二)将法律援助工作与推进社会管理

创新相结合。把为社会特殊群体提供便捷高效的法律援助服务作为创新社会管理的重要途径，加强对农民工、零就业家庭、困难职工、残疾人、老年人、未成年人的权益保护。如全省在全国助残日开展了法律援助扶残助残专项活动，集中解决残疾人权益遭受侵害问题。加强对城市流浪乞讨青少年、服刑在教人员未成年子女、农村留守儿童的法律援助工作，做好帮扶教育。加强对服刑在教人员、刑释解教人员的法律援助工作，减少和避免重新违法犯罪，降低社会危害性。

（三）将法律援助与服务和改善民生工作相结合。把涉及民生的事项作为援助重点，努力做好困难群众权益维护工作。把"12348"专线建设成为集法律宣传、法律咨询和法律援助为一体的社会矛盾纠纷化解平台，推行律师值班专线制度，提升服务质量，及时快速解决群众的法律问题。群众全年拨打专线 26 万人次。郑州、南阳整合律师资源，积极探索由市法律援助中心承担全市"12348"专线接听工作的新方法。部分地方将专线与政府机构及其他社会维权热线进行转接，更好地服务于群众。

五、加强管理，促进法律援助规范化发展

注重加强对市县法律援助工作的指导管理，司法厅与省辖市、省辖市与县（市、区）分别签订了目标责任书，按每季度书面通报法律援助业务进展情况。举办了两期全省法律援助培训班，培训 550 人次，并培训了对口援疆单位法律援助人员。完善法律援助经费账户单列与科目单列相结合的管理使用机制，建立办案专款与政法转移支付办案（业务）经费中法律援助业务支出年度报告制度，明确办案补贴最低标准及发放周期。组织司法厅纪委、计财装备处、法律援助工作处、省法律援助中心对法律援助经费使用进行专项检查。加强对中央专项彩票公益金法律援助项目的监管，项目实施提前完成，办案 1336 件，受援人满意度达 99.91%。

开展年度法律援助工作检查活动。对 18 个省辖市本级、50 个县（市、区）进行了重点督导检查。各省辖市对所辖县（市、区）进行了两次以上的督导检查。加强法律援助信息工作，发挥信息对工作的引导和促进作用，创办了内部资料《河南法律援助》，编发《河南法律援助信息》50 期。创建河南法律援助 QQ 群，实现信息共享和即时交流、传递。启用法律援助基础档案信息管理系统，指导全省规范使用司法部法律援助管理信息系统，系统录入率达 88%，法律援助业务数据实现了管理信息系统即时采集、量化考核。

六、推进案件质量标准化，加强法律援助服务质量建设

完善法律援助案件质量评估制度。全省建立了量化评估、同行评估和法律援助机构评估相结合的案件质量评估模式，以省法律援助中心制定的《案件质量评估指标量化细则》作为评估依据，建立了案件质量评估专家库，指导市县定期开展案件质量评估工作，建立评估结果奖惩、通报机制，带动法律援助服务质量持续提升。司法厅按 5% 的比例从管理信息系统中抽取了 2010 年办理的部分案件进行评估。在开展第六届法律援助十大精品案件评选工作中引入案件质量评估机制。省法律援助中心对 2010 年 7 月至 2011 年 6 月归档案件进行了质量评估与分析，对承办案件的律师事务所分别予以书面反馈。

完善法律援助案件质量评查投诉工作制度。按照《司法部关于深入开展司法行政机关评查案件工作的意见》要求，认真及时督导群众投诉案工作。

建立"两知三访四监督一满意"制度。

对全部案件受援人、承办单位及承办人权利义务进行书面告知，逐案征询受援人、法院相关业务庭、办案法官意见，形成对法律援助案件的事前、事中、事后监督，确保案件服务质量。

七、加强对社会力量参与法律援助工作的引导

继司法厅分别与省总工会、省妇联、省老龄委联合行文共同建立职工、妇女儿童、老年人法律援助工作机制之后，司法厅又与省残联印发了《关于加强残疾人法律援助工作的通知》，完善了残联开展法律援助工作机制。各地加强与社团组织、高校的协调联系，注重对法律援助受理点及工作站的人员培训和业务指导，提升社会力量对法律援助工作的参与度，广泛参与法律援助案件受理、承办、宣传和接待咨询，充分发挥法律援助服务网络职能。积极开展法律援助志愿服务活动，省法律援助中心开展的“大学生法律援助志愿者暑假宣传”活动荣获“河南省志愿服务优秀项目奖”，筹划的“河南省大学生法律援助志愿服务活动”被省志愿服务工作领导小组办公室列为2012年河南省志愿服务重点项目并在大会上发布。省法律援助中心志愿律师队、新乡市法律援助中心志愿服务队、临颍县法律援助志愿者服务团、郑州市法律援助中心荣获“河南省优秀志愿者服务集体”称号。全省法律援助志愿者达8786人，办理法律援助案件1.3万件，提供法律咨询4.3万人次，参与法律援助宣传700场次，受众达25万人次，形成了政府主导、社会各界广泛参与的法律援助工作格局。

八、创新法律援助宣传形式，注重实效

司法厅开通了河南省法律援助博客，利用网络图文并茂宣传和展示法律援助工作；开展全省法律援助春联、手机短信和宣传标语征集活动，商丘等地邀请社会各界如文联、书法家协会参与春联创作；协调省委组织部，利用党员干部远程教育网开展法律援助宣传工作；全省积极制作印有法律援助标识的瓷器、门画、雨伞、纸杯、购物袋等宣传实物向社会发放；在社区、新农村制作摆放宣传栏；利用政法机关“大走访活动”、组织大学生村官深入农村开展法律援助宣传、咨询、困难群众调查统计联络和指导群众申请法律援助工作。

开展专题宣传活动，利用春节家家户户贴春联的习俗，全省在春节期间开展了以向社会发放春联和发送祝福短信为主要载体的“法律援助送祝福”活动，发放法律援助春联14万余幅，短信143万余条，拉近了法律援助与人民群众的距离；全省开展了为期一个月的法律援助进军营宣传活动。省法律援助中心组织开展了2000余名大学生志愿者参加的大学生法律援助志愿者暑假宣传活动。

河南省法律援助工作大事记

1月10日，司法部部长吴爱英到河南考察，对河南省法律援助工作取得的成绩给予高度评价。

1月13日，省法律援助中心荣获“河南省维护妇女儿童合法权益先进集体”光荣称号。

1月21日，省司法厅副厅长周济生、省法援工作处处长马占锋出席郑州市法律援助服务大厅揭牌仪式。

3月4日至7日，司法部法律援助工作司副司长王军益一行到河南省郑州、漯河两市调研法律援助工作，调研组召开了由省委政法委、省人大内司委、省政协社会和法制委员会、省编办、省财政厅等部门负责同志参加的法律援助工作座谈会。

3月5日，司法部法律援助工作司在郑州召开河南、山西、内蒙古三省（自治区）法律援助工作座谈会，就新形势下加强和改进法律援助工作进行研讨。

3月28日至29日，全省法律援助工作会议在郑州召开。各省辖市司法局主管局长、法律援助科科长、法律援助中心主任参加会议，周济生副厅长出席会议并讲话。

3月30日，司法部召开全国“法律援助便民服务”主题活动总结电视电话会议，周济生副厅长在会上作经验交流。

4月18日，省司法厅转发《司法部关于加强法律援助经费使用监督管理工作的意见》，结合本省实际，提出建立健全法律援助经费管理使用机制，优先保障法律援助资金需求，加强法律援助经费监督管理三项具体要求，以保障法律援助经费管理严格，使用规范。

4月30日，省委办公厅、省政府办公厅印发《2011年河南省十项重点民生工程工作方案》，法律援助列入其中，这是继2010年法律援助工作列入河南省十项民生工程之后，省委、省政府再次将法律援助列入2011年河南省十项重点民生工程。

5月4日至10日，省法援工作处马占锋处长到南阳、信阳两市围绕加强和改进法律援助工作进行专题调研。

5月4日，秦玉海副省长在省司法厅上报的《河南省法律援助咨询类舆情分析报告上》作出批示。

5月16日，省司法厅与省残疾人联合会联合制定《关于加强残疾人法律援助工作的通知》（豫司文〔2011〕108号），要求进一步扩大残疾人法律援助覆盖面，建立健全工作机制，为切实维护残疾人合法权益提供有力保障。

6月7日至9日，司法部在郑州召开部分（区、市）法律援助经费保障及业务装备建设座谈会，主要任务是交流法律援助经费保障和业务装备建设经验和做法，研讨做好新形势下法律援助经费保障和业务装备建设工作。司法部法律援助工作司副司长王军益、计财装备司副司长邹燕出席会议并作了重要讲话，湖北、四川、贵州、陕西、甘肃、青海、宁夏等14个省（区、市）司法厅法律援助工作处、法律援助中心及计财装备处主要负责同志参加会议。

6月15日，省司法厅转发《司法部关于进一步做好司法行政服务老龄事业的指导意见》（司发通〔2011〕89号），结合河南实际，要求进一步深化全省“夕阳幸福工程·法律援助在行动”活动成果，着力巩固和完善老年人法律援助工作长效机制，把具体经验系统化，成功做法制度化，提升法律援助服务老龄事业的能力和水平。

6月20日，省法律援助中心“大学生法律援助志愿者暑假宣传活动”启动仪式在河南检察职业学院举行，2000多名大学生法律援助志愿者庄严宣誓，标志着河南高校法律援助工作和法律援助志愿服务工作融合发展的机制初步形成，是河南高校法律援助工作站依靠自身教学研优势，助推河南法律援助事业发展的新拓展。

7月5日，省司法厅办公室印发《关于做好法律援助舆情分析工作的意见》（豫司办〔2011〕19号），提出要进一步提高法律援助舆情分析工作水平，增强法律援助工作对社会稳定的预警能力，为各级党委、政府决策提供参考。

7月25日，省法律援助中心开展第七届“河南省法律援助十大精品案件”评选活动。

7月26日，省法律援助中心印发《关于开展中央专项彩票公益金法律援助项目集中检查工作的通知》，组织集中检查，确保项目实施工作各项任务全面、及时、顺利完成。

8月23日，省司法厅、省军区政治部联合制定了《关于开展军人军属法律援助工作的意见》（豫司文〔2011〕186号），强调进一步完善军人军属法律援助工作机制，提升维护国防利益能力，统筹协调和充分利用政府法律援助资源和部队力量，切实维护国防利益和军人军属合法权益。

8月24日至26日，河南省第十三期法律援助培训班举办。全省市、县两级法律援助机构持“法律援助律师工作证”和“河南省法律援助执业证”的360名工作人员参加培训，省司法厅对口援疆单位新疆哈密地区司法局派出8名法律援助机构工作人员参加了此次培训。

9月5日，省委政法委印发《平安河南建设纲要（2011—2015）法律援助工作实施意见》（豫政法〔2011〕53号），明确了平安河南建设工作对法律援助的具体要求，指出了“十二五”时期法律援助工作发展的指导思想和工作目标、工作任务和措施、组织领导和工作保障，对推进“十二五”时期全省法律援助工作持续快速发展具有重要指导作用。

9月7日至9日，司法部和解放军总政治部组成调研组，专题调研河南省军人军属法律援助工作。省司法厅副厅长周济生陪同调研。

9月13日，省司法厅下发《关于印发〈全省司法行政工作“十二五”时期发展规划纲要〉的通知》（豫司文〔2011〕215号），提出了“十二五”时期全省司法行政工作的指导思想和发展目标。《规划纲要》第七部分对“十二五”时期法律援助工作提出了具体目标和措施。

10月10日至11日，省法律援助中心开展了2011年度法律援助案件质量评估活动，评委由省律师协会会长领衔的20名律师组成。

10月11日至12日，司法部在安徽省合肥市召开全国法律援助工作座谈会。省司法厅厅长王文海在会上作了题为“创新推进应援尽援　实现法律援助工作新发展”的发言。

10月17日至27日，省司法厅法律援助工作处处长马占锋带领调研组到周口、驻马店两市，围绕加强和创新法律援助工作开展调研。

10月19日，省财政厅、省司法厅联合下发《关于印发〈河南省县级司法行政机关基本业务装备配备实施标准（试行）〉的通知》，《实施标准》明确了全省县级法律援助机构装备配备标准。

10月24日，秦玉海副省长在《2011年第三季度全省法律援助咨询类舆情分析报告》上作出重要批示。

10月29日，省高级人民法院院长张立勇在《2011年第三季度全省法律援助咨询类舆情分析报告》上作出重要批示。

10月31日至11月11日，省司法厅法律援助工作处、省法律援助中心组织开展了全省法律援助工作大检查活动，对18个省辖市法律援助中心，55个县（市、区）法律援助中心进行了重点检查督导，并对8个省级优秀法律援助中心进行了复验。

11月23日，省高级人民法院院长张立勇在《河南省2011年10月份法律援助舆情分析报告》上作出重要批示。

11月25日，省委政法委书记李新民在《河南省2011年10月份法律援助舆情分析报告》上作出重要批示。

11月27日，全省统一部署开展了法律援助进军营宣传活动，活动声势浩大，宣传效果突出，有效提升了军人军属法律援助知晓率。

12月4日，省法律援助中心“大学生法律援助志愿者暑假宣传”志愿服务项目荣获“河南省志愿服务优秀项目奖”；省法律援助中心法律援助志愿律师队荣获“河南省优秀志愿服务集团”称号；省法律援助中心计划重点开展的“河南省大学生法律援助志愿者活动”被省志愿服务工作领导小组办公室列为2012年河南省志愿服务重点项目在大会上发布。

12月13日，全省法律援助信息工作先进集体和先进个人评选结果揭晓，许昌市法律援助中心等11个单位被评为信息工作先进集体，偃师市法律援助中心马虎山等5名同志被评为“信息工作先进个人”。

（河南省法律援助工作处）

湖北省法律援助工作概况

2011年，是省委、省政府连续第五年将“为困难群众和农民工提供法律援助”列入为民办实事项目，全省司法行政机关和法律援助机构以此项工作为主线，围绕推进社会矛盾化解、社会管理创新、公正廉洁执法三项重点工作，充分发挥职能作用，取得了较大成绩。截至年底，全省共办理各类法律援助案件2.1万件，办理其他法律援助事项26万件次，分别占全年案件任务1.85万件的114%和事项任务18.5万件的140%，法律援助受援人数近28万人次。10月11日，司法部在安徽省合肥市召开了全国法律援助工作座谈会，司法厅厅长汪道胜同志在会上作了题为“积极推动政府责任落实，大力实施法律援助惠民工程”的交流发言，重点介绍了省委省政府连续五年实施法律援助为民办实事项目的情况。在3月司法部召开的全国“法律援助便民服务”主题活动总结电视电话会上，南漳县司法局作为唯一的县级司法局作经验交流发言，树立了湖北省法律援助的新形象。

一、领导重视达到新高度

省领导对法律援助工作高度重视，省委常委、政法委书记吴永文，省政府副省长赵斌多次对法律援助工作作出批示，省人大常委会副主任蒋大国、刘友凡，省政协副主席李宗柏，也多次深入基层，到法律援助机构视察指导工作。省政府办公厅、财政厅和司法厅组成联合调查组对法律援助工作进行调研。全省共有10个市（州）、51个县（市、区）争取当地党委、政府将法律援助纳入为民办实事项目。荆州市连续五年，黄冈市、恩施州连续四年，荆门市、孝感市连续三年将法律援助列入政府为民办实事项目。法律援助领导协调工作机制得到进一步加强，全省已有11个市（州）和部分县（市、区）成立了法律援助工作领导、协调小组，基本形成了党委、政府主导、司法行政部门实施、相关部门协同配合、社会各界广泛参与的工作格局。

二、便民服务取得新进展

（一）进一步加强窗口建设。普遍在临街、一楼设立接待场所，方便困难群众尤其是残疾人等特殊群众申请法律援助。继荆州市法律援助中心大规模改造服务大厅，建成近600平方米的接待窗口后，十堰市法律援助中心投资40多万元，将原市司法局办公楼一楼改造成新的便民服务大厅，总面积约180平方米，配备LED显示屏、电子触摸屏一体机、液晶电视机，整个大厅布局合理，功能齐全，深受困难群众欢迎。仙桃司法局在建设办公楼的同时，出资5万元租用5间临街房作为法律援助中心的接待窗口。

（二）进一步发挥“12348”法律援助专线

作用。组织专门调研，解决全省“12348”法律援助专线运行中的问题。全省“12348”法律援助专线共人工解答有关劳动、人身损害赔偿、财产纠纷、赡养和抚养、婚姻、家庭暴力及其他法律咨询3.8万人次，自动解答咨询1.2万人次，直接受理劳动、人身损害赔偿、婚姻等法律援助案件400多件。

（三）进一步简化审批程序。对农民工请求支付劳动报酬和工伤赔偿的，一律免予出具经济困难证明。咸宁市、鄂州市、宜昌市创建法律援助潜在对象信息库，发放法律援助联系卡，群众凭身份证和联系卡就可获得法律援助。

（四）进一步畅通申请渠道。规范法律援助工作站和联系点网络建设，开设网上、电话申请服务，方便困难群众就近、及时申请。

三、法律援助质量管理探索新途径

（一）推行律师值班。襄阳、黄石、荆州、武汉市法律援助中心每天安排执业律师到“12348”平台值班，并由法律援助中心发放值班补贴，提高了法律援助质量。黄石市、武汉市江汉区等地对值班律师的名单和特长进行公示，实行法律援助“点援制”，群众申请法律援助时，可在公布的律师名册中点名要求援助。

（二）试行案件跟踪、评查和回访制度。咸宁市对指派的案件安排专人跟踪督办，直到案件办结。天门市在结案后组织有关人员定期对案卷质量进行评查，对受援人的满意度进行电话回访。宜昌市点军区、南漳县等地还上门对受援人进行面对面的回访，了解案件质量。

（三）规范案件档案管理。年初，司法厅统一印发了案件档案的封面和目录，各地案卷归档内容和装订规范化程度较以前有明显提高。

（四）加强投诉处理。畅通投诉渠道，做好投诉处理工作，主动接受社会和群众的监督。5月，在福建南平市打工的谷城籍农民工关某投诉谷城县法律援助中心，司法厅获悉后立即组织法律援助工作处和襄阳市、谷城县司法局进行认真调查，认为关某所反映的问题与事实相符，并安排专人赶赴南平协调当地劳动部门为其提供生活保障，安排其到医院免费治疗，南平市法律援助中心为关某提供了法律援助。该投诉处理及时适当，得到了司法部的肯定。

四、异地协作拓展新领域

各级法律援助机构一直把农民工作为法律援助的重点服务对象，在农民工异地法律援助工作方面探索了一些有益的经验和做法。黄石、阳新以温州湖北商会为依托，联合设立了温州工作站，运行模式取得良好效果。8月，孝感市法律援助中心以市政府驻哈尔滨办事处为依托，在哈尔滨设立了农民工法律援助工作站，并聘请了一名专职律师常年驻守。11月10日，省政府驻上海办事处主持召开了“长三角地区湖北商会法律援助工作会议”，司法厅在会上作主题报告。

五、宣传工作掀起新高潮

在春节、妇女节、劳动节、助残日、建军节、重阳节等节点，采取印发宣传资料、设置固定宣传专栏、现场咨询解答等方式进行法律援助宣传；以省委、省政府组织开展的“万名干部进万村入万户”活动为载体，开展法律援助进万村入万户活动；大力宣传法律援助工作的优秀人物、先进单位和典型案例。司法厅表彰了四年来圆满完成法律援助为民办实事任务的先进集体、先进工作者，宣传了全国“十年法治人物”王林同志、第四届全国“十佳法律援助工作者”候选人秦毅同志等一批优秀个人和荆州市司法局、南漳县司法局等先进集体；抓好《湖北省法律援助条例》的宣传。《条例》出台后，武汉、荆州、十堰等地及时组织开展了大规模的宣传活动。司法厅在《湖北日报》用两个专版宣传《条例》，下发《条例》单行本2万多份。各地还纷纷采取学习辅导、知识竞赛、印发《条例》、上街宣传等多种形式，通过电视广播、报纸杂志、网络等媒体大力宣传《条例》。

六、队伍面貌发生新变化

4月中旬、6月初、8月底、12月初，司法部法律援助中心和司法厅先后举办了4期法律援助培训班，分别对全省法律援助中心主任、法律援助专职律师和内勤人员共500多人进行了培训。各市州也加大培训力度，先后开展法律援助办案、信息化操作及思想品德培训，培训法律援助工作者和专职律师1000多人次，提高了全省法律援助队伍的业务素质。

七、地方立法形成新成果

8月份，省十一届人大常委会第二十五次会议高票表决通过了《湖北省法律援助条例》，提高了法律援助地方立法的层次和效力。《条例》具有很强的针对性和可操作性，为全省法律援助工作发展提供了有力的法制保障，得到了司法部领导和兄弟省、区、市的高度评价，司法部副部长赵大程同志在《湖北省司法厅关于〈湖北省法律援助条例〉的报告》上批示："湖北以立法形式贯彻落实了五次法援会精神和永康同志的重要讲话精神，有创新、有发展，显示出湖北省委、省人大、省政府对法援工作的高度重视，值得各地借鉴。"

湖北省法律援助工作大事记

2月20日，在省十一届人民代表大会四次会议上，省政府连续第五年将"为困难群众和农民工提供法律援助"列入为民办实事项目。

2月28日，全省司法行政工作会议召开，省司法厅厅长汪道胜就省政府"法律援助为民办实事"项目与各市州司法局长签订了责任状。

3月4日至6日，司法部法律援助中心主任贾武光一行在省司法厅副厅长马安骏等陪同下，到省司法厅、黄石市、鄂州市等地调研法律援助工作。

3月28日，在全省司法行政系统"发扬传统、坚定信念、执法为民"主题教育实践活动动员会上，省司法厅对4年来圆满完成法律援助为民办实事任务的38个先进集体、99名先进工作者予以表彰。

3月30日，司法部召开全国"法律援助便民服务"主题活动总结电视电话会议，南漳县司法局在会议上作为唯一的县级司法局作经验交流发言。

5月13日，省法律援助工作协调小组会议召开，省司法厅领导汇报2010年全省法律援助工作，副省长、协调小组长赵斌同志发表讲话。

6月1日至2日，省司法厅对全省200多名法律援助专职律师和法律援助工作者进行了办案业务培训。

7月10日、8月4日、10月22日，副省长赵斌同志先后三次对全省法律援助工作作出批示，肯定了全省法律援助工作，希望省司法厅锲而不舍地将这件惠民生的实事切实办好，同时，要求省政府办公厅加强组织推动工作。

8月3日，省十一届人大常委会第二十五次会议高票通过《湖北省法律援助条例》，《条例》于2011年10月1日起实施。

8月15日至19日，省政协副主席李宗柏同志在省司法厅副厅长马安骏、孝感市政协副主席刘萍等陪同下，到哈尔滨市考察了孝感驻哈尔滨农民工法律援助工作站，对该站几年来的工作成绩给予高度评价，就下一步如何做好农民工法律援助工作提出要求。

8月29日至31日，省司法厅组织全省

法律援助机构120多名工作人员，就《法律援助统计报表》数据上报、《中国法律援助信息管理系统》案件录入、中央专项彩票公益金法律援助项目三个方面的内容进行了培训。

10月26日至28日，省政府办公厅、省财政厅、省司法厅组成联合调研组，对2011年全省政府法律援助为民办实事工作进行了督办调研。

11月22日至23日，省司法厅在十堰市召开全省法律援助现场经验交流会，学习贯彻全国法律援助座谈会精神，总结一年来实施省政府法律援助为民办实事项目的进展情况，安排部署当前和今后一个时期的工作任务。

（湖北省法律援助处）

湖南省法律援助工作概况

2011年，在司法部、省司法厅党组的正确领导和全省各级司法行政机关及法律援助机构的共同努力下，全省法律援助工作围绕服务保障和改善民生，积极推进社会管理创新，巩固和深化全省法律援助为民办实事工作成果，进一步落实法律援助工作政府责任，不断提高服务困难群众的能力和水平、提升法律援助服务效果，取得了可喜成绩。全省全年办理法律援助案件共计24643件，其中民事案件21160件，刑事案件3293件，行政及国家赔偿案件190件，完成全年目标任务的123.2%。各级法律援助机构为2.5万名困难群众提供了援助服务，其中农民工1.5万人，老年人3579人，残疾人2645人，分别占到受援群众总数的60%、14.3%和10.6%。在接待咨询方面，全省为农民工、老年人、残疾人、特困职工、低保对象等特殊群体提供法律咨询达到3万余人次，登录信息系统各类咨询事项24632件。受援人因接受法律援助而免交律师代理费等法律服务费用7000多万元，为受援人避免或挽回经济损失近3.5亿元。

各法律援助机构还充分发挥法律援助工作在党和政府主导的维护群众权益机制中的作用，紧紧依靠党委、政府和有关部门解决困难群众的法律需求，积极协助党委、政府处理信访问题，引导当事人采取调解、和解等非诉讼方式化解矛盾纠纷，在维护困难群众合法权益、实现社会公平正义、促进社会和谐稳定方面做出了积极贡献。

一、推动法律援助纳入综治考核，强化政府责任落实

综治考核是党委、政府加强社会管理、维护社会和谐稳定的重要考核评价机制，有着严格的责任体系和问责查究制度。经过积极协调争取，省综治委于2011年正式将法律援助工作纳入全省社会管理综合治理考核内容，这为法律援助借势将部门工作转变为政府推动，争取更加有力的支持，加快解决法律援助重点难点问题，促进法律援助工作科学发展提供了有效载体。各地以此为契机纷纷争取党委、政府对法律援助工作的重视和支持，建立机制、出台政策，为法律援助工作的发展创造良好条件。长沙、株洲、岳阳、郴州市及蒸湘区、珠晖区、湘乡市、韶山市、石门县、冷水滩区、道县、蓝山县等8

个县(市、区)继续将法律援助工作纳入当地政府为民办实事项目或民生工程;邵阳市11个县(市、区)通过召开政府常务会议或领导小组协调会等方式,听取并研究讨论法律援助工作;常德市委、市政府“两办”联合出台了《关于进一步加强和改进法律援助工作的意见》。同时,为进一步完善全省法律援助制度体系,司法厅会同省人大内司委、法工委在广泛深入调研的基础上,修订了《湖南省法律援助条例》,5月27日,经省人大常委会正式讨论通过,并于10月1日起施行。这为全省法律援助政府责任的进一步落实和确保法律援助工作规范有效开展提供了法律依据。

二、推行援务公开等制度,提升服务能力和管理水平

为提升服务效果,加强对案件质量的监督管理水平,司法厅下发了《关于开展法律援助援务公开、听庭和回访工作的通知》,决定从2011年起在全省各级法律援助机构开展援务公开、听庭、回访工作。截至第三季度,绝大多数地方在司法局网、政府门户网、法治网、法律援助网等网站上公示了法律援助案件办理及补贴发放等信息。娄底、常德等市公示的信息内容较为全面、规范;冷水江市法律援助中心除开展网上公示工作外,还在人流量大的临街地段设立了公开专栏,做到信息公示工作的规范、透明;湘潭市、桃源县等地对每个已结案件都进行了回访,回访率达到100%。

望城区、宁乡县等地从承办人出庭表现、服务态度、案件把握、法律运用等方面加强了案件质量的监督与评估,深入推行法律援助听庭制度;临澧、津市主动与当地人大、政协联系,邀请人大代表、政协委员作为监督员共同参与案件质量监督,有效提升了法律援助服务质量。全省累计听庭1800余件,其中分管局领导听庭830件,法律援助中心主任听庭1000余件。这些管理工作的开展,为加强法律援助案件质量监督以及规范经费使用提供了制度保障。

为提升法律援助服务能力、拓宽申请渠道,在狠抓法律援助案件质量监督管理工作的同时,各地加强了法律援助队伍建设和联络站点建设,取得了较大进展。常德、怀化市司法局通过组建法律援助志愿服务团,吸纳更多的社会律师、法律服务工作者志愿参与法律援助工作;株洲市法律援助中心与共青团市委加强工作联系,共同组建了“12335”青少年维权热线律师志愿者队伍;长沙、衡阳市法律援助中心在市内律师事务所设立法律援助联络站;怀化、岳阳市及望城区、靖州县等10多个市县在看守所设立法律援助联系点;临湘市、洞口县、石峰区分别在市交警队、县(区)法院成立法律援助工作站等;郴州市在全市范围内推行法律援助告知制度,与公安、检察、法院建立协调联动机制,告知侦查、审查起诉、立案阶段的当事人有委托辩护人或代理人的权利,并告知其申请法律援助的权利和途径,确保当事人及时获知法律援助制度及申请渠道,方便人民群众申请法律援助,极大地维护了当事人的合法权益。

三、加强法律援助保障能力,规范经费管理使用工作

各地加强法律援助保障力度,着力解决人员经费、办公用房等方面存在的问题,为法律援助工作健康、有序发展创造坚实的基础性条件。在人员补充方面,常德市法律援助中心通过与市编办积极沟通,在原有8个编制的基础上再增加了5个行政编制,法律援助中心的队伍力量得到进一步扩充;在经费保障方面,2011年,全省法律援助经费纳入地方财政预算共计1220余万元,全省市州经费在15万元以上的达到9个,长沙县、雨花区、桂阳县、宁乡县财政预算法律援助经费都在25万元以上。

随着保障条件的改善，各地加大了法律援助工作开展力度，提高了案件补贴标准，加强了便民服务窗口建设，为法律援助工作长远发展增添新的活力。其中，张家界市、衡阳及永定区、岳塘区、新晃县、岳阳楼区、桂阳县、古丈县等18个市、县在原有基础上提高了补贴标准，达到了刑事案件补贴为500元/件，民事案件补贴为800元—1000元/件，增幅在60%以上；怀化市、桃源县等13个市、县在政府办公服务中心或人流量大的一楼临街地段租赁房屋，设立便民服务窗口，方便群众申请法律援助或寻求法律咨询。

同时，司法厅还加强了对法律援助经费使用的监督管理，及时出台了《关于加强法律援助经费监督管理的意见》，对法律援助经费保障、财务管理、办案补贴发放等工作提出了明确要求：各级政府财政必须将法援经费列入预算、必须单列账目进行管理以及相应提高办案补贴标准等。《意见》还要求，从4月起，各级法律援助机构要按季度向省法律援助中心报送法律援助经费管理使用情况。5月至7月，在各地认真开展自查工作的基础上，司法厅组织计财处、驻司法厅纪检组（监察室）、省法律援助中心对全省部分市州、县（市、区）开展了法律援助经费专项检查活动，并对检查情况进行了通报，有力推动了全省法律援助经费使用管理工作的规范化。

四、积极实施彩票公益金项目，强化重点人群法律援助工作

上半年全省圆满完成2010年度中央专项彩票公益金法律援助项目的实施工作，运用年度资金240万元资助并办理法律援助案件1235件，全省各项目实施单位运用彩票公益金为五大群体提供法律援助，化解矛盾纠纷，既维护了困难群众的合法权益，又维护了社会和谐稳定，充分发挥了彩票公益金在服务民生、服务社会方面的公益价值，为彩票公益金法律援助项目赢得了良好声誉。7月，中国法律援助基金会理事长岳宣义一行来本省检查项目实施工作，认为本省的项目工作“管理得好、使用得好、监督得好，发挥了经济效益、法律效益、社会效益和宣传效益”，对项目实施工作给予了高度评价。

五、创新宣传方式，不断提升法律援助社会知晓率

为做好新修订的《湖南省法律援助条例》的贯彻落实工作，省法律援助中心会同湖南电视台制作了6集法律援助公益广告宣传片，并于9月下旬开始在湖南卫视、湖南经视、湖南都市等省内主流电视媒体黄金时间段播出，取得了良好的社会效果；邵阳、衡阳、怀化及隆回县、桑植县、道县等地采取发布新闻信息或现场宣传等方式，开展了系列宣传活动；长沙、娄底、岳阳以及长沙县、涟源市等地与当地电视媒体积极协调，在黄金时段播放法律援助公益广告或专题节目；长沙市法律援助中心还与公交移动电视、出租车电视平台、有线电视等多家媒体合作，分时段滚动播放公益广告，社会反响较好；株洲市通过编印法律援助典型案例等形式，向党委、政府有关部门推介法律援助工作，并邀请电视台、报社记者对法律援助案件承办过程跟踪报道。据统计，全省累计刊发新闻信息千余条，发放宣传资料40万份，发送短信3万条，提高了法律援助在党委、政府和社会各界中的影响力和知晓度。

湖南省法律援助工作大事记

1月6日，省司法厅发文表彰2010年全省法律援助为民办实事工作先进集体和先进个人。

1月14日，司法部副部长赵大程来湘检

查指导法律援助工作，视察了长沙市法援中心并慰问了工作人员。

1月26日，省司法厅出台《湖南省中央专项彩票公益金法律援助项目管理与实施细则》。

2月21日，省司法厅通报2010年全省法律援助为民办实事项目考核验收情况。

3月至4月，省人大常委会委员、内司委主任陈刚，法工委副主任肖迪明，省司法厅副厅长万传友到长沙、娄底、邵阳、益阳等地对《湖南省法律援助条例》的修订进行调研。

3月8日，司法部法律援助中心主任贾午光一行来湘调研法律援助工作。

4月1日，省司法厅制定并下发《关于加强法律援助经费监督管理的意见》。

4月12日，省司法厅召开2011年全省法律援助工作会，部署全年工作任务，并对2010年全省法律援助"十佳"先进集体和先进个人进行表彰。

5月17日，省司法厅下发《关于对法律援助经费使用管理情况进行督查的通知》。

5月27日，省第十一届人民代表大会常务委员会第二十二次会议通过新修订的《湖南省法律援助条例》，并于10月1日起正式实施。

5月30日，省司法厅制定并下发《关于开展法律援助援务公开、听庭和回访工作的通知》，要求进一步加强法律援助案件质量监督管理。

6月至7月，省司法厅组织省法援中心、厅计财处、驻厅纪检组（监察室）成立联合督查组，对部分市州、县（市、区）司法局、法援机构近两年来法律援助经费使用管理情况进行督查。

6月13日，省厅下发通知，要求全省各级司法行政机关和法律援助机构集中开展新修订的《湖南省法律援助条例》学习宣传活动。

7月5日，省司法厅副厅长万传友在株洲调研法律援助工作，省法援中心主任蒋春林陪同调研。

7月25日至27日，中国法律援助基金会理事长岳宣义一行在湘西、长沙调研彩票公益金法律援助项目实施情况，万传友副厅长陪同调研。

8月11日，为拓宽受援渠道，省法援中心确定在16家省直律师事务所设立法律援助联络点。

8月初，省法援中心分批组织14个市州分管局长、法援中心主任赴河南、山东以及江苏、浙江学习考察法律援助工作。

9月至11月，省中心与湖南电视台制作拍摄了6集《法律援助公益广告》宣传片，并在湖南卫视、湖南经视、湖南都市等省内主流电视媒体播出。

10月1日，新修订的《湖南省法律援助条例》正式实施。

9月至10月，省司法厅组织编著《〈湖南省法律援助条例〉导读》并公开出版发行。

10月下旬，省司法厅开展司法行政执法工作检查暨法律援助工作年度检查。

11月底，省司法厅通报2011年全省法律援助工作考评及年度工作检查情况。

12月30日，省法援中心召开全省法律援助工作座谈会，传达全国法律援助工作座谈会精神并研究讨论2012年重点工作。

（湖南省法律援助中心）

广东省法律援助工作概况

2011年，全省法律援助机构在各地党委、政府和司法行政机关的领导下，全面贯彻落实国务院《法律援助条例》和《广东省法律援助条例》及全省司法行政工作暨队伍建设会议精神，围绕“加快转型升级、建设幸福广东”的核心任务，积极采取有效措施，加强和创新社会管理工作，深入推进“法律援助便民服务”主题活动，充分履行职能，较好地完成了各项工作任务。全年全省共组织承办法律援助案件50154宗，年办案量首次突破5万宗。其中刑事法律援助案件10591宗，民事法律援助案件39407宗，行政法律援助案件156宗；受援人59075名，其中残疾人1608人，老年人1961人，未成年人9220人，妇女14633人。解答来访、来信、来电咨询402833人次。省局共受理指派各类法律援助案件592件，接受省高级人民法院死刑第二审指定辩护案件473件，未成年人犯第二审指定辩护案件61件；受理指派公民申请的刑事法律援助案件5件，民事、行政法律援助案件108件，协调省际协作案件两件。参与处理了一批有重大社会影响的案件，如汕尾法律援助处参与处理的汕尾陆丰“乌坎事件”，深圳福田区法律援助处组织15名执业律师参与处理的某防洪中心仓库拆除租赁合同纠纷案等。在案件数量增长的同时，法律援助案件质量也得到相应提高，接待、受理、审查等行为进一步规范，法律援助工作规范化、标准化水平进一步提高，服务质量监督机制进一步完善，在“全国法律援助百佳案例”评选活动中，由广东省选送的7个法律援助案例入选“全国法律援助百佳案例”。汕头市法律援助处被授予“全国司法行政系统先进单位”荣誉称号。广州市法律援助处入选第二届全国“十佳法律援助单位”候选单位。

一、创新社会管理机制，法律援助覆盖范围进一步扩大

1月1日，全国首个就法律援助经济困难标准颁布的地方性政府规章《广东省法律援助经济困难标准规定》施行，广东全省总人口20%的低收入群体被纳入法律援助基本对象，从制度层面上解决了更多困难群众的法律援助需求，加上符合条件的外省籍人员，全省法律援助覆盖潜在人口近4000万，有效缓解了人民群众“打官司难、打官司贵”的问题。“广东法律援助实现低收入困难人群全覆盖”被评为广东政法综治系统社会管理创新工作十大亮点之一。在省律协连续第六年发起的重大法律事件评选中，“《广东省法律援助经济困难标准规定》施行”被评为2011年度广东十大法律事件之首。

二、建立便民长效机制，法律援助服务能力进一步提高

在推进十项便民措施的基础上，继续有组织、有计划、有步骤地深入开展“法律援助便民服务”主题活动，积极探索做好便民、利民、惠民工作的新途径新方法，活动内容不断丰富，便民主题更加突出。至2011年底，在临街一层设立服务窗口60个，其中49个设置了残疾人无障碍通道；在公安边防团级单位设立涉军法律援助服务站48个。深圳、东莞、佛山、汕头等市进一步加强了与驻地部队的法律援助协作关系。法律援助服务网络进一步向山区贫困地区延伸及向诉求集中的地区倾斜，城市半小时农村1小时法律援助服务圈进一步完善，法律援助联络员制度进一步健全，律师值班制度稳步推进。一年来，各地切实将便民、利民、惠民的理念贯穿到主题活动的全过程，落实到工作的方方面面，并在实践中提炼形成长效机制。法律援助接待场所进一步人性化，咨询形式、申请渠道、指派模式、援助方式进一步科学规范，法律援助服务能力和工作水平进一步提升。全国法律援助工作座谈会介绍了广东省《坚持以人为本创新工作思路推进我省法律援助事业的科学发展》的经验。在司法部"法律援助便民服务"主题活动总结电视电话会议上，深圳市作经验交流发言。

三、主动参与政府主导的维权机制，化解社会矛盾成效显著

各地在组织实施法律援助的过程中，围绕党委、政府的中心工作任务，找准切入点和着力点，自觉将法律援助工作纳入党和政府主导的维护群众权益机制，与法院、公安、劳动、民政、信访等职能部门加强沟通联系，信息资源共享，建立矛盾纠纷预警机制。参与信访值班、联合信访部门处理有关案件，建立信访工作疏导机制。在当地党委、政府的统一领导下，积极参与群体性、突发性事件的化解，通过提供优质高效、方便快捷的法律援助服务，消除社会不稳定因素，增加社会和谐因素。按照省"9·21"领导小组的统一部署及司法厅工作小组的具体安排，集中力量，妥善处理茂名"9·21信宜紫金溃坝案件"，组织承办茂名"9·21信宜紫金溃坝案件"2000多名受害灾民系列索赔案。通过法律援助，化解了大量社会矛盾纠纷，促进了社会和谐稳定。

四、积极推进科学发展，提升法律援助参与创新社会管理的层次

（一）全面实施《法律援助经济困难标准规定》，法律援助实现低收入困难人群全覆盖。从1月1日起正式施行的《广东省法律援助经济困难标准规定》（以下简称《规定》），将占社会总人口20%的低收户作为全省法律援助的基本对象，全面扩大了法律援助覆盖面，法律援助实现了低收入困难人群全覆盖，满足了人民群众日益增长的法律援助需求，提升了法律援助参与加强社会建设和创新社会管理的服务层次和水平。

为做好《规定》的落实工作，一是邀请中央、省级和市级等13家新闻媒体召开《广东省法律援助经济困难标准规定》新闻发布会，对经济困难标准进行了广泛深入的宣传报道。二是举办"法律援助经济困难标准规定培训班"，对全省各地负责审查申请法律援助经济困难状况的骨干人员共165人进行培训。三是制定下发了《关于学习宣传贯彻〈广东省法律援助经济困难标准规定〉的意见》，并下发了《申请人家庭成员申报表》《申请人家庭经济状况申报表》及统计部门公布的城镇居民和农村居民低收入户标准等，加强对各地贯彻执行《规定》的指导。四是深入学习理解宣传《规定》。各地组织法律援助人员深入学习理解，准确把握《规定》各项条款的内涵，并在实践中认真研究解决遇到的困难和问题。通过媒体、互联网、举办法律咨询、派发宣传资料等多种形式，加大对《规定》的宣传。韶关市利用电视、报刊等媒体，通过送法下乡等形式开展宣传工作，务求做到家喻户晓；汕头市在南国商城广场开展"法律援助经济困难标准"宣传咨询活动；肇庆、河源等市在司法门户网站公布《规定》、申请表格及上一年度低收入户标准，向公众宣传《规定》的有关内容。河源等市在具体出证环节增加了出证单位经办人签名一栏，强化经办人的法律责任及法律意识。五是推进法律援助覆盖范围的进一步扩大。5月26日，广州市法律援助经济困难标准获市政府批准，并于6月1日起实施，新标准实行城乡统一标准，受惠人群超过全市常住人口20%。深圳市实施的辅助法律援助计划，通过费用分担的方式将60%以上的低收入家庭纳入了法律援助，为进一步扩大法律援助覆盖面进行了有益的探索。各地在贯彻执行过程中充分发挥主观能动性，相互借鉴和吸收具体的可操作性强的审查方式方法，使法律援助事项受理审核工作更加便民利民、高效快捷。

（二）*积极推动法律援助政府责任的有效落实，着力加强法律援助机构基础建设。*一是贯彻落实省政府《关于进一步做好法律援助机构基础建设工作的意见》。为进一步推动全省法律援助事业全面、协调、可持续发展，经积极争取，省政府于4月份下发了《关于进一步做好法律援助机构基础建设工作的意见》，就解决法律援助工作在队伍、经费、设施等方面存在的困难和问题提出了明确要求，为解决全省法律援助工作存在的困难和问题提供了有力的指导和保证。《意见》下发后，司法厅予以转发，提出了具体的贯彻落实意见，并要求各地以《意见》的出台为契机，积极推动政府责任的落实，切实把各项工作做深、做细、做实、做好。深圳、汕头市政府出台了关于进一步做好法律援助机构基础建设工作的通知，其他地市也在积极主动争取当地党委、政府及有关部门的支持，力争解决法律援助工作中遇到的人、财、物等影响和制约法律援助长远发展的突出问题，为加强法律援助机构基础建设提供全方位保障，实现法律援助服务能力和工作水平的全面提升。二是继续加强法律援助经费保障。省司法厅转发了司法部《关于加强法律援助经费使用监督管理工作的意见》，要求各地结合本地区法律援助工作实际，进一步加强制度建设，建立健全法律援助经费监督机制，全面贯彻落实意见精神，确保法律援助经费使用规范、安全、有效。2011年，省级法律援助经费转移支付保障制度进入了第十年，95个区县共获省补助经费1006万元，保证了法律援助经费在全省范围内纳入政府财政预算，年度法律援助经费总额达到了9704.7万元，同比增加12.05%，经费总额及业务经费均位居全国第一。死刑第二审指定辩护案件办案补贴得到财政厅专项经费的足额保障。法律援助队伍进一步充实，机构专职人员678名，同比增加6.1%，其中有律师资格的317名，同比增加5.32%。

（三）*深入开展调查研究，全面掌握全省法律援助第一手资料。*一是完成上级部门及相关单位的多个调研课题。2月，根据司法部《关于开展加强和改进法律援助工作调研的通知》的要求，组织人员到中山、珠海、韶关等地进行调研，通过实地考察、召开座谈会等形式了解情况，并委托广州、汕头、韶关等地选择10个法律援助机构、6个律师事务所、6个基层法律服务所的工作人员进行问卷调查，对30户农村家庭、30户城市家庭进行入户问卷调查；4月，根据司法部《关于开展加强和创新社会管理专题调研的通知》的要求，结合全省实际，认真组织全省各地开展专题调研工作。此外，还配合省委政法委、省依法治省办、民建省委等部门分别完成了“推进公正廉洁司法”“维护社会公平正义”“我省农民工法律援助工作情况”等专题的调研。二是组织参加研讨会，提高法律援助人员的理论研讨水平。根据司法部法律援助中心《关于征集年度法律援助理论研讨会论文的通知》，组织全省法律援助工作人员积极撰写理论研讨文章，并向研讨会提交了近20篇论文。12月份在福建召开的“全国法律援助研讨会”上，广东省将《做好理论研究工作　推进法律援助事业科学发展》作为会议书面交流材料，《试论法律援助需求量》及《医疗损害赔偿纠纷纳入法律援助范围若干问题探析》分获该年度法律援助论文评比一等奖和二等奖，并在会上作了交流发言。

（四）召开全省法律援助工作会议，及时总结推广好的经验做法。9月，在广州召开全省法律援助工作会议，研究部署法律援助工作参与加强社会建设，创新社会管理的任务和措施。会议传达了全国“法律援助便民服务”主题活动总结电视电话会议的精神，总结交流了各地开展法律援助工作的经验和做法，安排了汕头、深圳、河源等8个单位作书面经验介绍，广州市天河区、白云区2个单位作现场经验介绍，并通过现场观摩，及时推广了广州市白云区在基层法院中心法庭设立法律援助服务中心的做法。

五、深化主题活动，提高法律援助服务困难群众的能力

（一）优化站点布局，延伸法律援助基层网络。继续依托司法所、社会团体、社区、乡村、企业等加强法律援助工作站点建设，完善城市“半小时”、农村“1小时”法律援助服务圈，2291个法律援助工作站覆盖全省，方便困难群体申请和获得法律援助。针对新形势，重点将新的工作站和联络点设在矛盾多发和诉求集中的地方。深圳市定制了两部移动法律服务车，可根据需要作为法律援助流动工作站，变“开门等援”为“上门助援”，实现“哪里需要法律援助，流动工作站就出现在哪里”，极大地方便了困难群众。广州市在新疆百丰天圆律师事务所广州分所设立少数民族法律援助工作站，推动了少数民族法律援助工作，在花都区人力资源和社会保障局设立法援工作站，切实保障外来务工人员和社会弱势群体合法权益。广州、佛山等地在基层法院中心法庭设立法律援助中心或工作站，建立值班律师制度，及时为困难群众提供法律咨询、参与诉前调解、受理法律援助申请等服务。广州、深圳、汕头、佛山、梅州、中山、江门、湛江、肇庆、揭阳、顺德等市（区）建立村（社区）法律援助联络点，形成四级网络，法律援助联络员制度进一步健全，“法律咨询不出村（居），法律援助不出街（镇）”，老百姓可就近向法律援助工作站（点）咨询和申请法律援助。广州市建立了1150个法律援助联络点，聘请法律援助联络员542名，形成了工作站和社团组织接受申请、工作点联系申请、律师事务所转交申请的多元申请机制。

（二）拓展服务领域，强化法律援助工作职能。一是继续引进社会工作者进入法律援助机构开展工作。深圳市法律援助处引进具有法律、心理、社会学背景的4名社会工作者，协助法律援助人员开展一些辅助性工作。对有心理障碍的受援人进行疏导，防止矛盾激化；为一些失业受援人联系工作等，提升了服务效果。二是继续做好医疗纠纷法律援助工作。法律援助机构指派兼有医学、法学专业知识的律师参与医疗纠纷的疏导、调解，较好地遏制了黑律师、“医闹”、“暴力索赔”等违法现象。深圳市宝安区法律援助处与区法院和卫生局共同建立了医患纠纷联调机制，有效维护了弱势群体合法权益，改善了医患关系，为维护当地社会和谐稳定做出了积极贡献。三是积极为外国人提供法律援助服务。广州市针对外国人刑事案件日益增多的情况，积极发挥法律援助职能作用，积极探索建立涉外法律援助案件“广州模式”。通过建立援助案件“选派制”、健全法援律师数据库、提供“小语种”翻译等方式，切实维护外国人合法权益。2011年，广州市法援处共办理外国人法律援助案件84宗，其中，“小语种”刑事法援案件25宗，支付翻译费用1.4万元，取得较好的法律效果和社会效果。此外，开始在侦查阶段为未成年犯罪嫌疑人提供法律援助，通过成立专门的未成年人刑事案件律师团队，建立与司法机关的工作衔接机制，切实维护未成年犯罪嫌疑人的合法权益。将公证及司法鉴定纳入法律援助范围，建立公证及司法鉴定法律援助工作机制，为符合法律援助条件的困难群众提供减免公证费及鉴定费法律援助服务。进一步规范刑事诉讼法律援助工作，积极促进刑事附带民事诉讼案件调解或和解。完善深化与高校的合作机制，吸纳有律师执业证的法学教师作为志愿律师承办法援案件，发挥院校老师的学科专业优势，在法援服务窗口设立“专家门诊”，为困难群众提供专家级服务。

（三）提升服务质量，健全法律援助监督机制。一是推行“点援制”。定向指派律师和当事人自主选择律师相结合，既充分发挥律师的专业特长，又便于当事人与承办律师之间的配合，共同做好法律援助案件的承办工作。二是建立承办律师“准入制”。深圳市要求承办法律援助案件的律师具有3年以上的执业经验，韶关市禁止实习律师单独办理法律援助案件等，广州市通过健全法律援助律师库，挑选善于办理涉及外国人案件的律师，从源头上确保法律援助的承办质量。三是加强案件的监督力度。在内部监督上实行全案跟踪，抽查办理情况、旁听开庭、建立监督档案等形式；在外部监督上采用受援人回访、法官反馈、社工调查、公示以及征求相关部门意见等多种方式，有力提高法律援助办理质量。

（四）加大沟通协调，营造法律援助良好环境。一是继续加强与有关部门的协调配合。与省公安边防总队联合下发了《关于进一步加强全省边防部队、维护军人军属合法权益法律援助工作的通知》，在48个公安边防团级单位建立涉军法律援助工作站。参加工会法律服务千人律师团、服务构建和谐劳动关系工作，解决劳资纠纷等突出问题；参加省残联组织的残疾人法律援助工作座谈会和省政府组织的省农民工工作会议，汇报全省残疾人和农民工法律援助工作的情况。向省农工办、省依法治省办、省委政委法、省残工委、团省委、省总工会等9个部门提供有关材料，并就相关征求意见稿提供修改意见15篇。二是答复政协提案和人大议案。一年来共答复政协提案和人大议案7件，如《关于在〈广东省法律援助条例〉增加法律援助经费拨付标准的规定的建议》《关于建立和完善法律援助经费保障制度的建议》等人大议案和《构建农村公益法律服务体系推进城乡基本公共服务均等化》《关于构建珠三角广州地区农村公益法律服务体系的建议》等政协提案。三是深圳市成立了法律援助协调指导委员会。该委员会由市委政法委、市司法局、市公安局、市人力资源和社会保障局、市教育局等行政部门和市人民检察院、市中级人民法院以及市总工会、市共青团、市妇联及市律师协会等相关成员单位组成，负责全市法援工作的指导和协调工作。陈伟雄厅长、马军港副厅长、刘芳副厅长在深圳市司法局《重要信息专报》中分别作出批示，肯定这一创新之举。

六、加大宣传工作力度，扩大法律援助的社会影响力

（一）借助新闻媒体加强宣传工作。邀请中央、省级和市级等13家新闻媒体召开《广东省法律援助经济困难标准规定》新闻发布会，对经济困难标准进行了广泛深入的宣传报道；向《法制日报》提供全省法律援助工作亮点，宣传推广全省法律援助工作中好的经验和做法；陈伟雄厅长接受《南方法治报》记者的专访，介绍了全省在新形势下加强法律援助工作，为实现社会公平正义和推进依法治省提供法制保障的情况；联合司法厅法制宣传处组织《南方日报》、新华网等各大新闻网络媒体报道了农民工肖传远异地协作维权案件。各地市制作法律援助宣传短片在电视媒体播放，充分利用电视媒体受众面广、群众信赖等优势宣传法律援助；与司法厅联合制作的法律援助公益广告片也已基本摄制完成，计划明年正式播出。《南方日报》刊登了省法律援助局律师参与茂名灾区法律援助服务团为信宜“9·21”紫金溃坝系列索赔案、为灾民提供法律援助的情况。中山市对法律援助“1+1”志愿律师进行了深度报道，提升了法律援助律师的社会形象和地位，取得良好的宣传效果。此外，10月份，还摄制了20分钟的宣传片“来自广东法律援助的工作报告”，作为配合司法厅开展机构调整的汇报材料及法律援助局成立十五周年系列宣传活动的宣传资料。

（二）建立宣传长效机制。各地不断开拓创新，进一步健全完善将集中宣传和日常宣传有机结合的长效宣传机制，进农村、进企业、进社区，将娱乐游戏寓于法律援助宣传工作中，利用有奖知识问答等形式宣传法律援助，创新宣传方式。在《法律援助条例》颁布实施周年纪念日、“三八”妇女节、全国助残日等有纪念意义的日子，在全省范围内组织开展内容丰富、形式多样的专项宣传活动。在9月开展的《广东省法律援助条例》颁布实施周年纪念活动中，全省共解答群众法律咨询约2.56万人次，发放各种宣传资料共约25.6万份，现场接受法律援助申请约40件。深圳市围绕“大运会”开展了丰富多彩的法律援助宣传咨询活动。部分地方在传统法律援助宣传单（手册）基础上，印制标有法律援助名称或标志的购物袋、雨伞、水杯等物品或制作法律援助扑克牌、挂历等，丰富宣传载体；部分地方专门制作法律援助专题片，通过点评法律援助案例，介绍劳务工维权法律知识和途径等，加强宣传针对性等。全省法律援助工作已越来越多地得到社会各界的关心和支持，逐步打造出法律援助工作的品牌。在全国法律援助座谈会上，选送的20个易于寄送的实物宣传品小件，在座谈会上展出。11月，省法律援助局派员参加了司法部组织的“信息联络点座谈会”，介绍全省信息直报点报送信息的情况。12月，举办了第二期全省信息宣传联络员培训班，进一步充实了全省法律援助通讯员队伍，并安排专家进行授课，提高信息报送的质量，充分利用好《广东法律援助》信息平台，宣传全省法律援助取得的成效，交流工作中好的经验和做法。

（三）参加对外交流活动及司法部“双十佳”评选活动。5月，省法律援助局及广州、深圳、佛山等7个地市的有关人员赴香港参加了“两岸四地法律援助研讨会”，与参会的港、澳、台地区法律援助界代表进行了深入交流。为配合司法部组织开展的第二届全国“十佳法律援助单位十佳法律援助工作者”社会评选活动，省法律援助局积极配合，通过司法厅法制宣传处与相关报纸、电视、网络等新闻媒体联系，加大对全省“双十佳”候选单位和个人先进事迹的宣传报道。

七、加大组织实施力度，彰显法律援助服务为民的职能作用

（一）积极做好窗口咨询和涉法信访接待。全省大多数地方接待场所硬件设施和无障碍配套服务设施得到了不同程度的改善，有的地方还设置隐私专用咨询室、和解室、导援服务台等，营造人性化的咨询环境。继续推行实行节假日值班制度、24小时电话值班制度、开通法律援助咨询热线语音提示功能、开通法律援助短信互动平台，方便困难群众在节假日和上班时间外获得法律咨询和法律引导；引进社会工作者对有心理障碍的受援人进行疏导，防止矛盾激化；安排导援人员提供贴心服务等。参与党委、政府人大涉法信访值班工作，协助处理信访接待中的涉法问题，处置涉及社会稳定的群访、缠访、越访等群体性上访事件，为当地政府处理社会热点、难点问题提供法律意见，缓解或化解了信访群众的对立情绪，增强了党委、政府与人民群众的联系，维护了社会和谐稳定。2011 年，仅广州市就参与 164 起信访疑难案件的调查、研究和协调工作，有效避免了矛盾的升级恶化，取得了良好的社会效果。

（二）进一步加强农民工及农村法律援助工作。继续推行简化审批程序、缩短审核时间和提高指派效率等十大便民服务措施，进一步畅通农民工法律援助“绿色通道”，满足广大农民工获得专业、优质法律援助服务的需求。指派模式更科学。各地在指派时根据案件类型或者根据涉案群众的籍贯，指派擅长该领域的律师或相同籍贯的律师承办案件，同时，逐步形成当事人自主选择律师制度和承办律师准入制度，确保法律援助案件的办案质量。援助方式更合理。选择对当事人最有利的纠纷解决方式，通过合理搭配咨询、代书、调解等非诉讼援助形式并用或者合理运用调解、仲裁、诉讼等非诉讼和诉讼援助形式并用的方式达到解决矛盾纠纷的目的。对处理重大事故、重大案件和群体性、突发性案件，采用情、理、法并用的手段，有效解决矛盾纠纷。如广州市以“优先受理、简化程序、快速办理、保证质量”为原则，为“农民工法援直通车”增速，建立了援调联动、援裁对接、援检共建机制，确实做到审批零等待、服务零距离、代理零投诉，取得了良好的社会效果。推进珠三角地区法律援助一体化，异地协作进一步加强。在广（州）佛（山）实现法律援助同城化的基础上，广州、佛山、肇庆法律援助处签订了《广佛肇法律援助合作协议》，形成了广州、佛山、肇庆三地法律援助工作合作模式，共同提高三地法律援助服务效率和服务水平。珠三角与对口扶持的山区市也加强了交流与合作，方便困难群众异地申请和获得法律援助。一年来，全省各机构共为 34669 名农民工提供了法律援助，占受援人总数的 58.69%。

（三）妥善处理茂名“9·21 信宜紫金溃坝案件”，组织承办茂名“9·21 信宜紫金溃坝案件”中 2000 多名受害灾民系列索赔案。2010 年 9 月 21 日，受台风“凡亚比”罕见特大暴雨影响，广东省信宜市信宜紫金矿业有限公司银岩锡矿高旗岭尾矿库发生溃坝事件，造成 22 人死亡，523 户房屋全倒、815 户房屋受损，下游流域范围内交通、水利等公共基础设施以及农田、农作物等严重损毁。按照省“9·21”领导小组的统一部署及司法厅工作小组的具体安排，省法律援助局派员参加了省“9·21”工作领导小组工作协调会 4 次，司法厅和省法律援助局组织召开“9·21”案件工作会、分析会、协调会 14 次，司法厅组织广州、茂名、信宜三地律师成立律师团为灾民提供法律援助，引导灾民依法维权，为受害灾民办理诉讼代理手续。积极做好诉讼代理工作，调取收集各种证据材料重达 1.5 吨，保证了各项工作的顺利展开，有效维护了受灾群众的合法权益。认真参与法院就紫金矿业溃坝系列索赔案 20 宗死亡灾民的人身损害赔偿和其他受害灾民财产损害赔偿案件的开庭审理工作，为受害灾民提供优质高效便捷的法律援助。12 月 27 日，信宜市人民法院对位于石花地水电站上游的达垌村委会的 5 宗人身损害赔偿案件公开开庭审理，在原告方代理律师陈述诉讼请求、事实理由和法律依据之后，被告信宜紫金公司要求调解。在信宜市人民法院的主持下，原告与被告信宜紫金公司达成了和解协议，被告信宜紫金公司同意按原告的诉讼请求全部赔偿。12 月 30 日，5 宗案件的原告与被告签署了和解协议书，赔偿款共 3183047.9 元已全部支付完毕，为后续灾民索赔案的审理提供了各方认可的解决模式。

广东省法律援助工作大事记

1月1日，全国首个就法律援助经济困难标准颁布的地方性政府规章《广东省法律援助经济困难标准规定》施行，全省总人口20%的低收入群体纳入法律援助的基本对象。

1月10日至11日，省法律援助局在广州举办《广东省法律援助经济困难标准规定》培训班，来自全省147个法律援助机构负责审查申请人法律援助经济困难状况的骨干共165人参加了培训。培训班由省法律援助局谭征局长主持，省司法厅马军港副厅长出席开班仪式并讲话，省法律援助局杨泳律师授课。

1月10日至14日，司法部法律援助工作司高贞副司长一行就制定法律援助"十二五"规划到广州、深圳、清远等地调研。省司法厅蒲皆祐副巡视员、省法律援助局谭征局长陪同。

1月17日，省司法厅、武警省边防总队《关于进一步加强全省边防部队维护军人军属合法权益法律援助工作的通知》（粤司〔2011〕11号）下发各地级以上市司法局、全省边防部队各支队级单位。

1月17日，双目失明的农民工肖某，在妻子的搀扶指引下，领着7岁的儿子专程从重庆市江津区到省法律援助局，赠送锦旗表达心中感谢之情。省法援局联合省司法厅法制宣传处组织《南方日报》、新华网等各大新闻网络媒体报道了这起历经9年的农民工异地协作维权案件。

1月24日，省司法厅《关于学习宣传贯彻〈广东省法律援助经济困难标准规定〉的意见》（粤司办〔2011〕11号）下发各地级以上市司法局，将《广东省法律援助经济困难标准规定》及其配套表格印发全省各地级市。

2月，根据司法部《关于开展加强和改进法律援助工作调研的通知》要求，省法援局对中山、珠海、韶关等地进行调研，并委托广州、汕头、韶关等地选择10个法律援助机构、6个律师事务所、6个基层法律服务所的工作人员进行问卷调查，对30户农村家庭、30户城市家庭进行入户问卷调查，完成调研报告上报司法部。

2月21日，对省人大十一届四次会议第1680号建议《关于在〈广东省法律援助条例〉增加法律援助经费拨付标准的规定的建议》提出会办意见，起草了《关于对省人大十一届四次会议第1680号建议的会办意见》并报省司法厅政策法规处。

2月23日，对《关于进一步建立和完善办理未成年人刑事案件配套工作体系的若干意见》提出贯彻落实意见，起草了《我局关于建立和完善办理未成年人刑事案件配套工作体系的贯彻落实意见》报省司法厅政策法规处。

4月25日，为进一步做好新形势下法律援助机构基础建设工作，经省人民政府同意，省人民政府办公厅《关于进一步做好法律援助机构基础建设工作的意见》（粤办函〔2011〕230号）下发各地级以上市，县（市、区）人民政府，省政府各部门、各直属机构。

5月10日，《关于积极开展第二十一次全国助残日活动的通知》（粤法援字〔2011〕3号）下发各地级以上市及顺德区法律援助处，要求各级法律援助机构加强沟通交流，积极履行好法律援助在维护残疾人合法权益方面的职责与义务。

5月20日，省司法厅《转发省政府办公厅关于进一步做好法律援助机构基础建设工作意见的通知》（粤司办〔2011〕111号）下发各地级以上市司法局及顺德区司法局，要求各级司法行政机关把《意见》的贯彻落实作为一项重要任务，结合当地实际制定具体的贯彻落实意见，主动积极争取当地党委、政府及有关部门的支持，切实把各项工作做深、做细、做实、做好。

5月27日，应中央人民政府驻香港特别行政区联络办公室法律部及香港法律援助服务局的邀请，省司法厅副厅长马军港率省法律援助局及广州、深圳、佛山等7个地市的有关人员赴香港参加了“两岸四地法律援助研讨会”，并与参会的台湾、香港、澳门等地法律援助界代表进行了深入交流。

6月25日至7月15日，黄启英副局长参加司法部法律援助管理干部培训团，赴英国进行了为期21天的培训学习。

7月13日，省委政法委、省军区等十部门《关于印发〈广东省维护国防利益和军人军属合法权益工作暂行规定〉的通知》（粤政〔2011〕64号）下发全省及各军分区相关单位，《规定》第九条要求全省法律援助机构应做好以下工作：（一）协助驻地部队建立法律援助工作站；（二）指导部队法律援助工作站开展法律咨询、调解、转交法律援助申请等涉军法律援助工作；（三）协助部队搞好法制宣传工作。

7月15日至22日，省法律援助局调研员阎文军、黄永安及部分地市的法律援助机构负责人到青海、甘肃、宁夏等省（区）考察法律援助工作。

7月18日，省司法厅陈伟雄厅长接受《南方法治报》记者的专访，介绍了全省在新形势下加强法律援助工作，为实现社会公平正义和推进依法治省提供法制保障的情况。

9月，结合国务院《法律援助条例》颁布实施八周年暨《广东省法律援助条例》颁布实施十二周年，组织全省各级法律援助机构结合当地实际开展了内容丰富、形式多样的法律援助宣传活动。

9月7日，省法援局在广州召开全省法律援助工作会议。马军港副厅长出席会议并作讲话，深圳、汕头、河源、东莞、清远、江门、韶关、珠海等市作了经验发言。与会代表到广州市天河区法律援助处和白云区法律援助服务中心进行了观摩学习。

10月28日，为配合省司法厅机构调整工作，摄制完成宣传资料片“来自广东法律援助的工作报告”，资料片长达20分钟。

11月23日至25日，省法律援助局在英德举办了第二期全省法律援助通讯员培训班，全省共48名法律援助通讯员参加了培训。

12月6日，在福建省召开2010—2011年度全国法律援助研讨会。

12月20日，省委政法委举行新闻发布会，公布了2011年全省政法综治系统十大社会管理创新亮点，“广东法律援助实现低收入困难人群全覆盖”被评为广东政法综治系统社会管理创新工作十大亮点之一。

12月21日，深圳法律援助协调指导委员会正式成立。陈伟雄厅长、马军港、刘芳副厅长在深圳市司法局《重要信息专报》中分别作出批示，肯定这一创新之举。

2011年，省法律援助局组织参与并具体承办了“9 · 21”尾矿库溃坝系列索赔案，多次组织召开案件研讨会、论证会，参加省纪委组织的协调会，指导茂名律师团收集案件材料，明确办案思路，配合技术专家、注册会计师完善相关证据材料等，汇报有关案件情况，并组织广州市律师参与庭审。

（广东省法律援助局）

广西壮族自治区法律援助工作概况

2011年,全区各法律援助机构认真贯彻落实司法部关于法律援助工作的部署,结合司法行政工作实际,按照司法厅党委确立的“三个更加注重,三个务必抓好”的总体工作思路,围绕服务保障和改善民生,围绕发挥职能服务社会管理创新,围绕深入推进三项重点工作,积极开展“改善民生·法律援助在行动”,着力提高管理水平,着力提高公众知晓率,健全完善便民服务长效机制,各项工作取得新进展。全年全区办理各类法律援助案件首次突破2万件,受援人数达23196人,挽回经济损失2.51亿元,同比增长70%,全区“12348”法律援助热线共为30148名群众提供了咨询。

一、“改善民生·法律援助在行动”成效明显

(一)深化六项措施取得初步成效

1.“12348”法律援助热线平台运行平稳,三级舆情研判体系初步建立。各级法律援助机构加大了对“12348”法律援助热线投入力度,确保人员、设备到位。12月8日,全区统一的“12348”法律援助热线正式运行。广西法律援助中心向自治区党委办公厅、自治区人民政府办公厅、司法部法律援助工作司及公安厅、民政厅等19个区直单位定期报送法律援助咨询舆情分析报告,及时反映社情民意,为政府决策提供参谋。各市法律援助机构也向当地党委、政府定期报送舆情分析,全区“12348”舆情研判分析体系初步建立。1月至11月,全区“12348”法律援助热线共为55732万名群众提供了咨询。

2. 全区法律援助便民服务窗口建设扎实推进。桂林、南宁、柳州等市建成了较为规范的便民服务窗口。桂林市法律援助中心办公与便民服务窗口面积达500多平方米。各县(区)司法局结合司法行政办公用房建设,尽量在临街一楼建立服务窗口。

3. 加强对中央专项彩票公益金法律援助项目的指导,确保项目进展顺利。积极指导各市做好彩票公益金实施单位的申报工作,全区共有13个法律援助机构申报成为该项目实施单位。各实施单位积极挖掘案源,提高效率,顺利完成了全年办案任务。由于项目实施管理工作比较到位,得到了中国法律援助基金会的肯定,并在广西召开的中央专项彩票公益金法律援助项目总结工作会议上作了经验介绍。

(二)两个活动扎实推进,切实服务广大农村群众

一是远程教育网络视频终端建设基本完成,节目不断丰富,发挥了平台作用。全区126个法律援助机构视频终端建设全部完成。通过录制法律援助常识问答、转录中央电视台有关法律援助节目等形式充实栏目内容,全区1万多个行政村远程教育网络视频终端和全区126个法律援助机构终端均可以收看到法律援助信息。桂林市部分县区法律援助机构已经利用终端开展宣传和培训活动。

二是法律援助进万村有力推进。与自治区党委组织部举行了启动仪式,联合编写印制了4万册《广西法律援助工作实用手册》。4月底前,36000本手册已经发放到全区基层组织部门和法律援助机构。对1万

多名新农村指导员和大学生村官进行了培训。通过两个活动,全区广大农村群众足不出村,在家门口就可以获得便捷的法律援助咨询和培训服务。

二、法律援助保障性工作积极推进

着眼于提高法律援助物质保障能力,积极向自治区党委、政府汇报,加强与各部门的沟通,力争把法律援助工作纳入党委、政府工作规划,形成文件,构建长效机制。

一是积极争取自治区党委、政府领导的支持。司法厅领导高度重视法律援助工作,积极为法律援助争取自治区党委、政府的支持。自治区在编制2012年度预算时,初步同意自治区本级法律援助专项经费从100万元增加到200万元,另外增设农民工法律援助专项经费300万元,并根据经济社会的发展,逐年增长。同时,有望争取到500个公益岗位,弥补法律援助机构人员不足的问题。

二是争取自治区人民政府出台了《关于进一步加强和改进法律援助工作的意见》(以下简称《意见》)。这是继2003年出台《关于进一步做好法律援助工作意见》后,自治区人民政府第二次出台加强法律援助工作的意见。《意见》要求进一步加强法律援助政府责任的落实,建立"三项标准"动态调整机制,提出了进一步完善法律援助便民服务的措施。

三、机制建设不断加强

一是大力推进法律援助组织机构建设,充实管理力量。各市抓住机构改革的有利时机,加大对各市的指导和帮助,积极协助各市司法局把法律援助机构纳入司法行政序列,理顺管理体制。经过积极努力,全区14个市中,有7个市法律援助机构被纳入了司法行政序列。

二是大力加强法律援助制度建设。草拟了新的《广西法律援助案件补贴管理办法》,正在积极与自治区财政厅沟通协调。同时,启动了政府法律援助工作者管理规则修改工作。

三是加强信息化建设。在全区全面使用法律援助信息管理系统的基础上,建立信息管理系统通报机制,着力提高信息系统运行效率,加强督促检查,对案件实施动态监督管理,以信息化促进案件质量管理的规范化、标准化。全区法律援助信息管理系统启用率达100%,运行率不断提高。

四是加强项目规范化管理工作。着重规范了中央彩票项目申报、案件受理录入方式,彩票项目覆盖到全区120个法律援助机构,提高了彩票项目的覆盖率和结案率。规范了"1+1"法律援助志愿律师的接收、管理工作。

四、全区法律援助工作现场会顺利召开

在全国法律援助工作座谈会召开之后,10月17日至19日,自治区司法厅在桂林召开全区法律援助工作现场会,全区各市司法局局长、分管法律援助工作的副局长、法律援助中心主任,桂林市各县(区)司法局局长、副局长、法律援助机构负责人参加了会议。会议传达贯彻了全国法律援助工作座谈会精神,司法厅赵波厅长、王荣华副厅长在会上作了重要讲话,并对今后一个时期全区法律援助工作进行了安排部署。

广西壮族自治区法律援助工作大事记

1月6日,赵波厅长带队到南宁市司法局调研,司法厅办公室主任张子先、律师管理处处长李健、基层处处长韦军运、法律援助工作处副处长冯谨陪同。

1月14日,广西法律援助中心召开"1+1"法律援助律师和西部基层法律援助大学生志愿者座谈会,8个市级法律援助中心代表和10名律师、大学生志愿者参加了会议。

1月19日,中共广西壮族自治区党委组

织部、广西壮族自治区司法厅联合印发《关于运用广西党员干部现代远程教育网络宣传和推进法律援助工作的通知》(桂司通〔2011〕13号)。

2月12日，广西壮族自治区党委组织部、广西壮族自治区司法厅联合下发《关于开展“法律援助进万村”活动的通知》(桂司通〔2011〕15号)。

2月14日，全区各市司法局长座谈会在柳州市召开，重点讨论2011年全区司法行政工作要点及开展“发扬传统、坚定信念、执法为民”主题教育实践活动方案和“三大行动”工作方案。

2月28日至3月4日，司法部法律援助工作司孙剑英司长一行到广西调研，调研组分别在南宁市、柳州市、鹿寨县等地召开了7次法律援助座谈会，实地考察了南宁市、柳州市、桂林市、鹿寨县、阳朔县的法律援助工作。司法厅王荣华副厅长、法律援助处冯瀚德处长、黄素芬副处长全程陪同。

3月24日，自治区党委政法委副书记、自治区综治办主任刘耀龙对司法部“广西法律援助五项工作走在全国前列”的简报作出批示：“我区法律援助工作取得如此好的成绩，很不容易。望再接再厉，以优异成绩向中国共产党成立90周年献礼！”自治区司法厅、副厅长王荣华批示：“请法援处将区政法委耀龙副书记等领导同志的批示转发全系统，鼓舞士气，再接再厉。”

3月24日至25日，王荣华副厅长带队，冯瀚德处长、黄素芬副处长等一行到柳州市司法局开展法律援助专项调研。

3月28日，自治区党委常委、政法委书记温卡华对自治区司法行政工作作出重要批示，对自治区2010年的司法行政工作给予充分肯定。

3月30日，中共广西壮族自治区党委组织部、广西壮族自治区司法厅共同出版《广西法律援助工作实用手册》，该书共印刷4万册，发放到全区基层组织部门和法律援助机构。

4月21日，自治区司法厅下发《关于贯彻落实温卡华、梁胜利同志批示的通知》(桂司通〔2011〕55号)，要求学习传达、贯彻落实批示精神，努力开创司法行政工作新局面，为深入推进三项重点工作，创建社会和谐稳定模范区，实现富民强桂新跨越宏伟目标做出新的更大贡献。

5月19日，司法厅政治部主任王惠琴等到自治区法律援助工作处进行调研。

6月10日，自治区司法厅下发《关于做好对新农村指导员和大学生村官进行法律援助培训的通知》(桂司通〔2011〕138号)。

6月11日，全区司法行政系统“发扬传统　坚定信念　执法为民”主题教育实践活动展示汇报会举办。

7月14日，司法厅召开“1+1”中国法律援助志愿者活动广西座谈会，司法厅王荣华副厅长出席会议并讲话，律师管理处及法律援助工作处负责人以及7个志愿律师服务地的司法局分管领导和7个志愿律师参加会议。

8月12日，自治区司法厅与自治区党委组织部在南宁市琅东村举行法律援助进万村活动启动仪式。自治区司法厅王荣华副厅长、自治区党委组织部甘斌副处长出席启动仪式。全区14个市司法局分管的副局长和法律援助中心主任，司法厅机关各处室领导，南宁市六城区司法局分管副局长、法律援助中心主任，琅东村部分村民代表约150人参加启动仪式。王荣华副厅长在启动仪式上讲话，并向各市法律援助中心及琅东村村民授旗、赠书。

9月2日，自治区人民政府出台《关于进一步加强和改进法律援助工作的意见》(桂政发〔2011〕46号)。《意见》要求在充分认识做好新形势下法律援助工作的重要意义的前提下，进一步落实加强法律援助的政府责任，建立“三项标准”动态调整机制，扩大法律援助的覆盖面，完善法律援助工作的便民措施，加强法律援助工作的保障措施，进一步加强和改进广西法律援助工作，不断推进广西法律援助工作又好又快地向前发展。

9月5日至8日，全区法律援助业务培训班在河池市举办。培训的主要内容有法律援助进万村、现代远程教育网络平台、彩票公益金法律援助项目以及“12348”法律援助热线的运作与管理等相关法律援助业务知识。全区14个市司法局分管副局长、法律援助机构负责人参加了培训，自治区司法厅副厅长王荣华在培训班上讲话。

9月24日，自治区法援处一行6人到河池市都安县东庙乡弄工村开展党支部结对共建主题教育实践活动，向村民进行法律援助宣传。

10月17日至19日，全区法律援助工作现场会在桂林市召开。全区各市司法局局长、分管副局长、法律援助中心主任，桂林市各县（区）司法局局长、副局长、法律援助机构负责人参加会议。司法厅厅长赵波、副厅长王荣华对今后一个时期的法律援助工作进行了部署。司法厅政治部主任王惠琴主持会议，桂林市委政法委书记蒋炳穗出席会议并致辞，副市长黄济贤陪同与会代表观摩了桂林市、桂林市兴安县法律援助中心接待咨询大厅。桂林市、柳州市、梧州市、玉林市、南宁市兴宁区等地代表在会上作了经验介绍。

11月21日至24日，全区法律援助业务培训班在南宁市举办，培训的主要内容有《侵权责任法》、新《工伤保险条例》、刑事案件办案技巧、心理学、法律援助统计报表应用等相关知识。全区各市、县（市、区）法律援助机构业务骨干、政府法律援助者、“1＋1”法律援助志愿者律师等共170余人参加了培训。自治区司法厅副厅长王荣华出席培训班并讲话。

12月8日，广西“12348”法律援助热线运行仪式在南宁举行，自治区司法厅厅长赵波，副厅长卫福喜、王荣华、韦乃扬，中国电信集团广西分公司总经理赵强、副总经理刘小宁出席仪式，共同启动象征“12348”法律援助热线正式运行的水晶球。全区14个市司法局分管副局长和法律援助中心主任、司法厅机关各处室负责人等80余人参加。

12月11日至13日，中央专项彩票公益金法律援助项目总结工作会议在南宁召开，会议总结了上一年度项目实施和管理情况并对下一年度的项目工作进行了部署。中国法律援助基金会理事长岳宣义出席会议并讲话。司法部法律援助工作司、计财装备司、司法部法律援助中心、中华全国律师协会以及全国妇联权益部等有关单位的负责同志，广西壮族自治区司法厅厅长赵波、副厅长王荣华，中国法律援助基金会秘书长郑霞泽、副秘书长陈益未等出席会议。全国31个省（自治区、直辖市）和新疆生产建设兵团法律援助处（中心）的处长（主任），部分法律援助类民办非企业单位、高校等项目实施单位的负责同志等90余位代表参加会议。司法部法律援助工作司副司长王军益主持会议。

12月12日，“1＋1”中国法律援助志愿者行动广西座谈会在南宁召开。中国法律援助基金会秘书长郑霞泽、副秘书长陈益未、自治区司法厅纪委书记刘启春、法律援助工作处处长冯瀚德、副处长黄素芬，服务广西的7名志愿者律师、服务地司法局分管领导参加会议。

（广西壮族自治区法律援助工作处）

海南省法律援助工作概况

2011 年，全省法律援助机构全面贯彻党的十七大和十七届三中、四中、五中、六中全会精神，以邓小平理论和"三个代表"重要思想为指导，深入贯彻落实科学发展观，紧紧围绕中央政法委和省委政法委提出的深入推进社会矛盾化解、社会管理创新、公正廉洁执法、"严打"整治斗争四项重点工作，积极服务海南国际旅游岛建设，主动适应新形势、新任务提出的新要求、新挑战，立足部门职能，努力为困难群众提供优质高效的法律援助服务，法律援助工作不断取得新进展。

一、继续夯实法律援助工作基础，提高法律援助工作保障能力

（一）*做好"十二五"规划启动年基础工作*。认真总结全省"十一五"期间法律援助工作情况，制定了全省"十二五"法律援助发展规划。积极与工、青、妇、残、老龄委协调沟通，将全省法律援助发展规划、法律援助工作拓展需求和法律援助工作改进意见纳入相关部门的"十二五"发展规划，争取相关部门或组织为法律援助工作提供更多支持。

（二）*拓宽援助渠道，推动建立监管体制*。为拓展和延伸法律援助服务平台，着力解决当前影响社会和谐稳定的突出矛盾，在新康监狱和仁兴强制隔离戒毒所设立了法律援助工作站；在省医疗纠纷人民调解委员会设立了全省首家医疗纠纷调解法律援助工作站。该工作站成立以来，与全省法律援助机构信息互通、资源互用、已成功调解医疗纠纷 105 宗，提供法律咨询 586 人次，取得了良好的社会效果，得到了司法部法律援助中心领导的肯定。

积极向编制、人事等部门反映情况，汇报工作，争取支持，大力推进省级法律援助管理机构建设。通过不懈努力，11 月 11 日，省机构编制委员会办公室下发《关于省司法厅律师公证工作指导处加挂牌子问题的批复》（琼编办〔2011〕237 号），同意在司法厅律师公证工作指导处加挂"法律援助工作管理处"牌子，增加法律援助工作的监督管理职责，省法律援助中心的职责相应作了调整。

（三）*加大政府责任落实力度，增强保障能力*。继续争取各级政府对法律援助工作的重视和支持，加大对法律援助经费的投入，建立健全中央、省和市（县）三级财政保障机制。积极争取法律援助经费在当地财政预算中单独列支，预算经费较 2010 年有所增长。利用 2011 年中央财政和省级财政安排的转移支付资金，采购了 25 辆法律援助业务用车并已调拨给各市县司法局使用；中央补助地方法律援助办案专款 310 万元，同比增长 34.78%；继续争取到中央专项彩票公益金法律援助项目资金 60 万元；突出抓好便民服务窗口和设施建设，在海口、三亚、文昌建立便民示范窗口，以此辐射和带动其他市县法律援助为民服务能力的提高。

（四）*加强法律援助制度化建设*。依据国务院《法律援助条例》和《海南省法律援助规定》，修订出台了《海南省法律援助经费管理办法》（琼财行〔2011〕2392 号），从而完成了全省经济困难标准、补充事项范围和案件补贴三大标准的修订任务；继续完善业务工作规程和内部管理制度，起草了《关于办理

非诉讼法律援助案件的暂行规定》《关于办理法律援助公证事项的暂行规定》以及《海南省法律援助统计工作办法》三项制度讨论稿，修订了《海南省法律援助中心经费管理办法》；指导三亚、文昌、定安、屯昌、儋州等5个市县积极与当地党委、政府的沟通协调，出台政府规章，扩大范围，降低标准，法律援助规范化、制度化水平进一步提高。

二、积极开展各项业务，充分发挥法律援助职能作用

通过各级法律援助机构的有效组织和实施，专职律师、社会律师、基层法律服务工作者以及社会组织人员积极参与办案工作，办案数量稳定增长。全年共受理法律援助案件10911件，为11150名受援人提供了法律援助。“12348”法律咨询共接待来电、来访、来信49283人次，同比增长19.83%。

（一）积极发挥“12348”窗口功能作用，切实做好接待工作

1. 调整“12348”法律咨询接待室，保持接待室整洁卫生，放置沙发、饮水机、报纸杂志方便来访群众使用，将援务公开栏、承诺书、律师值班守则制作上墙，自觉接受群众监督。

2. 积极参与司法厅领导干部大接访活动。提前部署、细化职责、紧抓落实，切实做好具体接访工作。每天增派一名律师接待来访，及时为来访群众提供法律帮助，化解矛盾纠纷，引导群众合理合法表达利益诉求。及时做好每日动态的撰写编辑，省法律援助中心领导每天坚持到接访室协调有关事宜，及时处理司法厅领导在大接访中批办的案件。在大接访活动期间，共接待来电408人次、来访422人次。

3. 建立与信访工作对接机制，认真处理司法厅领导批转的信访案件。一年来，省法律援助中心通过解答法律咨询、调处矛盾纠纷、出具法律意见书等方式认真处理了4宗19人次的群众来访、来信事项，内容涉及土地纠纷、国家赔偿、借贷纠纷等，并为其中1宗事项提供了法律援助，取得了较为满意的效果。

4. 坚持做好舆情分析工作。对舆情数据资料进行分析整理，按时报送舆情分析报告，为维护社会和谐稳定提供决策依据。

（二）认真开展“绿岛法援——情系农民工”百日实践活动。2011年春节前夕启动的“绿岛法援——情系农民工”百日实践活动是全省首次开展的以农民工维权为主题的法律援助专项活动。各地法律援助机构针对本地区农民工纠纷特点，多措并举、多部门联动共同开展形式多样的维权行动，积极构建全方位法律援助服务格局，取得了较好的社会效果。百日活动中，各级法律援助机构共接听农民工咨询电话5487次，接待农民工来访4726次，媒体宣传133次，举办活动、培训班76场，发放宣传资料37421份，悬挂横幅及其他标语822条（张），共受理了追讨工资、工伤赔偿、社保纠纷等各类农民工维权诉讼非诉讼案件937宗，受援人995人，涉及经济利益751万元。

（三）加强对法律援助案件的检查，努力提高办案质量。为确保法律援助办案质量，结合司法部法律援助工作司开展的“百优精品案例”评选、“百万案件大评查”以及中央专项彩票公益金法律援助项目评估检查等活动，组织全省法律援助机构开展了案件质量检查专项活动，要求各地要采取有力措施，对所办案件进行全面自查，并定期报送书面检查结果。9月，省法律援助中心先后派出调查组，对儋州、白沙、琼海等地办案情况进行了实地抽查，并评选了5宗精品案例上报到司法部法律援助工作司，其中海口市法律援助中心报送的陈某人身损害赔偿案入选“全国法律援助百优案例”。

（四）组织签订第四期法律援助进监所

活动协议，为服刑人员和劳教学员提供法律服务。在认真总结第三期法律援助进监所工作的基础上，积极协助省监狱局、省劳教局组织签订了2011—2012年度各监所法律援助援助协议，实现了法律援助进监所全覆盖。加强各监所工作站的规范化管理，扎实开展法律服务活动。工作站统一挂牌、制度上墙、专人负责，及时了解和掌握法律援助的需求情况，做好法律援助咨询问题的收集、整理以及法律援助个案申请的初步审查和转递工作。省法律援助中心会同省律师协会，特别是签订协议提供法律援助服务的律师事务所，加强与监所工作站人员的沟通协作，丰富工作内容，完善工作机制，将工作站建成宣传法律的阵地，成为维护特殊群体合法权益的窗口。不定期组织律师深入监所工作站提供有针对性的法律咨询、法律宣传、法律讲座，确保监所特殊群体获得优质法律援助服务。

三、加大法律援助宣传和调研力度，扩大法律援助社会影响面

（一）宣传先进典型，扩大宣传效果。7月至8月，司法部组织开展了第二届全国"十佳法律援助单位　十佳法律援助工作者"社会评选活动，全省各级法律援助机构以此为契机大力宣传本地法律援助工作，在全省司法行政系统内掀起学习先进典型、争当先进典型的热潮。同时，充分发挥新闻媒体覆盖面广、宣传效果大、社会影响深等作用，在电视台、报纸、网络等中央、省和市级主要新闻媒体上发布公告，对活动背景、内容及海口市法律援助中心主任张永春的先进事迹进行立体式宣传，营造全社会共同关注法律援助工作的氛围。据不完全统计，各级媒体全年累计报道法律援助工作93篇次，其中报纸64篇次，杂志11篇次，简报6篇次，网络8篇次，电视台4篇次。对省法律援助中心的报道达到44篇次，其中报纸21篇次，杂志8篇次，简报6篇次，网络5篇次，电视台4篇次。实现了法律援助宣传"报刊有文、电视有影、网络有页"的宣传目标。

（二）印制宣传资料，普及法援知识。为增强法律援助宣传工作的针对性，实效性，创新形式，创出品牌，将《海南法援》简报改版为彩色封面的内部刊物，并不断扩充刊物信息内容，开辟信息专栏；翻印《农民工法律援助手册》1万份、《妇女法律援助手册》1万份、《未成年人法律援助手册》5000份、5种实物类宣传品1.25万份发放到全省各市县用于开展各类宣传活动，将宣传工作由虚做实，全面提高法律援助宣传工作水平，不断增强法律援助公众知晓率和社会影响力。

（三）开展系列活动，营造良好氛围。11月25日是国际反家庭暴力日，各级法律援助机构联合妇联、公检法等部门启动了"绿岛法援"系列活动，开展了"绿岛法援——关爱妇女儿童"主题实践活动。通过组成律师服务团开展法律咨询，发放宣传资料，受理法援案件等形式，为广大妇女儿童提供了面对面、手拉手的零距离服务，营造了社会普遍尊重妇女、关爱儿童的良好氛围，不断提升社会文明程度。

（四）加强理论调研，促进基层工作。为配合司法部做好"加强和改进法律援助工作"的问卷调查活动，4月，省法律援助中心调研小组就加强和改进海南省法律援助工作开展专题调研，奔赴屯昌、澄迈、临高、儋州、昌江、东方、白沙等7市县，以约请县领导汇报工作、召开座谈会和检查工作台账等方式，实地了解基层信息，现场指导基层工作。调研小组向各法援机构提出了明确要求：一是要主动向本地党委、政府汇报法律援助工作，争取党委、政府对法律援助工作的重视和支持；二是要加强自身规范化建设，从机构定位、人员配备、制度建设、经费保障等方面提高法律援助机构的运作效能和保障能力;三是要善于整合司法行政资源,建立健全与有关部门单位的沟通协调机制,努力构建"大法援"格局。

四、开展争先创优活动,进一步加强法律援助队伍建设

(一)加强思想政治建设。按照司法厅党委、政治部和机关党委的要求,精心组织主题实践活动和争先创优活动。坚持按季度组织开展党员主题实践活动,为凝聚人心、活跃团队、锻炼队伍起到了很好的作用;抓好党建基础工作,确保支部每月集中学习不少于一次,支部书记和党员领导干部带头做好学习笔记,撰写心得体会,督促检查学习情况;设立支部小书柜,创办学习园地,为支部党员创造学习交流的平台;在全省法律援助机构开展"三亮三比三评",通过设立党员示范岗、公布为民服务创先争优承诺书,提高法律援助人员为民服务的意识。省法律援助中心党支部被司法厅评为"先进党支部"并在司法厅及直属单位党建工作现场会上作经验交流发言,中心支部书记被省直机关工委评为"优秀党务工作者",1名党员被省司法厅评为"优秀共产党员"。

(二)发挥典型示范作用。自全国政法系统组织开展"发扬传统、坚定信念、执法为民"教育实践活动以来,号召广大法律援助人员认真学习司法部、司法厅关于开展活动的方案和意见,广泛开展"评先进、比先进、赶先进"的争先创优活动。一是认真组织第四届全国法律援助工作先进集体和先进个人暨第二届全国"十佳法律援助单位""十佳法律援助工作者"评选推荐工作;二是认真组织开展第二届全省法律援助工作先进集体、先进个人评选活动,从近三年来法律援助工作表现突出的法律援助机构及其工作人员、律师事务所和律师、基层法律事务所和基层法律援助者及法律援助志愿者中,共评选出39个先进集体和42名先进个人进行表彰,进一步激发了广大法律援助工作者的工作积极性。在评选活动中,省法律援助中心及时发现典型,总结海口市司法局、海南昌宇律师事务所、三亚市法律援助处主任和"1+1"中国法律援助志愿律师等4个突出的先进典型经验材料,在全省法律援助工作会议暨第二届全省法律援助工作先进集体、先进个人表彰大会上交流,全面推广先进典型的好经验、好做法。

(三)加强业务培训。3月2日,司法部法律援助中心"中东部省份法律援助轮训计划"京津沪琼培训班在海口市举办,对来自北京市、天津市、上海市和海南省的市县法律援助中心(处)主任共80多人进行了包括项目管理、质量评估、心理学等内容的业务培训。2月28日,在海口市及时举办了第二期中央专项彩票公益金法律援助项目管理培训班,各项目实施单位负责人及业务骨干共21人参加了培训班。两期培训班的无缝对接,既降低了培训成本,又实现了针对性强、实用度高的培训要求,提升了基层法律援助工作管理人员的业务素质,开阔了视野,启发了思路。5月初,省法律援助中心主动配合海口市龙华区司法局举办了一期针对乡镇法律援助工作信息员、宣传员和法律援助工作站站长的业务培训班,组织经验丰富的律师骨干和本省律师界的权威学者组成讲师团辅导授课,深受一线法律援助工作者、志愿者的欢迎。9月底,组织全省法律援助机构负责人及主要业务人员30人到内蒙古自治区司法厅考察学习法律援助网络建设情况等。12月8日,在琼海市举办了法律援助统计业务和案件指派电脑操作技巧综合培训班,大大提高了业务统计数据的准确性和案件指派工作的效率。

海南省法律援助工作大事记

1月,全省共有8个市县被确定为2010

年度中央专项彩票公益金法律援助项目实施单位，其中乐东、保亭和琼中3县为新增项目实施单位。

3月2日至4日，司法部法律援助中心“中东部省份法律援助轮训计划”京津沪琼培训班在海口市举办，来自北京市、天津市、上海市和海南省的市县法律援助中心（处）主任80多人参加培训。

3月3日，司法部法律援助中心副主任桑宁到省医疗纠纷调解委员会法律援助工作站和海口市法律援助中心调研法律援助工作。

5月3日至20日，省法律援助中心参与2011年度省司法厅领导干部大接访活动。

6月，王汉梅同志任海南省法律援助中心主任。

6月21日，海南省法律援助工作暨第二届法律援助工作先进集体、先进个人表彰会议在海口市召开，39个先进集体和42名先进个人受到表彰。省司法厅副厅长孙书南同志出席会议并讲话。

7月13日，3名参加“1+1”中国法律援助志愿者行动的志愿者律师在乐东、保亭和琼中3县开始为期一年的服务。

9月7日，三亚市法律援助基金会经省民政厅批准设立，原始注册资金为400万元，这是本省设立的第一家法律援助基金会。

9月21日，全省8个中央彩票公益金法律援助项目实施单位共受理法律援助案件357件，结案314件，共帮助554位受援人挽回经济损失1922多万元，提前一个季度完成全年60万元的目标任务。

11月11日，省机构编制委员会办公室同意在省司法厅律师公证工作指导处加挂“法律援助工作管理处”牌子，增加法律援助工作的监督管理职责，省法律援助中心的职责相应作了调整。

11月11日，海口市法律援助中心新的便民服务窗口启用。

11月16日，省财政厅、省司法厅联合下发《海南省法律援助经费管理办法》（琼财行〔2011〕2392号），对法律援助办案补贴标准及有关事项进行了调整和补充，加强了经费管理的科学性和规范性。

12月7日，全省法律援助工作座谈会在琼海市召开。22个市、县（区）司法局分管副局长，法律援助中心（处）主任及工作人员、律师代表约70人参加会议。省司法厅副厅长孙书南同志出席会议并讲话。

12月19日，文昌市法律援助便民服务窗口揭牌。

12月21日，第九届全国城际间法律援助工作协作会议在海口市召开，通过了《全国城际间法律援助工作协作会议章程》，与会的41个城市代表签订了《全国城际间法律援助工作协作会议海口公约》。

（海南省法律援助中心）

重庆市法律援助工作概况

2011年，全市法律援助工作在市司法局党委的坚强领导下，认真贯彻落实党的十七大以及十七届三中、四中、五中全会精神和胡锦涛总书记“七一”重要讲话精神，着力服务保障和改善民生，加强和创新社会管理，深化三项重点工作，认真谋划“十二五”时期法律援助工作，大力实施法律援助民心工程，较好地完成了法律援助“十二五”规划开局之年工作任务，为维护困难群体合法权益，促进社会公平正义，建设平安重庆贡献了力量。全年全市共办理法律援助案件33275件，共为36312人提供了法律援助，为受援人挽回损失和取得利益4.42亿元。其中，办理农民工法律援助案件15192件，共为15281农民工提供了法律援助，为农民工挽回损失和取得利益1.95亿元。

一、组织协作督查有力，法律援助民心工程顺利实施

（一）组织领导到位。市委、市政府高度重视法律援助工作，2011年连续第九年将法律援助工作纳入市政府民心工程，连续第二年纳入市委、市政府民生十条和为农民工办实事项目。5月，为贯彻落实中共中央政治局委员、中央书记处书记、中央组织部部长李源潮同志来渝视察时提出的“为困难群众维权，做困难群众‘保护伞’”的要求，市委常委、副市长马正其就全市法律援助工作基本情况开展专题调研，召开法律援助专题会议两次，研究解决法律援助工作中存在的困难和问题，加强对法律援助工作的指导，明确今后法律援助工作的发展方向，为法律援助民生工程提供了强有力的组织保障。

（二）协作配合到位。2010年12月，市政府同意增补法律援助协调领导小组成员单位，由8家增至18家，畅通了法律援助部门协作渠道，为及时有效解决法律援助问题搭建了平台，法律援助在农民工维权工作中得到了相关部门的政策支持和工作配合，有效维护了农民工合法权益。

（三）督查考核到位。法律援助作为政府民生工程的重要项目，是市委、市政府重要督查考核内容，除季度、半年、全年要向政府督查室报告民心工程推进情况外，还要在重要新闻媒体上予以公告，接受政府督查和社会监督。法律援助作为平安重庆建设目标的重要内容，纳入了区县任务考核。法律援助应援尽援、法律援助“五个严禁”等内容作为司法行政工作的重要指标，纳入了司法行政工作年终目标考核。通过全方位的督查考核，确保民心工程落到实处。

二、基层基础建设有力，法律援助持续实现应援尽援

（一）经费保障制度更加完善。为深化基层法律援助经费保障工作，4月，在市司法局出台的《重庆市法律援助案件计算经费支付办法》的基础上，重庆市司法局印发了《关于加强法律援助经费使用监督管理的意见》，规定全市要建立健全经费管理机制、经费监督管理和使用效益情况考核机制，确保法律援助经费落到实处。9月，市司法局联合市财政局下发了《关于进一步加强法律援助经费保障工作的意见》，进一步提高了法律援助经费保障比例，并明确法律援助经费要动态增长，有效缩小法律援助经费区域差距。全年中央和市财政共计投入法律援助办案经费1815万元，预拨2012年法律援助办案经费790万元，为法律援助工作提供了强有力的经费保障。

（二）队伍建设更加有力。全市共有专兼职办案人员1061名，其中专职人员213名，有法律执业资格或律师资格的人员96名，占45%，同比提高7个百分点。进一步加强法律援助工作者职业道德和执业纪律教育，不断提升法律援助人员业务水平和服务能力。全年共有13428人参加了法律援助培训学习，培训总学时达到97646学时，其中法律援助律师接受培训563人次，培训总学时达9192学时。深入开展创先争优活动，进一步完善奖惩激励机制，为进一步做好法律援助工作凝聚智慧和力量。市政府对2007—2009年法律援助工作成绩突出的50个单位和100名个人进行了表彰，其中6个单位和13名个人被市司法局党委推荐为全国法律援助先进单位和个人。

（三）便民窗口建设启动迅速。根据司法部法律援助便民服务窗口规范化建设西部标准，市和各区县借助发改委司法业务用房建设项目，积极启动法律援助便民服务窗口规范化建设，完善接待场所和服务设施，让接待窗口真正成为便民窗口。共有涪陵、城口、石柱、江津、大足、梁平、酉阳、垫江、秀山、黔江、武隆、永川、铜梁13个区县投入了项目建设，有望在开展法律援助业务用房、“148”法律服务用房建设中，先期完成法律援助便民服务窗口规范化达标建设每年30%的指标。

（四）工作网络建设向纵深发展。市和区县依托信访、劳动保障等相关部门和群团组织及乡镇、街道司法所设立法律援助工作站（部）1246个，在村、社区设立法律援助联系点1万余个，其中2011年增设联系点2427个。与35个城市签订了法律援助异地协作协议。部分区县在外省市建立农民工法律援助联络点近30个，方便群众就近、及时申请法律援助。与市信访办督察处进一步研究加强完善法律援助律师参与涉法信访工作制度，专门建立了信访人员法律援助律师团，安排10名优秀法律援助律师到信访办挂职和值班，联合设立信访和法律服务专线，建立信访与法律援助信息互通制度。沙坪坝区法律援助律师值班制度试点工作顺利开展，为探索研讨法律援助机构指派律师在公安机关或人民法院等部门值班，免费为当事人即时提供法律咨询、指导，或作为被指控人的代理人，帮助被指控人申请延期审理、进行保释听证或者处理其他法律事务提供了参考，对创新推动法律援助网络建设具有指导意义。

（五）信息化建设推进有序。法律援助信息化建设实现了全市覆盖，逐步向乡镇延伸，延伸率达到30%，完成了预定工作目标。法律援助乡镇信息化建设的发展，缩短了审查批准期限，30%的案件实现了“审批不过夜”；法律援助办案信息系统与“阳光政法”系统对接，受援人只需在“阳光政法”终端机上实施一键点击，就可在第一时间查询到案件承办人、案件办理进度等相关信息，极大地方便了受援群众；“12348”法律援助服务专线覆盖全市，为法律援助搭建了远程受理平台；部分区县建立了法律援助对象信息库，对列入信息库的低保户、五保户、残疾人等贫弱群体，免除经济困难审查。

（六）规范化工作进程不断加快。围绕2010年市司法局颁布实施的《重庆市法律援助程序规定》《重庆市法律援助人员执业规范》《法律援助案件计算经费支付办法》《重庆市法律援助业务档案管理办法》四项制度，市和各区县细化工作措施，在法律援助接待、咨询、申请、受理、审批、办案、结案归档以及机构、人员、经费管理等方面更加规范有序发展。积极开展法律援助规范与质量检查工作，确保法律援助经费使用管理的规范、安全、有效，法律援助服务质量不断提高，保持了法律援助受援群众满意率达到95%和案件质量合格率达到98%的水平。

（七）社会影响力不断扩大。全市司法行政系统围绕“主动开展法制宣传、主动进行维权培训、主动排查、主动化解矛盾、主动办理法律援助案件”的“五主动”给力农民工维权活动，加大法律援助宣传工作，营造了良好的法律援助氛围，社会反响良好。借助参与解决社会热点难点问题，加大法律援助宣传力度，扩大法律援助影响力，提升了法律援助社会地位。借助重庆“爱民月”活动、公租房建设活动、重庆第五个农民工日活动等专项活动和重大节日，深入社会多个领域开展多层次多形式的法律援助宣传活动，提高了法律援助群众知晓率。全年共印制法制宣传展板6000余块；现场解答农民工朋友的各类咨询约8万人次；专门编印和散发农民维权手册等宣传资料约300万份；组织法制文艺演出队送法下乡400余场；向农民工朋友发送含有慰问信、宣传年画、法制春联、便民联系卡的普法大礼包约70万份。

三、创新举措有力，法律援助努力实现应援优援

（一）创新开展“五主动”给力农民工维权活动，成效显著。从2010年12月6日起，开展了为期3个月的“五主动”给力农民工友维权活动，要求各级司法行政机关主动开展法制宣传、主动进行维权培训、主动排查、主动化解矛盾、主动办理法律援助案件。活动期间，共开展法制宣传2268场，法制培训1248场，调解纠纷13480件，办理维权案件4878件，增设联络点2427个。

（二）创新提出“五化五全”建设，提升法律援助服务水平。重庆市法律援助工作暨表彰会于5月25日召开。会议指出，“十一五”以来，全市法律援助工作通过不懈努力，初步实现了“四个转变”：一是完善了十项便民措施，服务民生成效显著；二是出台了四项制度，服务质量保障措施完善；三是资金渠道多元化，经费保障水平持续提高；四是多层次的法律援助工作协调机制建立健全，形成全社会共同关注的良性发展格局。会议同时对法律援助工作提出要求：要以确保“应援尽援”，实现“应援优援”，积极以推进法律援助设施便利化、案件质量标准化、经费保障制度化、工作运行信息化、监管执业规范化“五化”建设为标尺，确保重庆法律援助工作在“十二五”期间实现“五全”，即到2015年，标准化法律援助中心全部建成，法律援助服务质量综合评估体系全面建立，在全国率先实现法律援助便民服务窗口规范化建设全市覆盖，法律援助律师值班制度全市运行，法律援助信息化建设乡镇（街道）全覆盖。

（三）创新开展“阳光政法”法律援助工作，提供便捷服务。为使法律援助民心工程更加贴近民心，在全国率先开展实施法律援助阳光司法，通过法律援助办案信息系统与阳光政法系统对接，受援人通过“阳光政法”系统终端机在全市范围内第一时间就能查询到案件办理的相关信息。阳光政法法律援助工作纳入年终司法行政工作考核。对工作不力的，要追究领导责任，市司法局同时予以通报。

（四）创新法律援助介入信访机制，促进社会和谐稳定。积极参与社会管理创新，加大信访服务力度。与市信访办督察处共同讨论研究加强法律援助律师参与涉法信访工作。组建信访人员法律援助律师团，安排法律援助律师到信访办挂职，建立律师信访值班制度，联合设立信访和法律服务专线，建立信访与法律援助信息互通制度。按照各级党委、政府的指派，共办理5795件涉及信访的法律援助案件，占全年办理案件总量的16%，既协助党委、政府解决了影响社会稳定的重大疑难事件，又有力地维护了弱势群体的合法权益。

（五）创新开展未成年人法律援助工作，拓展法律援助服务领域。按照《重庆市办理未成年人案件配套工作暂行办法》和《重庆市未成年人刑事案件社会调查暂行办法》，自8月1日起，全市经济困难未成年犯罪嫌疑人法律援助工作提前介入到侦查阶段和审查批捕（审查起诉）阶段。在全市未成年人刑事法律援助案件中，积极进行社会调查工作。明确规定了社会调查的主体、对象、内容、方式和社会调查的程序等，以及刑事和解、帮教安置和社区矫正等相关内容。

（六）创新开展流动务工人员法律援助

工作，积极参与社会管理。8 月 14 日，市司法局与市流动人口服务和管理工作领导小组办公室、市总工会联合出台了《关于深入推进维护流动务工人员合法权益工作的指导意见》。《意见》的出台，为依法维护流动务工人员合法权益，营造流动务工人员良好的创业发展和生产生活环境，促进全市城乡统筹发展起到了积极作用。通过强化工作联动机制，强化法律援助对接机制，强化法制宣传教育工作机制，积极探索维权方式等，大力提高了流动务工人员组织化程度、提高了维权服务水平等，着力解决了涉及流动务工人员权益维护的突出问题。

重庆市法律援助工作大事记

1 月 5 日，法律援助基金会向各区县司法局、市法律援助中心转发司法部《关于进一步建立和完善办理未成年人刑事案件配套工作体系的若干意见的通知》。

3 月 2 日，继续在全市开展主动宣传、主动培训、主动排查、主动化解、主动援助给力农民工朋友维权活动，并对“五主动”活动进行了总结，《重庆日报》对此次活动进行了题为《创新社会管理主动“给力”维权》的总结报道。

3 月 4 日，“为困难群众办理法律援助案件 25000 件以上，其中办理农民工法律援助案件 8000 件以上”，被列入市委、市政府 2011 年民生十条（民心工程）50 项实事之一。

4 月 27 日，《重庆市司法局关于加强法律援助经费使用监督管理的意见》下发。

5 月 25 日，重庆市法律援助工作暨表彰会议召开，会议学习了中央领导关于法律援助工作讲话精神、全国政法工作会议精神以及市委、市政府关于法律援助工作的新部署、新要求；总结了“十一五”期间的法律援助工作；表彰了法律援助先进集体 50 个和先进个人 100 名；部署了当前和今后一个时期的法律援助工作。会议由刘学普副市长主持，市委常委、政法委书记刘光磊出席会议并讲话。市司法局党委副书记、副局长张晓涛总结和部署了法律援助工作。

6 月 17 日，完成 2011 年法律援助工作执业证年审注册 854 人，法律援助律师年审注册 96 人。

6 月 27 日，《重庆市司法局关于做好阳光政法法律援助工作的通知》下发。

7 月 5 日，市政府办公厅召集相关部门专题研究全市法律援助工作。会议由市政府副秘书长王爱祖主持，市委常委、常务副市长马正其到会并讲话。市司法局局长林育均汇报了全市法律援助工作情况，针对法律援助机构编制和人员、法律援助机构改革、法律援助经费保障、法律援助便民服务基础设施建设以及完善创新法律援助介入信访机制等方面向市政府提出了相关建议。

8 月 14 日，与市总工会、市流管办联合下发《关于加强流动人口维权工作的意见》。《意见》的出台为依法维护流动务工人员合法权益，营造流动务工人员良好的创业发展、生产生活环境，促进我市城乡统筹发展起到了积极的作用。通过强化工作联动机制，强化法律援助对接机制，强化法制宣传教育工作机制，积极探索维权方式等方式，大力提高流动务工人员组织化程度、提高维权服务水平等，着力解决涉及流动务工人员权益维护的突出问题。

9 月 5 日，市司法局与市财政局联合下发《关于进一步加强法律援助经费保障工作的意见》。文件重新调整案件补贴方式，对市和区县财政 1∶1 分级负担的比例进行调整。即：按照 1 个案件 1100 元的补贴标准，重新调整市和区县的分担比例。主城 9 区，市财政承担 20%，区县财政承担 80%；两翼区县，市财政承担 70%，区县财政承担 30%；其他区县，市财政承担 50%，区县财政承担

50%，并规定专款下达法律援助办案补助，要求逐步建立经费动态调整机制。

9月16日，市司法局任命叶隽担任法援处处长，吕文建担任市律协纪委书记。

10月11日至22日，市法援处与市律协举办全市法律援助律师任前培训班。

10月，为认真贯彻落实全市法律援助工作暨表彰会议精神，努力完成重庆市法律援助"十二五"目标任务，确保实现法律援助"应援优援"，市司法局组织对区县开展了法律援助"规范与质量"检查活动。检查组工作人员由法律援助处、计财处、监察室人员组成，着重对2010年法律援助案件受理、审查、指派和办理情况，经费保障、管理和使用情况，案件质量情况以及2011年法律援助民心工程实施完成情况、便民服务活动情况进行检查。为确保法律援助案件质量检查评分客观公正，创新开展工作，不再面对面评分，将区县案卷带回法援处，组织专家律师依据评分细则评分。

11月6日，为庆祝第五个重庆农民工日，在全市开展法律服务情系农民工系列活动，在重庆江北区观音桥商圈设立法律援助服务活动现场，进行法律援助宣传及现场咨询活动。

11月23日，朱小萍副处长参加重庆广播电台"阳光重庆"法律援助访谈直播节目。

11月23日至25日，全市法律援助工作培训班举办，全市司法局分管局长、法援中心主任参加培训。与会人员还就法律援助机构人员经费和质量管理等方面进行了座谈。

11月24日，《重庆日报》专题报道重庆市法律援助工作，题为"重庆法律援助：服务困难群体，锻造法制品牌"。

12月1日，市司法局陈秋明副巡视员带队旁听法律援助案件，市法援处拟将旁听庭审作为援助案件质量评估的重要措施予以常态化。

（重庆市法律援助管理处）

四川省法律援助工作概况

2011年，全省各级法律援助机构在司法厅党委的领导下，认真学习贯彻全国法律援助工作座谈会和全省司法行政工作会议精神，紧紧围绕三项重点工作，以切实抓好省政府法律援助民生工程为重点，以全省司法行政系统开展"警民亲"活动，落实服务群众"八件实事"为推手，以"我为党旗添光彩法律援助惠民服务"活动和在窗口单位及服务行业开展"为民服务创先争优"活动为平台，积极开展工作，取得了可喜成绩。全省已超额完成省政府法律援助民生工程目标任务的126%；新建成并投入使用40个规范化法律援助接待受理大厅；顺利实施中央专项彩票公益金法律援助项目；受理法律援助案件41747件，受援人54927人，案件数量与去年持平，位居西部第一，全国前列。办理法律咨询、代书等其他法律援助事项372813人次，为困难群众挽回和避免经济损失5.8亿元。省法律援助中心被司法部评为"1+1"中国法律援助志愿者行动先进单位。成都市法律援助中心被司法部确定为全国首届十佳法律援助机构候选单位。

一、精心组织，圆满完成法律援助民生工程

2011年是全省实施法律援助民生工程

的第二年。全省各级司法行政部门和法律援助机构制定出更加科学合理的实施方案，采取了更加扎实有效的举措，超额完成了法律援助民生工程的目标任务，受到了省政府目标办的好评。一是高度重视，加强领导。3月16日，司法厅召开全省法律援助工作会议，安排部署2011年度民生工程工作。会议要求各级司法局要把民生工程放在重要位置，主要领导必须亲自抓，要强化目标责任，分阶段实施检查，积极与相关部门做好协调沟通工作。会后，绵阳、眉山、泸州、宜宾、雅安等地纷纷召开全市法律援助工作会议，传达贯彻全省会议精神，安排部署各项工作。二是强化目标责任。2月22日，以司法厅名义迅速制定并下发了《四川省法律援助民生工程实施意见》。各地紧密结合实际，制定《实施细则》，将民生工程项目指标层层分解到各县（市、区）司法局，将工作任务细化落实到每一个乡（镇）司法所、法律服务所，强化了工作责任。三是加强检查督办。各地在定期向司法厅领导汇报工作开展情况的同时，省法律援助中心派出工作组分赴泸州、自贡、宜宾、内江、资阳等地，实地检查督促工作。6月至7月，省法律援助中心还会同省财政厅对都江堰市、青白江区、金堂县、涪城区、游仙区、安县等18个县区使用法律援助民生工程资金等情况开展了专项检查，推动了法律援助资金的落实到位。四是加强协调沟通。各级司法行政机关定期向各级政府汇报民生工程的实施情况及存在的困难和问题，加强和政府相关部门的协调，较好地解决了完成目标任务所需的资金、设备和建设等方面的问题。

二、落实服务群众“八件实事”，构建“一小时法律援助服务圈”

为加强和改善法律援助机构网络建设、提升便民利民能力，为困难群众提供更加快捷、方便的服务，司法厅将构建全省“一小时法律援助服务圈”作为司法行政系统开展“警民亲”活动及落实服务群众“八件实事”的重要目标。为此，各地按照司法厅要求，积极行动，全力推进，工作取得长足进展。

一是加大了网络建设，提高了网络覆盖率。全年全省新增乡镇（街道）法律援助工作站700个，使全省依托乡镇（街道）司法所成立工作站达到4001个，覆盖了全省85%的乡镇（街道）。对暂未建立法律援助工作站的乡镇（街道）或道路条件差的乡村，由县或乡建立流动工作站定期下乡村提供服务。同时，还将近万名人民调解员确定为村社法律援助联络员。乐山、广安、资阳、达州、自贡等地按照行政区域科学合理布局，在每个乡镇（街道）依托司法所建立法律援助工作站。绘制了标明法律援助工作站（联系点）的名称、负责人、联系电话的“一小时法律援助服务圈”示意图，并通过媒体将该示意图向社会公开，方便群众咨询来访。

二是整合服务资源，扩大服务站点。司法厅在律师事务所和法律服务所推行代为受理法律援助申请制度，要求各律师事务所和法律服务所在开展业务过程中，免费解答公民咨询。对公民提出的法律援助申请，代理法律援助机构先行受理并转交法律援助中心审查指派。实行代理申请制度，将全省836家律师事务所和1297家基层法律服务所变成法律援助的接待站、受理点和宣传窗口，使全省法律援助接待点增加了2133个，拓展了工作网络，方便了群众，提高了效率。

三是创新服务方式，提高服务效率。各地积极畅通申请渠道，理清工作流程，对申请人实行“一站式服务”，对老、弱、病、残等出行不便的群众，实行预约上门服务。目前，“一小时法律援助服务圈”已覆盖了全部城镇居民和绝大部分农村居民，基本实现了群众借助公共交通工具，一小时内能够找到一家法律援助工作机构（人员）的目标。

三、推动法律援助"十二五"规划落实，有效服务困难群众

2011年是实施法律援助"十二五"规划的开局之年，各地按照司法部法律援助"十二五"规划要求，不断完善便民利民措施，进一步扩大法律援助覆盖面，提高服务质量和效率，为困难群众提供了优质高效的法律援助服务。

（一）法律援助覆盖面得到进一步扩大。各地根据当地经济社会发展水平和基层困难群众的实际需求，积极采取实际措施降低门槛、扩大覆盖面，更好地满足困难群众不断增加的法律援助需求。德阳、南充、遂宁、广安等地将经济困难标准提高到低保线的两倍，降低了门槛。成都、广元、宜宾、攀枝花、巴中、甘孜、阿坝七个地市将农民工交通事故、医患纠纷、大学生创业就业等与民生问题紧密相关的、困难群众迫切需要得到帮助的事项，纳入到法律援助范围。

（二）重点人群和重点领域法律援助工作得到提升。一是农民工法律援助便民举措常态化。通过开通绿色通道，简化手续，快速办理，与相关部门联手在外出农民工主要聚集地设立农民工法律援助维权联系站（点），与其他省、市、区签署《外出农民工法律援助合作协议》等方式，方便农民工案件的受理、办理。通过年初开展的"岁末年初为农民工讨薪专项法律援助活动"，集中办理农民工法律援助案件。全年共办理农民工法律援助案件13528件，受援人达15976人。二是积极采取措施，让妇女儿童、残疾人等重点人群及时获得法律援助。进一步抓好"预防和制止家庭暴力"法律援助工作，维护妇女儿童合法权益。采用电话预约、上门服务等便利方式做好残疾人法律援助工作，消除他们在获得法律援助时面临的物质、语言等方面的障碍。全年共办理妇女儿童案件13677件，受援人达17205人；残疾人案件3102件，受援人达3518人。三是做好涉法涉诉信访法律援助工作。全省各地充分发挥法律援助化解信访纠纷的特殊作用，建立健全了法律援助参与涉法信访工作机制。定期安排援助律师参与信访值班，选派优秀律师参与党委、政府开展的"大接访"活动，挂牌督办有重大社会影响的信访案件，最大限度减少不和谐因素，取得了良好的社会效果。

（三）刑事法律援助工作得到加强。各地认真贯彻宽严相济刑事法律政策，扩大刑事法律援助范围，提高辩护、代理质量，促进了案件的公正审理，维护了司法人权。省司法厅与省法院会签的《四川省关于规范量刑程序若干问题的实施意见》进一步规范了刑事法律援助工作，扩大了刑事法律援助的范围。2011年，全省通过法律援助提供刑事辩护的案件为6313件。法律援助承担的刑事辩护工作约占全省刑事案件总数的20%。省司法厅高度重视涉及藏区稳定的刑事法律援助工作，针对"3·14"事件和"3·16"事件，在党委、政府的统一领导下，积极组织律师开展法制宣传和刑事辩护工作，取得了良好的工作成效，为藏区稳定做出了贡献，受到省委主要领导的充分肯定。

（四）重大典型案件办理取得显著成果。集中力量办理好党委、政府高度关注的、涉及群众切身利益的群体性、敏感性重大典型案件，既是化解矛盾纠纷、维护社会和谐稳定的需要，也是提高法律援助工作在党委、政府工作中的地位、加快工作发展的需要，还是集中宣传法律援助工作、扩大社会影响的需要。各地司法行政部门和法律援助机构主要领导亲自抓重大案件的办理工作，取得显著成果。如省政府交办的"广东潮安县川籍民工法律援助案"、省法律援助中心联合泸州办理的"江平等400余名农民工吉林白山市讨薪案"以及联合内江办理的"218

户村民土地流转纠纷案件”等。

四、开展法律援助专项活动，推动工作创新发展

按照司法部和省委、省政府的要求，全省法律援助系统先后开展了“我为党旗添光彩法律援助惠民服务”“为民服务创先争优”及“岁末年初农民工讨薪专项行动”等活动。各地通过在法律援助接待受理场所积极推行亮工作证件、亮党员身份、亮法律援助申请条件的“三亮”服务，提高了质量，树立了良好的窗口形象；通过在法律援助队伍中开展“比技能、比作风、比业绩”活动，提升了法律援助服务和管理水平；通过发放监督卡、电话回访、上门交流等方式，征求党委、政府及受援群众的意见和建议，接受监督，改进作风，完善了服务。通过建立“党员法律援助服务队”、全面推行“法律援助机构首席律师制度”等措施，组成法律援助骨干力量，重点办理各类群体性、敏感性、涉法涉诉信访案件以及党委、政府高度重视、社会各界广泛关注的法律援助案件。在岁末年初农民工工伤、欠薪高发期，集中力量办理了一大批涉及农民工工伤、欠薪的案件。利用农民工返乡的时机，积极开展送法下乡、法律进社区、法律援助进工地等公益活动。引领律师积极参加到法律援助工作中，提高了法律援助的服务质量和服务水平。

五、加强理论研究和立法工作，夯实工作基础

一是配合省人大开展修订《四川省法律援助条例》的调研工作。通过积极争取，省人大将《四川省法律援助条例》列入了地方法规立法修改项目。10月，司法厅配合省人大赴德阳、巴中、达州、广安等地开展调研活动，取得了《条例》修改的基础性材料。二是做好理论调研工作。组织全省法律援助系统围绕社会管理创新这一重大课题做好理论调研工作。其中，省法律援助中心相继完成了《关于加强和改进法律援助工作的调研报告》《关于加强和改进法律援助工作的思考与建议》《四川省法律援助经费保障及业务装备建设情况报告》《对我省少数民族地区法律援助工作的思考和建议》《关于四川省法律援助“三项标准”动态调整机制的情况报告》《法律援助工作服务社会管理创新》等一系列的专题调研，受到司法部领导的好评，为掌握全省法律援助工作的基本情况，确定下一步工作的落脚点和着重点提供了参考依据。

六、认真实施法律援助项目工作，增强服务能力

省法律援助中心积极争取中国法律援助基金会在财力、人力方面的支持，全力实施中央专项彩票公益金法律援助项目（以下简称“彩票公益金项目”）和西部律师、大学生志愿者项目（以下简称“志愿者项目”），缓解了全省法律援助工作经费、人员紧张的矛盾，增强了服务能力。一是顺利实施“彩票公益金项目”。省法律援助中心在精心确定项目实施单位的基础上，通过举办培训班、召开工作会、片区会、开展专项检查等方式推进工作开展，取得好的效果。受理各类法律援助案件1432件，结案1410件，超额完成任务。二是全面推进“志愿者项目”。在中国法律援助基金会的支持下，通过“志愿者项目”向全省5个无律师县派出律师志愿者5名，专职从事法律援助工作。

七、加强培训工作，提升法律援助队伍素质

（一）做好以十项规章制度为重点的管理技能培训。省司法厅在年初颁布的《四川省法律援助程序规则》《四川省法律援助人员执业规范》等十项规章制度，是在认真总结各地实践经验、广泛借鉴外省市先进做法、充分调查研究的基础上形成的，对于加强法律援助规范管理、提高法律援助服务质量具有重要意义。制度颁布后，省法律援助中心在上半年专门对21个市州及部分县区的200余名法律援助机构负责人和管理干部进行了培训。各地也相应开展了对本地区法律援助工作人员的培训，绵阳等地还召开了十项规章制度适用的经验交流现场会。同时，省法律援助中心还相继举办了法律援助机构统计人员、彩票公益金项目实施单位管理人员等方面的培训，全面提高管理能力。

（二）做好法律援助办案技能培训工作。为提高法律援助机构办案人员的办案技能，帮助他们及时了解掌握最新的法律法规、司法解释，省法律援助中心在12月专门举办了150人参加的全省法律援助机构专职律师业务部培训班，聘请专家专题讲授了人民调解法、社会保险法、《刑法修正案（八）解读》《婚姻法及司法解释》和《常见劳动争议案件及处理技巧》等方面的知识。

八、强化宣传，提高法律援助社会影响力

各级领导高度重视法律援助宣传工作，省司法厅领导和各地党委、政府领导纷纷通过电视讲话、发表署名文章、接受记者专访等形式宣传全省法律援助工作。司法行政部门和法律援助机构积极行动，采取多种形式广泛、深入地开展法律援助宣传，取得了较好的社会效果。

（一）积极开展专题宣传活动。各地利用“3·8妇女维权日”、“3·15消费者权益日”以及农民工返乡等时机，通过送法下乡、送法进校园、送法进社区等形式，大力开展丰富多彩、形式多样的宣传活动，扩大了法律援助的社会影响力。据统计，全省共组织宣传活动687场次，发放各类宣传资料608576份，现场解答群众法律咨询98452人次，现场受理法律援助案件693件。

（二）围绕重点工作和典型案件开展宣传。各地加强与电视、广播、报纸、互联网等宣传媒体的沟通和合作，及时宣传法律援助工作中好的做法及典型案例。中央电视台、《法制日报》、四川电视台、《四川日报》《华西都市报》《四川法制报》等主流媒体，新华网、人民网、新浪等门户网站连续报道了全省司法行政系统开展“警民亲”活动，落实服务群众“八件实事”、“我为党旗添光彩法律援助惠民服务”活动、“1+1”法律援助志愿者、法律援助民生工程、“岁末年初为农民工讨薪专项法律援助活动”等多项工作，集中报道了“广东潮安县川籍民工法律援助案”“内江218户村民土地流转纠纷案”等典型案件。宣传报道在社会上引起了热烈的反响，扩大了法律援助的社会影响力。据统计，全年各地各级新闻媒体开展法律援助宣传报道2231次。其中，省法律援助中心组织开展的工作被中央、省级各类新闻媒体宣传报道75次。

（三）创新宣传方式手段，增强宣传效果。成都等地在城市市区设立电子屏显示公益广告或在主要路口设立法律援助机构指示牌，既方便了申请援助的群众，又起到了很好的宣传作用。省法律援助中心精选近两年各地办理的典型案件，编辑整理了《四川省百例优秀法律援助案件选编》向领导、相关单位、媒体等发送，取得了良好的宣传效果。

四川省法律援助工作大事记

1月18日，省法律援助中心印发了《2010年四川省法律援助工作总结》和《2011年四川省法律援助工作要点》。

1月20日，为切实维护农民工的合法权益和社会稳定，省司法厅下发《关于做好春节期间农民工法律援助工作的通知》，要求各地简化受理程序、扩大援助事项、创新服务方式，集中处理涉及农民工的法律纠纷，让农民工过好春节。

2月22日，省司法厅制定印发了《四川省法律援助民生工程实施意见》，将民生工程目标任务分解到各市、州，并详尽规定了对资金保障、工作措施以及考核标准等内容，全面安排部署民生工程的实施工作。

2月28日，为全面了解“1+1”中国法律援助志愿者行动2010年的开展情况，认真总结项目成果和经验，进一步推动“1+1”行动的深入开展，中国法律援助基金会到本省进行项目调研，省法律援助中心于2月28日召开“1+1”中国法律援助志愿者座谈会。

3月2日，向省委宣传部报送2011年四川省法律援助民生工程宣传方案。

3月15日，全省法律援助工作会议在成都召开，会议总结了2010年度法律援助工作及法律援助民生工程的实施情况，安排部署了2011年度法律援助工作。

3月31日，为切实加强法律援助工作标准化、规范化、制度化建设，全面提升服务质量和服务水平，省司法厅制定下发《四川省法律援助程序规则》《四川省法律援助机构接待来访制度》《四川省法律援助重大疑难案件讨论制度》《四川省法律援助事项异地协作办法》《四川省法律援助人员执业规范》《四川省法律援助服务质量监督考评办法》《四川省法律援助业务档案管理办法》《四川省法律援助案件投诉处理办法》《四川省乡镇（街道）法律援助工作站管理办法》《四川省法律援助人员职业道德与执业纪律》10项制度。

5月10日，省司法厅下发《关于在全省开展“我为党旗添光彩法律援助惠民服务”活动的通知》，安排部署在全省开展为期半年的惠民服务活动。

5月18日上午，省司法厅、成都市司法局在成都举行“我为党旗添光彩法律援助惠民服务活动”启动仪式，动员和部署全省为期半年的法律援助惠民服务活动。省司法厅厅长李仲彬，副厅长陈昌斌，省直机关工委副书记汤建平，省总工会副主席胥纯，团省委机关党委书记彭闯，省妇联副主席施克玲等领导出席。省司法厅及成都市司法局机关干部、党员律师、党员公证员、大学生志愿者等共计500余人参加了启动仪式。成都市五个城区的司法局同时在各自的辖区内开展法律援助宣传服务活动。新华社四川分社、《法制日报》《四川日报》、四川电视台、四川人民广播电台、《四川法制报》《成都商报》《华西都市报》等21家媒体对活动进行了广泛的宣传报道。

5月23日至27日，省法律援助中心参加四川人民广播电台《阳光政务》法律援助上线工作，接听热线电话，解答群众的法律援助咨询，受理法律援助案件。

5月31日，四川省、内江市及市中区三级法律援助中心在内江市市中区沱江乡甘家渡村现场集中受理218户村民土地租赁合同纠纷一案。活动中，村民在法律援助受理登记表、民事起诉状和授权委托书上签字、捺印。这标志着涉及218户1000余名村民的土地流转合同纠纷案件正式进入法律援助程序。四川卫视、四川人民广播电台、《四川日报》《四川法制报》、四川在线、四川新闻网等6家媒体对受理活动和案件办理情况进行了深入采访报道。

6月2日，省政府督查室召开全省民生工程工作会，省司法厅和法律援助中心作为实施单位参加会议，汇报了1月至5月民生工程工作情况。截至5月底，全省共受理法律援助案件14177件，办理法律咨询、代书等其他法律援助事项150303件，共计服务受援人群178657人次，完成全年目标任务的51.04%，实现了时间未过半任务过半；35个接待受理厅建设工作全面启动，其中已建成3个，已完成选址但未落实建设资金15

个，已完成选址且落实建设资金 17 个。

6 月 11 日至 13 日，按照张作哈副省长、李仲彬厅长指示，由陈昌斌副厅长带领省法律援助中心、省律协等人员组成工作组赴广东省潮州市潮安县，为熊汉江以及 17 名涉案的四川籍农民工提供法律援助。

6 月 16 日，原省政府副省长张作哈就“广东潮安县川籍民工法律援助案”作出批示：“司法厅高度重视，快速启动，及时赶往案发地，做了大量工作，感谢同志们辛勤工作。”

6 月 20 日至 22 日，为了提高全省法律援助机构管理干部业务水平，创新工作能力，提高综合素质，省法律援助中心举办全省法律援助机构管理干部培训班，讲授《四川省法律援助十项制度》、人民调解法、社会保险法等内容。

6 月 20 日至 7 月 25 日，省法律援助中心会同省财政厅派出工作组对青白江区、都江堰市、金堂县等 18 个县区开展 2010 年度中央和省级补助地方法律援助办案专款使用情况的专项检查。法律援助经费管理使用情况得到了省财政厅的充分肯定。

7 月 11 日至 15 日，王主任一行 4 人前往吉林省白山市办理泸州市 400 民工讨薪案，当地政府及法院同意介入调解。

7 月 11 日至 13 日，司法部在北京召开“1 + 1”志愿者表彰总结会，省法律援助中心被评为“1 + 1”中国法律援助志愿者行动先进单位。

7 月 28 日，《关于建立律师事务所代为受理法律援助申请制度的通知》（川司援〔2011〕通字第 13 号）下发省直律师事务所。率先在省司法厅 97 家直属律师事务所中建立代理法律援助申请制度，延伸法律服务网络，提高服务效率，更好地服务困难群众。

8 月 15 日，为深入贯彻落实全省政法工作会议和全省司法行政系统服务群众“八件实事”推进会议精神，构建“一小时法律援助服务圈”，进一步推动全省社会组织开展法律援助工作，省法律援助中心组织召开了四川省社会组织开展法律援助工作座谈会。参加座谈会的有：省总工会、省妇联、共青团省委、省残联、省老龄委、武警四川省总队、省农劳办、四川大学、西南财经大学、西南石油大学和四川省农民工法律援助工作站等 11 家单位。

9 月 6 日至 9 日，陈昌斌副厅长率队到达州、广安督导服务群众“八件实事”落实情况。

10 月 8 日至 12 日，陈昌斌副厅长率队陪同省人大相关领导到德阳、达州、巴中、广安开展《四川省法律援助条例（修正案）》立法调研。

11 月 3 日，省法律援助中心召集成都、绵阳、德阳、乐山、南充、广安、巴中、泸州、资阳、眉山市法律援助处（科、中心），金堂、三台、射洪县司法局召开部分市州法律援助机构负责人及部分县司法局负责人座谈会。

11 月 16 日，向各市州司法局下发《关于在全省法律援助机构深入开展“为民服务创先争优”活动的通知》。

11 月 22 日，四川省法律援助统计工作培训班举办。

11 月，《四川省百例优秀法律援助案件选编》发至各市州、省级法律援助工作站。

12 月 13 日至 15 日，全省法律援助机构专职律师培训班举办。

2011 年，圆满完成年度法律援助民生工程目标任务。服务受援人群 441961 人次，完成全年目标任务的 126.27%。40 个接待受理大厅目前已全部完成并投入使用，完成接待受理大厅建设任务的 100%。

“一小时法律援助服务圈”已覆盖了全部城镇居民和绝大部分农村居民，基本实现法律援助服务全覆盖。新建成 40 个县级规范化法律援助接待受理大厅，新建成700个乡镇（街道）法律援助工作站，使全省依托乡镇（街道）司法所成立工作站达4001个，占全省乡镇（街道）总数的85%，依托工青妇残等社会组织成立工作站达1738个，两者共计5739个。

（四川省法律援助中心）

贵州省法律援助工作概况

2011年，全省法律援助机构认真贯彻落实全国司法厅（局）长和全省司法行政工作会议精神，紧紧围绕中心，服务大局，服务保障民生，努力为困难群众和弱势群体提供法律援助，圆满完成了全年工作任务。全年全省各级法律援助机构共办理各类法律援助案件23923件，同比增加6298件，增长率为35.73%，其中：刑事援助案件4594件，民事援助案件19257件（2010年为11973件），同比增加7284件，增长率为60.83%，行政诉讼案件72件，受援人数为26686人，解答各类法律咨询80167人次。省法律援助中心受理各类案件181件，其中刑事案件168件，民事案件13件，解答各类法律咨询2015人次。全年全省投入法律援助业务经费2618.94万元，同比增长42.86%，其中，中央财政投入补助地方法律援助办案专款1600万元，同比增长107.79%。案件补贴标准平均增至774元，同比提高39.07%。

一、深入推进"法律援助大回访"活动

年初，省司法厅向9个市（州、地）司法局下发了《关于深入开展好"法律援助大回访"活动的通知》，各地采取多种回访方式，深入推进"法律援助大回访"活动，取得了良好社会效果。10月，省委常委、副省长黄康生，省委常委、省委政法委书记崔亚东亲自回访法律援助受援人。两位省领导对司法厅开展的"法律援助大回访"活动给予了充分的肯定和高度的评价，崔亚东书记指出：司法厅开展的"法律援助大回访"活动，有效地解决了基层群众"打官司难、诉讼难、执行难"的问题，化解了大量社会矛盾，维护了人民群众的合法权益，最大限度地增加了社会和谐因素，最大限度地化解了不和谐因素。体现了司法为民的本质，是社会管理的一项创新好举措。活动的深入推进得到司法部的认可，3月30日，在全国法律援助便民服务主题活动电视电话会议上，司法厅厅长刘伟作了题为"开展'法律援助大回访'　切实提升便民服务成效"的交流发言；10月12日，在司法部举办的全国法律援助工作座谈会上，司法厅厅长刘伟又作了题为"以开展法律援助大回访活动为抓手，打造司法行政服务为民窗口"的经验交流发言，宣传和提升了全省法律援助工作在全国的影响力。全省法律援助机构还对2010年度已办理的大部分法律援助案件进行了回访，共计回访受援人9592人，满意率为99.7%。

二、深入推进法律援助进乡村活动

年初，省司法厅向9个市（州、地）司法局下发了《关于深入推进法律援助进乡村、进社区工作的通知》，要求深入推进法律援助进乡村、进社区工作，加强法律援助工作站、联络点的建设，进一步构建覆盖最基层的法律援助服务网络，切实推进法律援助进乡村活动，为基层困难群众提供方便、快捷

的法律援助服务。一是加大力度，扩大试点范围。在2010年30个试点县的基础上，再增加30个试点县，实现试点工作大范围覆盖，为全面推进工作打下了好的基础。二是加快法律援助工作站、联络点建设进展。在试点县（市、区）的乡（镇、街道）全部建立健全了法律援助工作站，村（居）、社区都建立起了法律援助联络点。并制定了工作站和联络站（点）工作制度和职责，把法律援助对象、援助事项范围、法律援助的申请、办理程序、联络员和信息员的姓名、电话上墙公开。三是充分利用已建好的工作站、联络点加大法律援助宣传力度，进一步提高了法律援助在基层农村、社区的知晓率，引导基层群众依法有序表达诉求。全省99个法律援助机构中已有64家建立了专门接待场所，其中有14家设置了无障碍通道，建立村（居）、社区法律援助联络点12184个，有联络员（信息员）18766人，覆盖率为63.18%。

三、加强专项经费和案件质量的监督管理

7月29日，向各市（州、地）司法局下发了《关于开展法律援助经费和中央专项彩票公益金法律援助项目检查的通知》，在全省开展法律援助专项经费和中央专项彩票公益金法律援助项目及案件质量检查活动，规范经费的使用和管理，杜绝违规违纪现象的发生，提高案件质量。10月至11月，在县（市、区）局自查、市（州、地）局检查的基础上，司法厅法援处组织专人对7个市（州、地）共20个县（市、区）的法律援助机构2010年中央补助地方法律援助专项经费使用和管理、中央专项彩票公益金法律援助项目及案件质量情况进行了检查。检查结果显示，经费管理和使用总体情况是好的，没有挪用、挤占和贪污现象的发生，账务基本清楚，案件补贴审批支付符合财务制度，案件补贴均发到办案人手里，案件补贴标准普遍有所提高，资金和财务管理逐步规范，彩票公益金案件补贴足额发放。有的县法律援助机构已经实现经费财务独立管理。案件质量方面，通过随机抽取，对20个县（市、区）法律援助机构办理的案件进行了检查，其中刑事法律援助案件卷宗234件、民事法律援助案件卷宗228件、非诉讼法律援助案件卷宗127件、公证援助案件卷宗29件，办案质量整体上是好的。有的县70%以上案件质量达到良好标准，办案人员尽职尽责，案件受理、审批、指派基本上符合规范，卷宗整理归档符合要求，办案过程中没有发生违规违纪现象。

四、积极开展法律援助宣传工作

3月6日，在人民广场举办了“真情三月关爱女性”及纪念《贵州省法律援助条例》颁布实施九周年大型法律援助公益宣传活动。省政协、省妇联、司法厅领导与社会各界妇女代表、司法厅机关干部及多名律师参加了活动。活动中，律师等耐心细致地解答了群众咨询。上半年，印刷了国务院《法律援助条例》和《贵州省法律援助条例》各5万册，下发到全省每个乡镇、行政村及社区，在农村广泛进行法律援助宣传。同时与贵州省人民广播电台合作，继续开通法律援助空中热线节目，让更多的群众能够从各个渠道了解法律援助。

五、积极实施彩票公益金和“1+1志愿者”法律援助项目

为了加强管理和更好地推进项目工作，根据中国法律援助基金会的要求，减少了县级项目实施单位，只确立9个市（州、地）法律援助中心为项目实施单位，提高了项目实施效率，9月底前就按质按量超额完成了全年工作任务。全年共完成中央彩票公益金法律援助项目计划资金180.355万元，案件1231件。

在贵州省服务的7名“1+1”中国法律援助志愿者律师服务贵州“1+1”法律援助

志愿者律师团。7名律师通过电话和互联网，对法律援助疑难案件进行共同讨论和研究，互相交流经验，得到中国法律援助基金会的认可。拍摄的反映志愿者律师团队服务的宣传短片“我们不是一个人在战斗”受到了中国法律援助基金会领导的肯定，并在北京召开的“1+1”志愿者律师招募工作座谈会上播出和宣传。6月28日，在7名律师服务期届满之际，召开座谈会对他们一年的志愿工作进行了总结。7月，在中国法律援助基金会召开的“1+1”中国法律援助志愿者律师座谈会上，又派给贵州省10名志愿者律师。在司法厅法援处的指导下，10名志愿者律师积极开展工作，被法律援助空中热线节目聘为律师顾问团，参与解答热线听众的咨询。

六、争取党委、政府重视，提升便民服务水平

2011年，全省各级司法行政机关主要领导积极向当地党委、政府汇报法律援助工作，争取重视和支持，不断提升便民服务水平，取得了一定成效。贵阳市市委书记和市长多次对法律援助工作作出批示，把法律援助作为加强和创新社会管理的重要工作来抓；黔东南州州委、州政府多次召开专题会议听取汇报，研究部署全州法律援助工作，把法律援助工作列入州十大民生工程，对法律援助经费保障作出了硬性规定。在各级地方党委、政府的重视和支持下，法律援助便民服务工作取得了明显成效。一是抓“12348”热线的建设和服务。贵阳、遵义等地区投入了大量资金，建立了专门服务平台，安排律师全天候值班解答咨询。二是将涉及民生的一些事项纳入援助范围，降低门槛，放宽标准。三是与公、检、法、民政、劳动等部门建立了协作机制，方便困难群众和弱势群体获得更加方便、快捷的法律援助，提高了法律援助的效率。四是一些法律援助机构建立了方便群众的接待场所。五是集中力量办一些法律援助大案，提升了影响力，赢得了群众对法律援助的信任。随着便民服务水平的提升，获得法律援助的困难群众明显增多。

七、积极开展“四帮四促”、“万名干部下基层”等活动

为认真贯彻落实《中共贵州省委关于在全省领导干部中开展“四帮四促”活动　进一步做好新形势下群众工作的意见》等文件精神，按照司法厅党委统一部署和要求，省司法厅法援处结合“处长下基层”“创先争优”“三个建设年”等活动和法律援助工作实际，全年共计派出35人次，深入49个基层单位（地方），召开（参加）座谈会49次，扎扎实实帮促基层，真心实意服务群众，取得了较好效果。

另外，全省各级法律援助机构积极开展培训工作。省法律援助处对全省县级以上法律援助机构负责人进行了培训，各市（州、地）对辖区内的法律援助机构人员进行了专门培训，各县（市、区）对司法所人员、村、社区法律援助联络员或信息员进行了培训。全年共培训34197人，培训学时达119473小时。通过培训，法律援助人员的知识、业务能力、管理水平明显增强。

（贵州省法律援助工作处）

云南省法律援助工作概况

2011年，全省法律援助机构在各级党委和政府的关心重视和有关部门、社会各界的大力支持下，认真贯彻落实国务院和云南省《法律援助条例》，紧紧围绕省司法厅党委中心工作大局和年初工作安排，积极履职尽责，不断开拓创新，突出工作重点和特色，较好完成了全年工作任务，全省法律援助工作继续保持了良好发展态势，为维护困难群众合法权益、保障社会公平正义、促进社会和谐稳定做出了积极贡献。

一、加强思想政治和业务建设，队伍服务能力不断提高

把学习贯彻党的十七届五中、六中全会和胡锦涛总书记"七一"重要讲话精神作为全年首要政治任务，认真学习贯彻省委八届十次、十一次全会和省第九次党代会精神。按照中央加强和创新社会管理要求和省"两强一堡"战略目标，积极开展"学习杨善洲"活动以及"发扬传统、坚定信念、执法为民"主题教育实践活动，切实改进工作作风，着力提高法律援助队伍思想政治素质。加强业务培训，创新培训方式，省司法厅通过法律援助信息管理系统平台远程培训、法律援助QQ群和电话指导等多种形式，面向全省开展法律援助业务技能培训，有效提高队伍的服务能力。认真组织开展全国、全省"双先""双十佳"评选表彰活动，以先进典型指导和推动全省法律援助工作的发展。

二、强化便民措施，服务困难群众成效显著

一是深入开展法律援助"一村一标牌"便民服务活动。在省司法厅党委高度重视和何剑文厅长的亲自主导下，法律援助"一村一标牌"便民服务活动在全省部署开展。要求在全省13977个行政村和社区人员集中的主要活动场所悬挂全省统一的法律援助便民指示牌，并健全完善村级联络员队伍，方便群众就近就便获取法律援助。至2011年年底，各地挂牌工作已近完成，活动正逐步转入基层队伍建设和网络延伸阶段。

二是创新载体，服务重点群体。针对当前社会热点，以农民工维权为重点，充分挖掘整合法律援助资源，依托云南天外天律师事务所设立云南省农民工法律援助维权中心，拓展农民工法律援助绿色通道，提升专业化服务水平，有效维护了农民工合法权益。

三是进一步深入推广"盘龙经验"，提升便民服务水平。各地结合实际，以学习推广"盘龙经验"为抓手，不断提升服务水平。昆明市五华区在"四个无障碍"基础上，把"盘龙经验"不断深化拓展，从援助网络、队伍、范围、措施和设施五个方面大力加强"五个无盲区"建设，切实提升了服务能力和水平。红河州充分发挥法律援助在创新社会管理中的重要职能作用，由州委政法委发文，将法律援助服务覆盖至辖区监狱劳教人员。昆明市着力构建"一小时法律援助服务圈"，进一步扩宽法律援助网络，方便困难群众申请获取法律援助服务。2011年，全省共办理法律援助案件31998件，接待法律咨询144207人次，共为受援人挽回损失或取得利益23382万元，其中省法律援助局办案552件，服务困难群众成效显著。

三、深入贯彻落实《条例》，制度化规范化建设取得新成果

以贯彻落实《云南省法律援助条例》为契机，省司法厅以制定出台与《条例》相关的配套制度作为工作重点，列入督办工作计划，按照领导督办、专人负责、严格时限的要求，切实推进相关法律援助制度建设工作。一年来，《云南省公证法律援助工作暂行办法》《云南省司法鉴定法律援助工作实施办法（试行）》《云南省法律援助案件质量监督管理暂行办法》等相继出台。《云南省法律援助与司法救助工作衔接规定》已进入征求意见阶段，各项配套制度建设稳步推进，全省法律援助制度化水平大幅提升。昆明、怒江等州市着力规范机构性质、理顺管理体制，在原有法律援助中心的基础上成立了法律援助局（科），有力地促进了工作的发展。西双版纳等州市人大常委会专题审议《云南省法律援助》贯彻执行情况，极大地促进了《条例》的贯彻落实。

四、多方争取支持，经费保障有了较大增加

在省司法厅分管厅领导的积极协调下，争取财政厅于5月16日、8月30日两次召开法律援助经费保障专题会议，就增加省本级法律援助办案业务经费、省级法律援助专项补助经费、调整法律援助办案补贴标准等问题达成了共识。联合省财政厅完成了对青海等西部省区的法律援助经费保障情况专项调研活动，并向省政府报送了《云南省司法厅关于解决法律援助经费问题的请示》，得到了省领导和财政部门的重视。经多方争取，2011年中央下达云南省法律援助办案补助专款达1550万元（居全国第一），省财政配套专款400万元，同时，争取省本级法律援助办案业务经费270万元（下年度），均较上年增长一倍。全省法律援助经费保障不足的问题得以逐步解决。此外，云南省法律援助基金会的资金募集工作开展有效。

五、积极推进项目合作，工作局面不断拓展

认真组织开展中央彩票公益金法律援助项目，2010年使用项目资金168万元，共办结案件1288件，指标完成率达107%，受到司法部充分肯定。中加法律援助合作项目有序推进，配合司法部于4月在腾冲召开中加法律援助合作项目启动会。10月，与到访的中加法律援助项目启动团共同研究确定了项目内容、费用分担、执行计划等重要事项，项目合作顺利启动。积极组织开展“1+1”法律援助志愿者项目工作，第二批9名律师志愿者一年服务期满，全部受到司法部表彰。第三批9名志愿者律师已分配至全省6州9县开展工作，有效缓解了当地法律专业人员紧缺的矛盾。与英国救助儿童会合作开展的未成年人法律援助项目也于9月正式启动。上述项目的开展，有效地辅助了全省法律援助工作的发展。

六、加大宣传力度，社会影响不断扩大

积极拓宽法律援助宣传思路，创新宣传载体，增强宣传效果。省司法厅与云南数字在线合作，录制法律援助专题节目在云南数字频道播出，宣传介绍全省法律援助工作；制作法律援助公益广告，自5月起，在云南电视台黄金时段播出；与《云南法制报》开展合作，开辟专版宣传法律援助工作，首期7月1日专版介绍全省“十一五”法律援助工作，取得了很好的宣传效果；协办《法治云南》，刊登法律援助精品案例“每月一案”，不断延伸宣传平台。昆明市嵩明县法律援助中心利用现代远程教育视频系统，对全县11个村委会的党员干部进行《条例》宣传培训；保山市利用农村数字电影平台在全市村（居）播放法律援助宣传短片；德宏州盈江县法律援助中心在“3·10”地震抗震救灾中，放宽标准，简化程序，及时为灾区群众提供便捷高效的法律援助，并深入灾民安置点有针对性地开展抗震救灾法律援助宣传，提升宣传效果。通过开展灵活多样、丰富多彩的宣传活动，法律援助民心工程日益深入人心，社会影响不断扩大，营造了良好的工作环境和氛围。

云南省法律援助工作大事记

3月，接司法部开展加强和改进法律援助工作调研的通知，省司法厅法律援助工作管理局组成两个调研组，到昆明市呈贡县、晋宁县、嵩明县和寻甸县进行了实地调研。

4月19日至22日，司法部法律援助中心以及确定为中加法律援助项目的云南、吉林、辽宁三个合作省的核心管理团队，在腾冲召开中国—加拿大向弱势群体提供法律援助项目启动会。

5月起，省司法厅参与制作的法律援助公益广告在云南电视台黄金时段播出。

5月13日，罗正云巡视员在省司法厅法援局负责人陪同下，到省农民工法律援助维权中心调研农民工法律援助工作。

5月16日，省司法厅与省财政厅召开法律援助经费保障专题会议。

5月31日，司法部部长吴爱英一行到云南省司法厅法律援助工作管理局视察工作。

6月7日，《云南省公证法律援助工作暂行办法》出台，《办法》将进一步促进公正法律援助工作的程序化、规范化、制度化。

6月12日至19日，省司法厅罗正云巡视员率调研组对宁夏、陕西、青海等西部地区法律援助经费的使用和管理进行调研，并以省财政厅、省司法厅名义起草专题报告报省政府，请求解决法律援助经费等相关问题。

7月1日，云南省农民工法律援助维权中心举行揭牌仪式。

7月1日，《云南法制日报》与省司法厅法律援助工作局签订宣传协议，设置了二周一期的法律援助专栏，并首期专版宣传了云南省“十一五”法律援助工作。

7月14日，省司法厅法援局在昆明组织召开了2011年“1+1”中国法律援助志愿者欢迎座谈会。

8月9日，云南省法律援助义卖捐赠合作签字仪式在昆明举行，省法律援助基金会理事长苏正国、常务副理事长杨铭玺出席了签字仪式。

8月16日至18日，由原省政协副主席和占钧、社法委主任杨铭玺、办公厅巡视员邓树斌等省政协老领导组成的调研组在省司法厅罗正云巡视员的陪同下，对楚雄州、昆明市贯彻落实《云南省法律援助条例》情况进行调研。

8月，省司法厅在全省部署开展法律援助“一村一标牌”便民活动，把法律援助工作进一步向边远农村和基层社区延伸。

8月30日，省司法厅与省财政厅召开了法律援助经费保障专题会议，就增加省本级法律援助办案业务经费、省级法律援助专项补助经费、调整法律援助办案补贴标准等问题达成了共识。

9月23日，省法律援助基金会和英国救助儿童会共同开展的“更光明的前程——推进中国未成年人司法保护”之未成年人法律援助项目启动会暨签字仪式在昆明丽都大酒店举行。

10月31日，中国—加拿大向弱势群体提供法律援助二期项目启动团来昆明座谈，并走访了昆明市五华区法律援助中心、云南大学法律援助工作站、云南省农民工法律援助维权中心。

11月15日，《云南省法律援助案件质量监督管理暂行办法》出台，《办法》将进一步健全、规范全省法律援助案件质量的监管机制。

11月15日，《云南省司法鉴定法律援助工作实施办法（试行）》出台，进一步扩大了法律援助实施主体。

12月5日至9日，省司法厅法援局及法律援助未成年人项目相关人员到广东省考察未成年人法律援助工作。

12月初，全省开展以《云南省法律援助条例》贯彻落实执行情况的调研检查工作在昆明启动。

12月29日，省司法厅法援局召开2011年“1+1”中国法律援助志愿者行动座谈会。

（云南省法律援助工作管理局）

西藏自治区法律援助工作概况

2011年，全区各级法律援助机构和法律援助人员认真开展“争先创优”“发扬传统、坚定信念、执法为民”活动，进一步提高执法能力和执业素质，为困难群众提供了优质法律援助服务，为全力服务于全区经济跨越式发展和社会长治久安等大局工作提供了有力保障。全年全区各级法律援助机构共办理法律援助案件1477件，代写法律文书1408份，解答法律咨询13016人次。

一、召开法律援助工作协调领导小组第一次联席会议

根据《西藏自治区关于加强法律援助工作的意见》（以下简称《意见》）关于建立自治区法律援助工作联席会议制度和《自治区政府办公厅批准成立西藏自治区法律援助工作协调领导小组通知》要求，积极做好第一次联席会议的各项准备工作，保证了第一次联席会议的顺利召开。联席会议由区政府办公厅叶银川副秘书长主持，司法厅何平副厅长作法律援助工作情况汇报，联席会议成员单位对《法律援助工作领导小组工作方案》进行了讨论，区政府李昭副主席发表讲话。会议确定由成员单位对《法律援助工作方案》再次进行修改后，经区政府办公厅批准由自治区法律援助工作协调领导小组印发各成员单位执行。

二、积极加强法律援助工作规范化建设

一是认真起草了《西藏自治区法律援助工作目标考核细则》。根据《意见》提出的要把法律援助工作纳入各级政府社会治安综合治理管理目标管理、实行法律援助工作目标考核和责任考核的要求，在借鉴其他省区经验的基础上，拟定了《西藏自治区法律援助工作目标考核细则》，并以司法厅文件上报自治区综治委。二是明确了法律援助服务大厅建设工作。鉴于自治区法律援助机构建立较晚，规范化建设工作仍未得到推动的实际情况，为深化法律援助便民服务工作，经司法厅党委会议研究同意，并经财政厅审核同意，决定使用中央补助地方法律援助办案经费设立20个法律援助机构的接待服务大厅。三是积极推动法律援助管理信息系统的运行工作。对全区各法律援助机构信息系统运行情况进行了通报，并派出人员协助昌都地区举办了法律援助管理信息系统培训班。

三、积极做好全国“双十佳”和“双先”评选工作

根据司法部评选第二届全国“十佳法律援助单位和十佳法律援助个人”与第四届

"法律援助先进集体和先进个人"的通知要求,按照司法厅领导指示精神,及时通知各地组织评选活动,在各地上报先进事迹材料的基础上,评选并上报了"双十佳"和"双先"事迹材料。

四、积极做好"1+1"法律援助志愿者项目工作

根据司法部法律援助工作司和中国法律援助基金会的通知要求,司法厅领导高度重视"1+1"法律援助志愿者律师申报工作,涂汉平、何平副厅长作出重要批示:"1+1"法律援助志愿者项目在我区的启动,解决了我区县无律师从事法律援助工作的实际问题,好事要办好,通过各地早报志愿者律师。根据司法厅领导指示精神,结合全区县级法律援助机构无律师的实际,及时通知各地上报志愿者律师需求情况。除林芝、山南、阿里地区外,其他共有34个县参与了申报工作,共有7名律师在其中的7个县从事法律援助志愿服务。

及时总结第一批"1+1"志愿服务工作。自治区法律援助中心和拉萨市法律援助中心领导看望了两名志愿者律师,并与服务县司法局领导和法律援助中心同志进行座谈,征求改进意见。在服务期结束时,举行了总结座谈会。其中,在堆龙德庆县提供志愿服务的霍奇律师被中国法律援助基金会评为先进个人,自治区法律援助中心被评为先进集体。

根据大学生西部志愿服务计划,经与团区委联系并向各地下发申报大学生西部志愿计划的通知。经申报批准,共向团区委申请了两个志愿岗位,分别在自治区法律援助中心和城关区法律援助中心从事一年的志愿服务工作。

五、认真实施中央彩票公益金资助法律援助案件项目

2011年度,全区共申报确定了9家项目实施单位,共办结中央彩票公益金资助法律援助项目案件523件,申请项目资金670600元,有效缓解了基层法律援助机构办案经费紧张的压力,为更多的困难群众提供了法律援助。

六、认真开展法律援助宣传工作

8月,适逢全区开展法律援助工作10周年,为了及时总结和展望全区法律援助工作,要求各地上报工作总结及典型案例。在各地上报材料的基础上,《西藏日报》于8月22日、23日对法律援助工作进行专刊报导;应《中国法律援助》编辑部约稿,在西藏和平解放60周年之际,撰写刊首语文章宣传全区法律援助工作;为加大《法律援助条例》和《西藏自治区关于加强法律援助工作意见》的宣传工作,增强困难群众对法律援助知晓率,特印制了《法律援助宣传手册》3万册,发各法律援助机构用于日常宣传工作;积极与司法厅法宣处和政治部组宣科联系,制作了《法律援助远程宣教片》,借助党员远程教育平台,进一步宣传法律援助制度。

七、积极加强法律援助协作

首次启动了省际法律援助协作。根据拉萨市法律援助中心和林周县法律援助中心的申请,首次启动了省际法律援助协作工作,要求青海省法律援助机构代理林周县籍群众的离婚案;与西藏民族学院法学院签订了学员、教师法律援助实习协议;接待中国政法大学来藏调研组,为他们介绍西藏法律援助工作情况。

八、积极做好人员培训工作

共派出4批8人到西部地区法律援助律师实务培训班和全国法律援助处长培训班参加培训;为在法律援助岗位工作的28人发放了《法律援助工作者证》,扩大了法律援助服务人员队伍。

(西藏自治区法律援助处)

陕西省法律援助工作概况

2011年，全省共办理法律援助案件17597件，其中刑事案件2424件，民事、行政及非诉案件15173件，办案总量同比增长49%；受援人数达19875人；为受援人挽回损失或取得利益28428.7万元，同比增长84%。

一、法律援助被纳入全省民生工程项目

法律援助工作被纳入《陕西省国民经济和社会发展第十二个五年规划纲要》。随后，省发改委和财政厅联合印发了《陕西省2011年民生工程实施方案》，首次把法律援助工作纳入全省民生工程实施项目，投资1020万元用于维护困难群众合法权益。

二、组织开展法律援助“三秦行”活动

以9月1日法律援助宣传日为契机，组织开展了声势浩大的“建设法治陕西，维护公平正义”法律援助“三秦行”主题实践周活动。活动开始前，精心组织编印了服务手册，制作了大量的法律援助宣传资料和宣传品；拍摄完成了法律援助公益广告，连续在电视台播出；在《陕西日报》等刊物开辟专栏宣传法律援助。9月1日，在新城广场举行了隆重的启动仪式。省委常委、常务副省长娄勤俭出席仪式并讲话，省人大常委会副主任白阿莹、省政法部门以及西安市、新城区有关领导出席了仪式。仪式结束后，组成10个活动小组，每组由一名司法厅领导带队，小组成员包括司法厅机关处长、副处长、律师、公证员、法律援助志愿者和记者等100余人，由司法厅配发给各市县的法律援助车辆组成宣传车队随行，深入全省10个市和107个县区，受理、督办和回访法律援助案件，举办业务培训等，取得了明显成效。在短短一周时间里，全省上下共举行启动仪式100余场，50余名厅局级领导、400余名县处级领导干部出席了启动仪式，50多个部门参与。现场受理群众咨询68400余人次，发放法律援助服务手册、宣传纪念品等资料230余万份，受理法律援助案件587件，现场督办法律援助案件144件。回访法律援助案件186件，案件质量满意率达到100%。举办法律援助知识讲座117场，培训法律援助工作人员、律师和基层法律服务工作者5000余人次。采访报道法律援助典型案例130件。检查“12348”法律援助专线电话值班室116个，通过“12348”接听解答法律咨询5000多人次。20余家媒体对“三秦行”活动进行了宣传报道，仅百度网的检索条目就超过了120余条。

三、开通全省“12348”法律援助专线电话

研发完成了“12348”专线电话管理软件，与电信部门沟通，整合建立了统一的电话信息技术平台；加强了“12348”专线电话制度化、规范化建设，制定了《陕西省“12348”法律援助专线电话工作职责和服务规范》《值班室管理规范》《值班人员工作纪律》等规范性文件；制作下发了全省统一的专线电话值班室标识、标志和各项规章制度牌匾，配发了专用电脑、电话、耳麦、打印机等专用设备；集中对全省值班人员进行业务技能培训，培训人数达200余人。9月1日，在全省范围内全面开通了“12348”法律援助专线电话。

四、加强对重大法律援助案件的协调督导

一是加大了对法律援助参与政府信访接待工作的业务指导力度。指导省政府信访接待大厅法律援助值班室接访 522 件，948 人次，申请法律援助案件 62 件，在法律援助信访接待基础上建立了舆情分析制度。二是完成了全省有重大影响的法律援助案件的指派任务。全年共指派各类法律援助案件 173 件，其中刑事案件 141 件，民事案件 32 件。三是协调督办了一批有重大影响的法律援助案件。全年共协调市级法律援助机构承办各类案件 120 余件，督办案件 20 余件。

五、建立法律援助工作评查机制

一是建立了全省法律援助案件通报制度，对全省法律援助办案情况进行了归纳分析，根据办案数量、案件增长幅度对各级法律援助机构办案情况进行了综合排名。二是组织开展了首届全省法律援助优秀典型案例评选活动。经层层筛选、专家评议，共评选出 60 个法律援助典型案例。将 2010 年度优秀典型案例汇编成册，印发各级法律援助机构借鉴学习。三是与司法厅有关处室协调沟通，制定印发了《关于法律援助律师执业管理有关事项的通知》《关于加强全省法律援助机构专用装备管理的通知》，进一步规范了全省法律援助律师执业考核和法律援助专用装备管理工作。四是抽调各市法律援助中心主任和专业人员，采取交叉形式，对全省法律援助办案质量、经费管理使用情况开展了全面检查、评议反馈。五是严格要求，根据规范化建设标准，采取量化打分形式，对 20 余个规范化建设申报机构进行了实地考察评审。通过考察，命名表彰了 18 个全省规范化法律援助机构。

六、加强法律援助队伍建设

一是组织各级法律援助机构人员认真学习贯彻落实“七一”讲话精神，深入开展了“发扬传统、坚定信念、执法为民、创先争优”主题实践活动，进一步强化了为民服务的宗旨意识；二是组织各级法律援助机构通过召开座谈会、举办培训班等形式，学习了量刑规范化有关规定、新修订的《法律援助经费使用管理办法》；采取“走下去”的形式，把组织资深律师赴各市、县区开展业务培训作为“三秦行”活动的一项重要内容，培训了大量的基层法律援助工作人员、志愿者和联络员；三是组织各市（区）、县法律援助机构负责人 20 余人赴河南、安徽、浙江等省进行了学习考察；四是通过积极协调，争取了 3 名“1 + 1”中国法律援助志愿律师赴佛坪、留坝、石泉等县开展法律援助工作，解决了三县律师紧缺的问题。

七、加强中央彩票公益金项目规范化管理

一是积极争取中央彩票基金法律援助项目落户陕西省，全年共申请落实项目资金 165 万元，比上年同期增加 20%；二是在开源的同时，注重同步规范。下放权限，确定了以地市为主的 15 个项目实施单位，对负责人和管理员进行了业务培训，签订了项目执行协议书，明确了权责；三是对项目实施同步监督，进行质量跟踪和质量考评，对不符合要求的，取消下一季度项目资格。

八、加强法律援助信息化建设

一是创办了《陕西法律援助工作简报》，全年刊发 7 期，编发经验介绍、重大信息等共计 100 余条；二是健全完善了法律援助指派案件、中央彩票基金项目、数据统计等三个信息管理系统，增强了管理效能，初步实现了网络平台信息化管理；三是组织开展了涉军法律援助、中央彩票公益金项目实施等专项调研活动，为司法部制定相关政策提供了依据。

（陕西省法律援助处）

甘肃省法律援助工作概况

2011 年，在司法厅党委的正确领导下，以年度工作任务为目标，以“发扬传统、坚定信念、执法为民”主题教育活动为契机，充分发挥法律援助在司法行政为民服务中的职能作用，全省法律援助工作蓬勃发展，取得了显著成效。截至 11 月底，全省各法律援助机构共办理各类法律援助案件 15806 件，同比上升 44.8%，受援人数达 20357 人，接待来电、来信、来访咨询人数 77465 人次。

一、抢抓机遇促发展

省人大、省政府将《甘肃省法律援助条例》（以下简称《条例》）明确为立法项目，这是全省法律援助发展史上的一件大事，司法厅领导高度重视。

一是认真贯彻落实省政府第 79 次常务会议和刘省长对全省法律援助工作提出的新要求。省委副书记、省长刘伟平指出：我省建立法律援助制度是维护困难群众合法权益、保障社会公平正义的一项重要法律制度，有利于推动全省和谐社会建设，制定出台《条例》，既可以充分保障援助对象获得必要的法律服务，又可以促进和规范法律援助工作。

二是认真组织消化吸收对《条例》草案的意见。召开论证、研讨、审议等会议 17 次，确保《条例》起草工作符合全省法律援助工作实际，符合上位法的要求，受到了省人大第二十一次常委会议的肯定。7 月 29 日，省人大第二十二次常委会会议审议全票通过了《条例》，并 10 月 1 日起施行。《条例》的出台，标志着全省法律援助工作步入了法制化轨道。

三是积极争取中央法律援助办案专款和彩票公益金项目资金的拨付数量。2011 年，司法部拨付甘肃省办案专款 1320 万元，比 2010 年增加了 720 万元，拨付中央彩票公益金法律援助项目资金 300 万元，较 2010 年提高了 3 倍。

四是法律援助机构网络健全发展。市、县两级全部由同级编委正式纳编，其中行政编制 60 个[12 个市（州）机构为行政编制]，事业编制 42 个，法律援助工作站从 2010 年的 1726 个发展到 1838 个，提高了 6.4%。法律援助信息管理系统已全部开通，基本达到了网上受案，形成了以政府主导、司法行政部门牵头组织、社会各界广泛参与的法律援助管理服务网络。

五是法律援助队伍数量增加，整体素质逐步提高。全省法律援助机构现有工作人员 366 人，较 2010 年的 349 人增加了 17 人，注册专职律师 96 人，较 2010 年的 78 人增加了 18 人，其中本科以上学历的占 60%，法律专业的占 74%，具有律师资格的占 40%，队伍整体素质显著提高。各地还通过不同形式，吸引社会志愿者 662 名，为法律援助队伍不断注入新的活力。

二、乘势而上求质量

一是在《条例》边修边审的同时，研究起草全省法律援助案件质量监督管理暂行办法。以评选上报全国法律援助百优精品案例为抓手（入选 2 件），督促各机构开展案件质量评比检查，每个机构推选一件典型案例，筛选编印《甘肃省法律援助案例选编》。

二是在全省 102 个法律援助机构建立

了法律援助信息网络管理QQ群及中央公益金彩票项目QQ群，在县级机构建立了法律援助工作站网页，做到了网络业务向工作站延伸，实现了办案数量信息网上透明化。

三是举办全省法律援助知识技能及信息网络系统运用管理培训班，全省法律援助中心主任、业务骨干共210人参加了培训，聘请法学专家教授和志愿律师讲授物权法、刑法修正案、侵权责任法、《案件咨询与受理》《案件辩护与技巧》，为规范服务行为、提高服务质量打下了基础。

四是清理并组织发放了2003—2009年期间由原省法律援助中心指派的45件法律援助案件的办案补贴审核和补发工作，发放补贴32420元。

五是“1+1”法律援助志愿律师充分发挥资源优势，为化解社会矛盾，维护和谐稳定作出了积极贡献。中国法律援助基金会郑霞泽秘书长、陈益未副秘书长分别看望了在甘肃服务的志愿律师，听取了他们的意见和建议；7月，张晓兰副省长在志愿律师欢送会上接见了12名“1+1”志愿律师，并一起观看了《法律援助解民忧》纪实片，对志愿律师作出的积极贡献给予了肯定；司法厅领导多次深入志愿者服务县（区）看望慰问志愿律师，帮助他们解决实际困难；司法厅法律援助工作管理处指定专人负责项目管理工作，完善管理工作机制，建立甘肃志愿律师QQ管理交流群，在《甘肃法制报》刊登志愿律师信息。一年来，来自北京、天津、江苏、浙江、辽宁、山东、贵州、陕西、甘肃九个省市的23位志愿律师，在康乐、文县、两当、金塔、和政、崆峒等16个县（区）开展了法律援助志愿服务工作，共办理法律援助案件453件，挽回经济损失1300.2万元，接待咨询3258人次，代写法律文书322份，进行法制宣传158场次，举办法制讲座111场次。甘肃省作为西部十二个服务地代表，在司法部召开的志愿服务座谈会上发言。7月，司法部授予司法厅法律援助工作管理处“中国法律援助志愿者行动先进单位”。

六是争取中央彩票公益金法律援助项目资金90万元，确定全省项目实施单位18个，由专人组织、审查上报项目案件信息。分别于3月上旬和4月上旬组织项目实施单位进行了为期3天的业务培训和座谈，建立了项目管理QQ群指导各项目单位开展工作，实行了项目案件材料、结案统计和资金申请的项目执行情况、重大案件等及时报告制度。截至7月底，提前完成了90万元项目工作任务，共办理各类法律援助案件635件，为798名受援人挽回经济损失2283万元。积极争取到2011年度中央公益金法律援助项目资金300万元，申报确定项目单位22个，其中，市级法律援助机构4个，县级18个。

七是对省外11个农民法律援助工作站工作进行分组调研，联合省劳务办对青岛、上海、苏州、呼和浩特、天津、北京6个甘肃省农民工法律援助站进行调研。

三、狠抓落实促规范

一是开展增强四种意识活动，即大局意识、责任意识、服务意识、效率意识。要求每一名法律援助工作者，要把来访群众的问题装在心中，真诚倾听、耐心服务、真情疏导。司法厅带头规范服务行为。建立法律援助咨询接待室，解答法律咨询，引导来访群众合理表达诉求。提供法律意见，代拟法律文书。接待受理法律援助事项申请。受理法律援助案件投诉。制定来访群众咨询舆情分析报告，督导重大法律援助案件办理工作。

二是通过开展创先争优、服务为民及先进典型的评选等活动，努力促进四种能力的提高。注重提高指导管理的能力、群众工作的能力、业务办案的能力以及依法诚信执业的能力。

三是依法管理抓服务。强化处室管理，发挥党员先锋模范作用，细化目标责任管理，要求处室每位同志分工不分家，熟悉本职的，了解相关的，掌握共同的，以克服推诿、等靠现象。强化对市州县区法律援助机构监督管理职能，从项目管理、案件质量、资金使用、服务态度等方面进行随机通报和跟踪问效。

四是针对本省老、少、边、穷地区多，人民群众维权知识与意识淡薄的问题，向中国法律援助基金会、司法部法律援助中心争取到《百姓法律知识问答》3 万余册，免费发放至全省 101 个法律援助机构，并争取到未成年人、老年人、残疾人、妇女维权彩页 18000 余册，向 272 个少数民族地区工作站赠送了《法制日报》。

五是树立法律援助公告牌，向社会公布司法厅法律援助工作管理处接待咨询室服务与投诉电话。自 4 月以来，接待咨询室共解答来访和电话咨询共 928 人次，其中：来访咨询 342 人次，来电咨询 586 次。

六是认真贯彻全国法律援助合肥会议精神，及时召开全省法律援助工作推进会，争取把法律援助为民服务列为省政府为民办实事项目方案。

四、强化宣传树形象

结合司法部开展的"双先"和"双十佳"评选活动，以《条例》颁布实施为契机，始终把新闻宣传作为重点工作来抓。

一是司法厅及时制定下发了《全省法律援助工作宣传方案》《关于评选推荐全国法律援助工作先进集体先进个人的通知》《关于组织开展第二届"十佳法律援助单位十佳法律援助工作者"评选活动的通知》《关于认真学习宣传贯彻〈甘肃省法律援助条例〉的通知》。

二是省政府新闻办召开新闻发布会，向社会公布《甘肃省法律援助条例》自 10 月 1 日起正式施行，中央、省、港澳 50 多家新闻媒体进行了报道，当天全国 30 多家网站点击率 8 万多次，发表感言和评论 2.2 万余条。

三是邀请省委政法委、省法院、省检察院、财政厅、民政厅等省直 27 家单位负责人及基层法律服务工作者举行了《条例》颁布实施座谈，进行交流发言。

四是充分发挥先进典型的引领作用，努力营造崇尚先进，学习先进，赶超先进的氛围。通过层层评选，全省共推出全国法律援助先进单位 9 个、先进个人 14 名，庆阳市镇原县法律援助中心荣列第二届全国法律援助十佳候选单位。瓜州县法律援助中心副主任聂建伟被推荐为"全国司法行政劳动模范"候选人，并获选甘肃省首届"十大法治新闻人物"。《法制日报》《甘肃法制报》《甘肃司法》"甘肃司法网"等媒体对先进事迹进行了宣传报道。

五是在全省法律援助工作推进会上，组织各市（州）、甘肃矿区司法局开展了"法律援助进万家"宣传品的展览交流，参展展品 60 多种，数量达 700 余件。

六是编印《条例》单行本 6 万册、《法律援助案例选编》1000 册及其他各类宣传品 11700 件，免费发送省直有关单位、各市（州）、县（区）、乡（镇）及行政村用于宣传工作。

七是各类报纸杂志、新闻媒体宣传报道了法律援助的工作新形象，营造了良好的宣传氛围，调动了全省法律援助工作者参与"争先创优"活动的主动性和积极性，展示了全省法律援助工作的新成效。据统计，2011 年，中央、省级报刊、媒体及司法厅机关简报共宣传报道法律援助工作 44 篇，其中：《人民日报》海外版 1 篇，《法制日报》4 篇，《甘肃日报》4 篇，《人民之声报》1 篇，《司法部简报》3 篇，甘肃电视台 1 期，《甘肃法制报》7 篇，甘肃司法网 11 篇，《甘肃司法》4 篇，《甘肃司法行政简报》9 期。

甘肃省法律援助工作大事记

1 月,省司法厅组织中央彩票公益金法律援助项目 18 个实施单位进行了为期 3 天的业务培训和座谈,创建了甘肃省项目管理 QQ 群,指导各项目单位开展工作,实行了项目案件材料、结案统计和资金申请的项目执行情况上报、重大案件等及时报告制度。

2 月,中国法律援助基金会陈益未副秘书长到甘肃省检查指导甘肃项目工作,厅长王禄维、副厅长谢丹陪同检查,并与志愿律师进行了亲切交流。

3 月,省法律援助工作管理处成立律师咨询接待室,树立法律援助公告牌,向社会公布省司法厅法律援助处咨询服务与投诉电话,对每一位咨询来访群众提供真诚、热心的服务。

4 月,举办全省法律援助实用法律知识技能及信息网络系统运用管理培训班,全省法律援助中心主任、业务骨干共 210 人参加了培训,培训班聘请法学专家教授和志愿律师讲授物权法、刑法修正案、侵权责任法、《案件咨询与受理》《案件辩护与技巧》,为规范服务行为、提高服务质量打下了基础。

5 月,结合司法部开展的"双先"和"双十佳"评选活动,下发了《全省法律援助工作宣传方案》《关于评选推荐全国法律援助工作先进集体先进个人的通知》《关于组织开展第二届"十佳法律援助单位十佳法律援助工作者"评选活动的通知》,瓜州县法律援助中心副主任聂建伟被推荐为"全国司法行政劳动模范"候选人并获选。

6 月,省法律援助工作管理处赴省外 11 个农民法律援助工作站进行分组调研,与省劳务办一起对青岛、上海、苏州、呼和浩特、天津、北京 6 个本省农民工法律援助工作站的工作情况进行调研摸底,加强和提高了省外农民工的援助工作。

7 月,张晓兰副省长在志愿律师欢送会上接见了 12 名"1 + 1"志愿律师,并一起观看了《法律援助解民忧》纪实片,对志愿律师在本省法律服务工作和法制建设工作中付出的辛勤劳动、作出的积极贡献给予了肯定。

7 月,11 名法律援助律师抵达兰州,开始为期一年的法律援助志愿律师工作。省司法厅领导及相关处室与接受法援服务的县(区)司法局负责人为 11 名法援律师举行了隆重的欢迎仪式。

9 月,省政府新闻办召开新闻发布会,向社会公布《甘肃省法律援助条例》从 10 月 1 日起正式施行,中央、省、港澳 50 多家新闻媒体进行了报道,并邀请省委政法委、省法院、省检察院、财政厅、民政厅等省直 27 家单位负责人及基层法律服务工作者举行了《甘肃省法律援助条例》颁布施行座谈,就《条例》的学习、宣传、贯彻和落实进行了交流发言。

11 月,为贯彻全国法律援助合肥会议精神,全省法律援助工作推进会召开,王厅长就今后一个时期法律援助工作提出了八项重要任务,并组织各市(州)、甘肃矿区司法局开展了"法律援助进万家"宣传品的展览交流,参展展品 60 多种,数量达 700 余件。

12 月,为争取把法律援助列入省政府为民办实事项目,由谢副厅长带队赴江苏、安徽、湖北等省市学习法律援助服务窗口建设的先进经验和做法。

12 月,在"12·4"全国法制宣传日活动中,向群众现场发放宣传年画、维权手册、各类法律知识读本 6000 余册。

12 月,省法律援助工作管理处被省司法厅评为 2011 年度"先进处室"。

(甘肃省法律援助工作管理处)

青海省法律援助工作概况

2011年，全省法律援助工作在司法部和省司法厅的正确领导下，紧紧围绕大局，以“关注民生、改善民生、保障民生”为立足点，以化解社会矛盾、维护社会稳定、构建和谐社会为根本，以实现“应援尽援”、满足困难群众日益增长的法律援助需求为目标，狠抓各项工作任务落实，全面推进法律援助工作，法律援助管理能力和服务能力明显增强。经费保障力度进一步加大，制度建设和规范化建设有序推进，覆盖面进一步扩大，社会知晓率明显提升，人员素质不断提高，办案数量和质量全面提高，圆满完成了各项工作目标任务并取得了显著成效。全年各级法律援助机构共办理法律援助案件5589件，同比增长8%。其中，民事法律援助案件5021件，刑事法律援助案件568件，中央彩票公益金法律援助案件630件。全年全省法律援助经费总额达到820万元，同比增长100万元。其中，地方财政拨款为440万元，中央补助地方法律援助办案专款290万元，同比增加90万元。中央专项彩票公益金法律援助项目资金90万元，同比增加10万元。地方投入进一步加大，如天峻县专门设立5万元专项资金，大通县地方财政投入法律援助经费达到人均0.35元，玉树州地方财政法律援助经费达到人均0.5元。年底，省法律援助工作处和省法律援助中心被司法厅评为2011年度落实重点目标优秀单位。

一、政策和组织保障力度进一步增强

一是下发了《青海省法律援助“十二五”发展规划》《2011年法律援助工作要点》，对全省法律援助工作进行了安排部署。二是就法律援助机构建设、经费保障、案件质量、规范化建设等工作，开展了专门检查调研，确保了各项工作任务的落实。三是积极协调财政厅并提请省政府批转出台了《青海省政府关于调整法律援助经费标准的批复》（青政函〔2011〕123号），进一步扩大了全省法律援助覆盖面，提高了办案人员的工作积极性。与省综治办协调，完善了法律援助综治目标考核内容，下发了《关于修订青海省法律援助的目标综治专项考核细则的通知》，强化了法律援助政府责任落实工作。四是成立了全省首家“青年教师、藏汉双语法律、法学硕士、法律硕士社会实践基地”。基地的建立，是做好法律援助工作社会管理创新的重要举措，对于提升全省法律援助服务能力和开展法学教育实践活动具有重要意义。

二、规范化水平进一步提高

先后制定下发了《青海省社团部门法律援助工作站规范化建设标准的通知》《法律援助接待大厅建设标准》《关于调整重大疑难法律援助案件办案律师名录的通知》《关于调整青海省法律援助疑难案件指导委员会的通知》等一系列规范性文件。各地也结合实际相继制定了有关制度、措施，有力促进了法律援助工作规范化建设，确保了全省法律援助工作的有序开展。在全省开展了法律援助接待大厅检查评比活动，将海南州、大通县等6个法律援助接待大厅命名为“全省法律援助机构优质服务示范窗口”单位，并通报表彰。各地积极行动，认真落实，如大通县将景阳、城关、桥头等10个重点乡镇援助工作站确定为创建规范化建设工作站。

三、便民服务活动进一步深化

一是年初在全省法律援助机构安排部署了创先争优活动,各地结合实际开展了形式多样、行之有效的法律援助便民服务活动。司法厅组织开展了全省“法律援助进乡村行”大型便民咨询、服务、宣传活动。活动期间,全省法律援助机构共设立咨询点70余个,接待咨询群众3000余人次,受理法律援助案件25件,发放各类宣传品30余万份。二是发挥接待大厅便民服务窗口作用。全省县区以上法律援助机构在临街建立法律援助便民服务接待大厅42个,占应建数的70%。省法律援助中心接待大厅不断提升服务功能和能力,在大厅内安装了滚动播放视频,增添了更加醒目的标识,配备了轮椅等残疾人用具;在安排社会律师值班的同时,又安排青海民族大学法学院教师、研究生等参与咨询接待、办案等工作,有力地提升了接待大厅的服务能力。三是规范了“12348”法律援助咨询电话和法律援助服务网络。四是专门设计制作了“法律援助便民服务卡”,将省法律援助接待大厅的咨询电话、地址以及法律援助范围进行公示,让更多群众了解法律援助。

四、队伍素质整体素质不断提高

一是按照法律援助培训工作计划,全省举办各类法律援助工作培训班30期,参加培训人员1300人次。其中省级培训4次,各州地市累计培训26次;组织部分地区法律援助工作人员先后赴重庆市等考察学习,为全省法律援助工作带来了新思路和新方法。

二是承办了司法部法律援助中心西部省份法律援助业务技能培训班,来自12个省市自治区的法律援助工作人员120名参加了培训,这对宣传全省法律援助工作,推动全省法律援助工作发展起到了积极作用。

三是积极实施大学生法律援助者西部计划和“1+1”法律援助志愿者行动。通过积极协调争取,安排11名大学生志愿者和7名“1+1”志愿律师赴基层机构从事法律援助工作。7名“1+1”志愿律师共办理各类法律援助案件75件,代书138份,举办法制讲座、法制宣传46次,接待咨询1100余人次,参与接待和化解重大信访18次,受到了服务地党委、政府和群众的好评。11名大学生共接待法律咨询1730余人次,参与法制宣传63场次,接听“12348”电话咨询312人次,录入法律援助咨询信息、案例等217条(篇)。这对弥补基层法律援助机构人员紧缺、促进法律援助工作开展发挥了重要作用。省法律援助工作处被司法部评为全国“1+1”法律援助志愿者行动先进单位。

五、社会知晓率不断提高

一是制定了《2011年青海省法律援助宣传工作计划》,明确了法律援助宣传工作指导思想、主要任务和奖惩措施。与省电视台《经视法案》栏目组联合制作法律援助典型案例4期;与省电视台经济生活频道《百姓1时间》栏目组合作播出法律援助活动宣传片5期;与青海日报社、《西海都市报》、《青海法制报》等省级刊物合作,刊载涉及全省法律援助工作文章报道45篇;利用各类报纸杂志、网络媒体等宣传渠道开展宣传,刊发稿件150多篇。二是创新宣传方式,在西宁九条公交线路连续播放车载法律援助宣传广告,加大法律援助宣传力度。中央电视台社会与法频道《法律讲堂》、《法律援助在行动》栏目组采访了青海省的法律援助工作,并确定三位当地律师作为《法律讲堂》主讲人。各地法律援助机构也积极开展形式多样的法律援助宣传活动。海北州法律援助中心在州府所在地制作大型宣传广告牌,海南州法律援助中心印制了藏汉双语《法律援助指南》,果洛州司法局编印了藏汉双语版《法律援助宣传漫画册》。

青海省法律援助工作大事记

1月15日，省法律援助中心印发《青海省法律援助志愿者管理办法》，对志愿者管理使用提出了明确要求。

1月17日，全省法律援助志愿者工作座谈会在西宁召开。会议总结了近年来的工作，分析了面临的形势和任务，交流了经验，部署了任务。

1月17日，《青海省法律援助"十二五"发展规划》《2011年法律援助工作要点》印发。

3月1日，省司法厅办公室下发《关于做好法律援助舆情分析工作的通知》。

3月9日，全省社会团体法律援助工作座谈会召开。省总工会、团省委、省妇联、省残联、省老龄委、青海民族大学和省监狱局、劳教（戒毒）局及省司法厅律师公证管理处、基层工作处、省律师协会等19家单位的负责人共20余人参加会议。

3月10日，省司法厅法律援助工作处、省法律援助中心工作人员赴省女子监狱开展法律援助进监狱活动，拉开了本年度全省法律援助机构进监所活动的序幕。

3月17日，省司法厅办公室向全省转发《司法部关于加强法律援助经费使用监督管理工作的意见》。

4月7日，青海省首家"青年教师、藏汉双语法律、法学硕士、法律硕士社会实践基地"在省法律援助中心接待大厅挂牌成立。这是省司法厅和青海民族大学为创新社会组织参与法律援助的新模式，是拓展法律援助服务方式而采取的一项新举措，对于提升全省法律援助服务能力和深化法学教学实践活动具有重要意义。

5月10日，省法律援助中心印发《法律援助接待大厅建设标准》。

5月11日，省法律援助中心下发《青海省社团等部门法律援助工作站规范化建设标准》。

5月19日，省法律援助中心、省律师协会下发通知，对青海省法律援助重大疑难案件指导委员会人员和重大疑难法律援助案件律师办案名录作出调整。

5月17日至30日，省司法厅组织14名基层法律援助工作者赴重庆、贵州、广东等省市考察学习。

6月，省司法厅法律援助工作处、省法律援助中心完善了档案管理工作，对各类法律援助文书和行政文书进行了统一整理。

6月，省司法厅法律援助工作处、省法律援助中心与青海电视台经济生活频道《经视法案》、《百姓1时间》两个栏目组分别制作播出法律援助典型案例节目4期、法律援助活动宣传片5期。

7月8日，省司法厅召开2010年度服务青海"1+1"法律援助志愿者律师总结表彰会，会议总结了成绩，交流了经验，分析了问题。来自北京、江西、福建等省市的6名"1+1"志愿者律师，海西、海南、黄南州司法局分管法律援助工作的副局长及司法厅法律援助工作处、省法律援助中心全体同志参加会议。

7月10日，省司法厅法律援助工作处被司法部评为2010年度"1+1"中国法律援助志愿者行动先进单位。

7月14日，省司法厅召开2011年度"1+1"法律援助志愿者律师座谈会，欢迎来自山东、辽宁等省的7名律师来青服务。省司法厅巡视员石乐生出席会议并讲话。省司法厅法律援助工作处、省法律援助中心和海南、黄南、果洛等服务地司法局负责同志参加了座谈。

7月20日，由省委宣传部和省司法厅在全省范围内联合组织开展的以"真情、公平、和谐"为主题的"青海省法律援助乡村行"便民利民宣传服务活动在平安县三合镇拉开帷幕。至8月底，全省各地相继组织了活动。活动内容主要包括开展法律援助集中宣传、法律咨询、文艺演出、知识答题、案件专访和案件受理等。这次活动是整合全省司法行政资源，汇集社会各界力量，共同做好法律援助工作的创新之举，为探索法律援助事业发展的新渠道、法律援助服务群众搭建了新平台。

7月27日至28日，司法部法律援助中心在西宁成功举办了首期西部省份法律援助业务技能培训班。来自西部12个省、市、区及新疆生产建设兵团的120名法律援助律师和法律援助工作者参加了培训。钱列阳、王芳、刘辉、黄乐平4名全国知名律师应邀讲授了婚姻家庭案件疑（难、焦）点问题解析、刑事辩护的若干前沿问题、法援律师承办侵权业务实务与技能、工伤保险条例权威解读等课程。这次培训对于大幅度提升西部地区法律援助队伍素质，推动工作均衡发展起到了积极的促进作用。期间，司法部法律援助中心副主任桑宁等先后深入到湟中、大通、互助等地调研指导工作。

7月29日，由司法部组织的第二届全国“十佳法律援助单位十佳法律援助工作者”社会评选活动正式启动，海北州海晏县律师李梅勋被列为全国20名“十佳法律援助工作者”候选人。

8月22日，省司法厅印发《关于开展法律援助办案质量等专项检查的通知》。

8月24日至30日，司法部郝赤勇副部长在青海省调研时充分肯定了青海司法行政工作所取得的成绩。他指出，青海法律援助服务网络不断扩大，队伍建设成效显著，保障能力显著增强。

8月29日至9月4日，省司法厅巡视员石乐生带领省法律援助中心工作人员赴海北、海西、黄南、果洛4州及所辖的6个县调研指导工作。

9月22日，中央电视台社会与法频道《法律讲堂》“法律援助在行动”栏目组来青海省采访。这次活动是一次将青海法律援助工作推向全国、推向更高层次的宣传报道。

10月5日，全省各级法律援助机构组织开展了重阳节“夕阳幸福工程法律援助在行动”宣传服务活动。

10月11日至12日，全省法律援助业务培训班在西宁举办。全省县以上法律援助科中心主任（科长）和业务骨干近100人参加了培训。省司法厅巡视员石乐生出席培训班并讲话。

10月20日至30日，省司法厅组成两个检查组分赴除玉树之外的7个州市地的16家法律援助机构，检查了办案质量、专项经费管理使用、接待大厅规范化建设和“12348”专线咨询等情况。

10月26日，司法部督导组到青海省指导“为民服务创先争优”活动和“发扬传统、坚定信念、执法为民”主题教育实践活动开展情况。省法律援助中心作为开展创先争优活动窗口单位在座谈会上发言。会后，督导组组长、政治部张国勋副巡视员一行检查了省法律援助中心接待大厅工作开展情况。

10月27日，省政府下发《关于调整法律援助经费标准的批复》，对法律援助经济困难标准和办案补贴标准作出适当调整。这是继2007年本省调整法律援助经费标准后的又一次调标，充分体现出省政府认真践行科学发展观和对民生问题的关注。

11月22日，省政协副主席李忠保带领部分政协委员来到司法厅专题调研“保持司法公正，维护司法权威”工作，并视察了省法律援助中心接待大厅。

12月6日，全省法律援助机构优质服务示范窗口命名表彰会在西宁召开，海南州、湟中县、大通县、乐都县、都兰县、海北州6家法律援助中心接待大厅被省司法厅命名为“全省法律援助机构优质服务示范窗口”。命名表彰会的召开对进一步强化全省法律援助机构和法律援助工作者的服务意识，改进服务作风，创新服务方式，提高服务质量，建立规范长效的法律援助便民服务机制起到了积极的助推作用。

12月16日，省司法厅法律援助工作处、省法律援助中心编辑的《青海省法律援助工作手册》付印。

12月23日，省司法厅召开全省法律援助志愿者座谈会。在青服务的“1+1”法律援助志愿律师、大学生志愿者和服务地司法局分管领导、法律援助中心主任及司法厅法律援助工作处、律师公证管理处、省法律援助中心、省律师协会的负责同志参加会议。

（青海省法律援助工作处）

宁夏回族自治区法律援助工作概况

2011年，全区各级司法行政机关和法律援助机构按照司法厅部署，以民生工程为抓手，以创新管理为动力，以规范化建设为目标，不断推进法律援助工作取得新成效，为维护社会稳定做出了新贡献。

一、全力实施民生工程，超额完成目标任务

自治区人民政府连续第四年把“为困难群众办理法律援助诉讼案件”列入10项民生计划和30件为民办实事项目，并纳入“十二五”规划。司法厅党委把法律援助作为司法行政的重点工作，制订实施方案，成立了以厅长为组长的民生工程领导小组，与各地市司法局签订了目标责任书，使各单位对法律援助为民办实事项目做到心中有位置、身上有责任、肩上有担子。各地党委、政府普遍将法律援助工作纳入民生工程，以民生工程带动和推进各项工作的全面发展，法律援助已成为保民生、保稳定、促和谐的重要支撑。

截至第三季度，全区共办理法律援助案件8945件，其中办理为民办实事诉讼案件2615件，完成自治区确定的全年任务（2000件）的130.75%，完成司法厅确定的全年任务（2400件）的108.96%，其中银川市办结930件，完成124%；石嘴山市办结359件，完成79.78%；吴忠市办结424件，完成94.22%；固原市办结530件，完成117.78%；中卫市办结356件，完成118.67%；为13513名受援人挽回损失7772万元。认真落实自治区政府关于解决企业职工基本养老保险历史遗留问题的有关要求，为4000多名老年人办理了养老保险贷款公证法律援助，解决了老年人养老的后顾之忧。司法部赵大程副部长在宁夏为民办实事工作报告上作出批示：“宁夏的做法可以总结宣传。”

二、认真实施彩票公益金项目，项目完成情况良好

将中央专项彩票公益金项目实施单位由9个增加到15个，实现了项目在全区5个市的全覆盖，有效缓解了全区及实施单位法律援助经费短缺的现状，使法律援助经费保障力度进一步加强。截至第三季度，全区共办理项目案件857件，完成年初计划720件的119%，共帮助1407位受援人挽回经济损失1635.57万元。向项目组申报办结案件683件，申请项目资金90万元。中国法律援助基金会秘书长、副秘书长分别来宁检查，对项目实施工作给予了充分肯定和高度评价。

三、着力加强案件及经费管理，案件质量不断提高

对办案及经费检查采取分级负责、逐案审核、集体研究、逐级上报、重点抽查的方法，司法厅法援处组织律师按照一类案件30%、二类案件20%、三类案件10%的比例进行抽查，司法厅监察室采取电话回访的方式进行质量回访，司法厅计财处对补贴发放及台账管理进行检查指导，将案件补贴通过转账方式直接发放到办案人员账户，确保案件质量及经费使用安全。在1月6日由司法部、全国总工会、国家广播电视总局共同在人民大会堂举办的"法律援助与困难职工同行大型公益晚会"上，石嘴山市法律援助中心承办的刘志良工伤赔偿案短片在晚会上播出，并由主持人对受援人、援助律师进行了现场采访。中央电视台播放晚会，宁夏电视台、《宁夏日报》也对此案例进行了宣传报道。

四、深入开展便民服务窗口建设，设施建设得到加强

开展规范化便民服务窗口创建活动，印发了《规范化法律援助便民服务窗口建设实施意见》，明确了创建工作的标准和要求。要求各地将政法专项业务(办案)经费的1/3用于机构建设、设施配备、人员培训。目前40%法律援助场所设立在临街、一层等方便人员来往的地点，铺设了残疾人专用通道，完善了无障碍配套服务设施，部分窗口还设置了私密谈话室，聘请了手语翻译。制定了《关于在全区建立法律援助便民服务长效机制的意见》，将主题活动中创造和积累的经验、做法制度化和规范化，为法律援助便民工作常态化提供了制度保障。在全国"法律援助便民服务"主题活动总结电视电话会议上，宁夏司法厅以《推进"三化"建设，提高服务水平》为题作发言交流。

五、突出强化机构管理和建设，机构作用有效发挥

制定了《关于进一步加强法律援助机构管理的意见》，进一步明确了各级法律援助机构的工作职责，全面禁止法律援助机构人员办理援助案件，引导各地积极培育法律服务市场，建立科学合理的案件分流制度，优先指派社会律师事务所的律师办理各类法律援助案件，充分调动社会律师的办案积极性，使机构人员集中精力抓好管理、监督、指导工作，机构作用得到有效发挥。

六、积极开展"十佳"评选活动，法律援助影响力进一步扩大

开展第一届"十佳法律援助律师"评选表彰活动和法律援助宣传周活动，广泛借助报纸、杂志、电视、网络等媒体公示评选过程和结果，运用多种形式和手段集中宣传法律援助工作典型人物、单位事迹和典型案例。投入10万元制作了法律援助公益宣传片在宁夏电视台播放，通过三个困难人群代表(农民工、残疾人、老年人)的诉说，彰显法律援助维护困难群众合法权益，促进社会公平正义的重要作用，提高了法律援助的社会知晓率。向司法部上报了全国法律援助先进集体、先进个人候选单位和个人，石嘴山市法律援助中心被拟定为全国"十佳法律援助单位"候选单位。定期编发法律援助为民办实事动态，在《中国司法》《中国法律援助》《宁夏画报》等刊登稿件10多篇。

七、不断加强业务培训，人员素质得到提升

举办全区法律援助培训班，采取上门培训、集中培训和外出实地考察的方法，对全区各市县区分管领导、法律援助中心主任进行了法律服务大移民、中央彩票公益金项目、法律援助软件等方面的培训，并前往广东、广西、云南实地考察，学习法律援助创新管理、扩大范围、健全队伍、便民利民服务等方面的先进经验做法，开阔了眼界和思路，明确了努力的方向和目标。

此外，还建立区、市、县三级舆情分析体系，全面开展舆情分析，每季度向党委、政府报告法律援助舆情分析情况，提高舆情分析工作的时效性和成果质量，为党委、政府决策提供依据。

宁夏回族自治区法律援助工作大事记

1月5日，司法厅下发《关于评选第四届全国法律援助工作先进集体先进个人的通知》。

1月6日，司法厅下发《关于评选第二届全国十佳法律援助单位十佳法律援助工作者的通知》。

1月11日，司法厅下发《关于开展中央专项彩票公益金法律援助项目巡回培训的通知》。

1月14日，司法厅下发《关于评选全国百优法律援助精品案例的通知》。

3月8日，司法厅下发《关于印发〈2011年全区法律援助工作要点〉的通知》。

3月24日，司法厅下发《关于印发〈办理2400件为民办实事法律援助诉讼案件的实施方案〉的通知》。

4月8日，司法厅下发《关于开展第一届全区“十佳法律援助律师”评选活动的通知》。

4月13日，司法厅下发《关于转发司法部〈关于加强法律援助经费使用监督管理工作的意见〉的通知》。

5月23日，司法厅下发《关于举办全区法律援助业务培训班的通知》。

6月22日，司法厅下发《关于印发〈关于创建规范化法律援助便民服务窗口的实施意见〉的通知》。

7月4日，司法厅下发《关于开展中央专项彩票公益金法律援助项目集中检查工作的通知》。

10月18日，中国法律援助基金会秘书长郑霞泽一行检查宁夏彩票公益金项目实施情况，对宁夏的彩票公益金项目开展情况给予肯定。

11月30日，司法厅下发《关于召开“12348”法律援助咨询专线电话使用培训班的通知》，李春劳副厅长在培训班上讲话。

12月1日，司法厅下发《关于表彰全区第一届“十佳法律援助律师”的决定》，对全区评选出的十佳律师进行表彰。

12月28日，宁夏“12348”法律咨询专线电话正式开通，自治区党委常委、政法委书记苏德良，自治区副主席李锐出席开通仪式，自治区司法厅厅长李振国主持仪式并讲话。

（宁夏回族自治区司法律援助工作管理处）

新疆维吾尔自治区法律援助工作概况

2011年是新疆法律援助工作实现跨越式发展的关键年，是法律援助工作“十二五”规划发展的开局年。全区法律援助工作在自治区党委、人民政府和司法厅党委的领导下，各级司法行政机关和法律援助机构坚持以邓小平理论和“三个代表”重要思想为指导，深入贯彻落实科学发展观和胡锦涛总书记“七一”重要讲话精神，坚持以人为本、服务为民，认真落实司法部的工作部署，按照司法厅年初制定的法律援助工作要点和工作计划，积极探索推进法律援助工作的新思路、新举措，以维护困难群众合法权益为主线，以方便群众、服务群众为重点，法律援助工作取得了显著成绩。全年全区共办理各类援助案件15972件(2010年办理各类法律援助案件9186件)，同比增长73.9%；受援人共计17597人(2010年受援人共计9832人)，同比增长79%；提供法律咨询84381人次(2010年提供法律咨询63716人次)，同比增长32.5%；为当事人挽回经济损失16068万元(2010年为当事人挽回经济损失8809万元)，同比增长82.4%，为保障和改善民生，化解社会矛盾，维护社会稳定作出了积极贡献。

一、司法厅高度重视法律援助工作，指导基层措施有力

司法厅党委根据中央新疆工作座谈会，全国政法工作电视电话会议、自治区党委七届九次、十次全委(扩大)会议、自治区第八次党代会、自治区政法工作电视电话会议以及第五次全国法律援助工作会议精神，紧紧围绕四项重点工作，对2011年全区法律援助工作提出明确要求，制定了《2011年新疆法律援助工作要点和工作计划》，为全区法律援助工作明确了工作方向。

为落实全年法律援助工作计划，司法厅党委要求自治区法律援助中心原则上每季度召开一次由地州市法律援助机构负责人参加的工作推进会，总结工作、讲评成绩，查找问题、提出举措，布置任务、拿出方案。党委书记史少林和厅长阿不力孜·吾守尔都非常重视法律援助工作，有针对性地提出具体要求，经常过问法律援助工作开展情况；在季度工作推进会上，分管副厅长张建忠同志对法律援助工作进行阶段性讲评，有效督促基层积极完成工作任务，推动了全区法律援助工作全面发展。

二、加大法律援助宣传力度，进一步提高法律援助公众知晓率

一是深化“法律援助便民服务”主题实践活动的成果和经验。按照司法部赵大程副部长在“法律援助便民服务”主题实践活动总结大会上的指示精神，及时总结和深化全区主题实践活动中好的经验和做法，有效促进全区法律援助工作的开展。要求各地州市法律援助机构积极采取多种措施，通过进乡村、进社区、进工地、进学校、进军营等活动，宣传法律援助知识。

二是充分利用广播、电视、报刊、网络进行法律援助宣传。自治区法律援助中心参与新疆人民广播电台“新广行风热线”3次，参与播放“96·1”自治区司法行政之窗专题节目4次，接受电视新闻采访3次，在《新疆日报》《新疆法制报》刊发专题报道各4期，在天山网、昆仑网、新疆平安网、法治新疆网发布信息、回答网民咨询300余条。全区各级法律援助机构开展形式多样的宣传活动，在各类报纸杂志刊登文章160余篇，参播广播、电视节目70余次，发布互联网信息1600余条，发放各种宣传单10万余份，张贴各种宣传画1万余张，悬挂各类横幅5000余条，展出宣传板报600余块，发送公益短信70余万人次等，哈密地区还利用市中心广场LED大屏幕滚动播出法律援助公益广告。通过宣传，进一步扩大了法律援助宣传，提高了各族群众的知晓率。

三是为全区司法所发送法律援助知识手册500余本，并积极推进全区各地州市开展手机短信、社区挂图、户外广告等形式的法律援助宣传。

四是各地州市每月按规定报送信息和典型案例。全年各地州市共报送信息578篇，采用188篇，报送典型案例129篇，采用35篇。其中较好的是哈密地区、乌鲁木齐市、阿克苏地区、吐鲁番地区、和田地区、昌吉州。

三、积极争取政府支持，法律援助经费进一步得到保障

2011年，中央拨付自治区法律援助专项资金420万元，自治区配套法律援助资金300万元已列入2012年财政预算。中央彩票公益金补助资金120万元。全年全区法律援助经费共投入1878.15万元（2010年为1530.72万元），同比增长22.7%，其中业务经费1046.64万元（2010年为881.65万元），同比增长18.7%。为确保专款专用，自治区法律援助中心按照《新疆维吾尔自治区法律援助经费管理暂行办法》的要求，切实加强对各级法律援助经费管理使用情况的检查和监督，确保了法律援助经费的规范使用。

为有效提高法律援助人员办理法律援助案件的积极性，结合物价上涨等因素，正在与自治区财政部门协调修订《新疆维吾尔自治区法律援助经费管理暂行办法》，以提高办案补贴、完善补贴范围。

四、面对新形势新任务，积极开展各项法律援助工作

根据司法部要求，对"十一五"期间全区法律援助工作进行了全面总结，并对"十二五"期工作作出科学规划，力争在2015年年末全区法律援助工作跃上一个新高度。年初，在乌鲁木齐召开了全区地州市法律援助中心主任工作会议，总结了2010年自治区法律援助工作，安排部署了2011年自治区法律援助工作，并采取以会代训的形式，对全区地州市法律援助中心主任和相关计算机技术人员进行了彩票公益金法律援助项目软件和2011年版统计报表软件的培训；对各地州市进行了调研，对伊犁州、和田地区和哈密地区进行了实地调研，委托乌鲁木齐市、克拉玛依市、昌吉州、吐鲁番地区、喀什地区、阿克苏地区进行自行调研，并形成《新疆关于加强和改进法律援助工作的调研报告》；扩大受援范围，增加法律援助案件数量，制定了《自治区"十二五"期间法律援助案件数量目标规划》，确定"十二五"期间的法律援助办案数量。2011年作为"十二五"规划的开局年，将全区法律援助办案量标准确定为15000件，并要求按照年10%的递增率增长，力争到2015年全区办理法律援助案件22000件。同时，根据各地州市常住人口数量和经济发展水平，确定了各地州市2011年办理法律援助案件的数量，并以此为基数，保证年增长率达到10%；不断扩大法律援助范围，提高为民办事能力。

据统计，全区15个地州市，根据办理法律援助案件数量占年任务总量的百分比，办案量居前3名的地州市分别为：哈密地区，办理法律援助案件1042件，超额完成年任务量的108.4%；克州，办理法律援助案件405件，超额完成年任务量的35%；乌鲁木齐市，办理法律援助案件2588件，超额完成年任务量的23.2%。另外，按时完成全年任务的地州市还有石河子市、阿克苏地区、阿勒泰地区、巴州、和田地区、昌吉州、伊犁州、吐鲁番地区。全区15个彩票公益金法律援助项目实施单位共受理案件3736件，办结2786件，共帮助4160个受援人挽回经济损失10559万元，申请项目补贴金额375万余元。但也存在一些问题，有的项目实施单位对项目工作的重视程度还不够，单纯注重数量，忽略了项目办案质量。

为了在全区县以上法律援助机构免费架设开通"12348"法律援助热线，自治区法律援助中心与自治区电信部门不断沟通，相关工作已进入文件会签和开设阶段，预计2012年在全区统一开通热线，并安排专人值班解答。

编印4期《司法行政（法律援助专刊）简报》，以专刊形式宣传各地州市好的经验和做法，促进疆内的学习交流；给各地州市发放法律援助工作书籍、资料2万余册。组织参加全国法律援助“双先”表彰和“双十佳”表彰；组织参加全国精品案例和宣传图片的选送；报送2010年法律援助年鉴；组织全区“1+1”法律援助志愿者的报送、派遣工作和法律援助志愿者的延期。为进一步提高法律援助案件质量，2011年年底，自治区法律援助中心分6个组对全区各地州市的三级法律援助机构进行抽查考核，通过检查，对集中发现的问题，将有针对性地提出解决方案，制定相关措施。

新疆维吾尔自治区法律援助工作大事记

1月14日至16日，自治区司法厅在乌鲁木齐市召开全区法律援助工作业务培训及第一季度法律援助工作推进会。会议总结了2010年全区法律援助工作，部署了当前和今后一个时期的法律援助工作。会议期间还安排了彩票项目培训。

1月24日，自治区法援中心工作人员和乌鲁木齐市法援中心工作人员及新疆星河律师事务所律师到新疆广播电台《司法行政之窗》制作专题法律援助节目。

2月24日至28日，自治区法援中心负责人亚合甫·肉斯坦木、王刚等赴和田、哈密对加强与改进法律援助工作进行调研，撰写了《关于加强和改进新疆法律援助工作调研报告》。

3月2日，《张某等25名聋哑被告人盗窃、伤害案》入选“全国百优精品案例”。

3月21日，《关于印发2011年新疆法律援助工作要点及计划的通知》（新司办〔2011〕21号）下发，对全区2011年法律援助工作进行部署。

4月28日至30日，司法厅在乌鲁木齐召开全区法律援助工作第二季度推进会。

4月29日，自治区司法厅纪检委副书记穆合塔尔·阿布力米提任法律援助中心主任，原主任亚合甫·肉斯坦木同志任中心调研员。

5月10日，自治区法援中心副主任王刚等到新疆广播电台《司法行政之窗》做专题法律援助节目。

7月19日，《关于印发〈“十二五”期间新疆法律援助案件数量目标规划〉的通知》（新司通〔2011〕42号）下发。

7月19日至21日，司法厅在乌鲁木齐市召开全区法律援助工作第三季度推进会。

11月28日至12月8日，按照厅党委年度工作安排，自治区法援中心组成6个组对全区15个地州市法律援助案件质量进行抽查。

（新疆维吾尔自治区法律援助中心）

新疆生产建设兵团法律援助工作概况

2011年，新疆兵团法律援助工作在司法局党委的正确领导下，围绕服务兵团跨越式发展和长治久安大局，积极发挥法律援助工作职能作用，完成了各项工作任务。全年共受理法律援助案件3042件，完成计划办案任务量的127%。建成法律援助信息管理平台，实现了网上办公、办案。

一、认真组织实施法律援助工程项目

1月初，按照《兵团2011年为职工群众办"十件实事"建设方案》精神，兵团司法局印发了《落实兵团2011年为职工群众办"十件实事""法律援助工程"实施方案》。兵团司法局领导与各师司法局长签订了《兵团司法局落实兵团2011年为职工群众办"十件实事""法律援助工程"目标责任书》，全面启动"法律援助工程"工作。

3月底，在农六师五家渠市召开了兵团2011年"十件实事"之"法律援助工程"现场会，对兵团2010年"法律援助建设"实施成效进行了简要回顾，对2011年"法律援助工程"实施工作进行了安排部署。现场会上，与会代表观摩了农六师法律援助中心、芳草湖垦区法律援助中心窗口及业务建设情况，观看了法律援助信息化建设成果和法律援助优秀宣传片，交流了法律援助工作经验，对法律援助信息化管理系统、彩票公益金系统和案件质量监督管理等相关内容进行培训。

及时上报"法律援助工程"月报和信息动态，开展阶段性敦促检查工作，不断推进工作进程，下发了《上半年"法律援助工程"实施情况通报》。

8月至9月份，组成督导检查组对"法律援助工程"信息化建设及案件办理情况进行了督导检查。根据兵团"十件实事"办公室安排，制订了验收方案。各师司法局进行自查后，10月底至11月初，兵团司法局对"法律援助工程"实施情况进行了验收抽查。年底对全系统在"法律援助工程"实施过程内涌现出的30个先进集体和50名先进个人进行了表彰。

二、积极开展法律援助便民服务活动

进一步健全完善了兵、师、团、连四级法律援助工作网络。各师以实施"法律援助工程"为契机，进一步完善师级法律援助便民窗口规范化建设，将法律援助窗口建设向垦区司法局和法律援助工作站延伸，完善便民设施，力求满足接待群众及法律援助各流程业务处理需求。垦区司法局全面履行法律援助职能作用，农一师、农二师垦区法律援助中心的窗口建设成为亮点。兵团司法局率先在直属的鼎泽凯、江青月、四维律师事务所设立了法律援助受理点，推动兵团本级及各师积极开展依托律师事务所设立"法律援助受理点"的工作，把法律援助网络延伸到了律师事务所。

三、全面推进法律援助服务标准化建设

积极推动法律援助信息管理系统的使用工作，实现对案件、咨询等业务的网上实时处理。组织全系统开展了法律援助信息管理系统使用的层级培训；通过下发《关于全面推广使用法律援助信息管理系统的通知》《关于切实做好推广使用法律援助信息管理系统有关工作的通知》等文件及阶段性工作通报，敦促各师认真落实法律援助信息化建设各项目标，配齐信息化建设硬件设备，加强网站建设，解决人员问题，加快推进法律援助信息化建设。上半年试运行法律援助信息管理系统，从9月开始，实现当月案件即时录入率达到100%。至10月底，使用信息管理系统录入案件2096件，录入率为73.75%。通过法律援助信息管理系统的推广使用，实现了法律援助案件的实时监督，推进了法律援助服务标准化建设。

加强办案监督检查、强化办案技能培训，不断提高办案质量。年初，印发了一批《法律援助卷宗》封皮、密封条；3月，组织开展了一次优秀法律援助卷宗展评活动；8月至9月,对案件质量进行了抽查并形成通报下发各地;10月底,组织各师开展了案件质量评查工作,上报评查结果,推动各师建立案件质量评查与法律援助办案补贴挂钩机制,通过以上措施,办案质量有了很大提高。

根据兵团非诉讼法律援助案件居多的特点,组织开展了非诉讼法律援助案件办案技能培训,指导各地规范开展非诉讼法律援助服务,充分发挥了非诉讼法律援助服务的优势和作用。

四、积极加大法律援助宣传力度

组织参加司法部法律援助"双十佳"以及"百优法律援助案例"评选工作;组织开展了兵团司法行政系统法律援助先进集体和先进个人的评选表彰活动;编印了《2010年兵团法律援助优秀案例选编》。通过对先进集体、先进个人及典型案例的宣传,使法律援助工作受到社会各界广泛关注。组织观看了央视《法律援助在行动》节目;印制了12种、3万册法律援助宣传册下发到各师;通过兵团新闻办举办的新闻发布会宣传了兵团法律援助建设情况;召开了"法律援助工程"现场会,兵团电视台新闻频道报道了"法律援助工程"现场会情况,扩大了"法律援助为民办实事工程"的社会影响力。9月1日,《法制日报》头版头条以"新疆生产建设兵团法律援助办实事重质量　两年办案逾4400件实现零投诉"为题,宣传报道了兵团法律援助工作取得的骄人业绩。同时,各师也积极以法律援助被纳入为职工群众办"十件实事"为契机,通过广播、电视、报刊等各种新闻媒体,开展多种形式的宣传活动,扩大了法律援助的社会影响力和知晓度。

五、积极争取并落实法律援助经费保障政策

积极争取中央、兵团加大对法律援助经费的投入力度。积极向司法部法律援助司汇报兵团法律援助工作,争取将兵团列入中央补助地方法律援助办案专款分配保障范围,法律援助办案经费得到了保障,基本上解决了兵团法律援助面临的办案经费问题。为确保经费使用规范、安全、有效,建立了与纪检监察部门相互协调的监督工作机制,加强了对法律援助经费的监管,强化了责任追究。在"法律援助工程"督导检查验收工作中,法律援助经费的使用管理被列为重点检查内容。

六、积极强化法律援助队伍建设

多方协调解决人力资源短缺问题。深入开展大学生服务西部计划、"1+1"法律援助志愿者活动,完成了大学生志愿者和"1+1"法律援助志愿者(律师志愿者)的申报工作,招募一批大学生志愿者和律师志愿者到兵团开展法律援助服务。与基金会、团委及各师协调,落实志愿者管理相关规定,加强对大学生志愿者和律师志愿者的日常管理工作。积极开展创先争优活动。明确创先争优的具体目标和内容并向社会公开承诺。按照司法部的部署,组织法律援助机构和人员积极投入"发扬传统、坚定信念、执法为民"的主题教育实践活动。积极组织开展法律援助培训工作。

4月,组织法律援助系统45人开展了为期3天的培训,培训内容为法律援助信息化管理系统、彩票公益金系统和案件质量监督管理等。选派师里3名法律援助人员参加了司法部法律援助中心组织的法律援助办案技能培训班,提高了法律援助队伍的能力和水平。

七、认真组织实施彩票公益金法律援助项目

确定了12个实施单位,并签订了项目执行协议书。根据《中央专项彩票公益金法律援助项目实施与管理暂行办法》,认真落实资金使用和管理的各项规定,规范运作程序。严格按照《项目执行协议书》规定的办案数量和质量抓好落实工作。年初，组织开展了彩票公益金法律援助项目执行情况评估工作。7月至8月，组织全系统开展了彩票公益金法律援助项目实施情况自查、抽查活动，并下发了检查情况通报。至7月底，兵团100%完成了2010年度80万元的项目资金计划，共受理法律援助案件526件，为受援人挽回经济损失2300万元。

另外，积极与十二师中院和乌鲁木齐垦区法院联系，加大刑事法律援助办案力度，指派办理可能被判处死刑的案件4件，未成年人案件2件。

新疆兵团法律援助工作大事记

1月13日，在兵团司法局长会议上，兵团司法局纪委书记鲜光军总结了“法律援助建设”实施情况，宣布兵团继续将法律援助列入2011年为职工群众办“十件实事”内容，强调兵团党委对法律援助工作高度重视，同时，部署了2011年法律援助重点工作。

1月20日，兵团新闻办举办兵团法律援助建设情况发布会。兵团司法局纪委书记鲜辉向媒体介绍了法律援助建设情况，并回答了记者关心的问题。兵团电视台、兵团政务网、《经济日报》《兵团日报》、中新社、《大公报》《晨报》《乌鲁木齐晚报》、中央人民广播电台、中广网、天山网等十余家媒体参加了新闻发布会。

3月28日至30日，兵团“法律援助工程”现场会在农六师五家渠市召开。来自兵团各师司法局领导、法律援助科负责人共50余人参加会议。兵团司法局副局长蔡建军、副巡视员许新国等出席会议。与会代表在会议期间观摩了农六师法律援助中心、芳草湖垦区法律援助中心窗口建设和业务建设情况，观看了法律援助信息化建设成果演示、法律援助优秀宣传片，学习了法律援助信息管理系统的操作，座谈了案件质量管理、信息化管理等工作经验。此次会议为推动“法律援助工程”各项目标任务的全面落实，促进法律援助工作再上新台阶奠定了坚实基础。兵团电视台新闻频道3月29日报道了“法律援助工程”现场会情况。

5月12日，兵团司法局举行了法律援助受理点揭牌仪式，标志着兵团首批3个法律援助受理点正式设立。受理点分别设在鼎泽凯、江青月、四维3家律师事务所。

8月11日至16日，兵团司法局组织对“法律援助工程”及中央彩票公益金法律援助项目实施情况进行检查。

12月28日，兵团卫视综合台“新闻联播”盘点兵团“十件实事”，报道了兵团法律援助信息化建设成效，农六师法律援助中心、兵团法律援助处接受采访。

12月，《兵团法律援助办案经费使用监督管理暂行办法》实施。

12月，兵团司法局组织开展评选2010—2011年度兵团法律援助先进集体和先进个人活动，在兵团范围内的法律援助机构、律师事务所、司法所、基层法律服务所，法律援助机构工作人员、律师、司法所工作人员、基层法律服务工作者、法律援助志愿者评选出30个先进单位和50名先进个人。

（新疆生产建设兵团法律援助处）

第三部分　中国法律援助基金会工作概况

2011年，中国法律援助基金会在司法部党组的正确领导下，在第三届理事会岳宣义理事长的带领下，坚持以科学发展观为指导，以做大做强做优法律援助基金会工作为目标，创新工作方式，紧紧围绕募资工作重点，不断提高法律援助物质保障能力，各项工作取得新的进展和突破。

一、圆满完成第三届理事会换届工作

根据国务院颁布的《基金会管理条例》和《中国法律援助基金会章程》有关规定，2011年4月26日，中国法律援助基金会召开第三届理事会第一次会议。聘请全国人大常委会副委员长李建国，全国政协副主席李兆焯等6名领导同志为第三届理事会名誉理事长。中央纪委驻司法部纪检组原组长岳宣义当选为中国法律援助基金会第三届理事会理事长，姜兴长等5名领导当选为副理事长，聘请了18人为名誉理事。会议部署了新一届理事会工作任务，讨论通过了《中国法律援助基金会发展规划(2011年—2015年)》等一系列规定。

二、坚持以募资工作为重点，在困境中实现良好开局

做大做强做优法律援助基金会工作是第三届理事会确定的工作目标。三届理事会成立以来，始终坚持这个目标不动摇，在慈善事业公信力严重受挫的形势下，应对挑战，变危机为机遇，截至12月底，共接受社会各界捐赠1385万元，实现良好开局。

(一)集思广益，统一思想，明确基金会发展方向

5月6日，基金会第一、二、三届理事会领导联谊会召开。李建国副委员长、顾秀莲原副委员长、吴爱英部长莅临联谊会，与基金会一、二、三届理事会领导集聚一堂，共叙基金会成长历史，共话基金会发展远景，为基金会第三届理事会发展指明方向。5月31日，基金会科学发展务虚会召开，围绕如何把基金会做大做强做优进行了深入思考和热烈讨论，破解了难题，打开了思路，开阔了视野，是基金会发展史上的一个创举。9月6日，基金会三届理事会第一次理事长办公会议召开，会议听取了工作汇报，审议通过了一系列重要议题，明确了基金会今后工作重点和目标任务。通过一系列新创举，理顺了基金会的工作思路，开创了工作的新局面。

(二)攻坚克难，创新思路，开辟国企募资主渠道

基金会六位理事长联名致函全国人大常委会副委员长、中国法律援助基金会名誉理事长李建国同志，恳请他关心、支持基金会工作。李副委员长高度重视，作出重要批示："赞成岳宣义等六位同志的倡议。希望理事会各成员单位一如既往地关心和支持法律援助事业，为维护困难群众的合法权益和社会公平正义，奉献大爱之心。"李建国副委员长的重要批示，是近几年来党和国家领导人对法律援助基金会工作最重要、最直接的一次批示，充分体现了党和国家领导人对

法律援助事业的高度重视和亲切关怀。按照李建国副委员长的批示精神，基金会六位理事长联名致信六大国企理事单位领导，争取他们的支持。6月29日，岳理事长专程拜访全国政协副主席、中国法律援助基金会名誉理事长李兆焯同志，恳请李副主席支持基金会工作。李副主席欣然答应岳理事长的请求，并表示今后将尽自己的力量支持基金会工作，支持法律援助事业。7月8日，岳理事长看望国务院国资委黄淑和副主任，黄副主任表示，国企对公益事业的支持，已成为国企承担社会责任的重要指标，国资委也出台了一系列政策，积极鼓励国企支持公益事业。

经过不懈努力，多数理事单位表示支持基金会募资工作，并将支持基金会的资金列入每年的公益支出计划。截至12月，国家开发银行同意2011年资助基金会50万元，与工商银行签署三年资助基金会480万元的合同，与北京烟草公司签署了五年资助协议，每年资助基金会100万元。

（三）创新平台，互利共赢，构建募资、援助双渠道

民营企业已成为中国经济发展的重要力量。民营经济不仅在国民经济中占有重要比重，而且在吸纳就业，扩大需求，稳定社会等诸多方面发挥着重要作用。在快速发展的同时，民营企业合法权益受到侵害的事情时有发生，民营企业面临的法律风险日益增大。为更好地使民营企业了解法律援助制度，支持法律援助事业；同时有效维护民营企业合法权益，优化民营企业发展环境，中国法律援助基金会和中华民营企业联合会共同成立了“维护民营企业合法权益专项基金”，探索运用法律援助方式，维护民营企业合法权益的新途径，开辟了新的募资、援助渠道。12月16日，“维护民营企业合法权益专项基金”启动仪式在京举行。全国政协副主席阿不来提·阿不都热西提、全国人大常委会原副委员长蒋正华、中国法律援助基金会理事长岳宣义，副理事长姜兴长、刘长琨、秦怀保出席了会议。中华民营企业联合会会长保育钧主持启动仪式。

三、挖掘典型，推出“1+1”优秀志愿律师郭二玲

“1+1”中国法律援助志愿者行动涌现出一批扎根西部、甘于奉献的优秀律师，残疾律师郭二玲的先进事迹在服务地引起强烈反响。为树立“1+1”行动公益典型，表彰郭二玲身残志坚，奉献爱心的精神，岳宣义理事长亲自倾听郭二玲生动感人的故事，亲自带队赴内蒙古、黑龙江等地，与当地司法行政系统和法律援助部门的干部职工进行了座谈，走访受援人，看望郭二玲的父母。亲自向部领导汇报了郭二玲的先进事迹，吴爱英部长指示：“郭二玲同志的事迹很生动、很感人，应该宣传、表彰。”11月初，基金会正式报请司法部党组，宣传、表彰郭二玲同志。

四、精心组织实施彩票公益金法律援助项目

截至2011年12月底，中央专项彩票公益金项目已经资助办理5类困难群众法律援助案件共计27880件，办结重大复杂疑难案件1022件，依法化解了3人以上的群体性纠纷2448件，共为48941位困难群众挽回经济损失超过13亿元，有效地维护了困难群众的合法权益，增强了全国特别是中西部地区法律援助服务能力，为维护司法公正，促进社会和谐稳定作出了积极贡献。

（一）开展项目检查确保项目正确实施

为确保项目资金安全、有效使用，加强项目监督管理，启动了项目集中检查工作。在岳宣义理事长带领下，基金会先后对湖南、内蒙古、黑龙江、甘肃、宁夏、山西等地的项目实施情况进行了实地检查。通过听取汇报，抽查卷宗，查阅档案，查验账务，回访

受援人和案件承办人，保障了项目资金的安全落实。

（二）认真履行中央项目管理机关的审查监督职能

项目办对上报案件认真审查核实，查出816件案件不符合《暂行管理办法》关于案件范围的规定，并责成上报地予以纠正。针对个别项目实施单位发生项目补贴款未及时、足额发放到位的情况，岳理事长亲自部署监督检查方案，项目办积极督办，及时纠正了问题，堵塞了漏洞。

（三）积极筹划2011年度项目实施工作

2011年，中央专项彩票公益金法律援助项目年度预算增长为1亿元，充分体现了司法部、财政部对项目实施管理工作的肯定。6月份，完成了2011年度项目资金使用计划编制工作，经岳宣义理事长批准，征求了司法部法律援助工作司、计财装备司意见后，报司法部领导。以司法部名义向财政部报送了《关于中央专项彩票公益金法律援助项目2011年度资金使用计划的函》。财政部已正式批复同意，1亿元资金已拨付到位。为确保项目在“十二五”期间开好头、起好步，真正使项目资金落实到服务西部，服务民生，12月12日，在广西南宁召开了中央专项彩票公益金法律援助项目工作会议，对2011年的工作进行总结交流，对下一年度项目实施管理工作进行动员部署。中国法律援助基金会理事长岳宣义出席会议并讲话。

五、深入开展“1+1”法律援助志愿者行动

2011年是“1+1”法律援助志愿者活动行动实施第三年，截至2011年12月底，“1+1”律师志愿者共受理各类法律援助案件11600余件，共接待法律咨询6万余人次，开展法制讲座800多次，其中办理化解社会矛盾纠纷案件1000余件，涉及2万余人，为促进中西部无律师县和律师资源短缺的地区法律援助事业发展做出了积极贡献。

7月11日，召开了“1+1”中国法律援助志愿者行动2010年总结表彰暨2011年派遣工作新闻发布会。全国人大常委会原副委员长顾秀莲、司法部部长吴爱英、副部长赵大程出席会议。岳理事长作会议主旨报告强调：“1+1”行动是关系民生、关系稳定、关系和谐、关系全局的活动，是时代赋予的民生工程。中国法律援助基金会名誉会长、全国人大常委会原副委员长顾秀莲，司法部部长吴爱英作出重要指示。

会议引发强烈社会反响，中央主流媒体、主要网络平台都进行了详细报道。吴爱英部长在7月18日召开的全国司法厅（局）长会议上，对“1+1”行动给予了高度评价，指出“1+1”行动是一项民生工程、德政工程，并要求各地高度重视，从人力、物力上给予大力支持。

六、宣传工作取得新进展

为扩大法律援助事业社会影响，提高基金会社会知晓度、公信力，宣传部门创新宣传方式，借助各种宣传平台，加大法律援助宣传力度，宣传工作取得新进展。

（一）运用集中宣传形式，突出展现基金会良好形象

7月15日，“1+1”行动2010年工作总结表彰暨2011年派遣工作会议期间，15家新闻媒体集中、详尽、全面地报道了这项民生工程、德政工程，突出展示基金会的良好社会形象。中央电视台、《人民日报》《光明日报》等媒体进行了重点报道，中央电视台社会与法频道黄金档播出“1+1”专题节目，《法制日报》头版对会议作了专题报道。新华网、新浪网等几十家门户网站均配图发布了会议新闻，集中宣传了“1+1”项目几年来的成果及基金会在法律援助工作中的成绩，扩大了中国法律援助基金会的社会影响力，引起了社会各界的广泛关注。

（二）日常宣传富有成效，基金会影响日渐提升

《半月谈》杂志刊登基金会专访。中华网开设法律援助专栏，加大对中国法律援助基金会的宣传。中华网公益频道开播纪念日时，岳宣义理事长受邀为其题词："公益是传统的道德，高尚的情怀。希望中华网公益频道把公益传播给每个公民。"《瞭望周刊》刊登对岳理事长的专访。《今日中国论坛》杂志详细报道基金会活动情况，使基金会得到了充分的展示。基金会网站改版正在筹划中。

（三）宣传画册面世，基金会整体形象得到良好展示

7月，在岳宣义理事长的主持下，精心编辑了基金会画册。画册尊重历史、着眼现实，精选基金会历年来大量珍贵照片，客观地展示了基金会的发展历程，对宣传、推广法律援助基金会起到重要作用。

七、加强秘书处自身建设，打造过硬团队

（一）完善机制，提高团队素质

三届理事会以来，岳理事长非常重视秘书处建设。提出秘书处的基本职能是："抓落实、当参谋"，价值取向和行为方式："追求崇高，奉献法援；放下架子，扑下身子；不怕碰钉子，不怕丢面子；忍苦耐劳，忍辱负重，甘当孺子牛。"按照上述要求，秘书处团队素质不断提高，务实、高效、和谐工作氛围初步显现。9月，岳理事长同秘书处领导班子成员集体谈话，进一步增强了秘书处的凝聚力、战斗力。根据基金会发展需要，筹划组建了公共关系事业部和公益文化艺术部，以增强基金会公益品牌、公益项目研发设计能力，开拓社会化公益品牌效应，促进基金会文化艺术公益事业的发展。

（二）加强制度建设，提升工作规范化水平

为进一步加强秘书处规范化建设，保证基金会健康持续发展，研究制定了《中国法律援助基金会关于规范"三公"经费管理的规定》和《中国法律援助基金会关于慈善捐助信息披露暂行规定》等一系列制度。实行理事会、理事长办公会、秘书长办公会三个会议制度，进行民主管理，重大问题集体决策，促进了基金会的健康发展。

第四部分　领导讲话

赵大程同志在全国“法律援助便民服务”主题活动总结电视电话会议上的讲话

（2011年3月30日）

经部党组批准，今天我们召开会议，主要任务是以邓小平理论和“三个代表”重要思想为指导，全面贯彻落实科学发展观，深入贯彻胡锦涛总书记在省部级主要领导干部社会管理及其创新专题研讨班开班式上的重要讲话精神，认真贯彻全国“两会”精神，总结“法律援助便民服务”主题活动的成绩，交流开展法律援助便民服务的经验做法，对深化法律援助便民服务、进一步推进法律援助工作发展进行部署。

当前，我国既处于发展的重要战略机遇期，又处于社会矛盾凸显期。加强和创新社会管理，正确处理人民内部矛盾和其他社会矛盾，妥善协调各方面利益关系，保持社会和谐稳定，是全党和全国面临的一项重要任务。前不久，在中央举办的省部级主要领导干部社会管理及其创新专题研讨班上，胡锦涛总书记发表了重要讲话，深刻阐述了加强和创新社会管理的重大意义，深入分析了我国社会管理领域存在的突出问题及其原因，明确提出了当前和今后一个时期加强和创新社会管理的指导思想、基本任务、重点工作，标志着我们党对共产党执政规律、社会主义建设规律、人类社会发展规律认识的深化，对新形势下加强和创新社会管理具有重要指导意义。法律援助作为党和政府联系群众的重要桥梁和纽带，在我国社会管理格局中具有重要地位，在加强和创新社会管理中承担重要责任、具有独特优势。我们要认真学习贯彻胡锦涛总书记和习近平、周永康等中央领导同志的重要讲话精神，深刻理解并把握加强和创新社会管理的重要性和紧迫性，深刻理解并把握新形势下群众工作的新情况新特点，以强烈的政治责任感和使命感不断把法律援助工作推向前进，为推动提高社会管理科学化水平贡献力量。

开展“法律援助便民服务”主题活动，是法律援助工作积极参与加强和创新社会管理的重要内容，在维护困难群众合法权益、促进社会和谐稳定方面发挥了重要作用。刚才，山东等四省（区）司法厅和宁波等五个市县司法局作了大会发言，讲得都很好，他们的经验和做法，值得各地学习借鉴。在法律援助工作面临重要发展机遇的形势下，认真总结这次便民服务主题活动的成果和经验，自觉运用到今后的法律援助工作中去，对于我们抓住和用好机遇，以改革创新精神加强和改进新形势下法律援助工作，不断开创法律援助工作新局面，具有重要意义。下面，我讲三点意见。

一、便民服务主题活动扎实有效开展，取得丰硕成果

“法律援助便民服务”主题活动是在全国积极应对国际金融危机冲击、保持经济平稳较快发展的背景下开展的，是在政法系统深入推进三项重点工作的形势下深化的。主题活动自2009年6月开始，共分为两个阶段。第一阶段为期半年，重点是全面推行十项便民措施。2010年1月至年底结束为第二阶段，主要任务是在推行十项便民措施的基础上，围绕深入推进三项重点工作进一步深化便民活动。司法部对“法律援助便民服务”主题活动高度重视。部党组和吴爱英部长等部领导多次对主题活动进行研究部署，要求各地把主题活动摆上重要位置，加强统筹规划，努力做到高起点定位、高标准要求、高质量推进。各级司法行政机关和法律援助机构按照司法部的统一部署，积极投身主题活动，以满足人民群众法律援助需求为目标，以方便群众、服务群众为重点，深入研究法律援助工作面临的新情况新问题，积极探索做好便民工作的新途径新方法，努力为困难群众提供优质高效的法律援助，向党和人民交出了一份满意的答卷。

（一）强化组织领导，精心组织实施。各地坚持把主题活动作为服务保障和改善民生的主要内容，认真筹划，精心组织，确保领导有力、措施得当。普遍研究制定了本省（区、市）活动方案或实施意见，明确活动的目标任务、工作思路和具体措施，有计划、分阶段、按步骤有序推进主题活动。一些省份将主题活动纳入为民办实事项目，提升到由党委、政府组织实施的一项重要民生工程加以推进。一些地方坚持从服务大局出发，围绕服务平安世博、平安亚运、灾区重建、抗洪抢险等重大任务，精心设计载体，突出实践特色，增强活动的针对性、可操作性和实效性。各地注重把主题活动与业务工作紧密结合，深入了解活动进展，及时总结交流经验，加大督促检查力度，确保了主题活动务实而富有成效。

（二）围绕活动主线，发挥职能作用。紧紧围绕深入推进三项重点工作这一主线，有效预防化解矛盾纠纷，有效促进社会管理创新，有效保障司法公正，切实发挥法律援助在推动科学发展、促进社会和谐中的职能作用。着力做好扩大覆盖面工作，一些省份以出台省政府文件或立法方式将转变经济发展方式、调整经济结构过程中出现的与民生权益密切相关的事项纳入补充事项范围，进一步放宽经济困难标准，使法律援助惠及更多困难群众。建立省、市、县三级舆情分析体系，积极开展法律援助舆情分析工作，为党委、政府和相关部门提供决策参考。建立介入信访工作机制，协助处理化解了大批涉法涉诉信访问题、突发性事件和群体性纠纷。突出做好对农民工、零就业家庭和残疾人等特殊人群的法律援助工作，开展农民工讨薪专项行动、企业下岗人员法律援助行动、残疾人法律维权行动，切实维护弱势群体合法权益。普遍实行援务公开，抓好公正廉洁执业教育整顿工作，建立法律援助服务考核和评价制度，集中开展受援人跟踪回访活动，法律援助服务进一步规范，执业公信力进一步提高。

（三）突出便民主题，适应群众需求。坚持以提高便民工作水平为着力点，大力推行便民利民举措，努力让人民群众切实感受到活动带来的新成效。突出抓好便民窗口建设，在临街、一层等方便困难群众的地点设置专门接待场所，积极改善接待条件，完善窗口服务功能，方便群众来电来访。山东、广东两省的便民窗口建成率分别达到94%和90%。着力打造“一小时法律援助服务圈”,大力推进法律援助向社区、乡村延伸,推进法律援助辐射至相关行业。浙江、安徽等八个省的乡镇(街道)司法所建站率已达90%以上。推行工作站转交申请、联络点联系申请、有关部门引导申请等多种申请形式,在法律规定范围内尽可能简化审批程序,缩短审批期限,困难群众申请法律援助更加方便快捷,法律援助受理审查工作更加简便高效。2010年,全国共组织办理法律援助案件72.7万件,同比增长13.4%;受援人总数达到82万余人次,同比增长11.3%,有效维护了困难群众合法权益。

(四)*优化服务措施,增强活动效果*。适应困难群众的新要求新期待,在提供服务中更加注重质量优化、效率提高和品质提升。推行点援制,建立法律援助律师专业分类名录,供受援人选择确定案件承办人。建立咨询、代书、调解、仲裁、诉讼等多种援助形式并用的纠纷解决机制,推行诉前、庭前调解服务模式,努力实现受援人利益最大化。在化解矛盾纠纷时注重人文关怀和心理疏导,一些地方增设心理咨询服务,利用法律、心理、社会学教育背景社会工作者的专业知识提供多方面服务,努力实现最佳纠纷解决效果。加强便民服务网络平台建设,推行网上申请和审批,一些地方实施法律援助信息化站点通工程,实现各站点工作到法援机构的网上直通,利用互联网提供在线语音视频法律咨询服务。加强质量管理,制定案件质量评估标准,出台办案程序规则,实行案件办理动态监控,法律援助服务质量不断提高。

(五)*扩大社会影响,营造良好氛围*。坚持正确导向,紧扣活动进展,着力加大宣传工作力度,为主题活动营造了全方位、多渠道、立体化的舆论声势和浓厚氛围。精心组织媒体宣传,中央和各省级主流媒体采用领导访谈、活动解读、系列报道等形式对主题活动进行了集中和深度报道。积极开辟群众便于接受的宣传渠道,搭建群众乐于参与的宣传平台,以具体充实、通俗易懂的内容,采用播放公益广告、制作动漫宣传短片、评选优秀案例、组织大规模宣传服务活动等丰富多彩的形式将主题活动宣传工作引向深入。深入基层,深入实际,广泛开展法律援助进社区、进乡村、进军营、进工地、进学校、进监狱等活动,使主题活动的宣传效果覆盖到亿万群众。

总的来看,历时一年半的便民服务活动主题突出、贴近群众、特色鲜明、成效显著。困难群众申请法律援助更加方便快捷,获得的服务更加优质高效,人民群众得到了实实在在的便利;广大法律援助人员进一步树立了群众利益至上理念,工作作风进一步改进,法律援助自身建设进一步加强;各级党委、政府对法律援助工作的重视程度明显增强,支持力度进一步加大,法律援助外部发展环境不断优化。主题活动为推进新形势下法律援助工作发展注入了新的生机与活力,活动本身成为进一步统一思想、凝聚共识的过程,成为进一步探索发展规律、开阔工作思路的过程,成为破解发展难题、提高发展水平的过程。

实践证明,部党组关于开展“法律援助便民服务”主题活动的决定是正确的,广大人民群众对活动的各项便民举措是欢迎的,社会各界对主题活动的成效是认可的。同时,我们也看到,这次主题活动还存在一些差距和不足:主题活动在地区之间开展得还不够平衡;个别地方对加强便民服务重要性的认识还不深刻;一些地方出台的措施针对性不强;还有一些地方工作推进力度不够,活动成效不明显,与形势任务的要求和人民群众的期待相比还有一定距离。在今后的工作中我们必须高度重视,认真解决好这些问题，更好地推进工作、服务群众。

二、便民服务主题活动积累了丰富经验，为加强法律援助工作提供了重要启示

这次主题活动牢牢把握便民主题，着眼于服务保障和改善民生，紧紧围绕深入推进三项重点工作，注重提升服务，注重取得实效，积累了丰富经验，为我们进一步推进法律援助工作提供了重要启示。

（一）*牢固树立群众利益至上理念，这是主题活动取得成效的根本保证。*主题活动中，各地坚持以人为本，秉持为民、便民、惠民、利民、佑民、安民的服务理念，本着心细如丝的态度，积极为困难群众提供便捷度高、质量高、透明度高的法律服务，让人民群众真切得到实惠，感受到党和政府的温暖。实践证明，深入推进法律援助工作，必须牢固树立群众观点、坚持党的群众路线，自觉站在人民群众的立场上，把实现好、维护好、发展好最广大人民根本利益作为法律援助工作的根本出发点和落脚点，坚持思想上尊重群众、感情上贴近群众、工作上依靠群众，促进解决困难群众最关心最直接最现实的利益问题，让人民群众共享改革发展成果。

（二）*紧密围绕党和国家中心任务推进深化，这是主题活动取得成效的关键所在。*主题活动中，各地积极应对国际金融危机对我国经济社会发展带来的影响，着力做好受经济危机影响的特殊群体法律援助工作，推动解决当事人的合理合法诉求，及时向有关部门提出加强和改进社会建设及社会管理的意见建议，充分发挥法律援助在党和政府主导的维护群众权益机制中的作用，努力在全社会形成保护困难群众合法权益的良好氛围。实践证明，深入推进法律援助工作，必须始终坚持围绕中心、服务大局，把法律援助工作放到党和国家工作大局中来谋划、来推进，充分发挥法律援助工作在服务党和国家工作大局中的作用，为促进经济社会又好又快发展作出积极贡献。

（三）*坚持把巩固基层基础贯穿始终，这是主题活动取得成效的基本前提。*主题活动中，各地坚持重心下移，注重加强基层建设，健全完善基层法律援助网络，加大基层保障能力建设，提高基层法律援助服务的可及性和覆盖面，为满足基层群众需求发挥了重要作用。实践证明，深入推进法律援助工作，必须把工作着力点放到基层上来，壮大基层力量，整合基层资源，改善基层条件，着力积蓄发展后劲，为加快法律援助发展提供全方位保障。

（四）*坚持把强化自身能力建设贯穿始终，这是主题活动取得成效的重要基础。*主题活动中，各地大力加强自身建设，着力提升工作能力，在服务方式上实现了从传统服务向现代服务的转变，在服务内容上实现了从单一服务到多元服务的转变。实践证明，深入推进法律援助工作，必须统筹加强法律援助物质保障、组织建设、管理工作、服务工作和社会影响等能力建设，实现服务能力和工作水平的全面提升。

（五）*坚持把创新精神贯穿始终，这是主题活动取得成效的动力之源。*主题活动中，各地牢固树立开拓创新意识，敏锐把握社会环境的新变化和困难群众的新需求，着力创新服务理念、服务方式和服务机制，努力提升法律援助服务效果。实践证明，深入推进法律援助工作，必须不断适应新形势新任务的要求，坚持以改革的精神、创新的思路、发展的办法推进法律援助工作，努力使法律援助工作更好地体现时代性，把握规律性，富于创造性。

以上这些经验，来源于主题活动丰富的工作实践，凝聚了广大法律援助机构和人员的智慧力量，是主题活动留给我们的宝贵财富。我们要倍加珍惜，并在此基础上把主题活动中创造和积累的好经验、好做法上升为政策，固化为制度，转化为长效工作机制，推动法律援助工作科学发展。

三、明确新时期目标任务，在新的起点上不断将法律援助工作推向前进

深化法律援助便民服务，不断加大法律援助服务保障和改善民生力度，是法律援助工作的长期战略任务。刚刚闭幕的十一届全国人大四次会议批准了《国民经济和社会发展第十二个五年规划纲要》，明确了“十二五”时期经济社会发展的目标任务。加强和创新社会管理，深化三项重点工作，是政法工作服务党和国家工作大局、推动“十二五”时期实现科学发展的根本着力点。法律援助工作必须自觉承担起时代赋予的历史使命，全面贯彻党的十七大和十七届三中、四中、五中全会精神，以邓小平理论和“三个代表”重要思想为指导，深入贯彻落实科学发展观，把握科学发展主题和加快转变经济发展方式主线，着眼于服务保障和改善民生，加强和创新社会管理，深化三项重点工作，围绕积极推进法律援助设施便利化、案件质量标准化、经费保障制度化、工作运行信息化、监管执业规范化“五化”建设，进一步深化法律援助便民服务，进一步提升服务困难群众的能力和水平，进一步提升法律援助地位和社会影响力，为维护困难群众合法权益、保障社会公平正义、促进社会和谐稳定作出新的贡献。

（一）认真谋划“十二五”时期法律援助工作。“十二五”时期是深化改革开放、加快转变经济发展方式的攻坚时期，也是促进法律援助科学发展、繁荣法律援助事业的重要战略机遇期。各地要着眼于更好地发挥法律援助在“十二五”时期服务经济社会发展大局的职能作用，进一步把思想统一到中央决策部署上来，把力量凝聚到实现“十二五”时期目标任务上来，围绕科学发展这个主题和加快转变经济发展方式这条主线，大力推进法律援助事业改革发展。要准确把握经济社会发展形势的新变化新特点，围绕解决当前社会管理领域存在的突出问题，有效发挥法律援助在加强和创新社会管理中的职能作用，促进提高社会管理科学化水平。要抓住人民群众最关心的公共安全、权益保障、社会公平正义问题，围绕深化三项重点工作，进一步加强和改进新形势下法律援助工作，为“十二五”开好局、起好步，创造和谐稳定的社会环境、公平正义的法治环境、优质高效的服务环境。要认真落实中央深化司法体制和工作机制改革的有关部署，着力完善法律援助制度，推动建立中国特色社会主义法律援助制度体系。

（二）着力推进法律援助设施便利化。社会管理，说到底是对人的管理和服务，涉及包括困难群众在内的广大人民群众切身利益。这就要求法律援助工作必须坚持以人为本，不断提高便民服务水平，提高人民群众对法律援助工作的满意度。要坚持以推进法律援助设施便利化为重点，不断拓展法律援助便民服务工作，针对法律援助对象的特殊性，推进法律援助机构业务用房建设，完善接待场所和服务设施，让接待窗口真正成为便民窗口。要着力做好“‘12348’法律援助咨询专线”升级改造工作，加快建设全国统一技术和统一功能的专线平台，确保咨询专线高效运转，广泛及时提供咨询服务。要更加注重网络建设，建设一批法律援助工作站示范点，推动提高法律援助工作站规范化水平，建立科学、合理、高效的申请受理审查机制，拓展异地协作服务领域，方便困难群众申请法律援助。

（三）着力推进法律援助案件质量标准化。质量是法律援助工作的生命线。实现案件质量标准化，对于缩小区域、城乡法律援助工作发展差距，推进法律援助服务均等化具有重要意义。要围绕提升法律援助服务水平,进一步增强做好案件质量工作的自觉性,着力推进案件质量标准化,不断提高案件质量管理水平。要完善法律援助受理、审查、决定、指派、承办等各个环节的工作程序和行为规范,细化服务标准,完善工作流程,确保为当事人提供符合标准的法律援助服务。要建立以提高质量为导向的案件管理制度和工作机制,把法律援助管理资源配置和工作重点集中到质量管理上来,健全完善服务质量监督机制,切实加强对法律援助案件办理全过程的监督,力争实现对案件质量的同步控制、同步跟踪、同步监督。要开展案件评估试点工作,研究建立健全法律援助案件质量评估体系,细化实化评估指标,完善具体工作措施,完善业绩考核和奖惩激励机制,促进提高法律援助案件质量。

(四)着力推进法律援助经费保障制度化。经费保障是法律援助工作发展的物质基础。要着眼于提高法律援助物质保障能力,积极推进经费保障制度化,继续推动各地积极争取将法律援助经费纳入同级财政年度预算,建立动态增长机制,确保法律援助政府责任落实到位。要认真落实国家政法经费保障体制改革政策,推动建立中央和地方按比例分担的法律援助经费保障机制,突出法律援助机构的办案职能和繁重办案任务,加大对中西部地区基层法律援助业务经费的支持力度,不断提高经费保障水平。要加强经费使用监督管理,建立健全经费管理规章制度,严格业务经费支出项目和范围,动态监控经费使用情况,提高经费使用效益。要充分发挥中国法律援助基金会和地方法律援助基金会的资金募集作用。要加强法律援助机构规范化建设,提高法律援助基层基础建设整体水平。

(五)着力推进法律援助工作运行信息化。随着信息化建设与应用的不断深入,信息技术已经成为推进法律援助工作的重要载体。要积极推进信息系统建设,建立健全标准统一、功能完善、互联互通、安全可靠的法律援助信息管理系统,实现法律援助案件、咨询的动态管理和业务数据统计分析、实时查询等功能。要把提高管理和服务能力作为信息化建设的着力点,加大信息技术应用力度,努力实现管理工作规范高效,监督工作有序到位,服务群众便捷高效。要依托信息化平台建立便民通道,方便群众网上咨询和申请,优化法律援助事项办理流程,逐步实现通过网络完成受理、审批、指派等工作。要高度重视信息化硬件建设,加强信息化人才队伍建设,加强信息安全建设,实现法律援助管理系统安全稳定运行。

(六)着力推进法律援助监管执业规范化。有效履行法律援助监管职能,积极推进监管执业规范化建设,是提高法律援助管理水平和服务质量的重要保障。要着力推进法律援助组织机构建设,进一步理顺管理体制,充实管理力量,逐步建立起自上而下、职能完备、运行高效的监管体系。要规范监管行为,加快制定法律援助人员行为规范、法律援助机构和人员惩戒办法、社会组织参与法律援助工作管理办法等规范性文件,以制度促规范,以规范促发展。要认真履行法律援助执业监管职能,坚持日常监管与专项检查相结合,实现对各类主体法律援助活动的动态监管,确保履职到位、监管到位。要建立投诉举报制度,进一步畅通投诉渠道,做好投诉处理工作,主动接受社会和群众的监督,确保为困难群众提供高质量的法律援助服务。

今年是中国共产党成立90周年,也是“十二五”规划开局之年,做好全年的工作具有重要意义。根据中央政法委的统一要求,司法部日前部署开展了全国司法行政系统“发扬传统、坚定信念、执法为民”主题教育实践活动,着力解决在理想信念、宗旨意识、执法执业等方面存在的突出问题，努力造就一支政治坚定、业务精通、作风优良、执法公正的司法行政队伍。各地要切实贯彻中央政法委和司法部的部署安排，把开展主题教育实践活动作为推动法律援助工作发展的重要动力，认真落实中央关于做好新形势下群众工作的要求，把服务群众贯穿于法律援助工作各方面、全过程，维护好群众合法权益，让广大群众感受到社会公平正义就在身边。要真抓实干、务求实效，大力弘扬求真务实作风，把心思放在抓工作上，把工夫下到求实效上，坚持抓重点带一般、攻难点求突破，不断把法律援助工作推向前进。要切实提高战略思维、创新思维、辩证思维能力，不断推进法律援助工作理念思路、方式方法和体制机制创新，提高法律援助工作制度化、规范化水平。要广泛宣传法律援助在服务保障和改善民生、促进经济社会发展方面取得的显著成效，不断提高新形势下宣传工作的针对性和有效性，为法律援助事业持续快速发展营造良好的社会舆论环境。做好法律援助工作，使命光荣，责任重大。让我们更加紧密地团结在以胡锦涛同志为总书记的党中央周围，高举中国特色社会主义伟大旗帜，以邓小平理论和“三个代表”重要思想为指导，深入贯彻落实科学发展观，与时俱进、开拓创新，为实现“十二五”经济社会发展目标任务、为把我国建设成为富强民主文明和谐的社会主义现代化国家而不懈奋斗！

赵大程同志在中国法律援助基金会第二届理事会第八次会议上的讲话

（2011 年 4 月 25 日）

今天，我们在这里召开中国法律援助基金会第二届理事会第八次会议，认真总结和研究基金会工作。刚才，周院生同志代表张秀夫会长作了基金会工作报告，回顾了八年来基金会工作取得的成绩和积累的经验，讲得很好，我都赞同。

自 2002 年 10 月中国法律援助基金会选举产生第二届理事会以来，中国法律援助基金会走过了不平凡的历程。在司法部党组领导下，在第二届理事会的直接组织下，中国法律援助基金会高举中国特色社会主义伟大旗帜，以邓小平理论和“三个代表”重要思想为指导，深入贯彻落实科学发展观，解放思想，开拓进取，各项工作取得了丰硕成果。一是筹资能力不断增强。先后设立了优秀学子法律援助专项基金、残疾人法律援助专项基金、农民工法律援助专项基金等 10 多个专项基金，搭建有效筹资平台，吸引了一大批富有公益精神的企业和个人积极为基金会捐资，八年来共筹集社会资金超过 2 亿元人民币，为发挥基金会的职能作用提供了有力的经费保障。二是服务能力不断增强。向 592 个国家级扶贫开发工作重点县捐赠法律援助资金和物资近 2000 万元，组织发起“优秀学子法律援助爱心行动”，与有关部门联合开展“1 + 1”法律援助志愿者行动，既输送专业人才，又提供资金支持，较好地满足了西部地区人民群众的法律援助需求，对于促进法律援助区域均衡协调发展，深入推进西部大开发战略具有重要的促进作用，受到服务地党政领导、人民群众和社会各界的广泛赞誉。三是工作能力不断增强。积极加强与有关部门的沟通，争取到了税收优惠政策，进一步调动了社会各界支持法律援助事业的热情。特别要指出的是，经国务院批准，财政部正式立项，法律援助事业纳入了国家彩票公益金支出范围，开辟了一条全新的法律援助经费保障渠道，对法律援助工作发展起到了积极的示范和推动作用。截至目前，项目资助办理法律援助案件38048件，扩大领域和降低门槛的案件占80%以上，挽回直接经济损失超过14亿元，促进了"法律援助便民服务"主题活动的深入开展，在推进三项重点工作和服务民生方面发挥了积极作用。四是指导能力进一步增强。中国法律援助基金会对各地设立募捐平台、组织开展募捐工作发挥了指导和协调作用，带动各地陆续设立或筹备省级法律援助基金会，促进了各地开展募集资金活动的社会化、经常化和制度化。五是宣传能力进一步增强。搭建了具有较高水准的宣传平台，举办了一系列大型公益晚会，聘请知名人士担任形象大使，在建立自主宣传阵地的同时，广泛通过媒体开展法律援助宣传，提高了法律援助的社会知晓度，提升了自身的社会公信力和影响力，进一步扩大了法律援助事业的社会影响。六是自律能力进一步增强。基金会进一步健全了组织机构，从最初仅有两名专职工作人员发展到4人组成的秘书处领导班子和19名专职人员组成的工作队伍，秘书处建设、人力资源、财务管理、对外交往、项目管理、资金和物资管理等各项工作有章可循。2008年，中国法律援助基金会被民政部评为"4A级社会组织"。2010年，中国法律援助基金会被民政部授予"全国先进社会组织"荣誉称号。总之，八年来中国法律援助基金会工作成绩显著，为我国法律援助事业的发展，为构建社会主义和谐社会作出了重要贡献。实践证明，司法部党组决定成立中国法律援助基金会的决策是正确的，对中国法律援助基金会所发挥的重要作用、所作出的重要贡献应当予以充分肯定。

中国法律援助基金会事业的发展，是党中央、国务院高度重视的结果，是司法部党组正确领导的结果，是有关部门、社会各界关心支持的结果，也是基金会各位理事、监事以及秘书处全体人员辛勤工作的结果。八年来中国法律援助基金会的发展，凝聚了各位名誉会长、张秀夫会长和各位副会长的智慧和心血。他们饱含深情，大力宣传法律援助事业，宣传中国法律援助基金会的宗旨，进一步提高了社会各界对法律援助工作重要性的认识，提高了社会各界捐资支持法律援助的积极性；他们牢牢把握基金会的发展方向，认真谋划发展大计，励精图治，求真务实，与时俱进，改革创新，进一步提高了基金会的工作水平；他们殚精竭虑，不辞辛苦，亲力亲为，多方奔走，积极加强与有关部门的沟通协调，推动出台政策措施，为基金会的发展壮大提供了良好的外部环境。正是在他们的领导下，基金会的工作取得了可喜的成绩，赢得了良好的声誉，推动了法律援助事业的快速发展。在这里，我代表司法部，对姜春云、王光英、顾秀莲、曹志、张思卿等名誉会长长期以来对我国法律援助事业的关心支持表示崇高的敬意！对张秀夫会长、各位副会长、理事、监事和秘书处人员的辛勤工作表示衷心的感谢！即将举行的三届一次理事会议上，一些理事由于年龄原因或工作岗位调整，不再担任基金会的理事，希望大家今后继续关心支持法律援助事业，支持基金会的工作。

2011年是“十二五”开局之年、起步之年。“十二五”时期，我国发展仍处于可以大有作为的重要战略机遇期，同时不稳定不确定因素仍然较多，维护社会和谐稳定的任务艰巨繁重。党的十七届五中全会指出，要更加注重保障和改善民生，促进社会公平与正义。刚刚闭幕的十一届全国人大四次会议批准了《国民经济和社会发展第十二个五年规划纲要》，明确了“十二五”时期经济社会发展的目标任务。加强和创新社会管理，深化三项重点工作，是政法工作服务党和国家工作大局、推动“十二五”时期实现科学发展的根本着力点。法律援助工作必须自觉承担起时代赋予的历史使命。中国法律援助基金会的工作是法律援助工作的重要组成部分，要以邓小平理论和“三个代表”重要思想为指导，深入贯彻落实科学发展观，全面贯彻党的十七大和十七届三中、四中、五中全会精神，认真贯彻落实《国民经济和社会发展第十二个五年规划纲要》，认真学习贯彻胡锦涛总书记和习近平、周永康等中央领导同志在省部级主要领导干部社会管理及其创新专题研讨班上的重要讲话精神，深刻理解并把握加强和创新社会管理的重要性和紧迫性，深刻理解并把握新形势下群众工作的新情况新特点，坚持围绕中心、服务大局，进一步深化基金会各项工作，切实加强资金筹集、项目管理和自身建设，筹集更多资金，争取更大成绩，扩大示范效应，共同推进法律援助事业的发展。

第一，要坚持正确的发展方向。法律援助制度是维护困难群众合法权益，保障社会公平正义的一项重要法律制度，是中国特色社会主义司法制度的重要组成部分。法律援助基金会要深入贯彻落实科学发展观，在基金项目设立、宣传推广、资金使用等方面，都要突出服务民生、服务困难群众、维护公平正义的主题，努力推动法律援助事业发展，为保障和改善民生、促进社会和谐作贡献。

第二，要扩大筹集社会资金的规模。目前，我国法律援助经费总体保障水平偏低，中西部地区办案经费短缺问题更为突出，法律援助经费不足已经成为制约法律援助事业发展的瓶颈。中国法律援助基金会要积极发挥工作优势，切实承担筹集社会资金为法律援助工作提供经费支持的功能。要通过举办大型公益活动、公益晚会筹集资金，设立专门基金吸引资金，不断扩大资金募集规模，努力调动社会各方面的资源积极支持法律援助事业发展。

第三，要创新工作机制。坚持在巩固中发展，继承中创新，努力将法律援助基金会建设成为功能到位、作用明显、充满生机活力、具有较高知名度的基金会。要认真学习其他先进基金会的成功经验，不断创新发展理念，改进工作方式方法，切实加强法律援助基金会资金筹集、项目管理和资金使用工作，为各地发挥重要的示范作用，推动基金会又好又快发展。

第四，要加强自身建设。中国法律援助基金会是全国法律援助基金组织，加强自身建设，不仅关系到基金会作用发挥，也关系到为各地推进法律援助事业发展的项目示范作用。从事法律援助基金会工作的同志们要增强工作的责任感和使命感，着眼于推进中国法律援助事业又好又快发展，拓宽视野，丰富思路，积极策划，活跃工作。要按照高标准、严要求的原则，努力建设一个勤奋、团结、务实的秘书处领导班子，建立一支高效、廉洁、精干的人才队伍。切实加强工作制度建设，做到以制度管人、管事，实行科学管理，不断提高工作规范化水平，提高工作效率和质量。要增强公开透明度，自觉公布募捐、接受捐赠、对外资助等运作情况，主动接受媒体和公众的监督，提高社会公信力。

做好法律援助基金会工作是一项艰巨而光荣的任务。让我们更加紧密地团结在以胡锦涛同志为总书记的党中央周围，高举中国特色社会主义伟大旗帜，同心同德，顽强拼搏，不断增强法律援助的物质保障能力和服务提供能力，促进我国法律援助事业发展，努力维护困难群众的合法权益，为夺取全面建设小康社会新胜利作出新的更大的贡献。

吴爱英同志在中国法律援助基金会第三届理事会第一次会议上的讲话

（2011 年 4 月 26 日）

今天，中国法律援助基金会顺利完成了第三届理事会的换届选举工作，并召开第三届理事会第一次会议，这是中国法律援助基金会的一件大事，也是我国法律援助事业发展史上的一件大事。基金会聘请全国人大常委会副委员长兼秘书长李建国同志，全国政协副主席李兆焯同志，八届、九届全国人大常委会副委员长王光英同志，十届全国人大常委会副委员长顾秀莲同志，九届、十届全国政协副主席张思卿同志担任中国法律援助基金会名誉理事长。因为年龄原因，原中共中央政治局委员、九届全国人大常委会副委员长姜春云同志，九届全国人大常委会副委员长曹志同志不再担任基金会名誉理事长。在这里，我代表司法部，向李建国、李兆焯、姜春云、王光英、曹志、顾秀莲、张思卿等领导同志对法律援助事业、司法行政事业的关心和支持，表示衷心的感谢！向新当选的基金会理事长岳宣义同志、副理事长姜兴长同志、胡克惠同志、祝春林同志、刘长琨同志、秦怀保同志，以及各位理事、监事表示热烈的祝贺！向长期以来关心、支持中国法律援助基金会工作的中央和国家机关有关部门和行业、各新闻媒体的同志们表示衷心的感谢！

党中央、国务院历来高度重视法律援助工作。近年来，胡锦涛总书记等中央领导同志对法律援助工作多次作出重要指示，为法律援助工作指明了方向。在党中央、国务院的正确领导下，我国法律援助事业不断发展，法律援助制度日益完善，法律援助机构和队伍建设进一步加强，经费保障能力不断增强，法律援助覆盖面进一步扩大，社会影响力不断提高。广大法律援助工作者依法履行职责、无私奉献，不断深化法律援助便民服务，努力为困难群众提供法律援助，为保障社会公平正义、促进社会和谐稳定作出了重要贡献。

中国法律援助基金会作为我国唯一专门致力于发展法律援助事业的全国性公募基金会，承担着广泛筹集社会资金支持法律援助事业发展的重要职责。第二届理事会在张秀夫理事长的带领下，坚持围绕中心、服务大局，把支持中西部地区和老少边穷地区法律援助工作作为重要任务，积极组织开展“1＋1”法律援助志愿者活动，组织实施中央专项彩票公益金法律援助项目和一系列大型公益宣传筹资活动，广泛募集社会资金，在增强法律援助物质保障能力、推动法律援助事业发展中发挥了积极作用，作出了重要贡献。司法部党组对第二届理事会和张秀夫同志的工作是充分肯定的、是满意的，对张秀夫同志为法律援助事业作出的重要贡献表示衷心的感谢和崇高的敬意！

刚才，岳宣义同志代表基金会第三届理事会讲了话，讲得很好，我完全赞成。下面，我讲几点意见。

一、要进一步增强做好新形势下法律援助基金会工作的责任感和使命感。法律援助制度是维护困难群众合法权益，保障社会公平正义的重要法律制度，是中国特色社会主义司法制度的重要组成部分。它充分体现了法律面前人人平等的社会主义法治原则，是社会文明进步的重要标志，是维护司法公正、促进社会公平正义的重要手段。法律援助基金会是我国法律援助体系的重要组成部分，是推动法律援助事业不断发展壮大的重要力量。做好基金会工作，对于提高法律援助服务能力，服务保障和改善民生，推进加强和创新社会管理，维护社会和谐稳定，具有重要作用。基金会领导班子和同志们肩上的担子重、责任大，使命光荣。希望同志们进一步增强做好新形势下法律援助基金会工作的责任感和使命感，增强政治意识、大局意识、责任意识和服务意识，认真贯彻落实党的十七大和十七届五中全会精神，坚持以邓小平理论和“三个代表”重要思想为指导，深入贯彻落实科学发展观，扎实做好基金会各项工作，把法律援助工作做大、做强、做优，促进和支持法律援助事业又好又快发展。

二、要始终坚持围绕中心、服务大局。围绕中心、服务大局是近年来司法行政工作和法律援助工作不断取得发展进步的一条重要经验，也是必须遵循的一条重要原则。十一届全国人大四次会议批准的《国民经济和社会发展第十二个五年规划纲要》，描绘了我国未来五年的发展蓝图，明确了“十二五”时期经济社会发展的目标任务。贯彻落实好“十二五”规划纲要，为全面建成小康社会打下具有决定性意义的基础，司法行政工作和法律援助工作肩负着重要职责。基金会工作要自觉坚持围绕中心、服务大局，立足职能、发挥优势，推进法律援助事业科学发展，依法维护困难群众合法权益，促进社会公平正义，维护社会和谐稳定，为实现“十二五”时期经济社会发展的目标任务作出新的贡献。

三、要始终坚持以人为本、服务为民。以人为本、执政为民是我们党的生命根基和本质要求，是党的性质和宗旨的集中体现。法律援助工作直接为困难群众提供法律服务，是一项重要的民生工程。近年来，随着我国法律援助事业的发展，越来越多的困难群众得到法律援助。但必须看到，我国仍处于社会主义初级阶段，经济发展还不平衡，困难群众特别是农民工、残疾人、妇女儿童、老年人等对法律援助的需求不断增加。基金会工作要坚持把以人为本、服务为民作为出发点和落脚点，牢固树立群众观点，怀着对人民群众的深厚感情，把以人为本、执政为民贯彻落实到工作的全过程，紧紧围绕解决困难群众最关心、最直接、最现实的利益问题，进一步拓展服务领域，完善便民服务措施，扩大法律援助覆盖面，特别是加大对中西部地区法律援助工作政策扶持和资金支持工作力度，更好地为困难群众提供法律援助，不断实现好、维护好、发展好最广大人民根本利益。

四、要筹集好、用好、管好法律援助资金。法律援助是政府责任，也离不开社会的参与和支持。面向社会筹集资金是基金会的主要职能和任务。要不断拓宽筹资渠道，找准资金募集的切入点、结合点和着力点，加强与企业和经济组织的沟通联系，建立稳定的筹资渠道，积极组织开展有声势、有影响、有社会效益的大型公益项目和公益活动，搭建筹资平台，动员社会各界慷慨捐助法律援助事业。要切实用好资金，认真总结“1+1”法律援助志愿者行动、中央专项彩票公益金法律援助和农民工、残疾人、妇女儿童、老年人等法律援助项目的经验，进一步提高资金使用质量，将社会各界的捐款真正用于为困难群众提供法律援助服务，努力实现良好的社会效果和法律效果。要加强资金管理，认真贯彻执行国务院《基金会管理条例》，及时向捐款人和社会公开资金筹集、项目实施、财务管理等方面的信息，自觉接受社会公众和捐赠人的监督，建立健全筹集资金、项目运作、资金管理和财务审计等方面的规章制度，严肃财务纪律，坚决杜绝违法违纪行为和腐败问题的发生。

五、要大力加强基金会自身建设。加强自身建设是基金会事业科学发展的重要保障。要把思想政治建设放在首位，始终坚持中国特色社会主义理论体系不动摇，始终坚持中国特色社会主义制度不动摇，始终坚持党的领导不动摇，确保基金会正确的发展方向。要认真贯彻执行国家有关法律、法规和基金会章程，健全基金会工作规则和议事程序，完善符合基金会工作需要的管理模式和运行机制。要切实加强基金会理事会建设和秘书处领导班子建设，完善民主决策、科学决策机制，增强组织协调和团结协作能力，充分发挥理事会和秘书处领导班子的作用。要进一步加强队伍建设，强化培训，提高素质，培育团队精神，提高做好基金会工作的能力和水平。要加强与有关部门的协作配合，积极争取指导和支持，努力形成推动基金会事业发展的合力。要广泛宣传法律援助工作和基金会工作，树立基金会的良好社会形象，使社会各界进一步了解和支持基金会工作，为法律援助基金会事业发展营造良好的社会氛围。

做好法律援助基金会工作，使命光荣，责任重大。让我们紧密团结在以胡锦涛同志为总书记的党中央周围，坚持以邓小平理论和“三个代表”重要思想为指导，深入贯彻落实科学发展观，全面贯彻落实党的十七大和十七届五中全会精神，紧紧围绕服务保障和改善民生，加强和创新社会管理，深化三项重点工作，进一步做好法律援助基金会各项工作，努力维护困难群众合法权益，为健全完善中国特色社会主义法律援助制度，促进社会公平正义，维护社会和谐稳定，促进经济社会又好又快发展，作出新的更大贡献，以优异成绩迎接中国共产党成立90周年。

顾秀莲同志在“1＋1”中国法律援助志愿者行动 2010 年总结表彰暨 2011 年派遣工作新闻发布会上的讲话

（2011 年 7 月 11 日）

同志们、朋友们：

今天，中国法律援助基金会与司法部、团中央有关部门和单位，在这里召开“1＋1”中国法律援助志愿者活动 2010 年总结表彰暨 2011 年派遣工作新闻发布会议。这次会议既是总结回顾的会议，又是继往开来的会议。“1＋1”行动开展两年来，紧紧围绕党和国家工作大局，紧紧围绕服务西部、服务民生的目标宗旨，紧紧围绕依法治国、建设社会主义法治国家的根本要求，为维护社会和谐稳定，全面建设小康社会做出了突出贡献，赢得了社会各界的广泛关注和赞誉。在此，我向参加“1＋1”行动的部门和同志们，向为中国法律援助事业做出贡献的朋友们，致以崇高的敬意！

胡锦涛总书记在庆祝中国共产党成立 90 周年大会上指出：“来自人民、植根人民、服务人民，是我们党永远立于不败之地的根本。”当前，我国正处于发展的重要战略机遇期和社会矛盾凸显期，改革发展稳定的任务艰巨繁重，特别是西部大开发战略的实施和改善民生两大任务，直接关系到国家的发展和长治久安。我们必须坚持以人为本，诚心诚意为人民谋利益，切实维护好人民的合法权益，努力实现社会公平正义。

“1＋1”行动深深植根祖国西部，把法律的公平正义直接送到困难群众手中。“1＋1”行动用法律的手段，用法治的力量，传递我们党以人为本、执政为民的科学发展理念；诠释我们党全心全意为人民服务的根本宗旨。“1＋1”行动是一项崇高而伟大的事业，是一项实现人民根本利益的民生工程。我们一定要把这项工程做好、做强、做实，让她取得更加卓越的成效。

志愿者同志们选择凝聚在“1＋1”行动的旗帜下，就是选择踏上服务西部、服务民生的重要而艰巨的征程。希望你们发扬特别能吃苦、特别能战斗的精神，勇敢地面对困难，坚强地战胜困难，以一流的工作业绩，回报党和人民对你们的企盼与信任。

在此，我还要真诚地呼吁参与“1＋1”行动的各有关部门，呼吁全社会，对“1＋1”中国法律援助志愿者行动，给予更大的关心和支持。让我们用大爱之心共同哺育和支持“1＋1”行动这支爱的力量，使“1＋1”行动这一民心工程、法治工程，能够为国家的兴旺发达、长治久安做出新的更大的贡献。

谢谢大家！

赵大程同志在司法部残疾人工作座谈会上的讲话

（2011 年 7 月 27 日）

这次会议的主要任务是，传达学习第四次全国残疾人事业工作会议精神，回顾总结“十一五”时期司法行政机关服务残疾人工作，研究贯彻落实《中共中央国务院关于促进残疾人事业发展的意见》和《中国残疾人事业“十二五”发展纲要》的意见，安排部署“十二五”时期司法行政机关服务残疾人事业发展的工作任务。刚才，浙江、河南、广东省司法厅的同志介绍了本省“十一五”期间残疾人法律服务、法律援助和法制宣传工作的经验和做法，对做好“十二五”期间残疾人工作提出了一些好的意见和建议，有关司局要认真吸收采纳。

部党组十分重视残疾人事业，认真贯彻落实党中央、国务院的工作部署，把服务残疾人工作纳入重要工作议程，出台相关政策和有效措施，推进残疾人法律服务、法律援助和法制宣传等工作深入开展。吴爱英部长对做好服务残疾人工作多次提出要求，明确指示做大、做强、做优法律援助工作，使残疾人等更多困难群众平等享有法律援助，感受社会主义社会的公平正义。此前，吴部长召开部长办公会议，传达学习第四次全国残疾人事业工作会议精神，研究贯彻落实意见。我们要认真贯彻落实中央部署和第四次全国残疾人事业工作会议精神，按照部党组要求，切实履行职责，努力做好服务残疾人事业的各项工作。下面，我讲几点意见：

一、总结工作，充分肯定“十一五”时期服务残疾人工作取得的成绩

“十一五”时期，各级司法行政机关认真贯彻中央部署和中国残疾人事业“十一五”发展纲要，贯彻国务院残工委第三、四、五次全体会议精神，充分发挥职能作用，努力为残疾人服务，为残疾人平等参与社会生活创造良好条件，为促进残疾人事业发展做出了积极的贡献。

（一）残疾人权益得到有效维护。各级司法行政机关以解决残疾人法律咨询难、请律师难、打官司难、无力支付法律服务费用等问题为突破口，采取多种措施为残疾人提供法律帮助，不断增强服务能力。积极引导律师事务所、公证处和法律服务所根据残疾人经济状况提供减、免费法律服务。开展多种形式的“扶残助残”活动，为残疾人申请法律服务和法律援助提供便利。推动省（区市）政府不断扩大残疾人法律援助覆盖面，使更多残疾人获得法律援助。各地法律援助机构为残疾人提供法律咨询 120.3 余万人次，办理残疾人法律援助案件 20 余万件，受援残疾人达 23.4 万名，有力维护了残疾人合法权益。

（二）残疾人法律意识和法律素质进一步提高。各地把《残疾人保障法》等法律法规作为“五五”普法的一项重要内容，大力加强残疾人法制宣传教育，不断提高全社会和广大残疾人的法律素质和维权能力，进一步营造了尊重、理解、关心、帮助残疾人的良好社会氛围。

（三）服务残疾人工作机制进一步健全。建立司法行政机关分工负责制度。法律服务、法律援助和法制宣传部门在服务残疾人工作中各负其责，充分发挥职能作用。建立服务保障制度。取得财政部支持，设立了中央专项彩票公益金法律援助项目，明确将残疾人作为该项目服务对象，专项支持办理残疾人法律援助案件。建立与有关部门协作机制。与公检法、民政、残联等九部门密切配合，推进建立残疾人法律救助体系，开展“法律助残”活动等，形成工作合力，共同推进残疾人事业发展。

在工作实践中，各地形成了有益的经验，主要是：第一，把维护残疾人权益作为根本出发点和落脚点。必须树立以残疾人为本的理念，把残疾人满意不满意作为衡量服务残疾人工作成效的标准，带着深厚的感情做残疾人工作，想残疾人之所想，急残疾人之所急，把残疾人的冷暖安危时刻记在心上，才能保证服务残疾人工作沿着正确的方向发展。第二，把解决与残疾人切身利益相关的问题作为工作的着力点。残疾人状况是民生冷暖的重要指标，只有全面了解残疾人的诉求，把解决残疾人在生活保障、就业、就医、就学等方面的困难和问题作为法律服务和法律援助工作的着力点，这项工作才会大有作为。第三，把提升服务能力和水平作为工作的着眼点。必须引导法律服务、法律援助机构及广大法律服务人员和法律援助工作者进一步增强责任感和紧迫感，加强业务能力建设，不断提高服务质量和水平，切实保障残疾人合法权益的实现，才能真正受到残疾人的欢迎。

在总结经验、肯定成绩的同时，我们也要清醒地看到，司法行政机关服务残疾人工作还有不少薄弱环节，与广大残疾人的需要和国家确定的目标还有较大差距，主要是一些地方对做好服务残疾人工作的重要性认识不足，工作滞后，积极性和主动性有待增强；残疾人权益保障的需求还不能得到充分满足，一些地方法律服务和法律援助接待场所缺少无障碍设施，服务条件有待改善等。这些都要引起我们的足够重视，切实加以改进。

二、全面贯彻落实《中国残疾人事业“十二五”发展纲要》，切实做好服务残疾人事业的各项工作

“十二五”时期是全面建设小康社会的关键时期，是深化改革开放、加快转变经济发展方式的攻坚时期，也是加快发展残疾人事业的重要时期。做好服务残疾人工作是司法行政机关的一项重要职责，我们要全面落实《中共中央国务院关于促进残疾人事业发展的意见》《中国残疾人事业“十二五”发展纲要》和第四次全国残疾人事业工作会议精神，采取有力措施，扎实做好各项工作，推进残疾人事业全面发展。

（一）明确目标任务和指导原则。“十二五”时期司法行政服务残疾人工作的总体目标任务是：高举中国特色社会主义伟大旗帜，以邓小平理论和“三个代表”重要思想为指导，深入贯彻落实科学发展观，坚持以人为本，着眼于改善残疾人民生、促进残疾人全面发展，着眼于残疾人社会保障体系和服务体系建设，积极拓展残疾人法律服务工作领域和服务内容，依法解决残疾人切身利益问题。继续推动将残疾人权益保护事项纳入法律援助补充事项范围，扩大残疾人法律援助覆盖面。加大办理残疾人法律援助案件经费投入。建立完善司法行政机关服务残疾人工作机制，推进服务设施便民化、业务开展规范化、服务质量标准化，全面提升服务能力和水平，最大限度地满足残疾人的法律服务和法律援助需求。大力开展残疾人权益保障法等法律法规的宣传教育，开展形式多样的普法宣传活动，提高全社会依法维护残疾人权益的意识，提升残疾人运用法律武器维护自身合法权益的能力，促进残疾人事业的全面发展。

实现上述目标任务，应遵循以下工作原则：一是坚持以残疾人为本。残疾人作为相对弱势和困难的群体，残疾人的诉求容易受到忽视、权益容易受到侵害。做好法律服务和法律援助等工作，保障残疾人合法权益，有利于促进社会公平正义、实现社会和谐稳定。要认真了解残疾人诉求，努力做到主动服务、热情服务、规范服务、优质服务，切实保障残疾人各项合法权益的实现。二是坚持以残疾人社会保障体系和服务体系建设为主线。残疾人是一个数量众多、有特殊困难、特别需要扶助的社会群体，是社会保障和公共服务的重点人群，也是法律服务和法律援助的重点人群。要充分发挥职能作用，改善残疾人民生、促进残疾人全面发展。三是坚持统筹规划、整体推进。要统筹司法行政各项工作与服务残疾人事业的关系，将服务残疾人工作纳入司法行政机关重要日程和目标管理，在政策制定、工作研究、经费安排、督促检查等方面将残疾人工作纳入，统筹安排和落实。四是坚持社会化工作方式。要以加强和创新社会管理为契机，鼓励和引导符合条件的社会组织和志愿者参与残疾人法律服务、法律援助和法制宣传工作，支持社会组织开展与其能力相适应的法律援助活动，培育理解、尊重、关心、帮助残疾人的社会风尚。

（二）积极拓展工作领域。要充分了解残疾人利益诉求，加大工作力度，推动各级党委、政府出台有关政策措施，使残疾人享受服务门槛更低、服务范围更广、服务内容更多的法律服务和法律援助。进一步扩大残疾人法律援助覆盖面，认真总结一些地方对特困残疾人、重度残疾人和多重残疾、一户多残及老残一体、孤残儿童等群体免除经济困难审查直接给予法律援助的做法和经验，参照《残疾人残疾分类和分级》国家标准，结合各地实际，研究推动将残疾人权益保护事项纳入法律援助补充事项的范围，使法律援助惠及更多残疾人。广泛开展“送法律下乡、进社区”活动，把法律服务覆盖到社区、乡村，覆盖到老少边穷地区，覆盖到残疾人生活的各个方面，着力在与残疾人密切相关的就业、医疗、保险、救助、住房等领域开展法律服务，依法解决他们的切身利益问题。司法行政机关要鼓励和引导律师事务所等法律服务机构为残疾人提供减、免费的法律服务，鼓励律师事务所为各级残联免费担任法律顾问。进一步增强服务的针对性，积极为有特殊情况的残疾人提供个性化、专业化的法律服务。不断拓展宣传阵地，善于利用广播、电视、报刊、网络等媒体，大力加强残疾人法制宣传教育，提高残疾人对残疾人保障法等法律法规的知晓率，提高全社会依法维护残疾人权益的意识。

（三）创新工作方式方法。要本着便捷、高效、优质的原则，创新工作理念，转变工作方法，建立与残疾人法律服务、法律援助需求相适应的工作方式。引导有条件的律师事务所开通“助残维权”热线或残疾人维权网，为残疾人申请法律服务提供便利。建立和完善各项“便残助残”措施，方便残疾人咨询和寻求法律援助。继续推广“盘龙经验”，加强残疾人设施、程序、信息和交流“四个无障碍”建设。对残疾人申请法律援助实行优先接待、优先受理、优先指派的“三优”服务，改善服务环境。加强法律援助便民服务窗口、残疾人法律服务联系点、“残疾人维权示范岗”等工作载体建设，为残疾人搭建“一站式、窗口化”服务平台，提高服务效率和工作水平。

（四）完善工作体制机制。要建立健全法律服务、法律援助和法制宣传部门之间规范化、制度化的工作衔接机制，充分发挥各自职能优势，相互支持，密切配合，形成工作合力，共同做好为残疾人服务的各项工作。大力加强与公检法、残联等部门的协作配合，更好地为残疾人提供法律救助服务，共同推进残疾人事业发展。

（五）进一步加大保障力度。要将服务残疾人事业工作纳入本地区司法行政工作发展规划，统一部署、统筹安排、同步实施。司法部已将这项工作纳入《全国司法行政工作"十二五"时期发展规划纲要》，各级司法行政机关也要抓紧研究制定相关措施，落实政策支持保障、经费投入保障、工作条件保障，为实现服务残疾人工作各项目标任务创造良好条件。

三、加强领导，努力开创服务残疾人工作新局面

"十二五"时期是司法行政机关服务残疾人事业发展的重要时期。各级司法行政机关要把思想统一到中央部署和部党组要求上来，切实加强领导，采取有效措施，扎扎实实做好各项工作，推进残疾人事业发展再上新台阶。

（一）强化组织领导。做好服务残疾人工作是司法行政机关和法律服务、法律援助机构服务为民的重要内容，是爱民之情、亲民之义的具体体现。越是困难的群体，越要给予特殊的关爱。各级司法行政机关要进一步加强对服务残疾人工作的领导，把残疾人工作摆上重要议程。要有效整合各方资源，推动服务残疾人各项工作任务的落实。要引导广大法律服务人员和法律援助工作者带着深厚的感情、饱满的热情、持久的激情、执著的痴情，全心全意为残疾人服务，使残疾人得到实实在在的利益。

（二）强化督促检查。各地要结合实际，明确工作目标任务，认真组织实施。要通过督促检查，全面了解掌握各项工作进展情况，及时发现解决问题。要总结推广为残疾人服务的好经验、好做法，以点带面，推动整体工作上水平。要注重研究残疾人普遍性、群体性利益诉求，在丰富工作方法手段上下工夫，在完善维权工作机制上求成效，以新举措打开新局面。

（三）强化宣传工作。要采取多种形式，广泛宣传党中央、国务院对维护残疾人权益工作的高度重视和加强这项工作的重要部署和举措，宣传司法行政机关和法律服务、法律援助机构服务残疾人工作的措施和成效，让社会各界更多地了解支持这项工作。要树立为残疾人提供法律服务、法律援助和开展法制宣传方面的先进典型，宣传广大法律服务人员和法律援助、法制宣传工作者助残维权、帮助残疾人解决实际困难的感人事迹。要创新方法手段，增强宣传的吸引力、感染力和亲和力，营造有利于残疾人工作发展的良好社会氛围。

残疾人事业是崇高而伟大的事业，意义重大，任务艰巨。让我们更加紧密地团结在以胡锦涛同志为总书记的党中央周围，高举中国特色社会主义伟大旗帜，以邓小平理论和"三个代表"重要思想为指导，深入贯彻落实科学发展观，奋发进取，扎实工作，为实现残疾人事业"十二五"发展纲要目标做出应有的贡献！

吴爱英同志在全国法律援助工作座谈会上的讲话

（2011 年 10 月 11 日）

这次会议的主要任务是：全面贯彻党的十七大和十七届三中、四中、五中全会精神，以邓小平理论和“三个代表”重要思想为指导，深入贯彻落实科学发展观，认真学习贯彻胡锦涛总书记“七一”重要讲话精神，认真学习贯彻胡锦涛总书记等中央领导同志在省部级主要领导干部社会管理及其创新专题研讨班上的重要讲话精神，认真贯彻落实全国加强和创新社会管理工作电视电话会议精神，总结法律援助工作，研究部署当前和今后一个时期法律援助工作任务，推进法律援助事业又好又快发展。

党中央、国务院高度重视法律援助工作。党的十七大明确提出加快推进以改善民生为重点的社会建设，着力保障和改善民生；今年年初，十一届全国人大第四次会议通过的《国民经济和社会发展第十二个五年（2011—2015 年）规划纲要》明确提出要“加强法律援助”。中央领导同志多次对法律援助工作作出重要指示和批示。2009 年召开的第五次全国法律援助工作会议上，周永康、孟建柱同志作了重要讲话，对法律援助工作提出了明确要求，为法律援助工作指明了方向。

在党中央、国务院领导下，各级司法行政机关和法律援助机构坚持以人为本、服务为民，认真落实司法部的工作部署，积极探索推进法律援助工作的新思路、新措施，着力解决发展中的突出问题，法律援助工作取得了显著成绩，为保障社会公平正义、维护社会和谐稳定作出了新的贡献。

法律援助服务困难群众成效明显。各级司法行政机关坚持把法律援助作为司法行政工作服务保障和改善民生的重要任务，紧紧围绕党委、政府的中心工作，全面实施《法律援助条例》，不断扩大法律援助覆盖面，组织广大法律援助工作者为符合条件的公民提供诉讼和非诉讼代理，认真做好刑事法律援助工作，加大农民工、残疾人、妇女儿童、老年人等法律援助工作力度，广泛开展法律咨询服务，组织实施法律援助志愿者西部计划和“1+1”法律援助志愿者行动，努力满足困难群众多层次的法律援助需求。五年来，全国共办理法律援助案件 265 万件，年均增长 23.5%，提供法律咨询 2078 万人次，年均增长 12.8%，为保障和改善民生作出了积极贡献。

便民服务主题活动成绩显著。2009 年 6 月，司法部在全国部署开展了法律援助便民服务主题活动，推行拓宽申请渠道、简化受理审查程序、做好接待咨询等十项便民措施。中央部署开展创先争优活动以来，司法部将深化法律援助便民服务主题活动作为司法行政系统为民服务创先争优活动的有效载体，对做好服务困难群众各项工作提出明确要求。各级司法行政机关以群众满意作为检验法律援助创先争优成效的重要标准，把法律援助服务困难群众与创先争优有机结合起来，突出抓好便民服务窗口和设施建设，加强工作站点建设，推进法律援助向社区、乡村延伸，并根据困难群众需要推行上门受理、巡回受案等服务，创新服务方式，拓展服务领域，提高服务质量，取得了良好效果。

法律援助经费保障能力进一步增强。各地认真落实“三个纳入”要求，不断加大经费投入力度，经费保障水平明显提高，五年来全国法律援助经费总额达到33.6亿元，其中财政拨款为32.3亿元，年均增长29.6%。中央财政转移支付力度加大，2010年将中央补助地方法律援助办案专款增至1亿元，2011年又增至2亿元，并自2009年起连续两年从中央专项彩票公益金中安排法律援助项目资金5000万元。地方各级政府财政拨款不断增加，全国已有89.6%的地方将法律援助业务经费纳入财政预算，21个省（区、市）建立了省级法律援助专项资金，部分省（区、市）建立了死刑二审法律援助案件专项经费、农民工法律援助案件专项经费。中国法律援助基金会广泛募集社会资金，加大了对贫困地区经费扶持力度，为法律援助事业发展提供了有力支持。

法律援助工作管理体制基本建立。为更好地履行法律援助监管职能，司法部着力抓好法律援助工作管理体制建设。2008年，国务院批准司法部“三定”方案，司法部成立了法律援助工作司，落实了人员编制，明确了监督管理法律援助工作的职能。各地积极同编制、人事等部门沟通协调，争取支持，大力推进省级法律援助管理机构建设，截至目前，全国已有27个省（区、市）司法厅（局）成立了法律援助管理工作机构，充实了管理工作力量，建立了法律援助工作管理体制。各级司法行政机关认真履行法律援助监管职责，着力加强法律援助管理工作，建立健全工作机制，法律援助监管职能进一步强化。

法律援助制度体系不断完善。各级司法行政机关认真贯彻落实中央关于深化司法体制和工作机制改革的精神，根据《法律援助条例》规定，积极推进法律援助制度建设。围绕加强经费监管、完善业务规程、加强人员管理等，司法部出台了一系列文件，确保相关工作规范有序开展。加强与公、检、法等部门的沟通协调，积极探索未成年人刑事案件侦查、检察等环节实施法律援助的工作制度，民事诉讼和刑事诉讼法律援助与相关部门的协作配合机制不断完善。法律援助地方立法工作取得新进展，全国已有28个省（区、市）修订或制定了地方性法规规章，各地普遍完成补充事项范围和经济困难标准制定任务，部分省（区、市）启动了范围和标准的调整工作，法律援助规范化、制度化水平进一步提高。

法律援助队伍建设进一步加强。各级司法行政机关大力加强法律援助机构和队伍建设，取得了积极进展。截至2010年年底，全国共建立法律援助机构3573个，工作人员总数达到13830人，依托乡镇（街道）司法所、有关社会团体等设立法律援助工作站60828个。大力加强队伍思想政治建设，强化服务为民意识，充实工作力量，加大培训力度，五年来共培训法律援助人员近22万人次，队伍整体素质明显提高。加大先进典型表彰力度，开展全国“十佳法律援助单位十佳法律援助工作者”评选活动，大力宣传表彰法律援助系统先进集体和个人，展示了法律援助队伍的良好形象。

法律援助工作的成绩，是在党中央、国务院正确领导下取得的，是各级党委、政府关心重视和有关部门大力支持的结果，是各级司法行政机关、法律援助机构和广大法律援助工作者共同努力的结果。在此，我代表司法部，向各级党委、政府和有关部门表示衷心的感谢！向各级司法行政机关和广大法律援助工作者致以亲切的问候！

回顾近年来的法律援助工作，我们深深体会到，做好新形势下法律援助工作，必须坚持党的领导，充分发挥法律援助在党和政府主导的维护群众权益机制中的作用，确保法律援助事业发展的正确方向；必须坚持以人为本、服务为民，把全心全意为人民服务作为法律援助工作的出发点和落脚点，努力为困难群众提供优质高效的法律服务；必须坚持完善中国特色社会主义法律援助制度，健全管理体制和工作机制，完善政策和制度体系，提高法律援助工作制度化、规范化水平；必须积极争取党委、政府重视支持，加强与相关部门的协调配合，有效调动全社会参与法律援助工作的积极性主动性，形成法律援助工作合力。这些经验要在今后的工作中始终坚持，并不断丰富完善。

下面，我就做好当前和今后一个时期的法律援助工作，讲几点意见：

一、充分认识做好新形势下法律援助工作的重要性

法律援助制度是维护困难群众合法权益、保障社会公平正义的一项重要法律制度。当前，我国正处于全面建设小康社会的关键时期，法律援助工作既面临着难得的发展机遇，也面临着新的挑战。各级司法行政机关一定要充分认识做好新形势下法律援助工作的重要性，充分认识法律援助工作面临的新形势新任务，进一步增强做好法律援助工作的责任感、使命感。

做好新形势下法律援助工作，是贯彻落实党中央保障和改善民生重大决策部署的必然要求。党中央、国务院历来高度重视民生问题。以胡锦涛同志为总书记的党中央坚持以人为本、执政为民理念，始终把保障和改善民生放在突出位置，出台了一系列保障和改善民生的政策措施，人民生活水平有了很大的提高。但由于我国人口多，底子薄，人均资源相对不足，经济社会发展不平衡等客观原因，仍然还有部分困难群众。切实做好法律援助工作，有效维护困难群众合法权益，对于促进解决民生问题，维护社会和谐稳定，凝聚广大人民群众力量全面建设小康社会，具有重要意义。特别是在中央作出加强和创新社会管理重大战略决策的新形势下，法律援助作为维护困难群众合法权益的有效途径，在化解社会矛盾纠纷、维护社会和谐稳定方面的重要作用进一步凸显。这就要求我们要牢固树立以人为本、服务为民的理念，认真贯彻落实党中央保障和改善民生的决策部署，进一步做好新形势下法律援助工作，为促进民生问题解决、维护社会公平正义、加强和创新社会管理、维护社会和谐稳定作出新的贡献。

做好新形势下法律援助工作，是满足人民群众不断增长法律需求的必然要求。当前，中国特色社会主义法律体系已经形成，全民普法不断深入，整个社会的法治化管理水平和全体公民的法律素质有了明显提高，越来越多的群众包括困难群众寻求通过法律途径表达诉求、维护权益，公正、平等地享受法律保护、依法维护自身合法权益，已成为广大人民群众特别是困难群众的强烈愿望和基本要求。满足困难群众日益增长的法律需求，是法律援助工作面临的一项紧迫任务。这就要求法律援助工作必须从经济社会发展实际出发，适应困难群众的现实需要，降低法律援助门槛，不断扩大法律援助覆盖面，提高服务质量，使更多的困难群众能够得到优质高效的法律援助服务，使他们切实感受到社会主义社会的公平正义。

做好新形势下法律援助工作，是推动法律援助事业又好又快发展的必然要求。近年来法律援助工作取得了显著成绩，在服务广大困难群众、维护社会和谐稳定中发挥了重要作用。同时,我们要清醒地看到,与经济社会发展的要求相比,与人民群众对法律援助的需求相比,法律援助工作还面临着一些问题和困难:有的地方司法行政机关的领导同志对法律援助工作的重要性认识不足、重视不够;一些地方现行经济困难标准和补充事项范围规定还不能完全适应群众的民事法律援助需求,刑事法律援助工作相对薄弱;经费保障水平、办案补贴标准总体偏低;法律援助队伍素质还有待进一步提高,等等。这些问题在一定程度上影响了法律援助工作的发展。这就要求我们高度重视并认真解决存在的突出问题,切实加强法律援助工作自身建设,强化工作基础和服务能力,努力做大做强做优法律援助事业,充分发挥法律援助职能作用,更好地服务困难群众,服务党和国家工作大局。

总之,做好新形势下法律援助工作,事关人民群众切身利益,事关司法行政工作全局。我们一定要从政治和全局出发,充分认识做好新形势下法律援助工作的重要性,切实增强责任感、使命感和紧迫感,以更加扎实有力的工作不断开创法律援助工作新局面。

二、进一步推动法律援助工作实现新发展

当前和今后一个时期,法律援助工作总的要求是:全面贯彻党的十七大和十七届三中、四中、五中全会精神,高举中国特色社会主义伟大旗帜,以邓小平理论和"三个代表"重要思想为指导,深入贯彻落实科学发展观,认真学习贯彻胡锦涛总书记"七一"重要讲话精神,全面实施《法律援助条例》,坚持围绕中心、服务大局,坚持以人为本、服务为民,进一步做好法律援助服务困难群众的工作,进一步健全完善法律援助工作制度,大力加强法律援助机构建设、队伍建设和保障能力建设,积极推动法律援助工作创新,坚持和完善中国特色社会主义法律援助制度,为维护困难群众合法权益、保障社会公平正义、加强和创新社会管理、维护社会和谐稳定、促进经济社会发展作出新贡献。

根据以上总的要求,当前和今后一个时期,要重点抓好以下工作:

(一)坚持把全心全意为人民服务作为法律援助工作的根本出发点和落脚点。全心全意为人民服务是我们党的根本宗旨。各级司法行政机关和广大法律援助工作者要自觉践行党的根本宗旨,认真贯彻中央关于法律援助工作的决策部署,坚持以人为本、服务为民,把全心全意为人民服务作为法律援助工作的根本出发点和落脚点,怀着对人民群众的深厚感情,满腔热情地做好服务困难群众的工作。要紧紧围绕困难群众法律需求开展工作,无论是制定法律援助政策、制度、措施,还是为困难群众提供具体法律帮助,都要坚持从困难群众的需求和实际出发,认真倾听困难群众呼声和意见,努力使法律援助各项工作和措施更加适应新形势下人民群众的新要求新期待。要把群众是否满意作为衡量法律援助工作的标准,严格按照有关法律、法规、规章和规范性文件的要求,向困难群众提供符合标准的法律援助,力争使办理的每一件法律援助案件都能让群众满意。要善于做群众工作,在提供法律援助过程中,引导困难群众既依法维护权益,实现公平正义,又切实增强法制观念,维护社会正常秩序,把法律援助工作过程变成做群众工作的过程。要自觉接受群众监督,切实保障人民群众特别是困难群众对法律援助工作的知情权、监督权,强化人民群众对办案过程和援助前、援助中、援助后各个环节的监督,不断提高法律援助质量,提高法律援助社会公信力。

(二)进一步做好为困难群众及特殊群体提供法律援助的工作。保障困难群众获得必要的法律服务是法律援助工作的基本职责。要积极为困难群众提供诉讼和非诉讼代理服务，帮助他们依法维护自身合法权益，促进解决涉及就业、就学、就医、社会保障等民生领域的实际问题。认真办理劳动争议、征地拆迁、环境污染、食品药品安全、企业重组和破产等领域涉及法律援助的案件，促进解决群众普遍关注的社会热点、难点问题。重点做好为农民工、下岗失业人员、残疾人、妇女儿童等困难群众提供法律援助的工作，组织开展相关的专项法律援助活动，帮助他们依法解决切身利益问题。要加大刑事法律援助工作力度，做好刑事指定辩护工作，加强侦查和审查起诉阶段法律援助工作，积极参与刑事和解、刑事被害人救助工作，依法为犯罪嫌疑人、被告人和被害人等提供辩护和代理，维护好他们的诉讼权利，促进司法公正。要认真做好日常法律咨询服务工作，努力把法律咨询的过程变成法制宣传的过程，积极引导和帮助困难群众增强法制观念，提高依法表达利益诉求、维护合法权益的意识和能力。要充分发挥法律援助工作在党和政府主导的维护群众权益机制中的积极作用，紧紧依靠党委、政府和有关部门解决困难群众的法律需求，积极协助党委、政府处理信访问题，引导当事人采取调解、和解等非诉讼方式化解矛盾纠纷，消除陈年积怨。要深入开展为民服务创先争优活动，组织法律援助机构和广大法律援助工作者，创建“便民服务示范窗口”，争创群众满意单位，争创群众满意岗位，争当优秀服务标兵，扎实做好服务困难群众的各项工作，不断提升法律援助工作的群众满意度。

（三）进一步提高法律援助质量。办案和服务质量是法律援助的生命线。要依法公正办理法律援助案件，严格遵守法定程序和执业规范，在全面调查取证的基础上，正确适用法律，为受援人提供符合标准的法律服务，切实维护困难群众的合法权益。要规范接待、受理、审查等行为，依法解答法律咨询，严格执行法律援助事项范围和经济困难标准，使符合条件的公民都能及时获得法律援助。要改进案件指派工作，根据法律援助机构和人员的数量、专业特长、办案情况、受援人的意愿等因素，合理指派承办机构及人员，特别是对死刑案件、未成年人案件等事关受援人重大利益的案件，要严把指派关，从源头上保证法律援助办案质量。要切实加强法律援助质量管理工作，健全完善服务质量监督机制，积极开展案件评查、质量检查工作，确保困难群众享受优质高效的法律援助。

（四）进一步健全完善法律援助工作制度。制度是法律援助工作规范有序健康发展的重要保障。要进一步加强法律援助工作制度建设，围绕案件办理、人员管理等制定与《法律援助条例》配套的规章制度，努力形成层次清晰、体系完备、内容全面、科学完善的法律援助制度体系。要推动建立法律援助补充事项范围和经济困难标准动态调整机制，从本地经济社会发展状况和困难群众的法律援助需求出发，适时调整补充事项范围和经济困难标准，逐步扩大法律援助覆盖面。要加快制定法律援助各项业务规程和服务标准，出台法律援助程序规定和服务质量评估办法，制定刑事、民事、行政法律援助案件办理指南，促进提高法律援助服务规范化、标准化水平。要健全人员管理制度，建立法律援助人员行为规范，制定法律援助人员表彰奖励制度和法律援助投诉处理办法，提高法律援助人员依法规范履行职责和提供服务的水平。要进一步健全内部管理制度，完善业务档案管理、信息统计等涉及日常管理及业务开展等方面的规章制度，提高管理工作水平。司法部将着手启动法律援助立法前期准备工作，各地要积极配合。

（五）进一步提高法律援助经费保障水平。经费保障是正常开展法律援助工作的重要基础。各级司法行政机关要认真落实“三个纳入”要求，加大与有关部门沟通力度，继续落实好中央政法经费保障政策，推动县级以上地方政府将法律援助经费纳入同级财政预算，建立法律援助经费动态增长机制，提高办案补贴标准，加大中央补助地方法律援助办案专款、中央专项彩票公益金法律援助项目对西部地区倾斜力度，提高法律援助经费保障水平。要多渠道筹措社会资金，充分发挥中国法律援助基金会和地方法律援助基金会的资金募集优势，广泛利用社会资金支持法律援助事业。要加大经费监管力度，完善经费管理方式，严格执行国家有关法律、法规和财务规章制度，严格执行各项经费开支范围和标准，严禁将法律援助经费与司法行政其他业务经费混同管理，严禁截留、挤占、挪用、挥霍浪费法律援助经费，杜绝虚报冒领、压低克扣、拖延支付办案补贴等行为。对违法违规使用法律援助经费的，严格按照有关规定追究有关人员和单位的责任。

（六）积极推进法律援助工作创新。创新是近年来法律援助工作取得显著成绩的动力，也是新形势下实现法律援助事业又好又快发展的必然要求。各级司法行政机关要适应党和国家对法律援助工作的新要求和人民群众的新期待，从实际出发，积极推进法律援助工作创新。要强化发展理念。围绕做大法律援助事业，着力扩大法律援助覆盖面，使法律援助惠及更大范围内的困难群众和特殊群体；围绕做强法律援助事业，着力提高法律援助经费保障水平，增强法律援助提供能力；围绕做优法律援助事业，进一步健全完善法律援助工作体系和运行机制，提升法律援助质量和群众满意度，推动法律援助工作再上新台阶、新水平。要创新工作机制。从法律援助工作实际出发，重视顶层设计，进一步完善法律援助案件指派、执业考评、监督管理、奖励惩戒以及经费保障、部门协作等工作机制，确保法律援助各项工作规范、高效运行。要创新工作载体。认真总结法律援助工作中已有的好做法、好经验，积极搭建服务平台，不断丰富工作载体。比如，安徽省滁州市在法律援助工作中探索了一些好的经验和做法，滁州市委、市政府对法律援助工作高度重视、大力支持，不断加大财政投入，实现了法律援助机构、人员、办公场所和经费“四落实”，形成了市、县、镇（乡）、村（居）四级法律援助服务网络，并实施“万名法援明白人”工程，推进法律援助公示牌进千村，把法律援助送到老百姓身边，取得了很好的社会效果。各地要结合实际，认真学习借鉴。要进一步深化法律援助便民服务主题活动，总结近年来开展便民服务的有效做法和成功经验，形成便民利民的长效机制，促进便民服务的常态化和长效化。加强“12348”法律服务热线建设，提升和发挥实用功能，努力将其打造成集法律咨询、法制宣传、法律援助职能于一体的服务平台。深入开展“1+1”法律援助志愿者行动，选派优秀律师、大学生志愿者参与行动，帮助他们解决工作生活中的困难和问题，努力形成志愿服务接力传递，有效满足西部地区困难群众的法律援助需求。要创新方式方法。围绕便民利民惠民，进一步加强法律援助基层站点建设，完善服务网络，畅通申请渠道，简化受理审查程序，推进便民服务设施建设，使法律援助更好地服务困难群众。加大信息技术在法律援助工作中的应用，依托全国法律援助信息管理系统，建立集援务公开、咨询服务、网上审批、业绩考核于一体的“网上办事”平台，提高法律援助工作效率和水平。

（七）大力加强法律援助队伍建设。做好法律援助工作，队伍是关键、是保证。要充分调动律师、基层法律服务工作者、法律援助志愿者等人员的积极性，鼓励和支持他们参与法律援助工作，努力建设一支专兼职相结合的高素质法律援助队伍。要把思想政治建设放在首位，坚持用中国特色社会主义理论体系武装头脑，教育引导广大法律援助人员牢固树立社会主义法治理念，坚持中国特色社会主义法律援助制度的本质属性，切实肩负起中国特色社会主义事业建设者、捍卫者的职责使命。要大力加强业务能力建设，健全完善和有效落实各项培训制度，建立健全学习、实践和交流机制，教育引导法律援助人员认真学习掌握法律政策和法律实务知识，学习掌握做好群众工作的方式方法，学习掌握处置突发事件的方法途径，着力提高法律援助人员依法执业能力、群众工作能力和应对突发事件的能力。要大力加强作风建设，教育引导广大法律援助人员牢固树立群众观念，切实增强依法执业意识，强化责任意识，脚踏实地地办理好每一个案件、处理好每一件事情。要大力加强廉政建设，认真开展反腐倡廉教育，引导法律援助人员恪尽职守、勤勉尽责、公正诚信、廉洁执业，树立法律援助队伍的良好形象。要从政治上、工作上、生活上真诚关心、真诚爱护法律援助人员，调动好、发挥好他们的积极性，更好地做好法律援助工作。

三、切实加强对法律援助工作的组织领导

监督管理法律援助工作是司法行政机关的重要职责，法律援助工作是司法行政工作的重要组成部分。各级司法行政机关一定要从政治和全局的高度充分认识法律援助工作的重要性，切实加强领导，不断提高法律援助工作水平。

（一）加强组织领导。各级司法行政机关要把法律援助工作摆上重要位置，列入议事日程，与其他司法行政工作一起研究部署、一起督促检查，切实加强组织领导和工作指导。要主动向党委、政府汇报法律援助工作，积极争取有关部门支持，推动把法律援助纳入地方经济社会发展总体规划和民生工程等，为法律援助工作发展创造良好政策环境，提供有力保障。要进一步健全完善法律援助工作管理体制。还没有建立法律援助工作管理机构的省（区、市）司法厅（局），要争取党委、政府和有关部门的支持，建立起法律援助工作管理机构；要明确各级司法行政机关监督管理职责，配齐配强人员，落实各项管理制度，确保法律援助工作有人抓、有人管。要建立健全工作落实机制，分解细化工作任务，强化目标责任和监督检查，深入抓推进、抓落实，推动各项工作落到基层、见到实效。

（二）加强调查研究。各级司法行政机关特别是领导干部，要进一步转变工作作风，深入基层，深入实际，紧紧围绕法律援助工作的中心任务和重点、难点问题，有针对性地开展调查研究。要深入了解在经济社会发展的新形势下，人民群众对法律援助工作的新期待，以及法律援助工作面临的新情况、新问题，研究解决问题的办法和途径，不断满足人民群众的法律需求。要努力把握法律援助工作的规律和特点，敏锐观察，深入思考，有针对性地提出应对措施，不断增强工作的主动性、预见性和实效性，进一步提升法律援助工作水平。要尊重群众首创精神，善于从基层实际工作中发现好的做法、总结好的经验，并进一步分析、提炼，用以指导和推动法律援助工作。要坚持理论联系实际，开展法律援助提供方式、管理体制、经费保障等重大理论和实践问题的研究，为进一步推进法律援助工作，坚持和完善中国特色社会主义法律援助制度提供理论支撑。

（三）加大宣传力度。要充分运用传统媒体和网络、手机等电子传媒手段，采取多种形式，大力宣传党中央、国务院关于法律援助工作的决策部署，宣传法律援助工作在服务人民群众和经济社会发展中的重要地位和作用，宣传各级司法行政机关和法律援助机构推进法律援助工作采取的措施、取得的成效，使法律援助工作深入人心。要适应传播媒体的变化和群众接受习惯的变化，丰富宣传内容，拓宽宣传渠道，创新宣传形式，创出法律援助品牌，不断扩大法律援助的社会影响力。要深化典型宣传，结合司法部最近开展的“双十佳”评选活动，进一步加大先进典型宣传表彰力度，充分发挥先进典型的示范引领作用，努力营造崇尚先进、学习先进、争当先进的良好氛围，有效推动法律援助工作发展。

做好法律援助工作，任务光荣而艰巨。让我们更加紧密地团结在以胡锦涛同志为总书记的党中央周围，锐意创新、开拓进取、扎实工作，努力开创法律援助工作新局面，为加强和创新社会管理、维护社会和谐稳定、促进经济社会发展作出新的更大的贡献！

赵大程同志在全国法律援助工作座谈会上的总结讲话

（2011年10月12日）

刚才，12个单位进行了大会交流发言，各有侧重，各具特色，充分反映了各地认真贯彻落实中央决策部署，按照司法部要求加强和改进法律援助工作的显著成效，展示了近年来各地积极服务困难群众、改善民生所取得的丰硕成果。希望大家学习借鉴。

这次会议的主要任务是总结近年来法律援助工作成绩，安排和部署当前和今后一个时期法律援助工作。吴爱英部长作了重要讲话，大家认真学习了吴部长的重要讲话，参观考察了滁州市基层法律援助机构和工作站点，交流了推进法律援助工作的经验，会议达到了预期目的，主要有三个方面的收获：

（一）主题鲜明，方向更加明确。吴部长在讲话中鲜明地提出要坚持和完善中国特色社会主义法律援助制度，做大做强做优法律援助工作。这是在科学分析新形势新任务的基础上作出的重要部署。大家一致认为，吴部长的讲话为在全面建设小康社会新的历史进程中正确认识法律援助工作的重要地位和努力发挥职能作用指明了方向，表示一定要进一步增强做好新形势下法律援助工作的使命感和责任感，以高度负责的态度、求真务实的作风，履行法定职责，努力在法律援助岗位上创造新的业绩。

（二）部署具体，思路更加清晰。吴部长的讲话站在党和国家工作全局的高度，从进一步做好为困难群众提供法律援助的工作、进一步提高法律援助服务质量等七个方面，对加强和改进法律援助工作进行了全面部署。大家认为，会议作出的工作部署着眼于满足困难群众的法律援助需求，注重法律援助工作事业发展，任务明确，措施有力，符合法律援助工作实际。大家表示，一定要认真贯彻落实会议的工作部署，不断增强服务能力，提高保障水平，加强监督管理，不断把法律援助工作推向前进。

（三）成绩显著，信心更加坚定。吴部长在讲话中对法律援助工作进行了总结，充分肯定了近年来法律援助工作改革发展成就，使同志们切实感受到了法律援助工作的显著进步，坚定了大家做好法律援助工作的信心和决心，表示一定要按照吴部长重要讲话精神，抓住机遇，乘势而上，开拓进取，以更加有力的措施抓好法律援助工作，不断开创法律援助事业新局面。

贯彻好、落实好会议的各项工作部署，是法律援助系统当前和今后一个时期的重要任务。各地要高度重视，加大工作力度，确保会议的各项部署落到实处、收到实效。

第一，要抓好吴部长讲话传达。要及时向省（区、市）党委、政府全面汇报吴部长关于做好法律援助工作的总体要求和部署安排，以及本地贯彻落实会议精神的安排打算，积极争取各级党委、政府对法律援助工作的重视支持。要认真组织学习领会吴部长重要讲话精神，把会议精神传达到各级司法行政机关和法律援助机构，使广大法律援助工作者进一步明确当前和今后一个时期法律援助工作主要目标任务，自觉为完成各项任务努力工作。

第二，要抓好会议精神的贯彻落实。下一步的重点工作就是要贯彻好、落实好这次会议精神，将法律援助工作往深入做、往实里做。要紧紧围绕会议确定的各项目标和任务，统筹兼顾、整体推进，突出重点、抓住关键，以重点工作的成效和关键环节的突破带动全局工作的发展。要抓经验总结，认真总结推广各地加强和改进法律援助工作的好经验好做法，不断巩固和扩大工作成果。要把检查考核作为推动工作落实的重要手段，加大监督检查和考核评价力度，加强分类指导，推动会议确定的各项任务落到实处。

第三，要抓好工作任务推进。现在距离年底不到 3 个月的时间了，这段时间我们要继续认真落实年初部里工作部署，逐项盘点各项任务的进展情况，确保如期完成各项任务。要继续在积极争取党委、政府重视支持上下工夫，力争在解决影响法律援助工作发展的重点、难点问题上有所突破，营造有利于法律援助事业发展的良好政策环境。要积极参与加强和创新社会管理，切实做好为困难群众和特殊群体提供法律服务的工作，充分发挥法律援助在党和政府主导的维护群众权益机制中的作用。要深入开展“发扬传统、坚定信念、执法为民”主题教育实践活动，积极推进法律援助系统为民服务创先争优，引导法律援助人员履职尽责争先进，立足岗位创优秀，提高服务困难群众的本领。

第五部分 工 作 部 署

2011 年全国法律援助工作要点

2011 年是实施“十二五”规划的开局之年。“十二五”时期，中央对加快推进以保障和改善民生为重点的社会建设提出了新的要求，法律援助事业发展面临难得的发展机遇。紧紧抓住重要战略机遇期，切实发挥法律援助在保障和改善民生中的职能作用，要求我们主动适应环境变化，把握工作发展规律，认真谋划好法律援助改革发展的各项任务，为实现“十二五”时期法律援助事业的新发展奠定坚实基础。

根据 2011 年司法行政工作要点，制定 2011 年法律援助工作要点。2011 年法律援助工作总的要求是：认真学习贯彻党的十七大和十七届三中、四中、五中全会精神，坚持以邓小平理论和“三个代表”重要思想为指导，深入贯彻落实科学发展观，贯彻落实全国政法工作会议和全国司法厅（局）长会议精神，着眼于服务保障和改善民生，深入推进三项重点工作，围绕进一步提升服务困难群众的能力和水平，进一步提升法律援助地位和社会影响力，着力完善便民服务基础建设，着力推进服务标准化建设，着力加大法律援助宣传声势，为维护困难群众合法权益、维护社会公平正义、促进社会和谐稳定作出新的贡献，以优异成绩迎接建党 90 周年。

2011 年法律援助主要工作任务是：

一、以完善相关政策措施为保障，努力为“十二五”时期法律援助工作新发展打下坚实基础

1. 认真贯彻落实中央在“十二五”时期着力保障和改善民生的工作部署，研究形成加强改进法律援助工作的意见，就新形势下充分发挥法律援助在保障和改善民生中的职能作用进行全面部署；争取各级党委、政府对法律援助的进一步支持，提高社会各界对法律援助在经济社会发展中重要地位的认识，研究解决法律援助改革发展中遇到的困难和问题；推动有关部门各司其职、密切配合，进一步健全完善相关政策措施。

2. 指导各地推动将法律援助事业纳入地方经济和社会发展规划。以经验交流、联合调研等形式指导推动地方按照“三个纳入”要求，争取将法律援助事业发展纳入地方“十二五”时期发展规划，纳入民生工程或为民办实事项目。

3. 继续落实司法体制和工作机制改革任务。健全完善以政府投入为主、以社会投入为补充的经费保障机制。继续推动将省级管理机构全部纳入司法行政机关序列。积极推动刑事诉讼法修改涉及刑事法律援助的有关内容，完善刑事法律援助工作中相关部门的协调配合机制，开展法律援助值班律师试点工作，完善并落实民事诉讼法律援助与司法救助的衔接机制。

二、以巩固“法律援助便民服务”主题活动成果为基础，推动在更广泛的领域服务困难群众

4. 继续推动各地扩大法律援助覆盖面。指导地方通过修改立法、制定规范性文件等形式进一步放宽经济困难标准、扩大补充事项范围，建立健全法律援助经济困难标准和补充事项范围的动态调整机制，推动将更多的困难群众纳入法律援助覆盖范围。

5. 加快推进法律援助便民服务基础设施建设。以实现法律援助服务设施便利化为目标，指导地方抓住司法业务用房建设的有利契机，大力推进法律援助便民窗口规范化建设，普遍在临街、一层方便人员往来的地点设立接待场所，合理划分功能区域，完善残疾人无障碍通道等便民服务设施，力求适应接待群众等工作需求，满足各流程业务处理需求。

6. 总结推广地方法律援助便民服务经验。召开总结“法律援助便民服务”主题活动电视电话会议，交流各地在主题活动中的好经验好做法，推广一批主题活动中的新鲜经验，充分发挥典型引路的作用，全面提高法律援助便民服务工作水平。

7. 指导地方建立健全法律援助便民服务长效工作机制。全面总结各地开展“法律援助便民服务”主题活动的成效，巩固和扩大活动成果，指导地方建立健全便民服务长效工作机制，促进法律援助便民工作常态化。

8. 注重从源头上做好维护困难群众权益的工作。加强舆情分析研判工作，继续指导地方提高舆情分析工作的时效性和成果质量，发挥促进矛盾化解的实际作用。健全完善重大事项报告制度、集体研究讨论制度和突发性事件应急处置预案，妥善处理群体性事件等重大紧急事件。建立健全法律援助介入信访案件机制，加强法律援助工作与信访工作的有效衔接，运用法律援助依法参与处理化解涉法涉诉信访问题。

三、以实施法律援助程序规定为重点，全面推进法律援助服务标准化建设

9. 制定出台法律援助程序规定。配合法制司，加快完成法律援助程序规定的制定下发工作，为推进法律援助服务标准化提供依据。

10. 做好法律援助程序规定的学习、宣传、实施工作。法律援助程序规定正式通过后，制定与法律援助程序规定相配套的规范性文件，开展专题培训，广泛深入开展宣传，营造氛围。

11. 规范非诉讼法律援助服务。指导地方认真总结开展非诉讼法律援助工作的情况，认真学习研究《中华人民共和国人民调解法》，就法律援助与人民调解工作的衔接配合开展专题调研，按照法律援助程序规定和配套规范性文件，规范开展非诉讼服务，充分发挥非诉讼服务的优势和作用。认真总结推广地方加强“12348”法律咨询专线建设的经验，研究起草加强“12348”法律援助咨询专线工作的意见，规范“12348”法律援助咨询专线工作。

12. 健全完善法律援助服务标准化的监管评估机制。认真总结相关地方开展法律援助案件质量评估试点工作经验，出台关于开展法律援助案件质量评估工作的指导意见，指导各地按照法律援助程序规定，科学确定评估指标，认真制定评估办法，强化案件质量管理，不断完善法律援助案件质量评估制度。建立健全法律援助执法考评机制，全面梳理各地在法律援助执法中存在的突出问题，合理制定评价指标和标准，促进受理、审查、指派等组织实施行为的标准化建设。

13. 以信息化建设推进服务标准化建

设。按照法律援助程序规定，修改完善法律援助信息管理系统软件的流程管理和服务标准。依托信息化平台，优化法律援助事项办理流程，实现网上完成受理、审批、指派等工作。

四、以加强法律援助理论研究为支撑，提高法律援助法制化水平

14. 推进法律援助立法研究工作。立足完善法律援助制度、提高法律援助立法层次的需要，深入开展法律援助立法调查研究，为推进法律援助立法、提高法律援助法制化水平提供基础保障。

15. 深化法律援助理论研究。围绕法律援助事业发展的重大理论和实践问题，深入研究建立法律援助受援人分担费用制度、法律援助服务方式创新、法律援助与社会管理创新、法律援助法律工作体系建设、法律援助案件质量管理与评估、完善法律援助监管体制等问题，以召开研讨会、学术交流等形式加强法律援助基础理论和应用对策研究，探索开展法律援助学科建设，不断增强法律援助理论话语权和社会影响力。

16. 推进法律援助国际交流与合作。认真组织实施中加两国政府间第二期法律援助合作项目，正式启动在辽宁、吉林和云南三省的项目执行工作，确保项目顺利实施。拓宽法律援助国际交流合作渠道，加强交流沟通，全面增强法律援助国际交流合作工作的广泛化。认真编译国外境外法律援助信息，掌握和研究国外境外法律援助制度发展的有益经验，为推动完善我国法律援助制度提供借鉴。

五、以“双先”“双十佳”评选表彰为契机，进一步加大法律援助宣传工作力度

17. 做好“双先”“双十佳”以及“百优法律援助案例”的评选表彰和先进典型经验的宣传推广工作。广泛借助报纸、杂志、电视、网络等媒体公示评选过程和结果，运用多种形式和手段集中宣传法律援助工作典型人物、单位事迹和典型案例，组织第二届全国“十佳法律援助工作者”巡回演讲，使社会各界更加关注支持法律援助工作，使法律援助成为展现司法行政工作亮点的窗口和扩大司法行政工作社会影响的平台。

18. 整合司法行政资源开展法律援助宣传。坚持将法律援助宣传工作融入法制宣传、法律服务和人民调解工作过程中，注重在开展法制宣传、提供法律服务、开展人民调解工作中宣传法律援助，以整合司法行政系统资源推进法律援助宣传工作创新，发挥职能优势，形成系统合力，进一步提高法律援助的公众知晓率和社会影响力。

19. 开展大型集中宣传活动。与央视建立长期合作关系，继续指导协助各地参与《法律援助在行动》节目录制相关工作，以《法律援助在行动》节目的主讲人及播出案例为基础，组建法律援助宣讲团和法律援助宣传教育视频精品案例库。加强与中央媒体的沟通协调，策划组织大型集中宣传活动，通过法律援助主题系列报道、举办文艺晚会等形式扩大影响，形成声势。

六、以落实政法经费保障政策为重点，稳步提高法律援助物质保障水平

20. 建立健全经费保障机制。认真落实国家政法经费保障体制改革的有关政策，推动建立中央和地方按比例分担的法律援助经费保障机制，积极争取中央、省级财政部门加大对法律援助经费投入力度。继续推动政府将法律援助经费全部纳入地方财政预算，并随当地经济发展、财政收入的增加和困难群众法律援助需求的增长保持动态增长。深入实施中央专项彩票公益金法律援助项目，充分发挥中国法律援助基金会和地方法律援助基金会的资金募集优势，多渠道筹集法律援助资金。

21. 健全完善法律援助办案补贴机制。

指导地方按照《司法部关于进一步加强和改进律师工作的意见》有关完善律师工作经费保障政策的规定，科学合理调整、适当提高律师等人员办理法律援助案件的补贴标准，建立办案补贴标准的动态调整机制。

22. 加强法律援助经费使用监督管理。制定下发关于加强法律援助经费使用监督管理工作的意见，规范法律援助经费使用管理工作。建立健全经费管理各项规章制度及内控机制，加强经费收支和财务管理；严格法律援助业务经费支出项目和范围，严格按标准发放办案补贴，切实提高办案经费在法律援助经费支出总额中的比例，优化经费支出结构；对经费使用实行动态监控，建立经费使用监督检查制度和绩效考评制度。建立与纪检监察、审计、财政等部门相互协调的监督工作机制，强化责任追究，确保经费使用规范、安全、有效。

七、以提高人员素质为着力点，加强法律援助队伍建设

23. 多方协调解决人力资源短缺问题。加大与编制、人事部门协调力度，争取相关政策增加法律援助人员编制；总结一些地方通过聘用政府雇员、引进社会工作者等方式解决人员不足的做法，争取财政部门的支持，探索由政府出资聘请专业人员进入法律援助机构，充实县区基层法律援助机构人员队伍；深入开展“1＋1”法律援助志愿者活动，按照统一部署，选派法律援助专业人才赴新疆、西藏开展业务指导和技术交流，解决西部法律援助人力资源匮乏问题。

24. 积极开展创先争优活动。围绕工作重点，组织谋划好创先争优活动，明确创先争优的具体目标和内容。按照中政委的要求和司法部的部署，指导法律援助机构和人员积极投入“发扬传统、坚定信念、执法为民”主题教育实践活动，在全系统形成争创先进、争当模范的良好氛围。发挥党员先锋模范和典型引路作用，通过创先争优活动增强广大法律援助人员以人为本、服务为民的职业精神，增强化解矛盾纠纷、服务困难群众的业务才干，提高法律援助队伍凝聚力和战斗力。

25. 加大培训力度。认真总结“十一五”时期法律援助培训工作和西部省份法律援助轮训计划执行情况，研究起草“十二五”时期加强和改进法律援助培训工作的意见及培训工作规划。继续实施法律援助中心主任全员轮训，启动“中东部省份法律援助培训计划”，组织开展西部地区法律援助业务技能培训和法律援助信息管理与统计培训，加强法律援助咨询和心理疏导技能技巧培训，更新完善法律援助管理人员的知识结构。加强培训教材、师资、经费等基础建设，丰富培训内容，创新培训方法，增强培训效果，提高培训质量，全面增强法律援助培训工作的系统性、示范性和引导性。

26. 加强对法律援助人员的监督管理。制定下发法律援助人员违法违规行为投诉处理办法，规范法律援助人员投诉处理工作；督促各级司法行政机关进一步畅通投诉渠道，受理投诉事项，做到有诉必受理，查实必处理。做好西部基层法律援助志愿者管理工作，制定下发法律援助志愿者管理办法，规范法律援助志愿者服务活动。

司法部法律援助中心
2011 年工作执行计划

为贯彻落实司法部“2011 年法律援助工作要点”要求，做好今年部法援中心各项工作，最近，部法援中心制定了专门工作执行计划，着力推进以下七个方面的工作：

一、积极创新拓展法律援助宣传工作。充分利用各种传统新闻媒体及互联网等现代化传播手段，进一步加大法律援助宣传工作力度，努力提高法律援助宣传服务困难群众的工作水平。一是加强对流动人口、农村留守儿童、无职业青少年、刑释解教人员、社区矫正对象等特殊人群的法律援助宣传工作，充分发挥法律援助手段在化解社会矛盾、创新社会管理中的作用。二是加强与《农民日报》的合作，充分利用该报在广大农村地区的社会影响和资源优势，争取以法律援助为主题每月出 1 期专刊，并合作开展有奖“法律援助知识”问答和农民法律援助知晓率调查活动，以持续性的宣传加深农民对法律援助的认识，提高农村基层法律援助社会知晓率。三是深化公共法律教育活动，继续研发适应不同地区不同人群需求的公共法律教育宣传品。认真贯彻落实中央和司法部关于组织开展新一轮对口援疆援藏工作的重大决策部署，深入调研了解有关省区少数民族地区困难群众的法律需求，组织研发适合新疆、西藏和其他省区少数民族特点的公共法律教育宣传品，免费印制发放给新疆少数民族群众学习使用，推动少数民族地区公共法律教育工作；针对农村农民困难群众、残疾人、老年人法律需求，研制开发《农民法律援助服务手册》《残疾人法律援助服务手册》和《老年人法律援助服务手册》，各印制 10 万套共计 300 余万册发送各地法律援助机构，供有法律需求的群众免费取阅。四是继续与有关文化公司合作，采访编辑第三册反映法律援助先进工作者生活、学习、工作的励志丛书《大爱——走进中国法律援助工作者》。五是继续做好“一网一刊”管理和编辑工作，提高《中国法律援助》杂志编辑质量，加快“中国法律援助网”内容更新速度，充分发挥它们在开展公共法律教育和宣传、引导及交流法律援助工作中的作用。六是编辑出版 2010 年版《中国法律援助年鉴》，及时编写《法援中心快报》和《法援中心半月报》。

二、积极推进法律援助培训工作。着眼于提高法律援助队伍服务保障和改善民生以及深入推进三项重点工作的素质和能力，积极适应法律援助规范化、标准化、信息化、法制化、便民化建设发展的需要，进一步加大法律援助培训力度，丰富培训内容，创新培训方法，增强培训效果，提高培训质量，全面增强法律援助培训工作的系统性、示范性和引导性。一是认真总结“十一五”时期法律援助培训工作和西部省份法律援助轮训计划执行情况，研究起草做好“十二五”时期培训工作的意见和培训工作规划。二是继续实施法律援助中心主任全员轮训，正式启动“中东部省份法律援助轮训计划”，以提高管理技能为主题，采取主办、协办等方式，争取用两年时间实现对中东部19个省市所有县(市、区)级法援中心主任的全员培训。三是已经完成管理技能培训的西部地区,启动以业务技能培训为主要内容的新一轮培训,促进提高法律援助人员办案技能技巧。四是根据工作需要组织开展《法律援助程序规定》专题培训和法律援助信息管理与统计培训,促进提高法律援助人员规范执法和信息管理及统计能力。五是积极引导各地围绕如何做好农村留守儿童、无业青少年、刑释解教人员、社区矫正对象等特殊社会管理对象的法律援助工作,开展分类别、多形式的法律援助业务技能专题培训,不断提高法律援助人员服务社会管理创新的能力。六是加强法律援助咨询和心理疏导技能技巧培训,更新完善法律援助管理人员的知识结构,切实增强法律援助人员以非诉讼方式化解矛盾纠纷的能力,为维护社会和谐稳定作出贡献。七是加强培训教材、师资、经费等基础建设,认真组织培训课件更新、修改工作,广泛联系各方专家,充实培训师资队伍,做好培训基础性工作。

三、积极推进法律援助案件质量评估工作。一是认真总结相关地方开展法律援助案件质量评估试点工作经验,修改完善和出台《关于开展法律援助案件质量评估工作的指导意见》,引导各地扎实有效地开展法律援助案件质量评估工作。二是配合法律援助服务标准化建设,引导各地按照《法律援助程序规定》,逐步采用案件质量"同行评估"方法,科学确定评估指标,认真制定评估办法,强化案件质量管理,不断完善法律援助案件质量评估制度。

四、积极推进"12348"法律援助咨询专线工作。一是主动跟踪了解国家"十二五"规划对"12348"法律援助咨询专线的要求,采取由地方主办、中央争取统一立项的方式,继续推动各地做好"12348"法律咨询专线工作。二是总结推广各地做好"12348"法律咨询专线的先进经验,促进各地将这一短号码资源与公共法律教育相结合、与法律援助咨询相结合、与公民法律援助申请相结合、与社情舆情分析相结合,由小及大、以点带面,逐步形成一个覆盖全国的集法律援助宣传、咨询、求助和社情舆情分析功能于一体的先进网络工作平台。三是代部起草《加强"12348"法律援助咨询专线工作的意见》,推动各地规范"12348"法律援助咨询专线工作,切实做好法律援助电话咨询,帮助公民提高法律意识和法律素质,帮助和指导困难群众以合法理性的方式表达诉求,帮助当事人选择最合理的法律处理方式,帮助党委、政府通过这一平台更好地了解社情民意,预防和减少影响社会和谐稳定的源头性、根本性、基础性问题。

五、积极推进法律援助理论研究工作。在总结法律援助工作快速发展成功经验的基础上,紧紧围绕法律援助事业发展的重大理论和实践问题,拓展研究领域,深化研究课题,提高研究质量,突出研究前瞻性,全面增强法律援助理论研究工作的预见性和主动性。一是认真组织开展法律援助优秀论文评选和结果发布活动,择时将优秀论文修改汇总结集出版并免费发送各地法律援助机构参考。二是组织召开年度法律援助研讨会,交流分享各地理论研究成果,促进提高法律援助工作者理论素养。三是立足完善法律援助制度的需要,深入研究施行法律援助受援人分担费用制度的可行性、法律援助服务方式创新、推动法律援助立法、法律援助与社会管理创新、法律援助法律工作体系建设、法律援助案件质量管理与评估、完善法律援助监管体制等全局性、战略性问题,加强法律援助基础理论和应用对策研究,探索开展法律援助学学科建设,不断增强法律援助理论话语权和社会影响力,为推进法律援助工作体系建设、推动法律援助整体工作上台阶、上水平创造更加坚实的理论条件。

六、积极推进法律援助国际项目交流与合作。认真贯彻执行国家对外交流合作方针政策，按照以我为主、为我所用、不附带任何条件的原则，积极同外国政府和国际组织开展法律援助交流合作，学人之长、补己之短，不断完善我国法律援助制度。一是认真组织实施中加两国政府间第二期法律援助合作项目，正式启动在辽宁、吉林和云南三省的项目执行工作，确保项目顺利实施。二是坚持洋为中用，认真编译《国外境外法律援助信息》，编发《国外法律援助资料汇编》第一、二辑，认真了解和研究国外境外法律援助制度发展的有益经验，为推动完善我国法律援助制度提供更加有力的借鉴。三是加强与国外境外法律援助同行的交流沟通，拓宽法律援助国际交流合作渠道，全面增强法律援助国际交流合作工作的广泛化。

七、积极推进法援中心机关建设。一是按照中央政法委和司法部统一部署和要求，在全体干部中开展"发扬传统、坚定信念、执法为民"主题教育实践活动，深入开展中国特色社会主义理论体系、社会主义核心价值体系、社会主义治理理念教育，发扬革命传统，坚定理想信念，牢固树立群众观念，切实做到信念坚定、忠诚至上、执法为民。二是深入开展创先争优活动，认真做好承诺践诺、领导点评、群众评议等工作，全面加强法援中心党的思想、组织、作风、制度和防腐倡廉建设，改善机关工作作风，提高机关工作效率，努力提高党建科学化水平，努力提高机关工作水平。三是真情关心干部成长进步，真心爱护干部身心健康，帮助他们解决工作、生活中的实际困难，保护他们的工作积极性、主动性。四是加强精神文明建设，争创学习型党支部、学习型机关，组织开展丰富多样的教育、文化、体育、娱乐活动，缓解工作压力、强化工作动力、增强工作凝聚力，为做好法援中心工作创造良好的条件。

为了使"工作执行计划"更加具有可操作性和可评估性，部法援中心继续试行项目管理方法，制作了详细的"工作绩效管理手册"，对每项工作任务都按照项目目标；核心任务、次要任务及其各自工作措施、工作流程及时间安排；投入及风险管理；产出；评估等五大方面进行设计和管理，项目任务落实到处、责任落实到人，并于每个季度进行一次评估，督促大家保质保量及时完成工作任务，帮助大家及时发现问题，及时调整工作措施和时间进度。这些措施对于增强每位工作人员的工作执行力及工作效率，促进部法援中心各项工作实现项目化运作、规范化管理，将起到积极的作用。

张秀夫同志在中国法律援助基金会第二届理事会第八次会议上的工作报告

（2011年4月25日）

今天召开二届理事会第八次会议，也是本届理事会最后一次会议。这次会议，司法部党组非常重视，赵大程副部长亲自出席，过一会儿还要作重要讲话。下面，我把二届理事会的工作情况向大家作一总结报告，请予审议。

中国法律援助基金会二届理事会是2002年10月31日成立的。当时，司法部党组和张福森同志一再动员我担任理事会的会长，我感到这一职务责任重，压力大。责任重是因为中国法律援助基金会担负着促进法律援助事业发展的重要责任，是一项利国利民、惠及民生的光彩事业、崇高事业。压力大是因为当时基金会正处在少人缺钱的困境，不易摆脱，因此犹豫再三，后来勉强接受，举步维艰。有幸在司法部的领导下，在各位副会长、理事、监事和秘书处同志们的共同努力下，在社会各界的大力支持下，历时八年，各项工作取得了显著成绩，为基金会的进一步发展奠定了良好的基础，为我国法律援助事业发展作出了积极贡献。2005年，中国法律援助基金会为困难群体提供法律援助的事迹被法制日报评为“十大法制新闻”，被中宣部、司法部、中央电视台评为“2005年度十大法治人物”，成为唯一入选的社会公益组织。八年来，年年检查合格、审计合格，没有出现过任何财务问题。2008年4月，被民政部评定为中国4A级社会组织。2010年2月，被民政部授予“全国先进社会组织”荣誉称号。八年来，我们主要做了以下工作。

一、广泛宣传法律援助制度，有效促进了法律援助事业发展

二届理事会成立之初，社会各界对法律援助制度还不太了解，对法律援助基金会了解得就更少了，这为我们各项工作特别是筹资工作的开展带来了很大困难。加强法律援助宣传对基金会的发展非常重要也十分必要。八年来，我们着力搭建较高水准的宣传平台，广泛宣传法律援助工作，更大范围地动员社会各界关注支持法律援助事业，先后组织开展了一系列大型公益活动，举办了“为实现公平和正义·法律援助在中国”“心系农民工法律援助”“纪念中国法律援助制度建立十周年”“同一首歌与残疾人法律援助同行”“法律援助与困难职工同行”等5场大型公益晚会。中共中央政治局委员、国务院副总理回良玉、全国人大常委会副委员长韩启德、全国政协副主席阿不来提·阿不都热西提、邓朴方等党和国家领导人，基金会名誉会长姜春云、曹志、顾秀莲、张思卿等领导同志，都对我会工作十分关心、大力支持，多次出席活动并作重要讲话。这些大型活动得到司法部、中央文明办、中央综治办、全国总工会、共青团中央、中国残疾人联合会、国家广电总局等部门和单位的大力支持，得到中央电视台、新华社、《人民日报》、《法制日报》等各大媒体的宣传支持，也得到众多慈善企业和爱心人士的捐资支持。通过举办大型公益活动，广泛宣传了法律援助工作，产生了较大的社会影响。

同时，我们非常注重加强经常性宣传工作。2003 年正式开通了基金会网站，到 2008 年全面改版，从几乎不为人知到每条常规新闻点击量上千人次，基金会网站的宣传影响日益增强。在专项基金启动仪式、项目实施新闻发布会等活动中，充分动员各种媒体宣传基金会和法律援助工作，提高宣传的频率和连续性。此外，还采用发布户外广告等丰富多彩的宣传方式，组织开展了一些专门性的宣传工作。特别是 2010 年在中央电视台多个频道播出的法律援助广告宣传片，在北京电视台连续 3 个月播出的基金会公益广告，在央视和北京电视台制作播出的“1＋1”项目的专题片，这些活动都产生了良好的社会反响。

二届理事会期间，我们先后聘请了倪萍、周涛、朱军、撒贝宁、黄晓明、吕良伟、关之琳、韩红、刘媛媛等央视著名主持人和文艺界知名人士担任中国法律援助基金会形象大使。他们多次主持基金会组织召开的新闻发布会和项目启动仪式以及大型公益晚会，有的还捐资设立了专项基金，对提升中国法律援助基金会的公众知晓度起了重要作用。

上述宣传工作的开展，为基金会各项工作的顺利进行营造了良好的社会氛围。

二、筹集了大笔资金，建立了不同人群、行业的法律援助专项基金，逐步培育了多个品牌项目

八年来，在各位副会长、理事、监事和秘书处同志们的共同努力下，充分发挥基金会职能作用，在筹集资金支持法律援助事业发展方面，取得了明显成效。

（一）筹资工作成绩显著。二届理事会刚成立时，基金会账户内仅有几千元存款，办公费用和行政支出都成问题。筹集资金支持法律援助事业发展，是中国法律援助基金会的宗旨和使命。同时，作为自筹自支的社会团体，筹集资金也是保障自身生存、开展工作、发展事业的前提。为此，二届理事会始终把筹资工作摆在重要位置。八年来，共筹集社会资金 2 亿多元。主要采取的筹资方式为举办大型公益晚会、设立专项基金等。目前，基金会已经设立优秀学子、农民工、老年人、未成年人、残疾人等 10 多个专项基金。此外，2003 年至 2006 年，先后组织开展了三届“著名书画家法律援助爱心奉献活动”，征集到优秀书画作品 412 件；组织法律图书筹集活动，共筹集法律图书 10 万多套、6 万多册，价值 1600 多万元。同时，通过多种渠道，特别是通过各位理事、监事的社会影响力，努力联络了一批有公益精神和捐资能力的大型企业，并与部分捐赠企业建立了相对稳定的合作关系。中石油、中海油、中石化、国家电网、中国工商银行、国家开发银行等单位近些年持续给予我会捐资支持。

（二）特色项目深入开展。在社会各界的支持下，根据不同人群的法律援助需求，结合不同地域的法律援助现状，组织开展了特色法律援助项目。主要项目有：2005 年至 2008 年，为缓解中西部贫困地区法律援助经费短缺、信息及办公自动化条件落后的问题，组织实施“592”法律援助项目。该项目涉及 21 个省（区、市）592 个贫困县，资助资金和物资 1900 多万元。2006 年至 2008 年，为满足特殊困难群体的法律援助需求，先后组织开展残疾人、老年人、妇女、未成年人和农民工法律援助项目。2006 年 2 月 25 日，基金会和中华全国律师协会联合发起“民间对日索赔法律援助行动”。该专项基金共资助受害者或遗属先后在日本 10 个地方法院提起诉讼，直接参与案件的中国律师有50多人，上千名我国律师为民间对日索赔诉讼案件提供帮助。2008年1月，为促进共建和谐生态环境，汇聚社会力量携手支持环保公益性法律援助，组织发起了“法律援助绿色行动”，设立“生态环境保护法律援助专项基金”。2008年下半年，为贯彻党中央、国务院关于“5·12”灾后重建的工作部署，切实帮助灾区孤儿、孤寡老人、残疾人及灾区百姓有效地解决法律援助需求，组织开展了“法律援助·阳光行动”。截至2009年12月底，已资助400多万元支持灾区孤残人员法律援助和重灾县（市、区）法律援助机构的重建工作。

（三）“1+1”法律援助志愿者项目品牌化发展。为解决中西部贫困地区法律援助人才紧缺的问题，2004年，基金会组织发起了“优秀学子法律援助爱心行动”。截至2008年年底，选拔、资助了4批近600名大学生志愿者，派遣到中西部贫困地区为困难群众无偿提供法律援助服务，办理法律援助案件共计15000余件。2009年开始，在开展大学生法律援助志愿者项目基础上，会同有关部门组织开展“1+1”法律援助志愿者行动，派遣一名律师志愿者和一名大学生志愿者，到全国210个无律师县和中西部律师人员短缺的贫困县，志愿从事为期一至三年的法律援助工作。截至2010年年底，先后派遣志愿律师130名，大学生志愿者170名，服务地覆盖了青海、宁夏、甘肃等20个省（区、市）的130个无律师县和律师资源短缺的县。特别是广大律师志愿者，他们远离家乡，放弃优厚的业务收入，在艰苦的条件下发扬奉献精神，在为人民群众提供法律援助服务，化解社会矛盾，维护社会和谐稳定，广泛宣传社会主义法治理念，帮助当地培养基层法律援助人才等方面作出了贡献。这一项目也开辟了执业律师参与法律援助工作的新途径，树立了律师队伍良好的社会形象，同时，增强了贫困地区法律援助服务能力和服务水平。通过两年多的实践，“1+1”法律援助志愿者项目的社会影响力不断提升，逐渐成为服务地党委、政府重视，社会各界欢迎，受援人满意的法律援助品牌项目。

（四）成功申请设立了中央专项彩票公益金法律援助项目，促进了基金会职能作用更好地发挥。这些年，我们一直把争取政府的优惠政策和其他各项支持作为一项重要工作来抓，取得了明显成效，特别是在争取政府资金支持方面取得重大突破。在司法部、财政部的大力支持下，2009年，经国务院批准，财政部正式立项，将法律援助事业纳入国家彩票公益金支出范围，2009年和2010年共安排资金1亿元人民币，专项用于资助开展农民工、老年人、妇女、未成年人和残疾人法律援助工作。截至2011年3月底，项目已经资助办理各类法律援助案件38048件，受援总人数近6万人次，共为困难群众挽回直接经济损失或取得经济利益超过14亿元，受援人满意度高达99%，有效地维护了困难群众的合法权益，在促进保障和改善民生、维护社会和谐稳定等方面发挥了积极作用。2010年，基金会研究制定了《中央专项彩票公益金法律援助项目“十二五”规划》，并以司法部名义报财政部，申请使用年度预算资金1亿元，5年共5亿元，此项申请已得到财政部的认可和支持。对中国法律援助基金会来说，中央专项彩票公益金法律援助项目的立项，开辟了一条全新的法律援助资金保障渠道，将有力地促进基金会职能作用的进一步发挥。

三、培养了一支专业敬业的工作队伍，树立了中国法律援助基金会的社会公信度

基金会秘书处负责日常各项工作的开展和落实，是基金会高效运作的重要保障。基金会成立之初，秘书处仅有一名专职工作

人员，队伍亟待充实加强。司法部党组高度重视基金会秘书长的人选，在二届理事会期间，先后提名桑宁、杜英民和周院生三位同志担任秘书长，聘任了四位副秘书长。各位秘书长、副秘书长为基金会发展倾注了大量心血。我们还通过志愿者选调、社会公开招聘等方式，吸纳专业敬业的青年人才，秘书处工作队伍不断发展壮大。全体工作人员爱岗敬业，勤勤恳恳，甘于奉献，为基金会发展作出了积极的贡献。八年来，基金会坚持不懈抓规范化建设，建立完善各项规章制度，先后修订了《中国法律援助基金会章程》，制定了《财务管理办法》《项目管理办法》《涉外项目和对外交往的规定》等，初步形成了较为健全的规章制度体系。通过不断加强自身建设，为各项工作顺利开展提供了有力的保障。

八年来，我亲身经历了中国法律援助基金会的成长全过程，深深感受到我会职能作用的不断增强，实力的不断壮大，影响的日益广泛，工作团队迅速扩大和茁壮成长，账面资金从仅有的几千元发展到年度筹资额平均2000万元左右，逐渐发展成为4A级社会组织，迈入我国先进基金会的行列。这些成绩来之不易，是党和国家对法律援助事业的高度重视的结果，是司法部正确领导和民政部、财政部等有关部委大力支持的结果，是慈善企业、爱心人士倾囊相助和各大媒体、法律援助工作者、志愿者们广泛关注和有力参与的结果，也是基金会各位副会长、理事、监事和秘书处的同志们热情奉献、尽心竭力的结果。借此机会，我表示深深的谢意！

八年的实践，使我们感受良多，主要有：

一是坚持以服务民生为宗旨，充分发挥职能作用，是中国法律援助基金会的立足根本。八年的工作告诉我们，必须理解把握两个“深刻认识”：深刻认识法律援助工作对服务民生、促进社会和谐稳定的重要意义；深刻认识中国法律援助基金会对推进法律援助事业又好又快发展的重要作用。党的十七届五中全会提出，要更加注重保障和改善民生。法律援助制度与保障民生、维护人民权益息息相关。当前和今后一个时期，人民群众特别是困难群众日益增长的法律援助需求与政府资金不足之间的矛盾，仍然是法律援助工作面临的主要矛盾。政府主导、社会参与的模式对法律援助事业整体发展十分重要也非常必要。中国法律援助基金会作为唯一一家致力于促进法律援助事业发展的全国公募性基金会，作为慈善资金支持法律援助工作的重要桥梁，要充分发挥自身优势，始终把困难群众放在心中，坚持把不断满足人民群众的新要求新期待作为加强和改进工作的切入点和着力点，以维护人民群众最关心、最直接、最现实的利益，促进社会和谐稳定为己任。

二是不断增强法律援助资金保障能力，是中国法律援助基金会发展的重要条件。筹集社会资金支持法律援助事业发展，是基金会各项工作特别是公益项目顺利开展的重要前提，必须千方百计抓好筹资工作，不断扩大资金规模，提高援助能力。八年来的实践和先进基金会的经验告诉我们，筹资工作的方式方法必须与时俱进。要采取更多科学的先进的方法，调动一切积极因素争取社会捐赠资金。同时，要高度重视积极争取政府的支持，特别是直接争取政府委托项目，建立稳定的公益资金支持渠道。

三是各位领导和基金会理事、监事的无私奉献、尽心竭力，是中国法律援助基金会发展的重要力量。回想二届理事会的组成，深感十分不易。那时，法律援助少为人知，更谈不上什么名气和权益。在这种情况下，姜春云、王光英、曹志、顾秀莲、张思卿等中央领导同志欣然同意担任名誉会长，有关部委的领导同志和多家大型国企的负责同志同意担任基金会理事、监事，特别是李国光、赵登举、张佑才、蒋先进、陈光复、高文远、岳宣义同志和郑荣文先生欣然同意担任副会长，完全是出自对贫弱群体的关爱，对公平、公正和正义的追求。这给了我极大的教育、鼓舞和支持。八年来，他们为基金会的发展倾注了大量智慧和心血，谏言献策，做了大量富有成效的工作，为基金会发展打下了良好基础。这证明爱心无限，有着极大的感召力、凝聚力。

四是加强秘书处规范化建设，是中国法律援助基金会发展的重要保障。实践表明，一支政治合格、作风过硬、爱岗敬业、团结高效、奋发有为的工作团队，是我们各项工作顺利开展的重要保障，是工作成效大小的决定性因素，也是规范化管理的关键所在。八年来，我们不断完善秘书处运作机制，不断加强制度建设，不断健全激励约束机制，不断培养团队成员的向心力和战斗力，推进规范化建设，提高工作人员岗位工作效率，促进基金会高效运作。同时，我们经常提醒全体工作人员牢记自己是法律工作者，时时处处依法办事，模范地遵守《基金会管理条例》的各项规定，始终坚持基金会对社会、对公众有很高的透明度，对捐赠者有认真负责的精神，对慈善企业和慈善人士捐赠的每一分钱都倍加珍惜，最大限度用于最需要救助的贫弱群体；在内部管理中始终强调勤俭节约，精打细算，从未超过《基金会管理条例》规定的管理费用比例，我接任时财政部给的300万元开办费至今分文未动。

在看到成绩的同时，我们也清醒地认识到，我们的工作有很多不足之处，与社会的需要还有不小的差距。如，筹集社会资金的规模还不够大，筹资长效机制需要进一步建立健全；受我们资金救助的面不够广，规模不够大；工作队伍的整体素质需要进一步提高，工作机制有待不断改进和完善。这些都是有待今后工作中重点关注和解决的问题。

各位理事、监事：这次中国法律援助基金会换届是司法部党组根据国务院《基金会管理条例》的规定、基金会的实际情况和我的请求，经过慎重考虑作出的正确决定。大家知道，《基金会管理条例》规定理事会任期最长不超过五年。我们这一届理事会任期已接近八年，早就到了换届时间。之所以推迟至今，是因为我们想借助本届理事会的一定优势，把争取福利彩票专项资金支持这件事做到底、做成功。2009年国务院批准给中国法律援助基金会彩票专项资金5000万元，实现了本届理事会预期的最后一项工作目标。我于当年9月份给司法部党组并吴爱英同志亲笔写了建议中国法律援助基金会第二届理事会换届的报告，并提出辞去会长职务。原因是我年过75岁，难以再操劳，希望过安闲的休息生活。部党组和吴爱英同志对此很重视，几经酝酿、讨论，并成立了由赵大程副部长挂帅，有基金会和有关部门参加的换届工作领导小组。在部党组的领导下，经过一段时间的精心组织协调，新一届的理事会即将组成，得到了全国人大、全国政协和公、检、法等部门的有力支持，又有适当的理事长人选。岳宣义同志是位经过部队历练的将军，又在司法部任职多年，退居二线之后与我一起负责基金会的工作，经验丰富，情况熟悉，由他接任理事长是适当的人选，正确的决定，也是我一直支持的唯一接任者。我深信新一届理事会必将成为强有力的领导集体。总之，基金会换届符合法律规定，是正确的，这也是我的愿望，我表示支持，感到高兴，对同意我辞去会长，表示感谢！祝愿中国法律援助基金会在新的理事会、新任理事长的领导下，越办越好，迎来更加蓬勃发展的明天。

中国法律援助基金会会长之职是我六

十年革命生涯中的最后一职，也是时间最长的一职。烦心的事也曾有过，更多的是美好的记忆，基金会诸位同志的身影时不时在我心中展现。在我辞去会长职务之时，我要说的是：我爱法律援助这项事业，爱从事这项事业的朋友们，我将继续给你们力所能及的支持和帮助！

岳宣义同志在中国法律援助基金会第三届理事会第一次会议上的讲话

（2011 年 4 月 26 日）

中国法律援助基金会第三届理事会第一次会议隆重召开了。这是中国法律援助基金会发展史上的一件大事。刚才，司法部党组书记、部长吴爱英同志以及部党组成员、副部长赵大程同志和部党组成员、政治部主任张彦珍同志，接见了各位理事、监事和名誉理事。下边，吴部长还要发表讲话。我们要把吴部长的讲话精神领会好、贯彻好，进一步统一思想和行动，进一步凝聚智慧和力量，进一步调动各方面的积极性和创造性，努力推动中国法律援助基金会迈出新步子、获得新发展、开创新局面。

在大家的共同努力下，这次会议选举产生了新一届理事会的理事、理事长、副理事长、秘书长，选派了监事，聘请了名誉理事长、名誉理事。根据司法部党组的安排，受各位理事的信任，本人荣幸地担任第三届理事会的理事长。我感觉使命光荣，责任在肩。借此机会，我向多年来关心、支持中国法律援助基金会的各位领导，向全体理事和监事，向为基金会的发展建设做出贡献的各有关单位和社会各界，表示诚挚的谢意！

中国法律援助基金会成立以来，在司法部党组的领导下，在两届理事会特别是第二届理事会的带领下，在艰难中起步，在风雨中前行，取得了卓著成绩。经过十多年的发展，基金会筹资规模不断扩大，队伍建设不断加强，工作机制不断健全，社会影响与日俱增，有力地促进了中国的法律援助事业，为维护困难群众合法权益，维护社会公平正义，维护社会和谐稳定，做出了重要贡献。所有这些，都为三届理事会的工作奠定了良好基础。我们要把基金会形成的好传统好作风发扬光大，把法律援助基金做大做强做优，使法律援助这项“民心工程”和“德政工程”展现出新的面貌。

党和国家高度重视法律援助工作。《“十二五”规划纲要》强调要加强法律援助。这就把法律援助纳入到经济社会发展的整体规划，为法律援助事业的发展指明了新的方向，也为中国法律援助基金会的发展带来了良好机遇。我们要进一步增强使命感和责任感，始终坚持中国特色的社会主义司法制度，把关系法治、惠及民生、促进和谐、巩固执政的中国法律援助基金会的工作做好，使它焕发出新的生机与活力。

未来的五年，中国法律援助基金会要高举中国特色社会主义伟大旗帜，紧紧围绕党和国家工作大局，着眼于服务民生、服务社会和谐稳定，完善中国特色的法律援助制度，进一步增强服务困难群众的能力，进一步扩大筹集资金的规模，进一步提高社会影响力，进一步加强自身建设。要重点加大对中西部地区法律援助的资金支持力度，拓宽服务领域，开展更多有特色、有社会效益的法律援助项目与活动。筹集社会资金是基金会的根本任务。面对机遇和挑战并存的新形势、新局面，要看到光明，迎难而上，力争实现5年筹集社会资金1.5亿元以上。要实施品牌战略，努力形成一批有社会影响力的法律援助公益项目。要有实力、很坚强、好形象，努力争创5A级基金会。

基金会要开创新局面，关键在于理事会及其秘书处。新一届理事会要不辱使命，不负重托，认真履行职责，更好地谋划、推动基金会又好又快地发展。理事会成员都是各个领域的带头人，有着高尚的慈善情怀和为实现社会公平正义的责任感。希望各位理事认清自己肩负的职责，为基金会的发展积极建言献策，做筹集资金的带头人。要进一步加强秘书处的思想建设、组织建设、制度建设、能力建设、作风建设和反腐倡廉建设，努力实现工作的规范化、程序化、科学化。

学习是摆在理事会面前的一项紧迫任务。理事会是个新团队、新班子、新集体。对于多数同志来讲，法律援助和基金会以及慈善，还是个陌生的领域、陌生的工作。要通过向书本学习、向实践学习、向内行学习，了解党和国家关于法律援助及其基金会与慈善工作的路线方针政策以及法律法规，了解做好这些工作的基本途径和方法。总之，世界眼光，中国特色，民生为本，慈善情怀，是我们理事会每个成员都应当树立和具备的基本理念。

中国法律援助基金会的发展，是同各级领导的关心和社会各界的支持紧密相连的。这既是过去的基本经验，也是今后的基本思路。我们的名誉理事长都是德高望重、经验丰富的老领导、老同志。恳请他们为基金会多出主意，多出思路，多传帮带。各位副理事长来自中央有关部委和武警总部，大多是中央各政法部门资深的老同志，是理事会的核心和中坚。我们要紧密地团结起来，毫无保留地把智慧和力量贡献出来。我们衷心地希望民政部、财政部等部委，继续给中国法律援助基金会以政策、资金等多方面的支持，以使我们共同的事业获得更大的发展。

我已经69岁，体力和精力都有限，加之才疏智浅，曾多次向司法部领导提出，不宜做理事长，但未能如愿。既然如此，我只好受命。我将依靠司法部党组的领导和名誉理事长的指导，依靠理事会这个集体，我们共同把基金会这艘中国特色法律援助的“慈善航船”，驶向胜利的彼岸。

同志们：今年花胜去年红，料得明年花更好。我们有理由相信，中国法律援助基金会将迎来新的春天，在中国法律援助史上写下新的浓墨重彩的一笔。

岳宣义同志在中国法律援助基金会科学发展务虚会上的讲话

（2011 年 5 月 31 日）

这次中国法律援助基金会科学发展务虚会是基金会发展进程中的一次重要会议。大家围绕如何把基金会做大做强做优这个中心议题，进行深入思考和热烈讨论，发表了很好的意见和建议。特别是各位副理事长的意见，站立点高，朴实中肯，饱含深情，给我们很多启示。这是一次“诸葛亮”会，是一次互相交流，互相学习，互相启发的会。通过这次会议，破解了难题，打开了思路，开阔了视野，使人似有“山重水复疑无路，柳暗花明又一村”的感觉。这次务虚会在中国法律援助基金会的历史上是个创举，必将对基金会的发展产生重要而深远的影响。下面，我讲几点意见，供大家参考。

一、法律援助是在民生问题上为老百姓服务

法律援助制度是国家为经济困难的公民和某些特定当事人免费或减费提供法律服务，以保证其合法权益得以实现的社会公益性法律制度。它是国家司法制度的重要组成部分，是国家保障司法人权和司法公正的不可缺少的重要手段，是社会民主与法制健全程度的重要标志，是社会文明与进步的重要象征。法律援助制度最早起源于英国。在英格兰，自 1495 年起即承认穷人享有其身份免付诉讼费的权利。19 世纪中叶以后，世界许多国家相继建立了法律援助制度。特别是第二次世界大战后，资本主义的福利国家进一步以社会为本位，为实现公民之间的平等，强调当事人有取得律师帮助的权利，这些措施促成了现代资本主义国家法律援助的新发展。由于各国的历史条件、社会条件和经济实力不同，在法律援助的指导思想、立法规定以及援助方式、对象和条件等方面，也不尽相同。英国和美国基本属于一种类型，丹麦和瑞典是另一个类型。前者援助的对象是社会地位低下的特定阶层，组织上的私人色彩比较浓厚。后者将法律援助纳入国家的福利制度，由国家统一实施，法律援助的社会化程度得到了很大提高，国家责任原则得到充分体现。

新中国成立后，随着律师制度的建立及其在司法体系中地位的确立和作用的发挥，法律援助虽然没有作为一项完整的法律制度建立，但有关法律援助的一些基本内容在有关法律法规中已有体现。我国于 1994 年正式建立了法律援助制度。随后，法律援助事业迅速发展，为实现社会平等、促进司法公正、推动社会文明进步发挥了重要的作用。2003 年国务院颁布的《法律援助条例》第三条规定：“法律援助是政府的责任。”但由于我国贫困人口较多，地区间经济发展不平衡等因素，仅靠政府财政拨款，远远不能满足困难群众的法律援助需求，法律援助经费缺口较大，需要调动社会力量共同支持和参与。所以，《法律援助条例》第七条规定:“国家鼓励社会对法律援助活动提供捐助。”中国法律援助基金会正是在上述背景下成立的。十多年来,在司法部的领导下,在最高人民法院、最高人民检察院、公安部、财政部和武警部队等有关部门的大力支持下,中国法律援助基金会在艰难中起步,在风雨中前行,取得了卓著成绩,得到社会各界的肯定。2008年,被评为4A级社会组织。2010年,被评为“全国先进社会组织”。

大家比较关注北非、西亚和中东的局势。去年年底以来,这些地区20多个国家发生了动乱,有的甚至政权倒台,有的陷入了内战。分析他们社会动荡的原因,不外是长期积累的矛盾得不到解决;就业问题、住房问题、腐败问题突然爆发;处置中措施失当。最基础的东西还是民生,就是老百姓的事情没有办好。用中国的话说,是“水能载舟,亦能覆舟”。中央十分关注民生,采取了一系列重大措施。今年3月闭幕的第十一届全国人大四次会议批准的《国民经济和社会发展第十二个五年规划纲要》有三个关键点:主题是又好又快地发展,主线是转变经济发展方式,根本是关注民生。法律援助就是从法律上关注民生,在民生上为老百姓服务。民生问题包括物质和精神两个方面。法律援助是能够在民生问题上为老百姓提供物质和精神双重抚慰的一项司法制度。从这个意义上说,中国法律援助基金会的工作关系民生,关系稳定,关系全局,关系巩固党的执政地位。我们为贫弱群体的利益奋斗,就是在为广大人民群众的利益奋斗;为法律援助事业做贡献,就是在为全面建设小康社会做贡献;为民生服务,就是为社会和谐稳定服务。要进一步增强使命感和责任感,始终坚持中国特色的社会主义司法制度,把中国法律援助基金会的工作做好,使它焕发出新的生机与活力。

二、为公益慈善事业无私奉献是高尚的情怀

法律援助既是政府的责任,也是全社会的共同责任。从事法律援助基金会工作,就是在从事公益慈善事业。公益慈善事业是一种有益于人民的社会公益事业,是政府主导的社会保障体系的必要补充,是在政府的倡导或帮助、扶持下,由民间团体和个人自愿组织,对遇到灾难或不幸的人实施救助的一种不求回报、无私奉献的事业。公益慈善事业实质上也是一种社会财富再分配的实现形式。我国是世界上最早倡行与发展慈善事业的国家。一是慈善思想源远流长。先秦诸子百家与随后的儒家、道家和佛家等对慈善都有过精辟的论述。譬如,儒家讲“仁爱”,道家讲“积德”,墨家讲“兼爱”,佛家讲“慈悲”。各流各派虽在表述上不尽相同,但义理相近,都蕴涵着救人济世、福利为民以及人类共通的人道理念和道德准则。二是慈善活动与政府关系密切。从历史上看,许多慈善活动都是在官方的主导下进行的。为此,政府还特别制定了慈善制度和设置了慈善机构。譬如,隋唐时期的仓廪制度,两宋时期的福田院、居养院、安济坊和惠民药局,明清时期的养济院和普济堂等。目前,我国的大型基金会大多是官办的。中华慈善总会、中国红十字基金会、宋庆龄基金会等5A级的社会组织,都是官方主导的,中国法律援助基金会也是这样。三是近代慈善事业在激烈跌宕的社会变迁中发展起来。受西方影响,中国传统的慈善事业由旧趋新,兼纳中西,顺应时代要求,具有了崭新的内涵。近年来,我国公益慈善事业发展很快。根据民政部的统计,2009年我国已经有基金会1829家(其中,公募基金会1029家,非公募基金会800家)。

19世纪美国钢铁帝国的缔造者卡内基曾经富可敌国。为了资本主义的原始积累,他不顾一切,但却在事业如日中天之际将家产悉数捐出。卡内基有一句名言:“带着巨富死去的人,是耻辱的。”他在自传中写道:“有一个问题是我永远不会去考虑的:我献身慈善事业,能得到什么好处?这个问题的最好回答是:让养老金名单上的朋友过上幸福的生活就是对我最大的回报。”公益慈善的理念,在世界各国都是相通的。回想我国2008年发生的汶川地震,大地颤抖,山河移位,满目疮痍,人民遭受的苦难至今历历在目。大灾面前有大爱,幸而有公益慈善的力量给灾区幸存的人们带来无限希望。全国共接收国内外社会各界抗震救灾捐款659.96亿元。

古今中外公益慈善的历史,使我们得到以下启示。第一,公益慈善是中国传统文化的重要组成部分。孔子的“仁者爱人”、孟子的“仁者无敌”以及许多先贤们济世救人的思想,放射着公益慈善的光辉。在中国,民间有威望的人,多是胸怀大志,仗义疏财的开明之士。第二,公益慈善是人道主义的重要表现。医院的救死扶伤,敌对双方不杀不虐待俘虏,是人道主义。从法律上扶弱济贫,同样是人道主义。第三,公益慈善是追求公平正义的非凡之举。贫富不均,贫富悬殊,历来是造成社会动荡的重要诱因,甚至是“定时炸弹”。法律援助在精神和物质两个方面及时缩小贫富悬殊的鸿沟,无疑是为社会的和谐稳定所做出的非凡之举。所以,我们完全可以说,公益慈善是传统的道德,是高尚的情怀,也是共产主义的思想光辉。从事中国法律援助基金事业,即公益慈善事业,是十分荣幸的,我们义无反顾。我们的理事长们为党和人民工作奋斗了几十年,都是退休的或者“退居二线”的老同志。为了中国的法律援助基金事业,他们毅然义务出山,奉献余热和智慧。他们这种高尚的公益慈善情怀,必将感动所有需要法律援助的人们。

三、同心协力促进基金会科学发展

中国法律援助基金会有两大任务:一是筹集社会资金支持法律援助;二是做好彩票公益金法律援助项目。做大做强做优法律援助基金会,就要在完成这两大任务上下工夫。彩票公益金项目是工作推着人走,把钱按计划、按时间花好,不出问题,就圆满完成了任务。筹资则需要人推着工作走,我们越积极主动,筹集的社会资金就越多,对法律援助事业的支持和贡献就越大,反之,支持和贡献就小,甚至基金会的生存都成问题。所以,对基金会来说,筹资始终是头等大事,根本任务。

(一)*进一步认清形势*。当前,我们面临的筹资形势是比较严峻的。一是社会各界对中国法律援助基金会还不甚了解。由于我会的宗旨和目的是服务于法律援助事业的发展,具有较强的专业性,社会关注度、社会知晓率和社会影响力还有一定的差距,吸引社会资金的能力相对较弱。二是法律援助是公益慈善的观念还未深入人心。社会大众一般认为直接的扶贫济困才是慈善事业,对法律援助事业也是公益慈善缺乏认识。三是政策上还有一些局限。国有企业捐赠受到一些约束。不少大型民营企业纷纷成立自己的基金会,肥水不流外人田。四是我们理事会是一个新班子、新团队。理事会成员来自四面八方,各个领域,对基金会及法律援助工作还不够熟悉,互相之间还不太了解。筹集资金是基金会的硬任务。面对上面这些现实的困境,我们必须进一步解放思想,广开渠道,在筹资的理念、政策和筹资的方式、奖励的方法等方面,都要更新观念。“不管黑猫白猫,抓住老鼠就是好猫”,在筹资问题上,同样要坚持邓小平理论。

(二)*发扬无私奉献的精神*。做中国法律援助基金会的工作,没有什么名利可图。

我们的理事们不说工资福利，连补贴也没有，却为这份事业投入大量的时间和精力，甚至还要贡献出自己的社会资源，完全是“义务劳动”。秘书处工作人员的工资和福利待遇也不高，比较清苦，但不缺少工作的热情和激情。我们做事的动力来源于哪里？来源无私奉献精神，也就是连美国人都推崇和学习的雷锋精神。要像雷锋那样，全心全意为人民服务，“把有限的生命投入到无限的为人民服务之中去”。

（三）*充分发挥优势*。基金会要开创新局面，关键在于理事会。《中国法律援助基金会章程》规定：理事会是基金会的决策机构。理事会成员肩负着推进基金会发展的重要责任，承担着促进法律援助事业发展的重要使命。大多理事及其所在单位的负责人都是各行各业、各相关领域的领军人物，掌握着丰富的资源和相当的权力，在理事会中发挥着举足轻重的作用。我们的理事长们来自中央有关部委和武警总部，是共和国的部长，有着深厚的资历和广泛的社会影响力，是理事会的核心和中坚，担负着谋划、协调和推进基金会又好又快发展的重任。我们荣幸地邀请到全国人大常委会副委员长兼秘书长李建国，全国政协副主席李兆焯，全国人大常委会原副委员长王光英、顾秀莲，全国政协原副主席张思卿和司法部原副部长、基金会第二届理事会理事长张秀夫同志担任第三届理事会名誉理事长。这些领导同志德高望重，经验丰富，对法律援助基金事业十分热心。5月初，基金会组织了第一、二、三届理事会领导联谊活动，李建国、顾秀莲，司法部部长吴爱英，全国人大常委会副秘书长韩晓武、司法部副部长赵大程等领导同志，莅临活动。新老同志欢聚一堂，共叙基金会成长历程，共话基金会发展远景，气氛非常热烈，是中国法律援助基金会历史上的创举。我们相信，有众多领导同志的关爱和支持，有全体理事、监事的共同努力，中国法律援助基金事业一定会取得新的辉煌和更大的进步。

（四）*认真履行职责*。各位理事、监事参与到中国法律援助事业之中，不仅代表个人，更代表组织。我们都要不辱使命，认清自己肩负的职责，认真履行职责，做筹集资金的带头人。特别是来自国有企业和优秀民营企业的理事，是经国务院国资委、全国工商联推荐的热心公益的行业代表，所代表的企业是在慈善事业中勇于承担企业社会责任的模范。你们既是基金会的理事成员单位，也是促进基金会发展的重要力量，与基金会荣辱与共。建议将支持中国法律援助基金会的捐资工作列入企业的年度公益计划。国企单位的代表每年能不能捐200万到300万元人民币？民企单位的代表每年能不能捐100万到200万元人民币？总之，不管国企、民企，捐得越多越好。

（五）*切实加强集体领导*。中国法律援助基金会实行理事会集体领导下的理事长负责制。为了更好地发挥理事会领导作用，我们要加强理事会成员之间的沟通联络，凝聚集体的智慧和力量。为此，我提议健全建立三项会议制度。一是理事会会议制度。按照《基金会管理条例》规定，我们基金会每年至少召开两次理事会，讨论决策基金会的重大问题和重大事项，审议基金会工作报告和财务工作报告。二是理事长办公会议制度。原则上每季度召开一次，正副理事长出席，共同商讨基金会的重要决策和重要活动。三是秘书长办公会议制度。每周召开一次，研究贯彻理事会和理事长办公会精神的具体措施，检查落实情况。基金会秘书处要切实为理事会搞好服务。比如，基金会有国内各个学科领域的知名法学专家参与支持成立的法学专家委员会，在理事成员单位遇到重大法律问题时，秘书处要及时组织法学家们提供论证和建议。在前几天的一次会议上，我对秘书处的同志提出了如下要求：追求崇高，无私奉献，放下架子，扑下身子，不怕碰钉子，不怕丢面子，忍苦耐劳，忍辱负重，做基金会的孺子牛。总之，理事会的每个成员都是基金会的主人，基金会的发展与每个理事息息相关。我们要紧密地团结起来，在巩固中发展，在继承中创新，把基金会做大做强做优，为中国的法律援助事业做出自己应有的贡献。

邹燕同志在部分省（区、市）法律援助经费保障及业务装备建设座谈会上的讲话

（2011 年 6 月 8 日）

司法部法律援助经费保障及业务装备建设座谈会以部计装司和法律援助司两家名义召开，两个部门的同志们围绕法律援助经费保障和业务装备建设这个主题，在一起座谈讨论，多年来这还是第一次，也说明这项工作的重要性。部领导对召开这次会议十分重视，陈副部长、赵副部长都作了批示。我们要通过这次会议，进一步统一思想，提高认识，形成合力，切实抓好法律援助经费保障和业务装备建设工作。一会儿王副司长要对这次会议作总结，并就做好今后一个时期法律援助经费保障及业务装备建设工作提出意见。计财装备部门和法律援助部门的同志们要同心同力，按照王副司长讲话要求，共同做好这项工作。下面，我讲三点意见。

一、充分认识加强法律援助经费保障及业务装备建设的重要性

法律援助是一项维护困难群众合法权益的重要法律制度，在保障和改善民生，实现社会公平正义，促进和谐社会建设中发挥着重要作用。法律援助经费及业务装备建设是法律援助机构履行职责的重要条件，是经济困难群众获得法律援助的重要保障。做好这项工作，对于履行法律援助职责，加强法律援助机构建设，提高法律援助服务能力，更好地满足困难群众的法律援助需求，促进法律援助工作快速健康发展，具有十分重要的作用。

近年来，在司法部和地方各级党委、政府的高度重视以及财政部门的大力支持下，在各级司法行政机关及计财装备部门、法律援助部门的共同努力下，法律援助经费保障能力明显提高。目前，全国绝大部分地方将法律援助业务经费纳入财政预算，法律援助经费数额逐年增长。去年，财政拨款总额达 9.58 亿元，与上年度相比增长 28%。中央补助地方法律援助办案专款数额现已增至两个亿，中央专项彩票公益金法律援助项目资金数额增至一个亿，基本建立了政府财政投入为主、社会资金为补充的法律援助经费保障体制。同时，法律援助机构业务用车及信息、通讯等设备逐步配置，业务装备建设在不断加强。成绩应当充分肯定，但问题也不能忽视，还有少数地方法律援助经费没有纳入政府财政预算，许多地方法律援助经费

仍然紧缺；业务装备薄弱的现象在法律援助机构还比较普遍等。计财装备部门的同志们要再接再厉，进一步增强做好这项工作的责任感和使命感，推动法律援助经费保障及业务装备建设工作再上新台阶。

二、积极落实政法经费保障体制改革政策，加大法律援助经费投入

近两年，中央政法经费保障体制建立后，政法经费保障力度不断加大，基层政法经费实际保障水平明显提高，基本保证了包括法律援助部门在内的政法机关依法履行职责的经费需要。大家知道，按照过去的体制，从中央到地方的四级财政“分灶吃饭、分级管理”，每一级的政法经费由同级财政保障。这带来的问题是，各地经济发展并不均衡，有些地方受经济能力所限，很难独自承担当地的政法经费，当然包括我们司法行政部门的经费。同时，由于过去基层政法机关经费保障水平偏低，包括我们法律援助机构在内的一些机构正常的业务工作都难以开展。此外，由于经费短缺，基层政法单位包括我们县区司法局、法律援助机构业务装备建设基本处于停滞或半停滞状态，装备设施落后使各项业务工作的开展受到严重影响。

2008 年 12 月，中央印发司法体制改革的意见，对政法经费保障体制改革提出总体要求。2009 年 7 月，中办、国办印发了《关于加强政法经费保障工作的意见》，财政部也印发了《政法经费分类保障办法》，对加强和改革政法经费保障体制做出明确规定，建立了“明确责任、分类负担、收支脱钩、全额保障”的政法经费保障体制，将政法经费划分为“人员经费、公用经费[包括日常运行公用经费和办案（业务）经费]、业务装备经费和基础设施建设经费”四大类。在此基础上，又建立了分项目、分区域、分部门的政法经费分类保障政策。改革后，政法机关人员经费和日常运行公用经费由同级财政保障，中西部困难地区通过中央财政一般性转移支付予以解决。办案（业务）经费和业务装备经费则由中央、省级和同级财政分区域按责任承担，其中，中西部地区县级、维稳任务重的地区及经济困难地区市（地）级公用经费中的办案（业务）经费和业务装备经费，主要由中央和省级财政承担，其他地区则由中央财政予以奖励性补助。

政法经费保障体制改革的关键是，及时将中央和省级政法转移支付资金分配下达到基层政法部门，充分发挥资金的使用效益，其核心是建立一套完整的资金分配办法，确保资金分配公正、公平、公开、透明和向基层倾斜。据我们了解，各省均在按照财政部规定的比例及因素法分配的基础上，结合本地特点，考虑政法各部门包括我们司法行政部门及各县、市实际，及时分配下拨了资金。分配我们司法行政机关的资金，在如何使用上各地情况有所不同，有些地方如安徽、河南等省分配到法律援助部门的经费数额较多，有些省就差一些。各省厅计财装备部门要督促基层司法行政机关在使用办案（业务）经费时要优先保证办案的需要，保障法律援助等办案的经费需求；对分配司法行政部门的业务装备经费，应适当向法律援助机构倾斜，加强法律援助部门业务装备建设，为法律援助事业发展提供有力物质保障。

三、进一步提高法律援助经费保障和业务装备建设水平

做好经费保障及业务装备建设工作，是计财装备部门的一项重要任务，对于法律援助事业发展至关重要。当前和今后一个时期，各地计财装备部门要充分发挥自身优势，加强与财政部门的协调配合，为法律援助工作争取更多经费，会同法律援助部门管理好、使用好法律援助各项经费，努力发挥经费使用的最大效益。

法律援助经费还未纳入财政预算的地方,要继续推动地方政府将法律援助经费列入同级政府财政预算,并随当地经济发展、财政收入的增加和困难群众法律援助需求的增长保持动态增长。还没有设立法律援助专项资金的省份,要争取设立省级法律援助专项资金,加大对本地贫困地区法律援助经费的支持力度。要充分发挥地方法律援助基金会的资金募集能力,多渠道筹集法律援助资金,建立以政府财政投入为主、社会资金为补充的法律援助经费保障体制。

要认真贯彻落实司法部《关于加强法律援助经费使用监督管理工作的意见》(司发通〔2011〕24号)精神,加强对法律援助经费使用情况的监督管理。建立健全经费管理各项规章制度及内控机制,加强经费收支和财务管理;严格法律援助业务经费支出项目和范围,优化经费支出结构;建立与财政、审计等部门相互协调的监督工作机制,建立经费使用绩效考评制度,强化责任追究,确保经费使用的规范、安全、有效。要认真执行财政部、司法部印发的《中央补助地方法律援助办案专款管理暂行办法》(财行〔2005〕191号)和《中央专项彩票公益金法律援助项目实施与管理暂行办法》(财行〔2009〕554号),严格按照办案专款和项目资金使用范围支出,不得改变资金用途。

要合理使用业务装备经费,省厅计财装备部门可配合法律援助部门,研究确定法律援助机构装备配备项目及配备数量的基本标准,按财政部与司法部去年联合出台的《县级司法行政机关基本业务装备配备指导标准》,逐步加强法律援助机构业务装备配备包括业务用车、业务信息处理设备、业务音像设备、业务通讯网络设备,以及档案管理设备等业务装备,为法律援助工作提供物质保障。

同志们,今年是"十二五"规划的开局之年,也是法律援助事业实现飞速发展的关键之年。当前,法律援助事业发展势头良好,我们一定要抓住机遇,开拓创新,积极推动法律援助事业又好又快发展,为更好地服务民生、保障民生、维护公平正义、服务和谐社会作出新的贡献!

王军益同志在部分省(区、市)法律援助经费保障及业务装备建设座谈会上的讲话

(2011年6月8日)

在会议结束前,我对这次会议作个简要总结并讲几点意见。这次会议很重要,经过大家的共同努力,会议开得很成功,有三个特点:一是部领导很重视。陈训秋副部长、赵大程副部长对召开这次会议均作了批示,体现了部领导对这项工作的高度重视。二是计财司大力支持。这次会议以计装司和法律援助司两家名义共同举行,会议召开前,我们两司在一起共同协商,计财司明确表示支持。计财处长与法援处长在一起开会,这是法律援助工作多年来的第一次。两个部门的同志围绕一个议题,互通情况,有

利于增进相互了解，形成工作合力。客观地说，法律援助工作的发展与取得的成绩，与计财装备部门的支持与配合是分不开的。借此机会，我代表法援司对计财装备部门的同志表示衷心感谢！三是会议达到了预期目的。这次会议时间虽短，但议题集中，内容丰富。一天来，大家紧紧围绕法律援助经费保障及业务装备建设这个主题，交流了工作经验和做法，分析了面临的形势及存在的困难和问题，探讨解决的办法和措施。通过交流和讨论，大家进一步统一了思想，提高了认识，明确了任务，进一步增强了做好工作的信心。刚才，邹副司长代表计财装备司作了重要讲话，通报了有关情况，总结了成绩，分析了形势，对做好下一步工作讲了很好的意见，我完全赞成。大家要按照邹副司长讲话要求，进一步做好法律援助经费保障及业务装备建设工作，推动法律援助工作健康快速发展。下面，我讲几点意见。

一、法律援助经费保障和业务装备建设发展势头良好

近年来，在司法部和地方各级党委、政府的高度重视以及财政部门的大力支持下，在各级司法行政机关及计财装备部门、法律援助部门的共同努力下，法律援助经费保障能力明显提高，业务装备建设不断加强，各项工作发展形势良好。

（一）法律援助经费纳入各级政府财政预算。各地积极落实法律援助政府责任，落实“三个纳入”的要求，推动法律援助经费列入同级财政预算。目前，全国有92.6%的地方将法律援助业务经费纳入财政预算。同时，经费拨付额度也呈增长趋势，去年，财政拨款总额达9.58亿元，与上年度相比增长28%。

（二）中央和省级财政保障力度进一步加大。主要表现在三个方面：一是中央和省级政法转移支付资金保障水平不断提高。从2009年实施新的政法经费保障体制以来，政法经费保障力度进一步加大，建立了中央和省级政法转移支付资金，主要用于县市级政法机关办案经费和业务装备经费。中央政法转移支付资金数额大、分配范围广，对于提高法律援助服务能力，解决县市级法律援助经费短缺和业务装备建设落后的问题，发挥了重要作用。去年，安徽省司法厅商财政厅同意，从中央和省级政法转移支付资金分配司法行政机关办案（业务）经费6285万元中，专门“切”出1200万元作为法律援助经费，专款专用，保障法律援助工作健康发展。二是专项资金数额不断增加。首先，中央补助地方法律援助办案专款和中央专项彩票公益金法律援助项目资金数额逐年增加。今年“办案专款”在去年一个亿的基础上翻了一番，增加到两个亿。“项目资金”也在去年5000万元的基础上翻了一番，增加到一个亿。其次，省级专项资金规模不断扩大。目前，全国已有19个省建立了省级法律援助专项资金。山东、广东、广西、湖北等省还建立了死刑二审专项资金或农民工专项经费，切实保障了法律援助部门依法履行职责的需要。去年，全国法律援助经费总额达10.13亿元，和上年相比，增长33.7%。

（三）社会筹资能力进一步增强。目前，一些省市在积极筹建法律援助基金会，为法律援助募集资金，弥补政府投入不足。各地法律援助基金会不断拓宽社会捐资渠道，增强资金筹措能力，广泛募集社会资金支持法律援助事业。如北京、江苏、安徽省去年都募集了一定数额的社会资金，有力扶持了当地贫困地区法律援助工作的发展。

（四）经费使用监管力度进一步加大。司法部及地方各级司法行政机关不断加强对法律援助经费管理使用情况的监督检查。去年6月，在各省（区市）自查的基础上，我司会同部监察局、计财司、部法律援助中心和中国法律援助基金会组成三个检查组，对广东、安徽等6省法律援助经费管理使用情况进行了专项检查，详细了解了法律援助经费管理使用情况和存在的问题，向省厅反馈了情况和改进意见，向部里提出了解决的建议。各地也积极探索监督管理方式，建立了专项检查制度，以及对“法律援助办案专款”和“项目资金”管理使用效益绩效考评制度和年度报告制度，保证了经费使用的规范、安全和有效。

（五）业务装备建设不断加强。各级司法行政机关逐步加大对法律援助业务装备经费的投入，加强车辆等装备的配置，保证法律援助办案业务需要。河南省司法行政机关去年使用中央政法转移支付资金业务装备经费885万元，为县、地两级法律援助机构配置业务用车71部，以及计算机、传真机、复印机等办公设备，大大改善了基层法律援助机构业务装备落后的面貌，提高了工作质量和效率。安徽省去年使用政法转移支付资金业务装备经费481万元，为县（区）、市法律援助机构配置业务用车，改善装备条件。在座的大部分省都为改善法律援助机构办公条件和业务装备落后面貌做了大量工作，采取了很多措施。据统计，全国省一级法律援助机构中，现有20个机构基本达到业务装备配置标准。此外，各地不断加强信息化建设。截至2010年年底，全国共有2704个法律援助机构建立了法律援助信息管理系统，占机构总数的83%，其中，省一级达到100%，地市级达到89%，县区达到81%，提高了工作质量和效率。

在肯定成绩的同时，对工作中存在的困难和问题，我们也要有一个清醒的认识，主要是：第一，对经费的使用存在片面和错误认识。目前，仍有一些同志以法律援助是政府责任为由，在经费保障上采取一种“你给多少钱我就办多少事情”的态度，不主动争取党委、政府及有关部门在经费方面的支持；有的认为司法行政部门经费紧缺，法律援助经费投入多少也不够，就尽量少投入；有些地方以有中央补助地方法律援助办案专款为由，在分配中央和省级政法转移支付资金时不把法律援助经费包括在内等。第二，在经费保障方面，目前还有7.4%的市县法律援助经费没有纳入财政预算；已经纳入财政预算的许多地区，经费增长幅度缓慢，与当地经济社会发展水平不相适应；还有12个省（区）尚未建立省级法律援助专项资金，有的虽然设立了专项资金，但是数额较少，多年不变；中央和省级政法转移支付资金在分配司法行政系统经费时，以打捆方式下拨，没有明确法律援助办案（业务）经费和业务装备经费在司法行政经费中的额度或比例，客观上为该项经费在多少数额上用于法律援助工作增加了随意性；在经费管理方面，挪用、挤占法律援助业务经费的现象仍然存在，有的地方将办案专款用于装修办公室，有的挪作办公经费，有的地方还截留法律援助办案补贴，用作局机关干部下乡补贴等；从账户管理上看，许多地方法律援助机构没有设立专门账户或单列科目，没有实行单独核算；经费支出结构不合理；不严格执行相关标准，不能及时、足额发放办案补贴；同时，对经费的管理使用也缺乏有效的监督，机制不健全、监督途径单一，对一些违法违规行为惩戒不力等。第三，基层法律援助机构业务装备落后的现象仍很突出。目前，各地法律援助部门业务装备配备尚无统一标准，据统计，目前全国县区一级有85%、地市一级有63%的法律援助机构未配置业务用车；业务装备设施不全，一些地方设备老化严重、条件落后；业务信息化建设滞后，不能进行网上服务流程管理等，制约了办案等业务工作的开展。这些问题，必须引起我们足够的重视，在今后的工作中逐步加以解决。

二、充分认识做好法律援助经费保障与业务装备建设工作的重要性

法律援助经费及业务装备建设是法律援助机构履行职责的重要条件，是经济困难群众获得法律援助的重要保障，是一项重要的基础性、保障性工作。做好这项工作，对于履行法律援助职责，加强法律援助机构建设，提高法律援助服务能力，更好地满足困难群众的法律援助需求，促进法律援助工作快速健康发展，具有十分重要的作用。大家要从维护困难群众合法权益、服务保障和改善民生的高度，从维护社会和谐稳定的高度认识做好这项工作的重要意义，进一步增强责任感，切实做好法律援助经费保障及业务装备建设工作。

当前，法律援助经费保障及业务装备建设面临良好发展机遇。随着政法经费保障体制改革各项政策的落实，政法经费保障力度进一步加大，基层政法经费实际保障水平明显提高。按照"办案(业务)经费和业务装备经费由中央、省级和同级财政分区域按责任承担"的原则，中西部地区县级及经济困难地区市(地)级的办案(业务)经费和业务装备经费，由中央和省级财政承担一半以上，最高的达到90%以上，为包括法律援助在内的办案(业务)开展和业务装备建设提供了强有力的物质保障。另外，对中央补助地方法律援助办案专款和中央专项彩票公益金法律援助项目资金大幅度增加。充分说明，中央财政对法律援助的重视和支持。司法部对法律援助经费保障及业务装备建设高度重视，吴爱英部长等部领导对做好这项工作多次作出指示，提出明确要求。近两年来，部里印发有关法律援助工作的文件，对做好经费保障及业务装备建设均提出要求。部领导在第五次全国法律援助工作会议及其他有关会议上，也多次强调加强这项工作。今年2月，部里印发《关于加强法律援助经费使用监督管理工作的意见》，对有关工作作出具体规定。部计财装备司对法律援助经费保障及业务装备建设十分重视，多次向财政部介绍法律援助工作的成效和重要性，反映法律援助经费保障等方面存在的困难和问题，争取财政部逐年加大对法律援助经费的投入。同时，加强调查研究，出台了法律援助经费保障、业务装备建设和基础设施建设方面的具体政策，加上地方各级司法行政机关的努力，基本扭转了法律援助经费不足、业务装备落后的局面。提高包括法律援助在内的政法机关经费保障和业务装备水平，提升法律援助服务困难群众的能力，是中央的要求，是保障和改善民生的需要，也是司法部和地方各级司法行政机关的一项重要任务，法律援助经费保障和业务装备建设建设必将得到新的更大发展。

三、认真落实有关政策措施，提高法律援助经费保障和业务装备建设水平

当前和今后一个时期，各地要认真贯彻落实法律援助经费保障与业务装备建设方面的有关政策措施，认真贯彻司法部《关于加强法律援助经费使用监督管理工作的意见》精神，积极推动建立以政府投入为主、社会资金为补充的法律援助经费保障体制。加强对经费使用情况的监督管理，切实提高经费使用效益。加强法律援助部门业务装备建设，增强物质保障能力，推动法律援助事业又好又快发展。着力抓好以下几项工作：

(一)进一步提高经费保障能力。一是继续推动把法律援助经费纳入财政预算。法律援助是政府的责任，为法律援助提供财政支持，是国务院《法律援助条例》赋予县以上各级人民政府的职责。在第五次全国法律援助工作会议上，周永康等中央领导同志

明确提出“三个纳入”的要求，其中之一就是把法律援助经费纳入同级政府财政预算。要继续抓好“三个纳入”要求的贯彻落实，进一步落实政府责任。法律援助部门要主动会同计财装备部门，多向党委、政府和财政部门介绍法律援助工作取得的成效，积极争取他们的重视与支持，推动地方政府将法律援助经费纳入同级财政预算，并随当地经济发展、财政收入的增加和困难群众法律援助需求的增长保持一定幅度增长，建立稳定增长的法律援助经费投入保障机制。二是多渠道募集社会资金。充分发挥法律援助基金会的资金募集优势，不断拓宽社会捐资渠道，提高社会资金募集水平，广泛吸纳社会资金支持法律援助工作。

（二）合理分配中央和省级政法转移支付资金。首先必须明确，法律援助经费属于中央和省级政法转移支付资金的分配范围。依据财政部《政法经费分类保障办法》（财行〔2009〕209 号）第五条规定，中央政法转移支付资金主要用于县级等政法机关办案经费和业务装备经费。县级政法机关包括司法行政机关，而法律援助机构是县级司法行政机关具有“办案”职能的重要部门，完全属于中央政法转移支付资金的保障范围。法律援助部门要会同计财装备部门多做工作，积极争取财政部门的支持，在中央和省级政法转移支付资金分配司法行政部门办案（业务）经费中，优先保障市县法律援助经费需求。

（三）管理使用好法律援助各项资金。目前，由各地管理使用的法律援助经费主要有“六块”，即中央和省级政法转移支付资金、中央补助地方法律援助办案专款、中央专项彩票公益金法律援助项目资金、省级法律援助专项资金、本级财政拨付的法律援助经费和通过各种渠道筹集的社会资金。对这些资金的管理和使用，要做到专款专用，严格执行国家有关财政资金管理的法律法规和有关规章制度，注意以下几个环节的工作：一是完善经费管理方式，在法律援助机构设立专门账户或单列科目，实行单独核算。二是严格执行中央补助地方法律援助办案专款和中央专项彩票公益金法律援助项目资金两个“管理办法”，这两项资金只能用于办案补贴，不得改变资金用途。三是严格经费支出范围和标准。必须按规定用途和标准使用各项资金，坚持统筹兼顾，突出重点，合理确定办案经费、宣传经费、人员培训经费，以及业务装备经费等方面经费的支出比例，优先保障办案经费这个重点。要按照司法部 24 号文件规定，地市一级办案经费的支出原则上不得低于 50%，县区一级不得低于 60%。四是严格按标准发放办案补贴。严格执行本省（区市）和中央专项彩票公益金法律援助项目资助地区的办案补贴标准，认真履行办案补贴领取手续，及时、足额兑现办案补贴，严禁随意压低、克扣、拖延支付办案补贴。要改变目前办案补贴标准偏低的状况，合理确定办案补贴标准，与当地经济社会发展水平相适应。五是建立健全各项管理制度。各地各单位应抓紧建立经费使用年度报告制度、经费开支公示制度、绩效考评制度，以及与考评结果相对应的奖惩制度，切实提高经费使用效益。

（四）严格落实经费监管责任。法律援助经费的大幅增长，一方面体现了中央和地方党委、政府对法律援助工作的重视，另一方面，也意味着对经费监督管理的责任越来越大。各省（区市）司法厅（局）法律援助管理部门必须加大监管力度，落实监管责任。要重点做好以下三项工作：一是加强专项检查。各省（区市）法律援助管理部门应当会同财政、审计部门对法律援助经费管理使用情况开展专项检查，及时发现并解决经费管理使用中存在的问题。二是严格年度考评。

对管理不到位或资金使用效益不高的地区及单位，责成有关单位及时纠正。同时依据考评结果予以奖励和惩戒，对执行好的单位予以表彰，对存在问题多的单位，应要求其作出书面说明，提出整改措施，并予以警示或通报。三是严格责任追究。对经费管理混乱、造成不良影响的；违反规定使用、截留、挤占、挪用或私分法律援助经费的；随意压低、克扣、拖延支付办案补贴等违法违规行为，对相关责任单位和个人，严格按照《财政违法违纪行为处罚处分条例》予以处分。

（五）大力加强业务装备建设。业务装备建设是开展法律援助工作的重要条件。去年，财政部与司法部联合出台了《县级司法行政机关基本业务装备配备指导标准》，明确了装备配备项目及配备数量等配备指导标准，其中规定，业务装备配备包括业务用车、业务信息处理设备、业务音像设备、业务通讯网络设备以及档案管理设备等其他业务装备，这为基层司法行政机关业务装备建设提供了重要依据，也为县级法律援助机构业务装备建设提供了参靠依据。按照“两部”要求，省一级要结合本地实际，制定本省县级司法行政机关业务装备配备实施标准。“两部”的这个指导标准，是一个基本的、必备的最低装备标准，各地法律援助部门应当积极配合计财装备部门做好相关工作，参照部里指导标准，结合法律援助工作实际，争取为法律援助机构配备业务用车、业务信息处理设备、业务音像设备、业务通讯网络设备，以及档案管理设备等必要的业务装备配备，为法律援助工作发展奠定良好的物质基础。

希望大家回去后，要抓紧向省厅领导汇报这次座谈会精神，积极争取重视和支持。要结合本地实际，采取多种措施把这次会议精神落到实处，切实做好法律援助经费保障和业务装备建设工作，努力开创法律援助事业新局面。

岳宣义同志在“1＋1”中国法律援助志愿者行动2010年总结表彰暨2011年派遣工作新闻发布会上的讲话

（2011年7月11日）

尊敬的顾秀莲副委员长，同志们：

今天，我们在这里召开“1＋1”中国法律援助志愿者行动新闻发布会。全国人大常委会原副委员长、中国关心下一代工作委员会主任，我们尊敬的顾秀莲大姐，一直倾情关注着法律援助及其“1＋1”行动。今天，顾副委员长又在百忙之中亲自来参加我们的会议。会前，她在司法部部长吴爱英、副部长赵大程等同志的陪同下，亲切接见了志愿者代表并合影留念；等一会儿她还要作重要指示。刚才，我们对100名优秀律师和69家先进单位进行了表彰。在这里，我代表“1＋1”行动主办单位，对顾副委员长，对一切支持和关心“1＋1”行动的各级领导及有关部门表示衷心的感谢！对受到表彰的优秀律师和先进单位表示热烈的祝贺，对新一批律师和大学生志愿者致以亲切的问候！

下面，我对“1+1”行动开展以来的情况作个简要的回顾；就贯彻落实胡锦涛总书记在建党90周年大会上的重要讲话精神，推进“1+1”行动持续健康发展，讲些意见。

一、“1+1”行动取得显著成绩

所谓“1+1”行动，是指给全国213个没有律师的县和律师资源严重短缺的县，各派一名律师和一名法学院校应届毕业的大学生，提供法律援助志愿服务，满足人民群众的法律援助需求。截至目前，“1+1”行动已经开展两年，共为130个县派遣了300多名律师和大学生志愿者，覆盖了西藏、新疆、青海、宁夏、甘肃等19个省（区、市）。两年来，“1+1”行动的志愿者们放弃了城市的优越生活，放弃了客户资源和业务收入，远离家人和亲朋，肩负法律援助的神圣使命，奔向西部，为服务民生做出了重要贡献。“1+1”行动产生了良好社会效果，已成为颇具影响的民生工程。

（一）认真履行主要职责，办理法律援助案件。“1+1”志愿者们把为老百姓办理法律援助案件作为自己的主要职责和任务。两年来，志愿者们共办理各类法律援助案件近万件，涉及老年人、残疾人、未成年人、妇女和农民工等多个群体，受援人数达上百万人；同时，还接待法律咨询数百万人次，代写法律文书10万余份。

（二）努力化解矛盾纠纷，维护社会和谐稳定。广大志愿者牢固树立政治意识、大局意识、和谐意识，为党委、政府分忧，为人民群众解难。两年来，他们协助当地党委、政府，妥善调处涉及社会保障、拆迁安置、征地补偿等方面的群体性纠纷和涉法涉诉信访案件，共五百多起。在这些案件中，有的涉案人数多达三百余人，有的涉访时间长达三十多年。志愿者们被服务地领导和群众誉为“和谐稳定的大使”。

（三）尽心当好参谋和顾问，促进依法行政水平提高。“1+1”行动志愿者们把担任党委、政府的法律参谋和顾问，依法维护经济社会健康发展，作为自己义不容辞的责任。他们参加党委、政府的重大决策活动，参加规范性文件的起草制定，参与处理重大纠纷，审查重大经济合同，协助把好依法行政的关口，成为党委、政府“信得过”“离不开”的得力助手。

（四）深入开展法制宣传教育，增强人民群众法治观念。志愿者们冒着酷暑严寒，翻山越岭，走乡串寨，进机关，进乡村，进社区，进学校，进企业，进单位，开展法制宣传讲座3000多场次，授课人数达数百万人次，把法律知识送进千家万户。他们成立“1+1”行动法律援助律师宣传团，流动开展法律宣传和咨询活动，及时解答群众提出的法律问题。他们联合工、青、妇、残等组织，开展特色鲜明、喜闻乐见的法制宣传活动，为维护特殊群体的合法权益尽心尽力。他们利用广播、电视进行法治讲座，为服务地广大人民群众进行深入浅出的普法，营造良好的法治氛围。

（五）充分发挥“传帮带”作用，培养基层法律援助人才。“1+1”志愿者既是“星星之火的传播者”，也是“广阔田野的播种者”。两年来，他们为服务地共培训基层法律援助工作者、大学生志愿者等上万人次，培养了一批具有奉献精神，扎根基层的专业人才，为西部的法制建设留下了一支“带不走”的队伍。

“1+1”行动虽然开展只有两年时间，但起步好、开局好、发展好、影响大。实践表明，“1+1”行动坚持服务西部、服务民生的正确方向，突出了法律援助的公益主题，是一项党政领导重视、人民群众欢迎、社会普遍关注、志愿者热情参与的民心工程，开创了一条司法行政工作发挥自身优势，服务民生，服务社会和谐稳定，加强和创新社会管理的有效途径。

在肯定“1+1”行动取得显著成绩的同时，我们还要看到它毕竟是个新事物，需要不断改进和完善。主要是：有的地方、部门和单位，对“1+1”行动这项“民生工程”的重要性认识不足，重视不够，主动参与和支持推进的力度还有待加强；“1+1”行动的宣传深度和广度还存在一定的局限性，社会知晓度还不够高，等等。以上这些问题需要引起各级、各单位的充分注意，并在今后的“1+1”行动中努力加以解决。

二、全面推动“1+1”行动深入开展

胡锦涛总书记在建党90周年大会上的重要讲话中深刻指出：“保障和改善民生，促进社会和谐，是实现全面建设小康社会宏伟目标的必然要求。”我们一定要用深入开展“1+1”行动的实际举措，深入学习，深刻领会，认真贯彻落实胡锦涛总书记的重要讲话精神。

（一）“1+1”行动是时代赋予的民生工程。关注民生，保障民生，是新形势下我们党的重大政治决策，也是重大的国家战略。今年3月，第十一届全国人大四次会议批准的《国民经济和社会发展第十二个五年规划纲要》有三个关键点：主题是又好又快地发展，主线是加快转变经济发展方式，根本是改善民生。法律援助怎样为科学发展服务，怎样为加快转变经济发展方式服务，怎样为改善民生服务，大有文章可做，主要是找准结合点。我们的“1+1”行动就是很好的结合点。大家比较关注北非、西亚和中东的局势。去年年底以来，这些地区20多个国家发生了动乱，有的甚至政权倒台，有的陷入了内战。分析他们社会动荡的原因，不外乎是长期积累的矛盾得不到解决；就业问题、住房问题、腐败问题突然爆发，处置中措施失当。最基础的东西还是民生，就是老百姓的事情没有办好，用中国的话说，是“水能载舟，亦能覆舟”。“1+1”行动就是从法律上关注民生，在民生问题上为老百姓服务。从这个意义上讲，“1+1”是关系民生、关系稳定、关系和谐、关系全局的活动，是时代赋予的民生工程，这就是“1+1”行动的意义和价值。

（二）在为人民服务的实践中实现人生价值。1+1行动三年为一个周期，今年是“1+1”行动第一周期的第三年，也是关键年。为适应西部人民群众对法律援助的期待，今年我们把“1+1”行动服务地确定为110个县。在各级律管部门和律师协会的大力支持下，志愿者选拔工作已经圆满结束，最终确定了近110名律师入选“1+1”行动，其中42名同志是申请延期服务的律师。这表明“1+1”行动已经得到律师界的热烈响应，有着坚实而广泛的群众基础。从两年来的实践看，“1+1”行动能不能取得实效，发挥最大的社会效应，关键在于能否选拔出优秀的律师，以提供优质的法律援助服务。服务地的领导和群众把志愿者律师认为是“北京派来的律师”，对律师寄予了很大期望。所以，“1+1”的律师志愿者们，一定要像刚才发言的郭二玲等6位律师那样，树立正确的世界观、人生观，在全心全意为人民服务的实践中，去实现个人的人生价值，树立律师的良好形象，以不负人民的厚望。

（三）“1+1”行动的生命力在于不断地发展创新。理论指导下的实践才是清醒的、自觉的、有生命力的实践。“1+1”行动开展已经两年时间，应当认真总结实践经验，从感性到理性，以指导行动深入发展。要创新服务内容，凡是人民群众和党委、政府需要的法律服务，志愿者们都应当尽心尽力地提供服务。要创新服务方式，用热情周到的工作作风，不怕艰难困苦的工作精神，优质高效的工作成效，群众喜闻乐见的工作方式，为群众提供便捷而满意的服务。要创新宣传形式和载体，进一步挖掘、宣传、树立、表彰“1+1”行动中涌现出的志愿者典型，发挥典型的示范作用。

（四）给志愿者们更多的关爱。“1+1”志愿者们从东部到西部，从学校到社会，从城市到乡村，是一群崇高的追求者，是一群理想的践行者，是一群法律援助的真正英雄。各级领导尤其是派出单位和服务单位，一定要真正重视，真情关怀，真心爱护志愿者，做到政治上关心，工作上支持，生活上照顾，精神上鼓励，及时研究解决志愿者遇到的困难和问题，让他们全身心地投入到志愿服务工作中去。

（五）群策群力形成“1+1”行动合力。“1+1”行动是司法部和团中央共同组织的一项活动，是举全国律师行业之力共同开展的一项工程。我们有理由、有条件，上下形成合力，给力这项民生工程。2011 年，随着“1+1”行动规模的扩大，总费用支出需要近千万元。这笔钱主要由中国法律援助基金会与各地律师管理部门负责筹集。两年来，各地律师管理部门、律师协会，有人出人，有钱出钱，为行动的开展倾注了大量心血。特别是上海、辽宁、安徽、河北、湖北、重庆、吉林等地在资金方面给予了支持，为“1+1”行动的顺利实施提供了保障。但发展是不平衡的，一些地区和部门还没有把“1+1”行动上升到“民生工程”来看待，没有把这项工作看成是本部门义不容辞的责任和应尽的义务，也没有把它放到推动当地律师行业健康发展的全局中去谋划、部署和落实，工作拖沓，行动迟缓，人派不出来，钱拿不出来，直接影响“1+1”行动的整体推进。我们希望上述单位和部门尽快改变这种现状，把“1+1”行动同贯彻落实胡总书记“七一”重要讲话精神结合起来，为维护社会和谐稳定，全面建设小康社会做出应有的贡献。

同志们、朋友们：明天，新一批志愿者们将奔赴各自的服务岗位，服务期满的志愿者们将回到原来的工作岗位。我代表“1+1”行动的主办单位，祝你们一路平安！愿大家将“1+1”志愿精神薪火相传，创造新的辉煌！

岳宣义同志在中国法律援助基金会第三届理事会第一次理事长办公会议上的讲话

（2011 年 9 月 6 日）

同志们：

今天，我们召开中国法律援助基金会第三届理事会第一次理事长办公会议。会议听取了秘书长郑霞泽同志《关于 2011 年 5 月—8 月工作情况及后四个月主要工作安排的意见》，审议通过了几个议案。几位副理事长满怀对基金会发展的关切之情，发表了很好的建设性意见。这些意见对于做好下半年的工作乃至基金会的长远发展，都有着重要的指导意义。会议达到了预期目的。下面，我讲几点意见。

一、前八个月的简要回顾

今年，我们面临着两个方面的新情况。一方面，4月底基金会换届，组成了第三届理事会。这是一个新班子，新团队，对法律援助及公益慈善事业了解不多，熟悉不够，许多工作是重新开始，从头做起。另一方面，一些慈善机构因种种原因引起社会舆论的广泛质疑，公益慈善事业的社会公信力遭遇空前危机。当前，这个风波还没有完全过去。第三届理事会正是在上述这样的大背景、大环境下开展工作的。我们面对现实，迎难而上，在风雨中前行，搞了几个比较大的动作，较好地掌握了主动权。召开了第一、二、三届理事长和名誉理事长联谊会，交流思想，增进了解，承前启后，继往开来。召开基金会科学发展务虚会，听取各位理事的意见，特别是各位副理事长为基金会的科学发展出谋划策，给大家以很大鼓舞。拜访几位名誉理事长，请他们给基金会的科学发展出点子、指路子。李建国副委员长对基金会的工作作出重要批示。还走访了国资委领导和一些企业，同他们共商建立长期合作的伙伴关系。通过上述活动，为基金会各项工作的开展奠定了较好的基础。

5月以来的4个月，我们的工作是紧张有序的，也是有成效的。在十分艰难的环境下，共募集资金400多万元。7月份，成功召开了"1+1"法律援助志愿者项目总结表彰暨派遣工作会议。我们的名誉会长顾秀莲副委员长亲自参加会议，发表重要讲话，给予高度评价。司法部部长吴爱英、副部长赵大程同志参加了会议。副理事长刘长坤、秦怀保同志参加并主持了会议。这次"1+1"活动造成了广泛的社会影响。中央专项彩票公益金法律援助项目以稳健的步伐继续向前推进，在社会上赢得了良好声誉。"1+1"志愿者行动和"中彩金项目"，在中国法律援助领域独树一帜，得到了党和国家领导人的肯定和社会的公认，对提高中国法律援助基金会的社会知晓度起到了重要作用。

二、认清形势，坚定信心

由于"郭美美事件"的连锁反应，中国红十字会首先被推向了社会舆论的风口浪尖，中国慈善事业的社会公信力在质疑声中受到重创。尽管我们认为年轻的中国公益慈善的主流是好的，很多媒体报道有炒作成分，但公众的捐资热情受到很大影响，则是不争的事实。据民政部统计，截至目前，今年以来全国的善款募集数额比去年同期下降了87%，几近降到冰点。中国慈善事业的大"动荡"，同样给法律援助基金会事业带来不小的影响，特别是给募资工作和社会公益活动增加了很大难度。到8月底，去年的募资任务已经完成过半，而今年按2000万元的年度募资计划，才完成任务的近五分之一，形势十分严峻。

最近，胡锦涛总书记在会见红十字会国际委员会主席时表示：中国政府将一如既往地推行人道主义。这充分体现了党和国家领导人对民生的高度关注，对公益事业的高度重视。面对慈善事业的窘境，总书记的重要指示是对广大弱势群体及其从事公益慈善事业干部、职工的极大鼓舞。我们完全相信，经过"郭美美事件"的风波之后，在党和政府的关心下，通过总结经验教训，中国的公益慈善事业一定会从"山重水复疑无路"的困境，走向"柳暗花明又一村"的天地。危机同时也是机遇，我们应当有这样的觉悟，这样的眼光。我们一定要以胡总书记的谈话为契机，认清形势，看到光明，坚定信心，振奋精神，追求崇高，无私奉献，努力打开法律援助基金事业的新局面。

三、开拓思路，迎难而上

公信力是公益慈善机构的生命力。面对当前的形势，我们要始终保持清醒头脑，更加严格自律，进一步公开透明，巩固已有成果,争取新的进步。善款来自于民,用之于民。公开透明既是民众的期待,也是公益慈善事业的必然要求。根据形势的发展,我们制定了《中国法律援助基金会关于公益慈善捐助信息披露暂行规定》;与此相适应,还制定了秘书处"三公"经费管理规定。必须严格执行《规定》,做好信息公开工作,主动接受社会监督,以公开树立公信,进一步塑造基金会良好的社会形象。

在5月底召开的基金会科学发展务虚会上,我们达成共识:筹资是头等大事,是根本任务。为此,前段时间我们带领秘书处的同志做了大量工作。经过走访,沟通,我们和理事成员单位加强了联系,加深了了解,增进了友谊。秘书处要贯彻落实好李建国副委员长的重要批示精神和李兆焯副主席、顾秀莲副委员长的重要指示精神,进一步抓住时机,抓好落实,不怕碰钉子,不怕丢面子,努力促成理事成员单位的捐资工作。为实现做大做强做优基金会总的目标,我们的思想要进一步解放,思路要进一步开拓,视野要进一步广阔。要以国有企业为龙头,向民营企业拓展。年底前,落实与中华民营企业联合会合作设立"维护民营企业合法权益专项基金"有关事宜;举办中国法律援助与民营企业社会责任论坛;要宣传重大典型,树立新的品牌。通过这些活动,搭建新的募资平台,推动法律援助基金事业向广度和深度进军。

随着我国公益慈善事业的迅速发展,各类基金会的数目日益增多,社会各界参与公益慈善事业的选择也越来越多。在越来越激烈的竞争环境下,要吸引社会各界对中国法律援助基金事业的关注和支持也变得越来越有难度。要拓展视野,建立基金会发展新机制。不少大的基金会都设有专门研究发展战略和项目策划的部门,以提升自身的竞争力。根据当前的形势,基金会需要建立科学发展的新机制。为此,尝试设立两个新的部门:公共关系事业部和公益文化艺术部。秘书处要做好组建新部门的具体工作,切实发挥新设部门的职能优势。

孙剑英同志在全国法律援助工作联系点暨法律援助案件评查工作座谈会上的讲话

(2011年11月22日)

同志们:

经部领导批准,今天,我们在这里召开全国法律援助工作联系点暨法律援助案件评查工作座谈会,主要任务是认真贯彻落实全国法律援助工作座谈会精神,总结交流去年包头会议以来联系点的工作情况,以及各地开展案件评查工作情况,研究部署当前和今后一个时期的联系点工作和案件评查工作。

前不久,司法部在安徽合肥召开了全国法律援助工作座谈会。这是一次十分重要的会议,会后各省(区、市)司法厅(局)采用多种形式迅速传达贯彻落实会议精神,相信大家对会议精神都已有所了解。为使各联系点进一步抓好会议精神的贯彻落实，做好当前和今后一个时期的法律援助工作，我想借此机会先向大家介绍一下会议的总体情况。

部党组对这次会议高度重视，吴爱英部长出席会议并作重要讲话，陈训秋副部长、赵大程副部长、韩亨林组长出席会议。各省（区、市）司法厅（局）长，各副省级市司法局长，各省（区、市）法律援助处（中心）处长（主任）参加了会议。会上，安徽、北京等 11 个司法厅（局）和安徽滁州市政府作了交流发言，会议还安排参观考察了滁州市法律援助中心以及基层法律援助工作站点。

吴部长在讲话中从便民服务工作、经费保障能力建设、制度建设等六个方面全面总结了近年来法律援助工作取得的成绩和经验，深刻阐述了做好新形势下法律援助工作的重要意义，强调要进一步做好法律援助服务困难群众的工作，进一步健全完善法律援助工作制度，大力加强法律援助机构建设、队伍建设和保障能力建设，积极推动法律援助工作创新，坚持和完善中国特色社会主义法律援助制度，为维护困难群众合法权益、保障社会公平正义、加强和创新社会管理、维护社会和谐稳定、促进经济社会发展作出新贡献。

这次会议鲜明地提出，做大做强做优法律援助事业是当前和今后一个时期法律援助工作发展的主线。围绕这一主线，吴部长在讲话中从坚持把全心全意为人民服务作为法律援助工作的根本出发点和落脚点、进一步做好为困难群众及特殊群体提供法律援助的工作、进一步提高法律援助质量、进一步健全完善法律援助工作制度、进一步提高法律援助经费保障水平、积极推进法律援助工作创新和大力加强法律援助队伍建设等七个方面，对加强和改进法律援助工作的重点进行了安排部署。吴部长的重要讲话，主题鲜明，重点突出，内容全面，体现了中央对法律援助工作的要求，具有很强的思想性、针对性和可操作性，对我们做好当前和今后一个时期法律援助工作具有重要指导意义。

赵副部长在总结讲话中强调，各地要高度重视会议精神贯彻落实工作，突出重点、抓住关键，确保会议任务落到实处。明确提出各地要继续在争取党委、政府重视支持上下工夫，力争在解决影响法律援助工作发展的重点、难点问题上有所突破，营造有利于法律援助事业发展的良好政策环境。要积极参与加强和创新社会管理，切实做好为困难群众和特殊群体提供法律服务的工作。要深入开展主题教育实践活动，积极推进法律援助系统为民服务创先争优，引导法律援助人员立足岗位创优秀，提高服务困难群众的本领。

在我们了解的情况来看，各地贯彻落实这次会议精神的力度很大。北京、江苏、湖北、河南、陕西、海南等省份将吴部长重要讲话精神向党委、政府和政法委进行了汇报；上海、北京、浙江、湖北、海南、广西、甘肃等地召开专门的全省（区、市）法律援助工作会议，组织各市、县（区）法援中心主任认真学习全国法律援助工作座谈会精神。此外，江苏、浙江、陕西、北京等一些地方还通过司法行政系统阶段性工作总结部署视频会议、中东部法律援助轮训班、开展专项检查、网络 QQ 群等多种形式，对会议精神进行了学习传达。希望联系点的同志能够充分认识这次会议的重要性，认真学习、深刻领会会议精神，落实好会议提出的各项任务措施，做大做强做优本地法律援助事业，不断开创法律援助工作新局面。

下面，我就言归主题，就联系点工作和案件评查工作讲些意见：

一、关于联系点工作

法律援助工作联系点是司法部法律援助工作司了解群众法律援助新需求、摸清基层法律援助工作、掌握法律援助政策法规执行情况的桥梁与纽带。建立法律援助工作联系点,是抓好法律援助工作的重要途径。

(一)联系点法律援助工作总体情况

2010年7月,司里在选择了18个省份共32个市、县(区)两级法律援助机构作为首批联系点,在内蒙古包头召开第一次联系点会议,对联系点工作进行部署,制定了联系点制度,组织开展信息报送、调研工作和专项试点工作等。一年多来,各联系点按照司里的部署和要求,加强领导,积极探索,认真履行各项工作职责,扎实推进法律援助工作,为有效维护困难群众合法权益、维护社会和谐稳定作出了积极的贡献。综合各联系点的工作情况来看,主要有以下四个特点:

一是地方党委、政府重视。法律援助是政府责任,要想做好法律援助工作离不开党委、政府的支持,可以说这是推动法律援助事业又好又快发展的根本保障。我们的联系点中有相当一部分工作发展较快就是得益于此。比如大连成立了由市委、市政府主管领导为组长,全市25个相关部门参加的法律援助工作领导小组,并将“加大公共支出支付力度,加强法律援助体系建设”列入全市“十二五”发展规划;山东日照实现了把法律援助事业纳入经济社会发展规划、市委和市政府民生工程、文明城市创建和社会治安综合治理考核体系。这些都为法律援助工作发展提供了良好的政策环境。

二是工作重点突出。各联系点认真贯彻部里开展便民服务主题活动的各项部署,以深化法律援助便民服务工作为重点,结合本地实际,推行便民利民举措,努力让群众满意,收到了很好的社会效果。深圳以车载的形式创建法律援助流动工作站,购置了两台集LED屏幕、小舞台等于一体的多功能中巴车,解决偏远地区群众申请难、求助难的实际问题。上海徐汇区延长服务时间,工作日中午接待服务不间断,周六照常工作,同时以手机呼叫转移的方式将“12348”热线升级为24小时解答。杭州萧山区开展法律援助夜市乡村行、流动服务窗口巡回受案等活动,为偏远地区困难群众提供便利。

三是保障水平明显提升。总的看,无论是中东部还是西部,各联系点的物质保障水平都有不同程度的改善。湖北南漳县虽然是个山区农业县,但中心积极争取支持设立了40万元的法律援助专项资金,并建立了240平方米的高标准便民服务大厅。这次全国法律援助工作座谈会上与会代表现场参观的安徽滁州市法律援助中心,也是我们的联系点,全市9家法律援助中心全部实现机构、人员、办公场所和经费“四落实”,均配备了车辆和现代化办公设备,法律援助物质保障基础进一步夯实。

四是勇于创新。各联系点主动适应新形势新任务,坚持与时俱进,创新服务方式和工作机制,努力提高法律援助工作水平。江苏扬州积极探索实行心理疏导、检方支持起诉、援访对接、残疾人法律救助等措施,创新工作机制,有效延展服务内涵。浙江宁波在试点基础上,通过定向招标、议标形式,实行法律援助案件承办“合同制”,进一步提高办案质量。河北鹿泉依托中央专项彩票公益金法律援助项目,注册成立河北省第一家法律援助类民办非企业单位,加强法律援助专业化队伍建设,为法律援助工作带来了新的活力。

可以说,各联系点的工作是成绩显著、亮点纷呈。在学习各地报送的材料时,我发现有许多联系点在这一年多的时间里都曾获得过省、市级不同形式的表彰,工作得到了充分肯定。在今年司法部开展的法律援助“双十佳”社会评选活动中，候选单位、候选人中就有相当数量的联系点。这充分说明我们联系点的工作是卓有成效的，同时从某种程度上也可以证明，建立法律援助工作联系点制度，是符合法律援助工作实际的，是促进工作的有效手段。总的看，法律援助工作联系点制度建立一年多来运行顺畅，成效明显，我认为这主要和两方面的因素有关：

第一个因素，各联系点切实履行职责。各联系点认真落实全国法律援助工作联系点制度，通过专门召开会议，成立领导小组等部署开展联系点工作，帮助解决工作中的困难和问题。在本省（区、市）法律援助工作处（中心）的指导下，认真做好信息、案例、论文、图片等材料的报送工作，去年7月到今年10月，共上报各类信息2876篇；配合司里向《法制日报》等报刊提供素材，积极参与《法律援助在行动》电视节目录制工作；选派人员参与案件评查工作、在法律援助“双十佳”社会评选活动期间进行舆情实时监控；认真参与司里组织的实地调研、委托调研和有关文件起草工作。可以说，各联系点为推进法律援助工作发展付出了大量辛勤的劳动，在此请允许我代表法援司向大家表示亲切的慰问和诚挚的感谢。

第二个因素，就是法律援助司对联系点工作始终高度重视，坚持与其他业务工作一起部署、一起安排、一起落实，强调要以建立并抓好联系点工作的形式推进法律援助工作的全面开展。司里注重工作指导，积极提供平台，选取各地报送的材料以简报的形式下发全系统，或在法援司网站上加以登载进行交流，对重要的信息专报部领导参阅；开展专题调研优先安排联系点作为调研地点，安排临近联系点有关人员参加调研座谈会，听取联系点工作情况和有关意见建议；加大培训力度，凡司里组织的包括境外培训在内的培训项目，优先考虑联系点有关人员；加大典型宣传力度，今年年初司法部召开的全国“法律援助便民服务”主题活动总结电视电话会上，9个发言单位中就有5个是联系点，具有很好的示范效应。

但同时我们也要看到，由于法律援助工作联系点制度刚刚建立，还难免存在一些问题：一是联系点工作发展不平衡。少数地方对这项工作不重视，听之任之，个别地方一年到头都没报过什么信息。二是信息质量有待进一步提高，一般化信息过多，重点还不够突出，针对性、时效性还不强。三是法援司和联系点的联系还不够紧密，实地调研较少，对联系点工作开展情况掌握得不够直观全面。对于这些问题，我们必须高度重视，在今后的工作中要采取有效措施切实加以解决。

（二）下一步工作

当前，法律援助工作面临非常好的发展形势。中央从党和国家事业发展全局出发把加强和创新社会管理确定为一项重大战略任务，强调要发展社会事业和改善民生，并且把“加强法律援助工作”作为“十二五”时期经济社会发展的重要任务；党的十七届六中全会审议并通过了《中共中央关于深化文化体制改革、推动社会主义文化大发展大繁荣若干重大问题的决定》，这些既对法律援助工作提出了新的更高的要求，也为法律援助事业带来了难得的发展机遇。

作为法律援助司的联系点，你们是司里联系地方的桥梁和纽带，也是研究、发现和探索解决法律援助工作重点、难点问题的重要窗口，在推动法律援助工作发展中承担着重要责任。希望各联系点面对新形势新任务，能够抓住机遇，积极作为，勇做本地区法律援助工作的“排头兵”和“领头雁”，为加快法律援助工作发展作出积极贡献。

1. 要以贯彻落实座谈会精神为抓手谋划好明年法律援助工作。贯彻落实全国法律援助工作座谈会精神是各级司法行政机关和法律援助机构当前和今后一个时期的重要任务，也是司里明年工作的重中之重。各联系点要切实增强做好新形势下法律援助工作的责任感和使命感，围绕做大做强做优法律援助事业，多在创新工作载体、扩大社会影响上下工夫，多在加强自身建设、提高服务水平上动脑筋，切实在服务地方党委、政府中心工作和服务困难群众上见到新实效。关于明年的工作打算，我们初步研究了一个大体思路，有些工作安排要听听大家的意见，比如说，明年围绕做大做强做优法律援助事业，我们要设计一些平台和载体，搞出声势，见到实效，希望大家积极建言献策。这次会后我们再正式向部里领导报告。这里，我着重强调几个问题：一是"十二五"规划的贯彻落实。上个月，司法部出台了《法律援助事业"十二五"时期发展规划》，对五年的工作重点进行了部署。各省（区、市）要根据规划对本地区工作进行部署安排，加强对规划执行情况的跟踪分析，适时开展检查评估，提高实施水平，确保实现规划确定的各项目标任务。二是深化法律援助便民服务主题活动。这是一项长期的工作，必须在已有工作基础上进一步坚持下去，特别要在深化便民服务过程中把做好服务困难群众的各项工作与当前中央部署开展的为民服务创先争优活动结合起来，推出更多的便民措施，强化便民服务长效机制建设，使法律援助服务水平得到整体提升。元旦、春节临近，部里针对农民工集中返乡的情况，拟在全国部署开展为期三个月的关爱农民工法律援助专项行动，帮助农民工解决生产生活中的实际困难和问题。中办和国务院农民工办有关部门对这项活动十分关注。希望活动部署之后各联系点能够做好相应的信息报送、数据统计等工作，我们将择优向上述部门报送相关信息。三是加强刑事法律援助工作。全国人大常委会对刑事诉讼法修改草案已经进行了审议，拟将指定辩护提前到侦查阶段，适用对象扩大到可能判处无期徒刑的犯罪嫌疑人、被告人。这对刑事法律援助工作将是个很好的推进。各地要密切关注刑诉法修改进程，提前做好应对准备工作，特别是要对增加的工作量以及对机构经费和人员的需求进行合理测算，确保能以翔实的数据分析为支撑争取相关政策，进一步强化侦查和审查起诉阶段法律援助工作。四是法律援助文化建设。文化建设是法律援助工作的一项重要内容。一些地方已经在这方面做了许多有益的探索，但总体来讲对这方面的关注度还远远不够。因此，大家要认真学习领会党的十七届六中全会精神，紧密结合法律援助工作实际，深入挖掘法律援助文化内涵，在加强法律援助文化建设、发挥法律援助在文化建设中的职能作用方面要多进行思考，多想一些办法。比如提炼总结具有法律援助工作特点的职业道德和价值观念、在机构建设中的标识、外观上突出法律援助文化特色、丰富法律援助人员精神文化生活等，努力建设具有鲜明行业特点和时代特征的法律援助文化。还有就是案件评查工作。这个我稍后会专门作为一个专题来讲。以上讲的这几个问题也是小组讨论的部分议题，希望大家在讨论时结合本地实际，提出建设性意见。

2. 要及时反馈法律援助工作发展情况。随着我国经济社会的发展，法律援助工作会不断遇到新情况、新问题。其中一些带有普遍性的情况和问题是我们对法律援助工作进行改革、完善法律援助政策措施的重要原因。为了使制定的措施更具有针对性、更符合工作实际，必须了解基层法律援助工作情况、听取基层法律援助机构的意见建议。因此，各联系点在法律援助改革发展中遇到的新情况新问题以及对工作开展的意见和建议，都要及时向法援司进行反馈，这是我们出台政策措施的重要实践依据。具体来说，在反馈内容上，要重点围绕以下几个方面：地方党委、政府对法律援助工作的重视支持、法律援助服务困难群众工作进展、经费保障能力和基础设施建设情况、法律援助监督管理情况、与相关部门协作配合情况、制度建设和队伍建设情况、宣传工作开展情况等等。需要注意的是，在进行信息报送时要正确处理数量与质量的关系，要把有没有价值作为上报信息的标准，努力把那些有本地特色的做法提供上来。我们想了解的内容不是一般的情况介绍，而是有一定前瞻性、具备一定推广价值且能够把反映情况和研究问题、探索对策结合起来的信息。一言以蔽之，就是要做到"人无我有、人有我新、人新我特"。这里我要特别表扬一下浙江宁波和广东佛山南海区，这两个地方报送的信息质量很高，能看出来对工作有思考，有创新，实践中也见到了成效。在信息报送形式上，可以灵活些，既可以通过书面材料的方式，也可以通过电子邮件、QQ、传真和电话交流的方式与我们联系；根据工作进展可定期、不定期报送有关信息，做到急事急报、特事特报。总之，就是希望大家充当法援司的"眼睛"和"耳朵"，在第一时间提供第一手的信息，帮助我们及时掌握法律援助工作动态情况、做好相关工作。

3. 要积极为法律援助工作改革发展探索创造新经验。近年来，随着法律援助工作不断推进，各地涌现出了许多成功的典型经验，这些经验是推进法律援助工作改革发展的宝贵财富。如我们联系点中的云南昆明盘龙区几年前创造了"信息无障碍、设施无障碍、交流无障碍、程序无障碍"的工作经验，就对推进残疾人法律援助工作发挥了重要作用。一枝独秀不是春，满园春色方最美。作为各地推荐的重点单位，联系点要在全国带好头，积极探索推进法律援助工作改革发展的新思路新举措，对一些经过实践检验的有效经验做法要进行整理和总结，为进一步推动工作改革发展提供有益借鉴，充分发挥以点带面、辐射带动的作用。各单位要充分利用好这个平台，将交流中获得的好经验、好做法带回本地区，认真加以消化吸收，实现工作推进。

4. 要健全完善联系点制度。今年法援司将对联系点工作制度进一步修订完善，加强联系点工作制度化、规范化建设。从今年起，除现有18个省（区、市）设立的32个联系点外，新增天津滨海新区、山东日照和广西桂林三个联系点，对所有联系点将根据作用发挥情况实行末位淘汰制。法援司对联系点实行动态管理，每季度在全系统通报一次各联系点上报信息数量和采用数量，对长期不上报信息、工作成效不突出的单位将取消联系点资格；对信息报送积极、工作扎实的联系点将通过优先推荐参加评选表彰、进行经验交流等形式进行适当激励。要建立联系点工作信息交流制度。联系点工作座谈会每年召开一次，听取联系点工作情况汇报，增进联系点相互之间的学习交流；法援司通过调研、检查、开展试点等方式加强对联系点的指导，向各省（区、市）法律援助处（中心）下发的简报增发到各联系点；各联系点要及时报送工作计划、工作总结等相关材料。省（区、市）法律援助处（中心）要设专人管理此项工作，加强指导，积极配合法援司切实把联系点工作抓好。各联系点要切实把这项工作摆上重要位置，加大工作力度，加强信息员队伍建设，完善信息工作机制，确保各项任务落到实处。

二、关于法律援助案件评查工作

组织开展司法行政机关评查案件工作

是司法部贯彻中央部署开展的一项重要工作。去年9月，司法部印发《关于深入开展司法行政机关评查案件工作的意见》(司发通〔2010〕172号)，要求用三年时间，认真开展案件评查工作，其中对法律援助案件评查的范围等作出具体规定。今年7月，司法部又印发了《关于开展司法行政机关评查案件阶段总结的通知》，要求对这项工作进行阶段总结和检查。开展法律援助案件评查，是加强法律援助监督管理工作的重要内容，有利于提高法律援助办案质量，增强法律援助的社会公信力；有利于促进法律的正确实施，保障司法公正，维护社会公平正义。最近，司里按照部里统一部署，组织到天津、安徽、宁夏等省(区)，对这项工作进行了检查。这次座谈会把案件评查工作作为一项议题，旨在通过总结，查摆问题、分析原因、总结经验，推动这项工作深入开展，进一步提高法律援助办案质量，确保困难群众获得满意的法律援助服务。

(一)法律援助案件评查工作取得阶段性成果。各地积极贯彻司法部部署，认真开展这项工作，取得良好成效。一是高度重视，精心组织。各地把案件评查工作作为提高法律援助服务质量的一项重要措施来抓，一些省厅和市县司法局都成立了由“一把手”任组长、法援和律师等管理部门、律师协会及省法援中心负责人组成的法律援助案件评查工作领导小组，制定“实施方案”，明确评查范围和评查标准及评查方法、程序等，有计划按步骤组织实施，切实加强组织领导。许多县一级司法局还抽调律师所主任、资深律师和监察室、法援机构人员组成案件评查组，具体开展案件评查工作。天津市一些县区还邀请人大代表、政协委员、法院法官以及受援人等参与案件评查工作，保证评查、复查工作公正进行。二是明确范围，突出重点。大多数地方都把受援人投诉的案件、重大疑难复杂案件和群体性案件、社会关注度高、群众反映较大等类型的案件作为评查重点。有的省结合实际确定评查重点，浙江省厅在抽查中，把以往评查发现问题较多的非诉讼和群体性案件作为评查重点。安徽省厅把当事人投诉的案件及信访案件作为评查重点，促进案结事了。江苏省还把省政法委交办的案件作为评查重点。上海市司法局在案件复查中筛选了30件作为重点，逐一进行评查，结果显示，合格率达100%，优秀率达23.3%。三是形式多样，严格标准。各地采取阅卷、座谈、旁听庭审、走访、受援人满意度测评等多种方式开展案件评查，力求评查活动的客观性和评查结论的公正性。同时，严格按照标准，从案件事实是否清楚、证据是否确凿、程序是否合法、材料是否齐备、承办人员是否依法履职、结案后法律效果和社会效果等多方面进行评查。浙江、安徽等省十分重视通过旁听庭审活动，加强对案件办理过程的监督。河南、宁夏等省(区)实行“逐案审核、以案定补”，把评查案件作为发放办案补贴前的一个重要环节，即先行组织案件质量评查，再按评查结果发放不同数额标准的补贴，奖优罚劣，促进办案质量的提高。四是边查边改，健全制度。各地坚持“边查边改、边改边建”，通过评查案件发现问题，及时采取整改措施，堵塞漏洞，细化办案各环节操作流程。一些地方进一步规范了档案管理，有的建立了听庭评议制度、集体审查制度等，强化案件质量管理，提高了法律援助规范化管理水平，促进了公正廉洁执法。

在肯定成绩的同时，也不能忽视法律援助案件评查工作还存在的一些问题。主要是，各地组织评查工作的主体不统一，一些县区的案件评查主要由法律援助机构牵头组织；评查程序不规范，评查意见较为简单，多属“优秀、合格”等结论性的评语，未从事实认定、证据收集、程序应用等方面提出具体的评查意见；有的未将评查结果记入领导班子业绩考核档案或纳入个人业绩考评的内容等等，需要我们在今后的工作中认真加以解决。

（二）把案件评查作为加强监督管理的重要工作来抓。开展案件评查工作是司法行政机关履行监督管理法律援助工作的一项重要职责。各地法律援助机构要多请示、多汇报，主动争取司法行政机关对这项工作的重视和支持，按照部发172号文件要求，进一步端正指导思想，明确目标任务，严格按照评查范围、评查目标、评查方法、评查结论和结果运用，以及制度建设等方面要求，积极组织实施。要注意以下几个环节的工作：一是应当成立由司法行政机关主要领导同志负责，选配政治素质高、业务能力强、工作认真负责的干部参加评查案件小组，并制定具体的实施方案，有计划按步骤开展这项工作。二是要改进评查方式方法，坚持客观公正的原则，通过阅卷、座谈、旁听庭审、调查、走访等多种方式对办案的过程、结果、依据、效果等进行评查。三是要规范评查程序，如案件评查结束后，评查小组对被评查的案件应从事实认定、证据收集、程序应用、法律适用、处理结果、社会效果等方面，提出明确的评查意见。对有问题的案件要提出整改意见。要重视评查结果的运用，落实奖惩措施。要健全完善案件评查的工作机制，使评查工作规范化、常态化，促进办案水平不断提高。

（三）把案件评查作为提高法律援助办案质量的重要工作来抓。做好案件评查工作，是提高办案质量的重要手段，能够促进法律援助机构和人员严格依法执业、规范办案，为受援人提供优质高效的法律援助。吴部长在全国法律援助工作座谈会上强调，办案和服务质量是法律援助的生命线。明确提出，要依法公正办理法律援助案件，严格遵守法定程序和执业规范，在全面调查取证的基础上，正确适用法律，为受援人提供符合标准的法律服务，切实维护困难群众的合法权益。要改进案件指派工作，根据法律援助机构和人员的数量、专业特长、办案情况、受援人的意愿等因素，合理指派承办机构及人员，特别是对死刑案件、未成年人案件等事关受援人重大利益的案件，要严把指派关，从源头上保证法律援助办案质量。要切实加强法律援助质量管理工作，健全完善服务质量监督机制，积极开展案件评查、质量检查工作，确保困难群众享受优质高效的法律援助。各地要高度重视法律援助案件评查工作，按照吴部长讲话要求，采取有效措施，推进这项工作深入开展。

（四）把案件评查作为法律援助执法考评工作的一个重要环节来抓。最近，部里印发《关于加强司法行政系统执法执业考评工作的意见》（司发通〔2011〕271号），对司法行政系统执法执业考评工作作出具体部署，对法律援助执法考评工作提出明确要求，把是否依法受理、审批、指派办理法律援助案件，确保使符合条件的公民能够及时获得法律援助；是否严格监督法律援助人员依法、规范办理法律援助案件，切实维护受援人合法权益；是否严格依法依规使用法律援助经费、发放办案补贴，做到专款专用等，作为法律援助执法考评的重点内容。各地要注意把案件评查工作与执法考评工作结合起来，制定、完善法律援助执法考评制度规范，科学设定考评指标体系，健全考评方式方法，强化考评结果运用，把执法考评的过程转化为促进广大法律援助机构和人员严格规范公正廉洁文明执法执业的过程，切实维护人民群众合法权益，维护社会公平正义，维护社会和谐稳定。

同志们，现在距离年底只剩下一个多月

的时间了，时间很紧。这段时间我们要继续认真落实全年工作部署，对照年初工作计划，逐项盘点各项任务的进展情况，加快工作进度、加大落实力度，确保如期完成全年目标任务。

谢谢大家！

贾午光同志在2010—2011年度全国法律援助研讨会上的讲话

（2011年12月5日）

刚才，福建省司法厅肖新建副厅长发表了热情洋溢的欢迎致辞，部法援工作司、法援中心对2010—2011年度优秀法律援助论文获奖单位和个人进行了表彰。接下来的两天时间里，大家还将围绕如何贯彻落实不久前在安徽召开的全国法律援助工作座谈会精神，深入开展法律援助理论研究，为做大做强做优法律援助工作提供理论支持，进行发言和交流研讨。在这里，我就贯彻落实全国法律援助座谈会精神，进一步做好当前和今后一个时期的法律援助理论研究工作，讲几点意见。

一、近两年来法律援助理论研究及论文征集和评选表彰的基本情况

理论是行动的先导。做好法律援助工作，政策理论研究是基础。近两年来，各级司法行政机关和法律援助机构坚持以邓小平理论和“三个代表”重要思想为指导，深入贯彻落实科学发展观，贯彻落实部党组决策部署，紧密结合工作实际，深入研究法律援助理论与实践问题，取得了一批具有较高质量的科研成果，为丰富和完善中国特色社会主义法律援助理论体系做出了积极贡献，为推动法律援助工作又好又快发展发挥了积极作用。

为了贯彻落实第五次全国法律援助工作会议精神和部领导关于加强法律援助理论研究工作的指示，深入推进法律援助理论研究工作，促进提升法律援助工作水平，按照2010年司法部法律援助工作要点安排，部法援中心于2010年3月下发了“关于征集年度法律援助研讨会论文的通知”（司援字〔2010〕04号），面向全国司法行政和法律援助系统开展了法律援助论文征集活动。通知下发之后，各级司法行政机关和法律援助机构精心部署、广泛发动，组织广大法律援助工作者、社会律师、基层法律服务工作者、法学专家和社会组织人员等，围绕发展完善法律援助制度、做大做强做优法律援助工作这一主题广泛开展理论研究，撰写了大量的法律援助理论研究文章。有的开展全省征文活动并组织了评选，把获奖论文再报送给部法援中心；有的召开了小型研讨会进行专题研究和理论探讨，认真筛选论文。截至2010年年底，共有25个省区市向部法援中心报送了350篇论文。

收到各地报送的论文后，我们从今年年初开始，按照2011年司法部法律援助工作要点安排，组织开展论文评选活动。为了确保评选活动公平公正，部法援中心拟定了

"论文评选标准"和"论文评选计分表",并成立了由司法部副部长赵大程任主任、法援工作司司长孙剑英和我任副主任、由有关专家组成的论文评审委员会。由评审委员分别对每篇论文按照实用性、创新性、逻辑结构、文字表达及学术规范5个指标,每个指标满分100,采用加权平均计算,实用性占40%,创新性占30%,逻辑结构占10%,文字表达占10%,学术规范占10%,相加打出每篇论文的分数。最后,我们按照各位评委的评分又对每篇论文采用加权平均计算,相加得出总成绩。经过认真评审,共评出一等奖10篇、二等奖20篇、三等奖30篇、优秀奖40篇,共计100篇获奖论文。同时,按照各省报送论文的数量和入选获奖论文的比例,我们还推选出了3个先进组织单位;按照适当照顾中西部地区积极性的原则,根据报送论文的数量和获奖论文入选情况,推选出了3个优秀组织单位。经部领导审核同意,部法援司和法援中心联名印发了《关于表彰2010—2011年度优秀法律援助论文的通报》,并为获奖单位制作了获奖牌匾、为每位获奖论文作者制作了获奖证书,以资鼓励。

为广泛分享获奖论文的研究成果,给今后的实践工作提供借鉴,部法援中心将获奖论文再次编辑修改、汇编成册,加班加点赶在这次研讨会之前正式出版了《法律援助制度改革与发展——2010—2011年度全国法律援助征文选辑》一书,近期将全部免费发放到各地县区级法律援助机构,供广大法律援助管理人员、法律援助人员、法律专业学者和社会各界读者参考。入选的这百篇获奖论文,选题新颖,思考深入,资料翔实,观点鲜明,创新性强,应用性强,内容涵盖法律援助工作的各个方面。这些论文既体现了各地贯彻落实司法部决策部署、做大做强做优法律援助工作的生动实践,也注重从实践中总结提炼法律援助工作发展的经验做法,积极将实践经验上升为理论。论文从不同的层面和角度体现出了各级法律援助机构的开拓精神和创新意识,反映了当前法律援助理论研究工作的前沿动态和最新成果。希望各级司法行政机关法律援助管理部门和法律援助机构以此次征文评选表彰活动为契机,积极丰富法律援助理论研究内容,积极探索做好新形势下法律援助工作的新思路、新举措,为进一步推进法律援助工作提供更加坚实的理论支撑。

二、充分认识做好法律援助理论研究工作的重要性

当前,我国正处于全面建设小康社会的关键时期。《国民经济和社会发展第十二个五年规划纲要》明确提出要"加强法律援助"。吴爱英部长在刚刚召开的全国法律援助工作座谈会上明确要求做大做强做优法律援助事业、进一步推动法律援助事业实现新发展。做大做强做优法律援助事业,全面实现"十二五"时期法律援助工作的各项发展目标,离不开法律援助理论研究工作的全力支持。做好法律援助理论研究,对于弘扬法律援助工作理念、强化法律援助制度设计、加强法律援助文化建设,更好地维护困难群众合法权益、维护社会和谐稳定、维护社会公平正义,具有重要意义。

做好法律援助理论研究工作是弘扬法律援助工作理念的需要。全心全意为人民服务是我们党的根本宗旨,也是法律援助工作始终奉行和坚持的基本工作理念。法律援助工作始终坚持以人为本、执政为民,把全心全意为人民服务作为工作的根本出发点和落脚点,在维护困难群众合法权益、保障社会公平正义、维护社会和谐稳定中发挥着不可替代的作用。做好法律援助理论研究工作,就是要紧密结合法律援助工作实际,不断深化法律援助基础理论研究,深化法律援助应用对策研究,广泛开展法律援助比较研究，提升法律援助理论研究水平，用科学化的理论引导法律援助工作更好地践行和弘扬全心全意为人民服务的工作理念，为更多的困难群众提供更加优质高效便捷的法律援助服务。

做好法律援助理论研究工作是强化法律援助制度设计的需要。当前，我国的法律援助制度正在经历由粗放型发展到规范化发展的新时期。如何进一步加强和改进法律援助工作，使法律援助事业的发展始终与党和国家的重大决策部署相适应，与加强和创新社会管理的历史进程相契合，切实解决影响和制约法律援助事业发展的新问题和多年未决老问题，都需要我们通过不断深化法律援助理论研究、强化法律援助制度设计来加以解决。做好法律援助理论研究工作，要立足做大做强做优法律援助工作，深入研究法律援助工作发展中带有全局性、战略性、前瞻性的重大理论和实践问题，研究借鉴人类法治文明的优秀成果和国内外法律援助制度发展的有益做法，不断推出高质量、高水平、特色鲜明的理论研究成果，为进一步强化我国社会主义法律援助制度设计提供理论支持。

做好法律援助理论研究工作是加强法律援助文化建设的需要。党的十七届六中全会作出了建设社会主义文化强国、更好地保障人民基本文化权益的重大战略决策。顺应这一新的形势要求，做大做强做优法律援助工作，进一步推动法律援助事业实现新发展，不仅需要切实加大法律援助工作体系建设的力度，积极推进法律援助设施便利化、案件质量标准化、经费保障制度化、工作运行信息化、监管执业规范化“五化”建设，也需要不断加强法律援助文化建设，提升法律援助的文化品位和亲和力。从理论层面研究和厘清法律援助文化的内涵与外延、功能与作用、要求与意义，在实践层面从每一个工作环节、每一个工作场所、每一个工作人员身上时时处处体现出法律援助文化的特色和要求，大力开展法律援助文化建设，对于促进法律援助规范化建设和做大做强做优法律援助工作都具有积极意义。

三、做好法律援助理论研究工作的基本要求

法律援助理论研究是法律援助工作的重要组成部分，也是司法行政理论研究的重要内容。吴爱英部长在最近召开的全国法律援助工作座谈会上明确提出要坚持理论联系实际，开展法律援助提供方式、管理体制、经费保障等重大理论和实践问题研究问题的研究。赵大程副部长多次对这次年度法律援助征文评选活动作出指示，并于11月27日专门召集部法援司、法援中心、法援基金会负责人会议，专门研究论文评选表彰和研讨会有关事宜，专门为《法律援助制度改革与发展——2010—2011年度全国法律援助征文选辑》一书作序，对如何围绕做大做强做优法律援助工作这条“十二五”时期法律援助工作的主线，开展法律援助理论研究提出了明确要求，指示部法援司、法援中心、法援基金会都要派人参加研讨会听取讨论意见。这充分体现了部领导对法律援助理论研究工作的高度重视和关心，也为我们做好当前和今后一个时期法律援助理论研究工作指明了方向。我们一定要认真学习、深刻领会部领导关于做好法律援助理论研究工作的重要指示精神，采取有力措施，切实抓好贯彻落实。

根据部领导的指示精神和《法律援助事业“十二五”时期发展规划》要求，当前和今后一个时期，做好法律援助理论研究工作，要着重抓好以下几个方面：

（一）要切实加强组织领导。各级司法行政机关和法律援助机构要充分认识做好法律援助理论研究工作对于推动法律援助工作改革发展的重要意义，切实增强责任感和使命感，把法律援助理论研究工作作为法律援助工作的一项重要内容摆上重要工作日程，精心组织，加强领导。要集中优势资源，科学设计研究课题，尽快拿出一批质量高、影响力大、能够回答重大理论和实践问题的法律援助理论研究成果。部法援中心明年将开展新一轮的法律援助征文活动，希望各地高度重视，精心组织，围绕法律援助提供方式、经费保障、管理体制等重大实践课题，尽快拿出一批质量高、影响力大、能够回答重大理论和实践问题的法律援助理论研究成果，为顺利实现“十二五”时期法律援助工作各项目标任务提供坚实的理论支撑和智力支持。

（二）要紧密联系工作实践。实践是检验真理的唯一标准，生命之树常青。只有将理论付诸实践才能实现理论自身的价值，也只有将理论付诸实践才能使理论得以检验。多年来的法律援助工作实践已经证明，法律援助理论研究成果为法律援助工作实践提供了指导，并引领法律援助工作取得了显著成绩，法律援助工作实践又丰富了法律援助理论，并对发展法律援助理论研究提出了新的研究课题和要求。法律援助理论研究必须紧密联系工作实践，从实践中来，到实践中去，将实践中形成的经验上升提炼成理论，在理论成熟后用于指导实践，最终实现服务经济困难群众、保障社会公平正义、促进社会和谐稳定的终极目标。

（三）要切实提高研究质量。理论研究工作是做大做强做优法律援助事业的一项重要基础性工作。理论研究成果的质量高低关系到它指导和引导实践的方向。在2009年部法援司和法援中心在长沙召开的全国法律援助研讨会上，我们曾经针对征文评选活动中发现的抄袭现象，要求每一个从事法律援助理论研究的同志要本着对党和人民负责、对法律援助事业负责的态度，以科学、严谨、求实的作风，认真负责地对待自己所写论文的每一句话、每一个观点，严禁文字、观点抄袭、以旧充新、以次充好。这次征文活动仍然存在一些抄袭现象，而且有增多趋势。我在这里再次重申这一要求，希望大家切实提高自身学术修养，切实增强著作权意识，严格按照学术规范要求，认真构思、认真布局谋篇，严肃认真地完成研究自己论文的构思和写作，严肃认真地对待自己写出来的每一段文字，要么不动笔，动笔就独立自主地完成创作，切实保证论文水平和质量。希望各省法律援助管理部门也切实负起引导和教育责任，认真审查、认真筛选，确保所选论文确有观点创新、确有真知灼见、确有上乘质量。

（四）要高度重视成果转化。法律援助理论研究的一个重要特点就是政策性和实践性极强，法律援助理论研究的目的就是为了用于引导实践、指导实践，经过艰苦智力劳动创作出来的法律援助理论研究成果绝不应被束之高阁、置之不理。这就要求我们要紧密联系当下法律援助工作改革发展的最新要求和发展趋势，密切结合当前的法律援助业务工作和实际情况，进行理性思考和理性研究，把理论研究作为业务工作的理论支撑，善于利用理论研究成果推动实际工作，通过实际工作检验理论研究成果，在工作实践中不断丰富、完善和发展法律援助工作理论。

同志们，今天我们在这里召开研讨会，就是要通过交流和分享理论研究成果，集中智慧，启迪思路，广泛深入地探索做大做强做优法律援助工作的新思路、新措施，为活跃和繁荣法律援助理论研究，推动法律援助工作实现新发展发挥积极作用。为此，我们设计了六个研讨专题，分别是：法律援助需求与服务范围拓展；法律援助案件质量管理与工作规范；法律援助工作创新；法律援助队伍建设；法律援助制度建设与立法完善和法援理论研究工作交流。围绕这六个专题，我们从100篇获奖论文中挑选出22篇论文进行大会交流发言，并首次设计安排了法援理论研究工作交流专题，由获得先进组织单位奖和优秀组织单位奖的6个省份，介绍和交流他们组织开展法律援助理论研究工作的宝贵经验。会后，我们将把大家的真知灼见以综述的形式汇集起来，供领导参阅，供各地参考。希望大家珍惜这次机会，踊跃发言，充分参与，积极互动，献言献策，确保本次研讨会有成果、有特色、有水平，为进一步丰富法律援助理论研究成果，推动法律援助事业实现新发展作出新贡献。

岳宣义同志在中央专项彩票公益金法律援助项目总结工作会议上的讲话

（2011年12月12日）

我们这次会议的任务是总结部署中央专项彩票公益金法律援助项目（以下简称“中彩金”）工作。郑霞泽同志作了工作报告，刘丽平同志就有关问题作了说明，任务和要求都已经明确。六个单位介绍了经验，这是两年来实践的结晶，值得学习借鉴。对中彩金项目，财政部和司法部领导很关注，有关单位给予了支持。司法行政系统从上到下，特别是基层法律援助战线的同志们，倾注了心血，贡献了智慧，展现了风采。我代表中国法律援助基金会，代表吴爱英部长，向同志们表示衷心的感谢！

下面，我讲几点意见。

一、中彩金项目是一项得民心的法律民生工程

今年7月以来，我到湖南、黑龙江、内蒙古等地考察了中彩金项目实施情况。所到之处，共接触了8位受援人以及办案律师和法援中心的同志。在湖南湘西保靖县，一位65岁老人的儿子在浙江打工，意外身亡，老板只愿赔偿1.8万元。悲痛无奈之下，老人慕名找到县法援中心。司法局长带着律师和民警，千里奔赴浙江，依法据理力争，最终得到14万元赔偿金。律师用的就是中彩金项目经费4000元。老人很感激，办案律师很满意。老人饱含热泪对我们说：“要是没有法律援助，我儿子就冤死了！共产党为老百姓做主，政府为老百姓说话，法律援助为老百姓办事。”在黑龙江省牡丹江市，我听了70岁的李洁老太太的讲述。儿子正在服刑，她与患精神病并有身孕的儿媳相依为命，靠拾荒艰难度日。儿媳本应继承的房屋被他人霸占。律师用中彩项目办理这起案件，历时9个半月，使法院改变原判，帮她讨回了房屋。老人声泪俱下地说：“没了房子，俺一家就没了活路。是法律援助救了俺和儿媳，还有没出世的孩子，三条人命啊！”我接触到的受援人，几乎个个如泣如诉法律援助的动人故事。在我们看来似乎是一件并不大的事，在受援人那里就是天大的事，人命关天的事。

回顾今年的世界，风云突变，乱象丛生，跌宕起伏，惊心动魄。去年底今年上半年发生的“茉莉花革命”，波及北非、中东20多个国家，突尼斯、埃及、利比亚政权更迭，叙利亚、也门等国还在激荡。这就是所谓的“阿拉伯之春”。紧接着欧洲发生债务危机，老百姓纷纷走上街头，抗议“财政紧缩”，许多国家陷入混乱。希腊、意大利等国领导人下台，葡萄牙、西班牙等国焦头烂额，欧元区雾霾笼罩。这就是所谓的“欧洲之夏”。九、十月份，美国发生了“占领华尔街”抗议运动。运动波及美国数十个大中城市，遍及世界近百个国家和地区。这就是所谓的“美国之秋”。最近举行的俄罗斯杜马选举，被美国等西方国家说成是舞弊选举，引发莫斯科等地抗议活动，普京执政地位受到空前挑战。这就是所谓的“俄罗斯之冬”。不难看出，从“阿拉伯之春”到“俄罗斯之冬”，既有民生问题，也有民主问题。42年前，卡扎菲领导的“自由军官组织”，推翻了亲西方的封建王朝，建立了利比亚共和国。他实行一系列改革，建立并实行了比较完善的就业、教育、医疗制度；废除多妻制，解放了妇女；人均年收入4万多美元，是非洲最富有的国家之一。但卡扎菲搞裙带政治，独裁统治，又四面树敌，反复无常，最后被西方支持的反政府武装打倒，死于非命。利比亚主要是民主问题。而其他国家的动乱则多是民生问题所引发，社会贫富不均，人们收入悬殊，贪污腐败严重，裙带风盛行，失业率居高不下。如美国，1%的人占据着99%的财富；10年来，中产阶级的收入不但没有增加反而下降，以致引发了被俄罗斯媒体惊呼的“伟大的资本主义十月革命”。2010年，埃及国内生产总值不到2170亿美元，穆巴拉克家族的财富总额就超过400亿美元，占GDP的近五分之一。“水能载舟，亦能覆舟”。上述国家发生的问题，印证了中国总结的这条千古不变的历史规律。我们一定要用世界的眼光，用政治的眼光，用历史的眼光，观察风雷激荡的天下大势，把握社会变化的晴雨表，找准自己工作的立足点和切入点。

以胡锦涛总书记为首的党中央，提出以人为本的科学发展观，采取一系列关注民生、为了民生、改善民生的重大举措，民生问题正在逐步得到解决。法律援助是从法律上关注民生，为巩固党的执政地位服务。中国法律援助基金肩负着从法律上为贫弱群体提供物质和精神双重抚慰的使命。通俗地说：中国法律援助基金会的职能和任务，就是为渴望法律援助的贫弱群众要饭吃。基金会为法律援助提供物质保障，主要靠两方面的资金来源：一是社会募资。第二届理事会期间，年均募集资金2000万元左右，第三届理事会年度募资目标3000万元左右。广募众集，积沙成塔，更好地满足日益增长的法律援助需求，就是我们的追求。二是中彩金。经过多年的积极争取，中彩金项目得以立项。前两年项目资金每年5000万元，今年增长到一个亿。这是党和政府对民生问题的高度关切，也是对中国法律援助基金会的充分信任。中彩金项目实施两年来，资助办理各类法律援助案件5.5万多件，受益者超过10万人次，为困难群众挽回经济损失超过20亿元。从调研的情况看，不管地方领导，还是办案人员，都对中彩金项目刮目相看，受援人更是充满喜悦，认为中彩金是“雪中送炭”，推进了应援尽援目标的实现。广西厅厅长赵波同志刚才在致辞中说：中彩金是贫弱群体的福音，拓宽了法律援助的思路，为法援注入了活力。北京航空航天大学中彩金项目的实施产生了很大的吸引力，90%的学生要求参与项目，美国、德国、澳大利亚的学者前来参观。法援大门朝南开，有理无钱请进来。事实已经说明：中彩金项目是为民解难、为党分忧的民心工程、德政工程，也是稳定工程。要进一步贯彻司法部党组和吴爱英部长的指示精神，把中彩金项目作为司法行政工作的一个重要组成部分，高度重视，努力推进，把党和政府的温暖送到贫弱群体的手中。

二、把中彩金保民生、促和谐的社会效益发挥好

实施中彩金项目的出发点和落脚点是保民生、促和谐。中彩金项目做得好不好，关键是看能否始终坚持保民生、促和谐，取得良好的经济效益、法律效益、宣传效益和社会效益，核心是用好、管好中彩金。首先，不断拓展服务领域。各地在使用政府财政一般性资金和中彩金项目资金时，要注意二者的联系和区别，最大限度地发挥两类资金应有的社会效益。要把中彩金更多地用于资助办理与民生密切相关的法律援助案件，更好地满足新形势下困难群众在民生问题上的法律需求。其次，不断提高服务水平。中彩金项目实施的核心是资助办理法律援助案件。因此，案件的质量就是项目的“健康指数”。要保证办案质量，一方面靠人，人才是第一资源；另一方面靠制度，好的制度能够产生好的效益。要以项目实施为契机，充分调动优秀社会律师参与法律援助工作的积极性和主动性。向社会传递承担法律援助工作，为困难群众提供优质法律服务，不仅是律师应尽的社会责任，也是崇高的荣誉。同时，要进一步完善现有管理制度，特别是在指派哪些律师参与项目这个环节上，要加强规范和引导。例如，有些地方采取建立优秀律师团，实行点援制，这样的方法就很好。最后，不断筑牢安全防火墙。管好中彩金，用好中彩金，事关法律援助的信誉，事关公益慈善的信誉。要坚持严格管理不松懈，确保每一笔办案补贴及时、足额发放给案件承办人。不管哪个单位，如果在资金使用上出了问题，将永久取消其参与项目的资格，并追究相关人员的责任。

三、努力把中彩金项目塑造成法援工作的公益品牌

两年来的实践证明：对于中彩金项目，党委、政府高度重视，法援机构精心组织，办案律师积极主动，人民群众满怀希望。要在现有工作的基础上，把中彩金项目努力塑造出品牌来，让它在社会上立得住，叫得响，传得开，功归党，发挥更大的示范引领作用。一要认真总结经验。理论从实践中来，再回到实践中去，经过反复检验，才能获得更加科学的认识。只有理论指导下的实践，才能避免盲目性，增强自觉性。各地要更加注重实践，更加注重总结，更加注重提高，以清醒的头脑，高度的自觉，开拓的姿态，把工作做得更加出色。二要争取领导重视。领导是关键。任何工作都离不开党委、政府的支持。中彩金项目是中央为改善民生所采取的一项带全局性、政治性的法援措施，理应得到各级领导的高度关注和足够重视。但这项工作的发展是不平衡的。参与中彩金项目实施的各级法律援助机构，要向司法厅(局)的领导经常汇报，争取领导，争取地位，并积极促成司法厅(局)向当地党委、政府汇报，争取重视，争取肯定，为中彩金项目的实施赢得更加有力的支撑。三要加强宣传。采取多种方式，做好项目宣传工作。广泛宣传典型案件及其成效，广泛宣传法律援助在服务民生、促进和谐中的作用，广泛宣传党和国家对贫弱群体的关怀，不断提高中彩金项目的公众知晓度，进一步增强法律援助的社会影响力，使更多的困难群众能够从中受益。四要加大表彰力度。经过两年的实践，我们已经培育了一批领导重视、业务精良、工作高效的实施单位，也淘汰了一些积极性不高、主动性不强的实施单位。明年，我们将系统地开展评估表彰工作。对优秀的地区和单位，不仅要挂牌表彰，还要在经验推广、品牌宣传等方面，给予政策倾斜和资金支持。总之，我们要上下齐心协力，把中彩金项目做成响当当的公益品牌，推动法律援助事业又好又快地发展。

“弄潮儿向涛头立，手把红旗旗不湿”。我们兴奋地看到：中彩金这个弄潮儿，正乘着中国公益慈善的航船，驶向渴望法律援助的贫弱群体的彼岸！

新年即将到来。我代表中国法律援助基金会，向同志们致以节日的问候！祝大家新年新气象，更上一层楼！

第六部分　全国法律援助统计数据及分析

一、2011 年全国法律援助统计数据

项　　目		单位	2010 年	2011 年	增长数	增长比例
一	法律援助机构	个	3573(300 个管理机构、3273 个法律援助机构)	3672(433 个管理机构、3239 个法律援助机构)	99	2.7%
二	法律援助工作人员	人	13830	14150	320	2.3%
三	法律援助工作站	个	60828	61326	498	0.8%
四	批准法律援助案件	件	727401	844624	117220	16.1%
	民事法律援助案件	件	610198	726826	116628	19.1%
	刑事法律援助案件	件	112264	113717	1453	1.29%
	行政法律援助案件	件	4939	4081	-858	↓17.4%
	法律援助咨询	件	4874083	5334383	460300	9.4%
五	法律援助机构人员承办法律援助案件	件	152726	160733	8007	5.2%
	律师事务所律师承办法律援助案件	件	204023	231486	27463	13.5%
	基层法律服务工作者承办法律援助案件	件	229301	2772027	47906	20.9%
	社会组织人员办案	件	27277	37478	10201	37.4%
	注册法律援助志愿者承办法律援助案件	件	11657	15806	4149	35.6%
六	受援人	人	820608	946690	126082	15.4%
	农民	人	295430	358131	62701	21.2%
	农民工	人	269959	313427	43468	16.1%
	残疾人	人	54302	54039	-263	↓0.5%
	未成年人	人	87530	89132	1602	1.8%
	老年人	人	95026	102206	7180	7.6%

续表

项　　目		单位	2010 年	2011 年	增长数	增长比例
七	法律援助经费收入	万元	102289.7	127728.03	25438.33	24.9%
	法律援助财政拨款	万元	95823	126196.57	30373.57	31.7%
	法律援助经费支出	万元	83382	104926.44	21544.44	25.8%

二、2011 年全国法律援助统计分析

根据各省、自治区、直辖市上报数据汇总报表，对 2011 年全国法律援助统计数据分析如下：

一、机构情况

（一）机构数和机构性质

截至 2011 年年底，全国法律援助管理机构[①]数为 433 个，法律援助机构[②]数为 3239 个，两者分别占机构总数的 11.8% 和 88.2%。全国共有 28 个省级法律援助管理机构纳入司法行政机关序列。

全国法律援助机构中，行政性质机构为 1586 个，参照公务员管理的事业单位为 584 个，这两类机构占机构总数的 67%。全额拨款事业单位（不含参照公务员管理的事业单位）1006 个，占机构总数的 31.1%，比 2010 年上升 2.1 个百分点。

（二）机构建设情况

2011 年，在全国法律援助机构中，有专门接待场所机构数为 2700 个，与 2010 年基本持平；平均办公用房面积由 2010 年的 76 平方米增加到 83.6 平方米；设备或主要设备配置齐全机构数 2054 个，比 2010 年增长了 8.2%；将业务经费列入财政预算地方数有 2961 个，占总数的 90.6%，比 2010 年稍有上升。总体而言，法律援助机构建设水平与 2010 年相比有所提高。见下表：

	业务经费纳入财政预算机构数占该类机构数的比例	同级财政预算明确办案经费机构数占该类机构数的比例	有专门接待场所机构数占该类机构数的比例	平均办公用房面积（平方米）	设备或主要设备配置齐全机构数占该类机构数的比例	有法律援助律师机构数占该类机构数的比例
省	100%	81.3%	100%	355	90.6%	90.6%
地市	91.3%	65.1%	86.3%	160	80.4%	80.7%
县区	90.4%	55.4%	82.2%	71	60.4%	65.2%
全国	90.6%	56.7%	83.4%	84	62.9%	67.2%

① 法律援助管理机构是指司法行政机关设立的负责监督管理法律援助工作的内设或直属行政机构。

② 法律援助机构是指依据《法律援助条例》设立的负责受理、审查法律援助申请，指派或者安排人员为符合条件的公民提供法律援助的机构。

东、中、西部[1]法律援助机构建设情况也存在一定差异。东部地区在同级财政预算中明确办案经费机构数占法律援助机构数比例高于中、西部地区;中部地区在业务经费列入财政预算、有专门接待场所、有法律援助律师和办案设备配置齐全机构数占法律援助机构数比例均超过东部地区。如图:

2011年东、中、西部机构建设情况

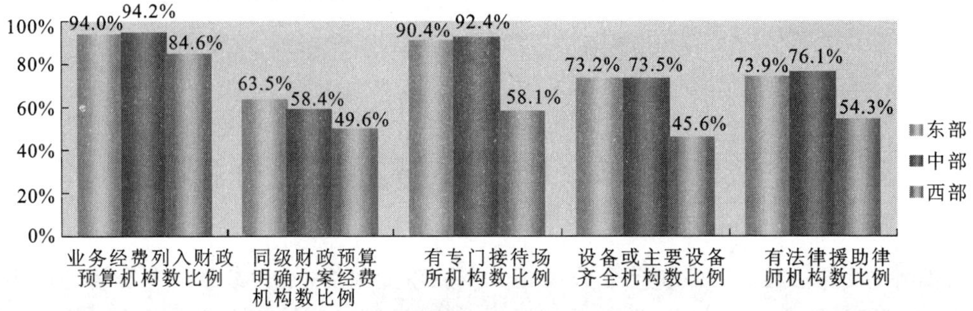

此外,全国的平均办公用房面积持续增长,除东部地区外,中、西部地区平均办公业务用房面积都有不同程度的增长。具体如下图所示:

东、中、西部办公业务用房面积(2010—2011)

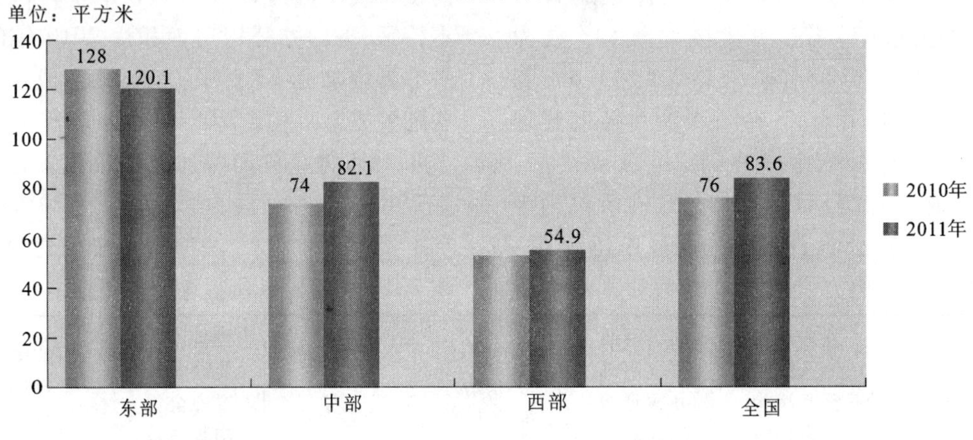

(三)法律援助工作站

2011年,全国共设立法律援助工作站61326个,比2010年增长0.8%。其中依托司法所设立工作站38954个,在工、青、妇、老、残、信访、高校、监狱、劳教所等设立工作站22372个。

(四)开展宣传、培训和受表彰情况

2011年,各地电台、电视台播出法律援助节目共计26323次,与2010年相比(26280次)基本持平;报纸、杂志刊登涉及法律援助的信息16202篇,比2010年增长12.9%;互联网刊登涉及法律援助的信息18722篇,增

① 东部地区包括北京、天津、河北、辽宁、上海、江苏、浙江、福建、山东、广东和海南等11个省(市);中部地区包括山西、吉林、黑龙江、安徽、江西、河南、湖北、湖南等8个省(区);西部地区包括重庆、四川、贵州、云南、西藏、陕西、甘肃、青海、宁夏、新疆、广西、内蒙古等12个省(区)。

长60.6%。各级司法行政机关和法律援助机构共举办法律援助培训班8634个，培训人数达322571人次，培训总学时达4475792小时。平均每个机构举办培训班2.6个，平均培训99人次，受培训人员平均培训学时为14小时。法律援助律师共参加培训16056人次，比2010年增长30%，总学时达162203学时，下降8%；其他工作人员参加培训42079人次，增长13.7%，总学时达614806小时，增长42.3%，法律援助培训工作力度进一步加大。2011年受到省部级以上表彰的机构和个人分别为539个和593人，分别比2010年增长27.1%和28.4%；受地市、县级表彰的机构和个人分别为1617个和1805个，分别比2010年增长21.7%和25.8%。

二、工作人员情况

截至2011年年底，全国法律援助管理机构和法律援助机构工作人员共有14150人，编制数为12506人，比2010年分别增长2.3%和3.9%；超编人员数为1644人，占人员总数的11.6%，比2010年降低1.4个百分点。其中女性工作人员为5904人，占41.7%。法律专业工作人员共有10888人，占总人数的76.9%；具有本科和研究生以上学历工作人员分别为9624人和601人，分别占总人数的68%和4.2%。

2011年，全国30周岁以下工作人员、31—40周岁工作人员、41—50周岁工作人员和50周岁以上工作人员分别占人员总数的20.1%、37.7%、33.1%和9%。与2010年相比，30周岁以下工作人员数量增加了5.2%；31—50周岁工作人员数量增长了2.3%。从事法律援助工作2年以下人员、2—5年人员和5年以上人员数分别占总数的18%、31.4%和50.6%。

在全国法律援助机构中，具有法律职业资格或律师资格的工作人员有6067人，占46.5%；法律援助注册律师数为4690人，占36%。与2010年相比，法律专业人员、具有法律职业资格或律师资格人员数、在法律援助机构注册律师数以及具有本科以上学历工作人员数都有所上升，但占总人数的比例都有所下降。具体情况见下表：

年份	法律专业人员		具有法律职业资格或律师资格人员		在法律援助机构注册律师		本科以上学历人员	
	数量		比例		数量		比例	
2010年	9793	79.7%	6017	49%	4508	36.7%	9091	74%
2011年	10019	76.8%	6067	46.5%	4690	36%	9265	71%

三、法律援助经费情况

（一）法律援助经费情况

1. 法律援助经费总体情况

2011年法律援助经费总额为127728.03万元，比2010年增长24.9%。其中财政拨款额为126196.57万元（包括中央专项彩票公益金法律援助项目资金为1亿万元），比2010年增长31.7%，占经费总额的98.8%。社会捐助为903.67万元，行业奉献为134.08万元，另有其他经费493.71万元。

2. 法律援助财政拨款情况

在法律援助财政拨款[①]中，同级财政拨

① 在计算法律援助经费时，各地只统计实际到账的财政拨款数额。2011年中央专项彩票公益金法律援助项目资金1亿万元，实际到账4236.01万元，故2011年实际法律援助财政拨款为120432.58万元。

款额为 83934.2 万元,比 2010 年增长 15.8%,占 69.7%;中央补助地方法律援助办案专款为 2 亿万元,占 16.6%;省级法律援助专项资金 7988 万元,占 6.6%;中央专项彩票公益金法律援助项目资金 4236.01 万元,占 3.5%;中央、省级政法转移支付资金为 4241.34 万元,占 3.5%。人均法律援助财政拨款 0.94 元①,最高的省份为青海省,达到 2.51 元,其次为宁夏(1.85 元)、上海(1.79 元)、海南(1.66 元)和重庆(1.50 元)。

同级财政拨款中,人员经费、基本公用经费和业务经费分别为 35750.64 万元、10175.35 万元和 38008.2 万元,与 2010 年相比分别增长 8.4%、9.6% 和 16.1%,分别占同级财政拨款总额的 42.6%、12.1% 和 45.3%。同级财政拨款稳步增长,其结构基本没有变化。具体情况见下表:

年份	同级财政拨款	人员经费		基本公用经费		业务经费	
	数额(万元)	数额	比例	数额	比例	数额	比例
2010 年	72452.2	30418.8	42%	9285.2	12.8%	32749	45.2%
2011 年	83934.2	35750.6	42.6%	10175.4	12.1%	38008.2	45.3%

与 2010 年相比,省级、地市级和县区级同级财政拨款额分别增长 21%、12.4% 和 16.5%,各级财政对本级法律援助机构的拨款额继续保持增长,其中省级增长幅度最大。同级财政拨款中,业务经费拨款最多的省份仍是广东省,达到 5104.35 万元,其次是河南省(3401.33 万元)、江苏省(3235.98 万元)、浙江省(2589.97 万元)、四川省(2145.68 万元)。

建立省级法律援助专项资金的省份有广东、江苏、江西、浙江、重庆、河南、云南、山东、四川、陕西、广西、新疆生产建设兵团、湖北、宁夏、湖南、辽宁、黑龙江、福建、安徽和海南等 21 个省(区、市)。广东省的专项资金最多,为 1006 万元,江西和江苏省都为 1000 万元。

（二）法律援助经费支出情况

1. 经费支出基本情况

2011 年,法律援助经费支出总额为 104926.44 万元,比 2010 年增长 25.8%。在经费支出构成中,人员经费、基本公用经费和业务经费分别为 35675.7 万元、10624.52 万元和 58626.22 万元,在经费支出总额中所占比例分别为 34%、10.1% 和 55.9%,与 2010 年相比,人员经费、基本公用经费所占比例均有减少,业务经费所占比例提高了 3 个百分点。业务经费支出连续两年增长,增幅从 2010 年的 27.9% 增长到 2011 年的 32.8%。

2. 业务经费支出情况

办案补贴及支出②达 39400.28 万元,占业务经费支出的 67.2%。宣传费用支出和培训费用支出分别为 6315.49 万元和 4239.77 万元,分别占业务经费支出的 10.8% 和 7.2%,所占比例与 2010 年相比基本持平。另有因受援人败诉支出的鉴定费用总计 57.93 万元。

3. 办案补贴及支出情况

办案补贴及支出占法律援助经费支出

① 此处所指的人均,是根据第六次全国人口普查各省(区、市)人口数量计算,下同。

② 办案补贴及支出包括办理法律援助案件的补贴及费用、咨询补贴、代书补贴等直接用于为受援人提供法律援助的费用支出。

总额的35.4%，比2010年增长26.8%。办案补贴数额前三位的是法律援助机构工作人员、律师事务所律师和基层法律服务工作者，其办案补贴数额分别为7117.81万元、17622.45万元、11022.2万元。根据上述三类人员办结案件情况计算平均办案补贴或支出额分别为443元、761元、398元。与2010年相比，法律援助机构工作人员和律师事务所律师所获补贴额增长率分别为14.5%和11.4%。

2011年，法律援助人员提供咨询服务和代书服务补贴为1830.04万元、453.43万元，比2010年分别增长97.5%和35%。

刑事案件补贴额、民事案件补贴额和行政案件补贴额分别为7879.18万元、28891.41万元和346.37万元，在假定已结案件全部支付补贴的情况下，大致计算各类案件的平均补贴为829元、463元和902元。与2010年相比，刑事案件、民事案件和行政案件的补贴均有所上升，其中民事案件、刑事案件和行政案件平均补贴额分别增长16.4%、9.7%和7.5%。

四、法律援助案件量情况

（一）法律援助案件量总体情况

2011年共批准办理法律援助案件数为844624件，比2010年增长16.1%。已结案件数为722974件，比2010年增长15.7%。刑事案件、民事案件、行政案件分别占案件总数的13.5%、86.1%和0.5%。民事案件仍然是法律援助案件总量增长的主要因素，其所占比例增加了2.2个百分点，刑事案件减少了1.9个百分点，行政案件减少了0.2个百分点。

从各省办案量看，超过3万件的省份有11个，共计525130件，占办理法律援助案件数的62.2%，其中江苏省办案量最高，达75422件，其次为辽宁省（66528件）、河南省（56620件）、广东省（50154件）、山东省（48219件）、浙江省（44917件）、安徽省（41586件）、河北省（38244件）、四川省（38177件）、重庆市（33275件）、云南省（31988件）。从每万人平均办案量来看，宁夏回族自治区最高，为23.2件，其次为辽宁省（15.2件）、海南省（12.6件）、重庆市（11.5件）和青海省（9.9件）。

从案件量增幅来看，新疆生产建设兵团增幅最大，达到106.6%，增幅超过30%的还有安徽（68.1%）、新疆（67.2%）、陕西（40.6%）、甘肃（38.8%）、宁夏（38.3%）、贵州（36.8%）、河北（36.7%）和广东（30.1%）。值得注意的是，有3个省（市）的案件量出现了下降。

（二）刑事法律援助案件数量情况

刑事法律援助案件总数为113717件，与2010年数量相当。从案件类型看，法院指定辩护案件数为91007件，和2010年比基本持平，占刑事案件总数的80%；申请并获得批准刑事案件数为22710件，比2010年增长10.1%，占刑事案件总数的20%。法院指定辩护案件仍然是刑事法律援助案件的主要来源，但申请刑事案件的比例有所上升。从受援对象看，共为犯罪嫌疑人、刑事被告人提供法律援助108189件，占刑事案件总数的95.1%，为被害人、自诉人提供法律援助5528件，占刑事案件总数的4.9%，所占比例与2010年相比基本持平。

被告人为未成年人的指定辩护案件为53357件，与2010年基本持平；盲聋哑人指定辩护案件为4280件，比2010年下降7.5%；一般贫困者指定辩护案件为8652件，比2010年上升16%；基于其他原因指定辩护案件为8184件，比2010年上升9.7%。除为一般贫困者和因其他原因指定辩护案件数量略有上升外，为未成年人和盲聋哑人指定辩护案件数量都有所下降。具体如下图：

法院指定辩护案件情况（2010—2011）

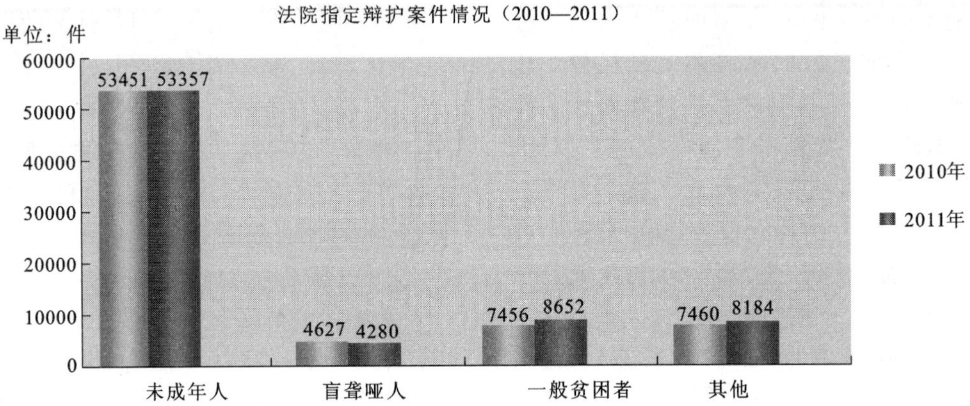

获得批准刑事法律援助申请数为22710件。其中犯罪嫌疑人、被告人、被害人和自诉人申请获得批准数分别为9218件、7964件、3424件和2104件。犯罪嫌疑人、被告人刑事法律援助申请被获批准数占申请并获批准刑事案件总数的75.7%，被害人、自诉人刑事法律援助申请被批准数占24.3%，前者所占比例比2010年上升了3个百分点。

（三）民事法律援助案件数量情况

2011年，民事法律援助申请数为771884件，比2010年增长16.8%。获得批准民事法律援助案件数为726826件，比2010年增长19.1%。

以案件类型划分，数量最大的民事案件类型仍然是请求支付劳动报酬案件，达207292件，占民事案件总数的28.5%，比2010年增加16.2%；其次是婚姻家庭案件为153279件，占民事案件总数的21.1%，其中，请求给付赡养费、抚养费和扶养费案件为74479件，占婚姻家庭案件数的48.6%；再次是交通事故案件，为79701件，占民事案件总数的11%，比2010年增长24.1%。具体见下图：

民事法律援助案件类型（部分）

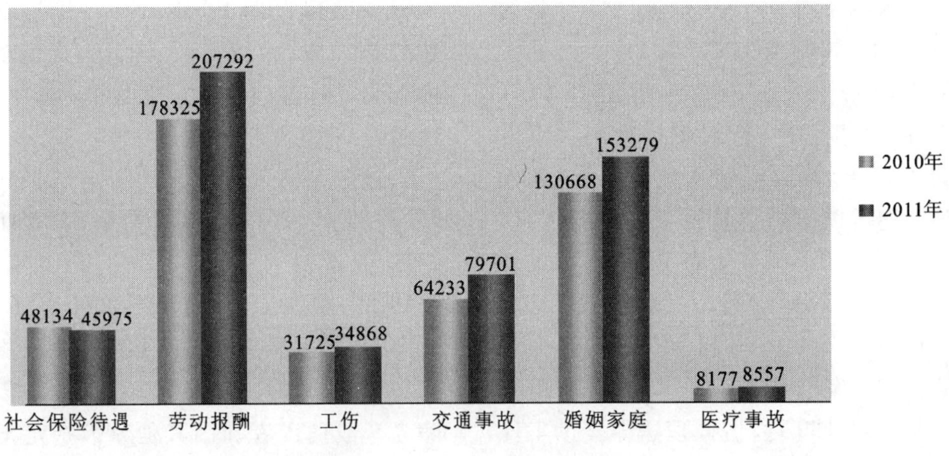

（四）行政法律援助案件数量情况

2011年，行政案件申请数为5223件，比2010年下降17.3%。获得批准行政法律援助案件数为4081件，比2010年下降 17.4%。

以案件类型划分，数量最大的行政案件是请求给予最低生活保障待遇案件，为 847 件，占行政法律援助案件总数的 20.8%，比 2010 年下降 3.5%；其次是请求社会保险待遇案件（含请求工伤保险待遇案件，下同），为 644 件，比 2010 年下降 40.1%；请求国家赔偿案件，为 323 件，比 2010 年下降 46.1%；工伤案件（行政类）和请求发给抚恤金、救济金案件分别为 477 件、265 件，比 2010 年略有增长。

五、法律援助案件申请批准及承办情况

（一）法律援助申请批准情况

刑事案件申请批准率、民事案件申请批准率和行政案件申请批准率分别为 69.5%、94.2% 和 78%，与 2010 年相比变化不大。与刑事、行政案件相比，民事案件申请批准率最高。具体见下图：

法律援助案件申请批准率（2010—2011）

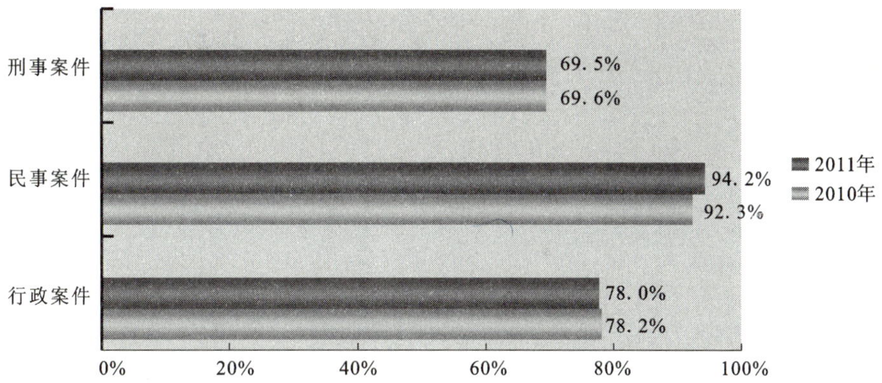

2011 年，刑事法律援助申请共有 32677 件，比 2010 年增加了 10.2%。从案件来源途径看，通过公检法机关转交 13658 件，公民直接申请 19019 件，分别占刑事法律援助申请的 41.8% 和 58.2%。公检法机关转交申请比 2010 年增加 4.1 个百分点。公安机关、检察机关和人民法院转交申请量分别为 3010 件、2389 件和 8259 件，人民法院转交申请量仍然占公检法机关全部转交申请量的一半以上，公安机关转交申请量同比上升 4.5%，检察机关转交申请量变化不大。从申请人所属类别看，犯罪嫌疑人、被告人、被害人和自诉人直接申请刑事法律援助数分别为 5266 件、7987 件、3411 件和 2355 件。犯罪嫌疑人、被告人占申请刑事法律援助总量的 69.7%，被害人、自诉人占申请刑事法律援助总量的 30.3%，犯罪嫌疑人、被告人申请刑事法律援助量比 2010 年增加 1.7 个百分点。从申请所属阶段看，犯罪嫌疑人在刑事审判程序以前申请法律援助数（包括转交申请和直接申请）为 10655 件，比 2010 年增长 19%；被告人在刑事审判程序启动后申请法律援助数（包括转交申请和直接申请）为 16246 件，比 2010 年增长 9.9%。

民事法律援助申请中，2011 年未批准数为 45058 件，比 2010 年降低 11.2%；因不属于法律援助事项范围未获批准申请数占未批准数的 48.9%。行政法律援助申请中，因不属于法律援助事项范围未获批准申请数占未批准数的 52.2%。

（二）法律援助案件承办情况

在已办结的 95078 件刑事案件中，承办人意见全部采纳和部分采纳的案件数占已办结案件总数的 91.6%，为当事人挽回损失或取得利益154934.44万元。被投诉案件数为54件。

在已办结的624054件民事案件中，诉讼案件数为290985件，占46.6%；非诉讼案件333069件，占53.4%。非诉讼案件数比2010年增长29.6%，在民事案件中所占比例提高了4.6个百分点。民事诉讼案件判决结案数为186194件，胜诉率①为91.9%，与2010年基本持平；诉讼调解结案数为86413件，占民事诉讼案件总数的29.7%，所占比例与2010年相比变化不大。民事法律援助共为当事人挽回损失或取得利益958962.74万元。被投诉案件数为10件。

在批准办理法律援助案件数前五名省份中，对其按不同办理方式办结民事案件数进行分析，一定程度上可了解各地已办结民事案件构成情况。具体见下图：

部分省已办结民事案件情况表（2011）

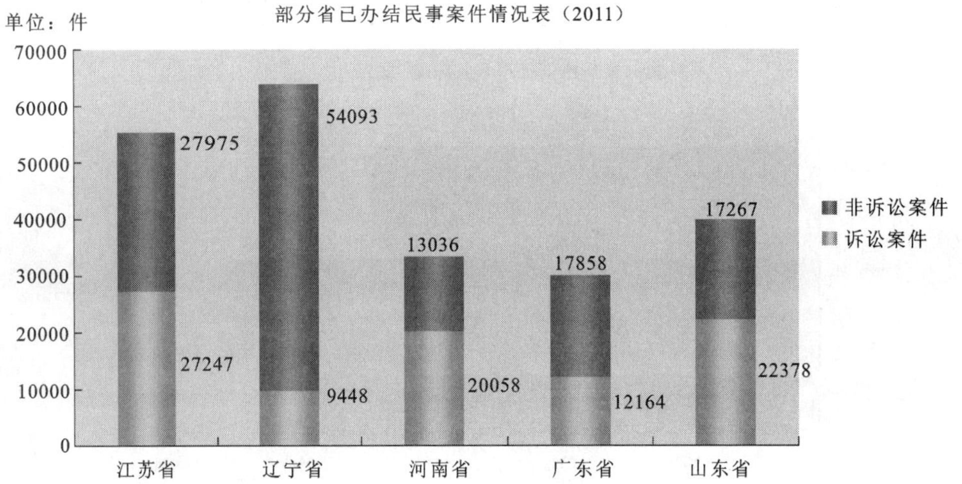

在已办结的3842件行政案件中，诉讼案件数为2333件，占60.7%；非诉讼案件数为1509件，占39.3%，所占比例上升近1.3个百分点。行政案件的胜诉率为82.7%，比2010年上升0.9个百分点。行政法律援助中，共为当事人挽回损失或取得利益13498.12万元。

六、法律援助咨询情况

2011年，法律援助机构接受来访、来信、来电咨询合计5334383人次，比2010年增长9.4%。其中，通过“12348”法律服务热线提出咨询数达1542449人次，比2010年上升了16.7%。接受咨询总数达5036814件（A1），比2010年增长7.4%。婚姻家庭咨询数最多，达1176819件，其中，请求给付赡养费、抚养费和扶养费咨询数为503854件，占婚姻家庭咨询数的42.8%；其次为请求支付劳动报酬咨询数，为917988件；交通事故咨询数为452325件，工伤（除请求工伤保险待遇之外的，下同）咨询数326696件。

与2010年相比，工伤、请求给付抚养费、交通事故和请求支付劳动报酬咨询数上升幅度都超过10个百分点，其中工伤咨询数上升幅度最大，达14.4%；见义勇为、请求国家赔偿、请求最低生活保障待遇和请求发给抚恤金、救济金咨询数下降幅度都超过10个百分点，其中见义勇为咨询数下降幅度最大，达26.2%。

在对咨询的处理方式上，直接答复数为3914265件，占咨询总数的77.7%，比2010年上升了2.5个百分点；在咨询中提出法律

① 胜诉率＝胜诉案件数÷（胜诉案件数＋败诉案件数）。

援助申请数为481301件，占9.6%，所占比例比2010年稍有提高；引导向其他途径解决数为473189件，占9.4%，比2010年略有下降。

七、法律援助受援人情况

2011年各类受援人总数为946690人次，比2010年上升15.4%。其中，女性受援人为223369人次，占受援人总数的23.6%。

按案件类型划分，刑事、民事和行政案件受援人分别为117244人次、823675人次和5771人次，其中，刑事案件受援人数与2010年基本持平，民事案件受援人数上升18.1%，行政案件受援人数下降25.4%。刑事、民事和行政案件的受援人数分别占受援人总数的12.4%、87%和0.6%。2011年法律援助受援人情况如图所示：

法律援助受援人分类情况表（2011）

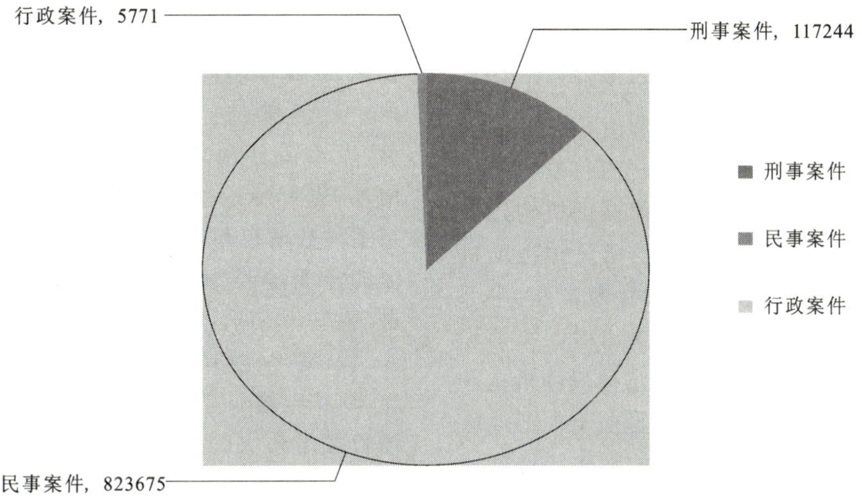

按受援人身份划分，农民、农民工是受援人数最多的人群，共占受援人总数的70.9%。其中，受援人为农民的达358131人次，占总数的37.8%，比2010年上升21.2%；受援人为农民工的共313427人次，占总数的33.1%，比2010年上升16.1%；老年人受援人为102206人次，比2010年上升7.6%；未成年人受援人和残疾人受援人分别为89132人次、54039人次，与2010年基本持平。

八、各类法律援助人员办理法律援助事项情况

2011年，法律援助案件已结总数比2010年增长15.7%。法律援助机构工作人员和律师事务所律师办理案件量分别为160733件、231486件，比2010年增长5.2%和13.5%；基层法律服务工作者办案量为277207件，增长绝对数最大，达47906件；社会组织人员办案量为37478件，增长幅度最大，达37.4%；注册法律援助志愿者办案量为15806件，比2010年增长35.6%。

基层法律服务工作者办案量位居第一位，占全部办案量的38.3%，是法律援助机构工作人员的1.7倍。法律援助机构工作人员、律师事务所律师、社会组织人员和法律援助志愿者办案量分别占办结案件的22.2%、32%、5.2%和2.2%。

从各类人员办理案件类型来看，刑事案件由律师事务所律师和法律援助机构工作人员办理，这两类人员办理刑事案件量分别占刑事案件总量的69.8%和30.2%；办理民事案件最多的是基层法律服务工作者，其办理案件量占民事案件总量的44.3%；律师事

务所律师、法律援助机构人员、社会组织人员和注册法律援助志愿者办理民事案件量分别占民事案件总量的26.3%、20.9%、6%和2.5%；行政案件主要由法律援助机构人员、律师事务所律师和基层法律服务工作者办理，其办案量分别占行政案件总量的35.2%、30.3%和25.5%。

九、统计数据反映的工作情况分析

（一）机构建设情况

数据显示，行政性质和参照公务员管理的机构数所占比例变化不大，法律援助管理机构和法律援助机构分设、合署办公的情况并存，法律援助工作管理体制有待进一步理顺，机构设置的规范化程度仍有待提高。机构规范化建设方面，全国法律援助机构建设整体水平有所提高，东、中、西部法律援助机构之间发展差距缩小。值得注意的是，中部地区在有专门接待场所、有法律援助律师和办案设备配置齐全机构数占法律援助机构数的比例均超过东部地区，主要在于中部地区积极推进机构规范化建设，加强法律援助便民服务窗口建设力度，大力改善法律援助机构尤其是基层机构办公办案条件，取得明显成效。

（二）法律援助经费情况

法律援助经费方面，东、中、西部地区的分别为49520.29万元、33993万元和38427.75万元，比2010年分别增长15.2%、21.5%和26.8%，中西部地区增长幅度明显高于东部地区，主要原因在于2011年中央补助地方法律援助办案专款由1亿元增加到2亿元，且主要投向中西部地区，另外，多数省份的同级财政拨款额均有一定的增加，但同时也应注意到，西部地区2个省份同级财政拨款有所减少。在中央补助地方法律援助办案专款和省级法律援助专项资金不断增加的情况下，西部地区的同级财政拨款力度有待进一步加强。

法律援助经费支出方面，办案补贴支出比2010年增长26.8%，高于已结案件数15.7%的增长幅度，总体而言，案件补贴标准有一定提高。2011年办案补贴及支出在业务经费支出总额中所占比例为67.2%，其中，提供咨询服务补贴、代书服务补贴等支出在业务经费中所占比例进一步提高，补贴支出结构进一步完善。

（三）法律援助案件情况

从地区看，东、中、西部的案件批准数分别为386933件、214956件和242735件，分别比2010年增长19.4%、13.9%和13.1%；东、中、西部的已结案件数分别为330226件、173682件和219066件，分别比2010年增长19.4%、12.3%和13.1%。通过比较已结案件数增幅和经费增幅发现，虽然东部地区的经费增长率最低，但是其案件量增幅最高。

从案件类型看，2011年批准办理案件数比2010年增长了16.1%，其中民事案件数增长幅度最大，达19.1%；刑事案件数有小幅增长，增幅为1.3%；行政案件数比2010年下降17.4%。近年来，各地放宽法律援助经济困难标准，扩充法律援助事项范围，法律援助覆盖面进一步扩大，办案量持续增长。此外，上海浙江等地联合法院等部门扩大了指定辩护案件范围，放宽了申请刑事法律援助条件，开展了法律援助值班律师试点工作，刑事法律援助案件量有所增长，改变了近三年连续下降的趋势。

从结案方式和办案主体看，以非诉讼方式办结的民事案件数占民事案件总数的53.4%，所占比例比2010年上升了4.6个百分点，首次超过了以诉讼方式办结的民事案件数，个别省份非诉讼案件数已达到80%以上；以非诉讼结案的民事案件中，基层法律服务工作者办结的案件数占55.5%，不同地区、不同办案主体在非诉讼方式结案率上的较大差异值得关注。

第七部分　法律援助工作大事记

一月

1月10日，赵大程副部长在《法律援助工作简报》第53期“中共中央政治局常委、中央政法委书记周永康视察扬州市法律援助中心”上批示：“剑英同志：要认真贯彻落实永康同志重要讲话精神，进一步做好总结推广扬州市法援中心的经验。法援工作也要明确一个重要观念，要通过自己的工作在化解社会矛盾纠纷，把已然的诉讼案件化为未然之中做出独特、重要的贡献（抄午光、院生同志）。”按照赵副部长批示要求，法援司将扬州经验作了进一步总结提炼，通过会议交流等形式在全国推广。

1月10日至14日，法援司副司长高贞率调研组赴广东省就新时期如何加强和改进法律援助的工作思路和措施进行调研。

1月18日，法援司司长孙剑英、部法援中心主任贾午光出席北京市司法局举办的法律援助农民工专项维权活动现场会暨讨薪款发放仪式，孙剑英司长在仪式上发表讲话。

1月19日，部法援中心召开《中国法律援助》杂志编辑编务工作会和培训会。会议总结了2010年《中国法律援助》杂志编辑编务工作，杂志主编贾午光、副主编桑宁向编辑人员讲解了编辑技巧及注意事项，对今后进一步做好杂志编辑工作提出了具体要求。

1月21日，应联合国开发计划署中国办公室邀请，部法援中心副主任桑宁等到访联合国开发计划署中国办公室，与来华访问的联合国开发计划署越南办公室主任等进行会谈。

1月25日，法援司司长孙剑英就法律援助工作接受《中国日报》记者采访。

二月

2月10日，赵大程副部长在中央电视台社会与法频道对司法部及法援司的感谢信上批示：“请吴部长、张副部长、郝副部长批示。法援工作司要联合法援中心、法援基金会继续做好今年的法援宣传工作，力争产生更多、更好的社会反响。请剑英同志商庆良同志对中央电视台的工作予以致谢，商义舜同志研究今年工作方案（抄午光、院生同志）。”按赵副部长批示精神，法援司对相关工作作出安排部署。

2月11日，赵大程副部长在《部法援中心与〈农民日报〉合办“法律援助月刊”活动情况的报告》上批示："午光同志：办此月刊很好，感谢农民日报社对法援工作的支持。法援群体中农民群众占有很大比重，对他们做好法援宣传工作，要突出宣传中央和各级党委、政府关心维护包括农民在内的困难群众合法权益的方针、政策，突出宣传运用法律手段解决利益诉求是重要渠道，突出宣传法援工作化解社会矛盾纠纷的积极作用。在组织工作中，要与法宣司、法援司、基层司共同研究，努力多侧面、多层次、多方式地把月刊工作搞好。"部法援中心知会农民日报社相关部门负责人，特别要在宣传"三农"政策、方针方面请给予协助。今后，将充分利用月刊，根据不同时段农民、农民工遇到的突出问题确定相应主题，增强针对性，使月刊发挥更好的作用。

2月14日至16日，法援司副司长王军益同志参加全国残联组织的"十一五"残疾人发展纲要落实情况检查组赴河北省检查工作。

2月24日，司法部下发《关于加强法律援助经费使用监督管理工作的意见》（司发通〔2011〕24号）。

2月24日至3月上旬，法援司司长孙剑英带队赴山东省、广西壮族自治区开展加强和改进法律援助工作的调研。

2月28日，赵大程副部长在办公厅《司法行政工作简报》第1期"上海市司法局积极组织引导法律服务工作者参与'11·15'特大火灾事故善后处置工作成效明显"上批示："送杜春、剑英同志阅：要总结上海的有关做法，做好重大工作、重大事件处置时期的法律服务、法律援助工作。"按照赵副部长批示要求，法援司在《工作简报》第6期以"上海市法律援助机构积极参与'11·15'特大火灾事故善后处置工作效果显著"为题，对上海市法援机构参与突发事件处置经验进行了总结，并下发各地供交流学习。

2月下旬至3月5日，法援司副司长高贞带队赴贵州、吉林两省开展加强和改进法律援助工作的调研。

2月28日，赵大程副部长在部法援中心《西部省份法律援助轮训计划培训效果及中东部地区培训需求调查情况分析》的请示上批示："午光同志：调查意见很有研究价值，请同剑英同志再进一步研究分析，结合即将制定的工作规划和意见，确定'十二五'时期培训工作计划。"部法援中心根据"十二五"时期法律援助规划内容，进一步研究分析了调查情况，起草了《"十二五"时期加强和改进法律援助培训工作指导意见》（草稿）。

三月

3月1日至5日，部法援中心在海口市举办了京津沪琼法律援助培训班，这标志着"中东部省份法律援助轮训计划"正式开始实施，来自4省市的县级以上法援中心主任共90余人参加了培训。此次培训的内容除法律援助的管理、法律援助质量评估、国外境外法律援助最新动态与发展趋势内容外，第一次探索性地增加了心理学、社会工作方法在法律援助工作中的应用以及加强法律援助机构预防和处理突发公共事件、群体性事件的能力建设等前沿性课程。

3月4日至11日，部法援中心主任贾午光带领调研组赴湖南、湖北两省，到13个法律援助机构进行了实地考察，对如何加强和改进法律援助工作进行调研。

3月4日至11日，法援司副司长王军益

带队赴河南、浙江两省开展加强和改进法律援助工作的调研。

3月13日至16日，部法援中心主任贾午光、法援司副司长王军益陪同赵大程副部长在江苏省调研法律援助工作。

3月15日，部法援中心组织编译的《国外法律援助资料汇编》第一、第二辑印制完成并免费发放至各省、地市级法律援助机构和相关人员，供各地了解和学习国外法律援助工作的经验及做法。

3月30日，全国"法律援助便民服务"主题活动总结电视电话会议召开，赵大程副部长出席会议并讲话，部党组成员、政治部主任张彦珍主持会议。山东省司法厅等9个单位作交流发言。会议全面总结了"法律援助便民服务"主题活动取得的成绩，推广交流了地方工作经验，研究了建立便民服务长效工作机制，以推动法律援助便民服务向深度和广度发展，为更多的困难群众提供便捷、高效、优质法律援助服务。

四月

4月1日，赵大程副部长在部法援中心报送的"关于编制《2011年绩效管理手册》并予实施的报告"上批示："请吴部长批示。法援中心以绩效管理方式保证年度计划贯彻落实，体现了务实求实、狠抓落实的精神、作风，希望严格执行，见到成效，以优异的工作成绩推动法援事业又好又快发展。"

4月12日，法援司司长孙剑英参加张苏军副部长会见塔吉克斯坦共和国驻华大使外事会。

4月12日，法援司副司长高贞出席中澳合作国家级反对家庭暴力法律援助培训研讨班开幕式。

4月12日至16日，部法援中心在武汉市举办"中东部省份法律援助轮训计划"来自湖北省各地（州、市）县（区）共125名法援中心主任参加了培训。培训的主要内容为法律援助的项目管理、加强法律援助机构窗口建设与工作规范、依法应对突发事件、法律援助案件质量管理和质量评估、法律援助工作中的心理学问题等。

4月19日至21日，部法援中心在云南省保山市召开"中国—加拿大向弱势群体提供法律援助项目中方启动会"，会议的主要内容是：介绍中加向弱势群体提供法律援助项目的最新进展情况；学习赵大程副部长对此项目的批示精神；研究、讨论项目谅解备忘录，重点分析项目活动的具体管理方式方法、项目费用分担原则、配套资金管理使用方法等；讨论三个试点省份的项目执行计划。桑宁副主任主持会议，来自中加项目二期试点省份的云南、辽宁、吉林三省的法律援助机构直接参与项目管理和执行的人员及部法援中心交流合作处等人员参加会议。

4月20日至30日，中国法律援助基金会张秀夫率中国大陆法律援助考察团赴台湾、香港考察法律援助制度，法援司、部法援中心派员随团出访。

4月25日，全国地市司法局长培训班法律援助论坛在中国司法警官学院举办，法援司副司长高贞主持。

4月29日，法援司副司长高贞陪同中国法律援助基金会理事长岳宣义赴重庆参加"共创和谐——走进农民工困难职工心中·法律援助在重庆"大型公益活动启动仪式。

五月

5 月 19 日，法援司配合外交部召开部分外国驻京记者采访中国法律援助工作专题座谈会。孙剑英司长介绍了我国法律援助制度概况，法律援助近年来取得的成效、下一步发展目标和主要措施，并回答了记者提问。座谈会前，外国记者参观了北京致诚农民工法律援助与研究中心和未成年人法律援助与研究中心。来自美、英、法、日等国共 20 余名记者参会。

5 月 24 日至 27 日，法援司副司长高贞陪同部党组成员、政治部主任张彦珍赴内蒙古赤峰市法援中心开展主题教育实践活动专题调研。

5 月 26 日至 29 日，法援司司长孙剑英应邀赴香港参加“两岸四地法律援助研讨会”并作主题发言，部法援中心派员参会。

5 月 30 日至 6 月 3 日，部法援中心在福建省举办“中东部省份法律援助轮训计划”福建培训班，来自福建省各市、县（区）共 115 名法援中心主任参加了培训。培训的主要内容为法律援助的项目管理、法律援助工作中的心理学问题、依法应对突发事件、法律援助案件受理审查、如何做好刑事法律援助工作等。

六月

6 月 1 日，赵大程副部长在《关于外国驻京记者对我国法律援助工作进行专题采访的情况报告》和外交部给司法部的感谢信上批示：“请吴部长、张副部长批示。感谢义舜同志和法宣司‘同志与法援司’配合努力。”法援司将采取多种举措，进一步加强法律援助宣传工作，并积极配合有关司局做好外事宣传工作。

6 月 7 日至 8 日，法援司会同计财司在河南省郑州市召开“部分省（区、市）法律援助经费保障及业务装备建设座谈会”。会议的主要任务是总结交流近年来法律援助经费保障及业务装备建设工作的经验和做法，分析存在的困难和问题，研究部署今后工作。法援司副司长王军益、计财司副司长邹燕出席会议并讲话。14 个省（区、市）法律援助处（中心）处长（主任）、计财处处长参加会议。

6 月 10 日，司法部召开第二届全国“十佳法律援助单位十佳法律援助工作者”评选委员会会议，赵大程副部长、张彦珍主任出席会议并讲话，法援司司长孙剑英主持会议。办公厅、政治部、法宣司、律公司、基层司、驻部纪检组监察局、部法援中心、全国律协、法援基金会的主要负责人作为评委会委员参加会议。会议审议了各地上报的候选单位和候选人事迹材料，投票推选出参加社会评选的单位和个人。

6 月 13 日，司法部政治部主任张彦珍在《关于部党组成员、政治部主任张彦珍深入“发扬传统坚定信念执法为民”主题教育实践活动联系点内蒙古自治区赤峰市法律援助中心调研有关情况的请示》上批示：“工作简报要注意宣传基层法律援助人员便民为民活动情况，以及通过主题教育活动推进法律援助工作情况，为当地经济社会发展发挥作用情况。”按照张彦珍主任批示要求，法援司在《法律援助工作简报》推出专刊，阶段刊出联系点和各地法律援助机构主题教育实践活动进展情况，交流各地在“发扬传统　坚定信念　执法为民”主题教育实践活动中便民为民的成效经验，以及通过活动推进法律援助工作情况、为当地经济社会发展发挥作用情况。

6月13日至19日，法援司副司长王军益率司法部法律援助代表团赴芬兰参加第九次国际法律援助会议，部法援中心派员参加。

6月17日上午，法援司司长孙剑英就法律援助工作接受中央电视台《焦点访谈》栏目记者采访。

6月25日至7月14日，法援司副司长高贞率司法部法律援助管理干部培训团赴英国参加培训。

七月

7月4日至7日，法援司副司长王军益在浙江省参加法律服务法律援助调研工作。

7月5日至7日，部法援中心在石家庄市举办“中东部省份法律援助轮训计划”（第四期）河北培训班，来自河北省各市、县（区）共210多名法援中心主任和司法局分管副局长参加了培训。培训的主要内容为法律援助窗口建设与工作规范、法律援助工作中的心理学问题、社会工作方法在法律援助工作中的运用、法律援助案件质量管理和质量评估、法律援助档案整理实务等。

7月14日，法援司副司长王军益等与总政司法局局长要文须、副局长王文旺等有关人员座谈，讨论《关于进一步加强涉军法律援助工作的意见（征求意见稿）》。会前，孙剑英司长与要文须局长等就加强涉军法律援助工作交换了意见。

7月21日至23日，法援司司长孙剑英在辽宁省鞍山、本溪、辽阳、盘锦等地调研法律援助工作。

7月27日，赵大程副部长主持召开司法部残疾人工作座谈会，传达学习第四次全国残疾人事业工作会议精神，回顾总结“十一五”时期司法行政服务残疾人工作情况，研究贯彻落实《中共中央国务院关于促进残疾人事业发展的意见》和《中国残疾人事业“十二五”发展纲要》的意见，安排部署“十二五”时期司法行政服务残疾人事业发展的工作任务。赵副部长在会议上讲话，部律公司司长杜春，法援司司长孙剑英、副司长王军益，法宣司副司长李涛，部法援中心主任贾午光、中国法律援助基金会副秘书长陈益未，浙江省司法厅副厅长陈志忠等有关人员参加会议。

7月27日至28日，法援司司长孙剑英陪同吴爱英部长在天津市调研。

7月27日至29日，部法援中心在青海省西宁市举办了西部省份法律援助业务技能培训班，这是继“西部省份法律援助轮训计划”完成对县级以上法援中心主任管理技能全员培训之后，利用“中东部省份法律援助轮训计划”实施间隙，针对西部省份法律援助律师等办案骨干举办的首次办案业务技能示范培训。来自西部12个省（区、市）以及新疆生产建设兵团的110名法援律师和业务骨干参加了培训。培训内容为侵权业务办理技能、刑事辩护的若干前沿问题、婚姻家庭疑难焦点问题分析、工伤保险条例权威解读等，相关领域专家及资深律师为学员授课。

7月29日，司法部在京举行第二届全国

“十佳法律援助单位十佳法律援助工作者”社会评选活动启动仪式，正式拉开了为期一个月的社会评选活动的序幕。司法部副部长赵大程出席启动仪式。人民网、央视网、司法部政府网对启动仪式全程进行了图文直播。

八月

8月4日至5日，法援司和中央电视台社会与法频道在吉林省延吉市联合召开“法律援助在行动”开播一周年座谈会。会议的主要任务是总结交流“法律援助在行动”专题电视节目开播一年来的创作经验，表彰鼓励先进，进一步提升“法律援助在行动”的社会影响和品牌效应，扩大法律援助的宣传效果。副司长王军益同志、中央电视台社会与法频道副总监童宁、吉林省司法厅巡视员朱晓光出席会议。王军益副司长作总结发言。北京、山西、内蒙古、辽宁、黑龙江、吉林、上海、江苏、安徽、山东等省市法律援助处（中心）负责同志以及参与节目制作的律师代表参加会议。

8月9日，赵大程副部长在部法援中心报送的《西部省份法律援助业务技能培训班总结及培训材料》上批示：“午光同志：在培训工作中加强业务技能培训非常重要，这既是提高工作水平的重要措施，也是实现工作标准化、规范化的重要保障。希望有计划、有重点地继续予以加强，并不断总结提高（抄剑英同志、霞泽同志）。”部法援中心已计划在中东部省份法律援助培训计划执行期间或完成后，开始实施全国法律援助业务技能培训计划，并做到期期评估、总结，不断提高培训质量。

8月23日至26日，部法援中心在黑龙江省哈尔滨市举办了“中东部省份法律援助轮训计划”黑龙江培训班，来自黑龙江省各市、县（区）的160名法援中心主任参加了培训。培训内容为法律援助工作流程规范化、法律援助经费的管理与使用、法律援助案件质量管理和质量评估、法律援助项目管理、法律援助工作中的心理学问题、国外境外法律援助最新动态与发展趋势等。

8月24日，赵大程副部长主持召开《法律援助程序规定》座谈会，法援司司长孙剑英，副司长王军益、高贞参加。

8月28日至9月2日，全国法律援助处长（主任）培训班在中央司法警官学院举办，来自各省（区、市）司法厅（局）、新疆生产建设兵团司法局及副省级市司法局的法律援助处长（主任），省会城市、全国法律援助工作联系点的地市司法局分管局长参加了培训。此次培训以新形势下加强和改进法律援助工作，推进社会管理创新为主题，邀请专家学者就法律援助在社会管理创新中的作用及其有效发挥、维护群众权益和维护社会稳定、社会建设与社会管理创新等方面问题进行授课。学员就社会管理创新与法律援助、加强和改进法律援助工作两个题目进行了交流研讨。法援司司长孙剑英，副司长王军益、高贞出席培训班，法援司综合处、指导处、监管处人员参加了培训。

九月

9月4日至9日，法援司副司长王军益带队会同解放军总政治部司法局局长要文须等赴陕西、河南两省开展涉军法律援助工作调研。

9月5日，法援司党支部《立足本职　创先争优　推进法律援助事业创新发展》一文获中央国家机关工委研究室、中央国家机关党建研究会、紫光阁杂志社举办的“创先争优：理论与实践”征文活动优秀论文奖。

9月6日，司法部政治部主任张彦珍在《关于就张彦珍主任赴主题教育实践活动联系点内蒙古赤峰的调研情况编发简报的请示》上批示：“从法律援助为民服务、创先争优角度总结法律援助工作情况，这方面有不少好的做法，要及时宣传、引导、推动。”按照张彦珍主任批示要求，法援司对《工作简报》进行了修改，进一步突出了内蒙古自治区和赤峰市法律援助工作在主题教育实践活动中为民服务、创先争优的措施和成效。

9月7日，赵大程副部长主持召开《法律援助事业“十二五”时期发展规划》座谈会，法援司司长孙剑英，副司长王军益、高贞参加。

9月13日上午，法援司司长孙剑英参加吴爱英部长会见斯洛文尼亚司法部长阿莱什·扎拉尔一行的活动。

9月14日至16日，部法援中心在湖南省衡阳市举办了“中东部省份法律援助轮训计划”湖南培训班，此期培训班应湖南省法援中心请求调整年度培训计划而增办。来自湖南省各市（州）司法局分管副局长和法援中心主任，部分县（市、区）司法局长和全体县（市、区）法援中心主任共180人参加了培训。培训内容为加强法律援助机构窗口建设与工作规范、法律援助经费的管理与使用、法律援助案件质量管理和质量评估、法律援助项目管理、法律援助工作中的心理学问题、国外境外法律援助最新动态与发展趋势以及新《湖南省法律援助条例》宣讲等。培训内容的设置为即将实施的新《湖南省法律援助条例》打下了良好基础，进一步提高了参训人员的法律援助管理能力。

9月20日，吴爱英部长主持召开会议，研究《法律援助事业“十二五”时期发展规划》和《吴部长在全国法律援助工作座谈会上的讲话提纲》，法援司司长孙剑英、副司长高贞参会。

9月21日，司法部政治部主任张彦珍在“发扬传统　坚定信念　执法为民”《主题教育实践活动专刊》之五上批示：在为民服务创先争优活动中一定要突出法律援助工作的特点，及时总结推广先进典型、先进经验，扎扎实实开展工作，真正做到方便群众、优质服务。按照张彦珍主任批示要求，法援司将在法律援助简报专刊中，重点介绍各地通过主题教育实践活动推进法律援助工作、提升服务群众能力的主要做法和实际成效。

十月

10月10日至14日，部法援中心在山东省临沂市举办了“中东部省份法律援助轮训计划”山东培训班，来自山东省各市、县、区的法援中心主任180人参加了培训。培训内容为法律援助的规范运作、正确把好法律援助受理审查与指派关、乡镇街道法律援助工作站建设与规范化管理、山东省法律援助工作的现状和几个需要解决的突出问题等。

10月11日至12日，全国法律援助工作座谈会在安徽省合肥市召开。吴爱英部长出席会议并讲话，陈训秋副部长、韩亨林组长出席会议，赵大程副部长作总结讲话。会议总结了近年来法律援助工作成绩，研究部署了当前和今后一个时期法律援助工作，安徽省司法厅等12个单位作大会交流发言；与会代表参观了安徽省滁州市法律援助中心、滁州市琅琊区法律援助中心和全椒县十字镇法律援助工作站。会议期间举办了全国法律援助宣传品展览。各省（区、市）司法厅（局）长、新疆生产建设兵团司法局长、各副省级市司法局长、各省（区、市）司法厅（局）法律援助处（中心）处长（主任）、新疆生产建设兵团司法局法律援助处处长，司法部有关司局和直属单位主要负责人参加会议。

10月17日至21日，法援司工作人员参加由中国法律援助基金会秘书长带队的检查组，赴宁夏检查中央专项彩票公益金法律援助项目实施情况和法律援助案件评查工作开展情况。

10月24日至25日，中组部干部三局领导赴北京市朝阳区法律援助中心开展调研活动，了解窗口行业深入开展创先争优活动服务群众的做法和经验，法援司司长孙剑英参加调研活动。

10月25日，司法部举行中加项目二期官方见面会，加拿大使馆及加方执行机构人员，商务部、司法部外事司相关人员，部法援中心副主任桑宁等有关人员参加。外事司康煜副司长介绍了司法部整体工作，特别介绍和回顾了中加项目一期取得的成果以及对中加项目二期的希望。

10月26日至11月1日，部法援中心副主任桑宁及交流合作处人员陪同加拿大使馆项目官员及商务部人员赴吉林、辽宁、云南三省，对三个中加项目二期执行省份进行考察。

10月31日，司法部下发《法律援助事业“十二五”时期发展规划》（司发〔2011〕15号）。《规划》确定了“十二五”时期法律援助工作的指导思想、发展目标和基本原则，提出了“十二五”时期法律援助工作的主要任务和措施。

十一月

11月3日，由部法援中心组织编写的《残疾人法律援助服务手册》印制完成。《手册》分基本权益、劳动权益、社会保障和康复、教育和无障碍设施四个分册，每个分册配有形象生动的插图，用通俗易懂的语言解答了残疾人经常遇到的法律问题。《手册》免费发放至全国各地法律援助机构。

11月10日，法援司在天津市举办全国法律援助工作统计培训班。培训的主要任务是贯彻落实全国法律援助工作座谈会精神，切实改进和加强法律援助统计工作，确保统计数据准确、权威、及时、有效。各省（区、市）司法厅（局）法律援助处（中心）统计人员参加了培训。

11月15日至21日，部法援中心派员参加由联合国毒品和犯罪问题办公室在维也纳召开的刑事法律援助问题专家会议。

11月18日，驻部纪检组组长韩亨林出

席中央电视台社会与法频道宣传座谈会并讲话，法援司司长孙剑英同志参加会议。

11月20日至12月22日，法律援助公益广告在中央人民广播电台连续播出。

11月21日，赵大程副部长在法援司报送的《关于孙剑英同志在全国法律援助联系点暨案件评查工作座谈会上的发言的请示》上批示："剑英同志：总的同意。评查是从内部改进加强法援工作的重要措施，需要切实重视、系统研究、定期开展。法援工作要善于从评查中发现、解决问题，以提高质量、取信于民。"按照赵大程副部长批示要求，法援司将进一步加强对案件评查工作的检查指导，督促地方发现问题，及时整改，健全完善办案质量监督机制，确保为受援人提供符合标准的法律援助服务，力争使办理的每一件法律援助案件都能让群众满意。

11月21日至23日，法援司在上海召开全国法律援助联系点暨案件评查工作座谈会。会议的主要任务是贯彻落实全国法律援助工作座谈会精神，总结交流法律援助联系点工作和案件评查工作。司长孙剑英在会上讲话。会议期间，与会代表参观了上海市、浦东新区和徐汇区法律援助中心。联系点所在的21个省（区、市）司法厅（局）法律援助处（中心）处长（主任）及35个联系点分管局长或法律援助处、科（中心）主要负责人参加会议。

11月22日至25日，部法援中心在江苏省昆山市举办了"中东部省份法律援助轮训计划江苏培训班"，来自江苏省各市、县、区的法援中心主任共130多人参加了培训。培训内容为依法应对突发事件、乡镇（街道）法律援助工作站建设与规范化管理、法律援助宣传与法律教育创新、法律援助工作中的心理学问题、社会工作方法在法律援助中的运用等。

11月29日至30日，法援司与中央电视台联合制作，上海、北京市法律援助中心协助拍摄的"法律援助在行动"节目在中央电视台播出两期。

十二月

12月2日，由赵大程副部长作序、部法援中心组织编辑的《法律援助制度改革与发展2010—2011年度全国法律援助征文选辑》印制完成。《征文选辑》共选登100篇优秀论文，其中一等奖10篇，二等奖20篇，三等奖30篇，优秀奖40篇，《征文选辑》免费发放至各地法律援助机构。

12月5日，由部法律援助中心组织采访编辑的第三册《大爱——走进中国法律援助工作者》印制完成。此书宣传了10名法律援助先进工作者的事迹，反映了他们的生活和工作情况，展现了法律援助工作者的良好精神风貌。此书已免费发放至全国省（区、市）和地市级法律援助机构。

12月5日至11日，法援司副司长王军益与解放军总政治部司法局副局长王文明等一行赴江苏、浙江两省开展涉军法律援助工作调研。

12月6日至8日，由部法援中心、法援工作司共同主办的2010—2011年度全国法律援助研讨会在福建省召开，来自全国各省（区、市）的法律援助工作者共计80余名代表参加会议。研讨会的主题为"法律援助制度改革与发展"。会议围绕法律援助需求与服务范围拓展、法律援助案件质量管理与工作规范、法律援助工作创新、法律援助队伍建设、法律援助制度建设与立法完善、法律援助理论研究工作交流六个方面进行了研讨。在研讨会上发言的优秀论文已编入《法律援助制度改革与发展——2010—2011年度全国法律援助征文选辑》一书，由中国民主法制出版社出版。

12月21日至22日，部法律援助中心副主任桑宁同志赴海南省出席第九届全国城际法律援助协作会议，本次会议的主题是"农民工维权法律援助"，来自全国41个城市的司法局及法律援助机构负责人应邀参会。

第八部分　文件选载

一、法律援助工作文件选载

司法部关于加强法律援助经费使用监督管理工作的意见

（2011年2月24日　司发通〔2011〕24号）

各省、自治区、直辖市司法厅（局），新疆生产建设兵团司法局：

为切实履行司法行政机关监督管理职责，做好法律援助经费使用监督管理工作，充分发挥经费使用效益，更好地满足困难群众对法律援助的需求，为保障和改善民生服务，现提出如下意见。

一、高度重视经费监督管理工作

（一）充分认识加强经费监督管理的重要性。法律援助经费是法律援助机构履行职责的重要条件，是经济困难群众获得法律援助的重要保障。做好经费监督管理工作，是司法行政机关的一项重要任务，对于履行法律援助工作职责，加强法律援助机构建设，提高法律援助服务质量和效率，推动法律援助事业又好又快发展具有重要作用。各级司法行政机关和法律援助机构要各司其职，建立健全经费管理制度和监督机制，落实监管责任，努力发挥经费使用的最大效益，促进法律援助工作健康发展。

（二）认真解决经费管理使用中存在的问题。近年来，随着政法经费保障政策的落实，中央和地方财政对法律援助经费的投入逐年增加，法律援助经费保障水平不断提高，办案数量大幅增长，有力满足了困难群众对法律援助的需求。但是，经费管理使用中的一些问题仍然存在，一些地方法律援助经费没有单独列支或设置明细账，经费支出不够合理，执行办案补贴标准和补贴发放程序不严格等，影响了法律援助工作的发展。必须进一步加强经费监督管理工作，确保经费使用规范、安全、有效。对于发现的问题要认真分析原因，提出改进意见，及时予以解决。

二、进一步规范经费管理工作

（三）科学合理编制经费预算。进一步加强与财政部门的沟通协调，全面掌握法律援助经费的需求，充分考虑公民经济困难标准、法律援助事项范围、案件数量、办案经费支出和补贴标准等因素，以及开展法律援助宣传、人员培训等方面对经费的需求，法律援助业务装备建设对经费的需求，科学合理编制年度法律援助经费预算。要研究制定法律援助办案业务成本开支和成本核算办法，细化各项预算支出标准，按财政预算管理程序编报。

（四）建立健全经费管理机制。法律援助机构应当设立专门账户或单列科目，实行单独核算。要严格执行国家有关财政资金管理的法律、法规和财务规章制度，建立健全本地区、本单位经费管理各项规章制度及内控机制，加强经费收支和财务管理，严格执行各项经费开支范围和标准，按规定用途使用各项资金，确保专款专用。

三、切实提高经费使用效益

（五）合理分配使用中央、地方政法转移支付资金。省级司法行政机关要主动争取同级财政部门的支持，在中央和省级政法转移支付资金分配司法行政部门办案（业务）费中，优先保障市县法律援助经费需求。要合理确定各项经费支出比例，在充分保障法律援助办案所需经费的前提下，适当安排宣传、培训等方面的经费。要使用好业务装备经费，逐步解决法律援助办案设备、车辆紧缺及办公等基础设施落后的问题，促进法律援助各项工作协调发展。

（六）严格管理使用中央补助地方法律援助办案专款和中央专项彩票公益金法律援助项目资金。要认真执行财政部、司法部印发的《中央补助地方法律援助办案专款管理暂行办法》（财行〔2005〕191 号）和《中央专项彩票公益金法律援助项目实施与管理暂行办法》（财行〔2009〕554 号），严格按照办案专款和项目资金使用范围进行支出，不得改变资金用途。

（七）严格按标准发放办案补贴。严格执行各省（区、市）和中央专项彩票公益金法律援助项目资助地区的法律援助办案补贴标准，认真履行办案补贴领取手续，及时、足额兑现办案补贴，严禁随意压低、克扣、拖延支付办案补贴。要根据当地经济社会发展水平，适时提高办案补贴标准，建立科学合理的办案补贴标准动态调整机制。

（八）优化经费支出结构。办案经费用于办理法律援助案件的开支和支付办案补贴，不得用于购置固定资产、弥补日常运行公用经费或基础设施建设经费不足。要将中央和地方政法转移支付资金、本级财政拨付的法律援助经费和各种渠道筹集的社会资金结合起来，统筹安排使用，优先保障法律援助办案经费。办案经费支出原则上地市一级不得低于 50%，县区一级不得低于 60%。

四、进一步加强对经费管理使用的监督

（九）建立监督检查制度。各级司法行政机关应当会同同级财政、审计部门加强对法律援助经费管理使用情况的监督检查，及时发现并解决经费管理使用中存在的问题，防止违法违规使用资金。对中央补助地方法律援助办案专款的安排和使用情况，省级司法行政机关要会同财政部门按规定期限向财政部和司法部作出书面报告。对中央专项彩票公益金法律援助项目资金的安排和使用情况，省级项目管理办公室要按规定向中央项目管理办公室作出书面报告，中央项目管理办公室要按规定期限向财政部和司法部作出书面报告。建立法律援助经费使用年度报告制度，法律援助机构应当于每年初向同级司法行政机关和财政部门报告上一年度经费使用效益情况。建立经费使用公示制度，各地应通过媒体或互联网每年初对上一年度法律援助经费预算、执行和支出效益等情况予以公布，主动接受社会的监督。

（十）建立绩效考评制度。司法行政机

关要会同财政部门对法律援助经费管理及使用效益情况开展专项检查和年度考评。对管理不到位或资金使用效益不高的地区及单位，责成有关部门及时纠正。同时依据考评结果建立相应的奖惩制度，对执行好的单位予以表彰，对存在问题多的单位，应要求其作出书面说明，提出整改措施，并予以警示或通报。

五、切实加强领导

（十一）强化组织领导。各级司法行政机关要把法律援助经费监督管理工作作为一项重要任务，高度重视，摆上议事日程，切实加强领导。要及时了解掌握法律援助经费拨付、管理和使用情况，研究解决法律援助经费方面的困难和问题，加强对经费管理使用工作的检查指导，确保资金使用安全。要把经费监督管理工作与执法检查、投诉处理等工作结合起来，确保取得实效。

（十二）严格责任追究。司法行政监察机构要把法律援助经费管理使用监督工作，作为廉政建设和法律援助行风建设的一项重要内容来抓，加强对法律援助管理部门、法律援助机构及其工作人员执行政策法律法规、履行监管职责、实施法律援助等方面的监督。对不履行职责，滥用职权，造成严重后果的；对违反规定使用、截留、挤占、挪用或私分法律援助经费的机构和个人，依照有关规定追究其责任，情节严重、构成犯罪的，移送司法机关依法追究刑事责任。

司法部
2011 年 2 月 24 日

关于进一步做好农民工权益保障工作的通知

（2011 年 6 月 13 日　司发通〔2011〕101 号）

各省、自治区、直辖市司法厅（局），新疆生产建设兵团司法局：

2010 年是我国经济社会发展取得重大成就的一年，也是司法行政系统农民工工作取得显著成绩的一年。面对巩固扩大应对国际金融危机冲击成果等诸多可以预见和难以预见的风险挑战，各级司法行政机关坚持以邓小平理论和“三个代表”重要思想为指导，深入贯彻落实科学发展观，坚持围绕中心、服务大局，紧紧围绕深入推进三项重点工作，采取扎实有效措施，加大工作力度，有力推进农民工权益保护工作全面发展。2010 年全国法律援助机构共组织办理农民工法律援助案件近 27 万件，同比增长 4.1%，占全年办案量的 37.1%；人民调解组织调解涉及农民工劳动争议纠纷约 36.5 万件，调解成功率达 90% 以上。

根据《国务院农民工工作联席会议 2011 年工作要点》的要求，2011 年司法行政系统农民工工作的总体思路是：全面贯彻党的十七大和十七届三中、四中、五中全会精神，以邓小平理论和“三个代表”重要思想为指导，深入贯彻落实科学发展观，加强和创新社会管理，深化三项重点工作，紧紧围绕国家“十二五”规划确定的农民工工作目标和任务，顺应农民工对维护社会公平正义的新期待，注重从制度上解决农民工权益保障问题，把加强农民工权益保护放在更加突出的位置，充分发挥司法行政职能作用,努力为农民工提供优质高效的法律服务和法律保障,推动解决农民工最关心、最直接、最现实的利益问题,维护社会和谐稳定,促进社会公平正义。

一、深刻认识做好新形势下农民工权益保障工作的重要意义

党中央、国务院高度重视做好农民工工作。党的十七届五中全会强调,要坚持把保障和改善民生作为加快转变经济发展方式的根本出发点和落脚点,注重在制度上解决好农民工权益保障问题。《国民经济和社会发展第十二个五年规划纲要》提出,要"加强和完善党和政府主导的维护群众权益机制,形成科学有效的利益协调机制、诉求表达机制、矛盾调处机制和权益保障机制,切实维护群众合法权益"。胡锦涛总书记在省部级主要领导干部社会管理及其创新专题研讨班开班式上指出,社会管理要搞好,必须加快推进以保障和改善民生为重点的社会建设,完善保障和改善民生的制度安排,进一步加强和完善党和政府主导的维护群众权益机制,进一步加强和完善流动人口和特殊人群管理和服务,进一步加强和完善基层社会管理和服务体系。中央的一系列重大决策部署,为我们做好新时期农民工工作,推动农民工权益保障事业全面发展进步,进一步指明了方向。各级司法行政机关要从巩固党的执政地位、维护人民根本利益、保证国家长治久安的高度,充分认识新形势下加强农民工权益保障工作的重要意义,认真贯彻落实党中央、国务院关于农民工工作的一系列决策部署,把农民工权益保障工作放在更加突出的位置,认真做好农民工服务和管理相关工作,切实维护农民工合法权益,促进社会公平正义,努力为"十二五"时期经济社会发展、为加快实现全面建设小康社会宏伟目标创造更加良好的社会条件。

二、加大工作力度,切实做好农民工权益保障的重点工作

(一)认真谋划"十二五"时期农民工权益保障工作。加强农民工权益保障工作,是"十二五"时期的重要任务。要着眼于更好地发挥司法行政机关在服务农民工权益保障工作中的职能作用,进一步把思想统一到中央决策部署上来,把力量凝聚到实现"十二五"时期农民工权益保障工作目标任务上来,把服务保障和改善民生的重点放在农民工等困难群众上来,全面提高农民工权益保障工作水平。要准确把握经济社会发展形势的新变化新特点,围绕解决当前农民工等流动人口在社会管理领域的突出问题,有效发挥司法行政工作在加强和创新社会管理中的职能作用,进一步加强和完善对农民工等流动人口的服务和管理。要围绕深化三项重点工作,进一步加强和改进新形势下农民工权益保障工作,促进解决农民工最关心、最直接、最现实的问题,为保持经济平稳较快发展提供有力法律保障、创造良好社会环境。

(二)进一步加强农民工法制宣传工作。要贴近农民工的实际需要,开展寓教于乐的法制宣传,引导农民工依法理性表达利益诉求。要积极整合司法行政资源,坚持将农民工法制宣传教育工作融入到法律服务、法律援助和人民调解工作过程中,注重在提供法律服务、法律援助和矛盾纠纷调解中开展法制宣传,推进司法行政系统农民工工作创新,形成农民工工作合力。要以"六五"普法为契机,积极推动把加强农民工法制宣传教育纳入农村和城市公共服务的重要内容,建立健全由党委、政府领导、司法行政机关主导、相关职能部门和用人单位共同参与的农民工法制宣传教育工作长效机制,促进农民工法制宣传教育的常态化、制度化。要加大农民工法制宣传教育投入,加强农民工法制宣传教育阵地建设,编写适合农民工特点的免费普法读物，为农民工学法用法提供便利条件。

（三）进一步加强农民工法律服务工作。要加强对农民工法律服务工作的数据统计和分析研判工作，找准农民工权益保障工作的需求状况和存在问题，有针对性地开展工作。要积极探索并推广针对劳资双方达成的偿还欠款协议及兑现农民工工资协议的强制执行公证业务，进一步发挥公证工作在维护农民工合法权益方面的职能作用。要鼓励支持有条件的法律服务机构设立法律咨询热线，公示法律服务机构、人员执业信息，印制名录免费发放，深入社区、工地、企业等农民工聚集地区设立法律服务联系点、咨询点，方便农民工及时获得法律帮助。要丰富和拓展服务内容和范围，在组织引导法律服务人员做好涉及农民工的诉讼、非诉讼、仲裁等案件代理工作的同时，注意加强人文关怀和心理疏导，理顺农民工情绪，优化服务效果。要加强对法律服务人员办理农民工案件的指导，建立重大案件报告制度、信息沟通制度，及时掌握情况，做好相关工作。

（四）进一步加强农民工法律援助工作。要进一步扩大农民工法律援助覆盖面，推动地方建立经济困难标准和援助事项范围的动态调整机制，将更多的农民工纳入法律援助范围。要提高农民工法律援助服务专业化水平。改进案件指派方式，指派具有农民工常涉纠纷办案特长的法律援助人员为农民工提供法律服务；推行点援制，尊重受援人的意愿，建立法律援助人员分类名录供农民工选择。推广组建专业化的农民工法律援助服务团队的做法，加强专门知识技能培训，提高办理农民工特定类型案件的工作水平。要规范农民工法律援助事项办理程序，根据农民工法律援助工作特点，制定完善相关事项办理环节的工作程序、工作制度和服务标准，促进农民工法律援助工作的规范开展。要进一步完善法律援助异地协作机制，方便农民工异地申请获得法律援助，降低维权成本。要继续推动建立农民工法律援助经费保障机制，提高农民工法律援助经费保障水平，更好地满足农民工的法律援助需要。

（五）进一步加强农民工人民调解工作。要认真贯彻落实《人民调解法》，继续推进在建筑工地、集贸市场、商品集散地、劳动密集型企业等农民工比较集中地区和行业建立专门人民调解组织，扩大人民调解工作的覆盖面。要积极完善涉及农民工纠纷调解队伍结构，加强与各级工会组织的联系，发展劳动争议人民调解员专业队伍；根据区域、行业等实际情况，积极在农民工队伍中发展人民调解员，促进农民工实现自我管理、自我服务、自我教育、自我约束。要加强人民调解与诉讼、仲裁等纠纷解决机制的对接，建立农民工权益纠纷联动调处机制，依法维护农民工合法权益。要加强制度建设，制定完善人民调解法相关配套制度和人民调解委员会工作制度，规范工作程序和流程，提高人民调解工作规范化水平。

三、加强对农民工权益保障工作的组织领导

加强农民工权益保障工作，是一项长期而艰巨的任务。各级司法行政机关要高度重视，将农民工权益保障工作摆上重要议事日程，加强组织领导，强化工作指导，扎实推进工作，确保“十二五”时期司法行政系统农民工权益保障工作开好局、起好步。要坚持工作重心下移，把人力、财力、物力更多地投向基层农民工权益保障工作，不断充实基层力量、整合基层资源、强化基础工作，增强基层农民工权益保障工作服务能力。要及时总结推广农民工权益保障工作的好经验好做法，及时转化为政策措施，上升为制度规范，形成农民工权益保障工作长效机制。要大力加强宣传工作，广泛宣传司法行政系统农民工权益保障工作的新举措新成效，形成关心和支持农民工权益保障工作的良好氛围。

各地贯彻落实情况请及时报部。

关于组织开展第二届全国“十佳法律援助单位十佳法律援助工作者”社会评选活动的通知

各省、自治区、直辖市司法厅（局），新疆生产建设兵团司法局、监狱管理局：

根据司法部《关于评选第二届全国“十佳法律援助单位十佳法律援助工作者”的通知》要求，司法部“双十佳”评选委员会（以下简称“部‘双十佳’评委会”）在各地推荐的基础上，评选产生了第二届“十佳法律援助单位”候选单位20个、“十佳法律援助工作者”候选人20名，决定7月底开展第二届全国“十佳法律援助单位十佳法律援助工作者”社会评选活动。现将有关事项通知如下：

一、评选范围

部“双十佳”评委会推选的20个“十佳法律援助单位”和20名“十佳法律援助工作者”候选人（名单见附件）。

二、评选方式

采取报纸投票和网络投票两种方式进行。评选期间，部“双十佳”评委会将在《法制日报》和新华网等十一家媒体上刊登候选单位和候选人事迹，选票同时登载，公布投票规则。

三、评选程序

（一）公众投票。7月底至8月底，由公众进行投票，为期一个月。

（二）社会公示。根据投票情况确定拟评定的“双十佳”，向社会公示一周。公示期间，部“双十佳”评委会公布投诉举报方式，接受社会各界对评选活动的监督，并负责核查公众对拟评定“双十佳”的违法违纪行为的举报。经查证举报情况属实的，部“双十佳”评委会将取消其候选资格，从第11名后的单位和个人中依票数高低递补。

（三）审定公布。公示期满后，将公众评出的“双十佳”单位和个人报部党组审定，由部“双十佳”评委会公布评选结果。

四、工作要求

（一）加强组织领导。各级司法行政机关要加强对“双十佳”社会评选活动的组织领导，结合本地实际，研究制定具体实施方案，确保“双十佳”社会评选活动顺利开展。

（二）落实保障措施。各地要按照评选条件和要求，积极组织广大社会公众参与这次评选活动，严格标准，严格程序，坚持实事求是和公开公平公正的原则，按时保质搞好这次评选活动。要加强对评选活动中网络舆情的监控，防止出现不良情况，对发现的有关问题，请及时报告部“双十佳”评委会办公室。

（三）加大宣传力度。各地要以这次“双十佳”社会评选活动为契机，加大法律援助工作宣传力度，统一部署，统筹安排，积极配合《法制日报》等中央报刊和各种网络媒体，宣传“双十佳”候选单位、候选人的先进事迹。要广泛借助报纸、杂志、电视、网络等媒体，组织开展有规模、有影响的宣传活动，造出声势，吸引社会公众积极参与投票评选活动，使社会各界更加关注法律援助工作，进一步提高法律援助公众知晓率和社会影响力。

附件：第二届全国“十佳法律援助单位十佳法律援助工作者”社会评选名单

二〇一一年七月十二日

附件

第二届全国“十佳法律援助单位十佳法律援助工作者”社会评选名单

一、“十佳法律援助单位”候选单位（按行政区划排序）

1. 天津市滨海新区天津经济技术开发区法律援助中心
2. 内蒙古赤峰市红山区法律援助中心
3. 辽宁省鞍山市法律援助中心
4. 吉林省长春市法律援助中心
5. 上海市浦东新区法律援助中心
6. 江苏省扬州市法律援助中心
7. 浙江省宁波市法律援助中心
8. 安徽省滁州市法律援助中心
9. 福建省泉州市法律援助中心
10. 江西省南芳律师事务所
11. 山东省日照市法律援助中心
12. 河南省郑州市法律援助中心
13. 湖南省长沙市法律援助中心
14. 广东省广州市法律援助处
15. 广西桂林市法律援助中心
16. 四川省成都市法律援助中心
17. 陕西省西安市法律援助中心
18. 甘肃省庆阳市镇原县法律援助中心
19. 宁夏石嘴山市法律援助中心
20. 新疆生产建设兵团农二师法律援助中心

二、“十佳法律援助工作者”候选人（按姓氏笔画排序）

1. 王志业　新疆维吾尔自治区星河律师事务所律师
2. 王学法　北京市法律援助中心主任
3. 王碧娟（女）　上海市黄浦区法律援助中心主任
4. 米玛卓嘎（女）　西藏自治区法律援助中心专职律师
5. 齐明亮　河北省佳诚律师事务所主任
6. 刘景学　山东省济南市法律援助中心主任
7. 陈　广　云南省曲靖市法律援助中心主任
8. 陈　晨　安徽省山石律师事务所律师
9. 陈吉利　黑龙江省大庆市法律援助中心主任
10. 严力琦（女）　江苏省南通市法律援助中心主任
11. 肖永红（女）　重庆市渝北区法律援助中心主任
12. 张永春（女）　海南省海口市法律援助中心主任

13. 李永恒　辽宁省葫芦岛市法律援助中心主任

14. 李梅勋（女）　青海省海北州海晏县法律援助中心主任、专职律师

15. 陆建江　贵州省黔南州都匀新华法律服务所法律服务工作者

16. 秦　毅（女）　湖北省十堰市法律援助中心主任

17. 秦卫国　广东省深圳市福田区法律援助中心主任、专职律师

18. 徐爱华（女）　浙江省舟山市法律援助中心主任、专职律师

19. 黄　河　山西省太原市法律援助中心主任

20. 程卫平　河南省漯河市法律援助中心主任

关于加强“十二五”时期司法行政服务残疾人工作的意见

（2011年10月19日　司发通〔2011〕226号）

各省、自治区、直辖市司法厅（局），新疆生产建设兵团司法局：

为深入贯彻落实《中共中央国务院关于促进残疾人事业发展的意见》、《中国残疾人事业“十二五”发展纲要》和第四次全国残疾人事业工作会议精神，充分发挥司法行政职能作用，维护残疾人合法权益，促进残疾人状况改善和全面发展，现就做好“十二五”期间服务残疾人事业的各项工作提出如下意见：

一、进一步增强做好服务残疾人工作的责任感和使命感

残疾人是一个有特殊困难、特别需要扶助的社会群体。党中央、国务院高度重视残疾人工作。2008年3月，党中央、国务院印发《关于促进残疾人事业发展的意见》（中发〔2008〕7号），为残疾人事业发展指明了方向。最近，国务院颁布《中国残疾人事业“十二五”发展纲要》，确定了“十二五”期间残疾人事业的总目标、指导原则和主要任务与政策措施。前不久，国务院残工委召开第四次全国残疾人事业工作会议，总结“十一五”时期残疾人工作，全面贯彻落实《残疾人事业“十二五”发展纲要》，部署“十二五”期间残疾人工作任务，对残疾人事业发展提出了新的更高要求。

认真履行司法行政工作职能，做好服务残疾人的各项工作，增强残疾人法律意识，依法维护残疾人合法权益，促进残疾人事业发展，是坚持以人为本、贯彻落实科学发展观的具体要求，也是司法行政机关的一项重要任务。做好法律服务、法律援助和法制宣传等服务残疾人的工作，促进残疾人事业发展，有利于维护残疾人合法权益，促进社会公平正义，实现全体人民共享改革发展成果；有利于调动残疾人积极性、主动性和创造性，发挥残疾人在促进改革发展稳定中的重要作用，实现经济社会又好又快发展；有利于促进我国人权事业全面发展，体现社会主义制度的优越性，树立我国良好的国际形象。各级司法行政机关要从坚持立党为公、执政为民的高度，从推动科学发展、构建和

谐社会的高度，充分认识服务残疾工作的重要意义，进一步增强责任感和使命感，采取更加有力的措施，切实做好服务残疾人事业的各项工作，促进残疾人事业在新的起点上加快发展。

二、目标任务和指导原则

（一）总体目标任务。高举中国特色社会主义伟大旗帜，以邓小平理论和“三个代表”重要思想为指导，深入贯彻落实科学发展观，坚持以人为本，着眼于改善残疾人民生、促进残疾人全面发展，着眼于残疾人社会保障体系和服务体系建设，积极拓展残疾人法律服务工作领域和服务内容，依法解决残疾人切身利益问题。继续推动将残疾人权益保护事项纳入法律援助补充事项范围，扩大残疾人法律援助覆盖面。加大办理残疾人法律援助案件经费投入。建立完善司法行政机关服务残疾人的工作机制，推进服务设施便民化、业务开展规范化、服务质量标准化，全面提升服务能力和水平，最大限度地满足残疾人的法律服务和法律援助需求。大力开展残疾人权益保障法等法律法规的宣传教育，开展形式多样的普法宣传活动，提高全社会依法维护残疾人权益的意识，提升残疾人运用法律武器维护自身合法权益的能力，促进残疾人事业的全面发展。

（二）工作原则。一是坚持以残疾人为本。认真了解残疾人诉求，积极为他们提供法律服务和法律援助，做到主动服务、热情服务、规范服务、优质服务，切实保障残疾人各项合法权益的实现。二是坚持以残疾人社会保障体系和服务体系建设为主线。把法律服务和法律援助工作纳入残疾人公共服务体系建设，改善残疾人民生，促进残疾人全面发展。三是坚持统筹规划、整体推进。统筹司法行政各项工作与服务残疾人事业的关系，将服务残疾人工作纳入司法行政机关重要日程和目标管理，在政策制定、工作研究、经费安排、督促检查等方面统筹安排和落实。

三、切实做好服务残疾人事业的各项工作

（一）积极拓展工作领域。充分了解残疾人利益诉求，加大工作力度，推动各级党委、政府出台有关政策措施，使残疾人享受服务门槛更低、服务范围更广、服务内容更多的法律服务和法律援助。进一步扩大残疾人法律援助覆盖面，认真总结一些地方对特困残疾人、重度残疾人和多重残疾、一户多残及老残一体、孤残儿童等群体免除经济困难审查直接给予法律援助的做法和经验，参照《残疾人残疾分类和分级》国家标准，结合本地实际，研究推动将残疾人权益保护事项纳入法律援助补充事项的范围，使法律援助惠及更多残疾人。广泛开展“送法律下乡、进社区”活动，把残疾人法律服务覆盖到社区、乡村，覆盖到老少边穷地区，覆盖到残疾人生活的各个方面，着力在与残疾人密切相关的就业、医疗、保险、救助、住房等领域开展法律服务，依法解决他们的切身利益问题。要鼓励和引导律师事务所等法律服务机构为残疾人提供减、免费的法律服务，鼓励律师事务所为各级残联免费担任法律顾问。进一步增强服务的针对性，积极为有特殊情况的残疾人提供个性化、专业化的法律服务。推动残疾人法制宣传教育深入开展，将残疾人保障法等法律法规纳入各地“六五”普法规划，充分利用广播、电视、报刊、网络等媒体进行宣传，提高残疾人对残疾人保障法等法律法规的知晓率，提升残疾人运用法律武器维护自身合法权益的能力，提高全社会依法维护残疾人权益的意识。

（二）创新工作方式方法。本着便捷、高效、优质的原则，创新工作理念，转变工作方法，建立与残疾人法律服务、法律援助和法制宣传需求相适应的工作方式。引导有条件的律师事务所开通“助残维权”热线或残疾人维权网，为残疾人申请法律服务提供便利。建立和完善各项“便残助残”措施，加强“12348”法律援助咨询专线建设，方便残疾人咨询和寻求法律援助。继续推广“盘龙经验”，加强残疾人设施、程序、信息和交流“四个无障碍”建设。对残疾人申请法律援助实行优先接待、优先受理、优先指派的“三优先”服务。加强法律援助便民服务窗口、残疾人法律服务联系点、“残疾人维权示范岗”等工作载体建设，为残疾人搭建“一站式、窗口化”服务平台，提高服务效率和工作水平。开展形式多样的普法宣传活动，丰富残疾人法制宣传载体，增强残疾人法制宣传的针对性、实效性。

（三）完善工作体制机制。建立健全法律服务、法律援助和法制宣传工作机构间规范化、制度化的工作衔接机制，充分发挥各自职能优势，相互支持，密切配合，形成工作合力，共同做好为残疾人服务的各项工作。进一步加强与公检法、残联等部门的协作配合，健全残疾人法律救助工作协调机制，更好地为残疾人提供法律救助服务，共同推进残疾人事业发展。

（四）进一步加大保障力度。将服务残疾人事业工作纳入本地区司法行政工作“十二五”时期发展规划，统一部署、统筹安排、同步实施。抓紧研究制定相关措施，落实政策支持保障、经费投入保障、工作条件保障，为实现服务残疾人工作各项目标任务创造良好条件。

四、加强对服务残疾人工作的组织领导

“十二五”时期是全面建设小康社会的关键时期，是深化改革开放、加快转变经济发展方式的攻坚时期，也是加快发展残疾人事业的重要时期。各级司法行政机关要把思想统一到中央部署和部党组要求上来，切实加强组织领导，采取有效措施，扎扎实实做好各项服务工作，推进残疾人事业发展再上新台阶。

（一）强化组织领导。各地要进一步加强对服务残疾人工作的领导，把残疾人工作摆上重要议程。有效整合各方资源，推动服务残疾人各项工作任务的落实。引导广大法律服务人员和法律援助工作者带着深厚的感情、饱满的热情、持久的激情、执著的痴情，全心全意为残疾人服务，使残疾人得到实实在在的利益。

（二）强化督促检查。各地要结合实际，明确工作目标任务，认真组织实施。通过督促检查，全面了解掌握各项工作进展情况，及时发现解决问题。及时总结推广为残疾人服务的好经验、好做法，以点带面，推动整体工作上水平。注重研究残疾人普遍性、群体性利益诉求，在丰富工作方法手段上下工夫，在完善维权工作机制上求成效，以新举措打开新局面。

（三）强化宣传工作。采取多种形式，广泛宣传党中央、国务院对维护残疾人权益工作的高度重视和加强这项工作的重要部署和举措，宣传司法行政工作服务残疾人事业的措施和成效。注重树立为残疾人提供法律服务、法律援助和开展法制宣传方面的先进典型，大力宣传广大法律服务人员和法律援助、法制宣传工作者助残维权、帮助残疾人解决实际困难的先进事迹。创新方法手段，增强宣传的吸引力、感染力和亲和力，营造有利于残疾人工作发展的良好社会氛围。

司法部

二〇一一年十月十九日

关于印发《法律援助事业“十二五”时期发展规划》的通知

（2011 年 11 月 1 日　司发〔2011〕15 号）

各省、自治区、直辖市司法厅（局），新疆生产建设兵团司法局、监狱局：

现将《法律援助事业“十二五”时期发展规划》印发你们，请结合各地实际，认真贯彻执行，并研究制定本地区法律援助事业“十二五”时期发展规划。

2011 年 10 月 28 日

法律援助事业“十二五”时期发展规划

为深入贯彻落实《国民经济和社会发展第十二个五年规划纲要》和《全国司法行政工作“十二五”时期发展规划纲要》，进一步推动“十二五”时期法律援助工作改革发展，切实发挥法律援助在保障社会公平正义、维护社会和谐稳定、促进经济社会发展中的职能作用，制定本规划。

一、“十一五”时期法律援助工作取得显著成绩

党中央、国务院高度重视法律援助工作。党的十七大明确提出加快推进以改善民生为重点的社会建设，着力保障和改善民生。中央领导同志多次对法律援助工作作出重要指示和批示，特别是 2009 年召开的第五次全国法律援助工作会议，对法律援助工作提出了明确要求，为法律援助工作指明了方向。

在党中央、国务院的正确领导下，各级司法行政机关和法律援助机构坚持围绕中心、服务大局，坚持以人为本、服务为民，深入贯彻《法律援助条例》，认真落实《法律援助事业“十一五”时期发展规划》，积极探索推进法律援助工作的新思路、新措施，着力解决发展中的突出问题，法律援助工作取得了显著成绩，基本实现了“十一五”时期发展规划确定的各项目标任务，为保障社会公平正义、维护社会和谐稳定作出了新的贡献。法律援助服务困难群众成效明显。坚持把法律援助作为司法行政工作服务保障和改善民生的重要任务，不断扩大法律援助覆盖面，组织广大法律援助工作者为符合条件的公民提供诉讼和非诉讼代理，认真做好刑事法律援助工作，加大农民工、残疾人、妇女儿童、老年人等法律援助工作力度，广泛开展法律咨询服务，组织实施法律援助志愿者西部计划和“1+1”法律援助志愿者行动，深入开展法律援助便民服务主题活动，推行拓宽申请渠道、简化受理审查程序等十项便民措施，突出抓好便民服务窗口和设施建设，推进法律援助向社区、乡村延伸，创新服务方式，拓展服务领域，提高服务质量，努力满足困难群众多层次的法律援助需求，五年来全国共办理法律援助案件265万件，年均增长23.5%，提供法律咨询2078万人次，年均增长12.8%。法律援助经费保障能力进一步增强。认真落实"三个纳入"要求，不断加大经费投入力度，五年来全国法律援助经费总额达到33.6亿元，其中财政拨款为32.3亿元，年均增长29.6%；中央补助地方法律援助办案专款投入3.3亿元，中央专项彩票公益金法律援助项目资金投入1亿元；全国有89.6%的地方将法律援助经费纳入财政预算，21个省（区、市）建立了省级法律援助专项资金；中国法律援助基金会广泛募集社会资金，为法律援助事业发展提供了有力支持。法律援助工作管理体制基本建立。司法部2008年成立了法律援助工作司，25个省（区、市）司法厅（局）成立了法律援助管理工作机构，充实了管理工作力量，法律援助监管职能进一步强化。法律援助制度体系不断完善。围绕加强经费监管、完善业务规程、加强人员管理等，出台了一系列文件规范相关工作有序开展；积极探索未成年人刑事案件侦查、检察等环节实施法律援助的工作制度，民事诉讼和刑事诉讼法律援助中与相关部门的协作配合机制不断完善；全国已有27个省（区、市）修订或制定了地方性法规规章，法律援助规范化、制度化水平进一步提高。法律援助队伍建设进一步加强。截至2010年底，全国共建立法律援助机构3573个，工作人员总数达到13830人，依托乡镇（街道）司法所、有关社会团体等设立法律援助工作站60828个；加强队伍思想政治建设、业务能力建设、作风和行风建设，加大培训力度，五年来共培训法律援助人员近22万人次，队伍整体水平明显提高。法律援助社会影响力进一步凸显。深入宣传党和国家有关法律援助工作的政策和法律法规，广泛宣传法律援助工作服务困难群众取得的积极成效，法律援助公众知晓率、社会影响力不断提高，进一步促进在全社会形成良好法治氛围。在看到法律援助工作取得成绩的同时，也要看到，与经济社会发展的要求相比，与人民群众对法律援助的需求相比，法律援助工作还面临着一些问题和困难：一些地方现行经济困难标准和补充事项范围规定还不能完全适应群众的民事法律援助需求，刑事法律援助工作相对薄弱；体制机制还不完善，服务质量和水平亟待提高；经费保障水平、办案补贴标准总体偏低；法律援助队伍素质还有待进一步提高，等等。这些问题在一定程度上影响了法律援助工作发展，必须高度重视并认真加以解决。

二、"十二五"时期法律援助工作的指导思想、发展目标和基本原则

"十二五"时期是全面建设小康社会的关键时期，是深化改革开放、加快转变经济发展方式的攻坚时期。《国民经济和社会发展第十二个五年规划纲要》明确提出要"加强法律援助"，为推进"十二五"时期法律援助事业发展指明了方向，法律援助工作面临重要的发展机遇。做好新形势下法律援助工作，是贯彻落实党中央保障和改善民生重大决策部署的必然要求，是满足人民群众不断增长法律需求的必然要求，是推动法律援助事业又好又快发展的必然要求。各级司法行政机关和法律援助机构要全面贯彻国家"十二五"规划纲要，努力适应我国经济社会发展需要，不断加强法律援助工作自身建设，以做大做强做优法律援助事业为主线，着力扩大法律援助覆盖面，使法律援助惠及更大范围内的困难群众和特殊群体；着力提高法律援助经费保障水平，增强法律援助提供能力；着力优化法律援助工作体系和运行机制，提升法律援助质量和群众满意度，推动法律援助工作再上新台阶、新水平。

（一）指导思想。全面贯彻党的十七大和十七届三中、四中、五中、六中全会精神，高举中国特色社会主义伟大旗帜，以邓小平理论和“三个代表”重要思想为指导，深入贯彻落实科学发展观，紧紧围绕科学发展的主题和加快转变经济发展方式的主线，认真贯彻落实《国民经济和社会发展第十二个五年规划纲要》，全面实施《法律援助条例》，坚持围绕中心、服务大局，坚持以人为本、服务为民，进一步做好法律援助服务困难群众的工作，进一步健全完善法律援助工作制度，大力加强法律援助机构建设、队伍建设和保障能力建设，积极推动法律援助工作创新，努力做大做强做优法律援助事业，坚持和完善中国特色社会主义法律援助制度，为维护困难群众合法权益、保障社会公平正义、加强和创新社会管理、维护社会和谐稳定、促进经济社会发展作出新贡献。

（二）发展目标。“十二五”时期法律援助工作发展要实现以下目标：

——法律援助服务水平进一步提高。法律援助覆盖面不断扩大，服务质量和效率显著提高，公民多层次的法律援助需求得到有效满足。

——法律援助管理体制进一步完善。管理体制机制不断健全，管理力量逐步增强，监管职能有效履行。

——法律援助保障能力进一步增强。法律援助经费保障机制不断完善，办公办案条件显著改善，法律援助工作基础更加扎实。

——法律援助队伍建设进一步加强。法律援助队伍不断发展壮大，队伍素质明显提高，执法执业能力显著增强。

（三）基本原则。“十二五”时期法律援助工作发展要坚持以下指导原则：

——坚持以人为本，强化服务职能。着眼于实现好、维护好、发展好最广大人民的根本利益，围绕困难群众的法律援助需求确定法律援助目标任务，完善体制机制，提高服务能力和水平，推动法律援助工作新发展。

——坚持夯实基础，提升发展能力。坚持把强化基层基础建设作为推进法律援助工作的根基，把人力、物力、财力更多投到基层，整合基层资源，为加快法律援助发展奠定坚实基础。

——坚持分类指导，实现整体推进。立足于城市和农村、东部和中西部法律援助工作发展实际，有针对性地提出不同的发展目标和措施，实现法律援助工作的平衡、协调发展。

——坚持开拓创新，增强工作活力。积极探索法律援助工作发展规律，立足实际，以改革的精神、创新的思路、发展的办法推进工作。

三、“十二五”时期法律援助工作的主要任务和措施

为实现上述目标，“十二五”时期法律援助工作的主要任务和措施是：

（一）努力做好服务困难群众的各项工作

1.进一步做好为困难群众及特殊群体提供法律援助的工作。积极为困难群众提供诉讼和非诉讼代理服务，帮助他们依法维护自身合法权益，促进解决涉及就业、就学、就医、社会保障等民生领域的实际问题。重点做好为农民工、下岗失业人员、残疾人、老年人、妇女儿童等困难群众提供法律援助的工作，组织开展相关的专项法律援助活动，帮助他们依法解决切身利益问题。加大刑事法律援助工作力度，做好刑事指定辩护工作，加强侦查和审查起诉阶段法律援助工作，积极参与刑事和解、刑事被害人救助工作，依法为犯罪嫌疑人、被告人和被害人等提供辩护和代理，维护好他们的诉讼权利，促进司法公正。深入开展为民服务创先争优活动，组织法律援助机构和广大法律援助工作者，创建“便民服务示范窗口”，争创群众满意单位，争创群众满意岗位，争当优秀服务标兵，扎实做好服务困难群众的各项工作，不断提升法律援助工作的群众满意度。

2. 进一步提高法律援助质量。依法公正办理法律援助案件，严格遵守法定程序和执业规范，在全面调查取证的基础上，正确适用法律，为受援人提供符合标准的法律服务。规范接待、受理、审查等行为，严格执行法律援助事项范围和经济困难标准，使符合条件的公民都能及时获得法律援助。改进案件指派工作，根据法律援助机构和人员的数量、专业特长、办案情况、受援人的意愿等因素，合理指派承办机构及人员，特别是对死刑案件、未成年人案件等事关受援人重大利益的案件，严把指派关，从源头上保证法律援助办案质量。切实加强法律援助质量管理工作，健全完善服务质量监督机制，积极开展案件评查、质量检查工作，确保困难群众享受优质高效的法律援助。

3. 充分发挥法律援助在党和政府主导的维护群众权益机制中的作用。加强法律咨询服务，认真做好日常法律咨询服务工作，努力把法律咨询的过程变成法制宣传的过程，积极引导和帮助困难群众增强法制观念，提高依法表达利益诉求、维护合法权益的意识和能力。认真落实调解优先原则，根据案情需要采取和解、调解等非诉讼方式化解矛盾纠纷，消除陈年积怨。认真办理劳动争议、征地拆迁、环境污染、食品药品安全、企业重组和破产等领域涉及法律援助的案件，促进解决群众普遍关注的社会热点、难点问题。建立法律援助与信访工作衔接机制，健全重大事项报告制度和突发性事件应急处置预案。完善法律援助舆情分析工作机制，有针对性地提出改进立法、执法、司法工作的建议，从源头上预防侵害群众权益事件的发生。

（二）健全完善法律援助制度

1. 健全完善配套规章制度。进一步加强法律援助工作制度建设，围绕案件办理、人员管理等制定与《法律援助条例》配套的规章制度，努力形成层次清晰、体系完备、内容全面、科学完善的法律援助制度体系。推动建立法律援助补充事项范围和经济困难标准动态调整机制，从本地经济社会发展状况和困难群众的法律援助需求出发，适时调整补充事项范围和经济困难标准，逐步扩大法律援助覆盖面。加快制定法律援助各项业务规程和服务标准，出台服务质量评估办法，制定刑事、民事、行政法律援助案件办理指南。健全人员管理制度，制定法律援助人员行为规范、法律援助人员表彰奖励办法和法律援助投诉处理办法。进一步健全内部管理制度，完善业务档案管理、信息统计等涉及日常管理及业务开展等方面的规章制度。推动法律援助立法，力争出台并实施法律援助专门法律。

2. 完善法律援助办案相关工作机制。建立法律援助与公证、司法鉴定、人民调解工作的衔接机制，完善民事诉讼法律援助与司法救助的衔接机制，完善刑事诉讼法律援助中公检法司部门的衔接机制，完善与民政、工商、档案管理等相关政府部门的协作配合机制，确保法律援助工作顺畅、高效。

3. 加强理论研究。深入基层，深入实际，紧紧围绕法律援助工作的中心任务和重点、难点问题，有针对性地开展调查研究。深入了解在经济社会发展的新形势下，人民群众对法律援助工作的新期待，以及法律援助工作面临的新情况、新问题，研究解决问题的办法和途径，不断满足人民群众的法律需求。坚持理论联系实际，开展法律援助提供方式、管理体制、经费保障等重大理论和实践问题的研究，为进一步推进法律援助工作，坚持和完善中国特色社会主义法律援助制度提供理论支撑。

（三）大力加强法律援助监督管理工作

1. 进一步健全管理体制。尚未建立法律援助工作管理机构的省（区、市）司法厅（局），要争取党委、政府和有关部门的支持，建立起法律援助工作管理机构。明确各级司法行政机关监督管理职责，配齐配强人员，落实各项管理制度，确保法律援助工作有人抓、有人管。强化工作指导监督，加强信息沟通，加强检查督导，提高政策执行力。

2. 完善监管工作机制。建立综合评价体系，对法律援助工作的各个方面进行综合评价，促进全面发展。建立执法执业考评机制，确保法律援助机构和人员依法履行职责、规范服务。建立奖惩激励机制，对取得突出成绩的法律援助机构和个人予以表彰和奖励，加大对违法违纪行为的查处力度，严格责任追究。建立法律援助民意沟通机制，探索公众参与法律援助工作决策和管理的途径和方式，促进提高法律援助工作水平。

3. 加强对各类法律援助提供主体的监管。根据律师执业考核有关规定，对律师履行法律援助义务的情况进行考核，建立健全律师协会等行业协会、法律服务机构对律师等人员提供法律援助的检查考核制度。鼓励和支持社会组织、志愿者开展与其能力相适应的法律援助活动，规范其服务行为，维护法律援助秩序。

（四）着力推进法律援助保障能力建设

1. 提高法律援助经费保障水平。认真落实“三个纳入”要求，加大与有关部门沟通力度，继续落实好中央政法经费保障政策，推动县级以上地方政府将法律援助经费纳入同级财政预算，全面建立省级法律援助专项资金，建立法律援助经费动态增长机制，提高办案补贴标准，加大中央补助地方法律援助办案专款、中央和省级政法转移支付资金分配法律援助业务经费、中央专项彩票公益金法律援助项目对西部地区倾斜力度，提高法律援助经费保障水平。多渠道筹措社会资金，充分发挥中国法律援助基金会和地方法律援助基金会的资金募集优势，广泛利用社会资金支持法律援助事业。

2. 加强法律援助经费监督管理工作。加大经费监管力度，完善经费管理方式，严格执行国家有关法律、法规和财务规章制度，严格执行各项经费开支范围和标准，严格将法律援助经费与司法行政其他业务经费分开管理，严肃查处截留、挤占、挪用、挥霍浪费法律援助经费以及虚报冒领、压低克扣、拖延支付办案补贴等行为，并按照有关规定追究有关人员和单位的责任。

3. 加强法律援助基础设施建设。推动政法业务装备经费加大对法律援助投入力度，建设与服务困难群众工作需要相适应的法律援助业务用房，提高办公办案设施配备水平。以推进便民服务设施建设为重点，加强便民窗口规范化建设，普遍在临街、一层等方便人员往来的地点设立专门接待场所，合理划分功能区域，完善无障碍通道等服务设施。重点抓好中西部便民窗口建设，配齐办公办案设备，提高便民窗口接待能力。加强城乡社区法律援助工作站建设，配备必要的工作和服务设施。

（五）积极推进法律援助工作创新

1. 创新法律援助工作机制。从法律援助工作实际出发，进一步完善法律援助案件指派、执业考评、监督管理、奖励惩戒以及经费保障、部门协作等工作机制，确保法律援助各项工作规范、高效运行。

2. 创新法律援助工作载体。进一步深化法律援助便民服务主题活动，总结开展便民服务的有效做法和成功经验，积极搭建服务平台，不断丰富工作载体，形成便民利民长效机制。加强"12348"法律服务热线建设，努力将其打造成集法律咨询、法制宣传、法律援助职能于一体的服务平台。深入开展"1 +1"法律援助志愿者行动，选派优秀律师、大学生志愿者参与行动，有效满足西部地区困难群众法律援助需求。

3. 创新法律援助服务方式。围绕便民利民惠民，进一步完善服务网络，拓宽申请渠道，简化受理审查程序，探索适合基层特点、适应群众需求的服务方式，更好地服务困难群众。完善法律援助经济困难证明制度，推行紧急状况先行法律援助制度。完善法律援助异地协作机制，方便群众异地申请获得法律援助。在律师资源丰富的地方推行点援制。在提供法律援助服务中注重人文关怀和心理疏导，提升服务效果。加大信息技术在法律援助工作中的应用，依托全国法律援助信息管理系统，建立集援务公开、咨询服务、网上审批、业绩考核于一体的"网上办事"平台，提高法律援助工作效率和水平。

(六)加强法律援助队伍建设

1. 加强思想政治建设。始终把思想政治建设放在首位，坚持用中国特色社会主义理论体系武装头脑，教育引导广大法律援助人员牢固树立社会主义法治理念，坚持中国特色社会主义法律援助制度的本质属性，切实肩负起中国特色社会主义事业建设者、捍卫者的职责使命。深入开展创先争优活动和"发扬传统、坚定信念、执法为民"主题教育实践活动，教育引导广大法律援助人员坚持把全心全意为人民服务作为法律援助工作的根本出发点和落脚点，怀着对人民群众的深厚感情，满腔热情地做好服务困难群众的工作。教育引导法律援助人员切实增强依法执业意识，强化责任意识，认真办理好每一个案件、处理好每一件事情。加强廉政建设，认真开展反腐倡廉教育，引导法律援助人员恪尽职守、勤勉尽责、公正诚信、廉洁执业，树立法律援助队伍的良好形象。

2. 加强业务能力建设。大力加强业务能力建设，教育引导法律援助人员认真学习掌握法律政策和法律实务知识，学习掌握做好群众工作的方式方法，学习掌握处置突发事件的方法途径，着力提高法律援助人员依法执业能力、群众工作能力和应对突发事件的能力。以提高法律援助人员业务素质为重点，加强队伍教育培训工作，落实各项培训制度，制定教育培训规划。积极推进教育培训改革，创新培训理念、内容和模式，切实增强教育培训工作的针对性和实效性。

3. 加强法律援助队伍管理服务。充分调动律师、基层法律服务工作者、法律援助志愿者等人员的积极性，鼓励和支持他们参与法律援助工作，努力建设一支专兼职相结合的高素质法律援助队伍。严格法律援助机构人员准入制度，坚持"凡进必考"，优先招录具有法律专业知识和法律执业经验的人员，优化队伍结构。争取相关政策支持，多渠道解决基层和中西部地区法律援助机构人员短缺问题。积极探索法律援助服务队伍专业化发展模式，培养一批擅长办理法律援助案件的专门人才。从政治上、工作上、生活上真诚关心、真心爱护法律援助人员，调动好、发挥好他们的积极性，更好地做好法律援助工作。

(七)加大法律援助宣传力度

充分运用传统媒体和网络、手机等电子传媒手段，采取多种形式，大力宣传党中央、国务院关于法律援助工作的决策部署，宣传法律援助工作在服务人民群众和经济社会发展中的重要地位和作用，宣传各级司法行政机关和法律援助机构推进法律援助工作采取的措施、取得的成效,使法律援助工作深入人心。适应传播媒体的变化和群众接受习惯的变化,丰富宣传内容,拓宽宣传渠道,创新宣传形式,创出法律援助品牌,进一步在城市、乡村提高法律援助知晓率,不断扩大法律援助影响力。深化典型宣传,进一步加大先进典型宣传表彰力度,充分发挥先进典型的示范引领作用,努力营造崇尚先进、学习先进、争当先进的良好氛围,有效推动法律援助事业发展。各地要把本规划的组织实施工作列入重要议事日程,纳入司法行政工作"十二五"时期工作总体部署,精心谋划,统筹推进。要围绕规划确定的目标措施进行任务分解,明确责任分工,健全工作机制,加强工作指导,结合自身实际创造性地实施规划。要加强对规划贯彻落实情况的督促检查,把规划执行情况作为工作成绩考核的重要依据,确保如期完成各项任务。

关于表彰2010—2011年度优秀法律援助论文的通报

(2011年11月1日 司援字〔2011〕7号)

各省、自治区、直辖市法律援助处(中心),新疆生产建设兵团法律援助处:

为贯彻落实第五次全国法律援助工作会议精神和部领导关于加强法律援助理论研究工作的指示,充分发挥法律援助理论研究在健全完善中国特色社会主义法律援助制度中的作用,提升法律援助工作水平,部法援中心于2010年3月下发"关于征集年度法律援助研讨会论文的通知"(司援字〔2010〕04号),面向全国司法行政和法律援助系统开展了法律援助论文征集活动。各级司法行政机关法律援助管理部门和法律援助机构积极组织广大法律援助人员参与征文活动,25个省区市共报送论文350篇。为了确保论文评选活动公平公正,部法援中心拟定了"论文评选标准"和"论文评选计分表",并成立了论文评审委员会。经过认真评审,共评出一等奖10篇、二等奖20篇、三等奖30篇、优秀奖40篇,先进组织单位3个和优秀组织单位3个(获奖名单附后),现对上述征文获奖单位和个人给予表彰。

希望各级司法行政机关法律援助管理部门和法律援助机构以此征文活动为契机,积极丰富法律援助理论研究内容,积极探索新形势下做大做强做优法律援助工作的新思路、新举措,为进一步推进法律援助工作提供更加坚实的理论支撑。

附件一:2010—2011年度法律援助论文获奖名单

附件二:先进组织单位名单

附件三:优秀组织单位名单

司法部法律援助工作司

司法部法律援助中心

2011年11月1日

附件一

2010—2011年度法律援助论文获奖名单

一等奖(10篇)

1. 法律援助应当如何进入乡土社会
安徽省宿州市法律援助中心
2. 对法律援助经济困难标准的辨析
浙江省台州市路桥区法律援助中心 孙平凡
3. 试论法律援助需求量
广东省法律援助局 洪笃凯
4. 法律援助如何克服重民轻刑的倾向
江苏省南通市崇川区法律援助中心 朱国庆
5. 关于法律援助规范化建设的实践与思考
浙江省法律援助中心
6. 行政给付视野下法律援助范围初探
北京市法律援助工作处 许泠 贾秋美
7. "以人为本"视角下的法律援助办案质量探讨
山东省枣庄市法律援助中心 许勇
8. 论法律援助形式的公益诉讼
福建省福州市法律援助中心 庄晶萍
9. 论重构未成年人刑事法律援助审查标准
福建省三明市法律援助中心 郑仁武
10. 论法律援助之国家责任的落实
广东省广州市天河区法律援助处 沈英姿

二等奖(20篇)

1. 关于完善法律援助机构工作机制的思考
北京市石景山区法律援助中心 马清明
2. 律师参与死刑指定辩护工作的若干建议
上海金能律师事务所 岳文辉
3. 大学生法律援助活动存在的问题及对策研究
江苏省常州市法律援助中心
4. 《法律援助法》:中国特色法律援助制度的完善路向
吉林省法律援助中心 赵宏伟
5. 法律援助QQ群的现状及思考
江苏省盱眙县法律援助中心 孙华春
6. 浅探基层法律援助工作站的运行模式
江苏省如东县法律援助中心 吴亚云
7. 试论我国法律援助律师职业化建设的思考和建议
湖北省南漳县司法局 陈中武 安建国
8. 医疗损害赔偿纠纷纳入法律援助范围若干问题探析
广东省佛山市南海区司法局 陈美庄
9. 关于法律援助工作的四个问题和九项建议
北京市石景山区法律援助中心 李哲峰
10. 高效援助论——关于完善我国法律援助服务效能调控机制的思考
湖南省湘潭市法律援助中心 樊坚平 许伟
11. 浅议法律援助的专业化发展
江苏省徐州市法律援助中心 张燕
12. 试论非诉讼法律援助制度的完善
安徽省宿松县法律援助中心 许典华
13. 法律援助申请人经济状况审查相关问题探讨
江苏省南通市法律援助中心 张晓梅

14.基层法律援助网络建设存在的问题及对策

湖南省益阳市资阳区法律援助中心

盛焱

15.欠发达地区农村法律援助需求的分析和思考

浙江省淳安县司法局　吴立新

16.浅议法律援助工作的羁绊

江苏省铜山县法律援助中心　张志龙

17.关于完善法律援助质量监督机制的思考

上海市闵行区法律援助中心

18.法律援助案件的统计口径浅析

江苏省南通市崇川区法律援助中心

朱国庆

19.积极办理非诉讼法律援助案件　有力推动社会矛盾化解

山东省东营市河口区司法局　袁金兰

20.法律援助工作相关问题探讨

宁夏司法厅法律援助工作处　周刚

三等奖（30篇）

1. 浅谈法律援助工作量化管理

山西省晋城市法律援助中心　庞素梅

2. 论我国法律援助制度的发展

福建省长乐市司法局　郑力毅

3. 大学生志愿者参与政府法律援助工作调查报告

江苏省苏州市沧浪区法律援助中心

刘勇

4. 论我国刑事法律援助制度的完善

江苏省常州市法律援助中心　戈琳

5. 建立分层次法律援助保障体系初探

辽宁省大连市法律援助中心　梁秀慧

6. 法律援助服务三项重点工作的实践与思考

山东省法律援助中心　毕吉宁

7. 高校校内法律实践教学基地的实践与探索——以高校法律援助站为例

江苏省泰州师范高等专科学校法律援助站　杨东升　李春平

8. 试析法律援助之对立申请

江苏省扬中市法律援助中心　王秀萍

9. 论刑事法律援助在我国的发展瓶颈及完善建议

天津市法律援助中心　冯晓爱

10.法援办案必要开支转付制度的法律依据与实务

安徽省青阳县法律援助中心　王裕好

11.法律援助制度的建立基础与价值取向

吉林省法律援助中心　赵宏伟

12.提高法律援助案件质量的几点思考

江苏省昆山市法律援助中心

俞武军　吴昆华

13.建立法律援助“三项标准”动态调整机制助推法律援助事业科学发展

江西省司法厅法律援助工作处　舒立建

14.关于完善民事法律援助案件审查的几点思考

福建省福州市马尾区法律援助中心

15.外来人口法律援助案件的特点、问题及对策探讨

福建省厦门市同安区法律援助中心

16.充分发挥法律援助职能作用　全力服务三项重点工作

江苏省无锡市司法局　沈仲良

17.关于法律援助办案补贴标准问题的思考

湖南省长沙市法律援助中心

18.完善法律援助应援尽援体系的思考

吉林省白城市洮北区法律援助中心

王继锋

19.试论对刑事诉讼未成年人的法律援助制

度的完善

江苏省苏州市高新区司法局

高宏伟　蒋德蔚　许慧

20. 浅议法律援助人力资源的合理配置

湖南省邵阳市大祥区法援中心　李继平

21. 浅析法律援助推进社会矛盾纠纷化解的实现机制

江苏省苏州市相城区法律援助中心

卢婧

22. 浅谈对公共组织参与法律援助的管理

山东省青岛市法律援助中心　孙浩

23. 关于法律援助案件质量量化评价的思考

山东省莱西市法律援助中心　于坚夫

24. 浅论对涉嫌犯罪的未成年人之法律援助制度的创新

广西平南县法律援助中心　曾华坚

25. 社会分层视角下的法律援助地方立法改革——以《广西壮族自治区法律援助条例》为例

广西师范学院政法学院　陈文琼

26. 浦东新区刑事法律援助实务分析与研究

上海市浦东新区法律援助中心

27. 浅谈如何使档案管理工作规范化

河南省济源市法律援助中心　陈卫

28. 民工工伤（人身伤害）案件调查报告

浙江省舟山市法律援助中心　黄海娜

29. 对法律援助律师角色定位的思考

山东省东营市广饶县法律援助中心

艾建设

30. 推进经济适用房社区法律援助工作的思考——从南京市经济适用房社区法律援助工作说起

江苏省南京市法律援助中心

陈宣东　刘永强

优秀奖（40篇）

1. 论法律援助组织体系的创新与完善

海南省三亚市法律援助处

黎金黄　邱学艺

2. 浅析青少年维权的发展趋势

贵州省金沙县司法局　陈萍

3. 基于生态位理论的法律援助公职律师自我发展初探

福建省泉州市鲤城区法律援助中心

戴海莺

4. 浅谈社区法律援助组织的发展

安徽省合肥市法律援助中心　陈亮

5. 新时期在劳教（强戒）场所深化法律援助工作的理性思考

广西女子劳教（强戒）所庞红

6. 对法律援助案件引入调解机制的思考

江苏省南京市秦淮区司法局

戴华军　黄强

7. 改革完善法援制度　促进法援事业发展

福建省为念律师事务所　杨为念

8. 为群体性维权事件参与者提供法律援助探析

湖北省武汉市武昌区司法局法援科

余晓伟

9. 新时期基层法律援助新闻宣传工作重要性浅析

河南省郑州市法律援助中心　徐苏

10. 论"三项重点"下的法律援助工作

湖南省邵东县法律援助中心　李林

11. 浅析法律援助机构的公共法律教育职能

山东省枣庄市法律援助中心　肖红华

12. 健全完善社区法律援助组织体系的几点构想

安徽省蚌埠市法律援助中心　杨平

13. 论讯问未成年犯罪嫌疑人法律援助律师到场制度的建立与完善

江苏省苏州工业园区政法委　李京涛

14.进一步发挥非诉讼调解在法律援助工作中作用的思考

福建省泉港区司法局南埔司法所　曾荣桂

15.析农村法律援助申请渠道与实施体系的构建

浙江省浦江县司法局　邵建定

16.我国刑事法律援助质量保障的现状及完善设想

安徽省宿州市法律援助中心

17.浅谈法律援助如何服务三项重点工作

福建省泉州市洛江区法律援助中心

18.完善未成年人法律援助工作体系的思考和建议

安徽省五河法律援助中心　李学斌

19.完善法律援助服务机制　化解矛盾构建和谐社会

江西省宜春市袁州区法律援助中心　黄文华

20.在未成年人犯罪指定辩护中适用刑事和解之探讨

湖南省株洲市法律援助中心　刘新华

21.浅议法律援助服务质量管理

福建省泉州市法律援助中心　苏志煜

22.完善法律援助监督管理的思考与实践

山西省运城市司法局　赵志敏

23.法律援助介入矛盾纠纷处置的思考

广西桂林市象山区司法局、法律援助中心

谢后雄　贡乐伦

24.对法律援助咨询工作的一点思考

安徽省太湖县法援中心　范效九

25.浅谈老年人法律援助

山东省济南市槐荫区法律援助中心

娄霄峰

26.法律援助便民服务的实践与思考

山东省青岛市法律援助中心　王元芳

27.开展法律援助化解矛盾纠纷

湖南省常德市武陵区法律援助中心

28.论法律援助机构实施的具体行政行为

安徽省马鞍山市法律援助中心　尚启文

29.浅析如何完善妇女法律援助工作

福建省泉州市法律援助中心　吴红玲

30.浅谈农村法律援助问题与对策

福建省漳浦县赤岭畲族乡法律援助工作站

翁小勇

31.浅谈如何发挥法律援助在维护社会稳定中的作用

福建省惠安县法律援助中心　陈炳发

32.我国农村法律援助对策研究

河南省西平县法律援助中心　韦文灿

33.对法律援助工作的调查与思考

青海省司法厅法律援助工作处　邓生鹏

34.关于完善农村法律援助工作的几点思考

福建省秀屿区法律援助中心　梁文胜

35.推进工会法律援助工作　努力构建和谐劳动关系

上海市总工会法律部

36.探究暴力根源　充分发挥法律援助的独特价值功能

广西柳州市法律援助中心　王文霞

37.经济困难标准已成为规范和发展法律援助的桎梏

福建省鲤城区法律援助中心　郑宝玉

38.略论我国高校法律援助工作

山东省正通仁合律师事务所　孙文雪

39.论法律援助如何发挥前沿优势化解社会矛盾

贵州省贵阳市小河区法律援助中心

40.扩大法律援助覆盖面的困境与对策

福建省泉州市司法局　刘峥林

附件二

先进组织单位名单

福建省法律援助中心
江苏省法律援助中心
广东省法律援助局

附件三

优秀组织单位名单

河南省法律援助中心
湖南省法律援助中心
广西壮族自治区法律援助中心

关于报送全国“12348”法律服务热线工作基本数据的通知

（2011年11月8日　司发电〔2011〕85号）

各省、自治区、直辖市司法厅（局），新疆生产建设兵团司法局：

为贯彻落实全国司法厅（局）长研讨班和全国法律援助工作座谈会精神，科学规划“12348”法律服务热线工作，更好地服务广大群众，司法部决定在全国范围内对“热线”工作的基本数据进行统计。现将《“12348”法律服务热线基本数据统计表》及《填写说明》印发给你们，请根据当地实际，认真组织填写，于2011年12月31日前将表格报送司法部法律援助中心。

二〇一一年十一月八日

制表单位：司法部法律援助中心　　“12348”法律服务热线基本数据统计表（1）　　制表时间：2011 年 10 月 31 日

项目/数量/单位		热线数量（部）						热线拨打方式（个）						热线建设模式（个）						热线资金投入（万元/年）					
		专用电话			其他电话			只能用固话拨打			用固、移电话均可			自建自管			外包或托管			专项经费			非专业经费		
		省	市	县	省	市	县	省	市	县	省	市	县	省	市	县	省	市	县	省	市	县	省	市	县
		1	2	3	4	5	6	7	8	9	10	11	12	13	14	15	16	17	18	19	20	21	22	23	24
1																									
2																									
3																									
4																									
5																									
6																									
7																									
8																									
9																									
10																									
11																									
12																									
13																									
14																									
15																									
16																									
17																									
18																									

续表

项目／数量／单位		热线数量(部)						热线拨打方式(个)						热线建设模式(个)						热线资金投入(万元/年)					
		专用电话			其他电话			只能用固话拨打			用固、移电话均可			自建自管			外包或托管			专项经费			非专业经费		
		省	市	县	省	市	县	省	市	县	省	市	县	省	市	县	省	市	县	省	市	县	省	市	县
		1	2	3	4	5	6	7	8	9	10	11	12	13	14	15	16	17	18	19	20	21	22	23	24
19																									
20																									
21																									
22																									
23																									
24																									
25																									
26																									
27																									
28																									
29																									
30																									
31																									
32																									
合计																									

制表单位：司法部法律援助中心

“12348”法律服务热线基本数据统计表（2）

制表时间：2011年10月31日

项目 数量 单位		行政区划数（个）		没热线服务的县	热线值班人员类型（名）																		热线咨询量（次/年）								
					省						市						县						省			市			县		
		市	县		律师		工作人员		法服人员	志愿者	律师		工作人员		法服人员	志愿者	律师		工作人员		法服人员	志愿者	09年	10年	11年	09年	10年	11年	09年	10年	11年
					专职	社会	专职	聘用			专职	社会	专职	聘用			专职	社会	专职	聘用											
		25	26	27	28	29	30	31	32	33	34	35	36	37	38	39	40	41	42	43	44	45	46	47	48	49	50	51	52	53	54
1																															
2																															
3																															
4																															
5																															
6																															
7																															
8																															
9																															
10																															
11																															
12																															
13																															
14																															
15																															
16																															
17																															

续表

项目/数量/单位		行政区划数（个）		没热线服务的县	热线值班人员类型（名）																		热线咨询量（次/年）								
					省						市						县						省			市			县		
					律师		工作人员		法服人员	志愿者	律师		工作人员		法服人员	志愿者	律师		工作人员		法服人员	志愿者									
		市	县		专职	社会	专职	聘用			专职	社会	专职	聘用			专职	社会	专职	聘用			09年	10年	11年	09年	10年	11年	09年	10年	11年
		25	26	27	28	29	30	31	32	33	34	35	36	37	38	39	40	41	42	43	44	45	46	47	48	49	50	51	52	53	54
18																															
19																															
20																															
21																															
22																															
23																															
24																															
25																															
26																															
27																															
28																															
29																															
30																															
31																															
32																															
合计																															

制表单位：司法部法律援助中心　　“12348”法律服务热线基本数据统计表(3)　　制表时间：2011 年 10 月 31 日

项目 / 数量 / 单位		热线机构性质(个)												热线机构归属情况(个)								
		行政			全额事业			差额事业			其他			归法援中心			归基层部门			归其他部门		
		省	市	县	省	市	县	省	市	县	省	市	县	省	市	县	省	市	县	省	市	县
		55	56	57	58	59	60	61	62	63	64	65	66	67	68	69	70	71	72	73	74	75
1																						
2																						
3																						
4																						
5																						
6																						
7																						
8																						
9																						
10																						
11																						
12																						
13																						
14																						
15																						
16																						
17																						
18																						

续表

项目／数量／单位		热线机构性质（个）												热线机构归属情况（个）								
		行政			全额事业			差额事业			其他			归法援中心			归基层部门			归其他部门		
		省	市	县	省	市	县	省	市	县	省	市	县	省	市	县	省	市	县	省	市	县
		55	56	57	58	59	60	61	62	63	64	65	66	67	68	69	70	71	72	73	74	75
19																						
20																						
21																						
22																						
23																						
24																						
25																						
26																						
27																						
28																						
29																						
30																						
31																						
32																						
合计																						

“12348”法律服务热线基本数据统计表填写说明

一、相关背景介绍

“12348”法律服务热线，原称“148”法律服务专线，最早始于山东省东明县（1998年3月16日尝试开通）。2001年，国家信息、产业部核配给我部全国统一的电话短号码“12348”后，名称相继改为“12348”法律服务专线。有的称为“12348”法律服务热线等。2004年，按照司法部136号文件精神，“148”法律服务专线工作改由司法部法律援助中心负责。各地根据其实际担负的职能，对其名称也进行了调整，多数称“12348”法律援助咨询专线。

二、《表格》各项指标填写说明

热线数量：指各省、市、县用于咨询服务的热线电话数量。

指标1、2、3。指目前能够正常使用的号码为“12348”的咨询电话数量。

指标4、5、6。指除“12348”号码以外的用于咨询的能够正常使用的电话数量。

热线拨打方式：指拨打热线咨询电话是否只限于固定电话（座机），是否也可用手机拨打。

指标7、8、9。指只能用固定电话（座机）拨打热线电话的省、市、县数量。

指标10、11、12。指用固定电话（座机）和手机均能拨打热线电话的省、市、县数量。

热线建设模式：指各省、市、县所建立的“热线”技术平台，属外包（托管）方式还是自建自管方式。所谓外包（托管）方式，即指租用运营商的技术平台，由运营商提供机房和硬件设备。自建自管，即指本单位自己建立热线技术平台，并建立放置技术平台所需的硬件设备的机房。

指标13、14、15。指采取自建自管方式建设热线的省、市、县数量。

指标16、17、18。指采取外包或托管方式建设热线的省、市、县数量。

热线资金投入：指各省、市、县在建设热线工作中，包括建设、维护、人员补贴等方面，投入资金数额，是否有专项经费保障。

指标19、20、21。指财政拨款，专用于热线工作的业务经费，省、市、县三级各为热线建设、维护、补贴等投入的专项资金额。

指标22、23、24。指不属于财政专项拨款，而由机关内部调剂的经费，省、市、县三级各为热线建设、维护、补贴等投入的资金额。

行政区划：指标25、26。指按国家行政区的划分标准，每个省有市级和县级单位的数量。

没有热线服务：指在全省范围内没有“12348”热线服务的县的数量。

热线值班人员类型：指从事“热线”服务值班的人员，其中律师、工作人员、志愿者、法律服务人员的数量。

指标28、29、34、35、40、41。指从事“热线”服务的专职律师、社会律师数量。

指标30、31、36、37、42、43。指从事“热线”服务的专职工作人员、聘用人员的数量。

指标32、38、44。指从事“热线”服务的法律服务工作者人员的数量。

指标33、39、45。指从事“热线”服务的志愿者的数量。

热线咨询量：指自2009年来，省、市、县热线2009年、2010年、2011年(截至10月底)分别接待咨询的数量。

热线机构性质:指各级(省、市、县)有无设立专门从事"热线"工作的机构。分为行政、全额事业、差额事业、其他等类型。

指标55、56、57。指所设机构为经编制部门批准的行政性质的"热线"机构数量,没设热线机构的填写"0"。

指标58、59、60。指所设机构为经编制部门批准的全额事业性质的"热线"机构数量,没设热线机构的填写"0"。

指标61、62、63。指所设机构为经编制部门批准的差额事业性质的"热线"机构的数量,没设热线机构的填写"0"。

指标64、65、66。指热线机构为其他性质形式,如自收自支、民间组织性质等。如有此类型,附页单独说明。

热线机构归属情况:指省、市、县热线机构及热线工作分别归属法援中心、归属基层部门(处、科)、归属其他部门的数量,不归相应部门的填写"0"。"归其他部门"的除填写相应数字外,附页说明具体归属情况。

关于做好中加法律援助合作项目的通知

(2011年12月29日　司办通〔2011〕105号)

吉林、辽宁、云南省司法厅:

为期六年的"中加向弱势群体提供法律援助合作项目",是在中加两国政府共同签署的《中加发展合作总协定》基础上达成的又一项新的、重要的发展合作成果。做好中加法律援助合作项目,有利于促进中加两国政府和人民的传统友谊,对于推动中加战略合作伙伴关系的发展具有十分重要的意义。中加双方政府对合作项目予以高度的重视,部领导就做好项目工作做出重要批示,要求按照趋利避害、于我有益的原则,加强管理,把项目用好。现就做好中加合作项目工作有关事项通知如下:

一、要加强组织领导

要高度重视合作项目,切实加强对项目工作的领导和指导。要讲诚信,顾大局,站在国家交往的高度,认真负责地做好这项工作,切实履行义务,努力维护国家的形象。要为项目开展提供必要的人力、物力和政策支持,有效解决遇到的困难和问题。要加强对中方参与者的教育、监督和管理,认真遵守对外交往各项纪律和规定。要加强对项目活动的指导,做到以我为主,为我所用,确有实效,不走过场。

二、要加强项目执行能力建设

要特别重视加强中方执行机构的能力建设,安排政治素质高、业务能力强的人员参加到中方执行机构中来,配齐配强项目所需的管理者和专业人才。在项目执行期间,要保证中方项目执行人员的相对稳定。注重对项目执行人员的培训,树立和培养中方执行人员的大局意识、责任意识,提高中方执行人员在对外交往活动中的组织纪律性,掌握在对外交往中应知应会的基本知识、礼仪和技能。中方执行人员在对外交往活动中,要本着平等相待、相互尊重,互相学习、取长补短的态度，实事求是地向外方介绍自己的工作情况，学习借鉴外方的有益经验，通过合作，提升自己的能力。

三、要建立交流协调机制

要重视信息的沟通与交流，由项目执行机构牵头，建立有效渠道，保证内部信息沟通及时畅通，外部信息交流准确一致，避免信息交流上多头对外。要建立一个与加方执行机构进行有效协调的工作机制，对项目合作中出现的各种问题、分歧，通过协调机制共同协商解决，避免各行其是。

项目合作中的重大情况请及时报部法律援助中心。

2012年1月4日

二、2011年《中国法律援助》总目录

卷首语（9篇）

深刻把握法律援助便民服务工作规律　全面提高法律援助便民服务工作水平/赵大程（1.1）

坚持法治惠民　做强法律援助/李国斌（2.1）

落实民生实事　实现法律援助应援尽援/王进义（3.1）

实施法律援助民生工程　服务兵团跨越发展/刘钊（4.1）

做好法律援助工作　提升社会服务水平/王文海（5.1）

十年的辉煌　千年的跨越——纪念西藏法律援助制度建立10周年/何平（6.1）

开创法律援助新局面　奏响服务民生最强音/李振国（7.1）

落实政府责任　完善便民措施　努力做大做强做优法律援助工作/李树（8.1）

抢抓机遇促发展　做强做大法律援助事业/汪道胜（10.1）

要闻（7篇）

中国特色社会主义法律体系已经形成　吴邦国强调这是我国社会主义民主法制建设史上的重要里程碑（2.4）

周永康在会见刘玉美亲属及先进事迹报告团成员时强调　向刘玉美学习　扎根一线岗位　为民分忧解难（2.6）

我国司法体制机制改革呈现良好态势（2.7）

万众一心　开创科学发展新局面——热烈祝贺第十一届全国人大四次会议胜利闭幕（3.4）

司法部召开党组（扩大）会议　传达学习贯彻全国“两会”精神　吴爱英强调认真学习贯彻全国“两会”精神　为“十二五”时期经济社会发展提供优质高效法律服务和法律保障（3.5）

吴爱英在云南省调研时强调，全面提升司法行政队伍素质　更好地服务大局，服务群众（6.4）

司法部召开全国法律援助工作座谈会　吴爱英强调切实做好新形势下法律援助工作　为困难群众提供优质高效法律服务（8.4）

专稿（1篇）

努力做好服务残疾人事业的各项工作　推进残疾人事业发展再上新台阶/赵大程（7.4）

领导讲话(2 篇)

在全国法律援助工作座谈会上的讲话/吴爱英(9.1)

在全国法律援助工作座谈会上的总结讲话/赵大程(9.7)

厅局长谈法援(1 篇)

完善机制　提高能力　充分发挥法律援助服务民生的重要作用/许同禄(2.9)

经验交流(13 篇)

着力打造法律援助民生工程　切实维护困难群众合法权益/河南省法律援助工作处(2.13)

构建法律援助两个网络体系　增强司法行政服务群众工作本领/安徽省司法厅(9.8)

调动多方资源　加强质量监管　提升首都法律援助服务水平/北京市司法局(9.10)

大力加强规范化建设　提高服务困难群众能力/辽宁省司法厅(9.12)

突出民生重点　服务困难群众　推动江苏法律援助工作再上新台阶/江苏省司法厅(9.13)

发挥法律援助职能作用　服务社会管理创新/浙江省司法厅(9.15)

以综治考核为抓手　全面提升法律援助工作整体水平/山东省司法厅(9.17)

创新推进应援尽援　实现法律援助工作新发展/河南省司法厅(9.19)

积极推动政府责任　落实大力实施法律援助惠民工程/湖北省司法厅(9.21)

坚持以人为本创新工作思路　推进我省法律援助事业的科学发展/广东省司法厅(9.23)

以开展“法律援助大回访活动”为抓手打造司法行政服务为民窗口/贵州省司法厅(9.25)

加强基层基础建设　推动法律援助新发展/陕西省司法厅(9.27)

落实政府责任　完善便民措施　努力做大做强做优法律援助工作/安徽省滁州市司法局(9.29)

全国“法律援助便民服务”主题活动总结电视电话会议(10 篇)

深化便民主题活动　推进社会管理创新　不断开创法律援助工作新局面/赵大程(4.4)

多措并举　强化服务　推动法律援助工作取得新成效/山东省司法厅(4.10)

实施民生工程　实现应援尽援/河南省司法厅(4.12)

开展“法律援助大回访”　切实提升便民服务成效/贵州省司法厅(4.14)

推进“三化”建设　提高服务水平/宁夏回族自治区司法厅(4.16)

强化窗口建设　加强质量管理　切实维护困难群众合法权益/浙江省宁波市司法局(4.18)

在创新中实现发展在发展　中实现便民/广东省深圳市司法局(4.20)

加强便民窗口建设　创新非诉调解特色努力实现法律援助工作新跨越/江苏省扬州市司法局(4.22)

着力强化法律援助便民服务　推动法律援助工作均衡发展/安徽省滁州市司法局(4.24)

夯实基础　加快发展　全力做好困难群众权益保障工作/湖北省南漳县司法局(4.26)

全国法律援助研讨会(7 篇)

在 2010—2011 年度全国法律援助研讨会上的讲话/贾午光(10.12)

切实加强理论研究　推动法律援助事业发展/福建省法律援助中心(10.15)

开展法律援助理论研究工作的几点做法/江苏省法律援助中心(10.17)

做好理论研究工作 推进法律援助事业科学发展/广东省法律援助局(10.19)

坚持理论联系实际 扎实做好法律援助理论研究工作/河南省法律援助中心(10.21)

深入开展法律援助理论研究 促进法律援助事业全面发展/湖南省法律援助中心(10.23)

发挥三个作用 做好法律援助理论研究工作/广西壮族自治区法律援助中心(10.25)

“发扬传统 坚定信念 执法为民”主题活动(2篇)

司法部举行司法行政系统“发扬传统 坚定信念 执法为民”先进事迹报告会(5.4)

让法律援助彰显公平正义的光辉/徐爱华(5.5)

工作部署(5篇)

2011年全国法律援助工作要点(2.17)

司法部关于加强法律援助经费使用监督管理工作的意见(3.7)

司法部计装司邹燕副司长在部分省(区市)法律援助经费保障及业务装备建设座谈会上的讲话(6.6)

司法部法援司王军益副司长在部分省(区市)法律援助经费保障及业务装备建设座谈会上的讲话(6.8)

法律援助事业“十二五”时期发展规划(10.4)

强化法援服务 创新社会管理(2篇)

心系群众 深入基层 贵州省政法委书记崔亚东回访法律援助受援人(8.6)

社会管理模式创新 便民利民成效彰显——广州市白云区驻基层中心法庭法律援助服务中心试点工作纪实(8.9)

三项重点工作(8篇)

小省区绘就大法援——宁夏法律援助工作向“做大做强做优”目标迈进(2.21)

开展社会管理创新 扎实推进农民工法律援助与矛盾化解工作深入开展/北京致诚农民工法律援助与研究中心(2.24)

司法确认使法律援助渐入佳境——甘肃瓜州县探索法律援助非诉调解司法确认机制(2.26)

上海市法律援助机构积极参与“11·15”特大火灾事故善后处置工作(4.28)

立足法律援助职能 化解信访疑难案件/四川资阳市司法局(4.29)

山东日照市在各级法院设立法律援助与司法救助绿色通道(4.33)

充分发挥集中办案优势 努力彰显法律援助维稳功能/江苏宜兴市法律援助中心(4.34)

山东青岛市黄岛区积极探索法律援助+心理疏导工作模式(4.36)

探索创新(6篇)

完善法援机构内部职能分工 实现管理科学化/湖南长沙市法律援助中心(6.12)

法律援助如何为外国人“说话”/广州市法律援助处(6.15)

创新法援工作模式 努力构建“大法援”工作格局/湖北省鄂州市鄂城区司法局(6.17)

广西法律援助进万村活动全面启动(7.17)

吉林省法律援助应急机制建设初见成效(7.18)

四川成都市构建法律援助城乡一体新模式 架起亲民为民连心桥(7.19)

制度保障(2篇)

广西壮族自治区人民政府出台《关于进一步加强和改进法律援助工作的意见》(8.20)

江苏南京市法律援助基层设施建设纳入新农村社区建设规划(8.22)

工作交流(25篇)

安徽省财政厅就分配和使用中央和省政法转移支付资金印发通知　明确法律援助经费数额(1.5)

重庆市合川区注重强化监督管理　着力提高法律援助工作质量(1.6)

便民利民促和谐　亲民惠民保平安——广州市白云区司法局在基层法院中心法庭设立法律援助服务中心(1.8)

浙江省工伤职工帮扶法律援助专项行动成效显著(2.27)

上海市杨浦区不断推出新举措　形成长效新机制(2.29)

铁肩担道义　维权助弱势　创新求实效/武汉市江岸区司法局(2.31)

山东青岛市法律援助工作亮点纷呈(2.33)

充分发挥权益部门的作用　为妇女儿童提供优质法律服务/广东佛山顺德区法律援助处(2.34)

强化心理健康教育　完善法律援助队伍党建工作/北京市法律援助中心王学法　李立家(3.9)

深入推进社会管理创新　全面提高法律援助发展水平/河北省司法厅法律援助管理处王晓光(3.14)

杭州市余杭区实施标准化管理　不断提升法律援助质量/徐军萍(3.18)

重庆市永川区司法局开展“五主动”给力农民工维权活动(3.22)

走近困难群众　服务民生需求——四川绵阳梓潼县法律援助工作站规范化建设取得实效(3.24)

沈阳市沈河区全力打造“法律援助10分钟便民服务圈”(3.27)

山东省采取多项措施贯彻落实全国“法律援助便民服务”主题活动总结电视电话会议精神(5.20)

湖南省法律援助工作纳入全省社会治安综治考评内容(5.21)

上海市宝山区十项制度实现法律援助“零投诉”(522)

浙江省湖州市以制度建设促法律援助质效双赢(5.25)

江苏兴化市建立法律援助案件质量量化考评制度(5.26)

山东鱼台县强力推进援调对接工作(5.27)

浙江省“法律援助农民工讨薪”工作取得明显成效(6.19)

河南省采取三项措施加强法律援助经费管理(6.20)

辽宁省对法律援助工作实行“百分制量化考核”(6.20)

山东东营市法援中心推出十项便民新举措(6.21)

贵州余庆县推行法律援助诚信等级评定(6.21)

工作动态(49篇)

广东实施新经济困难标准　20%居民可免费打官司(1.11)

陕西省加强法援经费保障　办案补助标准大幅度提高(1.12)

2010年浙江省法律援助六大专项行动成效显著(1.13)

北京市召开农民工专项维权活动新闻发布会(1.14)

陕西西安市法律援助“直通车”开进廉租房社区(1.15)

河南郑州市金水区法援中心帮助41名农民工讨回工资(1.16)

广东佛山禅城区法援处树行业正气拒

收受援人感谢礼金(1.16)

安徽省滁州市积极采取行动规范法律援助工作发展(1.17)

司法部法援中心制定2011年工作执行计划(2.35)

西藏法律援助工作协调领导小组第一次全体会议顺利召开(2.37)

浙江农民工法援专项行动获2009—2010年度全省政风行风建设争优奖(2.38)

河南省民权县积极实施法律援助民生工程成效显著(2.39)

湖北荆州市启动法律援助11′春华行动(2.40)

广西恭城县三个面向力推法律援助显成效(2.41)

江西省南昌市法援中心入驻"市清欠办"为农民工讨薪(2.41)

辽宁大连市就解决法律援助工作问题再出新规(2.42)

安徽凤阳县法援中心到县交通事故调解室开展法律援助工作座谈(2.42)

江西省修订完善《法律援助经费使用管理办法》凸显四大亮点(3.34)

云南省盈江县法援中心积极开展"3·10"抗震救灾工作(3.34)

广西积极开展"法律援助进万村"活动(3.35)

宁夏实施"六个一"工程着力打造立体化全方位法律援助"半小时服务圈"(3.37)

海南省设立省医疗纠纷人民调解委员会法律援助工作站(3.37)

天津市召开落实2011年法律援助民心工程工作会议(3.38)

吉林省召开落实民生实事法律援助应援尽援动员大会(3.38)

江苏扬州"诉调结合"法援模式获得扬州市2010年度"工作创新奖"(3.39)

浙江奉化市八措并举再创佳绩(3.40)

湖北南漳县举办法援为民办实事项目启动仪式暨农民工维权专场咨询会(3.42)

青海省司法厅与高校合作开展法律援助教学实践活动(4.46)

江苏南通市政府出台《意见》加强法律援助工作(4.46)

安徽省启动法援服务能力提升年活动(4.47)

安徽滁州出台加强法律援助工作意见政府责任落实加大保障力度是亮点(4.47)

健全制度规范管理提高质量——四川省司法厅出台法律援助十项规章制度(4.48)

广东佛山再次放宽法律援助经济审查条件　方便困难群众获得法律援助(4.49)

江苏南京雨花台区加强法律援助实施体系建设(4.50)

湖南宁乡县六大举措确保法援工作质量(4.51)

北京市法律援助中心"爱民月"活动成效明显(5.40)

辽宁省确定15个基层法律援助试点单位(5.41)

内蒙古根河市法援中心与敖鲁古雅乡政府签订法律援助工作协议书(5.41)

浙江省司法厅省人力社保厅联合开展劳动仲裁法律援助工作站试点工作(5.42)

江西法律援助与监所教育转化工作实现无缝对接(5.43)

广东佛山市青少年法律援助工作站挂牌成立(5.44)

黑龙江齐齐哈尔市铁锋区建立网络法援咨询平台(5.44)

云南省财政厅召开专题会议研究解决法律援助经费保障问题(6.37)

河南省健全管理制度着力提高死刑二审办案质量(6.39)

四川省启动"我为党旗添光彩法律援助

惠民服务活动”(6.40)

浙江省司法厅省人力社保厅省总工会联合开展“法律援助情暖农民工工程”(6.41)

佛山市采取六项措施加强全市法律援助工作(6.42)

扬州法律援助“非诉调解”模式获得市委市政府2010年度“工作创新创优奖”(6.44)

河北省曲周县聘任法律援助联络员将服务触角延伸到农村千家万户(6.45)

服务之窗(1篇)

“12348”就是百姓身边的法律顾问/浙江杭州“12348”法律服务工作指导处(7.15)

服务惠民(4篇)

强化法律援助管理　落实法治惠民责任　全力推进法律援助服务民生工作/张钦(7.8)

陕西省法律援助“三秦行”主题实践活动圆满结束(8.13)

“百千万”活动下基层　心系群众解民难/江西省法律援助工作处(8.16)

广州荔湾区念好“四字诀”切实做好外来工维权工作(8.18)

农民工法援(2篇)

农民工讨薪的根源与对策/王景文(2.43)

农民工法律援助工作特点及工作机制的完善/王运亮(2.46)

法律文件(3篇)

工伤保险条例(1.19)

广东省法律援助经济困难标准规定(1.26)

国家赔偿费用管理条例(2.50)

聚焦新《工伤保险条例》(2篇)

以人为本理念凸显职工维权难题待解——对新修改的《工伤保险条例》的评价/黄乐平(1.29)

关注新《工伤保险条例》下的工伤维权处境——从一起特殊交通事故看新条例/韩世春(1.33)

聚焦刑法修正案(2篇)

刑法修正案(八)亮点解读(5.28)

中华人民共和国刑法修正案(八)(5.30)

聚焦婚姻法(2篇)

最高人民法院发布《婚姻法》最新司法解释(7.20)

最高人民法院关于适用《中华人民共和国婚姻法》若干问题的解释(三)(7.23)

地方立法(3篇)

《湖南省法律援助条例》解读(6.22)

《甘肃省法律援助条例》出台贫困群体获法律援助有保障(7.11)

《湖北省法律援助条例》九大亮点/马安骏(7.13)

基金会工作(7篇)

“法律援助与困难职工同行”大型公益晚会在人民大会堂举行(1.10)

江苏南通市法律援助基金会首场汇演募得善款1800万元(1.10)

在中国法律援助基金会第三届理事会第一次会议上的摘要讲话/吴爱英(5.8)

在中国法律援助基金会第二届理事会第八次会议上的讲话/赵大程(5.10)

中国法律援助基金会第二届理事会工作报告/张秀夫(5.13)

在中国法律援助基金会第三届理事会第一次会议上的讲话/岳宣义(5.18)

在中央专项彩票公益金法律援助项目总结工作会议上的讲话/岳宣义(10.9)

理论园地(20篇)

以实现包容性增长为目标推进法律援助工作/孙慧　张杰(1.35)

发挥法律援助维稳功能　推进社会矛盾化解/杨永刚(1.36)

论刑事法律援助制度的价值/莫洪宪(3.28)

试论以科学发展理念提升新形势下法律援助群众工作水平/李晗光(3.31)

试论法律援助咨询与预防和减少突发社会安全事件的关系/贾午光(4.38)

浅析大调解格局中法律援助与人民调解的衔接与整合/赵萍　彭杰(4.43)

关于建立法律援助“应援优援”机制的思考/余子悦(6.29)

为群体性维权事件参与者提供法律援助探析/余晓伟(6.32)

对四川省少数民族地区法律援助工作的思考和建议/张建设(6.35)

在加强和创新社会管理中推动法律援助新发展/周济生(7.25)

英格兰和威尔士法律援助工作经验概述/郭婕(7.29)

关于理顺法律援助管理体制的几点思考/蒋春林(7.34)

关于创新法律援助工作机制的实践与思考/柳永忠　贺爱斌(7.37)

做好非诉讼法律援助案件之浅见/于春梅(7.41)

德国法律援助制度介绍/文:DrMatthias-sKilian 翻译:郭婕(8.44)

完善新生代农民工法律援助的理性思考/冯莉(8.54)

法律援助案件申请审核机制研究/李立家(8.58)

对进一步加强法律援助工作的几点思考/蒲皆祜(10.35)

法律援助提供模式现状及发展方向初探/江苏省南通市法律援助中心(10.40)

网络技术视野下国外法律援助管理创新/郭婕(10.44)

法律适用(3篇)

对危险驾驶罪定罪问题的思考/李安华　龙云(7.45)

警惕复杂劳动关系规避《劳动合同法》/北京致诚农民工法律援助与研究中心(8.33)

《刑法修正案(八)》涉少条款解读与思考/徐松青　张华(10.27)

探索与争鸣(4篇)

浅析劳动关系与雇佣关系的区分/范逸彬　曹松华(1.38)

推行“法援案件先办后核”工作机制的思考/尚启文(2.48)

国企改制退休职工医疗保险待遇问题分析/黎方笃　卫筱卫(5.35)

“校地合作”模式对开展法律援助工作的重要性与可行性/李鹏(5.36)

考察报告(1篇)

司法部法律援助管理干部培训团赴美国考察报告(1.43)

办案与思考(23篇)

伤残维权路漫漫法律援助献真情(1.53)

不畏艰辛甘做农民工的“保护神”(1.55)

高效维权高额赔偿(2.52)

法律援助尝试ADR化解矛盾大显身手(2.54)

英雄少年江中殒命谁该为生命埋单(3.46)

受援人隆胸失败落下残疾生活陷困境两援助律师三年维权接力弱者获新生(3.48)

少年冲动险毁一生　法援力争改变命运(3.50)

黑心公司坑农害农上访无解　法律援助解忧化愁维稳社会(4.52)

负心汉遗妻弃子十余载　弱女子合法维权靠法援(4.54)

输血意外感染艾滋　法援相助终获赔偿(5.48)

历经波折法援助　工伤认定得解忧(5.50)

工伤七年索赔路　一波七折终得偿(6.46)

爆炸烧伤致工伤　法律援助获赔偿(6.48)

狱内服刑意外成被告　法律援助维权稳人心(6.50)

法律援助破解信访难题　残疾女工含泪感谢政府(7.48)

公诉认定生日有错　未成年人险判重刑法律援助澄清事实避免错案得以轻判(7.50)

命运无常　受援人涉嫌故意杀人被判死刑　生死之辩　法援律师据理力争二审纠偏差(7.52)

公证法律援助助力智障家庭显公正(7.55)

一起道路交通事故人身损害赔偿纠纷案分析(7.58)

腿伤又受骗生活无依　法援细调查伸张正义(10.49)

“宣告死亡”保险拒赔法律援助倾力维权(10.51)

南京法援办结“量刑规范化”第一案(10.53)

“刚性”法律“柔情”执行——从一起人身损害赔偿案看贵阳“柔情法援”(10.55)

办案技巧(6篇)

律师怎样办好刑事法律援助案件/刘世友(3.43)

浅析家庭暴力案件证据收集技巧/刘晓波(8.23)

一件少年工伤索赔案引发的思考/唐岩(8.24)

非法上车自行跳车者伤亡自负　驾车者正当防卫不负刑事责任(8.27)

细查证据确认劳动关系　尽心维权实现社保福利(8.29)

交通事故家破人亡　法律援助情暖民心(8.31)

法援宣传(29篇)

广泛宣传营造氛围　打造一流法律援助品牌/湖北荆州市司法局(1.49)

江苏省传达贯彻吴爱英同志对法律援助报告会的批示精神(1.50)

广东卫视“走进”广州法援(1.50)

北京市法援中心与北京人民广播电台合办《法治北京》栏目(1.51)

“中央彩票项目公益金法律援助项目在我区实施”入选新疆2010年十大法治事件(1.51)

新疆乌鲁木齐市多种形式提升法律援助影响力(1.51)

媒体聚焦四川盐亭法律援助“点援制度”(1.52)

江苏省泰兴市举行返乡人员法律援助宣传咨询活动(2.57)

湖南宁远县贴近外出务工人员宣传法律援助(2.57)

江西抚州南丰县法援中心开通实名博客(2.57)

安徽滁州市编印新版便民服务维权手

册(2.58)

广东佛山市开展“送法律、送温暖”法律援助惠民宣传活动(2.58)

湖北荆州市成立媒体“垄上行法律援助团”宣传法律援助(2.59)

山东济南市法律援助公益广告正式开播(2.59)

江西瑞金多措并举积极推进法律援助宣传工作(4.56)

宁夏银川拓展宣传新渠道开通法律援助微博(4.56)

山东青岛积极开展妇女法律援助维权宣传活动(4.57)

手机短信传温情公平正义在手中——山东济南法律援助宣传又添新举措(4.57)

2011年江苏法律援助环省行活动在南京启动(4.58)

湖北荆州市法律援助11’春华行动走进招聘会(4.58)

青海省乐都县针对偏远村社、寺庙开展法律援助宣传(4.58)

江苏省2010年度法律援助十大优秀案例揭晓(5.45)

北京丰台区“全国助残日”法律援助宣传忙(5.46)

河南临颍县全方位开展法律援助宣传工作(5.46)

法律援助宣传进“集会” 贴近群众都叫好(5.47)

山西忻州市开展大型法律援助宣传活动(6.52)

海南海口市开展专题宣传活动迎接建党90周年(6.52)

陕西宝鸡市启动法律援助“西秦行”活动(6.53)

山东德州借助媒体开设法律援助讲堂(6.53)

“12348”法援专线(2篇)

北京市法援中心积极推动“12348”法律援助咨询专线工作(6.24)

对“12348”法律援助咨询专线现状的思考/湖北省宜昌市司法局(6.25)

信息广角(69篇)

福建开展“维护弱势群体合法权益、促进社会矛盾化解”主题志愿服务活动(1.57)

西藏自治区成立未成年人刑事案件法律援助工作指导小组(1.57)

江苏淮安清浦区开展农民工欠薪专项矛盾排查化解活动(1.58)

江西赣州会昌县认真贯彻落实五项制度全力做好法律援助工作(1.58)

海南开展“绿岛法援——情系农民工”百日实践活动(1.59)

浙江嘉兴秀洲区全程监督法援案件受援满意率连续三年100%(1.59)

辽宁鞍山市在公安机关侦查阶段提供法律援助(1.60)

山东青岛市召开案件质量评议会确保援助案件质量(1.60)

北京平谷区法律援助走进建筑工地(1.60)

重庆大渡口区司法局着力完善法律援助接待制度(1.61)

山东东营法律援助“五心”工作法润民心(1.61)

2010年全国办理法援案件72.6万余件(2.60)

辽宁沈阳积极开展“关爱农民工、法律援助在行动”主题活动(2.60)

广西法律援助开展“结对共建先锋同行”主题交流活动(2.61)

天津宁河县将法律援助工作纳入司法所考核内容(2.61)

山东胶州市法律援助春节“双拥”忙

(2.61)

山西平顺县将法律援助工作纳入当地“十二五”规划(2.62)

青海天峻县拨专款设立法律援助基金(2.62)

甘肃阿克塞县建立法律援助延伸服务工作机制(2.62)

山西省家庭人均收入在低保线2倍以下可入法律援助范围(3.53)

河南多地持续开展法律援助“送法进乡镇”活动(3.53)

江苏启东实行重大民事法援案件检察员跟踪督察(3.53)

北京丰台实施法律援助“点援制” 受援人可在志愿律师名单中选择援助律师(3.54)

杭州余杭区设立驻法院法律援助工作站(3.54)

江苏泰兴法律援助专业服务队向社会公开服务承诺(3.54)

宁夏在全区各市县区妇联设立妇女法律援助中心(3.55)

江西上饶铅山创特色仲裁调解齐上阵(3.55)

安徽宿州市建立法律援助工作主任绩效考核制度(3.56)

哈尔滨市呼兰区创新工作机制利用法律援助QQ群推动工作(3.56)

安徽宣城成立在押人员合法权益法律援助工作站(3.57)

浙江杭州司法局积极推进法律援助均等化建设(3.57)

江苏泰兴市多措施提升法律援助群众满意度(3.58)

贵州遵义县司法局邀请县人大参与法律援助“大回访”活动(3.58)

法律援助工作纳入《平安河南建设纲要(2011—2015)》(4.59)

江苏南京江宁区成立维护消费者合法权益法律援助工作站(4.59)

北京昌平区司法局、检察院联合召开法律援助机制衔接会(4.59)

江苏张家港四大举措争创“群众满意窗口服务单位”(4.60)

北京市推行咨询等候叫号模式方便来访群众(4.60)

江西鹰潭市直律师事务所挂设五类人群法律援助工作站(4.60)

安徽滁州全椒县法律援助联络员制度见成效(4.61)

山东济宁大学生村官法律援助志愿者工作正式启动(4.61)

河南获嘉县建立维护残疾人合法权益长效机制(4.61)

福建三明试行律师事务所法援工作合同项目模式(4.62)

广东佛山采用网络视频为监狱服刑人员提供法援咨询(4.62)

江西于都宽田乡建立农村留守儿童法援工作室(4.62)

江西出台“12348”法律援助咨询专线管理办法(5.53)

江苏2011年省级法律援助专项资金拨付到县(5.53)

北京市东城区推出盲文版《法律援助条例》(5.54)

安徽省制定硬性考评标准提升法律援助服务能力(5.54)

北京市朝阳区法援中心改进法律援助服务模式(5.54)

江苏泰州法律服务志愿者实现信息化管理(5.55)

宁夏平罗县搭建网络一站通服务平台(5.55)

河南偃师突出五项重点举措扎实做好法援工作(5.55)

内蒙古包头市坚持“三快一依靠”为农民工分忧解难(5.56)

安徽合肥市开展法律援助综合管理系统应用演示和观摩活动(5.56)

河南民权县开通法律援助博客与微博(5.56)

安徽省司法厅进一步推进律师参加法律援助工作(6.54)

四川各级法律援助机构全面推行首席律师制度(6.54)

辽宁省创先争优解民难法律援助联动暖民心(6.54)

河北曲周县推行“四必访”制度(6.55)

安徽铜陵市成立“法律援助青年律师团”(6.55)

宁夏石嘴山大武口区向劳务移民赠送《法律服务指南》(6.55)

贵阳市成立法律援助民族工作部(6.55)

江苏张家港开展“法律援助村村行·服务城乡一体化”专题活动(6.56)

杭州市萧山区建立法律援助流动服务窗口(6.56)

山东东营法律援助便民公示牌进村居(6.56)

安徽亳州市政府出台《关于进一步加强和改进法律援助工作的通知》(6.57)

山东烟台启动“资深律师法律援助行动”活动(6.57)

湖南少数民族县壮大法律援助志愿者队伍(6.57)

广角镜(22 篇)

北京为农民工设法律援助受理专台(7.63)

江苏省工会法律援助工作取得明显成效(7.63)

湖南怀化洪江区法律援助引入心理咨询(7.63)

河南偃师市法律援助与劳动仲裁实现无缝对接(7.64)

浙江宁波实行法律援助案件承办“合同制”(7.64)

宁夏青铜峡法律援助案件评查“四部曲”促工作作风转变(7.64)

北京丰台区出台《未成年人刑事辩护法律援助案件评估标准》(8.61)

内蒙古根河搭建法援服务宗教场所“四大平台”(8.61)

江苏泰兴为农民工讨欠薪施行“急诊式”服务(8.62)

山东青岛城阳区推行风险告知制度(8.62)

广东佛山禅城区组织志愿者进驻基层维稳中心参与政府信访接待(8.63)

山东东营农村法律明白人活跃村里乡间(8.63)

浙江宁波“三大招式”提升“12348”热线解答质量(8.63)

北京、青海两地调整案件补贴标准(10.56)

山东开展“资深律师法律援助行动”(10.56)

云南出台司法鉴定法律援助工作实施办法(10.56)

吉林省法律援助志愿者考试在全省举行(10.57)

长三角地区湖北商会法律援助工作会议在沪举行(10.57)

北京海淀区法律援助与刑事和解实现无缝对接(10.57)

河北石家庄改造升级“12348”法律援助热线(10.58)

山西晋城市建立民事行政检察与法律援助协调机制(10.58)

安徽蚌埠法援官方微博首月粉丝破千(10.58)

培训园地(1 篇)

适应队伍建设需要 推进法援培训创新——司法部正式启动“中东部省份法律援助轮训计划”(3.52)

法援志愿服务(2 篇)

铿锵玫瑰法援柔情——“1+1”中国法律援助志愿者系列报道之二(1.62)

善若春泥爱如阳光——“1+1”中国法律援助志愿者系列报道之三(2.63)

法援志愿者(6 篇)

心系援助地让爱扎根——“1+1”中国法律援助志愿者系列报道之四(3.62)

身边的感动(4.63)

马兰的日记(5.57)

法律援助志愿者开创西藏县域法援工作新局面(6.58)

扶弱济困的正义天使——“1+1”中国法律援助志愿者系列报道之五(6.60)

马兰的日记(2)(7.60)

域外纵览(3 篇)

新西兰司法部出台新措施调整法律援助经费收支(5.60)

爱尔兰刑事、民事法律援助工作将统一由法律援助委员会负责(5.62)

香港法律援助署调整个人豁免额(5.62)

法援人物(1 篇)

剑胆琴心助贫弱——记优秀公益律师/俞肃平 张毅强(3.59)

法援漫谈(2 篇)

浅谈法律援助精神/刘新华(3.63)

为了法律援助事业我愿奉献热血和青春/舒建民柴玮津(8.64)

法援文学(8 篇)

与法律援助同行(1.63)

一切献给你我的法律援助事业/马志龙(1.64)

法律援助“三字经”/马志龙(1.64)

我援助我幸福/许勇(5.63)

永不放弃——法律援助工作者的心声/陈皞(6.62)

法律援助颂——为了人民/李茂华(6.64)

青春与法援同在/张莉(7.62)

从事法律援助工作有感/李强(7.62)

三、2011 年司法部法律援助工作司《法律援助工作简报》目录

广东省出台法律援助经济困难标准规定(第1期)

重庆市司法局出台《法律援助案件计算经费支付办法》等四个规范性文件 河南省委对法律援助工作等重点民生工程项目展开集中督察(第2期)

北京市司法局举行法律援助农民工专项维权活动现场会暨讨薪款发放仪式(第3期)

着力打造法律援助民生工程 切实维

护困难群众合法权益(第4期)

2011年法律援助工作要点(第5期)

上海市法律援助机构积极参与"11·15"特大火灾事故善后处置工作效果显著(第6期)

开拓创新争创一流广西法律援助工作显成效　宁波法律援助机构注重发挥法院作用切实做好法律援助工作(第7期)

吉林省召开全省司法行政系统落实民生实事开展"幸福·尊严法律援助应援尽援活动"动员大会(第8期)

山东省多措并举推动法律援助工作取得新成效　本溪市司法局积极开展"法律援助年"活动(第9期)

安徽开展法律援助"服务能力提升年"活动　浙江省湖州市以制度建设促法律援助质效双赢(第10期)

山东省采取多项措施贯彻落实全国"法律援助便民服务"主题活动总结电视电话会议精神(第11期)

江苏省贯彻落实全国"法律援助便民服务"主题活动总结会议精神　推动法律援助工作再上新台阶　北京市认真贯彻落实"五化"要求　进一步提升法律援助便民服务成效(第12期)

贵州省着力推进法律援助工作　上海市徐汇区不断深化便民措施提升法律援助服务水平(第13期)

宁夏不断夯实工作基础提升法律援助服务群众水平(第14期)

上海市贯彻落实全国"法律援助便民服务"主题活动总结电视电话会议精神进一步完善便民服务举措　辽宁省开展"关爱弱势群体法律援助进万家"活动进一步提升法律援助便民服务成效(第15期)

湖北省认真贯彻落实"五化"要求推动形成便民服务长效机制　江西省着力深化便民服务提升法律援助工作水平(第16期)

辽宁省对法律援助工作实行"百分制量化考核"　浙江省法律援助"六大专项行动"成效显著(第17期)

上海市2010年下半年法律援助案件舆情分析报告　江苏省2010年第四季度法律援助舆情分析报告　河南省2011年第一季度法律援助咨询类舆情分析报告(第18期)

湖南省将法律援助工作纳入社会治安综合治理考评范围　西藏自治区成立法律援助工作协调领导小组(第19期)

湖北省司法厅检查法律援助为民办实事工作　江苏南通加大宣传力度推动法律援助工作深入发展(第20期)

部党组成员政治部主任张彦珍深入"发扬传统坚定信念执法为民"主题教育实践活动联系点　内蒙古自治区赤峰市法律援助中心调研(第21期)

湖南省修订《湖南省法律援助条例》　四川省出台《法律援助程序规则》等十项规章制度　青海省着力推进法律援助制度建设(第22期)

部分省(区市)法律援助经费保障及业务装备建设座谈会在河南召开(第23期)

浙江省实施"法律援助情暖农民工工程"　重庆市召开法律援助工作暨表彰会(第24期)

外国驻京记者对我国法律援助工作进行专题采访(第25期)

浙江省着力推进刑事法律援助工作　广西运用党员干部现代远程教育网络推进法律援助工作(第26期)

内蒙古以开展主题教育实践活动为契机深入推进法律援助工作(第27期)

四川省开展"我为党旗添光彩法律援助惠民服务行动"(第28期)

第二届全国"十佳法律援助单位十佳法律援助工作者"社会评选活动启动仪式在京举行(第29期)

北京市出台《关于加强法律援助机构规范化建设的意见》 河北省鹿泉市着力深化法律援助建议工作积极推进社会管理创新(第30期)

宁夏回族自治区出台《关于创建规范化法律援助便民服务窗口的实施意见》 江苏省出台《江苏省法律援助机构建设和工作规范考核办法》(第31期)

安徽省司法厅出台《关于进一步推进律师参加法律援助工作的意见》 深圳市充分发挥法律援助职能作用为大运会顺利召开提供有力保障(第32期)

吉林省政协副主席带队专题调研法律援助工作 江西省出台《"12348"法律援助咨询专线管理办法》(第33期)

北京市加强"12348"法律援助咨询专线建设 不断提升便民服务水平(第34期)

司法部召开残疾人工作座谈会 研究部署"十二五"时期残疾人权益保护工作(第35期)

各地认真组织开展第二届全国"十佳法律援助单位十佳法律援助工作者"社会评选工作(第36期)

湖北省司法厅高度重视一起法律援助投诉事项(第37期)

河北积极贯彻落实法律援助经费保障和业务装备建设座谈会精神 浙江省启动"法律援助春苗工程"(第38期)

《湖北省法律援助条例》颁布实施(第39期)

2010年全国法律援助工作统计分析(第40期)

部党组成员政治部主任张彦珍在内蒙古赤峰市调研时强调积极履行为民服务职责提高法律援助能力水平(第41期)

广西壮族自治区人民政府出台《关于进一步加强和改进法律援助工作的意见》 河南省出台《平安河南建设纲要(2011—2015)法律援助工作实施意见》(第42期)

陕西省司法厅开展"建设法治陕西维护公平正义"法律援助"三秦行"活动(第43期)

北京市迅速传达贯彻落实全国法律援助工作座谈会精神(第44期)

山东省传达贯彻落实全国法律援助工作座谈会精神 广西召开全区法律援助工作现场会迅速贯彻全国法律援助工作座谈会精神(第45期)

浙江省深入贯彻全国法律援助工作座谈会精神 海南省积极贯彻落实全国法律援助工作座谈会精神(第46期)

江苏狠抓"六个重点六个提升"全面落实全国法律援助工作座谈会精神 天津市传达贯彻落实全国法律援助工作座谈会精神(第47期)

中央和国家机关创先争优活动领导小组有关领导在北京市朝阳区法律援助中心调研为民服务创先争优活动(第48期)

河南省积极采取措施做大做强做优法律援助事业 四川省积极贯彻落实全国法律援助工作座谈会精神(第49期)

湖北省司法厅多措并举贯彻落实全国法律援助工作座谈会精神 陕西省认真贯彻落实全国法律援助工作座谈会精神(第50期)

安徽省四项措施贯彻落实全国法律援助工作座谈会精神 甘肃省召开法律援助工作推进会贯彻全国法律援助工作座谈会精神(第51期)

围绕民生需求服务困难群众江苏在创先争优中推动法律援助工作新发展 辽宁深入开展创先争优活动着力推进法律援助为民服务工作(第52期)

上海市法律援助机构积极开展为民服务创先争优活动取得明显成效 四川省法律援助机构深入开展为民服务创先争优活

动(第53期)

广东认真抓好全国法律援助工作座谈会精神贯彻落实工作　山西省采取有效措施贯彻落实全国法律援助工作座谈会精神(第54期)

河北省积极贯彻快落实全国法律援助工作座谈会精神　湖南省传达贯彻落实全国法律援助工作座谈会精神(第55期)

陕西省积极推进法律援助民生工程实施项目取得明显成效突出重点整体推进　山西法律援助工作再上新台阶(第56期)

上海市调整法律援助经济困难标准补充事项范围和办案补贴标准　青海省第三次调整法律援助经济困难标准和办案补贴标准　北京出台法律援助案件补贴办法大幅度调整办案补贴标准(第57期)

浙江省法律援助工作深入推进显成效　北京市着力加强侦查阶段法律援助工作(第58期)

安徽省滁州市认真贯彻落实全国法律援助工作座谈会精神(第59期)

福建省召开全国法律援助工作座谈会传达贯彻全国法律援助工作座谈会精神　上海市召开全市法律援助工作推进会深入贯彻传达全国法律援助工作座谈会精神(第60期)

四、2011年司法部法律援助中心《法援中心快报》目录

适应队伍建设需要推进法援培训创新(3月18日第1期)

部法援中心编发《国外法律援助资料汇编》(3月20日第2期)

着眼提高业务素质给力社会管理创新——部法援中心举办西部省份法律援助业务技能培训班(8月5日第3期)

江西省“12348”法律援助咨询专线平台开通(9月20日第4期)

部法援中心学习传达全国法律援助工作座谈会精神制定具体措施落实吴部长对法律援助工作的要求(10月21日第5期)

2010—2011年度全国法律援助研讨会在闽召开(9月8日第6期)

第九部分 理论研究

英国法律援助制度及借鉴意义

司法部法律援助管理干部赴英国培训团

2011年6月，司法部法律援助管理干部赴英国培训学习。培训期间，先后听取了来自英国法律服务委员会、法律服务监察委员会、法律行动小组、法律援助专家小组、青少年法律中心、伯明翰事务律师协会、伯明翰法律中心、伯明翰blademore律师事务所等部门专家讲解英国法律援助制度体系及改革发展，并访问了英国司法部、公民咨询总署及有关分局、公平正义组织、免费法律代理署、法律援助服务供应商A4e公司、伦敦Hodge Jones & Allen律师事务所、伯明翰法学院等政府部门、慈善组织与社会团体，与政府官员、专家及律师等进行了深入交流。培训期间恰逢英国法律援助制度改革的关键时期，英国议会正在审议《2011年法律援助、判决和刑事处罚法案》，法案预计于2012年颁布实施，法律援助制度现有的管理体系、对象范围、经费拨付和使用等将随之发生重大变化。因此，本文将对现行制度和改革发展情况一并作介绍，并提出学习借鉴英国有益做法的对策建议。

一、英国现行法律援助制度概况

在新法出台之前，目前英国法律援助制度的实施依据是1999年《获得司法正义法》，概况如下：

（一）管理体系

英国现行法律援助管理机构为法律服务委员会（LSC），是司法部主管的非政府公共机构，负责管理英格兰和威尔士的法律援助工作。具体职责是，负责制定法律援助具体政策和各项实施计划、监督法律援助政策和计划的实施，包括经费管理和质量监督等。法律服务委员会内设三个部门：服务委托部、业务支持部、机构服务部，每个部门有一名执行总监，对委员会首席执行官负责。委员会总部设在伦敦，下设14个地区办公室，负责各地区法律援助管理，具体职责包括：与律师事务所和社区法律中心签订法律援助合同、审查批准法律援助申请。LSC聘用人员约1700人。法律服务委员会的工作受到由12位独立的委员（大法官任命）组成的董事会监督，同时有专门的审计委员会对资金的使用情况进行审计与监督。英国大法官以及司法大臣对法律服务委员会的活动和行为向议会报告工作。①

① 《法律服务委员会：我们的组织结构》（"Lcgal Service Commission: Our organization"），载http://www. Iegalservices. gov. uk/aboutus/how/ourrorganisation. asp accessed 9 March 2010。

（二）经费来源及使用管理

英国法律援助经费基本上都来源于中央政府，刑事法律援助案件经费完全由中央财政承担。2010—2011 年度，英国法律援助经费为 21.15171 亿英镑，其中，刑事法律援助经费投入 11.29801 亿英镑，民事法律援助经费投入 9.8537 亿英镑①，另有少量行政支出。地方政府财政有少量投入，用于社区服务，包括对公民进行一些低层次的法律帮助，没有案件范围的限制。此外，有一小部分资金来自于受援人的分担费用和法律援助案件胜诉后由法律服务委员会从败诉的对方当事人处收取的费用。

法律援助经费主要用于办案，包括事务律师和出庭律师、专家鉴定和证人出庭费。对于民事法律援助案件，如果律师能从败诉方获得律师费，则法律服务委员会无须支付全部费用，只支付不足的部分。除向各签署合同的律师事务所支付办案经费、向各社区法律中心支付约定的经费外，法律服务委员会还承担所属的 4 个公设辩护人办公室的人员工资和办案支出。

（三）服务范围、方式及条件

法律服务委员会负责管理的法律援助包括"社区法律服务"（简称为"CLS"）的民事法律援助项目和"刑事辩护服务"（简称为"CDS"）的刑事法律援助项目。

1. 刑事法律援助服务的方式、范围和条件。英国刑事法律援助的服务方式主要有一般法律咨询及帮助、辩护帮助（亦为庭前准备）以及辩护代理三种。根据英国法律的规定，接受警察询问的公民，无论是否被拘留都有权获得免费的法律咨询和帮助，在地区法院犯罪嫌疑人也可以获得免费法律咨询。在地方治安法院或刑事法庭为被告人做应诉准备或在特定诉讼程序的初始阶段代理出庭，在各级法院的刑事案件中提供全面的辩护代理服务。

为确保在侦查阶段需要法律咨询和帮助，但没有选择私人律师帮助的当事人能够获得法律帮助而设立值班律师制度，包括警察局值班律师和治安法院（Magistrate Court）值班律师两部分。（1）警察局值班律师制度。根据规定，只要犯罪嫌疑人提出申请，无须审查其被指控的罪名，也无须审查其经济状况，值班律师都会通过当面交谈或电话的形式为申请人提供免费的法律咨询服务。1984 年的《警察与刑事证据法》赋予犯罪嫌疑人在警察局内获得法律咨询的权利，且警察要以口头或书面的形式告知这一权利。目前，警察局值班律师制度适用于英格兰和威尔士境内 100% 的警察局，且为 24 小时全天候服务，服务地点仅限于警察局内。值班律师服务的提供程序一般是由辩护律师呼叫中心（Defence Solicitor Call Centre，简称为 DSCC）在案件发生时联络律师（也可由当事人自行指定私人律师），如案件简单，可通过电话进行法律咨询，或由律师亲自或指定授权代表人（Accredited Representative）前往警察局会见当事人。值班律师在警察局提供法律咨询和帮助时，警察不得在场，会见时间至少不应少于十分钟或其他合理时间。根据法律规定，在没有律师或授权代表人陪同情况下所开展的讯问笔录没有证据效力，因此，值班律师制度不但具有维护当事人权益的积极作用，同时也是确保诉讼程序顺利进行的重要保障。（2）治安法院值班律师制度。根据英国法律的规定，治安法院的刑事案件被告人第一次出庭时，必须有律师在场，因此当被告没有私人律师时，可请求法院值班律师提供服务。

① 《2010—2011 年度英国法律服务委员会工作与审计年报》（LSC：Annual Report and Account Report 2010—11），第 50 页。

根据服务方式的不同，在英国取得刑事法律援助需满足的条件也有所不同。对于辩护帮助服务，如果案件不涉及刑事处罚，则不需经过任何资格审查，如果案件可能被判处监禁刑，则需满足一定的经济困难条件。对于辩护代理服务，根据《刑事辩护服务法案》，一般需满足司法审查和经济审查两个条件。一是司法利益审查。审查内容包括：申请人是否涉嫌重罪（即可能判处监禁刑或判决可能导致其丧失谋生手段、损害名誉等重大后果）；申请人是否存在由于知识、智力、精神等原因不能理解法律及程序的情形，以及涉及重大法律问题的争议等。二是经济审查。成年申请人需接受对其（及其配偶）的实际年度收入的审查。此类审查仅为简单审查，即只针对收入及开支进行审查，不审查申请人资产。即由法院扣除申请人的利息税、国家保险缴纳费用、住房费用、子女抚养费、离异配偶及其子女的赡养费以及其他生活必需费用后，计算并确定申请人的"年度可支配收入"。年龄在16周岁以下或已满17周岁但无收入来源并与父母或监护人共同居住者或年龄在18周岁以下正在接收全日制教育者或领取失业福利救济金者，均被视为自动满足经济审查条件。此外，在巡回刑事法院及较高级法院审理的案件无须审查经济条件即可获得法律援助。

2. 社区法律服务的范围、条件及方式。英国社区法律服务即民事法律援助，包括债务、教育、劳资、房屋、社会福利以及其他案件。民事诉讼代理法律援助服务不涉及以下案件类型：医疗灾害以外的人身伤害案件、商业纠纷、诽谤诉讼、遗嘱等。经司法部审查批准的个别案件可作为例外获得民事法律援助服务。根据1999年的《获得司法公正法》，要想获得民事法律援助服务，申请人需通过经济审查和案件审查。2000年，根据1999年法第7条制定的《社区法律服务条令》就公民获得社区法律服务的资格设置了普通与特殊两种标准：（1）普通标准。即经济状况审查，根据申请人的可支配收入和可支配资产来决定是否应该向其提供社区法律服务。其中可支配收入是指申请人一周内的实际收入（包括薪金、退休金、儿童福利）减去捐税、国家保险、基本生活费及受扶养之扣除额；而可支配资产，指所有积蓄，包括现金、投资、存款，以及其他有相当价值的财务，如珠宝饰物等。申请人要想获得法律援助，就必须同时满足法定的可支配收入与可支配资产的限额。接受特定国家福利津贴，如收入补贴、求职者津贴的人自动满足经济困难条件。此外，如果申请人是未成年人，其父母、监护人以及任何供养人的资源将被视同为该未成年人的财产。（2）特殊标准。即案件审查，根据当事人申请的不同等级的社区法律服务，以提供此等级的法律服务可能产生的司法利益大小来决定是否应该向申请人提供法律援助。

民事法律援助服务方式包括：法律咨询和帮助、法庭协助、家事调解、家事调解帮助以及诉讼代理等。下面重点介绍咨询服务和调解方式。

民事法律援助咨询服务，由LSC提供资金支持的社区咨询机构和网络提供，包括以下服务方式：（1）小册子。在英格兰和威尔士境内具有广泛普及性的小册子包含众多法律问题及建议，公众可通过网络下载或写信索取的形式获得。语言分为英文、威尔士文和盲文，还包含录音带。（2）热线电话服务。专属号码热线电话可向公众提供初步的法律意见和帮助服务。（3）"请回电"服务。公众可通过登录政府网站或发送"法律援助"信息至80010获得此项服务（该服务语种不限于英语）。电话内容一般不会被录音，除非是为教育培训之目的，但为便于开展同行审查，控制服务品质，所开展的咨询过程均会做书面记录。电话服务可提供 170 个语种的免费翻译服务。(4)网站服务。公众可登录 CLA 网站获取更多服务内容,2008 年推出的手语在线咨询服务,更可为听觉障碍人群提供电子邮件咨询及在线预约面对面法律咨询服务提供者的服务内容。(5)社区法律咨询中心提供的面对面咨询服务(Community Legal Advice Centers,简称 CLACs)。CLACs 由法律服务委员会和地方政府提供经费支持,为社区居民提供"更便利的面对面服务以解决人们的各种问题",免去了受援对象为获得某种法律援助服务而不得不前往各地服务机构的麻烦与不便。据统计,截至 2011 年 3 月 31 日,LSC 已在全英国境内建立了 9 个社区法律援助咨询中心,2010 年度提供服务数量为 18515 件。

调解方式。传统意义上,调解并非法律援助资金支持的法律争议解决手段,很长一段时期,法律援助资金仅适用于诉讼当事人。英国 1996 年的家事法规定,在离婚诉讼中,当事人必须经过调解程序。强制执行家事调解的法令实施后,调解成为解决家事纠纷的一个重要环节。为便于操作,LSC 开始与调解员进行签约,同时与受雇于法律中心的律师签订非营利性调解合同,与律师事务所签订营利性调解合同。除了通过家事调解会议上的调解外,还有一种称为"Help With Mediation"的帮助,当事人可以要求律师在调解会议前给出法律建议,也可要求律师在会议后给出有关调解协议内容的建议,对于调解会议,不要求律师必须出席。与诉讼方式相比,调解不仅具有节省诉讼成本的优点,更大的优势在于其对家庭和睦关系维系方面的重要作用。目前,进行家事调解之前,须先进行调解可行性评估,对适宜于开展调解的案件,才能够确认进入调解程序。

(四)提供模式及提供主体

英国普遍实行合同制法律援助模式,即由法律援助管理机构 LSC 通过签约方式寻找优良的法律服务供应商向受援对象提供高品质的法律援助服务。作为签约方式的补充,LSC 还设立了公设辩护人办公室,专职提供刑事法律援助服务,开启了在英格兰与威尔士刑事法律援助服务的混合式服务模式。这种模式下的法律援助提供主体包括签约律师事务所、民间机构和专职法律援助服务机构等几类。

1. 签约律师事务所。法律援助最重要的提供主体是签约律师事务所,即由政府出钱招标采购,私人律师事务所参与竞标,经 LSC 对律师事务所进行综合评估,最终与符合评估标准的律师事务所签订法律援助服务合同。合同制引入前,全英国有超过 1 万个律师事务所提供法律援助服务;合同制引入后,提供法律援助服务的律所数量大大削减。[①] 签约服务期限为三年,合同类型包括民事合同与刑事合同两大类。[②] 其中一般民事合同分为两种类型。一是"受控制工作合同",即对律师事务所每年可承接的案件数量予以限制。此类合同包括法律帮助,法庭协助以及精神健康、移民的诉讼代理案件,此类案件由律师事务所审查决定即可办理。二是"受许可工作合同",即对律师事务所每年可承接的案件数量无限制,但可办理的必

① 《2010—2011 年度英国法律服务委员会工作与审计年报》(《LSC:Annual Report and Account Report 2010—11》)第 9 页,法律援助服务提供者的数量为 5812 件,其中民事 3394 件,刑事 2418 件。

② 2010—2011 年度,LSC 引入了新的法律援助合同以取代自 2007 年开始使用的统一民事合同和自 2008 年开始使用的统一刑事合同。2010 年 11 月 15 日起开始使用的《2010 年民事统一合同》适用于除家庭法(与房屋相关的家庭案件)领域外的所有民事法律案件。原有的家庭法(与房屋有关的家庭案件)继续使用至 2011 年 11 月 15 日。新的刑事合同自 2010 年 7 月 14 日起开始适用。参见《2010—2011 年度英国法律服务委员会工作与审计年报》(《LSC:Annual Report and Account Report 2010—11》)第 10 页。

须是由律师事务所律师代为向 LSC 分会申请并得到许可的案件,合同种类是上述受控制工作合同与后述“高成本案件合同”以外的诉讼代理案件。此外,还有一种特别合同,即“高成本案件合同”,指预计成本可能超过 2.5 万英镑的诉讼代理案件。此类合同为个别签署,个案管理;在刑事领域,此类案件是指所有法院诉讼程序预计将持续超过 41 天的刑事案件。其他特别合同包括“移民法合同”和“一般家事调解合同”。

此次培训团访问的 Hodge Jones & Allen 律师事务所即是一所规模较大的签约律所。该所成立于 1977 年,目前拥有 200 多名专兼职律师及工作人员。自 2000 年成为 LSC 签约所以来,所内 50% 的业务为法律援助案件,每年达到 1.8 万件,由其中的 90 名律师办理,人均年办案量为 200 件。案件来源于受援对象的主动申请或相关机构的推荐转递。当被问及为何在获得酬劳远低于其他私人案件的情况下,仍有近一半的律师坚持从事法律援助案件业务时,该所律师回答,因为所内律师同仁都坚守着同一个理念,即为公平公正而奋斗,努力让每一个受援对象都能获得应有的司法公正。据介绍,该所在伦敦当地十分有名,来此寻求法律援助者众多。

2. 签约民间机构。除律师事务所外,与 LSC 签约的还有一大批民间机构,包括非营利性机构和营利性机构两种,其中非营利性机构主要有三类,即公民咨询局、法律中心和公益性法律中心。公民咨询局设有律师,只提供咨询服务,而后二者是由律师及助理组成,除了法律咨询外,还可出庭代理,唯一的区别在于最初法律中心的成立主要是由政府发起,而公益性法律中心则是私人(或慈善机构)成立的。现结合本次培训期间主要走访的几类民间机构作简要概述。

(1)公民咨询局(简称为 CAB)。“公民咨询”服务最初是作为一项用以处理战争而产生的公民需求的紧急战时服务,成立至今已有 70 多年,已发展成为英国最大的咨询服务提供者。目前,在英格兰和威尔士,共有 416 家“公民咨询局”,分局则达到 3500 家,都是经注册的独立慈善组织,资金来源包括:中央和地方政府的资金占 50%(其中大部分来自 LSC),其余的 50% 来自于银行、咨询公司等财团和个人。公民咨询总局与其分局类似于加盟机构的关系,彼此独立,总局对分局有监督责任,一般是对分局机构及其人员进行每三年一次的评估检查。分局的工作未达到总局的标准,将面临摘牌的风险。提供服务的除少量的专职人员外,以志愿者提供服务为主,志愿者人数达 2.7 万人。CAB 还设有专家热线,用于解决疑难复杂的特殊案件。CAB 每年要提供 200 万人次的咨询服务,解答 700 万个问题,在分局辖区内,平均每 20 个人中就有 1 人得到过公民咨询局服务。咨询类别涉及债务、福利、雇佣、房屋、家庭和劳资等各方面问题,其中有相当一部分是法律问题。CAB 具有非常完善的信息数据记录系统,系统内有多达 1800 种类别的信息分类。根据咨询信息记录,形成各种工作报告,并通过这些报告将及时掌握的公民社会最新动态信息,适时向政府反馈,对政府决策产生一定影响。

(2)法律中心(LAW CENTERS)。法律中心是针对 20 世纪 70 年代法律援助制度的缺陷设立的非营利性法律服务组织。其设立者包括政府和个人。首家法律中心于 1970 年设立于北肯辛顿的人口集中繁华地段,当时是由政府出钱为律师提供工资,律师为当地市民提供法律援助服务。目前,全英境内有 55 个法律中心。资金 50% 来源于 LSC,30%—40% 来源于地方政府,10%—20% 来源于慈善机构等其他渠道。由 LSC 支持的资金必须按签订的合同规定范围提供服务，而地方政府的资金支持并没有案件范围限制，按指定的专项工作提供服务（如在中国城用于为华人请翻译等）。律师由法律中心直接聘用，拿固定薪水。服务范围包括劳资、住房、移民和反歧视等案件的免费法律咨询和诉讼代理服务，并致力于提供教育、信息、小组工作和法律改革等多方面服务内容，也就是说，其涵盖的内容已不仅仅是个案工作，而是将具有共同性的案件所反映的问题进行统一解决。比如，法律中心会呼吁政府解决房屋维修等方面的问题，并开展一些针对公众的普法宣传。因其对低收入人群等弱势群体的关注，使其成为法律援助服务网络中极为的重要一环。近年来，有一种新的法律中心模式诞生，即移动法律中心（Mobile Community Law Centre）。如卡莱尔地区所设立的移动法律中心，主要是为偏远地区的居民提供更加便利的法律服务。

（3）公益性法律中心。公益性法律中心是由个人或慈善组织发起建立的为某一特定社区或特定群体提供服务的法律服务组织。此类机构在英国大约有40—50个，比如Mary Ward法律中心、英国青少年法律中心等。此次访问的英国青少年法律中心是专门针对儿童权益保护而设立的一家慈善组织。对儿童和妇女权益的法律援助服务占其法律援助工作的一半，主要采用电话咨询的服务方式，所涉内容包括父母探视权、无家可归或移民儿童的权益保护等问题。从事电话咨询的接待人员需同时具备法学本科以上学历、律师执照和执业经验，此外，上岗前还需接受专门的入职培训。对于从事儿童法律服务的资深律师，必须具有儿童保护法律实务专业执照，即需为儿童保护委员会委员。尽管该法律中心资金有一部分来源于LSC，但LSC所支付的费用仅用于儿童保护案件，且不对电话咨询提供资金支持，所给予的费用仅用于出庭案件。

（4）营利性服务机构。与LSC签约的还有一类是营利性服务机构。比较有代表性的是A4e公司。该公司是英国一家拥有20年经验的全球性公共服务供应商，在英国以外的11个国家设有分支机构。主要工作范围是：帮助长期失业人员和残疾人再就业；为青少年以及成年人提供职业技能培训；为社会和经济边缘人群提供法律和财务咨询支持；为最难以就业的人群，如罪犯、难民和单亲父母提供就业机会等。由于A4e所开展的业务领域的服务对象很多属于法律援助受援对象，自2006年起，A4e开始进入英国法律援助服务市场，成为一家营利性法律援助服务提供者。服务项目包括社区法律咨询服务、社区家庭法律咨询服务、莱斯特法律咨询中心及赫尔法律咨询服务。A4e每年向社会边缘人群和弱势群体提供超过12万项电话咨询服务，内容包括债务、房屋、就业和社会福利。在LSC和地方政府支持下成立的A4e社区法律咨询中心根据所在地区的需要和优先事项提供相应的面对面法律咨询服务，每年向25万人提供法律援助。

3. 公设辩护人办公室。1999年《获得公平正义法》颁布实施后，LSC开始试办专职律师制度，该制度被称为公设辩护人服务（“Public Defenders Service”，简称为PDS），专门用于办理刑事辩护案件。公设辩护人服务被设置于LSC的刑事辩护服务部门（“Criminal Defence Service”，简称为CDS）之下，并由该部门负责办理刑事法律援助案件，等同任职于LSC的刑事专职律师。目前，公设辩护人办公室设立于切尔滕纳姆、达令敦、庞特普里斯和斯旺西。[①]

从过去几年来看，刑事法律援助案件仍

① 《2010—2011年度英国法律服务委员会工作与审计年报》（LSC：Annual Report and Account Report 2010—11）。

主要由与 LSC 签约的私人律师事务所办理，PDS 仅处理部分案件，2007 年以来每年的办案量均不超过 4000 件，2010 年度为 3339 件。与私人律师事务所相比，PDS 虽缺少当事人选择的空间，但因进入 PDS 办公室的任何刑事案件都能得到受理，且 PDS 会义务受理一些案件，提供从警察局至最高法院等各层级的刑事法律援助服务，因此他们更易接近公众。同时，作为英格兰和威尔士第一批领取薪酬的刑事法律援助工作者，PDS 的创立初衷即在于：为公众提供独立、高品质和物有所值的刑事辩护服务；向 LSC 提供评估信息，以改进其与私人律师事务所的刑事合同条款；与私人律师事务所分享法律援助的实务经验，以协助改善整体的刑事司法制度。品质及效率固然是 LSC 所期望的目标，但 PDS 存在的更重要价值在于节约成本。一般签约律师事务所的律师提供刑事辩护服务时，着眼于如何为当事人争取最有利的结果，如减刑等，而 PDS 的律师除了争取当事人案件上的利益外，更重要的是 PDS 办公室还设有药物戒治及少年犯罪辩护团队，以协助当事人改善甚至预防其再犯罪的行为。在当事人有意愿的情况下，更可通过 PDS 办公室的专职人员转递其他社会团体、慈善团体及政府单位等。这些大部分是在判决后才做，也有少许在判决前开展，以求取得较好的判决结果。有效预防犯罪，有利于减少社会问题，也可节约社会成本与司法资源。当然，PDS 所面临的一些困境依然存在，如薪酬较一般律师低，而难以吸收优秀律师加入；因为 LSC 直接雇佣，难以保持独立性等方面。

（五）服务质量控制

1. 严格准入，从源头保证服务质量。LSC 制定了“专家质量评分标准（SQM）”，作为法律服务机构取得 LSC 合同的资格条件，提高了法律援助服务机构的准入门槛，改变了原来由所有律师事务所提供服务的模式，保障法律援助服务质量。SQM 标准内容主要涵盖了七个重要的质量领域：（1）明确的计划：规划服务，提供服务信息，非歧视性原则。（2）无缝服务：提供指导和推荐给其他机构。（3）组织的运作：重要职员的任务和职责，财务管理。（4）人本管理：给全体职员平等的机会，培训和发展，主管和监管标准。（5）服务运作：个案管理，独立的审查并反馈给个案工作者。（6）满足客户需求：提供信息给客户，保密性、隐私与公平的待遇，保证提供有质量的服务。（7）质量承诺（保证）：投诉，用户反馈和质量过程控制。在以上七个关键质量方面的框架下，又对每个方面作出详细的规定，共有 68 条内容。LSC 把 SQM 标准审计服务外包给 SQM 服务合作商，由 SQM 服务合作商严格按照审计程序，依据标准对提出申请的律师事务所进行审计，给出一定的质量分数，作为取得或保持 LSC 合同的依据。SQM 标准的有效期为三年，审计费用由律师事务所承担。

作为 LSC 合同总则的重要部分，专门制定了“主管标准”，就是服务机构在取得或保持某一类业务工作时，必须聘请一名该类业务的主管，在每个业务事项的范畴，必须保持每六个全职个案工作者聘用至少一名全职主管的比例，如果停止聘用主管，则从事相应类别工作的权利也将终止。主管标准主要包括：（1）案件参与标准：所有主管必须在过去三年中在相应的法律领域中至少有 350 小时的案件参与。如果主管是业余工作，则必须在过去的五年中有合计为 1050 小时的工作经历。（2）监管标准：所有合同工作必须由相关法律类别的主管监管；所有主管必须具有必要的监管技能；主管必须确保所有人根据本合同履行合同工作；必须有适当的安排确保主管能够有效执行其职责；每位主管必须对他们监管的每位个案工作者的文件进行审核；当个案工作者在不同于其主管所在地开展工作，主管必须每个月进行一次面对面监管。

LSC 还规定，在移民、政治避难和刑事工作领域提供法律援助的从业人员必须获得认证。提供家庭、医疗过失、精神健康等方面服务的机构，其主管必须获得认证。认证方案由 LSC 出资请各类监察机构设计，通过书面审核或面试评估方式，对从业者的相关法律知识和服务技能进行考核。

2. 同行审查。同行审查是一项质量评估体系，它直接衡量法律援助提供者执行工作的质量。该体系由英国伦敦大学高等法律研究院开发和管理，于 2005 年 4 月 1 日生效实行。主要内容涉及：(1) 同行审查人的资格。成为同行审查人，必须有至少 1500 小时根据 LSC 合同在法律专家领域的个案工作经历；申请人必须是 LSC 指名的法律专家类主管，达到 SQM 和 LSC 标准合同规定的专家类主管标准；至少有为三家不同律师事务所工作的经历或评估其他人工作的经历；虚心好学兼具独立思想。在资格审核后，申请人还需通过面试、律师监管机构的审核、委任培训等程序最终取得同行审查人的资格。为防止腐败等现象的发生，LSC 对审查人的身份进行保密。(2) 同行审查的标准。在民事、一般咨询、专业指导（家庭、移民、福利、债务等）、刑事档案等方面都设定了标准和指导原则，如：民事援助同行评审标准有：A. 与客户沟通：是否正确理解客户的问题；顾问的沟通和客户端处理的效果如何；顾问的事实和信息收集的效果如何。B. 建议：意见在法律上是否正确；意见对客户是否有帮助；意见是否全面；是否在合适的时间给出。C. 工作与援助：是否合适地提供援助；是否有进一步的事实调查工作进行；是否有效地执行工作；是否满足客户的需要；是否需要支付费用；支出费用是否适当；有无必要向专业机构推荐；是否有效地组织利用资源；是否有任何损害客户的行为。(3) 同行审查的执行：同行审查人依据各类（民事、刑事、咨询等）规范标准，随机抽查 15 个以上的案例进行独立评估，对每一个案例给出一个等级评定。然后所有的审查人根据各人的评定结果汇总后，作出总评。等级为优秀、合格、勉强合格、不合格、无法开展工作。(4) 审查结果的处理：评定结果经英国伦敦大学高等法律研究院（LALS）确认后，告知被评估的律师事务所。如果评级结果为不合格或无法开展工作，律师事务所有一次提出异议进行复查的机会。经过进一步审查确认，评定结果为不合格以下，LSC 将对合同进行更正。因为审查的不利结果会导致服务合同的丢失，为了避免这种风险，律师事务所会主动启动同行审查，通过审查小组提出的质量改进方案，不断提升服务水平。这种自查方式，会帮助律师事务所在审查中取得更高的分数，来维持 LSC 合同。

质量监管是英国法律援助工作的重中之重，法律服务委员会除了以上监管手段外，主要的措施还有客户满意度调查、结果评估、庭审旁听、程序评估等，法律援助质量监控的方向是，通过努力建立更加完善、具有可操作性和节约成本的监控体系。

二、英国法律援助制度改革

2010 年 11 月 15 日，英国司法部出台了《改革英格兰、威尔士法律援助体系的建议》，向社会公开征求意见。2011 年 6 月，由大法官（司法大臣）和律政司司长出席部长级议会，对社会各界反馈意见予以回应。在我们培训期间，政府的改革方案已经正式提交议会讨论审议，预计 2012 年 3 月正式出台新的法案。

（一）改革的背景

在英国法律援助制度发展过程中，经历了无数次改革。此次改革具有其特殊的社

会背景,主要包括以下三个方面:

1. 经济背景。2008年世界金融危机后,英国政府被迫采取了财政紧缩政策,全面削减财政支出,从削减军费开始,王室、各政府行政部门无一幸免。英国司法部经费预算被削减25%左右,而占司法部支出总经费四分之一的法律援助经费当然不能幸免,估计在2014—2015年每年削减法律援助财政经费3.5亿英镑(人民币36.75亿元)。

2. 司法改革大趋势。英国法律援助改革是其司法改革蓝图的一部分,占有举足轻重的地位。这次与法律援助改革方案一同公布的改革方案包括审判、量刑和处罚改革。目的是通过一系列改革,使法院的程序更简单、更透明和更有效率,使纳税人的钱花得有价值。这样的背景下,改革法律援助制度自然是首当其冲,因为“法律援助往往鼓励人们把争端提交法庭解决”。英国政府宣称,司法改革的最终目的是使司法系统工作方式得到根本性转变,法律援助仍是获得司法公正的一个重要途径,在降低复杂性和更大经济负担的同时,使法律援助具有足够的提供能力,以确保人们在更广泛的范围内获得司法公正。

3. 基于法律援助制度本身的检讨,在过去几次大的改革中,都是基于经费问题。尽管1986年后,英国政府就开始考虑削减法律援助经费,但财政投入仍直线上升,从1997年以来,每年以6%左右速度在增长,成为迄今世界上最全面、最昂贵的法律援助制度,以致政府不堪重负。政府认为,目前法律援助范围的扩大远远超出了其原来的意图,其中许多不需要通过诉讼解决的问题被提交到法院,许多不需要通过法律专家介入的问题也找法律专家解决,增加了法律援助成本,因此,减少法律援助开支是改革的关键因素之一。

(二)改革的主要内容

1. 缩小民事法律援助范围,严格申请条件。方案将可提供法律援助的民事家庭案件的范围限于那些严重的、有理由优先使用公共资金的案件,即生命和自由受到威胁的民事家庭案件。据此,被排除在法律援助范围之外的民事家庭案件主要有:(1)一些私人的民事家庭案件,如离婚、福利、雇佣、当事人未被关押的移民案件等。(2)一些可以通过获得其他资金支持解决的案件,如可以通过“胜诉才付费”解决的医疗过失案件。(3)一些不一定属于法律问题、但又需要通过专家建议等形式解决的案件,如不涉及人身安全、自由或者无家可归风险的债务、教育、雇佣、住房案件等。此外,对民事家庭法律援助申请设定更为严格的条件。将全面考虑申请人的可动用资产情况(包括财产的价值);在申请人无法确定其财产价值时,必须同意以结案后要分担法律援助费用或在其财产上设立抵押为条件,才能为其提供法律援助。同时,分担费用的起点下调,费用分担的比例也有所提高。据此,可获得免费法律服务的人群大大缩小,英国政府预测,建议实施后,将减少50万件民事案件。

2. 改革法律援助报酬支付机制,增加法律援助资金来源。(1)改革刑事案件报酬机制。包括:针对刑事法院认罪案件,被告人无论在哪一阶段认罪,援助律师都只获得定额报酬;对可以由治安法院处理、但实际上却由刑事法院处理的认罪案件,仍然按治安法院的费率标准支付定额报酬。此外,为了控制费用支出可能比较高的刑事案件费用,建议对这些案件中的事务律师的付费要与上届政府对辩护律师的付费一致。(2)降低民事家庭案件报酬。提出将所有民事家庭法律援助报酬降低10%,但同时扩大了可能由对方付费的“风险费率”的使用范围。(3)引入专家证人费用新机制。将规范法律服务委员会支付给专家的基准费率，整个费率标准将降低10%。同时还针对将来向固定费率或累进费率发展征求意见。(4)新增法律援助资金来源。拟实施法律援助辅助计划，补充法律援助经费，即：法律援助的受助人在诉讼成功并获得赔偿后，从其获得赔偿款里面扣除一定比例(25%)拨入法律援助辅助基金(改革前的回馈金数额只是补偿法律援助机构所花费的部分)，作为法律援助辅助计划的经费，如果案件庭前和解，扣除的比率则会相应减低。

3. 加强调解方式，扩大法律咨询服务。提出以调解作为诉讼外解决纠纷的有效手段仍将继续得到法律援助经费的支持。同时，将依托现有的社区法律咨询热线，扩大电话服务范围，不但不削减此类服务的经费，而且将加大此类服务的投入，放宽准入条件，鼓励更多的公民、企业投入这一法律服务领域，鼓励人们用这一最简便、最有效的方式解决问题。社区法律咨询热线将提供两个层次的服务，第一层是接线服务，第二层是法律咨询服务。将来，社区法律咨询热线将成为人们获得法律援助服务的"唯一入口"，也就是说，今后当事人与法律援助的第一次接触可能是通过热线而不是面对面的服务。

4. 成立政府法律援助管理部门，加强监督管理。改革后司法部将收回法律援助政策制定权(此前由LSC负责)，并下设专门的法律援助执行机构取代LSC，即由司法部的法律援助政策制定部门确定法律援助的对象范围和经费预算，下设的执行机构负责法律援助的实施管理，改变原来由独立于政府的法律服务委员会负责管理的模式。新的执行机构将由司法部聘请公务员工作，其工作职责和方式、途径与LSC完全相同，将全盘接受LSC的IT系统和那些现在已经计划未来将实现的工作进程，尽量减少对现有制度和做法的改变所带来的风险。启用新的执行机构代替LSC最终由立法予以明确。

（三）改革对未来的影响

关于改革将对现行英国法律援助制度产生何种影响，来自不同阶层、不同方面发出了不同的声音。

1. 政府的主流观点：法律援助改革将阻止不必要的和对抗性诉讼，节省大量成本，提高工作效率，让政府的钱用到最需要法律援助的那些项目上，为纳税人提供更好的物有所值的法律援助。

2. 律师界和各类慈善组织以及专家学者普遍对改革持否定态度，主要观点包括：(1)认为通过缩小范围、严格申请条件来减少法律援助案件，是一把"双刃剑"。在政府法律援助经费节约的同时，公众得到公平对待的机会更少，特别是社会福利、劳工方面的案件被取消后，当事人转而向政府有关部门和社会寻求解决问题的办法，可能带来更多的、新的社会问题，甚至引起社会争端，最终需要更多的社会资源去解决，造成更大的行政成本，花纳税人更多的钱。(2)认为法律援助案件固定费率制度的引入与发展将带来诸多问题。一方面，将会鼓励法律援助提供者接受更多简单明了的刑事案件而远离那些当事人更加需要帮助的复杂案件，并导致他们为缩短案件所花费的时间而去鼓励当事人和解或认罪，从而使英国司法制度面临缺乏效率的风险。另一方面，因为法律援助资金困难，大量律师事务所在零收益可能性的边缘徘徊，一些有能力提供有效服务的律师事务所和法律中心等慈善机构可能因此而关门停业，从而导致可选择的法律援助和相关专家数量的减少，必将妨碍法律援助提供者根据优先选择而进行改进，最终无法保证法律援助服务质量，损害受援人利益。

3. 来自营利性服务机构(A4e)的观点：

认为改革后引入竞争机制，鼓励律师事务所和慈善组织之外的商业机构进入法律援助服务市场，有利于降低成本，提高效率。

三、启示与借鉴

英国作为当今法律援助制度最完善的国家，其成就令人叹服，英国中央政府法律援助拨款人均39英镑，合人民币390元，是我国各级政府总投入的543倍。[①] 法律援助办案量271.45万件（包括法律帮助和诉讼服务），按人均办案量算，是我国的近100倍。[②] 英国法律援助制度的很多经验和做法，比如合同制模式、分担费用和回馈金制度、值班律师制度、咨询服务的普及、调解方式的扩大、IT技术的应用、业务培训、质量管理、发挥民同机构作用等等，都可以根据我国国情加以学习参考。更为重要的是，了解和学习他们的一些价值理念、思维方式等，对于完善中国特色法律援助制度具有十分重要的借鉴意义：

（一）以"保护人权、实现司法公正"为法律援助制度核心价值，并在此基础上落实政府责任

明确政府责任是各国法律制度最基本的要素，而政府承担责任的程度则取决于该国政府对法律援助的制度定位，特别是其价值取向。在英国，法律援助被认为是"公平、正义、文明社会的标志"，"是福利国家和社会的一个支柱"。建立法律援助制度的目的在于"确保公民不因经济原因而公平获得公正司法"。价值观念和制度定位直接决定了英国政府对法律援助制度的保障体制，以及对法律援助对象和范围的设定。

基于公民权利保护不应受限于经济发展的理念，英国法律援助经费由中央财政全额保障，并且长期奉行上不封顶的开放性财政预算政策，成为世界上法律援助政府投入水平最高的国家。在欧洲人权法案和英国人权法通过实施之后，中央政府单独给法律服务委员会拨付了4000万英镑的经费，用于保证该两法所涉及的刑事和民事法律援助案件能够得到顺利实施。

基于保障基本人权和促进司法公正的制度目标，英国法律援助表现出浓厚的"重刑轻民"色彩。为贫穷的被告人提供无偿辩护以保证审判的公正性，成为创立法律援助制度的动因。不仅如此，在以后的制度改革发展中，刑事法律援助不断得以加强，在经费紧张的时候也是采取刑事优先原则，严格控制或缩小民事法律援助范围。此次英国主要针对削减经费的法律援助改革，也是只缩小民事案件范围，不涉及任何刑事方面的改革。即使是在撒切尔夫人当政大幅削减行政经费时期，还新创设了刑事法律援助领域的"值班律师制度"。英国刑事审判中98%严重刑事案件的被告人获得法律援助足以说明刑事法律援助在其刑事司法体系中的重要地位。

同样的理由，英国民事法律援助范围的调整按照权利保护的先后顺序进行，并以保护基本人权为底线。凡涉及欧洲人权法案和英国人权法案，以及一些人权保护方面单项法律的强制性规定不得突破，尤其涉及儿童权益保护方面得以不断加强。另外，尽管这次法律援助改革重点是缩小民事法律援助范围，但涉及生命和自由受到威胁的、面临严重身体伤害或者无家可归风险的民事家庭案件仍属于法律援助范围，如一些使当事人面临无家可归风险的债务、住房案件、难民以及家庭暴力案件等。这些表明，保护

① 我国各级政府法律援助拨款2010年度为9.58亿元，人均0.7元。

② 我国全国法律援助机构组织办理的案件2010年度为727401件，人均5.4件，英国英格兰和威尔士2010年度办理案件271.45万件，人均512件。

人权、维护司法公正是英国法律援助制度的核心价值，是英国法律援助制度不断改革完善的重要支撑。

我国法律援助制度建立的基础也是政府承担法律援助责任。国务院《法律援助条例》明确各级政府为法律援助提供财政支持，并授权省级政府根据地方情况制定法律援助范围和经济困难标准。目前，我们基本停留在“要降低经济困难标准、将与公民民生问题相关的事项列入法律援助的范围”号召性地提要求阶段，并未具体规定调整法律援助条件和范围应当遵循的原则和应当考虑的因素。由此一些地方对法律援助条件、范围的规定不完全符合实际需要，还有地方直接把调整范围的权力下放到市县，造成制度实施的随意性。另外，范围的调整与经费保障之间并未建立起直接的制约关系。法律如何建立科学的“三项标准”动态调整机制，如何建立与标准相配套的经费保障体制，是我们需要研究解决的问题。

（二）强化政府管理职责，充分利用各种管理资源

英国根据《1988 年法律援助法》建立了独立的法律援助管理机构即法律援助委员会（LAB），从律师协会手中接管法律援助，独立于其他机构的法律援助管理体系得以确立。1999 年的《获得司法公正击》基本延续了这一管理体制，只是管理机构名称改为法律服务委员会（LSC）。这次改革则进一步强化了政府的管理责任，将法律援助管理权收归司法部。从律师协会到独立的公共机构再到政府内设机构的变化，可以看出英国法律援助管理的行政化趋势。其目的在于加强政府的监管职责，防止法律援助经费被滥用，提高法律援助工作效率和质量。

不管是由独立于政府之外的公共机构管理，还是由司法部内设机构管理，英国法律援助实行的是统一管理体系，由法律援助管理部门统一接受政府财政拨款并负责分配使用和管理。对于法律援助提供主体（律师事务所、各种民间非营利机构）而言，尽管他们都有各自的业务主管部门，但只有获得法律援助管理机构的资质审查认可后才能签订合同，得到资助参与法律援助工作，并接受法律援助管理机构的经费使用的审计监督；而对于公众而言，只能由法律援助管理机构（主要是由其分设于各个地区的分支机构）负责受理、审查公民的法律援助申请，作出法律援助的决定（一些简单的法律帮助则授权法律服务机构审查决定）。统一的管理体系有利于统一调配资源，保证法律援助实施的规范、效率和质量。法律援助工作实施统一管理，并不是无所不包地管理全部事务，而是充分利用各方面的管理资源帮助其实现有效管理，比如，对于参与法律援助案件办理的律师事务所和律师依然要遵守律师协会制定的行业规范和服务标准；设于司法部下的法律服务监察委员会既处理对律师收费案件的投诉，也处理法律援助案件的投诉；一些慈善机构从成立到撤销也都由相应的主管部门依法实施管理。此外，法律援助管理机构还将一些专业性较强的管理工作，比如法律援助管理信息系统（IT）、法律援助专家质量评分标准的审计服务、案件质量的同行审查、对特定法律援助服务人员的资格认证等都外包给专业机构或合作商去执行。

英国独立的法律援助管理体系与其他相关部门管理的高度渗透和融合，实现法律援助管理的权威灵活和经济，带给我们思考和启示。我国目前法律援助管理体制下，一些问题需要进一步厘清。比如，法律援助财政经费的拨付和分配如何体现法律援助的统一管理？法律援助的管理如何与法律服务的管理相衔接？如何充分利用其他管理资源以提高法律援助的管理效率和水平？

等等。

（三）引入竞争机制，实现法律援助服务低成本、高质量的目标

选择法律援助的提供主体和提供模式是法律援助管理中极为重要的内容。英国传统上以私人律师提供法律援助为主要模式，后来发展为包括律师事务所、各类独立的非营利服务机构以及设辩护人办公室等主体共同提供的模式。1988 年以前，任何律师事务所部可以不经法律援助委员会授权为任何符合经济困难标准的公民提供法律援助服务，由法律援助委员会审定并支付相应的费用。为了解决基于这种提供方式而出现的法律援助经费无控制地增长和服务质量参差不齐的问题，英国引入了美国、加拿大的合同制模式，由法律援助管理机构通过招投标选择收费低、服务好的服务机构承担法律援助案件，并对参与提供法律援助的服务机构提出更高的要求，比如，基于引入 IT 行业的服务是提高效率、有效降低成本的方式，就规定了凡是不具备信息化管理和服务条件的法律服务机构不再被列入法律援助的签约单位，以达到降低成本、提高服务质量和效率的目的。据了解，这次改革对现存法律援助体系最大的影响之一，就是进一步强化竞争机制，将法律援助服务完全市场化，任何相关机构都可以通过法律援助管理部门的认可提供法律援助，以增强竞争力。

引入竞争机制之后，一些趋势显而易见。一是承担法律援助的服务机构逐步集中在一些有实力的律师事务所和民间慈善机构，在此基础上更强化了法律援助服务的专业化分工，也更有利于提高服务质量。二是法律援助呈现出服务层次和内容的多样性，律师事务所之外的更多服务机构的参与，更有条件提供诉讼之外的法律援助服务，比如更大范围地扩大电话服务等，实现以有限资源让更多的人获得有效帮助的目的。三是法律援助的社会关注面进一步扩大，更多的服务机构加入到竞争行列，也就是让更多社会层面积极了解、关注、参与法律援助，共同推动法律援助事业的发展。我国建立法律援助制度以来，法律援助提供模式相对单一，无论是律师事务所还是基层法律服务机构，他们都是按照规定无条件接受法律援助机构的指派办理案件，有的地方还是采取大排队、轮流指派的方式，案件补贴标准也是完全统一的，基本未形成竞争机制。我们应当认真研究英国的合同制指派方式，以及与此相配套的竞争机制，根据我国的实际情况，探索、完善符合国情的法律援助提供模式，有效调动并规范各类参与服务的主体，引导、培养一批擅长办理法律援助案件的专门人才，提供低成本高效益的法律援助服务。

（四）以改革推进制度的日趋完善，以立法保证法律援助制度的统一、权威、高效

英国建立了各国公认的成熟完善的法律援助制度体系，但对法律援助制度的反思和改革从未停止。从 1949 年颁布实施第一部法律援助法以来，英国法律援助制度经历了大大小小改革 30 多次，涉及法律援助范围、经费、管理机构和管理内容、提供模式、服务方式等实施重大内容的调整变化，比较有意思的是，《1988 年法律援助法》曾被认为是英国法律援助制度进一步完善的标志，就在这部法律颁布两年后，就根据实施情况进行检讨，采取措施控制法律援助经费的增长，提高服务质量，并着手改革，以建立一个既有利于公众有效接近法律，达成司法公正又不会因效率低而浪费国家资金的科学的法律援助体制，由此《获得司法公正法》于 1999 年获得通过，该法被视为英国法律援助改革的顶点。但在这部新法实施过程中，新一轮的改革又一次被启动。正是这样不断地反思、改革，才使得英国法律援助制度不

断完善并完满活力。

值得注意的是，英国法律援助制度的每一次重大改革，都是以法律的修改或新法的颁布来完成，通过立法来建立完善法律援助体系。英国早在1949年就颁布了法律援助法，即《1949年法律援助与咨询法》。其后，该法律经过多次修改。随着法律援助制度的发展，相当重要的两部法律《1988年法律援助法》、1999年《获得司法公正法》相继颁布实施。目前正在执行的是以1999年《获得司法公正法》为主体，以20多个单行条例为辅助的法律援助法律体系。此外，在《刑事诉讼法》《事务律师法》《反性别歧视法》《儿童拐拐与监护权法》《司法行政法》《住房法》《社会保障法》《残疾人权利委员法》等27部法律中规定了法律援助的相关内容。新一轮改革成果形成的议案草案正在议会讨论过程中，不久将出台新的法律援助法。在法律援助立法过程中，议案草案会经过长时同的讨论、酝酿，广泛听取公众的意见。在此期间，与法律援助密切相关的各类组织团体，比如律师协会，法律援助专家组，以公民咨询局和社区法律中心为代表的慈善机构，以英国法律行动小组、英国公正组织等为代表的人权政策研究与推进的压力集团，以及其他各种代表社会弱势群体的组织，会以各种方式游说政府、议会，要求增加预算，扩大法律援助范围。可以看出，英国通过法律援助立法，不但让法律援助制度的运行具有法律保障，而且让法律援助的决策得到社会各界的参与和支持，使法律援助制度本身及其体现的价值不断深入人心，成为国家不可或缺的重要制度。

我国《法律援助条例》实施已近十年，实施中的问题逐渐显露，经济社会发展也出现了新的情况，特别是持续的司法体制机制改革对法律援助制度产生了直接的影响，应当尽快启动立法，完善中国特色法律援助制度。

（执笔人：高贞、李发富、竺晁英、韩灿霞、黄河、余佳，全文由高贞修改定稿）

坚持改革创新推动法律援助工作再上新台阶

孙剑英（司法部法律援助工作司司长）

2010年是继续应对国际金融危机、保持经济平稳较快发展的关键一年，是全面实现“十一五”规划目标、为“十二五”发展打好基础的重要一年。各级司法行政机关和法律援助机构按照司法部的统一部署，坚持面向基层，突出工作重点，扎实做好服务困难群众的各项工作，取得了明显成效。

——创先争优活动深入开展。坚持把创先争优活动作为重大政治任务，紧紧围绕推进法律援助创新发展，认真制订实施方案，确定争创主题与活动载体，深入开展创先争优活动。坚持以党建促业务建设，引导党员干部结合各自工作实际，在破解发展难题、完成重点任务上创先进、争优秀。建立党员个人自学制度、集体学习讨论制度、干部培训制度、领导干部调查研究制度等，不断提升党员干部的思想政治素质和业务工作水平。积极开展设立"党员先锋岗""党员公开承诺"活动，推动党员干部在弘扬优良作风上创先争优。

——落实"三个纳入"要求取得新成效。各地继续做好"三个纳入"要求的贯彻落实，提升法律援助工作在经济社会发展中的地位。14个省份将法律援助工作列为"为民办实事"项目或民心工程，纳入社会治安综合治理暨平安建设工作考核范围。内蒙古、河南等9省（区、市）以政府或两办名义下发加强改进法律援助工作的意见，四川、海南等部分省份党委、政府召开法律援助工作会议，对法律援助工作作出安排部署。湖北、湖南成立了省政府分管领导为组长、相关职能部门参加的法律援助领导小组，协调解决法律援助工作中的实际困难和问题；青海省政府参事室就加强法律援助工作开展专题调研，推动党委、政府进一步重视支持法律援助工作。2010年将法律援助经费纳入同级政府财政预算的机构数量持续增加；法律援助在党和政府主导的维护群众权益机制中的地位和作用更加凸显。

——深化"法律援助便民服务"主题活动扎实推进。2010年1月，司法部部署深化"法律援助便民服务"主题活动，进一步发挥法律援助在维护困难群众合法权益、促进社会和谐稳定中的职能作用。4月组织召开全国法律援助工作座谈会，赵大程副部长出席会议并讲话，明确了法律援助工作在深入推进三项重点工作中的职能作用，从五个方面提出了做好法律援助工作的重点任务，提出了加强法律援助工作的思路和措施。各地按照赵副部长重要讲话精神，着重围绕实现法律援助"经费保障制度化、案件质量标准化、工作运行信息化、设施便利化和监管执业规范化"目标，抓好会议精神的贯彻落实工作，有力推进了法律援助工作不断向前发展。各地适应转变经济发展方式、调整经济结构过程中出现的新情况新问题，继续推动将就医、就业、就学、社会保障等与民生问题紧密相关的权益保护事项纳入补充事项范围；全国越来越多的地方将经济困难标准调整至最低生活保障线的1.5至2倍，进一步降低了法律援助门槛。规范法律援助工作站和联系点建设，大力推进法律援助向社区、乡村延伸，"一小时（半小时）法律援助服务圈"在一些地方初步形成；加大便民窗口建设力度，多数地区在临街、一层等方便困难群众的地点设置专门接待场所，方便为当事人提供服务。进一步畅通法律援助申请渠道，简化受理审查程序，困难群众获得法律援助更加方便快捷。各地从法律援助服务的关键领域和重点环节入手，着力在提高服务水平上下工夫，大力推行援务公开，规范接待咨询工作，创新指派方式，加强异地协作，建立健全质量评估制度，法律援助规范化、专业化水平有了明显提高。2010年，各地法律援助机构办理案件数量和提供法律咨询数量同比大幅提升，有效化解了社会矛盾纠纷，有力维护了社会和谐稳定。

——法律援助体制机制改革稳步推进。稳步推进组织机构建设，全国已有25个省级法律援助管理机构（含新疆生产建设兵团司法局法律援助处）纳入司法行政机关序列。一些地方通过修订地方条例或制定规范性文件的方式科学调整"三项标准"，促进法律援助与经济社会协调发展。加强法律援助制度化建设，就完善刑事法律援助工作对修改《刑事诉讼法》提出立法建议，继续推进《法律援助程序规定》制定出台工作。各地法律援助制度化建设取得积极进展，云南、广西分别修订、出台了本地法律援助条例，一些地方就法律援助工作规范化运行出台了相应规范性文件。

——法律援助业务指导工作进一步加

强。做好重点人群法律援助的指导工作，司法部下发《关于充分发挥司法行政工作职能作用　促进解决拖欠农民工工资问题的通知》、《关于做好2010年农民工工作的通知》、《关于重阳节期间组织开展老年人法律服务、法律援助专项活动的通知》和《关于深入贯彻落实中发7号文件和国务院残工委第五次全体会议精神，进一步加强残疾人法制宣传、法律服务和法律援助工作的通知》，指导各地全面、准确掌握新形势下农民工、老年人、残疾人等的法律援助新需求，积极稳妥地做好重点人群的法律援助工作；指导各地认真开展法律援助舆情分析工作，做好预警预案，为党委、政府和相关部门评估社会稳定风险和科学决策服务，促进从源头上预防和减少社会不稳定因素。建立全国法律援助工作联系点制度，首批确定了18个省（区、市）的32个地（市）和县（区）为联系点，建立了联络员队伍。研究扩大"法律援助值班律师"试点范围，为犯罪嫌疑人、被告人和被害人提供及时的法律咨询和其他法律服务，探索完善刑事法律援助工作新机制。加快信息化建设步伐，目前全国100%的省级、77%的地市级和74%的县区级法律援助机构使用法律援助信息管理系统。做好"十二五"规划编制工作，系统总结"十一五"时期法律援助工作取得的成就和存在的困难、问题，研究确定"十二五"时期法律援助工作发展目标、总体任务和工作重点，为推动法律援助事业在"十二五"时期实现新发展奠定基础。

——法律援助经费保障水平明显提高。积极配合有关司局协调财政部门加大对法律援助工作经费支持力度，2010年中央补助地方法律援助办案专款已经从6000万元增至1亿元，同时在转移拨付司法行政业务经费中含拨法律援助业务经费。中央彩票公益金法律援助项目连续两年各安排资金5000万元，专项用于开展农民工、残疾人、老年人、妇女家庭权益保障和未成年人法律援助工作。指导各地落实好政法经费保障体制改革有关政策，配合有关部门做好办案业务经费支出项目、业务办案量、办案经费和业务装备设施测算工作，明确法律援助经费在司法行政经费中的比例，改善法律援助机构业务装备状况。指导各地推动财政部门建立法律援助经费动态增长机制，争取法律援助经费保持一定幅度增长。

与此同时，围绕深入推进三项重点工作、五次会议精神贯彻落实、深化"法律援助便民服务"主题活动，制定专门宣传计划，加大宣传工作力度，为全面推进法律援助工作营造良好社会氛围，扩大了法律援助工作的社会影响。

2011年是实施"十二五"规划的开局之年。《中共中央关于制定国民经济和社会发展第十二个五年规划的建议》指出，要"坚持把保障和改善民生作为加快转变经济发展方式的出发点和落脚点"，"十二五"时期必须以更大的决心和力度，在发展社会事业和改善民生方面取得新的更大的进展。法律援助在维护困难群众合法权益、促进民生问题解决中发挥着重要作用。当前，法律援助工作的发展处于大有作为的重要战略机遇期，既面临难得的发展机遇，也面临新的挑战。紧紧抓住重要战略机遇期，切实发挥法律援助在保障和改善民生中的职能作用，要求我们主动适应环境变化，把握工作发展规律，认真谋划好法律援助改革发展的各项任务，并切实抓好落实。根据部领导要把法律援助工作做大做强做优的指示精神，我们考虑2011年法律援助工作总的思路是：认真学习贯彻党的十七大和十七届三中、四中、五中全会精神，以邓小平理论和"三个代表"重要思想为指导，深入贯彻落实科学发展观，贯彻落实全国政法工作会议和全国司法厅(局)长会议精神,着眼于服务保障和改善民生,深入推进三项重点工作,围绕进一步提升服务困难群众的能力和水平,进一步提升法律援助地位和社会影响力,着力推动重大政策措施出台,着力完善便民服务基础建设,着力推进服务质量标准化建设,着力加大法律援助宣传声势,为切实维护困难群众合法权益、维护社会公平正义、促进社会和谐稳定作出新的贡献。围绕这一总要求,重点做好以下几方面工作:

1. 以争取相关政策出台为推动,努力为"十二五"时期法律援助工作新发展打下坚实基础。一是抓住中央在"十二五"时期着力保障和改善民生的重要契机,争取中央出台有关加强改进法律援助工作的政策措施,就新形势下充分发挥法律援助的职能作用进行全面部署;提高各级党委、政府对法律援助在经济社会发展中重要地位的认识,及时研究解决法律援助改革发展中遇到的困难和问题;推动有关部门各司其职、密切配合,进一步健全完善相关政策措施。二是指导各地按照"三个纳入"要求,争取将法律援助事业发展纳入地方"十二五"时期发展规划,纳入民生工程或为民办实事项目,确保法律援助与经济、社会协调发展。三是围绕法律援助工作政策措施的落实和法律援助事业"十二五"时期发展规划的下发实施,筹备召开第六次全国法律援助工作会议,认真总结第五次全国法律援助工作会议以来的工作情况,就贯彻落实有关法律援助工作政策措施和实现法律援助事业新发展作出全面部署;表彰先进典型,总结推介地方工作经验。四是继续落实深化司法体制和工作机制改革任务,推动将省级管理机构全部纳入司法行政机关序列。建立法律援助经济困难标准和补充事项范围的动态调整机制,推动将更多的困难群众纳入法律援助覆盖范围。抓住《刑事诉讼法》修改契机,积极推动扩大强制指定辩护案件适用范围、完善刑事法律援助相关规定,加大侦查、审查起诉阶段法律援助工作力度。

2. 以巩固"法律援助便民服务"主题活动成果为基础,推动在更广泛的领域服务困难群众。一是认真总结安徽滁州等地法律援助便民服务经验,号召全系统学习其围绕困难群众法律援助需求加强基层基础建设、注重上下联动和发挥部门合力扩大法律援助社会影响的工作思路,借鉴其健全完善法律援助便民服务网络、推进服务标准化和工作运行信息化的工作措施,进一步加大便民服务工作力度。二是全面总结各地开展"法律援助便民服务"主题活动的成效,巩固和扩大活动成果,指导地方建立健全便民服务长效工作机制,促进法律援助便民工作常态化。三是注重从源头上做好维护困难群众权益的工作。加强舆情分析研判工作,继续指导地方提高舆情分析工作的时效性和成果质量,发挥促进矛盾化解的实际作用。健全完善重大事项报告制度、集体研究讨论制度和突发性事件应急处置预案,妥善处理群体性事件等重大紧急事件。建立健全法律援助介入信访案件机制,加强法律援助工作与信访工作的有效衔接,运用法律援助依法参与处理化解涉法涉诉信访问题。四是进一步加大刑事法律援助工作力度。争取公检法部门的配合支持,督促落实《关于刑事诉讼法律援助工作的规定》,完善刑事法律援助工作中相关部门的协调配合机制,确保在刑事诉讼各阶段为犯罪嫌疑人、被告人提供及时便捷的法律援助服务。指导试点地区按照《关于开展法律援助值班律师试点工作的指导意见》要求,积极稳妥、依法有序开展相关工作,同时总结试点工作经验和规律,进一步探索完善法律援助值班律师制度。加强对刑事被害人的援助,积极参与刑事被害人救助工作。

3. 以实施《法律援助程序规定》为重点，全面推进法律援助服务标准化建设。一是做好《法律援助程序规定》的组织学习、宣传、培训工作。在《法律援助程序规定》正式通过后，部署安排各地组织学习、宣传和实施。举办专题培训班，同时指导各地有计划、分步骤地逐级开展培训工作。组织编写法律援助程序规定释义，作为学习培训的材料。广泛深入开展《法律援助程序规定》宣传活动，形成声势、营造氛围。二是制定与《法律援助程序规定》相配套的规范性文件，修改完善全国统一的法律援助格式文书，制定法律援助案件档案立卷归档管理办法。三是规范非诉讼法律援助服务，指导地方认真学习研究《人民调解法》，依据《法律援助程序规定》和配套规范性文件，规范开展非诉讼服务，充分发挥非诉讼服务的特点和优势。四是完善法律援助与司法救助的衔接机制，协调最高人民法院督促各地落实《关于民事诉讼法律援助工作的规定》，促进法律援助与司法救助衔接工作规范化。五是健全完善法律援助服务质量标准化的监管评估机制。认真总结相关地方开展法律援助案件质量评估试点工作经验，细化实化评估指标，建立法律援助案件质量评估体系。建立健全服务质量检查公布制度、质量跟踪检查制度，加强对法律援助服务质量的监督。建立健全法律援助执法考评机制，全面梳理各地在法律援助执法中存在的突出问题，科学合理制定评价指标和标准，促进受理、审查、指派等组织实施行为的标准化建设。六是以信息化建设推进服务标准化建设，修改完善法律援助信息管理系统软件的流程管理和服务标准。依托信息化平台，优化法律援助事项办理流程，实现网上完成受理、审批、指派等工作。

4. 以“双先”“双十佳”评选表彰为契机，进一步加大法律援助宣传工作力度。一是做好“双先”“双十佳”以及“百优法律援助案例”的评选表彰和先进典型经验的宣传推广工作，运用多种形式和手段集中宣传法律援助工作典型人物、单位事迹和典型案例，组织第二届全国“十佳法律援助工作者”巡回演讲，使社会各界更加关注支持法律援助工作，使法律援助成为展现司法行政工作亮点的窗口和扩大司法行政工作社会影响的平台。二是整合司法行政资源开展法律援助宣传，坚持将法律援助宣传工作与法制宣传、法律服务和人民调解工作融为一体、相互促进，注重在开展法制宣传、提供法律服务、开展人民调解工作中宣传法律援助，注重在提供法律援助中进行法制宣传教育，以整合司法行政系统资源推进法律援助宣传工作创新，发挥职能优势，形成系统合力，进一步提高法律援助公众知晓率和社会影响力。三是开展大型集中宣传活动，与央视建立长期合作关系，继续指导协助各地参与《法律援助在行动》节目录制相关工作，以《法律援助在行动》节目的主讲人及播出案例为基础，组建法律援助宣讲团和法律援助宣传教育视频精品案例库。加强与中央媒体的沟通协调，策划组织大型集中宣传活动，通过法律援助主题系列报道、举办文艺晚会等形式扩大影响，形成声势。

5. 以落实政法经费保障政策为重点，稳步提高法律援助物质保障水平：一是建立健全经费保障机制。抓住“十二五”时期“把推进社会领域发展改革作为公共财政支出的优先方向”的有利契机，落实好国家政法经费保障体制改革的有关政策，推动建立中央和地方按比例分担的法律援助经费保障机制，积极争取中央、省级财政部门加大对法律援助经费投入力度，明确法律援助经费在司法行政经费中所占比例。继续指导地方按照“三个纳入”要求，推动政府将法律援助经费全部纳入地方财政预算，并随当地经济发展、财政收入的增加和困难群众法律援助需求的增长保持一定幅度的增长。二是健全完善法律援助办案补贴机制，指导地方根据两办转发的《司法部关于进一步加强和改进律师工作的意见》要求，科学合理确定、适当提高律师等人员办理法律援助案件的补贴标准，建立办案补贴标准的动态调整机制。三是加强法律援助经费使用监督管理，争取早日出台《关于加强法律援助经费使用监督管理工作的意见》，规范法律援助经费使用监管工作。督促各地建立健全法律援助经费使用监督管理机制，严格法律援助业务经费支出项目和范围，切实提高办案经费支出在法律援助经费支出总额中的比例。对经费使用实行动态监控，建立经费使用绩效考评制度。建立与纪检监察、审计、财政等部门相互协调的监督工作机制，强化责任追究，确保经费使用规范、安全有效。四是加快推进法律援助便民窗口规范化建设：抓住开展第四届全国法律援助先进集体评选表彰的有利契机，大力推进法律援助便民窗口规范化建设：指导地方按照《司法业务用房建设标准》，做好法援助机构业务用房建设标准的编制工作和建设规划工作，普遍在临街、一层方便人员往来的地点设立接待场所，保证法律援助业务用房面积，合理划分功能区域，完善无障碍通道等便民服务设施，力求适应接待群众等工作需求，满足各流程业务处理需求。

6. 以提高人员素质为着力点，加强法律援助队伍建设。一是多方协调解决人力资源短缺问题。加大与编制、人事部门协调力度，争取相关政策增加法律援助人员编制；总结一些地方通过聘用政府雇员、引进社会工作者等方式解决人员不足的做法，争取财政部门的支持，通过政府购买服务等方式，充实县区基层法律援助机构人员队伍；按照统一部署，选派法律援助专业人才赴新疆、西藏开展业务指导和技术交流，继续实施志愿者计划，解决西部法律援助人力资源匮乏问题。二是积极开展创先争优活动。围绕工作重点，组织谋划好创先争优活动，明确创先争优的具体目标和内容。抓住“双先”、“双十佳”评选表彰的有利契机，在全系统形成争创先进、争当模范的良好氛围。发挥党员先锋模范和典型引路作用，通过创先争优活动增强广大法律援助人员以人为本、服务为民的职业精神，增强化解矛盾纠纷、服务困难群众的业务才干，提高法律援助队伍的凝聚力和战斗力。三是加大培训力度。围绕增强服务意识、提高服务质量，开展法律援助业务服务技能培训，全面提高法律援助人员业务能力和水平。依托中加法律援助合作项目，重点就法律援助管理知识及技能技巧、法律援助案件办理技能技巧、中央专项彩票公益金法律援助项目等开展专题培训。四是加强专业化服务队伍建设。整合系统资源，根据法律援助人员的专业特长，建立人才资源库，组建专业化的法律援助服务团队，严格准入标准，实施动态管理，提高办理特定类型案件或为特殊群体服务的工作水平。五是加强对法律援助人员的监督管理。争取早日出台《法律援助人员违法违规行为投诉处理办法》，规范法律援助人员投诉处理工作：督促各级司法行政机关进一步畅通投诉渠道，受理投诉事项，做到有诉必受理，查实必处理。做好西部基层法律援助志愿者管理工作，争取《法律援助志愿者管理办法》早日出台，规范法律援助志愿者服务活动。

试论法律援助咨询与预防和减少突发社会安全事件的关系

贾午光(司法部法律援助中心主任)

“秋风未动蝉先觉”。在预防和减少突发社会安全事件方面,法律援助咨询就具有这样的独特预知、预防和先觉功能。但在实践中,绝大多数地方并未对法律援助咨询中反映出来的可能引发突发公共事件的苗头性、倾向性问题进行及时的梳理和风险评估,并向当地党委、政府提出处置决策建议,从而淡化了法律援助咨询在预防和减少突发社会安全事件方面的独特作用。这种状况的产生原因是多方面的,但主要还是未能充分认识到法律援助咨询与公共危机管理或者突发事件应急管理之间的密切联系,未能充分认识到法律援助咨询在预防和处置突发社会安全事件方面的独特作用。

本文试图对法律援助咨询在监测、预警、预控、预防突发社会安全事件的发生和处置方面的积极意义和作用作出粗浅分析,以期为完善法律援助咨询工作、充分发挥其在公共危机管理体系中的作用提出意见和建议。

一、法律援助咨询工作现状

法律咨询,是指从事法律服务的人员(主要为律师)就当事人(包括公民、企业、事业、机关法人)的有关法律事务问题作出解释、说明,提出建议和解决方案的活动。法律咨询的形式主要有口头解答和书面解答两种,具体又包括现场口头咨询、当事人提供案件材料后律师提供咨询意见、电话咨询、网上咨询;正式的收费咨询、非正式的不收费仅供参考的咨询等等。

同国外境外的法律援助实践一样,面向社会特别是困难群众提供免费的法律咨询是我国法律援助工作的一项重要职能。按照国务院《法律援助条例》和各地的规定,公民可以就规定范围内的法律事项向法律援助机构申请法律咨询。法律援助中的咨询,其对象是经济困难的公民,不包括法人;咨询的范围也就是法律援助案件的范围;承担咨询任务的主体是法律援助机构及其工作人员和受其指派的律师等法律服务人员。但是,在实践中,绝大多数法律援助机构已经不拘泥于《条例》规定的咨询对象和范围,对经济困难公民涉及法律援助事项范围之外的法律问题、非经济困难公民涉及日常生产生活基本权益保护方面的法律问题,也提供了法律援助咨询服务。

一直以来,提供法律援助咨询与办理诉讼和非诉讼案件一直并列为我国法律援助业务的主要形式,占用各地法律援助机构的大量工作时间和人力,在法律援助业务中占有相当的比重。根据多年数据统计所反映出的规律,受援人与咨询人的比例为1∶10。也就是说,全国各地法律援助机构每年办理的诉讼、非诉讼法律援助案件与法律援助咨询的数量比为1∶10。这一点从近三年的统计数据可以得到印证。2007年,全国各地法律援助机构共批准办理420104件法律援助案件,而提供法律咨询(包括来访、来信、来电、通过“12348”法律援助咨询专线电话)4069972人次;2008年,共批准办理546859件法律援助案件,而提供法律咨询4322329人次。到了2009年,共批准办理641065件法律援助案件,而提供法律咨询则达到了4849849人次。在对咨询的处理方式上,以口头形式予以答复的占69.4%,代书的占4.8%,引导向其他途径解决的占12.7%。在咨询中提出法律援助申请数为441211件,占咨询案件总数的8.3%。可以说,法律援助咨询已经成为法律援助服务的重要形式,成为一个重要的普法宣传和公共法律教育阵地,成为减少诉讼、降低诉讼成本,分流、化解社会矛盾纠纷,降低重大突发事件发生几率的一个重要渠道。

二、法律援助咨询在预防突发社会安全事件中的作用

按照国务院2006年1月8日发布的《国家突发公共事件总体应急预案》和第十届全国人大常委会第二十九次会议2007年8月30日审议并通过的《中华人民共和国突发事件应对法》的规定,突发事件分为自然灾害、事故灾难、公共卫生事件以及社会安全事件四类。按照学者们的论述,社会安全事件,也称为社会公共安全事件,是指在社会安全领域发生的,因人为因素造成或者可能造成严重的社会危害,需要采取应急处置措施的事件。社会安全事件属于突发事件的范畴,它具有自然灾害、事故灾难、公共卫生事件等突发事件的共同特征,即事件的公共利益性、事件消极影响的适度性、事件的紧迫性,但也具有与其他突发事件不同的特征,主要表现在:一是事件引发因素的人为性,即人为的故意或恶意直接导致社会安全事件,或者人为处置不当导致其他突发事件衍生、次生的社会安全事件。二是事件发生领域的特定性,即事件发生在社会公共安全领域内,主要包括涉及不特定人生命、健康、财产安全的领域;涉及多数人的生命、健康、财产安全的领域;涉及重大公私财产安全的领域;涉及重大生产安全的领域;涉及公共生活安宁的领域;涉及重大公共利益安全的领域。三是事件发生的预谋性,从防治者的角度看,社会安全事件表现“出乎意料”,但从引发社会安全事件的主体看,社会安全事件的发生并不像其他突发事件那样突如其来,而是经历了一个行为人预谋、策划或者从量变到质变的过程。①

按照这些特征,社会安全事件一般包括重大刑事案件、重特大火灾事件、恐怖袭击事件、涉外突发事件、金融安全事件、规模较大的群体性事件、民族宗教突发群体事件、学校安全事件以及其他社会影响严重的突发性社会安全事件。除一部分是敌对矛盾外,社会安全事件大部分是人民内部矛盾,一旦发生可能会造成重大人员伤亡、重大财产损失和对部分地区的经济社会稳定、政治安定构成重大威胁,并有重大社会影响。

为了预防和减少突发事件的发生,控制、减轻和消除突发事件引起的严重社会危害,我国《突发事件应对法》明确规定,突发事件应对工作实行预防为主、预防与应急相结合的原则。国家建立重大突发事件风险评估体系,对可能发生的突发事件进行综合性评估,减少重大突发事件的发生,最大限度地减轻重大突发事件的影响。

社会安全事件的特点决定了应当根据它与自然灾害、事故灾难、公共卫生事件相同和不同的特征,采取有针对性的预防和应急处置措施。但是,应急处置是治标之策,预防才是治本之道。只有找准、用好各种预

① 参见周定平:《社会安全事件特征的比较分析》,载《北京人民警察学院学报》2008年第2期。

防措施和手段,才能有效地预防和减少突发事件的发生,控制、减轻和消除其引起的严重社会危害,保护人民生命财产安全,维护国家安全、公共安全、环境安全和社会秩序。

在预防和减少突发事件发生的众多措施和手段中,由于法律对人们的行为起着指导、约束和调整的作用,因此,在引导人们对矛盾处理的接受和遵从、预防和减少突发事件的发生上,法律手段具有经济、行政、道德等手段不可替代的重要作用。这其中,法律援助咨询因其自身的特性,在预防和减少突发社会安全事件中具有其他法律手段和形式所不能起到的更加直接和有效的治本功效。这主要表现在:

(一)帮助提高公民的法律意识和法律素养,有助于预防和减少社会矛盾纠纷。法律援助咨询的过程是一个以案说法、宣传法律和普及法律常识的过程。法律援助机构通过解答群众的来访来电等法律咨询,告诉咨询者什么是合法的,什么是违法的,面对纠纷应该怎样正确处理,怎么做是不正确的,法律依据是什么,从而可以最直接、最有针对性地起到宣传法律、法规和政策的作用,帮助群众准确、及时地掌握法律的精神和法律知识,增强群众对法律的了解程度和运用法律的能力,有效避免和解决纠纷,促进和谐社会建设。

(二)帮助和指导群众尤其是产生了法律纠纷的群众以合法、理性的方式表达诉求,有助于把纠纷消灭在萌芽状态,维护社会和谐稳定。这是法律援助咨询的基本作用。当前,我国正进入经济社会发展的关键阶段,既是关键发展期,又是矛盾凸显期。随着国际国内环境继续发生深刻变化,我国经济社会发展面临的矛盾问题增多,不稳定不确定因素增多,不同利益主体之间、新旧体制之间、传统观念与现代理念之间的摩擦和碰撞不断增多。这些矛盾和问题大多与民生问题的解决不力有关、出现了一些值得重视的新问题,如果处置失当或者延误,极易引发群体性事件、影响社会安全稳定。法律援助咨询的特点决定了它能够在避免和处置这些矛盾和纠纷上发挥积极的作用。第一,法律援助咨询具有很强的针对性。法律援助人员解答法律咨询的活动紧紧针对咨询者提出的咨询问题,根据法律作出分析和解答,切实解决咨询者的担心疑惑,或者为咨询者的决策活动提供准确可靠的法律信息和法律意见。第二,法律援助咨询的咨询者和服务内容具有广泛性。法律援助咨询的咨询者不仅仅包括经济困难的公民,还包括不少经济不困难的公民。服务内容涉及各个法律领域问题的征询,不仅有对法律、法规的理解和认识方面的问题,而且有关法律事务方面的问题,还会告知当事人的诉讼权利义务,如何采取措施保护自己的权利,提供法律咨询,为当事人准备或修改向法庭提交的文书材料,申请延期审理等,几乎涉及所有诉讼和非诉讼阶段的法律服务。第三,法律援助咨询具有紧迫性和及时性。法律援助咨询通常是咨询者日常生活、工作、生产中发生的带有紧迫性和临时性的问题,所以法律援助人员解答法律咨询的活动多为一种即时终结的法律服务行为。第四,法律援助咨询具有很强的专业性。由于咨询者询问的法律问题广泛,解答法律咨询的法律援助人员必须熟悉精通多方面的法律法规和具有丰富的法律事务实践经验,并且通过法律援助机构的日常咨询值班制度来保障随时解答咨询者提出的法律问题咨询。第五,法律援助咨询服务具有无偿性。对于咨询者来说,法律援助咨询服务都是免费的。这些特点,使得法律援助咨询可以很顺利地通过法律援助人员向咨询者讲清法律规范、明晰利害关系,及时为他们析事明理、释疑解惑,帮助他们提高认识,引导他们理性表达利益诉求,正确对待和处理矛盾、纠纷,依法维护自身合法权益。这对于把纠纷消灭在萌芽状态、减少诉讼或者平抑诉讼、防止纠纷扩大化,对于排解社会纠纷、消弭社会冲突,具有重要的平抑和缓释作用。

(三)帮助当事人选择最合理的法律处理方式,有助于降低突发社会安全事件的预防和处理成本。以“法律手段”最大限度地化解人民内部矛盾和纠纷是构建社会主义和谐社会进程中一项长期而复杂的艰巨任务,也是建设社会主义法治国家的必由之路,这已经成为全国上下的共识。但是,不少群众包括一些国家公务人员对“法律手段”的理解存在偏差,认为法律手段就是诉讼,或者只有诉讼打官司才叫法律手段,而不认为咨询、调解、顾问等非诉讼手段也是法律手段。遇到矛盾,动辄动员当事人到法院打官司。其实,“法律手段”的本质在于指导当事人按照法律规定的程序和途径,在法律允许的范围内综合运用包括法律咨询、谈判、调解、仲裁、复议、诉讼等多种手段解决纠纷和问题。诉讼只是法律手段的一种,也是最后的选择。诉讼具有成本高、期限长、程序严格的特点,多数群众从心理上并不愿意选择,一些弱势群体更是如此。法律援助咨询帮助当事人在遇到矛盾纠纷时到能得到及时准确的法律咨询指导,对自己行为的合法性和法律后果有一个正确的判断和预期,明确争议焦点,综合选择运用多种手段来解决纠纷,避免纠纷处理的延误和复杂化。可以说,法律援助咨询是依法解决矛盾纠纷的入口和首要环节,其社会作用不可低估。事实上,一些当事人通过几次循序渐进的法律咨询,完全可以通过自身的能力办好法律事务。这对当事人自己来说是一个学习和锻炼,对政府和法律援助机构来说,也可以避免不必要的开支,节省人力、物力和时间为更多更需要的其他当事人服务,还降低了突发社会安全事件的预防和处理成本。

(四)帮助党委、政府了解社情民意,有助于政府及时制定和完善突发社会安全事件的应急预案。法律援助咨询直接面向社会最基层的群众,最能了解和掌握基层社会动态,最能了解和反映基层群众最关心、最需要解决的问题,是反映社情民意的窗口和“晴雨表”。实践表明,突发公共事件(尤其是事故灾难、社会安全事件)大多是一些隐患、问题、矛盾长期积累而又得不到妥善解决的必然结果,预防的基础环节和最好方式是加强政府日常管理,提高政府日常管理的能力和水平,这就要求各级政府处理好日常管理和应急管理的关系。做好法律援助咨询工作,便是这样的日常管理工作。法律援助咨询将法律交给群众,通过解说和办理一些成功的法律援助案例,不仅可以达到维护群众合法权益的目的,还可以矫正、抵制一些公务人员的违法不当行为,纠正一些群众对法律政策及政府的模糊、错误认识,使其对党和政府增加信心,沟通政府和群众,增进理解,理顺党群、干群关系,塑造政府的良好形象、协助政府做好日常管理。法律援助咨询还与政府信访工作具有天然的联系,通过加强法律援助咨询与信访工作的有效衔接,派遣专业法律援助人员到信访部门值班解答法律咨询,可以有效运用法律援助手段化解涉法涉诉信访问题,协助政府信访部门做好协调关系、理顺情绪、化解矛盾的工作,引导群众正确理解法律,理性对待纠纷,促进依法妥善处理疑难复杂信访问题。法律援助咨询窗口还具有广泛接触群众的特点,这就为党委、政府了解、分析不同时期、不同地区的社情民意和矛盾纠纷特点,采取有针对性的治理措施提供了极大的便利。近年来,以北京、上海浦东、浙江为代表,一些法律援助机构充分利用法律援助接待咨询窗口和“12348”法律援助咨询专线电话平台,发挥法律援助咨询直接接触基层困难群众的特点和优势，积极探索建立“12348”法律援助专线舆情分析报告制度或者法律援助舆情分析报告制度，汇总法律援助咨询和办理案件情况，对咨询和办案中群众反映的问题加以分析、梳理，提炼出社会关注的具有普遍性、苗头性、动向性或特殊意义的情况和问题，分析产生原因，提出建议对策，为党委、政府工作决策和修订完善突发社会安全事件应急预案提供参考和依据，为促进解决影响社会和谐稳定的源头性、根本性、基础性问题作出了积极贡献。

三、完善法律援助咨询工作的基本途径

从实践来看，我国各地法律援助机构已经普遍开展了法律援助咨询工作，但并没有普遍建立起与预防和应对突发社会安全事件相适应的法律援助咨询应急管理工作机制与体制，许多地方仍然存在着重诉讼、轻咨询的现象，大部分地方还只知道要搞好法律援助咨询，却不知如何运用咨询收集了解到的情况做好舆情分析报告，没有充分发挥出法律援助咨询在预防和应对突发社会安全事件方面的独特作用。为了改变这种状况，笔者以为，需要从以下几个方面对法律援助咨询工作进行完善。

第一，争取将法律援助咨询和法律援助舆情分析报告制度纳入各级政府的公共危机管理体系。各级人民政府及其所属司法行政机关和法律援助机构要站在建立和完善国家重大突发事件风险评估体系和保护人民生命财产安全，维护国家安全、公共安全、环境安全和社会秩序的高度，充分认识做好法律援助咨询工作对于预防和减少突发社会安全事件的重要作用和意义，切实增强做好法律援助咨询和舆情分析报告工作的自觉性和责任感，积极争取将法律援助咨询和“12348”法律援助专线舆情分析报告制度或者法律援助舆情分析报告制度，纳入到当地党委、政府的公共危机管理体系之中。要不断总结经验，认真查找不足，努力提高法律援助咨询工作质量。要通过积极协调处理群众反映的突出问题，使法律援助咨询和“12348”法律援助专线舆情分析报告制度或者法律援助舆情分析报告制度的作用最大化，为党委、政府及时采取对策，为化解矛盾纷争、规范利益诉求，为保障社会公平正义、促进社会和谐稳定作出新的更大贡献。

第二，加大对法律援助咨询工作的经费投入。长期以来，受重诉讼、轻咨询思想的影响，各级财政部门在拨付法律援助经费时基本都限定用于办理法律援助诉讼案件，没有将法律援助咨询经费纳入到正常的法律援助业务经费拨款范围，从事法律援助咨询工作的人员也就无法拿到咨询补贴或者只能由法律援助机构从本来就紧缺的正常办公经费中挤出极少的交通补贴。这种状况不仅与法律援助咨询在法律援助工作中所占比重不相适应，也严重影响了从事法律援助咨询工作的人员的积极性，影响了法律援助咨询工作的质量，而法律援助咨询质量不高，最终损害的是法律援助咨询对象即广大困难群众的合法权益。为此，必须深入研究如何将法律援助咨询、公共法律援助教育宣传服务等非诉讼事项计入法律援助案件数，改进法律援助办案量计算办法，为争取将法律援助咨询经费纳入到正常法律援助业务经费拨款范围提供理论依据，为促进实现公共服务均等化目标提供必要的经费保障。

第三，建立健全法律援助咨询工作机制和工作制度。根据法律援助咨询工作形式多样的特点，要综合利用各地法律援助机构前台接待咨询和“12348”法律援助专线电话各自的功能，建立健全工作衔接制度。要根据工作实际，建立重大咨询事项跟踪回访、重大敏感事项报告、重大复杂咨询事项集体讨论等制度，完善接电、接待制度和值班制度，规范接待和咨询用语，设立咨询质量管理机制和问责制，进一步落实岗位责任制，确保前台接待咨询和“12348”法律援助专线咨询以及舆情分析工作各个环节规范有序、有章可循。①

第四，建立和完善与相关职能部门的联络协作机制。建立法律援助咨询或者“12348”法律援助专线建议函制度，对群众反映的问题，除了予以热情、耐心、准确的解答和对符合条件的给予法律援助外，其他涉及相关职能部门的，应以法律援助机构或司法行政机关的名义发出建议函，及时与相关部门沟通联系提出建议，积极会同有关部门共同协调处理咨询反映的问题，并引导群众依法规范地向相关部门反映解决问题。

第五，切实加强对法律援助咨询人员的专业培训。继续深入开展社会主义法治理念教育，真正做到用正确的执法理念指导法律援助咨询活动，防止和纠正各种侵害群众利益的现象。紧密结合法律援助咨询工作实际，围绕深入推进三项重点政法工作，开展各类专题性培训。从注重实效出发，根据提高法律援助咨询能力的实际需要，按照干什么、学什么，缺什么、补什么的要求，增强培训内容的针对性和实效性，提高培训的质量。进行实用知识、实用技能、实用经验和新法律、新知识、新技能的教育培训，不仅学习法律、政策、时事、社情，还应学习做好群众工作和社会工作、心理疏导工作的方法和本领，不断提高发现问题、分析问题和解决问题的能力。健全法律援助咨询人员培养、竞争、考核、评价和激励机制，努力造就一支政治敏感性强、政策法律水平高、待人诚恳、服务热情、解答咨询准确的法律援助咨询工作队伍。

英格兰和威尔士法律援助工作经验概述

郭婕（司法部法律援助中心　法学博士）

在英格兰和威尔士地区，法律援助制度自1949年正式建立以来取得了很大进步，特别是《实现司法公正法（1999）》的颁布实施，推动了英格兰和威尔士法律援助工作的快速发展，在调查研究、项目化管理、服务质量控制等方面取得了许多经验和做法，值得思考和借鉴。

一、调查研究与实践互动，重在决策科学

本文之所以把调查研究放在第一部分来写，是因为在英格兰和威尔士法律援助工作中，独立的、开放性调查研究工作被放在至关重要的地位，发挥着基础性作用。调查研究工作立足于实践，调查研究成果向实践工作转化迅速，推动了法律援助决策的科学化，为法律援助工作指明了正确的方向，推动了法律援助工作的健全发展。

（一）法律服务委员会非常重视法律援助调查研究工作。法律服务委员会拥有强大的内外部调查研究人员队伍，这为以证据

① 参见浙江省法律援助中心《关于做好“12348”法律援助专线舆情分析工作的通知》。

为本位的法律援助决策工作提供了有力的智力支持。就内部而言，法律服务委员会建立有独立的调查研究机构，即法律服务调查研究中心（LSRC）。法律服务调查研究中心由专业调查研究人员组成。在调查研究工作中，法律服务调查研究中心以国际化的视野，围绕民事和刑事司法领域的相关问题①，开展战略性定量和定性调查研究工作，定期在杂志和报纸或者以图书等形式公开调查研究成果。这些调查研究成果对法律服务委员会工作的完善和发展发挥着积极的推动作用。法律服务调查研究中心积极参与相关职能部门的调查研究项目，如参与司法部、全国统计局和北爱尔兰法院服务部等的调查研究工作。法律服务调查研究中心还是政府社会调查研究组织体系的成员之一。② 目前，法律服务调查研究中心开展的调查研究项目主要涉及以下 8 个领域：民事和社会司法调查研究；有关延伸试点评估工作所需经费问题的咨询意见；债务咨询的影响；青少年法庭的延迟；法律需求与提供法律服务之间的空间维度；法律服务委员会法律援助服务组织的多样性；刑事受害人、罪犯和民事司法；员工调查研究。

就外部而言，法律服务委员会与国内外学术界保持着良好的合作关系。在国内，通过与来自于伦敦大学、华威大学、纽卡斯尔大学、剑桥大学、曼彻斯特大学等的专家学者长期合作，针对法律服务委员会各种项目计划或者试点工作，开展了大量的法律援助调查研究活动。比如，根据大法官部（1998年现代化司法：政府有关法律服务和法院改革计划）白皮书提出的建立专职律师的要求，法律服务委员会从 2001 年开始实施公设辩护人试点项目。为监督评估公设辩护人试点工作的开展情况，在项目开始之初，法律服务委员会就通过合同外包方式，组建了以华威大学法学院法律研究所 4 位学者为主的专门的、独立的调查研究团队，通过咨询磋商，制定了详细的调查研究方法。在公设辩护人项目实施及扩大过程中，该调查研究团队围绕项目实施情况，比如项目独立性、受援人选择权、资金短缺、办案量负荷、施援途径不畅等问题与法律服务委员会、公设辩护人办公室及其他利害关系方多次接触，开展了大量的调查研究活动，于 2007 年作出了《英格兰和威尔士公设辩护人评估报告》。又如，2002 年，针对即将开展的家庭法咨询与信息试点项目，法律服务委员会委托纽卡斯尔大学婚姻法研究中心，由其邀请多位专业人士组成调查研究小组，开展项目试点调查评估工作，并于 2007 年作出长达 400 多页的评估报告——《家庭法咨询与信息服务：英格兰和威尔士家庭法律师的角色转变》。

在国际上，法律服务委员会多次组织法律援助理论与实务问题国际研讨会，积极促进法律援助理论与实务界的跨国交流，扩大英国法律援助经验的对外辐射和影响。如法律服务委员会是国际法律援助组织（ILAG）的发起方之一，为该组织每两年召开的法律援助研讨会提供经费支持，并派员参会

---

① 比如，2001 年以来，法律服务调查研究中心每年都要开展受调查人数达 3000 人的民事和社会司法公正调查活动。通过这些调查活动，能够帮助法律服务委员会及时总结工作经验，了解法律援助需求，查找问题和不足，为法律援助发展指明正确的方向。参见：National Report：England and Wales（2007—2008）。

② 政府社会调查研究组织体系（the Govermment Social Research Network），拥有大约 1000 名社会调查研究人员，遍布 20 个政府部门和机构。这些社会调查研究人员与政策制定者合作，以调查研究为基础，就社会政策的发展与完善提供意见和建议。

交流经验。①

（二）主管部门重视法律援助调查研究工作。自1949年法律援助项目成立以来，大法官部、宪政事务部和司法部先后作为法律援助工作的主管部门，都非常重视法律援助调查研究工作，注重法律援助调查研究与其他调查研究工作之间的良性互动，积极落实调查研究成果向实践工作的转化。② 特别是2007年5月份司法部成立以来，密切与其他政府部门的合作，致力于司法制度改革。由于法律服务委员会是英格兰和威尔士唯一的、最大的法律援助服务购买方，其法律援助预算高达21亿英镑，约占司法部全部预算91亿的23.08%③，所以，法律援助改革在司法部主导的司法改革"一盘棋"之中，占有非常重要的地位，与法院及其他部门改革同步进行，相互衔接。④ 为了实现法律援助经费"物有所值"目标，2009年10月，司法部委托政府研究所的高级研究人员Sir Ian Magee CB先生，围绕司法部与法律服务委员会关系、法律服务委员会治理结构和模式、法律援助经费管理、法律援助施援模式等开展了一系列调查研究活动，并于2010年3月公开了《关于法律援助施援与治理工作的审查报告》。2010年11月，根据该《审查报告》及其他调查研究结果提出的意见和建议，司法部法律援助改革小组及时启动了法律援助改革项目，通过网络等形式公开调查问卷和咨询文件，广泛开展调查调研和论证工作。目前，该项工作还在进行之中。

另外，在法律援助调查研究工作中，其他政府部门也负有相应的配合义务。比如，按要求，为查明法律服务委员会经费开支面临的压力，所有的政府部门都要配合司法部完成法律援助与司法影响测验工作。

二、采取项目化管理方式，重在提升法律援助的社会效率

项目化管理贯穿于法律援助工作发展之中，支撑着法律援助工作的健全发展。1949年，在英格兰和威尔士地区，现代化法律援助以项目计划的形式（the legal aid-scheme）得以确立，其目标是保障公民在法律面前平等享有获得司法公正的机会，实现其法律代理权和辩护权。随着60多年的发展历程，法律援助计划不断扩大。

（一）社区法律服务计划和刑事辩护服务计划。根据民事法律援助和刑事法律援助工作的不同特点，法律援助计划又被分为社区法律服务计划和刑事辩护服务计划两大类项目。⑤ 社区法律服务计划由法律服务委员会社区法律服务部负责，为当事人提供民事法律援助服务，刑事辩护服务计划由法律服务委员会刑事辩护服务部负责开展，为当事人提供刑事法律援助服务。⑥ 为了方便

---

① 例如，法律服务委员会为国际法律援助组织于2009年3月在新西兰召开的"如何在多样化社区提供法律援助服务"研讨会提供经费支持，并派人撰文参与会议活动。

② 大法官部成立于1885年，就英格兰和威尔士司法工作对大法官负责；2003年被并入宪法事务部；2007年成立司法部，取代了宪法事务部。

③ 此为2009—2010年度预算数，参见：http：//www. justice gov. uk/about. htm。

④ 在对法律援助进行改革的同时，司法部还启动了相关民事诉讼程序、民事诉讼费用等改革计划，比如增强调解在民事、家事诉讼中的适用等。

⑤ 从当前法律援助立法和实践来看，从服务范围和服务方式等来看，社区法律服务计划和刑事法律援助计划要比传统的民事法律援助计划和刑事法律援助计划更广泛。

⑥ 《现代化司法：法律服务与法院改革计划（1998）》白皮书认为，刑事法律援助与民事法律援助应当分属不同的项目体系，其原因在于，二者之间因案件类型不同而有不同的施援方式、不同的服务目标和优先考虑事项等。据此，《获得司法公正法（1999）》将民事法律援助和刑事法律援助规定为不同的体系，其中民事法律援助被作为社区法律服务体系，刑事法律援助被作为刑事辩护服务体系。

当事人识别，这两个计划分别拥有不同的图案标识，分别为社区法律服务英文首写字母CLS和刑事辩护服务英文首写字母CDS。如果某个法律援助服务组织与法律服务委员会订立的是民事法律服务合同，就需要悬挂CLS标识，如果订立的是刑事法律服务合同，则需要悬挂CDS标识。社区法律服务计划通过为法律援助服务组织提供经费支持，针对婚姻家庭、债务、教育、社会救济、税收、劳动就业、住房等领域法律问题，为广大经济困难群体提供保密、独立且优质的法律帮助，以促进民事法律援助工作的发展。[①] 刑事辩护服务计划则是为了确保犯罪嫌疑人、被告人能够得到及时的法律咨询和代理服务，并促进警察和法院工作的公平和高效。法律服务委员会通过与律师事务所等法律援助服务组织订立刑事服务合同的方式，密切与刑事辩护律师之间的合作关系。

（二）多样化的分计划或者分项目。在社区法律服务计划和刑事辩护服务计划之下，根据工作需要，围绕如何提高施援能力、扩大施援范围、拓展施援方式、确保施援质量以及有效管理使用经费等事项，又设立了许多分计划或者分项目。根据计划或者项目特点，分计划或者分项目基本上有相应的管理实施机构、目标任务、时间安排、工作流程、风险管理机制、产出结果和评估方法等。分计划或者分项目之间，既注重各自的独立性，又注重互相配合，互相促进，共同促进法律援助工作发展。比如，为了扩大刑事法律援助的施援范围，提高边远地区刑事法律援助便民程度，增强专职人员工作能力和市场竞争力，合理确定办案补贴标准等，在刑事辩护服务计划之下，除了建有警察局值班律师计划和法院值班律师计划等之外，法律服务委员会建立了公设辩护人试点项目（2001—2004）。在该项目之下，由法律服务委员会直接招聘律师等专业人员，设立公设辩护人办公室，为当事人提供刑事法律援助服务。为了便于管理，在该项目启动初期，还确立了独立的管理体制、战略规划、主要目标任务、经费预算、工资水平、公设辩护人行为规范，查明了存在的风险，并制定了相应的对策等。另外，法律服务委员会还同时开展了为期4年的独立调查研究项目，以确定公设辩护人项目的未来发展方向。[②]

在项目化管理之下，法律服务委员会重视岗位职责与员工工作能力的匹配、注重发挥员工的自主性，重视系统内外工作人员的职业培训发展。比如，2009—2010年，为培训提供300万英镑的经费支持，以继续开展新律师培训活动[③]；重视法律援助监督管理工作，重视法律援助服务的质量和绩效等；定期对项目目标实现情况进行总结评估。

（三）密切部门协作，推进项目化管理工作开展。在项目化管理之下，法律服务委员会及其地区办公室与相关部门之间保持着密切的协作关系。比如，在刑事法律援助工作中，围绕值班律师计划，法律服务委员会与律师协会、警察局、法院、地方议会等保持着密切协作关系[④]；在民事法律援助工作中，法律服务委员会与地方议会共同发起、建立了许多社区免费法律咨询服务中心，以为当事人提供独立且保密的法律咨询和代理服务。

此外，随着法律援助现代化电子办公技

① 郭婕：《英格兰和威尔士社区免费法律咨询服务制度概述》，载《中国法律援助》2009年第9期。

② 从评估情况来看，法律服务委员会认为公设辩护人项目确有存在的必要。目前，公设辩护人项目成为了社会律师提供刑事法律援助工作的有益补充。

③ 《英格兰和威尔士法律服务委员会2009—2010年战略规划》。

④ 参见笔者翻译的《英格兰和威尔士值班律师手册（2006）》、《英格兰和威尔士值班律师计划（2008）》。

术的不断发展完善，在项目化管理之下，法律服务委员会非常重视法律援助信息化服务建设工作的开展，通过与相关技术公司合作，建立健全了电话咨询、网络咨询、网络计算经济困难标准、网上案件统计管理、网络援务公开等法律援助信息化服务系统，法律援助服务管理能力和效率有了很大提高。例如，根据《英格兰和威尔士法律服务委员会2009—2010年战略规划》要求，法律服务委员会拟建立在线法律服务委员会及手语在线咨询服务，实现通过增加电子办公和简化程序减轻行政负担的目标。[①]

三、加强法律援助工作程序建设，重在服务质量

英国法律重程序，讲究程序规范，注重服务质量，这在英格兰和威尔士法律援助工作中得到充分表现。自《获得司法公正法(1999)》通过后，规范法律援助服务组织和法律援助人员的法律援助行为，建立法律援助质量控制机制，成为了法律服务委员会工作的重中之重。法律服务委员将服务质量控制寓于严格规范的工作程序之中。经过十多年的努力，法律服务委员会逐步建立起一系列适用于不同法律援助服务层级的质量管理制度和评估方法。这些质量管理制度和方法充分体现了以需求为导向(demand－ledscheme)的当事人中心主义，物有所值、无缝服务、便民高效等服务理念和原则，以及通过规范法律援助服务组织达到规范法律服务人员执业行为的目的。这些质量管理制度和方法主要包括：

（一）引入民事和刑事法律援助服务合同制度。为确保法律援助服务的质量，法律服务委员会逐步引入并完善了民事和刑事服务法律援助服务合同制度。随着服务合同制度的引入，现在所有的法律援助服务组织都不能如从前那样先受理案件，然后拿着账单到法律服务委员会要求付款，而是须先与法律服务委员会签订合同，并按合同规定的质量标准提供服务后才能获得法律服务委员会的资助。这不仅强化了法律服务委员会对法律援助经费使用的有效管理，而且逐步规范了法律援助服务组织和人员队伍，提高了法律援助服务质量，保证有限的法律援助资源能够用到最需要帮助的受援人身上，并取得最佳服务效果。

（二）建立了一系列内外部质量标志标准和评估方法

1. 建立统一醒目的服务标识。在确立社区法律服务计划和刑事辩护服务计划的时候，法律服务委员会针对这两个计划分别制作了相应的图案标识，分别为社区法律服务的英文首写字母CLS和刑事辩护服务的英文首写字母CDS。法律服务委员会还对这两个图案标识的大小尺寸、背景颜色、字体及字的颜色等作出明确规定。在这两个计划资助下从事法律援助服务的律师事务所及其他法律援助服务组织，必须悬挂相应的图案标识，以方便当事人前来寻求法律帮助。

2. 建立了不同层次的质量标准。

(1)建立资格证书计划，明确对法律服务人员的资格要求。在许多法律领域，法律服务委员会明确要求法律援助服务组织中的法律服务人员要达到相关法定资格要求，以证明其拥有相应的法律服务能力。如是律师协会家庭法小组成员、家庭法资深小组成员、心理健康法小组成员，属于家庭调解委员会成员，或者具有经认证的警察局代表资格等。[②] 为此，法律服务委员会与律师协

① 《英格兰和威尔士法律服务委员会2009—2010年战略规划》。

② 为将质量控制制度落到实处，法律服务委员会还建立了资格证书费用分担计划，法律服务人员如果通过申请获得了相关资质，可以通过所在法律援助服务组织向法律服务委员会提出分担部分或者全部资质认证费用的主张。

会及相关部门共同建立了许多资格证书计划，确立了一系列法律服务人员能力标准。

（2）确立了质量标准体系。该质量标准体系主要有4个不同的质量标准制度组成。一是专业质量标准，适用于提供包括法庭代理在内的复杂性法律帮助的法律援助服务组织；二是家庭调解质量标准，适用于为公众提供家庭调解服务的组织；三是一般质量标准，适用于为公众提供一般性咨询的组织；四是律师业质量标准，适用于提供辩护服务的诉务律师办公室（Chambers）。

另外，法律服务委员会还积极与律师协会及相关部门协商，在法律援助服务质量管理工作中，适用律师协会及相关部门制定的服务质量标准，如律师协会制定的LEXCEL标准等。

3. 建立健全质量评估方法。

（1）独立的同行评估制度。为加强对法律援助服务组织办理的法律援助案件的质量管理工作，2003—2004年前后，法律服务委员会委托伦敦大学高等法律研究所研发了独立的法律援助同行评估制度的框架和方法。独立同行评估作为一种质量评估方法，是针对法律援助服务组织提供的咨询及其他法律服务，通过抽取待查法律援助服务组织一定时期内已办结的一定数量的案件档案样本，并委托伦敦大学高等法律研究所聘请资深律师等作为评估人员，按照一定的民事法律援助与刑事法律援助质量评估标准等级和评估程序，对档案样本进行审查评估，撰写评估报告，以确定在某一法律领域，待查法律援助服务组织为当事人提供的法律援助服务是否符合相应的质量标准的制度。[①] 目前，同行评估制度是法律服务委员会进行法律援助质量管理的最重要方法，其评估结果受到了各方面的高度关注，对提高法律援助服务质量发挥着至关重要的作用。

（2）档案评估制度。档案评估制度是指由法律服务委员会工作人员、同行评估人员和独立的法律顾问共同研发的档案审计流程。档案评估由两部分组成，即物有所值的档案评估和咨询质量档案评估。档案评估由法律服务委员会工作人员负责开展。从性质上来看，与同行评估不同，档案评估属于由法律服务委员会自行开展的内部评估。另外，从待评法律援助服务组织、评定等级、评估效力等方面看，档案评估与同行评估之间存在着许多差别。

（3）质量概要表格（quality profiles）。质量概要表格是一种用来指明特定时期内法律援助服务组织执业绩效变动的方法。通过质量概要表格流程，法律服务委员会和法律援助服务组织在日常工作中，可以远程、动态地监控该法律援助服务组织的办案情况，查明存在的风险和问题。具体说来，在该方法下，围绕各项案件指标，法律服务委员会利用全国性数据，计算出了一系列平均数值。如果某个法律服务委员会报送的案件指标数值偏离了全国性平均数值，则说明其办案工作存在问题或者风险。质量概要表格对法律援助服务组织报送的案件指标数值的真实性要求非常高。

（三）发起改进法律援助服务质量行动。2005年，根据对相关同行评估报告的分析研究，法律服务委员会与独立的同行评估人员、伦敦大学高等法律研究所及相关代表机构合作，发起了持续性地改进法律援助服务质量行动，研发了改进法律援助服务质量的方法，比如，下发改进服务质量指南和举办改进质量培训班，以帮助法律援助服务组织改进服务质量。

（四）下发工作指南或者手册，指导实际工作。实际工作中，法律服务委员会制定、

① 郭婕：《英国法律援助同行评估制度论述》，载《中国司法》2010年第7期。

下发了大量的工作指南或者手册，供各地法律服务委员会办公室、法律援助服务组织和法律援助人员等参考使用。如值班律师手册、费用评估手册、质量标准指南等。根据法律援助工作的发展，法律服务委员会还对这些工作指南或者手册作出适时改动。从效力来看，这些指南和手册虽不具有强制执行力，但作为以往法律援助实践工作的系统总结，在实际工作中发挥着积极的指引作用，对于规范法律援助服务组织和法律服务人员的执业行为，提高法律援助服务质量发挥着非常积极的作用。

（五）建立质量工作小组，审查质量管理制度和方法。2008年，法律服务委员会通过与律师协会、司法部订立合同，发起成立了质量工作小组，对影响法律援助执业人员的质量管理制度和方法进行持续性审查，重点审查同行评估和质量标准。质量工作小组的成员主要来自于律师协会、司法部、伦敦大学高等法律研究所、咨询服务联盟等部门。质量工作小组的审查目标是，确保质量管理制度和方法做到客观公正，做到与其他制度有效衔接、避免重复，提高质量管理工作效率等。

第九届国际法律援助组织会议综述

夏慧（司法部法律援助中心）

2011年6月15日至17日，以“在困难时期重新审视法律援助”为主题，第九届国际法律援助会议在芬兰首都赫尔辛基召开。来自欧盟、中国、澳大利亚、美国、加拿大、巴西、南非等20多个国家和地区的司法部门、国家或省级法律援助机构负责人、大学教授及学者等代表参加了会议。会议由国际法律援助组织（ILAG）主办，芬兰司法部承办，并由芬兰司法部、荷兰司法部、爱尔兰法律援助委员会、北爱尔兰司法部法院服务局、北爱尔兰法律服务委员会、苏格兰政府、苏格兰斯特拉思克莱德大学法学院提供赞助。我国司法部派出代表团与会并发言交流。会议围绕国际法律援助发展、农村地区法律援助、自助式法律援助、如何在经费紧张的情况下保证法律援助质量、现代化技术对法律援助的作用等专题进行了广泛探讨。

一、部分国家和地区法律援助新发展

（一）芬兰法律援助工作新发展

2008年4月，芬兰司法部设立了公共法律援助质量评估委员会，委员会代表由公共法律援助律师、辩护律师、地区法院法官等组成。司法部要求该委员会在2009年6月以前完成以下任务：确定公共法律援助质量标准指标，提出质量评估方法，确定是否适宜采取“同行评估”和客户调查问卷方法，评估不同方法的有效性、成本和效率，并对用于评估公共法律援助质量的评估体系提出建议。在国家行政管理中，芬兰采用了基于结果的管理方法，为法律援助办公室设立了工作质量目标并评估其执行情况。但这只能评估公共法律援助，而国家出资的法律援助体系中还包括其他法律援助组织，需要建立一套法律援助质量评估体系。该评估体系不是为了控制律师或作为审批机制，而是作为加强管理监督，持续推进法律援助质量，维持与发展律师职业能力的工具。评估的质量标准基于芬兰律师协会的律师行为规范，该规范适用于所有律师。该体系包括5个评估领域和38项评估标准，5个评估领域是：客户关系中对法律援助的信心，以适当、尊重的方式对待各方（客户、对方当事人、法庭、同行、证人等），有效解决问题且费用合理，解决法律援助问题的程序以及律师的职业能力与胜任能力。38项评估标准则是在这5个领域对相关指标进行细化。评估方法包括律师自我评估，客户反馈，向法庭主审法官、检察官、对方律师发放调查问卷，同行评估等。为了对评估体系进行必要的改革，进一步明确评估范围，芬兰法律援助试点委员会将于2012年4月前进行广泛论证，提出相关建议。

此外，在芬兰，利用服务咨询在较早阶段解决问题，建立能迅速有效解决问题的组织结构，通过司法行政部门与其他政府部门协作，明确法律援助服务人员资质，确保适当的问题解决方案等，也都是芬兰法律援助工作的重要内容。通过电子服务大大提高了芬兰法律援助工作的效率，法律援助案件管理系统使法律援助程序更简便、高效。公民提出电子申请，电脑系统将会对申请进行自动分配和集中处理，既简化了程序，减少了工作量，又能使律师尽快获得办案报酬，提高了法律援助整体工作效率。

（二）苏格兰法律援助新发展

1. 法律援助委员会权力与责任范围更广。加强法律援助申请审批权。为了促进法律援助审批工作的一致性并节约开支，从2010年11月开始，法律援助委员会取代法院批准重罪刑事法律援助申请，并将在2012年取代郡法院审批未成年人听证案件法律援助。目前，几乎所有的法律援助申请都由法律援助委员会负责审批。直接拨款资助法律援助服务。法律援助委员会为全苏格兰23个法律项目提供资助，以支持法律中心（提供免费法律咨询）、当地政府和咨询机构共同帮助人们尽早解决因经济状况恶化所面临的问题。在刑事和民事领域扩展公设辩护人服务。例如，苏格兰政府最近决定增加公设辩护律师办公室中律师的数量，以节省法庭值班律师项目的成本。

2. 改革刑事和民事法律援助工作。自2008年6月开始，通过实施简单刑事法律援助改革项目，以鼓励更高效地处理刑事案件。统一了有罪辩护和无罪辩护的案件费用。2010年，国会通过特别刑事诉讼法案（关于法律援助、羁押与上诉），赋予犯罪嫌疑人在被讯问前向律师咨询的权利，以符合《欧洲人权公约》的规定。从2010年年底开始，将同行评估扩大到刑事法律援助服务领域，以全面确保法律援助服务质量。降低了民事法律援助门槛，扩大了民事法律援助覆盖面。2009年新生效的经济困难标准是个人税后可支配年收入2.5万英镑以下，而之前的标准是个人税后可支配年收入10306英镑。

3. 利用网络技术提高法律援助工作效率。一是积极提倡网上提交申请和律师账单的做法。按要求，从2011年4月开始，律师不能再通过纸质文件提交法律援助申请。而且到2011年年底前，律师账单也要通过网络在线提交。其目的旨在通过法律援助网络在线系统，取代传统纸质法律援助申请方式，以简化法律援助申请程序，提高法律援助申请工作效率。二是积极将网络视频引入到法律援助工作。委员会充分认识到网络视频会议的重要作用，在监狱、法庭及其他场所利用网络视频手段实现律师与当事人等之间会见的实质性接触，以促进司法制度的效率。委员会还积极推广电话咨询，改进私人律师、公设律师和志愿组织间的战略协作等以减少开支。

4. 推进相关部门的协作。在刑事司法方面，苏格兰政府正在开展高效司法公正项目，以加强法律援助、公诉、法院和警察等机构之间的协作，以更有效地推动司法制度成果。

(三)美国民事法律援助新发展

1. 为自代理诉讼当事人提供更多帮助。各地自助中心等机构以多种方式为自代理诉讼当事人提供法律适用、法庭程序等信息，开设司法课程，为法官提供培训等。由于认识到法院、法律服务、公益服务、地方律师协会、公共法律图书馆、法学院校及其他机构之间的密切协作对为当事人提供全方位服务的重要性，相关部门建议由设在法院的自助中心作为协作联系点。实践证明这种做法有效且符合成本效益。目前，许多法律援助项目都独自或与法院合作开展自助项目，为当事人提供更广泛的服务。比如，有的项目以书面资料、互联网、音像制品、研讨会等形式为当事人提供有关法律、法律权利和法律程序等信息；有的项目专门为当事人提供法律咨询，帮助当事人起草法律文件等；有的项目则会为未受过法律培训的使用者提供在线或书面表格，并协助使用者填写表格等。

2. 采用新的服务提供模式。例如，医疗与法律合作模式(MLP)就是其中一种，通过该模式，律师可以进入医疗保健系统，帮助病人应付复杂的法律问题。目前，在儿科、家庭医学、内科、肿瘤学、老年科等领域，有约40个州的190多个医院和医疗中心，通过医生与律师合作，为客户提供有关食物、住房、收入、教育与稳定性等方面的服务，以满足客户基本的生活需求。即客户可以向其家庭医生诉说其面临的生活问题，并由医生与律师协作，为客户提供法律救济。

另外，还利用案件管理系统，确立民事法律援助服务标准，同行评估和成果指标测定等，以提高民事法律援助服务质量。

(四)挪威法律援助新发展

1. 改革法律援助制度，推进简要法律咨询服务。2009年6月，挪威司法部在第26号国会政策报告中提出法律援助改革建议。[①] 主要包括：扩大法律援助事项范围，放宽经济状况审查，实施质量保证新举措，提供免费的一线服务，即简要法律咨询服务。其中简要法律咨询服务建议最引人关注。司法部认识到，通过法律咨询，人们能获得关于一般法律问题和多元化纠纷解决机制的充分信息，有助于当事人选择较早阶段解决法律问题，从而节省成本、减轻压力。“就各类法律问题，为当事人提供一小时免费法律咨询服务”。由具备一定经验的律师在市级服务中心或其常设办公室为当事人提供简要咨询服务，以帮助当事人解决除刑事和商事外的所有法律问题。简要咨询服务的作用是：降低法律援助门槛、扩大法律援助覆盖面、以更合理方式和利用更少的资源解决问题、有助于非法律问题的转介和解决、了解法律援助供需差距等。

2. 建立单独的法律援助质量保证措施。来自挪威的代表认为，现有的关于私人律师法律服务道德与纪律规范难以确保法律援助服务质量，需要建立单独的法律援助质量保证体系，即：将法律援助律师办理案件数

① 挪威法律援助模式主要是政府购买私人律师服务模式，全国只有两个公共法律援助办公室，总共不到10个全职工作岗位，仅限于提供非诉讼法律援助。其他的法律援助提供者主要包括一些公共事业单位，如作为会员制组织的工会和作为自律性组织的律师协会等。《挪威法律援助法》规定了11类法律援助非诉讼事项和15类诉讼事项。在挪威，诉讼案件法律援助已有很长的历史，而非诉讼法律援助从上世纪50年代才开始，主要包括咨询、起草法律文件、行政代理等。非诉讼法律援助主要由私人律师提供，但简要咨询服务主要由法律援助办公室来完成。

量控制在一定范围、确立律师等法律援助服务人员审批制度、制定质量标准、通过合同对法律援助律师提出要求、对案件进行具体分类、由客户选择律师、明确律师向客户建议替代性争议解决方法时的责任、进行法律援助律师入职资格培训等。

3. 挪威的诊所法律援助。来自挪威奥斯陆大学法学院的代表认为，挪威的公共法律援助机制不足，法律援助标准过于严格，难以满足法律援助需求和国际人权公约设定的最低标准。因此，公共法律援助机制需要有所补充，诊所法律助就是一种重要的补充方式。他还详细介绍了本法学院 Juss-Buss 诊所的情况。该诊所成立于 1971 年，为法律需求未得到满足的人提供法律援助。其四大目标是：法律援助、法律改革、理论研究、教育。工作人员由 20 名全职工作的学生构成，并且有 10 名高年级学生每周一天进行质量管理工作，两名学生进行日常行政管理工作。法学院负责诊所的监督工作。诊所资金来源于司法部、奥斯陆大学法学院、奥斯陆市政府、挪威律师协会、慈善机构。主要从事移民法、监狱法、债法、社会保障法、租房法、劳动法和家庭法领域的案件。该诊所每年办理约 5000 个案件，且大多数案件不为公共法律援助机制所覆盖。该诊所还开展外展工作，包括开展法律权利信息项目和在监狱、精神病机构、移民教育中心等地方受理案件。

（五）南非法律援助新发展

南非法律援助委员会属于由政府提供经费支持的独立法定机构，设有 1 个全国办公室，6 个地区办公室，64 个司法中心，64 个（司法中心）卫星办公室，以及 13 个高等法院工作组（专门负责高等法院诉讼案件法律援助）。南非法律援助服务属于混合模式，包括司法中心模式、司法保障模式、合作者模式、代理协议模式四种，使法律援助能够覆盖尽可能多的需要法律帮助的穷人。目前，法律援助提供模式由最初的司法保障模式（私人律师模式）转变为以专职律师模式（司法中心模式）为主，司法中心及其卫星办公室几乎覆盖全部地域，2010—2011 年，司法中心办理的法律援助案件占到总办案量的 95%。司法中心提供刑事和民事法律援助，但以刑事为主，提供民事法律援助的能力相对有限。近几年来，私人律师服务规模持续减低，主要原因是司法中心专职律师提供法律援助的能力不断增强而且私人律师办案成本远高于专职律师。一般而言，只有在当事人利益冲突时才会把案件指派给私人律师。在合作者模式下，合作者一般是非政府机构或大学法律诊所，通过与南非法律援助委员会签订合作协议，向符合条件的人提供法律援助服务。合作者模式是对南非法律援助委员会工作的补充，主要提供儿童和土地纠纷方面的民事法律援助。目前，合作者模式所提供的法律援助仅占每年法律援助总数量的 1%。代理协议模式从 2009 年下半年开始实施，由南非法律援助委员会与特定执业者签订代理协议，以帮助那些没有包含在司法中心法律援助范围内的、偏远地区法庭刑事案件当事人。这些执业者每月根据办理法律援助案件量得到办案报酬，每件案件的报酬是私人律师模式下每件案件费用的 75%。

除以上四种模式外，南非法律援助还包括电话咨询。2010 年 6 月，南非法律援助委员会开通咨询电话，为穷人提供完全免费的电话法律咨询服务。目前咨询范围仅限于家庭纠纷、农村地区被逐出房舍纠纷及儿童事项。电话中心接线员为律师助理和被许可的执业者。律师助理提供初级咨询，必要时，电话转接给有资格的执业者。

在法律援助质量措施方面，南非主要采取两种方式，一种是由司法中心内部专门人员进行监督,每季度一次评估执业者的工作质量。除此之外,地区办公室也对司法中心的工作质量进行管理和监督。最近,南非法律援助委员会全国办公室内部审查部门又设立了一个法律质量保证工作组,对执业者提供的法律援助服务质量进行独立评估。

南非的法律援助体系能够有效运作,其中刑事法律援助在刑事司法制度中发挥着重要作用,现在每年刑事法律援助案件达到40万件,占全部法律援助案件的90%以上。而民事法律援助能力非常有限,因此相关部门和人员提出建议,希望政府能增加民事法律援助经费以扩大民事法律援助范围。

二、主要讨论专题

(一)农村地区是否需要不同的法律援助服务

围绕该专题,来自南非和英格兰的代表作了主题发言。另外,大家还围绕在法律援助中将农村与城市地区进行区分是否有必要,在农村与偏远地区,哪些类型的机构是最有用的合作伙伴,设立小的分中心或流动工作站与设立一些全面的、一站式服务中心是否有不同等问题展开讨论。

南非代表认为,农村地区是否需要不同的法律服务取决于农村地区的特征,以及该领域与农业商业领域的需求是不同的。在农村地区,人们面临较多的债务、艾滋病、获得救济及家庭纠纷等问题;而在城市和农业商业领域,则更多的是劳动纠纷、债务、财产、被逐出房舍、家庭纠纷等问题。而目前南非城市化进程超过世界平均速度,在城市化进程中,农村人口也面临着失业问题等。针对农村地区的特征和需求方面的差异,应该为农村地区提供不同内容和方式的法律援助服务。

英格兰代表认为,农村地区有其独特的特征,比如在农村地区,人们的贫困状况很难界定。据一组调查数据显示,在解决法律问题的策略方面,与城市相比,农村地区未采取任何措施和自己解决问题的比例偏高,而得到咨询的比例偏低;在获得咨询方面,越远的农村地区使用电话咨询的比例越高,而在使用互联网技术解决问题方面,最偏远的农村地区使用的比例却最低。

在小组讨论中,很多国家的代表都谈到了电话咨询,建议进一步更充分地运用电话技术手段加强为农村地区提供法律援助,尤其是法律咨询。

(二)在困难时期如何确保法律援助质量

加拿大代表主要介绍了上加拿大律师公会和安大略省法律援助署的质量保证措施。通过上加拿大律师公会的律师实务审查项目,对律师实务工作进行审查、分析和评估,最后形成报告,提出建议。上加拿大律师公会要求律师保持继续职业发展,每年完成12小时的由上加拿大律师公会认可的职业培训和50小时的自学教育,通过继续职业教育,保证律师专业能力称职,从而确保工作质量。安大略省法律援助署质量保证措施主要包括设立质量服务办公室、开展加强导师关系项目、提供自我评估工具、设立专门投诉部门等。这些措施既有办案过程中的督导,也有事后监督,形成一种全方位的、动态持续的质量监督管理机制。

与会者围绕谁决定法律服务的质量,怎样以及在何时对质量进行监督管理,导师制、自我评估、客户满意度调查、继续职业发展与同行评估的作用,能否以替代性争端解决方法和在线争端解决方法等其他方式提供优质服务等问题展开讨论,认为经费削减开始对司法质量产生影响:如同行评估减少,影响了质量评估。应对经费削减的替代性争端解决方法(ADR)和在线争端解决方法(ODR)会引起一些问题,这些问题可能会对法律援助质量带来影响。研究发现,某些法律事项的在线解决方法是对传统解决方式切实可行的替代方法。在由谁决定法律援助的质量问题上，有人认为应由资助者或法律援助委员会事先确立质量标准，再结合标准对服务提供者（包括机构和个人）的服务进行质量评估。

（三）经费紧缩与不能再减的最低标准：法律援助应当包含的内容及原因分析

针对此专题，来自苏格兰、英格兰和加拿大的代表进行了主题发言。近几年来，苏格兰法律援助经费一直处于紧张状态，其经费压力并将持续增大，不得不通过提高工作效率、节约成本以维持工作目标的实现。苏格兰政府为各公共部门设定了15项全国性目标，其中法律援助的目标是致力于不平等问题的解决、提供优质服务、推进公共服务、对人们需求作出回应等。法律援助尽量在不缩小服务范围和降低可获得性的前提下削减法律援助经费，并做到最大限度地利用资源，减少浪费。

经费缩减主要通过以下几种方式来实现：(1)提高行政管理效能。通过法律援助在线服务、电子文件管理等数字化手段、裁员、改进支持性服务和政府采购等措施，达到节省成本、提高效能的目的。(2)有效使用法律援助经费。包括减少律师报酬及其他方面费用，减少顾问、翻译和专家费用等；确保付得起费用的当事人必须要付费，尤其是那些通过法律援助获得巨大经济利益的人；进行法律援助审批时，对当事人经济状况进行全面审查。(3)进行动态审查。苏格兰法律援助委员会拟加强对法律援助流程各方面的监督和审查，以真正实现节约成本的目标。比如，以更清楚的方式对民事法律援助审批进行评估；对高费用案件或者双方当事人均接受法律援助的案件给以更多关注；仅在必要时对紧急案件作出法律援助安排，以避免在未审查胜诉可能的情况下就提供法律援助；要求律师定期报告案件进展情况以确保案件值得继续办理。(4)跨系统审查。这一视角将法律援助作为更广泛的司法、经济和社会制度的一部分进行考虑。通过跨系统审查，法律援助委员会将关注法律援助与精神卫生、移民、庇护等其他领域的相互作用。(5)跨系统协作。通过建立由来自法律援助委员会、政府、警察、法官、公诉人、监狱等的代表组成的多部门项目委员会，以关注民事和刑事司法制度，并采取视频会议、替代性争端解决方法、公共法律教育、民事法庭改革等措施，进行多部门协作。通过多部门协作，为政府部门整体改革提供了机会，与各部门单独进行改革相比，极大地节省了开支。

加拿大代表强调了司法制度的效率与效能，认为通过司法系统各部门形成共同认知、目标及策略，有助于实现法律援助及整个司法制度的效率与效能。为实现该目标，法律援助应采取简化申请、加速接待过程、在法院设立法律援助办公室、使用案件管理系统、扩大值班律师规模等措施。

（四）自助服务——能走多远？能发挥多大作用？

很多国家，比如荷兰、美国，越来越重视帮助人们以自助方式解决一些法律问题。他们认为，应该通过简单的帮助与指引，使公民具备解决一些法律问题的必要能力，避免持续过长的法律程序。政府认为公民越来越被期待独立行动，必须对自己的福利等负有更大的责任，而专业顾问应该退居到次要位置。这意味着公民应该对解决自己的问题和矛盾负有首要责任，而无须法院的介入。

自助服务的前提：一是自助的观念要求那些诉讼当事人必须遵守并能够适用的原则应当简单、透明；二是要摒弃那种导致公民更加依赖他人提供帮助的、更复杂的立法和社会结构的倾向；三是有必要适当发挥和解、仲裁等替代性争议解决方法的作用。

通过发言和讨论，大家认识到，自助式法律援助并不适用于所有的法律援助事项或所有公民。如果要有效推动诉讼当事人的自助能力，有必要简化法律、规则与程序［应该考虑（复杂的）立法和规范对法律援助的影响］。荷兰做法之一是使用在线“冲突解决指南”，但这一形式本身并不足够，还需要其他条件，比如简化规则，使之更透明。

（五）法律援助是否根据实际情况提供不同的服务

来自澳大利亚的代表介绍了澳大利亚新的法律援助国家合作协议（NPA）及其发展。NPA是由联邦政府与各州、地区政府签订的多边协议，其目标是使统一的国家法律援助制度高效且符合成本效益，根据司法公正的可获得性、适当性、平等、效率、效能等原则，致力于为贫穷的澳大利亚人提供服务。该主题发言主要谈了NPA的三个亮点：预防性法律服务、早期介入和替代性争端解决方法。

各州和地区法律援助委员会从建立之初，也就是在NPA之前就已经开始了预防性法律服务、早期介入等工作。而根据国家合作协议提供的资助受到了各州和地区的欢迎，签订NPA也促使各州和地区提高了对国家合作协议所确立的优先考虑事项的关注度，各州和地区也可以根据当地实际规定些限制和优先考虑的事项。

联邦政府优先考虑事项主要有：帮助处于不利地位的人尽早解决法律问题，避免诉讼；为遭受或可能遭受社会排斥的人提供更有针对性的法律帮助；加强法律援助提供者之间以及与其他服务提供者之间的协作，以确保当事人得到综合性服务以解决其问题；对法律援助面临的问题和困难作出全国性的战略回应。NPA所设定的两项主要成果是：法律援助提供者加强预防性法律服务、早期介入和争端解决服务；为预防性和早期介入法律援助服务提供全面的法律信息服务和无缝转介服务。

预防性法律服务是指由法律援助委员会通过社区法律教育、法律信息（咨询）和转介，使人们了解并开展个人及社区适应力建设的法律服务。这种服务不需审查收入状况，是完全免费的。各法律援助委员会和社区法律中心的做法主要有：制作和分发宣传册等印刷资料、提供在线资料、开展多样化社区法律教育项目、提供电话咨询服务等。在与联邦签订NPA后，各州和地区法律援助委员会会根据NPA的侧重点适当调整预防性法律服务优先考虑的客户群体和法律问题。实践表明，通过预防性法律服务最可能帮助受过良好教育、自信且具备良好语言及其他技能的人成功地开展自助服务。关于转介服务，很多州和地区都认识到与其他法律服务提供者建立合作关系的重要性和有效性，从而设立了“州与地区法律援助论坛”，实践证明，通过转介，确实能够加强相关部门和组织之间的协作，避免工作中的失误等。早期介入服务是指由法律援助委员会提供的，帮助人们在问题升级之前就能解决其问题的法律服务，比如提供法律咨询、简单帮助和法律援助之外的法律服务等。争端解决服务是指由法律援助委员会提供的，诸如律师帮助和解和参与法律援助争端解决等的服务。

调查研究显示，大多数纠纷在法庭外解决，这也是替代性争议解决方法的价值所在，即在不经过法庭程序的前提下，有效、低成本地及时解决问题。但同时也应认识到，替代性争议解决方法并不适用于所有纠纷的解决。对于替代性争议解决方法，应该定期进行评估，以确定是否存在潜在风险，发现问题并采取改正措施。

（六）技术在法律援助工作中的作用

包括计算机和网络等在内的“技术”，渗

透到当今社会的方方面面，要求从事法律工作的学生具备相应的技能。在美国，从最大的律师事务所到贫穷法中心，新技术正在改变律师为客户提供优质、低成本服务的方式。经济危机导致贫困者对法律援助需求量的激增，也对技术的使用产生了很大需求。大的律师事务所来自公司客户的收入减少，其他收费也减少，因此转求利用技术进行相关程序和文件的处理，以节省开支，提高效率。

有专家认为法学院的诊所教育对帮助满足低收入者法律服务需求起到了重要作用，因此建议高校开展技术类的法律诊所项目，以向法学专业学生教授如何建立和有效利用网络技术推进穷人获得司法公正。这种诊所既能很好地教授学生适应当今法律职业实践的需要，又能通过技术的使用提高法律服务系统的服务提供能力。

三、对我国法律援助工作的启示

（一）设立法律援助律师准入制度

许多国家和地区都对提供法律援助的律师等服务人员设立了准入门槛。例如，接受过相关培训、在某一领域具备相应的实践经验等，以避免律师因缺少经验，办理法律援助案件达不到质量标准。

（二）加强咨询在避免和及早解决法律纠纷中的作用

鉴于咨询服务的重要作用，很多国家都越来越重视在法律援助中尽量利用法律咨询帮助困难群体解决问题，以降低成本，提高效率。比如，挪威法律诊所经验告诉我们：以非传统的法律援助服务方式，使当事人及时便捷地获得法律咨询，以最小的行政成本，对公共法律援助制度进行补充和调整，以扩大法律援助覆盖面，尽可能多地满足更多法律援助需求，将会为当事人提供更好的法律援助服务。在我国，每年的法律援助咨询数量非常大，可见其在避免和解决纠纷、维护社会稳定中的重要作用。因此，我们应该充分认识法律援助咨询的重要作用，进一步加强和规范法律援助咨询工作，探讨确保法律援助咨询质量的措施等。

（三）进一步开发和利用技术，以减少成本、提高效率

除了电话咨询热线外，利用网络开展宣传和公共法律教育，加快推动在线提交法律援助申请、在线咨询和交流，尝试利用视频会议等形式解决律师到偏远地区会见当事人难的问题，利用网络最大限度地提供相关法律信息、演示相关问题处理程序等，这些以技术驱动的措施将会在法律援助实际工作中起到事半功倍的效果，值得我们在法律援助信息化管理工作中加以推广和运用。

（四）提高法律援助理论研究能力

各国和地区都非常重视法律援助理论研究工作，通过建立内部研究机构或者通过外部合作等形式，积极开展法律援助理论研究工作，及时总结经验和教训，促进法律援助决策的科学化。目前我国法律援助总体理论研究能力还不强，如果广大法律援助管理人员和律师只满足于和停留在日常管理和实务操作工作，而不进行深入的思考和研究，则难以发理法律援助制度和实践工作中存在的问题和不足，从而难以找到改进工作的方法，难以推动法律援助工作的科学发展。

（五）积极建立完善法律援助质量保证措施

法律援助质量事前保证措施主要是通过确保律师的专业水平以保证法律援助办案质量，这主要通过律师准入制度、继续职业发展、培训等方式来实现。除了同行评估、自我评估、确立投诉机制，在法律援助律师间建立一种“导师关系”，由高级律师对初级律师进行业务指导和工作监督，也是值得我们借鉴的重要质量保证措施。在美国、加

拿大等国的法律援助机构，这种做法已经有很长的历史。实践证明，这种类似于师父带徒弟的模式，可以说是多效合一，效果非常显著。

（六）加强法律援助与政府其他部门的协作

法律援助只是促进公民获得司法公正的司法制度中的一个重要组成部分。在很多情况下，当事人所面对的法律问题以及问题的解决途径非常复杂，涉及司法、社会、经济制度的诸多方面，通常需要多部门的协作配合才能达到最佳结果。在我国，法律援助机构同样需要与法院、检察院、公安及其他相关部门加强协作，才能更有效地帮助当事人解决问题，切实维护受援人的合法权益，实现司法公正。

安徽省法律援助政府责任落实情况调研报告

安徽省司法厅调研组

一、法律援助政府责任落实及工作情况

（一）法律援助便民网络初具规模。近年来，安徽省各级司法行政机关在省委、省政府及地方党委和政府的领导和支持下，大力加强法律援助机构和队伍建设，法律援助工作网络初步形成。2008 年 1 月，省法律援助中心由全额拨款事业单位改为参公管理；2009 年 12 月，经省编委批准省司法厅增设了法律援助工作处；各市也在本级政府机构改革中积极健全法律援助管理机构。截至目前，全省共设立法律援助机构 128 个，其中，省级 1 个，市级 17 个，县（市、区）级 110 个；依托乡镇司法所建立乡镇法律援助工作站 2189 个，在村级建立联系点 1 万多个，在工会、共青团、妇联、残联、高校、部队、监狱、劳教等单位设立法律援助工作站 592 个，覆盖全省的法律援助机构网络已基本形成。全省现有法律援助专职人员 450 人，其中执业律师 249 人，本科以上学历 317 人，法律专业 357 人。

（二）经费保障水平不断提升。在各级政府的关心重视和司法行政部门的积极争取下，各级财政逐年加大了法律援助经费投入，法律援助的保障能力逐步增强。截至 2010 年年底，全省有 92% 的地方已将法律援助业务经费纳入同级财政预算，基本保障了本辖区法律援助工作的正常开展。全省市、县级财政已累计拨付法律援助经费 977 万元，省财政从政法经费中划付 1200 万元法律援助业务经费用于市、县法律援助办案。

（三）便民服务条件不断改善。为了保障困难群众高效便捷地申请和获得法律援助，各级司法行政机关想方设法改善法律援助的便民条件，目前，全省 94% 以上的法律援助机构拥有独立办公场所，一半以上的法律援助机构在临街、一层设置接待场所，建立了残疾人无障碍通道。特别是通过开展“法律援助基础建设年”“法律援助能力提升年”等活动，部分市、县（市、区）努力改善便民服务窗口，便民服务条件得到了较好改善，目前，蚌埠、亳州、宣城、安庆、合肥及明光市便民服务窗口均超过 200 平

方米。为了改善市、县法律援助机构办案条件,2010年以来,省司法厅筹集专项资金400多万元,集中采购60辆轿车,另从部分市、县司法局现有车辆中调剂26辆轿车,统一制作含有“法律援助”文字及图案的车身标识,配发给市、县法律援助机构作为法律援助业务用车,全省70%以上法律援助机构解决了业务用车问题。

(四)便民服务职能不断彰显。近年来,全省各级法律援助机构通过为困难群众和特殊群体提供免费的法律服务,让人民群众感受到党和政府的温暖,使法律援助成为党和政府与人民群众之间的爱心桥梁。据统计,安徽省自建立法律援助制度至今已办理各类法律援助案件超过13万件,义务解答群众法律咨询近100万人次。尤其是近三年来,法律援助办案量增幅明显,2007年办案11691件,同比增长39.7%;2008年办案20269件,同比增长73.4%;2009年办案24530件,同比增长21%;2010年办案27179件,同比增长10.8%,并连续三年实现了零投诉。各级人民法院指定的刑事辩护案件承办率达100%,保障了刑事审判活动的顺利进行,维护了司法公正。全省各级法律援助机构积极与工会、共青团、妇联、残联、劳动等部门配合,为维护特困职工、未成年人、妇女、残疾人和农民工等特殊群体的合法权益开展专项的法律援助,取得了显著成效,特别是我省在各级法律援助机构建立农民工维权工作站,建立起农民工维权“绿色通道”,及时有效地维护了广大农民工合法权益,受到了社会各界的好评。全省各级法律援助机构还主动配合政府相关部门,积极介入信访接待工作,承担了大量涉法信访事务的处理,化解了大量的社会矛盾,促进了社会和谐稳定。

二、法律援助政府责任落实需要解决的突出问题

安徽省法律援助制度自1996年建立以来,一直得到省委、省政府的高度重视和大力支持,法律援助的政府责任逐步得到落实。2005年,省政府将法律援助纳入了城乡社会救助体系,2008年、2009年连续两年法律援助被列为省政府年度重点工作,2010年省政府工作报告首次写到了法律援助政府责任落实和机构建设情况,2011年全省“十二五”规划提出“加强法律援助工作”。在省厅和各地司法行政机关及法律援助机构的有力推动下,各市、县(市、区)党委、政府结合实际因地制宜,将法律援助工作列为重要议事日程,采取积极有效的措施强力推进本辖区的法律援助工作的开展,取得了显著的成效,如马鞍山、铜陵、安庆、滁州等市将法律援助工作纳入了政府民生工程,阜阳等市成立了以分管市领导为组长的法律援助工作领导小组,旌德等县将法律援助列为社会治安综合治理考核内容。但随着安徽省经济社会发展和民主法治进程的加快,困难群众对法律援助需求不断增加,目前,安徽省法律援助工作存在着与其面临的新形势和承担新任务不相适应的地方:

(一)“三个纳入”需要进一步落实。周永康同志在全国第五次法律援助工作会议上提出把法律援助事业纳入经济社会发展整体规划,把法律援助工作纳入党委、政府主导的维护群众权益的工作机制,把法律援助经费纳入同级政府财政预算,“三个纳入”的要求,对于解决影响和制约法律援助事业长期发展的突出问题具有重要的意义。目前,全省“三个纳入”的贯彻落实力度不大,存在着许多需要加强的方面,如法律援助工作纳入党委、政府主导的维护群众权益的工作机制的地方还较少,全省只有马鞍山、铜陵和安庆将法律援助纳入了政府民生工程;法律援助经费纳入同级政府财政预算还没有完全落实,仍有8%的县(市、区)未将法律援助经费列入同级财政预算,其中,宿州市埇桥区、萧

县法律援助中心为差额拨款事业单位。

（二）工作体制需要进一步理顺。由于安徽省法律援助制度建立只有15年，各市、县（市、区）在推动法律援助工作发展时因地制宜先后建立了法律援助机构，因此，形成了机构性质不统一的现状，目前，全省128家法律援助机构中，行政性质77家，参公管理事业单位4家，全额拨款事业单位45家，差额拨款事业单位2家。与此同时，由于市、县（市、区）法律援助机构从初期成立开始，就承担了大量的法律援助案件办理，所以，工作重心一直放在业务办案上。目前，市级法律援助机构基本兼具办案和管理双重职能，由于人员不足，司法行政部门对法律援助工作监督管理职能没能得到充分履行，因此，当前急需理顺市级法律援助管理体制，提高监督管理能力。

（三）队伍建设需要进一步加强。一是数量不足。目前，全省共有法律援助专职人员450名，每个机构平均不足4人；其中，具有法律资格249人，每个机构平均接近2人，这与法律援助面临的新形势和承担的新任务不相适应。二是专业化不强。法律援助工作既是一项公益事业，更是一项专业性很强的实务工作，不仅需要爱心、细心和耐心，更需要良好的职业品德和扎实的业务素质，但目前现有工作人员中相当一部分离这一要求还有不小差距。三是稳定性不够。目前，由于事业单位性质的法律援助机构津补贴政策未落实到位，法律援助工作人员待遇普遍偏低，特别是拥有律师资格的专职人员与社会律师的收入相比差距更大，在一定程度上导致了部分优秀的专职法律援助律师流失，造成了法律援助专职律师不稳定的现状。

（四）经费保障需要进一步提升。2008年年底全省法律援助业务经费列入同级财政预算109家，占总数的90%；2009年年底，全省法律援助经费列入同级财政预算为113家，占总数的92%，未纳入的主要是一些市辖区。与此同时，一些县（市、区）虽然纳入了财政预算，但拨付数额较少。虽然安徽省近几年政府财政对法律援助投入不断增加，但总体水平不高，如2010年度，全省各级财政拨付法律援助经费人均0.18元，远低于全国平均0.56元的水平。从全省各市情况看，经费保障水平不平衡，部分地方经费保障逐年增加，基本能保证法律援助事业与当地经济、社会协调发展，但也有少数地方本级财政在法律援助业务经费保障方面处于较低的水平。

（五）便民服务窗口需要进一步完善。法律援助便民服务窗口是接待困难群众的主要场所，也是为困难群众提供服务的基础保障。目前，除了蚌埠、亳州、宣城、安庆、合肥等市便民服务窗口条件较好外，很多法律援助机构便民窗口需要进一步改善，才能满足服务困难群众的需要。虽然目前94%法律援助机构有独立的办公场所，但其中一部分和司法局机关在一起办公，有些还位于政府综合大楼内，面积较小，不能满足法律援助机构办公的需要，同时也给困难群众申请法律援助带来不便；全省法律援助机构还有近一半不在临街和一层，不能满足为困难群众提供高效便捷的法律援助服务的现实需要。

三、推动法律援助政府责任落实的几点建议

继续推动“三个纳入”的落实是法律援助政府责任落实的重点，从政策和制度层面上切实解决好目前制约法律援助事业发展的机构、队伍、经费和便民窗口等基础性问题，推动全省法律援助事业良性循环发展，进一步发挥法律援助在维护困难群众合法权益、保障社会公平正义、促进社会和谐稳定方面的积极作用。

（一）进一步将法律援助事业纳入各地经济和社会发展规划，积极推动法律援助事业健康发展。法律援助制度是维护困难群众合法权益、保障社会公平正义的一项重要法律制度，是中国特色社会主义司法制度的重要组成部分。只有把法律援助事业纳入各地经济和社会发展规划，才能从机制上更好地保证法律援助事业与经济社会同步发展。各级司法行政部门要主动向党委、政府汇报，积极争取党政领导重视支持，把法律援助工作编入政府工作"十二五"规划，切实解决好事关法律援助事业长远发展的基础性、战略性和前瞻性的重大问题。要把法律援助工作列入政府年度绩效考核体系，不断推动法律援助政府责任的落实，努力促进法律援助事业全面协调发展。

（二）进一步将法律援助纳入党和政府主导的维护群众权益机制，充分发挥法律援助职能作用。法律援助工作的本质就是政府为困难群体提供的公共服务，是改善和保障民生的重要手段，是促进社会和谐、维护社会稳定的基础性工作。将法律援助纳入维护群众权益机制，既是维护群众权益的必然要求，也是充分发挥法律援助职能作用的客观需要。各级政府要将法律援助列入民生工程或为民办实事项目、社会治安综合治理暨平安建设考核内容、文明城市创建考评指标，充分发挥法律援助工作在党和政府主导的维护群众权益机制中的积极作用，努力解决好涉及困难群众切身利益的民生问题，维护受援人合法权益，维护法律权威和尊严，着力从源头上化解社会矛盾纠纷，促进社会和谐稳定。

（三）进一步加大法律援助经费保障力度，切实保障法律援助顺利开展。经费保障是法律援助工作开展的重要的物质基础，保障水平的高低直接影响法律援助为困难群众服务的质量。一要将法律援助业务经费纳入同级政府财政预算，为各级法律援助机构设立法律援助专款账户，真正从机制上解决法律援助经费的专款专用的问题。二要积极建立法律援助业务经费增长机制，探索建立本级财政拨付法律援助业务经费最低额机制，避免"有其名，无其实"的象征性拨款现象，保证法律援助事业与经济社会协调发展。三要建立业务经费分配与办案相匹配的分配机制。业务经费的功能就是满足办案需要，中央、省级法律援助业务经费的分配要加大办案因素的比重，同时，建立案件补贴动态调整机制，充分调动社会律师办理法律援助案件的积极性，不断为困难群众提供又好又多的法律援助服务。

法律援助提供模式现状及发展方向初探

江苏省南通市法律援助中心

法律援助作为一项制度在我国已经实施多年，但对于法律援助的具体提供模式，国务院《法律援助条例》（以下简称《条例》）未作明确规定。近年来，为满足不断增加的法律援助需求，各地从加强法律援助管理、提高法律援助服务入手，进行了大胆探索和实践，形成了多种类型的法律援助提供模式。本文结合工作实践，就法律援助提供模式作一探讨。

一、法律援助提供模式的研究背景

法律援助的职能决定了法律援助机构的性质，因此，在探讨法律援助提供模式之前应先弄清法律援助机构的性质。《条例》第六条规定："直辖市、设区的市或者县级人民政府司法行政部门根据需要确定本行政区域的法律援助机构"，但对法律援助组织机构的具体性质未予明确，实践中有的是行政性质，有的是事业性质。以江苏为例，全省共有121个法律援助机构，其中行政性质机构97个，事业性质机构24个，个别机构为了争取人员编制，不得不将法律援助机构从行政性质变更为公益型事业单位性质。笔者认为，依据法律援助职能，法律援助机构应当定性为行政性质机构。

（一）法律援助的职能承担主体。《条例》明确"法律援助是政府的责任"，由此，保障经济困难的公民获得必要的法律服务，推动法律援助事业与经济社会协调发展就是政府的行政事务，法律援助的职能就应当由政府机关来承担，这种行政权力也应当由行政机关来行使，作为政府法律援助的主要承担者，法律援助机构应当是政府行政性质机构。

（二）法律援助的具体职能。一是受理申请。法律援助机构受理申请，审查当事人是否符合法律援助条件，是执行政府规定的法律援助范围和标准细化的过程，法律援助机构行使的是政府对法律援助社会需求的管理权。二是审查批准。法律援助机构对公民法律援助申请作出是否给予援助的决定，相对人对该决定可提起行政复议和诉讼，法律援助机构行使的决定权是政府行政给予行为。三是指派办理。《条例》规定："律师事务所拒绝法律援助机构的指派，不安排本所律师办理法律援助案件的，由司法行政部门给予警告、责令改正，情节严重的，给予一个月以上三个月以下的停业整顿处罚。"由此可见，法律援助机构具有对法律服务人员办理法律援助事项的指派权，行使的是政府对法律援助资源的管理、配置和使用权，同时也涉及行政强制执行行为。又如《律师法》规定："律师必须按照国家规定承担法律援助的义务，尽职尽责，为受援人提供法律服务。"按现行规定，法律援助机构在律师年检注册时应出具律师完成法律援助义务履行情况说明，法律援助机构行使的是司法行政管理权。四是核发补贴。法律援助机构应当对接受指派办理法律援助案件的承办人核发办案补贴，法律援助机构行使的是政府对法律援助资金的管理和使用权。

综上，从法律援助的职能上看，法律援助机构应当设置为行政机构，而非事业性质机构。按照依法行政的要求，事业单位在没有经过法律、行政法规、地方性法规授权的情况下，无法承担起政府应当承担的职责，其对法律援助实施的行政管理，本身不具有合法性，有悖依法行政的基本要求。

二、法律援助现行提供模式辨析

《条例》第二十一条规定："法律援助机构可以指派律师事务所安排律师或者安排本机构的工作人员办理法律援助案件，也可以根据其他社会组织的要求，安排其所属人员办理法律援助案件。"由此，各地在实践中出现了不同类型的法律援助提供模式，具体可以归结为：

（一）管办混合模式。在这种模式下，法律援助机构既实施管理职能又行使服务职能。该模式有三种具体操作方式：（1）专职律师办案。法律援助案件全部由法律援助机构工作人员办理。此类工作人员往往通过了司法考试，申领了法律援助机构专职律师执业证，他们可以直接受理和承办法律援助案件。由法律援助机构直接将案件在内部进行指派，有利于快速办理，有利于对办案实行全程跟踪，有利于更好地收集办案信息及总结交流。同时，由于专职律师政治素质、文化素质和业务素质高，与公众之间有天然的亲和力，案件办理质量有保证。这一方式在法律援助制度建立初期，法律援助案件数量较少，通过分工基本能够履行好管理与服务两种职能。但其弊端是：随着法律援助知晓率的不断提高，法律援助专职律师队伍已越来越难以满足不断攀升的法律援助需求。一方面，受固定人员编制的限制，专职律师队伍难以扩充；另一方面，受僵化行政管理体制的束缚，专职律师长期超负荷工作，既没有丰厚的报酬，也没有良好的工作条件等，由此影响了专职律师的主动性和积极性，专职律师纷纷选择转岗或是流向社会律师队伍。(2)专职律师办案为主，社会律师办案为辅。如广州梅州市在实践中，根据受援人情况及案件的实际情况，专职律师承办为主，适当安排一些案件给社会律师办理。(3)社会律师办案为主，专职律师办理为辅。法律援助机构将大部分案件指派给社会律师承办，专职律师主要承办重大疑难或群体性案件。后两种方式充分利用了社会律师资源，在一定程度上缓解了法律援助机构办案力量和法律援助需求不断攀升的矛盾，有利于专职律师通过具体办案，对社会律师办案进行有效引导。实践中，后两种方式的弊端在于：由于受到经济利益的驱动，有些案件补贴较高地区的法律援助机构将大部分比较易办的案件留给专职律师承办，而将案情较复杂、办案成本较高的案件指派给社会律师承办。而在案件补贴相对较低的经济欠发达地区，有的法律援助机构则仅是完成任务式地让专职律师办理几件案件，而将大部分案件推给社会律师办理。

（二）管办分离模式。这种模式要求法律援助机构将全部案件指派给社会律师办理，法律援助机构对案件受理、审查、指派及办理等过程实行监管，在真正意义上实现法律援助机构的管理职能。在这种模式下，又有三种具体的操作方式：(1)分散办案。将法律援助案件分散指派到各个律师事务所具体承办，最大限度地利用社会律师资源。这种方式多出现在律师资源丰富的地区，也有部分地区由于无法吸引律师到法律援助机构工作而采取这种方式。其不足在于：法律援助机构对案件具体办理过程中出现的一些问题和相关信息往往不了解，不能及时提供对策和处理意见，监管工作难以跟进，往往是事后检查，导致案件质量难以保证。(2)集中办案。如江苏宜兴。2007年起，宜兴市法律援助机构挑选一批律师和法律服务工作者，组成法律援助案件承办组，集中办理全市的法律援助案件，法律援助机构将政府法律援助专项办案经费"打包"给承办组。这种方式可以说是对法律援助提供模式的一种大胆改革，它的优势在于：一是在法律援助专项办案经费增长滞后于法律援助案件增长的情况下，可以适当缓解法律援助经费紧缺的困难；二是法律援助案件承办人员收入相对稳定，没有经济方面的压力，可以安心以法律援助为业；三是法律援助机构可以对案件办理的全程实行监管，办案质量和卷宗及时归档得以保证。其不足在于：其他法律服务人员自愿提供法律援助服务的积极性弱化，不利于调动更多的社会力量来共同支持法律援助事业。(3)混合办案。如江苏南通。2003年以来，为进一步加强对法律援助案件的监管力度，提高案件办理质量，全市均实行借用社会律师到法律援助机构工作的方式，将大部分案件指派给借用律师办理，同时积极支持和鼓励社会律师向法律援助机构提供案源或主动承办案件。借用期间，律师不脱离与律师事务所的人事关系，律师收入由月生活津贴与办案补贴组成。实践证明，南通的"混合办案"方式取得了良好的社会效果。仅2010年，南通共办理法律援助案件8385件，机构办案数居全省第一。在江苏省举办的六届法律援助“十大优秀案件”评选中，南通有10个案件入选，其中3个案件获得第一名。

管办混合与管办分离的法律援助提供模式在现阶段对于满足困难群众的法律援助需求，推动法律援助事业发展起到了积极的推动作用。笔者认为，从法律援助管理体制以及长期发展来看，法律援助应采取管办分离的提供模式。首先，法律援助机构的主要职能应当是行使行政管理权，对法律援助案件的受理、审查、批准、分配、指导、监督、统计以及案件定补的核发等实行监督管理。因此办理法律援助案件的主力，应当是社会律师，而不是法律援助专职律师。鼓励法律援助机构工作人员通过司法考试，注册成为法律援助专职律师，不是为了增加办案力量，而是为了更好地对法律援助的服务过程实行有效监管。其次，如果法律援助机构既担负监管职责，又具体从事法律援助服务职能，这种“既当裁判员，又当运动员”的自我监管体制下的管理效果无法得到保证。再次，法律援助是一个专业性极强的工作，管办混合模式下，法律援助专职律师既实施监管，又跑出去办案，容易造成精力的分散，出现监管不到位且办案质量难以保证的情形。另外，随着困难群众对法律援助需求量的逐年增加以及法律援助事业发展对专业性人才的更高要求，也迫切需要将法律援助机构工作人员向专业管理型转变。

需要特别说明的是，在一些社会律师资源极其匮乏的地区，法律援助机构为认真落实政府责任，将全部或大部分法律援助案件指派给专职律师办理，缓解了供需矛盾，维护了受援人的合法权益，此举在当前及今后一段时期内应当给予积极保护。待时机成熟，再实行管办分离的法律援助提供模式。

三、法律援助管办分离提供模式发展方向构想

法律援助是现代社会文明进步的标志，是司法制度完善的体现，更是保护人权，体现“法律面前人人平等”的重要保障。对于我们这样一个法律援助事业起步较晚的国家，进一步完善法律援助提供模式对于推动法律援助事业的发展，实现社会公平正义具有极其重要的作用。如前所述，法律援助应当实行管办分离的提供模式，且在实践中出现了三种不同的具体运作方式。那么究竟应当以何种具体方式来架构管办分离的提供模式呢？笔者认为，应当将“经费与效率”作为选择法律援助提供模式的决定性因素，通过以下几个方面作为架构的依据，以最少的投入实现最大的效率：(1)便于指派。法律援助机构可视案情特点和法律服务人员的专长在较短的时间内进行办案配对。法律服务人员素质参差不齐，法律援助机构不可能弄清每个法律服务人员的性格特点和执业专长，因此需要建立一支相对稳定的法律援助办案队伍，便于法律援助机构对案件进行及时、有效的指派。(2)便于监管。法律援助案件的办理包括调查取证、方案选择、出庭代理等过程，法律援助机构可以随时了解案件办理进度，对案件办理过程中出现的问题进行及时协调，对办案人员疏于履行法律援助义务而又达不到应当处罚的情形时，可以通过约束机制对其进行有效的监督与管理。(3)便于交流。针对重大疑难案件，法律援助机构管理人员和办案人员可以在第一时间进行讨论，确定办案方案。同时可以分享办案过程中的经验教训，共同提高进步。(4)便于归档。法律援助案件卷宗是案件办理的最后的一环，较全面地体现了案件的办理过程。在案件办结后，法律援助机构应当能在最短的时间内将卷宗收集归档，以供今后学习、参考和借鉴。(5)便于补贴。法律援助办案补贴关乎律师办案的积极性，进而关乎法律援助的服务质量，关乎受援人合法权益的有效保护。对于合格的法律援助

服务，法律援助机构应当满足律师服务所需成本并确保办案补贴及时发放、足额到位。

根据上述架构依据、各地的经济状况以及法律服务人员资源的丰富程度，笔者认为可以分别采取如下管办分离的提供模式：

（一）最佳模式——聘用律师办案。法律援助机构是行政机构，目前尚无职权使之能够购买社会服务。建议国家以立法的形式允许法律援助机构通过购买服务的方式，聘用社会律师到法律援助机构工作，专门负责案件的办理。由法律援助机构与聘用律师建立劳动合同关系，缴纳社会保险和公积金，支付月薪和办案补贴，同时根据办案的数量和质量给付一定的绩效工资。由于经常处理法律援助范围的各种类型案件，熟能生巧，有利于积累知识和经验，提高办案技巧，减少为每个案件进行准备和研究的时间和精力，从而提高工作效率，确保受援人享受到高质量的法律援助。

（二）次佳模式——公益律师事务所办案。通过律师事务所的自愿申请、竞争构想演说、组织审核等过程，选定专门承办法律援助案件的含有公益性质的律师事务所。法律援助机构将案件全部安排给该律师事务所，由律师事务所根据律师的专业特长进行案件指派，并就律师办案质量对法律援助机构负责。法律援助机构引进同行评估机制，定期对该律师事务所办案情况进行测评，根据测评结果支付一定量的法律援助经费，由该律师事务所确定分配方案。

（三）折中模式——借用律师办案。即江苏南通现在采用的模式：借用社会律师到法律援助机构承办大部分法律援助案件，同时，大力支持和鼓励其他社会律师积极投身法律援助事业。

应当明确的是，不管采用上述哪三种提供模式，均不排斥社会律师及其他法律专业人员、其他社会组织利用自身资源为经济困难的公民提供法律援助服务。

四、法律援助管办分离提供模式的制度保障

良好的法律援助提供模式是保障法律援助服务质量的关键，但法律援助提供模式的良好运行还需要一系列制度保障。

（一）健全队伍保障制度。律师和基层法律服务工作者是法律援助案件办理的主力军，他们的素质决定着法律援助案件的质量，因此要将提升律师和基层法律工作者的素质作为一项常抓不懈的工作。(1)深化政治学习。认真学习“三个代表”重要思想，树立民本意识、服务意识、大局意识、政治意识，志存高远、正确定位并有所作为。(2)勤化业务学习。建立培训长效机制，做到精通法律法规、熟悉政策条例，掌握办案技巧和本领，增强对外组织协调、处理社会矛盾和解决实际问题的能力。(3)加大表彰力度。对在法律援助工作中作出重大贡献的典型给予表彰和奖励，以奖励带促动，以典型带全面，进一步提高法律援助队伍的整体素质。

（二）健全经费保障制度。目前，我国有些经济发达地区的法律援助补贴达到每案3000元以上，相当一部分法律服务人员愿意参与法律援助。但是大部分地区由于经费有限，支付法律服务人员的办案补贴都是象征性的，有的连办案的交通、通讯费都不够，由此给法律援助带来的最大风险，就是案件承办人员积极性不高，案件质量难以保证。因此，在增加法律援助经费上除了依靠政府投入外，还必须健全机制，加大宣传，多方位、多渠道地筹措资金。2010年，南通市成立法律援助基金会，向社会募集资金1830万元。同时，以专项法律援助维权工作站作为爱心平台，通过企业冠名获得资金支持。2011年，南通市政府发文，要求各地“将法律援助专项经费纳入同级政府财政预算，法律援助办案经费应实行开放性预算，按实际办

案数和补贴标准进行支付；接待、咨询、培训、宣传等法律援助业务工作经费实行定额预算，并随着经济发展和财政收入的增长逐年增加”，此举为法律援助奠定了可靠的经费保障制度。

（三）健全质量保障制度。加强法律援助案件质量监管，努力实现受援人权益保护最大化是一个复杂的工程，各地的操作方法也不尽相同。目前南通的做法是：(1)优配制度。从当事人满意的角度出发推行“点援制”，建立了“执业律师、法律服务工作者法律援助信息库”，由受援人挑选自己满意的法律服务人员为其提供法律援助服务；从案件的实际办理成效出发，组建“重大疑难案件专业承办小组”，对于复杂疑难案件，结合承办小组内各成员的专业特长，合理分配、有的放矢，从根源上保障案件承办的高质量。(2)备案制度。对于涉及农村集体土地征收、环境污染、城市房屋拆迁的案件，人数众多、社会影响大的群体性案件，以及其他可能影响社会稳定、引发信访的案件实行上报备案。(3)听庭制度。法律援助机构工作人员不定期旁听案件审理，制作旁听记录，对案件承办人的辩护能力和执业形象进行测评，发现问题及时沟通，督促其用心办案。(4)评估制度。由受援人或案件审理人员对法律援助案件的受理、办理、办结等各阶段工作情况进行评价，督促办案人员认真履职。(5)通报制度。通过突击检查、自荐检查、重点督查等形式，加强对案件质量的检查，发现疑问当场质询并限期整改，同时将检查情况及时通报，并且与办案律师的办案补贴挂钩，与机构年终绩效考核挂钩，以查促改，提升案件质量。

五、结语

不管法律援助的提供模式如何，但对于困难群体的关爱却是共通的。希望通过本文浅显的探究，可以对法律援助事业的发展有所帮助。

对进一步加强法律援助工作的几点思考

蒲皆祜（广东省司法厅）

国家“十二五”时期发展规划纲要提出，在“十二五”时期要“加强法律援助”。面对新形势新任务，笔者结合多年的工作实践，以及学习借鉴国外和地区的经验和做法，对进一步加强法律援助工作有几点思考，与同行切磋探讨。

一、转变发展思路，强化做强做大法律援助工作的理念

强化做强做大法律援助工作理念，是广东省司法厅党委书记、厅长陈伟雄在全省贯彻落实第五次全国法律援助工作会议的电视电话会议上提出的，是司法厅贯彻落实第五次全国法律援助工作会议和中央批准《珠江三角洲地区改革发展规划纲要》的精神① 在新形势下提出的要求。笔者理解，法律援助工作理念是对法律援助工作性质、功能、职责、目标方向、价值取向和工作实施等问

① 《珠江三角洲地区改革发展规划纲要(2008—2020年)》提出“加强司法救助和法律援助”。

题的认识和反映。简单地说，就是在观念上、思想上如何认识法律援助工作。不同的理念会有不同的精神，不同的工作态度；不同的工作态度，会产生不同的工作效果。法律援助之所以能称之为事业，是法律援助提供服务的对象广泛，影响范围较大，服务工作制度规范，是一项在司法活动中不可缺少的法律保障制度，对保障司法人权，维护公民合法权益，实现社会公平正义，促进社会和谐稳定和经济发展，在国内国际上具有广泛影响的活动。

我国法律援助事业经历了从无到有、从小到大的快速发展历程，所取得的成绩和发挥的作用得到了党和政府的充分肯定，获得了社会各界的广泛称誉。仅体现在制度方面，不仅法律上有明确规定，国务院颁布了《法律援助条例》，最高人民法院、最高人民检察院、公安部、司法部有关刑事诉讼和民事诉讼法律援助工作的规定，还有 27 个省、市、自治区制定了法律援助条例（办法、规定），足见其被重视的程度。

法律援助工作已经做大了，但大不等于强。由大发展到强，应是我们的工作目标。我们要做强法律援助工作，仍要面临着内外部诸多的问题和困难。对内部来说，我们工作中还存在"短板"。在认识上，有些地区领导和同志认识不够到位，重视不足，存在消极的看法，认为法律援助经费开支是消耗了其他行政经费的一项负担工作，是一件亏本事，甚至认为法律援助机构不需多少人；有的法律援助机构领导和工作人员更换过频，队伍不稳定，调进的不安心工作，想调出的也不少；工作主动性不够，不能发挥应有的职能作用；责任意识弱化，在监督管理上仍显薄弱，落实司法部提出的五项能力建设和有关法律援助政策还不到位，推动政府责任落实力度不够；在体制机制上还要完善和加强。从外部来看，有的地方对法律援助工作也认识不足，对周永康同志在第五次全国法律援助工作会议上提出的"三个纳入"贯彻落实力度不大，法律援助工作纳入政府主导的维护群众权益的工作机制仍不到位；有些地方履行法律援助政府责任不够，法律援助经费仍未纳入同级财政预算；等等。目前，法律援助机构存在着编制少、法律专业人员不足的现状，办案业务经费保障水平不平衡和办公条件、办案业务装备不到位的问题也比较突出，这也是做强做大法律援助工作的瓶颈。

法律援助工作由大变强，所要解决的问题和面临的困难，需要时间，还要有一个过程。但重要的是我们要有正确的理念和积极的态度，"外因是变化的条件，内因是变化的根据，外因通过内因而起作用。"在转变发展思路，做强做大法律援助工作的过程中，关键是司法行政机关和法律援助机构要从注重管理观念向注重服务职能的转变，认真落实中央、省有关对法律援助工作的要求，认真履行职责，通过不懈努力，促进政府法律援助责任的全面落实。

二、注重履行职责，把执法办案作为法律援助机构的第一要务

我国法律援助制度的建立是应对律师制度的改革，为解决经济困难公民"打官司难"的问题而建立起来的。法律援助机构代表政府行使组织实施法律援助服务职能，它既是政府的一个执法办案机构，也是司法行政部门有史以来像公安、检察、法院一样具有执法办案职能的专门机构。[①] 把执法办案作为法律援助机构的第一要务，其理由是充分的：一是法律法规明确规定；二是司法活动的需要；三是经济社会发展过程中的需求。不管是诉讼还是非诉讼，其法律援助服

① 参见贾午光、郑自文：《关于加强和改进县区法律援助工作的思考》，载《中国法律援助》2007 年第 9 期。

务的对象主要是社会的贫弱群体，具体来说就是经济困难的妇女、未成年人、老年人、残疾人和广大农民工以及犯罪嫌疑人、被告人这些特殊群体。为这些困难群体和特殊群体在他们处于弱势地位，需要法律帮助时提供法律援助，涉及千千万万个家庭，影响非常广泛。这对激活社会活力，维护社会稳定，促进经济社会的健康发展，有着其他职能不可替代的作用。

建立法律援助机构的初衷主要就是通过办理具体每一个案件来解决经济困难公民“打官司难”的问题。因此，法律援助各项工作要围绕执法办案这项服务职能来开展。

既然法律援助机构具有执法办案的职能，我们就不能简单地将法律援助机构办成一个类似“收发站”和“中转站”式的派案单位或存档单位[①]，它应具有执法办案机构的规范和制度。

建立真正意义上的法律援助执法办案机构，其规范和制度应主要包括以下内容：一是统一接受人民法院指定辩护的刑事诉讼法律援助案件；二是受理公民申请的各类法律援助案件；三是组织社会律师、法律援助专职律师、基层法律服务工作者和其他法律工作者实施法律援助；四是对执法办案的质量进行监督检查；五是建立执法办案报告制度；六是有一支以公职律师为主的专业化、职业化的队伍。

目前，法律援助机构基本上都建立了统一接受人民法院指定，接待咨询，审查受理，审核指派到结案归档等一系列规范和制度，也初步建立了执法办案的质量检查制度，但尚未建立执法办案报告制度和在法律援助机构建立一支以专职律师为主的专业化、职业化队伍。

建立执法办案报告制度应是各级法律援助机构规范和制度的重要内容。执法办案报告与以往每年上报的各类统计报表不同，其报告的内容主要将一年来执法办案的数量、类型、范围，包括法律咨询、法律知识宣传教育等进行综合并对相关数据进行统计分析，尤其对有指导意义的典型案件进行总结，以作为今后执法办案中可供学习借鉴的案件。每年度的执法办案的情况报告要提供给上级司法行政机关和法律援助机构以及政府相关的决策部门。

执法办案涉及法律援助机构模式问题。按照《法律援助条例通释》解释：法律援助机构不需要按照行政架构层层设立，也不存在上下级隶属关系。而实际上，目前经过新一轮的政府机构改革，省、市、县（区、市）的法律援助机构仍保留，有的地区的法律援助机构采用了类似我国香港地区[②]和新加坡的混合模式，如云南设立省法律援助工作管理局，广东设省法律援助局，这两省除云南的个别地区外，市、县（区、市）法律援助机构也对应省的做法主要采用混合模式。笔者认为，目前我国不同模式的法律援助机构存在是根据当地实际情况和法律援助事业仍处

---

① 据了解，因编制少、专业人员不足和其他的原因，有些市、县（区）法律援助机构很少安排本机构有律师资格和法律专业的工作人员办理法律援助案件，有的干脆不办案了。

② 香港法律援助署成立于1970年7月，是香港特区政府专责法律援助工作的部门。截至2009年，该署共有534名职员，包括73名律师、159名律政书记及302名辅助人员，他们均属政府公务员。该署中的律师不仅是法律援助业务的主要承担者，也是法律援助署的主要组织者和管理者。除政务的副署长、部门主任秘书和部门会计师外，该署其他重要职位均由律师担任，署长、副署长、助理署长及法律援助主任由特区首长直接任命。根据《法律援助条例》，署长是当然的首席法律援助律师，法律援助主任分为助理首席法律援助律师、高级法律援助律师和法律援助律师三个等级。法律援助署专职律师同私人律师一样获得在香港地区从业的资格并且在专业律师团体进行登记、成为律师公会或大律师公会的会员，遵守相关行业规范。不过，由于专职律师属政府公务员身份的关系，法律援助律师的执业范围仅限于与法律援助活动有关的律师业务。除香港法律援助署专职律师办理个案外，该署还委派私人律师办理个案。

在发展阶段而设立的，只要是符合便民原则，履行法律援助职责，有利于当地法律援助事业的发展，就是最适合的模式，况且《法律援助条例》也没有对法律援助机构模式作硬性规定。

在实际工作中，省、市、县（区、市）法律援助机构与人民法院层级对应，各司其职，形成管辖层次分明体制，在执法办案类型上是有所区别、有所侧重的。如云南省法律援助工作管理局同时还担负对本省死刑案件二审开庭时为没有请辩护人的当事人提供法律援助的职责，广东省法律援助局统一接受省高院指定全省死刑第二审案件的指派工作，同时也办理刑事和民事案件等；市法律援助机构统一受理中级人民法院指定的刑事辩护案件，也办理刑事和民事案件等；县（区、市）法律援助机构主要办理刑事指定辩护案件和民事案件等。

目前我国法律援助机构执法办案的工作方式主要采用混合模式，既可指派律师事务所安排律师办理法律援助案件，也可安排本机构专职律师及基层法律工作者办理法律援助案件。采用混合模式的执法办案方式，是根据现行法律法规和在工作实践中形成的，主要原因在于：我国人口众多，援助对象基数大，需求量也大；律师队伍发展很快，取得律师资格的逐年增长，社会律师多，而法律援助机构专职律师很少；区域经济发展不平衡，各级政府财政支持法律援助执法办案经费有限。因此，混合模式的执法办案运作方式在我国法律援助制度建立和发展过程中起了很大作用，其合理性得到肯定，并会在今后发展中继续运作。

但是，围绕着要把执法办案作为法律援助机构第一要务的思考，笔者在多年调研和经历过的实践中感到，法律援助工作是一项专业性很强的工作，作为组织实施混合模式执法办案的法律援助机构要更好地履行职责，做强做大法律援助工作，除了要有管理、统计分析、心理、社会等方面专业人员外，还必须建立一支专业化、职业化的公职（专职）律师队伍。主要理由：

（一）司法活动实践的需要。在办理民事法律援助案件方面，专职律师能快速参与处理突发的群体性案件和人数众多的上访案件，如群体性劳资纠纷案件，人身损害赔偿案件，可以及时地给当事人法律指引，以合法理性的方式表达诉求，尤其是对跨区域、案情复杂需要办案时间较长的案件，这对化解矛盾，维护社会稳定是非常有效的。在办理刑事法律援助案件方面，公职律师能及时会见犯罪嫌疑人或被告人，及时阅卷，及时地做好开庭前的准备工作。如今后刑事指定辩护案件范围扩大至侦查阶段就能为犯罪嫌疑人提供法律援助，更迫切需要专职律师及时提前介入，有充分的时间并能全程为犯罪嫌疑人和被告人提供法律帮助。

（二）履行职责的需要。专职法律援助律师在具有扎实的专业法律知识的基础上，又专门办理大量的贫弱群体和特殊群体的各类法律援助案件，对相关的法律和政策都比较熟悉，积累了丰富的办案实务经验，成为具有专家型的法律援助律师，当他们参与在室内值班和户外法律宣传咨询活动、“12348”专线电话、来信来访的处理、出具法律意见书、诉前调解、参与涉法涉诉信访案件处理、参与协调重大群体性案件和参与处置突发性案件时，就能及时发挥作用，真正做到便民、快捷、高效；当他们与法院、检察院、公安机关的法官、检察官、警官沟通协调共同做好民事法律援助与司法救助、刑事指定辩护法律援助案件衔接工作时，就不会让人感到不专业的问题；当他们与政府相关部门如民政、法制、人保、信访、工商等，以及妇联、工会等社团组织需要沟通协调解决相关问题时，会让人感到内行。

法律援助机构专职律师办理法律援助案件不收取费用，不搞有偿服务，不办理有偿案件，加上经验丰富，工作效率高和质量有保障，办事能力和公信力形象普遍得到政府的肯定和支持，获得社会各界包括政法机关各部门的认可、信任和尊敬。

由于法律援助机构专职律师办理法律援助案件是国家赋予的职责[①]，其工作的事业心、责任感和自觉性较强，办案质量和办案效率较高，成本也低，也便于监督管理。

建立和培养一批有丰富经验、专家型的专职法律援助律师，不仅是为了执法办案，还能增强开展宣传，提高社会影响力和法律援助理论方面的话语权。[②]

目前，由于现行法律法规没有规定建立公职律师制度，法律援助机构专职律师的法律地位没有保障，政府在法律援助机构“三定”方案上就没有公职律师职数的规定。受到现行体制的限制，没有刚性的约束力，面对法律援助机构有限的编制，法律援助机构专业化、职业化就没有保障，法律援助机构有法律专业或有律师资格的人员可能随时被调整调出，有法律专业或律师资格的人员也因此不安心岗位工作，甚至法律援助机构的领导也可以随意对本机构有法律专业或律师资格的人员是否办案作出决定。照此下来，对法律援助工作的功能和作用的发挥会有所限制，对法律援助工作的发展会有所影响。

总之，在法律援助机构建立一支专业化、职业化的公职律师，既是司法活动实践的迫切需要，也是法律援助事业可持续发展的客观要求。虽然国家没有立法确定建立法律援助公职律师制度，但司法行政机关根据工作的实际，对法律援助机构专职律师给予确认。经过十几年的实践和探索，在法律援助机构建立专职律师队伍已有基础，在运作过程中也积累了一定的经验。但我们不能停留在概念和纸上的要求上，还需继续学习借鉴国外和地区的先进理念和做法，推动国家尽快对法律援助立法或政府作出决策，建立起名副其实的专业化、职业化的法律援助执法办案机构。

三、创新组织形式，促进法律援助事业可持续发展

法律援助工作是政府赋予司法行政机关和法律援助机构履行政府责任的一项职能，社会性特征很突出。事关为社会公众服务的法律援助职能，既是社会管理与创新的直接参与者、实践者，又是推动者，它以法律援助特有的功能，推动政府法律援助责任的履行。这些年来尽管各级政府在履行法律援助责任方面已经做了不少工作，也取得很大成绩。但是，客观地看，我们在推动政府落实法律援助责任方面是有限的。法律援助工作实践和理论中遇到的困难和问题，如前所述公职律师问题等，仅靠司法行政机关和法律援助机构不能完全解决。为此，笔者建议如下：

（一）设立“法律援助事业发展研究会”组织。该组织可在法学会设立，也可单独设立，如“某某省法学会法律援助事业发展研究会”“某某省法律援助事业发展研究会”。该组织会员组成有党、政机关有关官员、社会团体组织和院校的专家、学者、法律援助工作实务者、律师等。该组织主要收集研判各类法律援助对象的信息，各类贫弱群体和特殊群体的信息，根据对所收集的数据、信息和相关资料进行梳理、研究，为党和政府掌握法律援

① 在司法理论上，建立法律援助公职律师，更能体现国家的责任。使用法律援助专职律师办理法律援助案件，是世界各国法律援助制度发展的一条重要经验。——参见郑自文：《我国香港地区法律援助制度研究》，载《中国法律援助》2003年第1、2期。

② 见司法部法律援助中心制定的《2011年工作执行计划》，载《中国法律援助》2011年第2期，第36页。

助的相关信息、制定相关政策提供参考借鉴和科学依据，为公安、检察和法院提供有关信息，为政府相关部门提供信息等。

（二）在大学法学院校设立“法律援助事业发展研究中心”。如“中山大学法律援助事业发展研究中心”。该组织成员组成主要是法学院校的教授、学者。该组织主要利用自身教学科研的优势，根据法学专业知识需要与社会实践相结合，在所在地的法律援助机构配合下，在已建立并开展的院校诊所式法律教育①的基础上建立法律援助学科，开设法律援助学科教育课程（可先作选修课）。

这样设置构想，一是可丰富法学教育的内容；二是法学院校学生是法律援助事业发展的重要储备力量，这样有利于学生丰富法律知识和提高法律工作综合能力，为法律援助事业培养具有理论专业知识和实践经验的人才。

（三）设立“法律援助工作协会”。如“某某省法律援助工作协会”。该组织成员主要是法律援助工作者、法律援助志愿者、法律援助律师以及社会团体、事业单位等。

设立以上三个社会组织的基本思路是：通过搭建实务界与理论界的平台，在司法行政机关和法律援助机构的配合下，宣传贯彻国家和政府有关法律、法规和方针政策，完善法律援助事业理论体系，坚持理论与实践相结合，深入调查研究，提供研究成果；组织开展国内外学术交流、讲座论坛、经验交流等，显示专家、学者在法律援助理论及推动这项工作的话语权和影响力，促进法律援助事业更好更快发展。

四、创新宣传载体，增强法律援助社会影响力

法律援助是司法行政系统围绕中心，服务大局，服务民生最具特色、最能主动作为、发挥优势、彰显司法行政职能的亮点窗口。因此，宣传法律援助，扩大社会影响，也应是我们的职责所在。笔者注意到，这些年来，法律援助机构从下到上都按规定要求对法律援助工作的各项业务进行了统计分析，但这些统计分析基本上都放在图书架上和办公室里作内部资料。笔者认为，这些统计分析基本上能够反映出法律援助工作现实状况：一是能反映出政府对法律援助责任落实的情况；二是能反映出法律援助机构履行职责的情况；三是能反映出法律援助各项业务工作在发展中的变化和进展情况。透过这些年来的数据统计分析，可以看到，我们在履行法律援助职责上做了大量富有成效的工作。政府的投入逐年增加，业务装备也有较大的改善，但同时也可看出，法律援助在人员编制、业务装备和经费保障等三方面与新形势的工作需要和社会需求还有较大的差距。

破解法律援助工作中的困难和问题，一方面要靠我们努力去做工作，另一方面也需要社会各界的理解、支持和帮助。为此，笔者建议：除每年国家发布包括法律援助制度在内的《人权白皮书》外，副省级以上的司法行政机关可借鉴其他部门的做法，经有关部门的批准，向社会发布年度《法律援助事业发展白皮书》，将每年度有关法律援助业务工作情况数据、统计分析报告主要内容公布于众。通过这种方式，让社会各界更进一步了解法律援助制度，增强社会影响力，也便于社会各界对法律援助工作的监督，以期促进政府责任的进一步落实。

① 参见杨欣欣主编：《法学教育与诊所式教学方法》，法律出版社2002年版。

我国刑事法律援助制度改革若干问题探讨

肖沛权(中国政法大学刑事司法学院)

刑事法律援助制度是指国家在刑事司法制度运行的各个环节和各个层次上，对因经济困难或者其他因素而难以通过一般意义上的法律救济手段保障自身基本社会权利的社会弱者，减免收费提供法律帮助的一项法律保障制度。① 刑事法律援助制度作为一项实现司法公正、保障人权的重要制度，已为联合国人权国际公约所确认。② 我国的刑事法律援助的内容主要由《刑事诉讼法》、《律师法》以及《法律援助条例》规定。《法律援助条例》的颁布，更是标志着刑事法律援助制度在我国的全面确立。从我国刑事法律援助制度的运行情况来看，当前立法关于刑事法律援助的相关规定已不能完全适应司法实践的需要，亟待进一步改革和完善。为此，笔者拟就刑事法律援助改革完善的若干问题略陈管见。

一、刑事法律援助的责任主体

刑事法律援助领域中的责任主体，是指在刑事诉讼中为因经济困难或其他原因而难以获得法律服务的社会弱者提供刑事法律援助的责任承担者。责任主体归属是刑事法律援助制度的基础问题，也是刑事法律援助的受援人获得法律帮助的根据，直接影响受援人合法权益是否有效实现。

(一)刑事法律援助责任主体的历史沿革

刑事法律援助制度并非自古有之，而是刑事法制观念发展到一定历史阶段的产物。它在西方社会产生与发展的历史，经历了慈善事业阶段(18、19 世纪)、个人权利阶段(20 世纪前半段)和福利国家政策阶段(“二战”以后)三个阶段。刑事法律援助的主体也经历了由最初民间组织或个人自发地向穷人提供免费服务的慈善行为，逐步演化为国家保障公民实现合法权益的国家行为的过程。

1. 民间组织或个人自发地向穷人提供刑事法律援助。在 19 世纪末以前，由于作为新兴的政治力量的资产阶级刚刚走上历史舞台，宗教组织和慈善机构呈现出空前的生机和活力。为了赢取社会赞誉、吸引更多信徒或证明他们的道义观的高尚，宗教团体或慈善机构等将目光投向社会的弱者，把为穷人提供力所能及的刑事法律援助视为乐善好施的一项慈善事业。例如，在意大利统一之前，存在于某些意大利城邦的为穷人服务的公共律师组织，就把为穷人提供法律援

① 参见张耕主编:《法律援助制度比较研究》,法律出版社 1997 年版,第 4 页。

② 联合国《公民权利和政治权利国际公约》第 14 条第 3 款规定:“在制定对他提出的任何刑事指控时,人人完全平等地享有下列最低限度的保证:(d)出席受审并亲自替自己辩护或经由他自己所选择的法律援助进行辩护;如果他没有法律援助,要通知他享有这种权利;在司法利益有此需要的案件中,为他指定法律援助,而在他没有足够能力偿付法律援助的案件中,不要他自己付费。”转引自杨宇冠、杨晓春编著:《联合国刑事司法准则》,中国人民公安大学出版社 2003 年版,第 434 页。

助视为一种积德行善的行为。[①] 又如，在1771年，西班牙开始实行"穷人律师"轮换制度，律师协会在处理涉及关押在法院拘留所的穷人的案件时，由律师轮换为穷人提供免费服务。由此可见，在19世纪末以前，刑事法律援助仅是宗教团体或慈善机构基于道义或者良心要求的一项慈善事业，这种慈善行为必然具有随意性。

2. 国家基于国家职能的要求为公民提供刑事法律援助。19世纪末20世纪初，随着资产阶级人权观念的确立以及"法律社会主义"观念的出现，刑事法律援助作为人人享有的一项政治权利，在资产阶级国家逐渐得到确立。通过刑事法律援助，为公民提供向法院申诉的机会，开始被视为国家的责任，刑事法律援助开始从单纯的宗教团体或慈善机构的慈善行为向国家行为转变。将刑事法律援助视为国家责任的典型表现是国家公共辩护者机构的出现。如美国在1910年成立了第一家公共辩护者机构，为刑事案件中贫穷的被告提供辩护全部由领取工资的律师承担，这些律师的工资由辩护者基金支付，而辩护者基金75%以上来自税收。"二战"以后，在福利国家思想的影响下，西方国家纷纷通过立法明确规定刑事法律援助的国家责任原则。如日本1946年《宪法》第37条第3款规定："在任何时候，如果被告不能够通过自己的能力获得胜任的律师的帮助，他应得到国家指派的律师的帮助。"法国1973年《雅各宾宪法》第96条也规定："被告人应有自行选定的辩护人或公设辩护人。"其中，公设辩护人一般附属于法院，领取固定薪金，其职责是为无力聘请或不愿聘请律师的被告人辩护。[②] 在英国，由刑事法庭负责刑事案件中被告辩护的法律援助。尽管英国法律并未规定统一的刑事案件的法律援助手段，但是1974年《法律援助法案》明确规定"在合适的法院，为了审判的利益"，刑事法律援助必须实施；并且，只要是在法院认为被告人没有经济能力支付诉讼费用的情况下，都有权决定为其提供法律援助。[③]

（二）我国的立法选择

从我国现行的法律规定来看，我国承担刑事法律援助的主体包括政府和律师两种。一方面，法律明确规定刑事法律援助是一种政府责任。《法律援助条例》第3条明确规定："法律援助是政府的责任。"为落实政府的援助责任，《法律援助条例》还规定了相关政府司法行政部门应当"根据需要确定本行政区域的法律援助机构"（第5条），并由政府"为法律援助提供财政支持"（第3条）。另一方面，法律还规定了提供刑事法律援助是律师的义务。《法律援助条例》第6条规定："律师应当依照律师法和本条例的规定履行法律援助义务，为受援人提供符合标准的法律服务，依法维护受援人的合法权益，……"2007年修订的《律师法》第42条也作了同样的规定："律师、律师事务所应当按照国家规定履行法律援助义务，为受援人提供符合标准的法律服务，维护受援人的合法权益。"对于拒绝履行刑事法律援助的律师事务所或者律师，《法律援助条例》还规定了"由司法行政部门给予警告、责令改正；情节严重的，给予1个月以上3个月以下停业整顿的处罚"。（第27、28条）

我国立法规定法律援助的双重义务主体的做法在司法实践中导致国家作为刑事法律援助责任的承担者往往只扮演管理者、

① 严军兴:《法律援助制度理论与实务》，法律出版社1999年版，第6页。
② 张耕主编:《法律援助制度比较研究》，法律出版社1997年版，第8页。
③ 张耕主编:《法律援助制度比较研究》，法律出版社1997年版，第145页。

监督者的身份，而由执业律师承担绝大部分的刑事法律援助义务。这种不合理的义务导致一些承担刑事法律援助的律师不愿意提供法律援助，以缴纳一定数量的金钱敷衍了事：即使律师愿意承担法律援助义务，也会因为费用的严重不足而制约了援助的质量。因此，在《刑事诉讼法》修改时，应当明确为被追诉人提供刑事法律援助是国家和政府的责任，而非律师之义务。这不仅是为了适应世界潮流，更是真正落实国家为被追诉人提供刑事法律援助责任的需要。根据权利义务的一般原理，法律一旦赋予国家承担刑事法律援助的责任，国家就不得拒绝履行，也不得将其责任转嫁给其他主体。国家和政府具有公权力性质，试想，在政府和律师都有义务承担刑事法律援助义务的情况下，如果国家和政府利用手上的权力设定义务履行的先后顺序，将政府履行责任的顺序放在律师义务之后，这实际上是将其援助责任转嫁给律师。因此，明确刑事法律援助责任仅由政府承担，可以避免政府推卸责任，真正为被追诉人提供实质援助。

二、刑事法律援助的范围

就现行的立法而言，刑事法律援助的范围比较广泛，贯穿了侦查、起诉和审判等刑事诉讼中的各个阶段，凡是有经济困难的犯罪嫌疑人、被告人、被害人、自诉人都可以获得无偿的法律帮助，对于盲、聋、哑人和未成年人，以及可能被判处死刑的被告人，更能得到法院的强制性指定辩护。目前的问题主要是上述援助对象获得法律援助的条件应当如何理解的问题。《刑事诉讼法》第34条规定了关于盲、聋、哑人和未成年人，以及可能被判处死刑的被告人在审判阶段能够免费强制性指定辩护，但是对侦查阶段、起诉阶段却没有涉及，适用对象并不包括老年人，加之《法律援助条例》对“有经济困难”的规定过于原则，导致刑事法律援助的范围较窄，明显与我国当前的经济发展水平和法制状况不相符合。基于我国经济的发展现状和人权保障的需要，在《刑事诉讼法》修改时应当扩大刑事法律援助范围。以下仅就强制性指定辩护和“有经济困难”的条件进行探讨。

（一）强制性指定辩护

关于强制性指定辩护问题，我国《刑事诉讼法》第34条第2款、第3款规定：被告人是盲、聋、哑或者未成年人而没有委托辩护人的，人民法院应当指定承担法律援助义务的律师为其提供辩护。被告人可能被判处死刑而没有委托辩护人的，人民法院应当指定承担法律援助义务的律师为其提供辩护。《法律援助条例》第12条也作出了同样的规定：“被告人是盲、聋、哑人或者未成年人而没有委托辩护人的，或者被告人可能被判处死刑而没有委托辩护人的，人民法院为被告人指定辩护时，法律援助机构应当提供法律援助，无须对被告人进行经济状况的审查。”易言之，强制性指定辩护适用于特殊对象，即适用于盲、聋、哑人和未成年人，以及可能被判处死刑的被告人，而适用阶段为审判阶段。应当说，就立法当时而言，这样的规定具有合理性和必要性，但随着我国经济的发展，当前这样的范围显然过窄。就适用对象而言，我国法律保护的特殊对象既包括盲、聋、哑人和未成年人，也包括老年人等。考虑到老年人的身心特点，应当将老年人纳入强制性指定辩护的适用范围之内。这是考虑到老年人身心特点的需要，也是为了与我国关于老年人权益保障的有关规定和立法精神相接轨的要求。我国《老年人权益保护法》第39条规定：“老年人需要获得律师帮助，但无力支付律师费用的，可以获得法律援助。”具体而言，可参照新出台的《刑法修正案（八）》的相关内容，把老年人适用强制性指定辩护的年龄限定在75岁以上。另外，从刑罚的角度来看，可能判处死刑的案件固然需要强制性指定辩护，但是除了可能判处死刑的案件以外，可能判处无期徒刑的案件也有可能会永远剥夺被告人的人身自由，对其权益造成严重影响。试想，如果被告人没有聘请辩护人，且法院又不指定辩护人为其辩护，那么将不利于被告人辩护权的有效行使，不利于公正判决的作出。因此，应当将可能被判处无期徒刑的被告人也纳入强制性指定辩护的范围。

就适用的阶段而言，由于审判是决定被追诉人命运的最终阶段，也是被追诉人行使辩护权的最后机会，强调审判阶段的强制性指定辩护，可以保证被追诉人充分行使辩护权。因此，审判阶段适用强制性指定辩护具有合理性和必要性。但是，从人权保障的角度来看，仅规定审判阶段适用强制性指定辩护远远不够。因为在刑事诉讼的审前阶段，侦控机关拥有强大的司法资源，强制力因素更为突出，侦控机关往往不自觉地超越权力、甚至滥用权力，从而侵犯被追诉人的权利，在这样的情况下，如果被追诉人是盲、聋、哑人、未成年人或者老年人，或者是可能被判处无期徒刑、死刑的犯罪嫌疑人，那么其人身自由更容易遭受限制或剥夺，甚至根本不知道如何运用法律来维护自己的合法权利。当然，在审前阶段被追诉人也可以根据《法律援助条例》向有关法律援助中心申请刑事法律援助，但是这种申请不具有强制性，且即使获得法律援助也未必是由律师提供，援助质量不能保证，因此，在审前阶段由律师凭借其专业知识和业务水平为特殊被追诉人提供法律援助尤显重要。笔者认为，应当将强制性指定辩护的适用阶段扩展至审前阶段。考虑到目前我国律师在侦查阶段的介入不具有辩护人的身份，可以先在起诉阶段适用强制性指定辩护。唯有如此，方能切实保障特殊被追诉人的合法权益。

（二）对“经济有困难”的理解

对经济有困难的人提供刑事法律援助问题，我国《刑事诉讼法》第 34 条第 1 款规定：“公诉人出庭公诉的案件，被告人因经济困难或者其他原因没有委托辩护人的，人民法院可以指定承担法律援助义务的律师为其提供辩护。”最高人民法院《关于执行〈中华人民共和国刑事诉讼法〉若干问题的解释》第 37 条也作了相关规定。① 据此，对于有经济困难的公诉案件的被告人，法院可以为其指定辩护，但是这种指定只适用于审判阶段，且具有任意性。《法律援助条例》进一步扩大了对经济有困难的人提供刑事法律援助的范围。《法律援助条例》第 11 条规定：“（1）犯罪嫌疑人在被侦查机关第一次讯问后或者采取强制措施之日起，因经济困难没有聘请律师的；（2）公诉案件中的被害人及其法定代理人或者近亲属，自案件移送审查起诉之日起，因经济困难没有委托诉讼代理人的；（3）自诉案件的自诉人及其法定代理人，自案件被人民法院受理之日起，因经济困难没有委托诉讼代理人的。”至此，因经济有困难而能够申请刑事法律援助的对象从被告人扩展至犯罪嫌疑人、被告人、公诉案件的被害人及其法定代理人或者近亲属以及自诉案件的自诉人及其法定代理人，且在侦查阶段就可以申请刑事法律援助。如前所述，经济有困难的人虽然能在刑事诉讼

① 最高人民法院《关于执行〈中华人民共和国刑事诉讼法〉若干问题的解释》第 37 条规定：“被告人没有委托辩护人而具有下列情形之一的，人民法院可以为其指定辩护人：（1）符合当地政府规定的经济困难标准的；（2）本人确无经济来源，其家庭经济状况无法查明的；（3）本人确无经济来源，其家属经多次劝说仍不愿为其承担辩护律师费用的；（4）共同犯罪案件中，其他被告人已委托辩护人的；（5）具有外国国籍的；（6）案件有重大社会影响的；（7）人民法院认为起诉意见和移送的案件证据材料可能影响正确定罪量刑的。”

的任何阶段申请刑事法律援助，但是这种申请并不当然具有约束力，即使申请刑事法律援助以后也有可能无法获得律师提供的法律援助。即便是到了审判阶段，经济有困难的人有可能通过法院的指定辩护获得律师提供的法律援助，但是法院的指定辩护同样具有任意性。虽然《法律援助条例》第13条对“经济有困难”的标准作了规定：“本条例所称公民经济困难的标准，由省、自治区、直辖市人民政府根据本行政区域经济发展状况和法律援助事业的需要规定。申请人住所地的经济困难标准与受理申请的法律援助机构所在地的经济困难标准不一致的，按照受理申请的法律援助机构所在地的经济困难标准执行。”但这样的规定过于原则，不具有可操作性，司法实践中经济困难的标准很有可能被人为地提高，导致刑事法律援助成为一纸空文。事实上，司法实践对非指定辩护的受援人的经济困难审查时较为苛刻的，一般规定都在居民生活保障线之上的20%左右，这就极大地限制了刑事法律援助受援人的范围。[①] 因此，在制定“经济有困难”的审查标准时，应当综合考核当地经济发展状况、社会法律服务收费标准以及居民消费水平等诸多因素，从而使本地区大多数经济有困难的人获得刑事法律援助。

三、刑事法律援助的质量保障

要保证刑事法律援助的质量，必须建立在完整的保障体系基础之上。这主要包括为刑事法律援助提供者具有专业知识、刑事法律援助提供者有畅通的途径为受援者提供援助以及对刑事法律援助提供者的援助行为进行监督等。关于刑事法律援助提供者提供援助的途径，修订后的《律师法》在《刑事诉讼法》相关规定的基础上进一步完善了律师的会见权、阅卷权、调查取证权等，律师提供法律援助的障碍得到了一定程度的排除，这保证了律师有畅通的途径提供刑事法律援助。本文对此不拟展开论述，而着重就刑事法律援助提供者的专业化与如何监督刑事法律援助行为问题予以探讨。

（一）如何保证刑事法律援助提供者的专业知识

由于现代刑事诉讼呈现精密化、专业化的趋向，加之受援人在刑事诉讼过程中往往缺乏专业的法律知识以及人身自由受到限制或者剥夺，其辩护权能否得到有效行使在很大程度上依赖于刑事法律援助提供者的法律知识和业务能力。如果援助机构提供的辩护人不具备专业知识和业务水平，那么很难保证他们有能力提供有效的法律援助。因此，应当保证刑事法律援助的提供者具备专业知识和一定的业务水平。为保证刑事法律援助的提供者的专业知识和业务水平，我国《刑事诉讼法》第34条规定了指定辩护的提供者只能是承担法律援助义务的律师。[②] 然而，根据《法律援助条例》第21条的规定，法律援助机构除了“可以指派律师事务所安排律师”办理法律援助案件以外，还可以“安排本机构的工作人员”，或者“根据其他社会组织的要求，安排其所属人员办理法律援助案件”。简言之，刑事法律援助的提供者包括律师、法律援助机构的工作人员、其他社会组织所属人员三种。应当承认，刑事法律援助提供者的多元性有利于解决当前不断增长的刑事法律援助需要与有

---

① 李业秋：《论我国刑事法律援助制度的完善》，载《胜利油田党校学报》2006年第5期，第84页。

② 我国《刑事诉讼法》第34条规定：“公诉人出庭公诉的案件，被告人因经济困难或者其他原因没有委托辩护人的，人民法院可以指定承担法律援助义务的律师为其提供辩护。被告人是盲、聋、哑或者未成年人而没有委托辩护人的，人民法院应当指定承担法律援助义务的律师为其提供辩护。被告人可能被判处死刑而没有委托辩护人的，人民法院应当指定承担法律援助义务的律师为其提供辩护。”

限的经费及援助律师之间的矛盾。但是，由于法律援助机构的工作人员与其他社会组织所属人员为非律师人员，其专业知识与业务水平较之专业律师而言有所欠缺，难以保证其提供法律援助的能力。因此，笔者认为，应当将刑事法律援助的提供者限定在通过国家司法资格考试，具有一定司法实践经验的律师。这既是保证刑事法律援助质量的需要，也是联合国公约的一项重要要求。联合国《关于律师作用的基本原则》第 6 条规定："任何没有律师的人在司法需要的情况下均有权获得按犯罪性质指派给他的一名有经验和能力的律师以便得到有效的法律帮助，如果他无足够力量为此种服务支付费用，可不交费。"

考虑到我国截至 2010 年，在全国近 3000 个县中，仍有 210 个县没有律师执业的现状①，笔者认为要保证法律援助的有效性，应当加快公设辩护人制度的创设。在公设辩护人的设置方面，我国台湾地区的公设辩护人制度值得我们研究和借鉴。我国台湾地区的公设辩护人是司法人员，具有公务员身份，且必须通过公设辩护人考试、或具有法官或检察官任用资格、或通过律师考试并执业三年以上。公设辩护人的公务员身份既体现了法律援助的国家责任，又保证了公设辩护人队伍的稳定性；而要求通过公设辩护人考试、或具有法官或检察官任用资格、或通过律师考试并执业三年以上，能够保证公设辩护人的专业知识与技能和执业律师旗鼓相当，提供有效的法律帮助。我国台湾地区的公设辩护人制度在帮助贫穷被告行使辩护权，维护被告合法权益方面发挥着重要作用。

（二）对刑事法律援助行为的监督

刑事法律援助的直接目的是帮助受援人有效地行使辩护权。如果援助提供者拒绝提供援助，或者不愿提供援助而敷衍了事，那么，设置刑事法律援助的目的就会落空。正因为如此，西方国家普遍采取多种措施积极对法律援助案件进行严格的监督。具体而言，包括规定法律援助人员向法律援助机构履行报告义务、通过受援人的报告监督法律援助人员的工作和设立法律援助监督机构或者人员实施监督等。② 与西方国家多种监督措施的做法不同，我国《法律援助条例》第 24 条第 1 款明确规定："受指派办理法律援助案件的律师或者接受安排办理法律援助案件的社会组织人员在案件结案时，应当向法律援助机构提交有关的法律文书副本或者复印件以及结案报告等材料。"据此，刑事法律援助的提供者应当接受法律援助机构的监督。这样的规定监督措施单一，无法有效监督刑事法律援助的质量。笔者认为，应当扩大监督的渠道。具体而言，可增加当地律师协会对律师提供的法律援助进行监督。即律师协会通过查阅律师承办法律援助案件的法律文书和案卷材料、听取受援人的反馈、征求法律援助机构的意见等，对律师办理法律援助案件的质量进行评价，并据此对律师实行奖惩制度。

《法律援助条例》第 24 条第 1 款规定的法律援助提供者提交"有关的法律文书的副本或者复印件以及结案报告等材料"过于原则，实践中难以准确把握。如结案报告具体包括几项内容并未细言，案卷材料包括技术性鉴定材料、所指控的犯罪事实的材料是否属于"等"的范围也未明确，导致司法实践中有的法律援助提供者不负责任，严重制约了我国刑事法律援助的质量。因此，应当细化援助提供者提交的结案报告的内容，要求援

① 张烁：《中国律师 30 年增近 850 倍，仍有 210 个县无从业人员》，载《人民日报》2010 年 8 月 29 日。

② 参见宫晓冰主编：《中国法律援助立法研究》，中国方正出版社 2001 年版，第 188—191 页。

助提供者在结案时提交的结案报告，包括与当事人会谈的次数与时间、阅卷的次数、调查取证的次数与证据的数量等。

当然，对刑事法律援助的质量保障是一项系统工程，保证法律援助提供者的专业知识和加强监督虽为其不可或缺的一部分，但远非全部。观念的转变、国家的财政投入、新闻舆论以及其他团体、个人的监督，对于法律援助质量的提高也不可或缺。

法律援助案件申请审核机制研究

李立家（北京市法律援助中心）

2010 年，全国法律援助机构共组织办理法律援助案件 726763 件，同比增长 13.4%；全国法律援助经费总额达到 10.06 亿元，同比增长 32.8%。[①] 随着经济社会的发展，法律援助服务对象的法律知识储备日益增多，法律意识明显提高，对法律援助机构的服务态度和法律援助案件的办案质量要求也越来越高。为适应新形势，全国各地法律援助机构以“法律援助便民服务”主题活动为契机，创新法律援助工作模式，加大法律援助工作力度，成效明显。但在实践中，大多数法援机构案件申请审核程序烦琐、僵硬，办事效率不高，群众满意度有待提高。

一、目前法律援助案件申请审核制度的弊端

首次到法律援助机构寻求帮助的当事人，一般先咨询社会值班律师，对案件有整体的认识。要申请法律援助，则由法律援助机构工作人员初步审核，符合条件后，告知申请人需准备的申请材料。法律援助机构工作人员要审查申请人提交的材料是否齐全、真实，并决定是否提供法律援助。决定提供援助的，法律援助机构才作出书面决定，并指派法律援助服务机构安排法律援助人员承办具体的案件。

除人民法院指定辩护的案件外，法律援助机构判断一个案件是否符合援助条件主要审查三方面：是否属于本地区管辖，是否属于法律援助范围，提交的申请材料是否齐全、真实。提交的申请材料主要包括：身份证或者其他有效的身份证明，代理申请人还应当提交有代理权的证明；经济困难证明；与所申请法律援助事项有关的案件材料。经济困难证明由申请人住所地街道办事处、乡镇人民政府出具，遇到当事人案件发生地和住所地不在同一省市的情况时，短时间内提交经济困难证明变得相当“困难”。

实践中，申请人至少前往法律援助机构二或三次，才能进入案件办理阶段。

目前，法律援助申请审核机制的烦琐与法律援助“应援尽援，能援尽援”的理念和便民利民的要求是不相适应的。

① 《深化法律援助制度改革　经费保障能力提升　去年全国办理法援案件 72.6 万余件》，载《法制日报》2011 年 2 月 10 日第 1 版。

二、法律援助案件申请审核机制的创新

人民性是法律援助机构的本质属性，便民利民是法律援助机构创新工作模式的出发点和落脚点。现结合工作实际，就法律援助案件申请审核提出四点建议，四个方面不是孤立的，而是互相联系、互相配合的。

（一）建立推广法律援助案件网上审批系统

法律援助案件网上审批是法律援助机构信息化的一个表现，是发展的趋势。近几年来，重庆市黔江区、辽宁省沈阳市沈河区、北京市朝阳区都试行了法律援助网上申请，提高了工作效率，减轻了申请人的负担。现以北京市朝阳区为例，介绍法律援助案件网上审批模式。

朝阳区法律援助中心依托朝阳区全模式社会信息管理系统，将法律援助案件初审权下放到街道法律援助工作站，先由工作站对申请人提交的材料初审，及时和区法律援助中心进行沟通，并将初审合格的材料通过网络上传后，再由区法律援助中心在系统上审核，符合条件的当即指派法律援助服务机构安排法律援助人员承办案件。书面材料由申请人提交给法律援助中心。在这种模式下，法律援助申请、审查、审批、指派全部在网上操作，提高了工作效率，切实方便了群众。

这种模式也有不足之处。首先，法律援助案件网上审批系统的建立需要较高的技术要求和经济支撑，在经济落后地区推广有一定的困难。其次，网上审批的前提是街道、乡镇法律援助工作站（点）的初审，法律援助工作站（点）人员素质等各方面的限制难以保证高质量的初审。最后，省级法律援助中心没有对应的下属法律援助工作站（点），依靠下属法律援助工作站（点）完成初审并上传材料对它不适用。

（二）赋予法律援助工作站（点）、律师事务所等机构审批权

任何制度设计或创新，总是在实践中才能不断完善发展。近年来，部分地方的法律援助机构尝试赋予法律援助工作站（点）、律师事务所审批权，暴露了一些问题，也取得了一定经验。现结合各地做法，取其精华，弃其糟粕，就法律援助案件审批权下放谈几点看法。

1. 案情简单，审查方便的案件审批权下放。法律援助案件类型多种多样，可以将案情简单，审查方便的案件的审批权下放，并在法律援助机构工作人员的指导下完成审批。对于案情复杂、审查烦琐的疑难案件仍由区县以上的法律援助中心审批。

2. 案件审批的部分环节审批权下放。一个法律援助案件是否给予法律援助一般审查三个方面：是否属于本地区管辖，是否属于法律援助范围，经济困难证明等申请材料是否齐全、真实。各地法律援助机构可根据本地区的具体情况，将部分环节的审批权下放，采取逐步的、有试点的下放审批权，防止那种激进、不符合实际的审批权下放。

3. 根据法律援助工作站（点）、律师事务所等机构的特点有针对性地下放审批权。目前，各地法律援助机构大多数案件是由社会律师承办的。社会律师专业水平高，对案件把握比较准确，可以尝试将是否属于本地区管辖，是否属于法律援助范围以及对所申请法律援助事项有关案件材料的审查交律师事务所审查。基层司法所的法律援助工作站（点）对身份证明、委托书、经济困难证明等材料进行审查。最后由区县法律援助中心对审查材料整体把握。对于属于农村五保供养对象的、领取最低生活保障金或者生活困难补助金的、在社会福利机构由政府供养的持有相关证明而无须审查经济困难证明的申请人提供的材料，可以由律师事务

所单独审查。

这种模式的优点是可以充分利用法律援助工作站(点)和律师事务所的优势,分工明确的完成申请审核。这种模式一旦运行不好,也可能导致各部门互相推诿,效率低下。另外,这种模式对律师事务所的管理要求较高,必须要对律所有一定的激励和制约,保证审批质量。

4. 审批权下放后各机构完成初审,法律援助机构必须复审。基层司法所的法律援助工作站(点)、律师事务所等所作的申请审查仅仅是在法律援助机构指导下的初审,法律援助机构对每个案件都要复查,确保法律援助案件的申请审核合法有效。

以上四种做法并不是孤立的、单一的,是可以互相交织、渗透的。法律援助案件申请审批权的下放必须重视监督、确保审批质量,切不可为了效率而牺牲质量。

(三)开辟特殊群体、案件、时段案件申请审核“绿色通道”

开辟特殊群体、案件、时段案件申请审核“绿色通道”是目前大多数法律援助机构已经实行的模式。作为对法律援助申请审核机制的整体研究,在这里有必要重申几点。

1. 对特殊群体开辟申请审核的“绿色通道”。法律援助机构坚持以人为本,体现在对来访群众、申请人的人性化管理上。各地法律援助机构可对75周岁以上老年人、一定程度的残疾人、孕妇、农民工等特殊群体申请法律援助开辟“绿色通道”,对于提交的申请材料优先审核,优先保证弱势群体中的弱势者的合法权益得到维护。

2. 在特殊时段开辟申请审核的“绿色通道”。鉴于某个时间段某类案件较多等情况,法律援助机构可以在某个特殊时间段开辟申请审核的“绿色通道”。例如,在年终岁末索要劳动报酬的案件较多,法律援助机构可以尝试年终两个月内对讨薪类案件申请审核优先受理。

各地法律援助机构在案件申请审核方面实行各类政策时,一定要结合工作实际,量力而行。例如,如果年终两个月内对讨薪类案件的申请审核优先受理会使案件量大增而影响正常工作,那么可以考虑年终一个月内对该类案件的申请审核或者对农民工等某个群体的讨薪类案件的申请审核优先受理。

3. 对特殊案件开辟申请审核的“绿色通道”。为了保护某类案件当事人的合法权益,维护社会稳定,法律援助机构可以对特殊案件开辟申请审核的“绿色通道”。例如,对申请人在15人以上的群体性案件的申请优先受理,对于社会关注度较高的案件或者不立即受理可能激化矛盾、影响社会稳定的案件当事人的申请优先受理。为了保护老年人的权益,对索要赡养费的案件的申请优先受理。

特殊群体、特殊时段、特殊案件三个限制条件可灵活搭配使用,有限度地保证某类群体的正当利益。各地法律援助机构可以根据当地经济社会发展,法律援助机构的建设情况等各方面因素灵活掌握限制幅度。

(四)加强法律援助案件申请审核环节的异地协作

法律援助案件申请审核环节的异地协作不仅节约了当事人异地维权的成本,也节约了司法资源,是法律援助异地协作的一种表现。

目前,全国已有33个城市签订了城际间法律援助工作协作协议,长三角以及珠三角地区也加强了区域办案协作。各地法律援助机构将互通法律援助绿色通道,互相无偿提供调查取证协助办案等服务。在法律援助案件申请审核环节的异地协作也应当加强。例如,在身份证明和经济困难证明的审核等方面，案件发生地的法律援助机构可以请求申请人住所地法律援助机构予以协助，只要申请人住所地法律援助机构出具相关证明，案件发生地的法律援助机构可在审查其他材料的基础上给予申请人法律援助。

刑事法律援助在我国的发展瓶颈及完善

冯晓爱（天津市法律援助中心）

自1996年《刑事诉讼法》涉及法律援助内容后，刑事法律援助在我国作为法律援助的重要组成部分发展起来，特别是《法律援助条例》颁布实施后，刑事法律援助更为规范地在各地实施，全国办理了大量的刑事法律援助案件，维护了刑事被追诉人及被害人的权益。但在刑事法律援助的发展过程中，也遇到了一些问题，亟须理论界和实务界给予更多的关注，并加以解决完善。

一、刑事法律援助在我国的发展瓶颈

（一）发展不平衡问题凸显。一是刑事法律援助与民事法律援助相比发展不平衡。从全国近几年普遍开展的扩大法律援助范围情况看，绝大多数的省市都是从民事法律援助入手，考虑扩大法律援助范围问题，对刑事法律援助案件如何扩大适用范围则很少关注。据统计，在2009年全国法律援助办案量增长17.2%的情况下，刑事法律援助案件总数比2008年反而下降了1.9%。[①] 二是刑事被追诉人法律援助与刑事被害人法律援助发展不平衡。目前，法律援助机构涉及的刑事法律援助案件来源渠道主要是法院指定，被害人申请很少。以2009年天津市办理刑事法律援助案件情况来看，共办理855件刑事法律援助案件，其中法院指定807件，占94.4%；当事人申请47件，仅占5.5%；检察院转交仅1件。从全国情况看，虽然申请刑事法律援助案件数及所占比例均有所上升，但法院指定辩护案件仍然是刑事法律援助案件的主要来源。公检法部门没有相应的告知被害人或其法定代理人、自诉人申请法律援助的权利或者在申请法律援助过程中，法律援助机构对经济困难标准的掌握也较为苛刻，都是导致刑事法律援助案件申请数量不多的重要因素。

（二）律师在刑事法律援助案件中的作用难以有效发挥。一是律师介入案件时间短。根据《法律援助条例》，由人民法院指定辩护的案件，人民法院在开庭10日前将指定辩护通知书和起诉书副本或者判决书副本送交其所在地的法律援助机构。而一般的委托辩护人则在人民法院受理案件之日起，即可以查阅、摘抄、复制本案所指控的犯罪事实的材料，可以同在押的被告人会见和通信。即使短短10天时间，在实践中，有时也很难保障：有些情况下，法院开庭前2—3天通知指派，“甚至个别案件律师根本来不及到看守所会见被告，只能等被告被押送到

① 《2009年全国法律援助工作统计分析》，载《中国法律援助》2010年第6期。

法院后至开庭前这段时间进行简短的会见。”[①]二是调查取证难度大、成本高。这也是制约所有刑辩律师发展的重要因素，面对公安、检察机关精心准备的证据，往往力不从心。且法律援助律师相比较委托辩护人而言，如前所述介入时间短，来不及调查取证，再加之办案经费过低，要尽心尽力调查取证，难度很大。三是补贴过低且不能及时到位，影响了律师的积极性。一些省市刑事法律援助案件补贴标准仅为几百元。与社会律师办理刑事案件每个阶段5000—6000元[②]的现状存在很大差距，且仅有的几百元补贴有时也很难到位。这一现象，影响了律师办理刑事法律援助案件的积极性，导致庭审走过场，敷衍了事的情况，严重影响了刑事案件质量，难以起到保障被追诉人、被害人权益的作用。

（三）刑事法律援助实际适用的诉讼阶段单一。虽然《法律援助条例》第11条已经就刑事法律援助所适用的诉讼阶段作出了规定，但从实践来看，我国目前主要是在审判阶段为被告人提供刑事法律援助，但在侦查和起诉阶段为犯罪嫌疑人提供法律援助的很少。而从维护人权的角度来讲，侦查和起诉阶段提前介入则显得更为重要。很多违法行为如超时羁押、暴力取证等发生在这两个阶段，犯罪嫌疑人更加需要刑事法律援助的介入，以维护自身合法权益，对违法行为也起到制约作用。另外，虽然最高人民法院、最高人民检察院、公安部、司法部联合发布的《关于刑事诉讼法律援助工作的规定》中，对犯罪嫌疑人申请法律援助作了专门规定，但现实中，办案人员在对犯罪嫌疑人讯问时很少告知其申请法律援助的权利。即便在犯罪嫌疑人知道权利的情况下，转交法律援助申请也存在很多困难。

二、刑事法律援助完善之建议

（一）提升刑事法律援助的法律地位。笔者认为，提升刑事法律援助的法律援助地位最为理想化的就是在适当时机提请颁布法律援助法。从国外来看，很多国家规定了法律援助单独立法，如英国1949年的《法律援助与咨询法》和1999年颁布实施的《获得司法公正法》、美国的《法律服务公司法》（1997年修订）、澳大利亚1977年的《联邦法律援助委员会法》和1981年的修正案、荷兰1993年颁布的《法律援助法》等等。[③] 从法律援助在整个法律体系中的地位效力及所涉及部门来看，我国目前实施的国务院《法律援助条例》则显得力不从心。笔者认为，制定法律援助法应当对刑事法律援助作出特别的规定，确立刑事法律援助必须贯穿于刑事诉讼全过程，并明确法院、检察院、公安机关等部门在刑事法律援助方面的权利义务。只有在立法上确立了相应的法律关系，刑事法律援助作为一项制度才有可能落到实处。

此外，在法律援助法尚未制定的情况下，考虑到目前《刑事诉讼法》正在修改过程中，所以笔者建议力争加大刑事法律援助在《刑事诉讼法》中的地位，并与目前的《法律援助条例》相衔接。其中，必须明确犯罪嫌疑人有被告知申请法律援助的权利，即犯罪嫌疑人和被侦查机关第一次讯问后或者采取强制措施之日起，因经济困难没有聘请律师的，公安机关、人民检察院有义务及时告知其有申请刑事法律援助的权利。在有可能的情况下，将公安、检察机关应当告知而没有告知的情况作为程序违法来规

① 司法部法律援助中心刑事法律援助部调研组：2004年《关于刑事法律援助的调研报告》。

② 天津社会律师办理刑事案件收费情况。

③ 司法部法律援助中心编译：《各国法律援助理论研究》，中国方正出版社1999年版，第41页、第234页。

定。也要强调对经济困难的被害人，要告知其有申请法律援助的权利，或者代为转达其申请。

（二）适当扩大刑事法律援助的适用范围。刑事法律援助适用阶段的范围即如前所述，在侦查和审查起诉阶段，律师提前介入。① 除了从法律上给予保障之外，各地在实践中，更应加强与公检法部门的沟通协作，建立顺畅的协调配合机制。就目前来看，应着力将最高人民法院、最高人民检察院、公安部、司法部联合下发的关于在刑事诉讼活动开展法律援助工作的通知内容首先落到实处，有条件的地方结合实际，作出明确的实施细则。

刑事法律援助的适用对象的扩大主要是指定辩护适用对象的范围。有观点认为因“十年以上有期徒刑、无期徒刑或者死刑”作为某一情节的量刑幅度，建议将十年有期徒刑作为划分司法利益有无需要的分水岭。② 也有观点认为以五年有期徒刑为分界点。还有观点认为保持目前的可能判处死刑为指定辩护的依据之一。笔者同意第一种观点。总体来看，死刑适用范围日益缩小与刑事法律援助范围适用范围不断扩大存在矛盾。从全世界来看，半数以上的国家废除了死刑，这已成为文明社会的共识和当今世界发展的潮流。我国属于保留死刑的国家，但少杀慎杀、限制死刑的原则一直贯穿于司法实践中。因此，刑事法律援助工作也应紧跟形势发展，结合实际，适当降低准入门槛，使更多的刑事被追诉人得到法律援助，维护其正当权益。

（三）探索法律援助值班律师制度。法律援助值班律师制度于 2006 年 9 月联合国开发署在河南省修武县设立的首个试点，2010 年开始，河南省全面建立法律援助值班律师制度，在全省所有的中级、基层法院设立法律援助值班律师办公室，为涉法公民提供免费的法律援助。一般而言，法院、检察院、公安机关等部门是法律服务需求者最集中的场所。值班律师接受法律援助机构指派、代表政府为百姓提供无偿的法律服务，其中立客观的角度容易获得百姓的信赖。同时，在公检法和法律援助机构及当事人之间架起一道沟通协调的桥梁，也有利于发挥法律援助在保持控、辩、审平衡，促进司法公正、保障人权方面的职能作用。

我国应在总结河南开展“法律援助值班律师制度”项目试点经验的基础上，选择一些地方继续开展法律援助值班律师制度试点，探索通过在公检法部门设立值班律师的方式，在刑事诉讼各阶段为犯罪嫌疑人、刑事被害人、刑事被告人提供及时法律咨询服务，以解决法律援助在刑事诉讼各个阶段全面开展之后的资源不足问题。

（四）强化刑事法律援助职能。作为刑事法律援助工作具体的执行机构即各级司法行政机关和法律援助机构，应在刑事法律援助方面给予更多的政策保障和经费支持。刑事法律援助工作涉及面宽，问题复杂，解决难度大。笔者认为应着重从以下几个方面加大力度：一是建立社会律师办理法律援助案件的激励机制。特别是不断提高律师办理刑事法律援助案件的补贴标准，调动律师办理案件的积极性，形成律师愿意办理法律援助案件的良好氛围；二是成立一支专业的刑事法律援助律师团队，可以考虑与律师协会刑事委员会等协调配合，做到专业化，提高案件水准；三是与公检法部门加强协调

---

① 目前理论界和实务界有观点认为律师可以作为合适参与人，即行使未成年人法定代理人的职责参与侦查、审查起诉。笔者不同意此种观点，律师更应发挥其专业职能，为犯罪嫌疑人提供法律帮助，并监督执法机关的程序正当。

② 刘时长：《完善我国刑事法律援助制度的几点思考》，载《中国法律援助》2007 年第 12 期。

配合,定期开展多个部门参加的联席会议,解决实际中遇到的难点问题;四是加强案件质量监督检查。案件质量是法律援助的生命线,特别是刑事案件,更关系当事人的人身自由和财产权利。各司法行政部门和法律援助机构一定要做到对案件质量严格把关,采取征求当事人意见,听取检察院、法院反馈意见,实际庭审旁听等多种形式,确实提高刑事案件的质量和水平,使刑事法律援助案件质量不低于甚至高于社会律师办理的刑事案件。

关于法律援助规范化建设的实践与思考

秦伟(浙江省司法厅法律援助工作处)

自1994年我国施行法律援助制度以来,法律援助事业发展突飞猛进,取得长足发展。在其发展过程中,法律援助规范化建设发挥着举足轻重的作用,推动这项光彩事业朝着健康方向发展。法律援助工作发展到今天,健康发展成为这项工作的主要目标之一,规范化建设任务显得尤其重要。如何做好法律援助规范化工作,成为当前需要重点思考的课题。

一、法律援助规范化的特点

笔者认为,法律援助规范化是通过立法、建立规章制度而确立标准,依据标准实施法律援助行为并产生理想效果的过程。其主要特点表现在以下方面:

1. 整体性。从规范化的对象看,是要规范涉及法律援助的方方面面,从业务保障、业务开展、内部管理到激励与监督等方面内容,这些内容都是相互联系的,构成一个有机整体。规范对象的整体性决定了规范化的整体性。如果仅仅规范某方面或者部分内容,则达不到预期效果,法律援助会失衡。从法律援助规范化运行轨迹上看,主要包括制定、实施法律援助规范和监督落实三个环节。制定是基础,实施是关键,监督是保障,这三个环节缺一不可。没有制定规范去谈规范化,则只能是空谈而无以执行;徒法不足以自行,仅有规范没有认真实施规范,把规范当成摆设,则形同虚设;监督实施则是法律援助规范化建设的有效实现途径。只有把这三个环节有机联系起来,才能达到预期效果。

2. 前瞻性。法律援助规范化是面向未来,是确定未来一段时间法律援助工作的发展方向。因此,规范化确立之前要对各项规范的工作有一定的研判,重点发展什么项目,重点解决什么问题,以及未来可能出现的问题,都应纳入规范化建设的视野范围内,从而推进各项工作健康、快速、协调发展,与社会发展相适应。因此,法律援助规范化应该具有前瞻性,不能思想太狭隘、视野太短浅,要立足现实,放眼未来,把规范化纲领作为未来一段时间法律援助工作发展的指南。另外,法律援助规范化所建立的规范要保持相对稳定性,而不能朝令夕改,从而保证法律援助工作的稳定性,这一特性也要求法律援助规范化应具有前瞻性,能够解决未来可能发生的问题，并且应在相当长一段时间内发挥应有的作用。

3. 实践性。法律援助规范化制定的标准或规范最终是为实施法律援助行为服务的。如果仅仅制定一些规范，没有实施或者无法实施，不具有实践性，那么这些规范就毫无价值。法律援助规范化具有实践性，主要表现在以下三个方面：一是制定的法律援助规范必须付诸实施，只有实践这些规范，才能体现出法律援助规范的价值。二是制定规范能被实践。再华丽的辞藻不能实践到实际法律援助工作中也是徒劳的。现实工作中的确有这样的现象，制定了很多法律援助规范，但不能运用到实际工作中，浪费大量的人力、财力。三是规范化能产生应然效果。只有那些产生了正面效果的规范行为才能被称为真正意义上的法律援助规范化。也就是说，法律援助规范化实践性体现在用于实践、能实践、产生实际正面效果。

二、法律援助规范化的内容

法律援助规范化是系统工程，并且是一个不断完善的过程。就当前或今后相当长一段时间内，法律援助规范化的主要内容包括以下方面：

1. 业务保障。这项工作是业务开展的基础，没有这项工作做保障，法律援助工作无法开展，尤其在法律援助事业刚刚起步的今天，规范这项工作显得异常重要。业务保障主要包括建立优秀、高效的法律援助队伍，齐全、先进的办公设备，充足的法律援助经费。就目前而言，业务保障需要重点关注的是法律援助队伍建设和法律援助经费保障。当前，法律援助机构人才流失以及法律知识不断更新，这些都对队伍建设提出挑战，迫切需要建立具有长远战略和人性关怀的机制，吸收和发展人才。另外，还要规范法律援助经费。包括两项内容，首先要确立与法律援助事业相协调的经费拨付机制。目前而言，政府承担法律援助责任还有限，其主要原因之一就是政府支付的法律援助经费不能满足现实需求。其次要建立科学的经费使用机制。要让机制成为法律援助经费使用的免疫系统，时刻防范非法使用法律援助经费的行为发生。

2. 业务开展。这项工作是整个法律援助工作的核心部分，其他一切工作都是为这项工作服务的。因此，加强规范业务开展就是法律援助规范化的核心内容。这项工作包括三大价值目标：援助人数多、援助的效率快、援助的质量高。要想完成这三大目标重点需要规范好以下方面的工作：一是合理界定经济困难标准，逐步扩大法律援助范围，使真正打不起官司的所有人都能获得法律援助。在业务保障的前提下，尽最大努力放宽这个限制，让更多的困难群众获得法律援助。二是完善法律援助程序。科学的法律援助程序规范是当事人实现实体权利的保障，同时也能提高工作效率。目前各地制定的法律援助程序规定，还有很多值得完善的地方，例如如何提前介入刑事法律援助程序的规定就显得薄弱，在实际工作中还需理顺各种关系。

3. 内部管理。该项工作繁杂琐碎，但其是维系其他工作正常运作的重要纽带，需要灵活与原则相结合的方法去处理。重点需要规范奖惩机制、人才培养机制和工作考勤机制。强化奖惩机制，真正做到鼓励先进，惩处违法违纪，做到公平、公正、公开，激发工作人员的工作积极性。前面部分提到队伍建设，与这里的人才培养机制有重叠，因此不再赘述。要规范工作考勤机制，制定科学、合理的考核标准，把工作绩效与工作奖惩有机结合起来，推动各项工作朝着有序、高效方向发展。

4. 监督检查。在实际工作中，这项工作往往被忽视或者流于形式，很难充分发挥其应有的作用。监督检查是法律援助规范化的一项重要的保障制度，因此规范化过程中，要使监督措施得力有效，尽量拓展监督渠道，全程公开，避免“暗箱操作”，使法律援助规范化真正落到实处，产生预期的效果。

三、法律援助规范化建设的主要成效

从我国开展法律援助工作之初，规范化建设就一直受到各级法律援助机构的高度重视，并取得较好成效。

1. 法律援助机构建设实现网络化。随着政府责任逐步落实，强化了法律援助机构建设。截至 2009 年年底，全国已建法律援助机构总数为 3274 个，法律援助机构工作人员共有 13081 人，共设立法律援助工作站 58031 个，其中有全职法律援助工作人员的工作站 36080 个，占 62.2%；依托乡镇、街道设立工作站 37755 个，在工、青、妇、老、残、信访、高校、监狱、劳教所等设立工作站 20276 个。浙江、江苏、广东等省份还在村居、农民工集中的城乡劳动力市场、乡镇企业建立了大量的法律援助联系点。目前，全国已基本构筑了以法律援助机构为主干，以乡镇、街道法律援助工作站为枝叶，以村委、居委法律援助工作点为辅助，覆盖全国的法律援助网络。

2. 法律援助窗口建设步入规范化。法律援助窗口是接待群众法律咨询和为困难群众提供法律援助的重要场所，司法部高度重视窗口建设，加快全国法律援助窗口建设规范化进程，要求各地便民接待窗口实现“两个统一”：统一在临街一楼设便民接待窗口，门面装修实行统一标识，解决人民群众“门难找，门难进”的问题。从统计数据上看，到 2009 年年底，全国有专门法律援助窗口的法律援助机构占 83.1%，平均办公用房面积 67 平方米。黑龙江、云南等大部分省份在接待窗口设立公示栏，公示法律援助条件、受理流程、工作制度、服务承诺、监督电话等内容。有些地区还聘请社会律师到法律援助窗口值班接待法律咨询，提升窗口接待水平。

3. 法律援助实现程序化。程序权利是实体权利的保障，为了减少法律援助的随意性，各省加强法律援助程序规范化建设，贵州、新疆、浙江等大部分省份制定了办理法律援助案件程序规则，对申请、受理、指派、辩护与代理以及归档管理等程序进行详细规定，让当事人知道向谁申请，何时申请，也让他们知道自己的权利与义务；同时还明确法律援助机构、法院及法律援助人员的义务与责任，做到分工明确、权责清楚、渠道畅通，使法律援助走上规范化、制度化轨道。

4. 法律援助工作管理更加制度化。各地以提高法律援助工作规范化、制度化为目标，进一步推动法律援助工作管理制度化建设。全国先后有广东、重庆、浙江、山东、云南等 27 省（区、市）制定或修订了法律援助地方性法规或规章。广东、河南、浙江、天津等省（区、市）制定了法律援助规范化实施意见，浙江、天津等省（区、市）还制定了配套的法律援助规范化考核细则，对机构建设、队伍建设、制度建设、经费保障、业务工作、宣传工作、工作场所和办公设施等都提出了量化要求。不仅如此，各市、县也根据各自具体情况制定了法律援助工作管理制度，并付诸实施，成为各级法律援助机构管理的操守，从而推动法律援助工作健康、有序发展。

四、法律援助规范化存在的问题

对法律援助规范化建设研究的主要目的是查找目前还存在的主要问题，为提出解决答案提供可靠依据。通过调查研究，目前，法律援助规范化建设还存在以下主要问题：

1. 对规范化建设的认识存在片面性。一些人片面地认为规范化建设就是定制度，制度定得越多，规范化就搞得越好。但实际工作中，有的单位制度虽然定了很多，但在执行上不坚决，管理上不到位，制度形同虚设。因此，正确认识和把握规范化建设的内涵，是我们需要解决的一个很关键的问题。持这种观点的人没有认识到规范化的实践性，只看到了规范化的规范制定环节，忽略了规范化的实践环节和是否因实施规范产生正面的实际效果。规范化是一个动态过程，包括科学制定规范、认真实施规范、监督落实规范和产生预期效果等环节，忽视或者片面理解都是不正确的，我们只有完整全面看待规范化建设，把握其中内涵，深挖其精髓，从而正确指导工作实践。

2. 规范化制度可操作性不强。在规范化实践过程中，由于没有经过认真调查研究等原因，未查找出问题的本质，想当然地制定规范化制度，其结果是不能运用到实际工作去，即使运用这样的规范，也让适用者无所适从。例如《浙江省法律援助条例》第八条所规定的经济困难标准，由县级以上人民政府按不低于本地城乡居民最低生活保障标准的1.5倍确定。这样的规定既好描述又好理解，但在实际工作中缺乏可操作性，因为居民收入难以通过这种简单计算方法去衡量。还有，该《条例》第十条规定，犯罪嫌疑人在被侦查机关第一次讯问后或者采取强制措施之日起，因经济困难没有聘请律师的，可以申请法律援助。该条规定赋予了犯罪嫌疑人可以申请法律援助的权利，但在实际操作中存在障碍。

3. 规范化制度落实不彻底。在工作调研中了解到，大部分法律援助规范具有实践性、可操作性，但部分地区没有按照规定去执行，或者没有完全执行，规范制度贯彻落实不彻底，规范化的预期目的被大打折扣。例如，大部分省份都制定了法律援助案件补贴标准，根据各地区的不同情况，确定最低案件补贴标准，但部分地区仍然没有按照补贴标准执行，影响办理案件人员的工作积极性，甚至影响到案件质量。其主要原因是在实践规范中监督环节没有发挥应有作用，导致规范不能贯彻落实。因此，规范化过程中，要加强监督，重视监督实施环节，及时监督规范实施情况，发现没有认真落实的，要及时提出整改意见，促进整改，最终圆满完成规范实施目标。

4. 规范化制度缺乏协调统一性。规范制度协调统一是法律援助规范化的前提和基础，因为它是规范化实践的指南，如果作为规范制度本身就缺乏协调统一性，必将削弱规范化产生的应然效果。目前，的确还有一些法律援助规范制度存在混乱现象，缺乏统一性，极容易导致规范实践者、公民误解，甚至无所适从。2008年前，有的省份出台《关于法律援助与劳动仲裁相互衔接的实施办法》，2008年5月1日《中华人民共和国劳动争议调解仲裁法》正式实施，前者涉及劳动仲裁费用的规定与后者相矛盾，后者是法律，前者是一个规范性文件，前者必须作出相应修改，但到目前为止，部分有关这方面的规定仍然未修改。虽然法律援助执法者在工作实践中应该知道适用《劳动争议调解仲裁法》，但对普通公民、经济困难群众而言，要让他们去选择适用哪一规范，这是极其不明智的，也是不科学的。从制度规范编撰角度上讲，也应该及时对那些过时、同一问题不同规范、与上位法相抵触的规范制度进行废除、修改，达到规范制度协调统一。

五、法律援助规范化建设的构想

法律援助规范化建设是一个系统工程，需要不断完善，就当前而言，我们认为重点需要抓好以下几个方面：

1. 推动法律援助立法，构建法律援助体系。法律援助专门立法是法律援助法律化、制度化的根本标志，有利于将宪法原则具体化，真正使我国法律援助有法可依，为公民实现获得法律帮助的权利提供重要法律保障。从世界范围来看,许多国家都有法律援助的专门立法。例如英国1988年的《法律援助法案》,美国、法国、德国、韩国、瑞典等许多国家均有专门的法律援助法。这些国家制定了专门的法律援助法,为健全本国的法律援助制度起到了巨大的推动作用。

目前,我国有关法律援助条文的规定,散见于《刑事诉讼法》《律师法》《律师收费管理办法》《最高人民法院关于对经济确有困难的当事人予以司法救助的规定》、《法律援助条例》以及一些地方性法规和规章等,显得比较混乱,缺乏相互衔接,没有专门的、统一的法律援助法加以规范。国务院《法律援助条例》规定,法律援助是政府的责任,这种理念受到工作实践的挑战。法律援助不仅是政府责任,更是国家责任,除了政府外,法院、检察院等机关也有相关的责任与义务,有必要通过国家立法的形式给予规定。另外,目前法律援助立法层次不高,法律援助制度主要是通过行政法规、地方性法规、政府规章等形式予以规定,难以有效解决与法院、检察院的关系问题,尤其涉及跨地区需要法院、检察院协助问题难以解决,因而其实施效果会大打折扣,需要国家立法加以规范。

我国开展法律援助工作十多年来,积累了大量经验,这为法律援助立法奠定了坚实基础。在《刑事诉讼法》、《律师法》、《法律援助条例》中的有关法律援助条文规定,为法律援助立法奠定了基础和框架。各省、自治区、直辖市根据各地的特点,先后出台了不少地方性的法律援助法规、条例、办法或规划等,这些都可供我国制定统一的《法律援助法》所借鉴和参考。各地开展法律援助工作实践,为我国法律援助立法提供了实践依据。根据我国法律援助工作开展的实际情况,笔者认为,有必要加快推动法律援助立法步伐,最终形成统一的,以《法律援助法》为主,其他各种法律、法规为辅,相互衔接、协调统一的多层次、综合性的法律援助法律体系。有利于解决深层次难题,理顺各种关系,明确各主体职能与责任,促进法律援助工作全面协调发展。

2. 理顺法律援助机构体制,规范法律援助机构职能。2009年年底,全国已建3274个法律援助机构,其中3129个机构是经编制部门批准成立的,未经编制部门批准的机构有145个。全国法律援助机构中,有1679个为行政性质的,648个为参照公务员管理的事业单位,882个为全额拨款事业单位(不含参照公务员管理的事业单位)。体制不统一,带来管理不顺畅,事业编制的法律援助机构人才流失严重,实践证明,建立行政编制的法律援助机构有助于法律援助事业的发展,因此我省应加快法律援助机构行政编制改革,规范机构体制,形成全国统一的行政编制体制。

根据2009年全国法律援助工作数据统计表明,全国只有24.15%的法律援助案件由法律援助机构办理,大部分法律援助案件由社会律师和司法所的法律服务工作者办理。由于案件补贴很低,社会律师和法律服务工作者办理法律援助案件的积极性受到影响,也会影响到法律援助案件的质量,同时法律援助机构对这些办案人员的监管存在一定难度。为了认真落实法律援助是政府的责任,提高法律援助案件的质量,减少社会律师和法律服务工作者的负担,应该规范、强化法律援助机构的职能,尤其是强化市县两级法律援助机构的职能,主要承担办理法律援助案件职能,由市县两级法律援助机构吸收一定数量的法律援助专业律师,专门办理法律援助案件,不能办理的案件再由社会律师或法律服务工作者办理,并由政府向他们购买法律服务。

3. 重新界定法律援助范围权限，努力实现“应援定援”。设置法律援助制度的根本目的是由政府帮助经济困难群体和一些特殊群体维护合法权益，而设置法律援助范围是因为政府财政状况还不能满足所有这些人群的需求，但随着经济的不断发展，法律援助范围会不断扩大，直至取消。目前，有的地区按照各自省级法律援助条例或者省政府文件规定的范围执行，有的地区经济较为发达，法律援助范围不断扩大。按照国务院《法律援助条例》规定，仅仅授权省政府才有权扩大法律援助范围，而一些区、县自主扩大法律援助范围，其出发点是好的，也是可以理解的，但从法理角度上讲是不合法的，一切政府的权力来源于法律、法规，没有法律、法规的明确规定或者授权是不能行使法律援助扩权的。为了改变这种尴尬境地，我们建议，修改国务院《法律援助条例》或者立法把法律援助范围的扩大权向下移，授权县（市、区）级以上人民政府行使法律援助范围的扩大权。这样既能充分照顾到当地的实际状况，经济状况好的地方可以让更多的困难群众打得起“官司”，符合法律援助的目的，又能做到扩权有法有据。按照规定，应该援助的就一定给予援助，不能援助的就一定不能援助，做到“应援定援”，改变目前随意扩大范围的现象。

4. 加强调查研究，提高制度建设科学性。在前面的存在问题部分，探讨了一些规范制度缺乏可操作性，其主要原因就是在制定规范前缺乏调查研究，在付诸实施前缺乏科学论证。为了提高规范制度的科学性、可操作性，需要做好两方面工作：一是要做好起草规范制度前的调研。调查研究，要深入基层，倾听群众声音，发现问题焦点，找出问题突破口，破解问题所在。调研不能走形式，在调研之前最好拟好调研提纲，做到调研有针对性，有的放矢。在起草规范之前，也有必要借鉴国内一些省份或者国外的先进经验，避免思维局限性，寻求最佳解决方案。作为部级、省级司法行政机关，主要是行使管理、指导职能，不适宜直接处理具体业务，可以把起草部分规范工作分配给业务能力很强的基层司法行政机关，然后根据具体情况作出修改，增强规范的可操作性。二是做好规范论证工作。论证的形式是多样的，但应尽可能扩大论证范围，提高论证广泛性。可以采取听证程序，邀请相关人士或者代表参加；可以邀请法律援助专家、学者参与规范论证；可以把规范初稿发到基层法律援助机构，要求他们参与讨论；条件允许的话，还可以通过媒体，让广大群众参与讨论，最大限度地提高规范的科学性。

5. 深化监督管理力度，确保规范化建设落到实处。法律援助规范化的一个重要环节就是监督检查。监督检查的主要目的是促使执法机构认真贯彻落实规范制度，达到规范化的目的。为了提高监督效果，要尽可能丰富监督形式，加强监督力度，坚持“四个结合”监督措施。一要坚持内部监督与外部监督相结合。内部监督主要是司法行政机关的内部监督，内部监督的一个优势就是知道被监督对象的情况，知道监督的切入点，但内部监督存在袒护的可能性，监督不彻底。外部监督正好与内部监督相反，可以取长补短，外部监督主要是接受权力机关、检察机关、审计机关、社会各界和人民群众的监督。二要坚持表扬先进与追究责任相结合。在监督检查过程中，对认真实施规范的单位，要给予表扬鼓励，对不严格执行的单位，要批评惩处。三要坚持明察与暗访相结合。明察主要在规范实施初级阶段，给被检查单位一定的时间去充分准备，积极去实施规范，接受公开检查。暗访主要在规范实施一段时间后，存在少数隐蔽拒绝实施现象。进行暗访，了解到规范实施的真实情况。四要坚持综合监督与专门监督相结合。对于重点难点规范实施要进行专项监督，对阶段性实施多个规范的，可以进行综合监督，节省时间，提高监督效率。

建立和完善法律援助质量监督体系对策研究

杨秀环（天津市政法管理干部学院法律系副教授）
杨秀琚（天津市河西区法律援助中心主任）

法律援助案件质量是法律援助工作的管理直至整个法律援助制度得以存续和保持可持续发展的核心和关键。建立和完善法律援助案件质量监督体系对于完善司法机制、全面实现法律对社会的管理功能、扩大法律调整社会关系的覆盖面、缓和社会矛盾、促进和谐社会发展有积极作用，因为，它在很大程度上直接反映出受援人的合法权益是否得到切实保护的现实状况。为此，本文以天津市为例，就建立和完善法律援助质量监督体系进行探讨。

一、天津市法律援助工作现况及有关问题

1997年，天津市法律援助中心成立，天津市法律援助工作从此全面展开。1998年年初，司法部针对法律援助质量问题提出“四统一”原则，作为法律援助制度的核心。该原则在天津市法律援助工作中得到高度重视。天津市在市、区（县）共建立法律援助机构23家，依托司法所建立法律援助工作站243个。作为政府法律援助机构补充，天津市还在工会、残联、妇联、老龄委等系统设立了法律援助中心工作站78个。全市初步形成了以法律援助机构为主要组织者，以法律援助专职工作人员和广大律师、基层法律服务工作者等为主要提供者，以社会法律援助志愿者为补充的法律援助服务网络。随着天津市法治建设的进程，社会现实也对天津市的法律援助工作提出了新的更高要求。法律援助的长效、可持续发展更离不开高水平的法律援助办案质量。这是对受援人所提供的法律援助服务所应具备的品质及其内在的价值要求。为此，建立和完善法律援助质量考评机制尤为重要。

（一）法律援助质量监督体系规范化建设

2003年9月，国务院《法律援助条例》开始实施。该《条例》第十条第二款作为弹性条款，授权省级人民政府在法律援助范围上可以根据本地法律援助资源和需求状况作出补充规定。2004年9月，天津市为贯彻落实《法律援助条例》制定了《天津市法律援助若干规定》，但该《规定》在提供法律援助的范围和需要法律援助的困难标准上仍未有突破。天津市虽然制定了《天津市法律援助机构管理规定》《天津市法律援助经费管理办法》等一系列用于规范法律援助办案程序、经费使用、办案补贴标准、社会参与、档案管理、禁止有偿服务的规章制度，但仍缺乏一套完整的保障法律援助办案质量具体操作的规章制度，缺乏对专职法律援助律师的激励机制。专职法律援助律师端着“铁饭

碗”，工作积极性和主动性普遍不高。对社会律师提供法律援助服务的管理机制尚未建立，缺乏统一受理、指派、监督、考评为主要内容的工作制度，大量法律援助资源被闲置。此外，缺乏与相关单位的协调机制。法律援助机构与法院、妇联、残联等部门缺乏经常性的工作联系，难以整合资源，形成合力。

（二）法律援助机构队伍建设

法律援助是一项专业性很强的工作，法律援助机构高效运转，需要一定数量的高素质人员。目前天津市法律援助队伍还存在业务能力与业务需求相矛盾的问题。区县专职法律援助人员素质偏低。有的区县还无专职法律援助律师。个别区县法律援助机构把关不严，将不具备管理、办案能力的人员安置到法律援助岗位。作为法律援助的辅助力量的基层法律服务人员一般业务水平较低，只停留在简单的接待和咨询上。区县法律援助队伍未能实现专业化，缺乏稳定性，阻碍了法律援助工作的开展和办案质量的提高。而社会执业律师、社团法律援助人员积极性又不高。天津市各法律援助机构对援助案件补贴金额不一，有些区县民事案件补贴700元，有些区县则仅为200元，导致社会执业律师个人贴钱办理援助案件的情况时有发生。

二、建立和完善法律援助质量监督体系的路径

（一）落实我国法律援助质量事前监控制度

1. 统一法律援助质量评价标准。对法律援助办案质量进行考评监督，就要统一法律援助质量评价标准。首先，在实践中应该认同的一点，就是法律援助质量标准与普通法律服务的质量标准应该是相同的。甚至在某种程度上应高于《律师执业行为规范》。其次，法律援助质量标准的确定应具备以下几个条件：一是服务能力的可靠性，即法律援助人员指派要考虑其能力、专长及案件类型的匹配性；二是服务能力的规范性，即法律援助人员的援助行为必须符合国家的政策法规和行业规范；三是服务行为的指向性、及时性、诚心度，即在提供法律援助服务时，援助人员要始终以受援人为中心，采取的措施和行动都要符合受援人的需要和利益，对受援人的需求在服务上及时跟进，援助效率高；四是服务行为的有效性，即援助结果要最大化地维护受援人的利益；五是客户满意度高。

2. 建立法律援助工作者名册。对系统内法律工作者（律师、基层法律服务者、法学专业科研人员等）进行征询，采取“自愿报名，专业分类”的原则，避免法律工作者缺乏意愿而带来的质量风险。对于有些严重不负责任、损害客户利益的法律工作者，则应排除出法律援助工作者名册。这样，法律援助建立在自愿的基础上，根据业务专长和执业区域，建立法律援助工作者名册，供当事人选择或开展有针对性的指派，利于公开、公平、公正原则的体现。

3. 完善案件分派制度。目前，天津市法律援助案件大部分由各个法律援助中心将案件指派给本法律援助中心的专职律师或法律工作者。应该积极探索完善将法律援助案件指派给社会律师承办的制度。同时考虑案件类型与社会律师业务专长的匹配性，进行科学指派、使案件的分配达到最佳状态。

（二）健全法律援助质量事中监督

1. 设立法律援助监督员。通过制定相关制度、措施解决其合法性及制度构建完整性问题，包括监督员应具备的条件、产生的方式、任职期限及待遇、监督工作内容、监督工作的操作程序、接受监督的法律援助服务人员对监督员意见的申辩等。按法律专业分为刑事、民事、劳动争议等若干专业小组，由法律援助机构聘请相关权威专家作为法律援助监督员，随时可以关注案件进度，监督办案服务质量，对复杂、疑难案件进行技术指导。

2. 建立定期报告制度。目前，天津市的法律援助案件只是在结案后向法律援助中心提交案卷材料。应当规定法律援助承办人员在案件办理过程中向法律援助机构报告案情进展状况及进展过程中遇到的相关问题，以获得支持，保证援助案件的质量。报告内容涉及以下方面：一是通过法律援助人员提交诉讼过程中的各种文书往来进行监督；二是通过法律援助人员报告受援人情况，对承办人员放弃或中止法律援助的要求进行合法性审查；三是通过法律援助人员报告案件的特殊情况，调整法律援助活动的有关内容。

3. 建立案件质量反馈制度。在当事人接受援助后，就告知其有对提供法律援助的法律工作者的工作进行监督的权利。如果出现承办人对案件懈怠，不负责或案外收费的情况，及时向法律援助中心反馈，必要时可撤换承办人，以使受援人的利益得到最大保护。

（三）完善法律援助事后监督制度

1. 建立结案评估制度。结案评估制度是指由专门的监督、评估小组对法律援助中心及其工作人员承办的案件从各个环节进行全面综合的评价。内容包括：办案主观态度是否认真负责，是否按照法律规定的程序办案，客观办案能力及社会同行的评价等。由法律援助中心对办案质量进行综合评估，评估结果采取等级划分的方式作出评价结论，分为优秀、良好、合格、不合格四个等级作为考核的标准，也作为今后指派案件的依据，并将办案补贴与质量等级挂钩。

2. 建立办案奖惩机制。在监督法律援助案件办案质量的同时，引入办案激励、奖惩机制。对那些符合案件质量评估要求表现良好的法律援助中心及人员给予相应的物质和精神奖励；对那些不符合案件质量评估要求的法律援助中心和人员则按照规定给予相应的惩处，实行问责制。另外，可将补贴发放与案卷归档挂钩，实行弹性补贴制度，以经济手段促使办案人员及时保质保量完成任务。也可将办案质量与补贴费用挂钩、与表彰奖励挂钩，做到奖罚分明。

3. 建立档案管理审查制度。对法律援助案件的案情分析、证据收集、使用法律等做好记录、审查、归档，实施卷宗档案式管理。对每一个援助的案件做好数据统计和登记等基础性工作，有利于对法律援助案件的类型、数量、发展趋势等进行综合分析和定位评价，有利于案件管理的宏观把握，进一步提高法律援助质量。

4. 提高法律援助律师的补贴标准。根据案件具体类型和评估结果支付律师办案补贴。将法律援助案件的类型进行细化，根据案件具体类型支付补贴，有利于避免办案补贴低于基本成本费的情况发生。将办案效果与办案补贴相联系，既是对法律援助律师的监督也是一种激励，可以充分调动其办案积极性。

5. 慎用惩罚性的质量监控措施。对发生的案件质量问题应认真深入调查并分析原因。有些案件结果是由国家制度性原因所导致的，本身出现无章可循的情况；有的属于承办人自身素质和能力方面的问题；有的则是职业道德方面的问题。所以，区分不同原因不同问题需用不同的解决方案，从而提高援助律师的办案质量。

构建合理的法律援助经济困难标准

吴佩珠（福建省漳州市法律援助中心主任）
胡先文（福建省三和律师事务所）

法律援助制度，又称法律救助、法律扶助制度，是世界各国普遍采用的国家对因经济困难无力支付法律服务费用的当事人或者为特殊条件的当事人减免收费提供法律帮助的一项司法救济制度，是实现"公民在法律面前一律平等原则"的要求，是正义得以落实的有力保障。

按照国际惯例，公民申请法律援助（特别在民事诉讼中），要同时具备两方面的条件，一是经济条件，即经济困难，无力承担法律服务费用；二是案情条件，即申请的事项在政府规定的范围之内。因此，公民的经济状况是其获得法律援助还是自行购买法律服务的区分点。经济状况为"经济困难"是法律援助特有条件，也是核心条件。政府能否制定出合理的"法律援助经济困难标准"对于完善法律援助制度是至关重要的，它决定了政府对潜在的有法律服务需求的公民是否提供法律援助，决定了有现实法律需求的申请人能否获得法律援助。

一、法律援助经济困难标准概述

我国学术界尚未对"法律援助经济困难标准"达成共识。我国《法律援助条例》（以下简称《条例》）从立法上提出"经济困难标准"这一概念，但也没有对其进行定义。根据法律援助概念及《条例》的规定，法律援助经济困难标准是政府用来衡量申请人是否应当获得法律援助的经济状况标准。

一般说来，影响我国政府制定"法律援助经济困难标准"的因素有以下几个方面：一是法律援助的本质和宗旨。法律援助的本质和宗旨决定了法律援助对象的基本特征是经济困难，以至无能力或者无全部能力承担法律服务费用。"经济困难"是一个抽象概念，所以，法律援助对象的特征实际就是无能力或者无全部能力承担法律服务费用的公民。政府制定的经济困难标准，既不能将符合这个特征的人群排除在外，同时也不能将有能力承担法律服务费用的人群包含进来。二是政府对法律援助事业的财政投入。目前我国各级政府在制定经济困难标准时，都考虑了财政对法律援助的投入。投入多的地方，法律援助经济困难标准相对高一些，公民进入法律援助的门槛低一些；反之，经济困难标准会低一些。三是当地公民的法律援助潜在需求。法律援助的需求包括两个参数，一个是法律帮助的需求，即当地公民的法律事务或者事务诉诸法律发生的概率，这同当地人法律意识和司法资源相关；另一个是经济状况低于政府制定的法律援助经济困难标准的公民数量。虽然这两方面都是不确定事件且无法精确统计，但是政府在制定经济困难标准时不能忽视。四是当地的提供法律服务人力资源供给。一般来说，法律服务人力资源丰富的地方，法律援助人力资源上的供给就可能更多，经济困难的标准相对高一些。而人力资源少的地区，即使放开标准高，但没有人去承办，也无法受理更多的法律援助案件。法律服务人才的流动受市场的调控，政府不能完全调控人力资源的供给，但政府是可以比较精确地掌握的。政府制定经济困难标准时，应当考虑到当地人力资源办理法律援助案件的承受能力。五是当地政府领导人的认识。严格地说，这不是影响法律援助经济困难标准制定的因素，但在我国，确实影响到了经济困难标准的制定。

二、我国现行法律援助经济困难标准存在的弊端

我国法律援助的探索刚刚起步，各地在法律援助经济困难标准确定上比较简单且趋同，即以最低生活保障待遇（或者上浮一定比例）为标准，法律援助申请人的收入低于这个标准的就被认为是符合法律援助的经济条件。这在中国最初法律援助探索和实践的八九年里，被认为是很自然的选择，"确定法律援助对象和条件是参照'最低生活保障线标准'执行，既必要也可行"。[①] 这种选择显得直观和简单，法律援助机构在对申请人的经济状况审查时显得可操作性强，因此被绝大多数省市所采用。

深入研究"最低生活保障"这一标准，我们会发现现行法律援助经济困难标准存在着诸多弊端：

1. 法律援助制度与最低生活保障制度的出发点和根本点不同，现行法律援助经济困难标准参照最低保障线的逻辑性和理论依据先天不足。最低生活保障待遇，是政府对无生活来源、无劳动能力又无法定赡养人、扶养人或者抚养人的城市居民，或者尚有一定收入的城市居民，给予基本生活物质帮助的待遇。[②] 它同公民的生存权相关。企业最低工资在劳动法规里确立是为了保障劳动者报酬权而设定的劳动保障制度。法律援助的本质是保障无力从法律服务市场上购买法律服务的公民合法权益的制度，意在保障这部分公民实现公平和正义的权利，同法律的公平、正义、平等等价值追求相关。法律援助经济困难标准同居民的最低生活保障待遇之间没有必然联系。制定法律援助经济困难标准应当从法律援助制度本身找理论依据，将法律援助经济困难标准同最低生活保障线捆绑是逻辑错误。

2. 最低生活保障制度和取得法律服务的市场价格相差太大，法律援助经济困难标准以最低生活保障线为参照不合理。最低生活保障的待遇仅仅是在满足最基本生存的必要性层面上，所以这个标准普遍相当低。最低生活保障待遇和法律服务市场的收费之间差距是众所周知的。即使收入远远高于最低生活保障线的公民，要从法律服务市场上购买到法律服务也是非常困难的。因此，很多实际上根本无力从法律服务市场上获得法律帮助、又无从获得法律援助的公民，其合法权益维护的实现很成问题，而最终直接损害的就是公平和正义。所以将法律援助经济困难的标准同最低生活保障线绑定甚至直接等同，显然有失合理性。

3. 现行经济困难标准只涵盖部分法律援助对象，使法律援助制度的意义和价值无法得到更好的体现。许多法律援助机构成立至今，基本上都以应付法院指定辩护案件为主要业务，民事、行政法律援助案件受理得很少。实际上，民事、行政法律援助案件的受理比法院指定辩护更有维护公平和正义的价值和意义。

---

① 《法律援助人员工作手册》，中国检察出版社 2003 年版，第 29 页。

② 《法律援助条例通释》（法律法规释义系列），中国法制出版社，第 42 页。

4. 现行经济困难标准制约了法律援助事业的发展。毋庸讳言，当前我国政府对法律援助的投入是很少的。现行经济困难标准制约了法律援助事业的发展，使相当大部分人的法律援助权利得不到实现。建立科学的法律援助经济困难标准体系，直接同政府的投入、公平和正义的实现等相关联，而绝非是“参照最低生活保障线”。

三、厘清构建合理的经济困难标准涉及的基本概念

（一）最便宜的法律服务市场价格

法律服务市场的交易双方是平等主体，法律服务价格是适用民法上意思自治原则的。市场总是流动的，随着供需的变化，经济发展状况、法治环境的变化，法律服务市场价格也是流动的。政府制定指导价格也是十分复杂的事情，难以做到不妨害市场的发展和规范管理的协调。政府毕竟要制定指导价格以规范市场，防止乱收费和压低收费的不正当竞争。所以在制定指导价格时，政府普遍会制定一个浮动的收费标准，规定最低价格以防止不正当竞争。可以认为最便宜的法律服务市场价格就是政府制定的法律服务市场指导价格中的最低价格。

1. 法律服务购买能力。法律服务市场是以一方支付费用，一方提供服务为内容的。要求法律服务需求者拥有的资产全部用于购买法律服务，这不现实也不符合常理。所以，法律服务购买能力是法律服务需求者能够用于在法律服务市场上购买其所需要的法律服务的资产。

2. 可动用资产。目前，可动用资产的确定可以把申请人的下列收入、支出或者固定资产从其所有的总资产中剔除：一是满足居住需要的唯一房产、没有其他房产但已经形成的唯一供房合同中规定的供房费用、唯一租住的房屋租金应当剔除。如《香港法律援助〈评定资源及分担费用〉规例》附表2第8条规定：“（1）在计算有关人士的资产款额时，无须理会他居住的唯一或主要住宅的权益的价值；（2）凡有关人士居住在多于一所其享有权益的住宅，署长须考虑可用非主要住宅作保证而借得的数额，作为该非主要住宅享有的权益对他的价值；（3）居住和取暖费，但明显与当事人生活情况不相符的除外。”二是基本生活用具及家具和劳动工具应当在其资产中剔除。马克思认为，劳动者的劳动工具是最重要的生产资料之一，如农民的耕作农具是不可能变卖的。劳动工具是人的谋生必要条件，也不能计算在可动用资产中，也应当予以剔除。三是基本生活保障费用应当剔除。现行法律援助经济困难标准其实就是将收入剔除了以最低生活保障线来衡量的基本生活保障费用。反对以最低保障线作为经济困难标准，并非不反对用最低生活保障线来衡量基本生活保障费用。因为最低保障线的本意是保证公民生活的最低限度，所以保障线的数字可以认为是一个公民“必然”支出的基本生活费用，可直接从其总资产中扣除。四是基本生活保障之外的必要费用应当剔除，如固定的医疗费用等。五是抚养费和赡养费的扣除。如德国《民事诉讼法》第115条规定：“当事人必须使用其收入。收入是指其所有所得，包括所有货币和有价物。这些钱和物不包括下列财产：……（2）当事人及其配偶64%的生活费，依法由其抚养的每个被抚养人45%的基本生活费……”我国法律法规对抚养费和赡养费的标准也有明确规定，根据最高人民法院的意见，对于有固定收入的，抚育费一般可按其月总收入的百分之二十至三十的比例给付。负担两个以上子女抚育费的，比例可适当提高，但一般不得超过月总收入的百分之五十。所以在总资产中直接按这些标准扣除即可，而且抚养和赡养义务不以

"共同居住"为前提。六是法律规定的强制性支出,这类支出主要表现为税费(如农业税费)、义务教育费用等。

四、法律援助经济困难标准的重新构建

厘清了基本概念,便可以构建法律援助经济困难标准体系了。以零和最便宜的法律服务市场价格区分一条数轴,对申请人的可动用资产(在运用到数学公式时用 disposablecapital 的缩写 D. C 代表)进行审查后,可动用资产有可能处于上列数轴三个区间:一是可动用资产小于或者等于零,即 D. C≤0;二是可动用资产大于零但小于最便宜法律服务市场价格,即 0 < D. C < 最便宜的法律服务市场价格;三是可动用资产大于最便宜法律服务市场价格,即最便宜法律服务市场价格≤D. C。

1. D. C≤0。申请人的可动用资产小于或者等于零时,其法律服务购买能力为零,在法律服务市场购买到最便宜法律服务的可能性为零,同时,为法律服务支出任何的费用都是"不理性的",这时政府应当为其提供免费的法律援助。所以,经济困难标准的第一方面,就是申请人的可动用资产小于或者等于零时,国家应当为申请人提供免费的法律援助。

2. 0 < D. C < 最便宜的法律服务市场价格。0 < D. C < 最便宜的法律服务市场价格的情况主要体现在低收入阶层。对于低收入阶层,按现行的以最低生活保障为标准的经济困难标准,政府是不为其提供法律援助的。在法律援助领域,低收入阶层常见的情况包括:一是月收入在政府法律援助标准之上,但超赤的数量很少,如政府法律援助经济标准是月收入低于 500 元,其月收入为 550 元;二是无力购买最便宜法律服务,但是有能力为法律服务支出一些基本的费用,如承办人员的交通费用、通讯费、复印费等的一部分或者全部。如在我国香港地区,一般来说,如果受助人的每年财政资源不超过 8. 6 万港元,则无须支付任何分担费;如果受助人的每年财政资源超过 8. 6 万港元,但不超过 16. 97 万港元,则按《法律援助(评定资源及分担费用)规例》规定的标准分档缴付相应的分担费用;如果申请人的每年财务资源在 16. 97 万港元以上,但不超过 47. 16 万港元的"夹心阶层"人士,可获得法律援助辅助计划。[①] 当然,内地公民的收入无法同香港居民相比,但将分担费用制度作为经济困难标准体系的组成部分值得借鉴。0 < D. C < 最便宜法律服务市场价格的申请人的购买法律服务能力为零,确实是政府应当提供法律援助的对象;但是他们有能力承担部分费用,所以政府应当向他们提供分担费用的法律援助,可以根据情况分担申请材料的工本费、承办人员的部分交通费、复印费等。

3. 最便宜法律服务市场价格 ≤ D. C。一般来说,申请人可动用资产大于或者等于最便宜法律服务市场价格时,他们有购买法律服务能力,可以从法律服务市场上购买到完全的法律服务,所以政府不能为其提供法律援助。最便宜法律服务市场价格 ≤ D. C,不属于法律援助范畴,属于法律服务市场的范畴。但有两种例外:一是对将必然贫困或者负债的申请人,政府是否应当提供法律援助;二是申请人无力同时承担法院诉讼费和最便宜法律服务费用,但有力承担其中一项,政府是否应当为其提供法律援助。(1)将必然贫困或者负债的申请人。"将必然贫困或者负债"是申请人由于遭遇不幸、意外、事故、自然灾害等特殊困难,造成了巨大的损失,已经或将要产生巨大的必要支出,在短期内导致其耗尽其所有资产甚至举

① 参见香港《法律援助(评定资源及分担费用)规例》。

债。将必然贫困或者负债申请人的现有可动用资产大于或者等于最便宜法律服务市场价格，但申请人未来短期内的经济状况的预期，其经济状况实质上是非常之差的，甚至比一般的法律援助申请人经济状况恶劣得多。法律援助是为没有法律服务购买能力人提供的一项司法服务保障机制，所以在这种情形下，国家为其提供免费法律援助显得必要和迫切。虽然在我国实践中，有些法律援助机构也会酌情给予提供法律援助，但在制定经济困难标准时将其作为一种例外规定显得很有必要。例如，广州市一个公民发生了交通事故，由于伤势严重，医疗费约需要 20 万元，造成交通事故的责任人没有先予支付。他的月收入为 3000 元，有银行存款 5 万元，自有房子一套价值 10 万元，当地最低保障线为 360 元一个月，他的亲属就其交通事故人身损害赔偿提出申请法律援助时，政府也应当为其提供免费的法律援助。(2)无力同时承担法院诉讼费和最便宜法律服务费用，但有能力承担其中一项的申请人。这部分申请人可动用资产也是大于或者等于最便宜法律服务市场价格的，在面临诉讼时，无力同时承担法院诉讼费和法律援助服务费用，但只有能力承担其中一项。在这种情况下，他们向法院申请诉讼费的减免和向法律援助机构申请法律援助，可能两样都不能得到批准，同样有可能导致诉讼无力进行。作为政府，是无视这种情况的存在，还是考虑选择由法律援助机构为其提供法律援助或者由法院提供司法救济之一呢？从法治社会建设的角度看，政府不能漠视这种问题。当然，解决这个问题，可能还需要从立法上进行协调。

五、重新构建法律援助经济困难标准体系的可行性

1. 计算可动用资产的可操作性。法律援助机构在受理申请人的申请时，可以要求申请人提供总资产的清单及证明和家庭成员情况，根据这些基本情况可以计算出可动用资产。若对申请人提供的资产的证明有怀疑的，法律援助机构也可以进行调查，《条例》也赋予了法律援助机构调查取证的权利。所以可动用资产的计算具有可操作性。

2. 计算最便宜法律服务市场价格的可行性。由于政府对法律服务市场的价格作了规定，这些规定为本文所述的经济困难标准体系的适用提供了前提条件。所以最便宜法律服务市场价格的计算也具有可操作性，而且相对更容易一些。

3. 解决了现行经济困难标准的一些“硬伤”问题。一是解决了理论基础。现行经济困难标准以“某条线”作为标准的理论依据无法自圆其说，而抛开法律援助的含义和本质，直观地将最低生活保障线等同于法律服务购买能力，这种直观的逻辑性有误。本文构建的标准以购买法律服务能力为衡量点，正是以法律援助含义和本质为出发点。二是将现行经济困难标准造成的法律援助和法律服务市场之间形成的“两不管”的边缘地带自然对接。现行阶段，处于这个地带的公民既无法获得法律援助，也无法购买到法律服务，其合法权益得不到有效的保障。本文构建的标准体系则使法律援助和法律服务市场自然衔接。三是使法律服务人力资源供给和法律援助需求更趋于平衡。现行的经济困难标准实际上是先划定了供给，再让需求去适应这种有限的供给，对于需求在很大程度上被忽略。目前各地政府对法律援助的投入确实太少，各地政府加大法律援助的投入是大势所趋。其实，我国财政是有能力为法律援助增加投入的，只是政府的认识起到很大的影响作用。如果政府充分认识到法律援助制度在国家法治建设中的重要作用，从而加大了投入，再加上相当部分的申请人可以分担一部分费用，适用本文所

构建的标准可以使供给和需求达到很好的平衡，不会超出政府财政和司法资源承受力之外。

4. 具有在全国逐步推广的普适性。适用本文构建的标准，虽然需要具备一些基本条件，一是法律服务市场发达，政府对法律服务市场的管理规范，制定了统一的指导价格；二是法律服务从业人员数量较多，能够充分满足法律援助的需求；三是政府财政有可能保障法律援助经费；四是法律援助制度已经构建得较为完善。在我国，如北京、广东、上海等相当一部分地区都具有这些条件，可以考虑在这些地区先试点，再总结经验，逐步在全国推广开来。

六、结语

目前，法律援助实践中以最低生活保障线为法律援助经济困难标准的单一标准，不符合法律援助的宗旨和现实需要。而《法律援助条例》出台后，各地政府面临的迫切问题是如何制定出科学的经济困难标准。本文旨在建立一个良好的法律援助体系，确立一个能够为法律需求困难者提供良好服务的制度。“在我国建立和维持一个公正、高效的法律援助体制，必须处理好法律援助资源短缺和法律援助需求庞大的矛盾，努力在法律援助总供给和总需求之间寻求相对的平衡”①，“设定法律援助条件，必须坚持‘以资金源为基础’的原则，即从国家和地方实际能够利用的法律援助的资金和人才资源为基础条件”。② 党的十六大将法律援助写进了十六大报告中，国家也将法律援助写进了“十五”计划纲要中，公民的法律援助的权利必然要更加广泛地得到实现，它关乎法律终极价值的实现，关乎国家和社会的科学发展。

---

① 《中国法律援助制度培训教程》，中国检察出版社 2003 年版，第 117 页。

② 同上注。

第十部分 其　他

一、各省、自治区、直辖市法律援助机构地址，处长、副处长（主任、副主任）名单

序号	单　　位	姓　名	职　务	通讯地址	邮　编
1	北京市司法局法律援助工作处	许　冷	处　长	北京市西城区后广平胡同39号	100035
		任彦超	副处长		
	北京市法律援助中心	王学法	主　任	北京市崇文区磁器口东大地街1号	100062
		张　斌	副主任		
2	天津市法律援助中心	彭联国	主　任	天津市南开区复康路45号	300050
		张亚萍	副主任		
3	河北省法律援助处	刘晓印	处　长	石家庄市城角街611号	050081
		秦　俐	副处长		
	河北省法律援助中心	崔振晓	主　任		
		李向阳	副主任		
		王溪航	副主任		
4	山西省法律援助中心	任晋昆	主　任	太原市并州南路狄村北街11号	300012
5	内蒙古自治区法律援助中心	李学义	主　任	呼和浩特市新城区呼伦贝尔北路89号	010010
		阿勒腾·巴根	副主任		
6	辽宁省司法厅法律援助工作处	孙振西	处　长	沈阳市皇姑区崇山东路38号甲	110032
		韩文涛	副处长		
	辽宁省法律援助中心	肖春梅	主任		
7	吉林省法律援助中心	张生久	主　任	长春市繁荣路438号微苑宾馆内	130022
		刘洪岩	副主任		
8	黑龙江省司法厅法律援助工作处	杨宝剑	处长（主任）	哈尔滨市南岗区红旗大街433号	150090
		周　侗	副处长		
	黑龙江省法律援助中心	姜文臣	主　任		
		张海燕	副主任		
		王　瑞	副主任		

续表

序号	单　　位	姓　名	职　务	通讯地址	邮　编
9	上海市司法局法律援助工作处（法律援助中心）	关明泉	处长（主任）	上海市徐汇区小木桥路268弄1号5层	200032
		刘　云	副处长		
	上海市法律援助中心	孙　黎	副主任		
10	江苏省法律援助中心	张　玫	主　任	南京市北京西路28号	210024
		徐　旻	副主任		
		孙元明	副主任		
11	浙江省司法厅法律援助中心	陈伟强	主　任	杭州市体育场路498号新地勘大厦九楼	310005
		李燕丽	副主任		
		吴云燕	副主任		
12	安徽省司法厅法律援助工作处	倪永生	处　长	合肥市淮河路335号	230061
	安徽省法律援助中心	陆勤玉	主　任	合肥市长江中路343号四联大楼14层	
		朱建华	副主任		
13	福建省法律援助中心	应岩林	主　任	福州市鼓楼区817北路190号闽星楼5层	350001
		李建国	副主任		
		宋建炎	副主任		
14	江西省司法厅法律援助工作处	魏淑燕	处　长	南昌市东湖区省政府大院南一路8号	330046
		史方明	副处长		
		张学智	副处长		
15	山东省法律援助中心	于荣双	主　任	济南市经十路15743号	250014
		张　峰	副主任		
		于建军	副主任		
		熊中元	副主任		
16	河南省法律援助工作处	马占峰	处　长	郑州市经四路8号	450003
	河南省法律援助中心	史雪梅	副主任		
		张艳红	副主任		
17	湖北省法律援助工作处	杨望保	处　长	武汉市武昌水果湖洪山侧路22号	430071
		符毅武	副处长		
		赵志国	副处长		
	湖北省法律援助中心	王运亮	主　任		
18	湖南省司法厅法律援助中心	蒋春林	主　任	长沙市韶山北路5号	410011
		张　璐	副主任		
		周树和	副主任		
19	广东省法律援助局	谭　征	局　长		
		罗召元	副局长	广州市下塘西路5号	510091
		黄小川	副局长		
		黄启英	副局长		

续表

序号	单 位	姓 名	职 务	通讯地址	邮 编
20	广西壮族自治区司法厅法律援助工作处	冯瀚德	处 长	南宁市星湖路北二里1号	530022
		黄素芬	副处长		
		冯 谨	副处长		
21	海南省司法厅法律援助中心	王汉梅	主 任	海口市琼山区凤翔东路338号司法厅办公大楼302室	571100
22	重庆市司法局法律援助管理处	叶 隽	处 长	重庆市渝北区龙溪街道黄龙路4号	401147
		朱小萍	副处长		
23	四川省法律援助中心	刘贵文	主 任	成都市上翔街24号	610015
		周开琼	副主任		
		王晓琳	副主任		
24	贵州省司法厅法律援助工作处	李发富	处 长	贵阳市都司路188号	550002
		石 梅	副处长		
25	云南省法律援助工作管理局	赵祖平	局 长	昆明市西昌路26号省司法厅大楼一楼	650034
		钱 文	副局长		
		刘绍洲	副局长		
26	西藏自治区司法厅法律援助处(法律援助中心)	鲁 生	处长(主任)	拉萨市夺底路8号	850000
27	陕西省司法厅法律援助处	郝茂成	处 长	西安市青年路111号止园饭店2号楼	710000
		王改周	副处长		
28	甘肃省司法厅法律援助工作管理处	周正斌	处 长	兰州市城关区东方红广场统办1号楼12层	730000
		曹亚芹	副处长		
29	青海省司法厅法律援助工作处	东 科	处 长	西宁市南山路11号	810000
		佟雪飞	副处长		
	青海省司法厅法律援助中心	王 军	主 任		
30	宁夏回族自治区司法厅法律援助工作管理处(法律援助中心)	张述荣	处长(主任)	银川市兴庆区长城东路339号	750001
		魏国瑞	副处长(副主任)		
	宁夏回族自治区法律援助中心	王建新	副主任		

二、各省、自治区、直辖市法律援助机构《中国法律援助年鉴》联络员名单

北京市司法局法律援助工作处	陈叔佑
天津市法律援助中心	从　薇
河北省法律援助中心	王晓光
山西省法律援助中心	贺高智
内蒙古自治区法律援助中心	王敬德
辽宁省法律援助中心	闫　琪
吉林省法律援助中心	肖传奇
黑龙江省法律援助中心	张　巍
上海市法律援助中心	郝红岩
江苏省法律援助中心	王　玲
浙江省司法厅法律援助中心	秦　伟
安徽省司法厅法律援助处	施友树
福建省法律援助中心	吴黎桥
江西省司法厅法律援助工作处	舒立建
山东省法律援助中心	程翔亮
河南省法律援助中心	王惠霞
湖北省法律援助中心	赵志国
湖南省法律援助中心	杨　龙
广东省法律援助局	邓　平　洪笃凯
广西壮族自治区司法厅法律援助工作处	黄昱犟
海南省法律援助中心	吴潇湘
重庆市司法局法律援助管理处	李梓童
四川省法律援助中心	郑慕琼
贵州省司法厅法律援助工作处	孙秀文
云南省法律援助工作管理局	张　敏
西藏自治区法律援助处	普布卓玛
陕西省法律援助中心	苗雪艳
甘肃省司法厅法律援助工作管理处	许　峰
青海省司法厅法律援助工作处	陈发虎
宁夏回族自治区司法厅法律援助工作管理处	时晓雯
新疆维吾尔自治区法律援助中心	宋晓红
新疆生产建设兵团司法局法律援助处	王　静